Hartmut Häußermann · Rainer Neef (Hrsg.)

Stadtentwicklung in Ostdeutschland

D1722009

Hartmut Häußermann · Rainer Neef (Hrsg.)

Stadtentwicklung in Ostdeutschland

Soziale und räumliche Tendenzen

Westdeutscher Verlag

Umschlaggestaltung: Horst Dieter Bürkle, Darmstadt
Druck und buchbinderische Verarbeitung: Lengericher Handelsdruckerei, Lengerich
Gedruckt auf säurefreiem Papier
Printed in Germany

ISBN 3-531-12886-8

Inhalt

Hartmut Häußermann

Von der Stadt im Sozialismus zur Stadt im Kapitalismus

1. Vorbemerkung

Die Integration der DDR in das politische und ökonomische System der Bundesrepublik hat auch die Bedingungen der Stadtentwicklung in Ostdeutschland fundamental verändert. Die Grundparameter der Transformation vom Staatssozialismus
zum Kapitalismus in den neuen Bundesländern sind: Markt statt Plan, Privateigentum statt 'Volkseigentum', Demokratie statt Diktatur. Für die Stadtentwicklung
heißt dies, daß völlig andere Allokationsprinzipien installiert werden und daß die
Entscheidungsprozesse eine vollkommen andere Gestalt annehmen. Entsteht dadurch auch eine andere Stadt? Im folgenden soll der Versuch unternommen werden, die wesentlichen Merkmale der 'sozialistischen Stadt' zu rekonstruieren, um
anschließend die wichtigsten Elemente des gegenwärtigen Wandels zu skizzieren.

Da die meisten Städte in den sozialistischen Staaten auf einem 'kapitalistischen
Erbe' aufbauten, traten ihre sozialistischen Charakteristika selten in reiner Form
auf.[1] Die Städte in der DDR wären daher genauer als 'Stadt im Sozialismus' zu bezeichnen, denn die Gleichzeitigkeit von historischen ('kapitalistischen') und neuen
('sozialistischen') Strukturen war die Regel – wie sich generell in Städten mit lan-
ger historischer Tradition typischerweise Strukturen aus verschiedenen gesellschaftlichen Formationen überlagern. Am ehesten kann das sozialistische Leitbild
der Stadt wohl an den Stadtneugründungen studiert werden, da sie „sozialistische
Idealstädte" (1992a) darstellen. In der DDR sind mit Stalinstadt (heute: Eisenhüttenstadt), Halle-Neustadt, Hoyerswerda und Schwedt solche Städte entstanden.[2]
Aber auch die Umgestaltungen schon bestehender Städte folgten – zumindest in
der Frühzeit der DDR – einer spezifischen Vorstellung von Stadt, die sich deutlich
von den Vorstellungen unterschied, die zur gleichen Zeit im Westen das Leitbild
abgaben.

Im folgenden Abschnitt werden charakteristische Elemente der sozialistischen
Stadtpolitik skizziert: zunächst die Art und Weise, wie Städte gebaut und regiert
wurden (2.1.), dann das städtebauliche und funktionale Leitbild der 'sozialistischen
Stadt' (2.2.), aus der sich eine spezifische Stadtstruktur ergab, die in den ostdeutschen Städten heute noch gut erkennbar ist (2.3.), insbesondere am Zustand der
Altbaugebiete (2.4.). Mit einer Diskussion der Frage, ob es in den DDR-Städten
auch eine soziale Segregation gegeben hat 2.5.), schließt dieser Abschnitt ab. In
den weiteren Abschnitten geht es dann darum, welche Einflüsse der politische und
ökonomische Umbruch auf die Stadtentwicklung heute hat.

2. Die Stadt im Sozialismus

2.1. Das Subjekt der Stadtentwicklung

Der entscheidende Unterschied zwischen einer Stadt im Sozialismus und einer Stadt im Kapitalismus kann wohl im 'städtischen Regime' gesehen werden bzw. in der Frage, wer über die Bodennutzung, d.h. über Ort, Art und Zeitpunkt von Investitionen bestimmt. Der systemspezifische Anspruch einer sozialistischen Gesellschaftsformation liegt darin, daß über diese Frage nicht private Eigentümer (bzw. 'Das Kapital'), sondern die Gesellschaft (bzw. im Realsozialimsus 'Die Partei') entscheidet.

2.1.1. Städtisches Regime unter kapitalistischen Bedingungen

In der kapitalistischen Stadt wird die räumliche und bauliche Entwicklung grundlegend durch Entscheidungen der privaten Grundeigentümer bestimmt. Zwar sind deren Interessen nicht einheitlich, aber eine möglichst rentable Verwertung des Bodens kann als zentrales Allokationsprinzip kapitalistischer Stadtentwicklung bezeichnet werden. Stadtplanung bewegt sich auf dem schmalen Grat einer „öffentlichen Planung auf privatem Terrain" (Fisch 1988). Die Eingriffs- und Planungsmöglichkeiten der Stadtverwaltungen wurden seit der Jahrhundertwende zwar nach und nach erheblich erweitert, aber Stadtentwicklung ergibt sich im Grundsatz immer aus Kompromissen zwischen privaten und öffentlichen Interessen. Wo rechtlich die Stellung der öffentlichen Planung stark erscheint (z.B. bei Enteignungsrechten, Baugeboten usw.), wird sie materiell durch die gesicherten Eigentumsinteressen wieder eingeschränkt (Entschädigungsregelungen).

Das liberale Verständnis von Stadtentwicklung, das sich nach den bürgerlichen Revolutionen Mitte des 19. Jahrhunderts in Deutschland zunächst weitgehend durchsetzte, ging (in Analogie zur liberalen Gesellschaftstheorie) davon aus, daß die beste Stadt entstehe, wenn jeder Eigentümer sein individuelles Interesse verfolge. Dieses Verständnis von Stadtentwicklung hatte so lange eine materielle Grundlage, wie das Stadtbürgertum sich vor allem aus Eigentümern zusammensetzte, das regierende Bürgertum also identisch mit den lokalen Grundbesitzern war – was als Fiktion noch bis 1918 durch die 'Hausbesitzerklausel' der Städteordnungen aufrechterhalten wurde, nach der mindestens 50% der Stadtverordneten Hausbesitzer sein mußten. Das frühliberale Verständnis von Selbstregulation durch das Privateigentum versagte jedoch ab dem Zeitpunkt, als besitzlose Massen in die Städte strömten und die Vermietung von Wohnraum zu einer eigenständigen Quelle der Kapitalverwertung werden konnte. Ab dann entstanden unter 'reinen' Marktbedingungen Wohn- und Lebensverhältnisse für die besitzlosen Klassen, die für die Gesellschaft insgesamt zu einer politischen und gesundheitlichen Gefahr

wurden (vgl. Zimmermann 1991). Seitdem setzt die öffentliche Planung den privaten Investoren einen Rahmen in Form von Flächennutzungsplänen und Bauvor-
schriften, der allerdings so zugeschnitten sein muß, daß er von den privaten Investoren auch tatsächlich ausgefüllt, gleichsam 'angenommen' wird. Stadtplanung ist
– heute mehr denn je – Stadtmanagement und vollzieht sich in permanenten Aus-
handlungsprozessen zwischen verschiedensten Interessen.

Dieser Steuerungsmodus kennt viele Akteure, die in einem prekären und komplexen Machtgefüge miteinander verflochten sind. Rechte sind unterschiedlich
institutionalisiert (qua Eigentum oder als Beteiligungs-/Partizipationsrechte) und
führen zu komplizierten Entscheidungsprozessen, die von den Stadtverwaltungen
immer häufiger nur noch als Blockaden empfunden werden. Die Struktur der kapitalistischen Stadt ergibt sich also aus einer Vielzahl dezentraler Einzelentscheidun-
gen, der Einfluß der öffentlichen Planung hinsichtlich der funktionalen und sozialen Nutzungsstruktur darf getrost als gering bezeichnet werden. Im großen und
ganzen ist Stadtentwicklungsplanung der Versuch, privaten Investitionen entweder
den geeigneten Rahmen zu bieten (Entwicklungsplanung), sie in einen stadtver-
träglichen Rahmen zu zwingen (Strukturplanung), oder – neuerdings unter dem
Eindruck des stadtökonomischen Strukturwandels immer häufiger – sie zu stimu-
lieren (vgl. zum Wandel der Planung Häußermann/Siebel 1994).

Neben der Aufgabe, die Stadtentwicklung zu steuern, entscheiden die Stadtverwaltungen über die Institutionen der 'Daseinsvorsorge' und sie sind für die
technische Infrastruktur verantwortlich, d.h. sie organisieren eine ganze Palette
von kulturellen, sozialen und technischen Dienstleistungen. In der Tradition der
kommunalen Selbstverwaltung in Deutschland sind die Kommunalverwaltungen
zuständig für die Regelung der 'örtlichen Angelegenheiten'. Dieser Begriff umfaßte früher auch den gesamten Bereich sozialer Angelegenheiten, also Fürsorge für
die Armen, die Alten und die Kranken. Mit der Entstehung der Nationalstaaten und
des Wohlfahrtsstaates wurden diese Bereiche immer stärker auf zentralstaatlicher
Ebene reguliert und in einer teilweise unübersichtlichen Arbeitsteilung zwischen
den verschiedenen staatlichen Ebenen organisiert und finanziert. Die Kommunen
wurden so zum Teil Träger staatlicher Auftragsangelegenheiten, zum Teil blieb ihnen ein eigenständiger Aufgabenbereich, insbesondere sogenannte 'freiwillige
Aufgaben' im sozialen, kulturellen und Freizeitbereich. Diese 'Dienstleistungen'
für ihre Bürger bilden – neben den Entscheidungen über die Flächennutzung und
Bauplanung – nach wie vor einen Kern kommunaler Selbstverwaltung und sind
wichtige Gegenstände lokaler Politik.

2.1.2. Sozialistisches Stadtregime

Die Stadt im Sozialismus entwickelte sich unter grundlegend anderen Rahmenbedingungen: es gab keine private Verfügung über Boden, alle Investitionen wurden

staatlich gelenkt, die Entscheidungsprozesse waren streng hierarchisch organisiert und sollten zentral koordiniert werden. Die gesamte Verfügung über den Stadtraum, über die verschiedenen Nutzungen, über Zeitpunkt und Ausmaß von Investitionen lag in staatlicher Hand – ideale Voraussetzungen also für die Planung der Stadt: das Endprodukt 'Stadt' konnte in politischen und fachplanerischen Entscheidungsprozessen theoretisch konstruiert und dann realisiert werden, da die staatlichen Organe über alle Instrumente verfügten, die Planung zu implementieren. Wer regierte die Städte?

In der DDR hatten die Kommunen als eigenständige politische Instanzen faktisch keine Bedeutung (vgl. Wollmann 1991; Melzer 1990; Einenkel/Thierbach 1993); im Folgenden stütze ich mich vor allem auf Neckel 1992). Es gab in der DDR 7.563 Gemeinden, die nach dem Gesetz als „örtliche Organe der Staatsmacht" bezeichnet wurden. Sie hatten zwar nach der Verfassung eine „eigene Verantwortung für alle Aufgaben", diese Regelung war jedoch lediglich Fassade, da sämtliche auch die Gemeinden betreffenden Beschlüsse im Rahmen der zentralen staatlichen Leitung und Planung (Verfassung Artikel 41) getroffen wurden. Die Gemeindeverwaltung war „doppelt unterstellt": dem Rat der Bezirke und den jeweiligen 'Volksvertretungen', die nach den bekannten Verfahren 'gewählt' wurden. Den jeweils übergeordneten Räten bzw. Fachverwaltungen waren sie verantwortlich und rechenschaftspflichtig; diese konnten ihre Beschlüsse aufheben und hatten ein Anweisungsrecht. Alle kommunalen Angelegenheiten wurden durch diese Unterstellung unmittelbar zu Staatsangelegenheiten.

Die Räte und die kommunalen Verwaltungen waren mit der Ausführung verbindlicher Vorgaben befaßt, wobei auf lokaler Ebene nicht die Kommune selbst, sondern der Rat des Kreises das entscheidende Beschlußorgan war. Wichtige Bereiche einer Stadt kamen überhaupt nicht in die Entscheidungskompetenz der kommunalen Organe: Wohnungsbau wurde staatlich geplant und durchgeführt, die Gemeinden hatten sogar weniger Einfluß auf das örtliche Baugeschehen als die großen Baukombinate (vgl. Einenkel/Thierbach 1990, 41 ff.). Eine langfristige Stadtplanung durch die Gemeinde selbst war daher weder sinnvoll noch möglich. Zwar gab es in den Städten die Institution des 'Stadtarchitekten', dessen Aufgabe die baulichräumliche Planung der Stadt war, aber dessen Entscheidungen waren vollkommen von den Direktiven des Bauministeriums abhängig.[3]

Die Gemeinden hatten kaum eigenständige Einnahmen, mit denen eine Haushaltspolitik hätte betrieben werden können, vielmehr war ihre Finanzwirtschaft Teil des einheitlichen Staatshaushaltes, dessen Ausgaben zentral festgelegt wurden. Investitionen waren nur möglich, wenn dafür Ressourcen der lokalen Betriebe mobilisiert werden konnten. „Die örtlichen Verwaltungen mußten als Bittsteller ständig den Kontakt zu den Betrieben suchen, um Straßen, Sportanlagen oder Versorgungskomplexe bauen, unterhalten oder reparieren zu können, wobei die Betriebe ihrerseits Investmittel aus zusätzlichen Leistungen bereitstellten, die betriebsintern nicht bilanziert wurden, oder aber Arbeitskräfte abstellten, die der Pro-

duktion auf Zeit entzogen wurden" (Neckel 1992, 258). Die umfangreichen Bauab-
teilungen der Kombinate konnten für kommunale Zwecke eingesetzt werden. Kinderkrippen, medizinische Einrichtungen, Sportstätten, Bildungseinrichtungen bis
hin zu Musikgruppen und anderen Kulturzirkeln wurden von den Betrieben organisiert und finanziert. Auch die Kulturarbeit fiel weitgehend in die Verantwortung
der Betriebe. Die großen Betriebe verfügten auch über Wohnungseigentum und
Ferienanlagen, die sie selbständig unterhielten und verteilten.

Im gesellschaftlichen System der DDR wurde *der Betrieb* zum zentralen Ort
der Lebensorganisation und der 'Daseinsvorsorge'. „Dabei blieb kein Platz für eine
eigene sozialpolitische Rolle der Kommunen ... Eine Vielzahl von ... sozialen Leistungen wurde in den Betrieben oder über die Betriebe abgewickelt: Kindergärten
und Polikliniken, Kulturhäuser und Kinderferienlager, Urlaubsreisen und Spor-
teinrichtungen, Vergünstigungen für junge Mütter und Altersbetreuung, Einkaufs-
möglichkeiten für Mangelwaren und Berufsverkehr" (Lüders 1991, 202), auch
über den Zugang zu Wohnungen, Kulturveranstaltungen, Weiterbildungsmöglich-
keiten und Studienplätze konnten die Betriebe verfügen. Die großen Betriebe waren zentrale Verteilstellen von Ressourcen, sozialen und kulturellen Dienstleistungen (wie z. B. Theater- und Musik- bzw. Gesangsgruppen). In den volkseigenen
Betrieben, die zum Teil mehrere zehntausend Angehörige hatten, waren bis zu
10 % der Belegschaft mit diesen Aufgaben beschäftigt. Die Arbeitsbrigaden ver-
anstalteten regelmäßige Feierabendfeste ('Betriebsvergnügen'), Ausflüge und auch
die Beteiligung an den offiziell angeordneten Aufmärschen, Staatsakten und Par-
teiveranstaltungen. Sie verteilten Prämien und beschenkten ihre Mitglieder zu allen
möglichen Gelegenheiten – kurzum, der Betrieb hatte sowohl familiäre Funktionen
als auch umfassende Fürsorgefunktionen, die durchaus mit denjenigen von Grund-
herren im Feudalsystem vergleichbar sind (vgl. Illner 1990). Daneben blieb die
Bedeutung der kommunal organisierten Vorsorge blaß, die 'Allzuständigkeit' der
Gemeinden für die 'örtlichen Angelegenheiten' war aufgelöst worden in vertikale
und horizontale Einbindungen. Umfang und Niveau der lokal verfügbaren Dienste
hingen von der Leistungsfähigkeit und Bedeutung der örtlichen Betriebe ab, so daß
sich Ungleichheiten bei der Zugänglichkeit zu Sozial- und Wohlfahrtsdiensten je
nach Betriebsgröße und nach Branche ergaben. Da die wichtigsten Dienstleistungen nicht von der kommunalen Verwaltung abhängig waren, konnte selbst im
kleinsten Dorf ein 'urbanisierter Lebensstil' gelebt werden, wenn man in einem
Großbetrieb beschäftigt war.

Unter diesen Bedingungen mußte sich auf der Ebene der Gemeinden eine
„Struktur persönlicher Abhängigkeitsverhältnisse" etablieren, wo „Loyalität gegen
Zuweisung knapper Ressourcen, soziale Bevorzugung und ideologische Zuge-
ständnisse getauscht" wurden (vgl. Ettrich 1992). Das ist eine altbekannte Erfahrung aus der Organisationssoziologie: je rigider die formalen Anweisungs- und
Kontrollstrukturen sind, desto stärker wird die Bedeutung von informellen Kom-
munikations- und Verhandlungsstrukturen. Denn das Nicht-Beachten der formalen

Regeln, das für die Partner folgenreiche Sanktionen nach sich ziehen kann, ist nur
möglich bei gegenseitigem Vertrauen, das durch wechselseitige Vorteilsgewinne
gestützt werden muß, um Verläßlichkeit zu erzeugen, sozusagen eine Komplizen-
gemeinschaft zu begründen. Wie im gesamten Staat und in den Betrieben, wo neben den verbindlichen Planziffern informell Aushandlungsprozesse stattfanden,
etablierte sich daher auch auf der kommunalen Ebene eine 'zweite Wirklichkeit'.
Da es zwangsläufig Alltag geworden war, „eher auf Informalität als auf Verträge,
eher auf persönliche Verhältnisse als auf bürokratische Verfahren, eher auf Interes-
senausgleich denn auf Konflikt zu vertrauen" (Neckel 1992, 262), hatten die *Personen* größere Bedeutung als die *Funktionen*.[4]

Diese Austrocknung lokaler Selbstverwaltung wurde noch verstärkt durch eine
Kontrolle der Partei über die formellen Repräsentanten und das Verwaltungsperso-
nal. Der Mittelstand und das Bildungsbürgertum, die traditionell den Kern der
kommunalen Selbstverwaltung bildeten, wurden systematisch bekämpft, destruiert
und von den politischen Entscheidungen ferngehalten. Da in den Städten außerdem
die private Bautätigkeit rechtlich und ökonomisch vollständig lahmgelegt worden
war, waren die dynamischen Elemente einer kommunalen Selbstverwaltung neu-
tralisiert. Konflikte und Kompromißbildungen waren auf lokaler Ebene daher auch
nicht notwendig. Dies entsprach letztlich dem Verständnis von Gesellschaft und
Demokratie, in das in der DDR auch die lokale Verwaltung eingebunden war: die
'sozialistische Menschengemeinschaft' wurde als eine widerspruchslose und einheitliche Veranstaltung betrachtet (vgl. Gebhardt/Kamphausen 1994), die als
„Gesamtbetrieb" (Niethammer 1990) an der Verwirklichung objektiv richtiger
Ziele arbeitete. Eine Differenz zwischen kommunalen und staatlichen Zielen durfte
es gar nicht geben. „Die Stadt als kooperative Einheit bot sich geradezu an, das
praktische Ideal einer widerspruchslosen Gemeinschaft zur Realisierung kollektiver Ziele sinnhaft erfahrbar zu machen und es mit dem Geist der Kollegialität zu
füllen, der der 'Betriebsgemeinschaft' des Staates entsprach" (Neckel 1992, 261).

Die 'Bürgerschaft' als soziales Subjekt der lokalen Selbstverwaltung wurde in
den Städten der DDR sozialstrukturell aufgelöst – ein Prozeß, der eingebettet war
in den gesamtgesellschaftlichen Umbau, und der durch die Abschaffung der Institution 'kommunale Selbstverwaltung' unterstützt und beschleunigt wurde. Ganz
entgegen den Vorstellungen, die Marx in seiner Schrift über die Kommune entwikkelt hatte, war in den sozialistischen Staaten nicht die zentrale Regierung entkräf-
tet, vielmehr wurden die dezentralen Einheiten systematisch einer hierarchischen
Organisation einverleibt. Damit wurde auch die soziale Dynamik, die vom Gegeneinander und Zusammenspiel teilautonomer Subsysteme in einer liberalen Gesellschaft ausgehen, erstickt. In der DDR starb – wie Meuschel (1992) formuliert –
„nicht der Staat ab, sondern die Gesellschaft". Weil sich die Städte nicht 'von unten' entwickelten, sondern 'von oben' verplant und gesteuert wurden, hatten städtische und städtebauliche Leitbilder auch eine größere Bedeutung als für die westdeutschen Städte[5].

2.2. Leitbild der 'sozialistischen Stadt'

Anhand der Debatten über den Städtebau und anhand realisierter Beispiele lassen sich einige Merkmale der 'sozialistischen Stadt' bestimmen, die in vielen osteuropäischen Städten erkennbar sind, aber nicht jedes kommunistische Regime hat in die Struktur der alten Städte so eingegriffen wie die Regierung der DDR, die sich insbesondere bei der Neugestaltung der Hauptstadt größte Mühe gab, 'das Alte' zu beseitigen. In den Zentren von Prag, Warschau und Budapest sind kaum Spuren eines sozialistischen Umbaus sichtbar, die historische Stadt wurde dort nicht nur respektiert sondern sogar kunstfertig restauriert. Aber die Neubaugebiete und die neu gegründeten Städte in den ehemals kommunistischen Staaten ähneln sich, denn dort konnten die sozialistischen Stadtkonzepte ohne Rücksicht auf Bestehendes verwirklicht werden.

Flierl (1995, S. 57 ff.) nennt drei „konstitutive Prinzipien" der Stadtentwicklung und Stadtgestaltung, die die DDR-Städte von Städten in kapitalistischen Ländern unterscheiden sollten: a) Ganzheitlichkeit, d.h. Städtebau in Ensembles, die die „komplexen städtischen Funktionen gleichzeitig berücksichtigen" sollten; b) Zentralität, d.h. daß die Mitte der Stadt auch als Mitte des gesellschaftlichen Lebens aufgefaßt und zu gestalten versucht wurde. „Im bewußten Gegensatz zur City der 'kapitalistischen Stadt'" sollte das Stadtzentrum „Ort nicht vordergründig kommerzieller Zentralität des Kaufens und Verkaufens, des Handels und der Geschäfte, ... sondern primär als Ort kommunikativer Zentralität ... als Ort einer auf gesellschaftliche Gemeinsamkeit orientierten räumlichen Ordnung" konzipiert werden. „Charakteristisch sollte sein, daß im Mittelpunkt der Zentren ... Gebäude und Anlagen der Bildung, Kultur und Erholung, der Tagungen, Kongresse und Begegnungen, also zentrale Einrichtungen gesellschaftlicher Kommunikation angeordnet sind. ... Ebenso charakteristisch ist, daß im Zentrum gewohnt wird." c) 'Dominanz' war das dritte Prinzip im Städtebau, die „Hervorhebung und Betonung des gesellschaftlich Bedeutsamen ... zum Zwecke gesellschaftlicher Präsentation und vor allem Repräsentation. ... [Beabsichtigt wurde], das für den Sozialismus Bedeutsame ... vor allem auch gegenüber dem Alten baulich-räumlich hervorzuheben". Dazu gehört auch die Hervorhebung von wichtigen Straßen und zentralen Plätzen sowie die Idee, daß jede Stadt eine „Höhendominante höchster Zentralität als neue sozialistische Stadtkrone" haben sollte (z. B. der Fernsehturm in der Mitte von Berlin, das Hochhaus der Universität in Leipzig, usw.).

Die Städtebau in der DDR kann grob in drei Phasen eingeteilt werden. In der ersten Phase unmittelbar nach der Gründung DDR (1949) wurden die Rechtsinstrumente und Leitbilder für einen 'sozialistischen Städtebau' geschaffen. Mit dem 'Aufbaugesetz' aus dem Jahr 1950 wurde das staatliche Verfügungsrecht über den Grund und Boden eingeführt. Das Aufbaugesetz sollte die „rechtliche Basis für die Überwindung von Bodenspekulation und ausufernder Mietentwicklung" bilden, die „Beseitigung sozialer Zonierung in den Städten" und eine „architektonisch ansprechende Gestaltung der Städte" (Lassak 1991, S.243) ermöglichen. Mit dem Gesetz wurden auch umfassende Enteigungsinstrumente eingeführt, die die Umstrukturierung der Städte ermöglichten – da Entschädigung gezahlt (also 'rechtlich einwandfrei' gehandelt wurde), bestehen bei Enteignungen nach diesem Gesetz heute auch keine Restitutionsansprüche. Zusammen mit den '16 Grundsätzen des Städtebaus' (abgedruckt in Beyme u.a. 1992), die das Leitbild der sozialistischen Stadt umrissen, bildete das Aufbaugesetz den Kern des städtebaulichen Instrumentariums in dieser Phase. Die „Grundsätze verstanden sich als eine Art Gegenmodell zu den 1933 verfaßten und als Charta von Athen bekanntgewordenen städtebaulichen Grundsätzen" (Flierl 1991, S.51) der Architekten des Neuen Bauens. Simone Hain bezeichnet die 16 Grundsätze als 'Charta von Moskau' (Hain 1993, S.60), denn sie waren auf einer Reise nach Moskau formuliert worden, die führende DDR-Planer unternommen hatten, und während der sie ihre städtebaulichen Grundsätze radikal veränderten (vgl. Hain 1992). Die Entwürfe für die 'moderne Stadt', die von den DDR-Planern vorbereitet worden waren, erschienen den sowjetischen Kollegen zu idyllisch, zu kleinbürgerlich. Sie fragten: „Wo gehen die Demonstrationen hin? Wo ist der Aufmarschplatz? Wo sind die Aufmarschstraßen? Wo sind die Regierungsinstitutionen und zentralen Kulturstätten?" Die Stadt sollte eine Bühne für die Darstellung der neuen 'Volksdemokratie' sein: „Die Straße ist ein Mittel zum festlichen Leben ... sie muß die politische Bedeutung der Massen unterstreichen" (Hain 1993, S.56). Wer heute solche Straßen begeht, spürt deutlich, was gemeint war: nur Massen können sie ausfüllen, als Individuum fühlt man sich in diesen weiten Räumen und auf den alptraumhaften Straßenkreuzungen verloren.

Statt der Auflösung der Stadt sollte eine kompakte Stadt mit einprägsamen monumentalen Formen gebaut werden, die ein „Gegenkonzept zum genossenschaftlich und subsistenzwirtschaftlich strukturierten 'Stadtdorf'" (Hain 1993, 53) bildet – wobei man sich offensichtlich gegen Parallelen zum NS-Städtebau immun fühlte. Die Charta von Athen (1933) war geprägt vom Haß auf die Stadt des 19. Jahrhunderts und hatte jene Stadtvorstellungen deklamatorisch zusammengefaßt, die sich seit der Jahrhundertwende bei der Architekturavantgarde festgesetzt hatten: Auflösung der Steinwüsten, Versöhnung von Stadt und Land, Auflockerung der Bebauung, 'organische Stadtbaukunst', Absage an die Blockbebauung sowie funktionale Zonierung der Stadt. Dagegen lauten Grundsätze Nr.11 bis 13 der 'Charta von Moskau': „Bestimmend für gesunde und ruhige Lebensverhältnisse und für die Versorgung mit Licht und Luft sind nicht allein die Wohndichte und die Himmelsrichtung, sondern auch die Entwicklung des Verkehrs. Die Stadt in einen Garten zu verwandeln, ist unmöglich. Selbstverständlich muß für ausreichende Begrünung gesorgt werden. Aber der Grundsatz ist nicht umzustoßen: in der Stadt lebt man städtischer; am Stadtrand oder außerhalb der Stadt lebt man ländlicher. Die vielgeschossige Bauweise ist wirtschaftlicher als die ein- oder zweigeschossige. Sie entspricht auch dem Charakter der Großstadt". Das war ein eindeutiges Bekenntnis zur dichten

Stadt mit der Tendenz zum Hochhausbau. Und auch die Bedeutung des Zentrums wurde in diesem Dokument, das Gesetzescharakter hatte, festgelegt: „Das Zentrum bildet den bestimmenden Kern der Stadt. Das Zentrum der Stadt ist der politische Mittelpunkt für das Leben seiner Bevölkerung. Im Zentrum liegen die wichtigsten politischen, administrativen und kulturellen Stätten. Auf den Plätzen im Stadtzentrum finden die politischen Demonstrationen, die Aufmärsche und die Volksfeiern an Festtagen statt. Das Zentrum der Stadt wird mit den wichtigsten und monumentalsten Gebäuden bebaut, beherrscht die architektonische Komposition des Stadtplanes und bestimmt die architektonische Silhouette der Stadt. Das Antlitz der Stadt, ihre individuelle künstlerische Gestalt, wird von Plätzen, Hauptstraßen und den beherrschenden Gebäuden im Zentrum der Stadt bestimmt (in den größten Städten von Hochhäusern). Die Plätze sind die strukturelle Grundlage der Planung der Stadt und ihrer architektonischen Gesamtkomposition." (Grundsätze Nr. 6 und 8).

Die Tatsache, daß derartige Grundsätze von der Staatsregierung erlassen und damit Gesetz werden konnten, ist deutlicher Ausdruck des Zentralismus, dem der Städtebau in der DDR unterworfen war. In der Formulierung der Grundsätze äußert sich andererseits ein Autoritarismus, der nur aufgrund des umfassenden Zugriffs auf sämtliche Ressourcen der Stadtentwicklung möglich war. Im Stadtzentrum konnten so Größen- und Dominanzvorstellungen verwirklicht werden, die von 'Stadtbaukünstlern' schon in den 20er Jahren entwickelt worden waren, damals aber wegen des fehlenden Durchgriffs nicht realisiert werden konnten. Die einheitliche Gestaltung der Zentren war daher auch Ausdruck des neuen ökonomischen und politischen Systems: endlich konnten, ungehindert von kapitalistischen Partikularinteressen, 'künstlerische' Stadtbau-Konzeptionen durchgesetzt werden, in denen sich der Sieg des Sozialismus materialisieren sollte. Nicht Einzelbauten privater Bauherren, sondern ein Ensemble gesellschaftlicher Einrichtungen in einer geschlossenen Gesamtkonzeption sollten die Gemeinschaftlichkeit der sozialistischen Gesellschaft darstellen, und herausragende Einzelbauwerke sollten die Identifikation der Bewohner mit 'ihrer' Stadt und ihrem Sozialismus befördern. Stilistisch wurde der Internationalismus und 'Amerikanismus' des Neuen Bauens verurteilt und statt dessen eine Architektur in nationaler Bautradition verlangt, die in der Frühzeit der DDR zu einer Art 'Staatsbarock' führte (vgl. Durth 1993; Hoscislawski 1991). Zur Verwirklichung der repräsentativen Zentren und um Platz für die neuen Dominanten zu schaffen, wurden in den großen Städten ganze Altstadtviertel samt ihrer Kirchen abgerissen und neue Stadtgrundrisse geschaffen. Städte, die im Windschatten des zentral geplanten, stark ökonomisch bestimmten Städtenetzes lagen, blieben von diesen Eingriffen verschont – aber von jeglicher Investitionstätigkeit. Immerhin führte dies dazu, daß es heute in Ostdeutschland noch zahlreiche vorindustrielle Stadtkerne Kerne gibt, die nun als Gesamtensembles unter Denkmalschutz stehen.

In der *ersten* Phase, die von diesen Grundsätzen geprägt war, entstanden neue Stadtzentren, denen der sozialistische Stolz noch heute anzumerken ist: Stalinstadt (heute Eisenhüttenstadt), sowie die zentralen Plätze und Zentrumsgestaltungen in fast allen größeren Städten, z.B. die Stalinallee (Karl-Marx-Allee) in Berlin, die Lange Straße in Rostock, der Roßplatz in Leipzig, der Altmarkt in Dresden. Die zweite und dritte Phase können hier kürzer abgehandelt werden, weil in ihnen Stadtbaukonzepte keine besonders wichtige Rolle mehr spielten.

In der *zweiten* Phase, die schon Mitte der 50er Jahre einsetzte, begann die Dominanz der industriellen Bauproduktion. 1954 hatte Chrustschow vor der sowjetischen Bauakademie eine Rede „Über die Nutzlosigkeit der Architektur" gehalten, die die Abwendung vom aufwendigen konventionellen Bauen proklamierte und die Hinwendung zu einem modernen, industrialisierten Wohnungsbau ohne den inzwischen verhöhnten 'Zuckerbäckerstil' bzw. 'Staatsbarock' propagierte. Im April 1955 folgte in der DDR der entsprechende Kurswechsel, der auch durch die Ereignisse vom Juni 1953 beeinflußt war: Das Mißverhältnis zwischen der aufwendigen Bauweise bei den großen Projekten in den Großstädten einerseits und der Verschlechterung der Lebensverhältnisse andererseits äußerte sich im Unmut unter anderem auch der Bauarbeiter am 17. Juni 1953. In die Realität umgesetzt wurde die industrialisierte Bauweise ab 1957 beim Aufbau von Hoyerswerda, wo eine ganze Stadt in Plattenbauweise errichtet wurde. Nun wurden die Architekturkonzeption der nationalen Bautradition abgewertet und weiträumige Bebauungen propagiert, die zu großzügigen Raumbildungen führen sollten – ein etwas unglücklicher Kompromiß zwischen dem Konzept der 'aufgelockerten Stadt' und massiven Kompaktanlagen.

Die *dritte* Phase begann 1970 mit dem Programm, die „Wohnungsfrage als soziales Problem" lösen zu wollen, das zu der Absicht von Honecker gehörte, die Legitimität des sozialistischen Systems durch sozialpolitische Leistungen zu festigen. Diese letzte Phase ist durch die absolute Dominanz des „anti-urbanistischen" (Staufenbiel 1991, 20) Wohnbausystems (WBS 70, vgl. Hannemann in diesem Band) geprägt, mit dem riesige Neubaugebiete an den Rändern der Städte errichtet wurden. „Wohnungsbau statt Städtebau" (Flierl 1991, S.52).

2.3. Stadtstruktur

Ein genereller Zug der sozialistischen Stadtkonzeption ist die hohe Aufmerksamkeit, die das Stadtzentrum genoß. Funktional wurden die Stadtzentren mit Verwaltungs-, Kultur-, Handels- und Dienstleistungseinrichtungen gefüllt (vgl. Hofmeister 1980, 86 f.; Friedrichs 1978) – wie in jeder kapitalistischen Stadt auch. Einzelhandels- und Dienstleistungssektor waren stark auf das Zentrum konzentriert, und die Gebäude der 'gesellschaftlichen Einrichtungen' nahmen eine prominente Stellung ein. Nicht primär die Funktionsmischung also machte den Unterschied zur kapitalistischen Stadt aus, sondern die Trägerstruktur und die Differenzierung innerhalb der Funktionen: da es keine Konkurrenz zwischen Handels- oder Dienstleistungseinrichtungen gab, und weil es kaum private Unternehmer gab, fehlte die kleinteilige Vielfalt und Mischung von Funktionen und Angeboten weitgehend, die die Stadtzentren in den westlichen Ländern traditionell kennzeichnen – insbesondere waren die für Stadtbesucher so wichtigen Einrichtungen der Gastronomie selten und hatten (neben immer unfreundlichem Personal) geringe Kapazitäten. In deutlichem Gegensatz zur Tendenz in den kapitalistischen Städten, wo sowohl genehmigte wie ungenehmigte Umnutzungen zur Ausbreitung von kommerziellen Dienstleistungsfunktionen und damit einem beständigen Sinken der Einwohnerzahlen führen, stand die Entwicklung der Wohnfunktionen im sozialistischen Stadtzentrum: da weder der Bodenpreis noch die Zahlungsfähigkeit der Bewohner für die Standorte von Wohnungsbau relevant waren, und weil es keine Nutzungskonkurrenz durch expandierende tertiäre Betriebe gab, wurden in den Stadtzentren auch neue Wohngebäude errichtet. Die Zahl der Wohnungen im Bezirk Mitte war z. B. in Berlin im Jahre 1989 höher als vor dem zweiten Weltkrieg. Nicht 'Kommerz', sondern Politik, Administration, Kultur und Wohnen sollten im Zentrum dominieren.

Da es in den Städten auch praktisch keine private Eigentumsbildung im Wohnungsbau gab, die in den westlichen Städten in der Nachkriegszeit zum Hauptträger der Stadterweiterung im Umland geworden war, fehlt die für westliche Städte typische Form der Suburbanisierung in den ostdeutschen Städten vollkommen. Zwar fand auch in den sozialistischen Städten Suburbanisierung (im Sinne von Abnahme der Bevölkerungsdichte in der Innenstadt durch 'Auslagerung' an die Peripherie[6]) statt, aber ausschließlich in der sehr spezifischen Form der neuen Großsiedlungen am Rande der Stadt. Diese Großsiedlungen sollten den 'modernen sozialistischen' Städtebau verkörpern, der keine Lage- und Qualitätsdifferenzen nach der sozialen Stellung oder dem Einkommen kannte – Ausdruck der 'sozialistischen Lebensweise'. Auch hier war die starke Verdichtung ein Leitziel, weil man dies für 'städtisch' hielt. Die Großsiedlungen wurden mit Massenverkehrsmitteln an die Stadt angeschlossen, in der Regel mit der Straßenbahn, deren Kapazitäten in den Hauptverkehrszeiten jedoch nicht ausreichten, den Berufspendlerstrom ohne Bedrängungen aufzunehmen. Denn die Großsiedlungen waren auch im Osten reine Wohngebiete, und die gesamte erwerbstätige Bevölkerung (90 % der Männer und Frauen) mußte das Gebiet tagsüber verlassen.

Während mit großangelegten Wohnungsbauprogrammen in den 70er und 80er Jahren mehr als zwei Millionen Wohnungen in Plattenbauweise neu gebaut wurden, verfielen die innerstädtischen Altbaugebiete weitgehend. Die Stadtpolitik näherte sich dem Ziel eines Umbaus des kapitalistischen Erbes also in einer Art Zangenbewegung: einerseits wurde das Stadtzentrum umgestaltet und mit Repräsentationsgebäuden des Sozialismus zumindest stark durchsetzt und akzentuiert, andererseits wurden an den Rändern jene Gehäuse errichtet, in denen die 'sozialistische Lebensweise' ihren konkreten Ausdruck finden sollte.

2.4. Umgang mit Altbaugebieten

Dazwischen lag die 'alte' Stadt, und sie wurde weitgehend liegengelassen. Für den bewußt zugelassenen oder gar geplanten Verfall der alten Mietshausgebiete gibt es eine Vielzahl von Gründen:

– die alten Mietskasernenviertel galten als Ausdruck kapitalistischer Wohn-verhältnisse, die im Sozialismus überwunden werden sollten. In vielen Städten wurde deshalb ihre vollständige Beseitigung (Flächensanierung) geplant. In den neuen Wohngebieten konnte hingegen die 'Leistungskraft des Sozialismus' augen-fällig demonstriert und die 'sozialistische Lebensweise' verwirklicht werden. Da die Altbauten auf dem technischen Standard der Jahrhundertwende verblieben (Ofenheizung, Außentoilette, kein Bad) und durch den Verfall immer mehr Alt-bauwohnungen unbewohnbar wurden (im Jahre 1989 standen in der DDR insge-samt 200.000 Wohnungen leer), hatten die Neubauwohnungen hinsichtlich der Wohnqualität eine konkurrenzlose Attraktivität: sie waren warm, trocken und be-quem, und außerdem waren in den Neubaugebieten die notwendigen Infrastruk-tureinrichtungen vorhanden: Kindergarten, Schule, Kaufhalle.

– die alten Mietshäuser waren nach 1945 zunächst noch überwiegend in Pri-vatbesitz, und die staatlichen Organe der DDR hatten keinerlei Interesse daran, diesen Besitz durch Sanierung oder Modernisierung besser verwertbar oder gar zu attraktiven Wohngelegenheiten zu machen. Instandhaltung und Modernisierung seitens der privaten Eigentümer (die häufig gar nicht mehr in der DDR lebten) war sowohl organisatorisch kaum möglich als auch ökonomisch unrentabel: Bauhand-werksbetriebe gab es immer weniger, da die gesamte Baupolitik zunehmend auf die Entwicklung des industrialisierten Wohnungsbaus in großen Kombinaten ori-entiert war, und die Mieten waren auf so niedrigem Niveau festgelegt, daß Repara-tur und Instandhaltung ohnehin nicht aus den Einnahmen hätten finanziert werden können. Die kommunalen Wohnungsverwaltungen weigerten sich häufig sogar, Altbauten als Geschenk in ihren Besitz zu übernehmen, weil ihnen damit die Last der Instandhaltung übertragen worden wäre (vgl. Dahn 1994).

– da auf die Rationalisierungseffekte des industrialisierten Bauens gehofft wurde, die freilich nie eintraten (vgl. Hannemann 1995), galt schließlich die ein-deutige Bevorzugung des Neubauens vor der Sanierung auch als ökonomisch ra-tional. In einer Vergleichsstudie wurde jedoch nachgewiesen, daß im Staatshaus-halt eine Neubauwohnung mit Kosten von 80.000 Mark mehr als die Modernisie-rung einer Altbauwohnung zu Buche schlug (Pensley 1994). Mit geringerem öko-nomischen Aufwand hätten also mehr Wohnungen mit ausreichendem technischen Standard geschaffen werden können als durch die einseitige Favorisierung des Neubaus. Da wegen der vernachlässigten Instandhaltung immer mehr Altbauwoh-nungen unbewohnbar wurden, erbrachte in den 70er und 80er Jahren sogar „in et-wa nur jede zweite Neubauwohnung einen tatsächlichen Wohnungsbestandszu-wachs" (Marcuse/Schumann 1991, 160).

Es gab auch Widerstand gegen die strikt auf Neubau orientierte Stadtpolitik. Bürgergruppen in Altbaugebieten sabotierten sogar den Einsatz von Abrißbrigaden. Stadtsoziologen, die sich zu DDR-Zeiten in empirischen Untersuchungen mit den Stimmungen der Bevölkerung in Bezug auf die Wohnbedingungen vertraut gemacht haben, gehen sogar so weit, daß sie die Unzufriedenheit mit dem Verfall der Altstädte zu einem starken Motiv für den offenen Widerstand im Jahre 1989 erklären (vgl. etwa Hunger u.a. 1990; Kahl 1991). In wissenschaftlichen Fachkreisen hatte sich schon während der 80er Jahre Kritik an der (Alt-)Stadt-zerstörerischen Wohnungsbaupolitik zu entwickeln begonnen, die zwar stadt- und kultursoziologisch inspiriert war[7], jedoch in der ökonomistischen Orthodoxie des DDR-Systems bei ihrer Erinnerung an die Nützlichkeit einer „intensiven Stadtentwicklung" vor allem produktivistisch argumentieren mußte: diese sei eine „Effektivitätsreserve" und zudem kostengünstiger (vgl. Hunger u.a. 1990, 173). Bis zum Untergang der DDR erreichte diese Botschaft allerdings nicht mehr die zentralen Entscheidungsgremien. Die Modellsanierungen (z.B. im Stadtteil Prenzlauer Berg aus Anlaß der Geburtstagsfeier der Stadt Berlin) blieben quantitaiv marginal.

2.5. Soziale Segregation

Angesichts der verfallenden Bausubstanz und des hinter dem allgemeinen Niveau weit zurückbleibenden Ausstattungsniveaus der Altbauten war es ein Privileg, eine Neubauwohnung von der kommunalen Wohnungsverwaltung zugeteilt zu bekommen – andererseits bildeten sich aufgrund der bewußten Entscheidung gegen das Wohnen in einem Neubaugebiet in manchen Altbaugebieten spezifische Milieus mit Bewohnern, die in irgendeiner Dimension in einem kritischen Verhältnis zum didaktorischen System standen, also kulturelle oder politische Dissidenten waren (vgl. Kil 1992b). „Die betroffenen Häuser waren sozusagen zum Auswohnen freigegeben, es wurde auf Verschleiß gefahren" (zitiert nach Dahn 1987, 39). Die schlechtesten Altbaubestände wurden andererseits auch zu Abschiebestationen von solchen Bevölkerungsgruppen, die sich nicht der besonderen Wertschätzung von Staatspartei oder einer gesellschaftlichen Organisation erfreuten: unangepasste Personen ('Arbeitsverweigerer', 'Asoziale', 'Querulanten'), unqualifizierte Arbeitskräfte in den weniger wichtigen Beschäftigungsbranchen und alte Menschen (vgl. Hinrichs 1992).

Gab es also soziale Segregation? Die Veränderung von „Straßen, Gebäuden und Landschaften" wurde 1977 vom 1. Sekretär der Bezirksleitung der SED von Ostberlin direkt als Veränderung der „sozialen Verhältnisse" bewertet, wobei der Abbau der sozialen Segregation eine besondere Stellung einnimmt: „Schon heute zeigen unsere Wohngebiete entsprechend dem Charakter unserer Gesellschaft eine relativ hohe soziale Homogenität und bieten Vertretern der verschiedensten Klassen und Schichten, geistig wie körperlich Arbeitenden, etwa gleiche Bedingungen für die Entwicklung ihrer Fähigkeiten und Talente" (zitiert nach Hannemann 1995). Die 'Annäherung der Klassen und Schichten' war ein hochrangiges, immer wieder propagiertes Ziel der Gesellschaftspolitik, und im Wohnungsbau fand es seinen augenfälligsten Ausdruck. Die 'Wohnungsfrage' war im 19. Jahrhundert jenes Problem der sich herausbildenden Klassengesellschaft, das einerseits am offensichtlichsten die Klassengegensätze repräsentierte, und das andererseits auch in bürgerlichen Kreisen als 'unmenschlich' und inakzeptabel galt (vgl. Zimmermann 1991). Eine ausreichende Wohnungsversorgung für alle – ohne die für den Kapitalismus typischen krassen Unterschiede zwischen den verschiedenen Einkommensgruppen – zu schaffen, wurde von den in die herrschende Klasse aufgestiegenen Funktionären der Arbeiterbewegung als hohes Ziel des sozialistischen Staates betrachtet. Faktisch haben die sichtbaren Erfolge im Wohnungsbau, wie die empirischen Untersuchungen der DDR-Stadtsoziologie zeigen, wesentlich zur Legitimation des SED-Staates beigetragen. Die Beseitigung von sozialen Unterschieden beim Wohnen wäre sicher ein herausragendes Merkmal der 'sozialistischen Stadt' gewesen. Die stadtsoziologische Forschung in der DDR widmete dieser Frage jedoch keine Aufmerksamkeit, weil sie sich in ihren Untersuchungen zum Wohnungswesen überwiegend mit den Neubaugebieten befaßte, wo weder die besonders Privilegierten noch die Marginalisierten lebten[8]. Soziale Ungleichheit gehörte außerdem per defintionem in die Kategorie des großen 'sozialistischen Nochnicht'. Eine auf der Basis der *neuen* gesellschaftlichen Bedingungen entstehende Ungleichheit – wie sie Szelenyi (1983) am Beispiel der Wohnungsversorgung in Ungarn nachgewiesen hatte – durfte noch nicht einmal gedacht werden.

Bis auf Ein- und Zwei-Familienhäuser wurden alle Wohnungen von der 'kommunalen Wohnungsverwaltung' vermietet. Da die Mieten extrem niedrig waren und die Höhe zwischen verschiedenen Lagen und Qualitäten kaum differierte, spielte die Kaufkraft für die Wohnstandortwahl keinerlei Rolle. Für die Zuweisung von Wohnraum galten zumindest drei Kriterien: ein gesellschaftspolitisches, ein volkswirtschaftliches und ein soziales. An erster Stelle stand das gesellschaftspolitische Kriterium, nach dem die 'Kämpfer gegen den Faschismus' bevorzugt wurden bzw. „Personen, die sich durch herausragende Leistungen bei der Stärkung, Festigung sowie zum Schutz der Deutschen Demokratischen Republik verdient gemacht haben" (vgl. Hannemann 1995). Das volkswirtschaftliche Kriterium kam zum Zuge dadurch, daß Betriebe Belegungsrechte hatten, und in sozialer Hinsicht bevorzugt wurden kinderreiche Familien, junge Ehepaare ohne eigene Wohnung und alleinstehende Mütter mit Kind (Großsiedlungsbericht 1994, 40) – wobei der Grundsatz galt: pro Person 1 Raum (nicht gerechnet Küche, Bad usw.), an nur zwei Personen wurde auch eine 1-Raum-Wohnung vergeben. Betriebe, gesellschaftliche Einrichtungen und Zweige der öffentlichen Verwaltung hatten eigene Vergabekontingente, so daß sich sehr fein segregierte Gruppen in Gebäuden mit solchen 'Kontingentwohnungen' herausbildeten. Gegenüber der schon erwähnten diskriminierenden Ausgrenzung kleiner Randgruppen am unteren Ende der sozialen

Hierarchie der DDR-Gesellschaft lebten die höheren Parteifunktionäre und besonders geschätzte Berufsgruppen in privilegierten Wohnverhältnissen. Durch das staatliche Vergabesystem, das junge Familien deutlich bevorzugte, ergab sich in den Neubaugebieten eine auffällige demographische Segregation nach Altersgruppen: je jünger die Wohnungen, desto jünger waren die Bewohner im Durchschnitt – und altern nun mit den Häusern.

Werner (1981, 132) hat in einer „Skizze vermutlicher sozialräumlicher Differenzierungen in den Städten der DDR" die neue politische Elite, die neue und alte wirtschaftliche und kulturelle Elite sowie die Selbständigen und die wirtschaftlichen Führungskräfte zu den privilegiert wohnenden Schichten gerechnet, die in Funktionärsgettos (z. B. Wandlitz), in den alten Villengebieten (z. B. Pankow), in den Einfamilienhausgebieten und in den großen, zentral gelegenen Stadtwohnungen wohnten. In den geschlossenen Wohnbebauungen (alte und neue Miethausblocks) vermutete er die 'Normalbevölkerung', während in den Wohngebieten mit der niedrigsten Qualität (wozu auch die Altbauten in den Kernen der Klein- und Mittelstädte gehören) die alte Bevölkerung sowie die Außenseiter vermutet wurden (nach Hannemann 1995). Es gab also eine soziale Segregation der Unter- und Überprivilegierten, die dazwischen liegende Masse der Bevölkerung jedoch wohnte sozialräumlich vergleichsweise gering segregiert – schon deshalb, weil die sozialen Unterschiede in der DDR-Gesellschaft insgesamt sehr gering ausgeprägt waren (vgl. Geißler 1992). Die Vermutung liegt jedoch nahe (und wird durch einzelne Berichte immer wieder bestätigt), daß gerade in einer Gesellschaft, wo es keine freie Wohnungswahl gibt und die Verteilung von Wohnraum nach politischen Kriterien der herrschenden Partei erfolgt, mit dieser Verteilung Belohnungen für Loyalität bzw. für besonders knappe Leistungen verbunden sind. Monetäre Anreize machen z. B. für einen Arzt oder Künstler wenig Sinn, wenn er sich damit nicht eine bessere Wohnung besorgen kann – dann wird die Zuteilung einer begehrten Wohnung eben gleich zur 'außertariflichen' Zusatzentlohnung. „Die Wohnungen wurden auch zu einem Mittel der Belohnung für das sytemkonforme Verhalten im realen Sozialismus" (Schulz 1991, 14).

3. Was bedeutet nun die Wende? (Übergang zur kapitalistischen Stadt)

Wir haben bei der Betrachtung der 'sozialistischen Stadt' einige Merkmale festgestellt, die sie vom Typus der 'kapitalistischen Stadt' unterscheiden:

– Fragmentierung der politischen Entscheidungsgewalt über örtliche Angelegenheiten in Betriebspolitik einerseits, übergeordnete staatliche Fach- und Territorialpolitik andererseits; keine eigenen Ressourcen für Kommunalpolitik;
– das als dominant geplante und 'künstlerisch' gestaltete Stadtzentrum mit der Konzentration öffentlich organisierter Einrichtungen (incl. Wohnen) in der

Mitte auf der Basis einer umfassenden staatlichen Verfügungsgewalt über den Boden;
– die planmäßige Sicherung der kompakten Stadt durch einheitlichen, staatlichen Großsiedlungsbau und Nichtzulassen von Suburbanisierung in der Form des Einfamilienhausbaus;
– großflächiger Verfall der Altbaugebiete;
– keine soziale Segregation nach dem Einkommen, sondern nach Alter oder politischer Privilegierung.

Mit der Integration der DDR in die Bundesrepublik änderten sich die wichtigsten Parameter dieses Typs: die Wiedereinführung von privatem Eigentum beschneidet die Planungsmacht der öffentlichen Instanzen und eliminiert die Möglichkeiten zur direkten Realisierung von *Stadtstruktur*vorstellungen. Darüber hinaus hat die nun eingeführte finanzwirtschaftlich bedingte Konkurrenz zwischen den Gemeinden und Städten (die im übrigen schon zu DDR-Zeiten von Stadtforschern gefordert worden war; vgl. Hunger u. a. 1990) die Folge, daß unerwünschte Struktureffekte nicht verhindert werden können (z. B. Stadt-Umland-Konkurrenz); das Ende des staatlichen Wohnungsbaus und seine teilweise Privatisierung, die Einführung einer an der Wirtschaftlichkeit orientierten Berechnung der *Miete* und eines neuen *Mietrechts,* die massive Förderung von privaten Investitionen in diesem Bereich sowie die Reprivatisierung von Haus- und Grundeigentum verändern die Wohnbedingungen fundamental; schließlich tritt mit der Reetablierung der *kommunalen Selbstverwaltung* ein neuer politischer Akteur auf den Plan, der nicht nur über mehr formale Rechte verfügt, sondern sehr viele neue Aufgaben zu bewältigen hat. Eigenständige Finanzwirtschaft, Stadtsanierung, Bauleitplanung, Sozial- und Arbeitsmarktpolitik (vgl. Eißel 1995) sind Bereiche, die in den Stadtverwaltungen der DDR nur eine geringe oder gar keine Rolle spielten.[9]

Diese Veränderungen traten mit dem Beitritt der DDR zur Bundesrepublik formal über Nacht in Kraft, aber ihre materielle Wirkung entfalten sie erst nach und nach, denn soziale, politische, institutionelle, räumlich-bauliche und schließlich mentale Strukturen ändern sich langsamer. Den Städten werden neue Positionen im Städtesystem zugewiesen (vgl. Henckel u. a. 1993). Die sozialräumlichen und funktionalen Veränderungen sind in den Orten am schnellsten und deutlichsten spürbar bzw. sichtbar, wo es eine vergleichsweise dynamische wirtschaftliche Entwicklung gibt bzw. erwartet wird. Tatsächliche oder erhoffte wirtschaftliche Dynamik äußerte sich zuerst im Immobiliensektor, wo im Bodenpreis und in Investitionsprojekten eine zukünftige Entwicklung – spekulativ oder prognostisch – ihren Ausdruck findet. Die neue wirtschaftliche Entwicklung erschien daher zunächst vor allem als 'Immobilien-Kapitalismus'. An anderen Orten, die im Windschatten zukünftiger Ertragserwartungen liegen, änderte sich dagegen zunächst wenig (vgl. Kohler 1994). In vielen Kleinstädten sind zwar Bausparkassen- und Versicherungsreklame-Schilder aufgetaucht, Eduscho-Filialen inzwischen neonbeleuchtet, aber der Duft von Stagnation und Depression hängt weiter über diesen

Orten. Es gibt also sehr verschiedene Geschwindigkeiten zwischen den Städten beim Wandel, je nach wirtschaftlicher Struktur und/oder Lage im neuen Wirtschaftsraum; und es gibt innerhalb der Städte verschiedene Geschwindigkeiten – Orte eines Investitionsbooms und Orte der Stagnation (vgl. Doehler/Rink in diesem Band).

Der langsame Wandel wird heute von vielen Seiten als Defizit der Wiedervereinigung gesehen. Die Überlagerung von tradierten Strukturen, Gewohnheiten, Mentalitäten und politischen Orientierungen mit einem vollkommen revolutionierten institutionellen und rechtlichen Rahmen ist zunächst eine Besonderheit der Transformationsphase – die wichtigere Frage aber ist, ob sich daraus in den ostdeutschen Städten und Gemeinden langfristig andere Wirklichkeiten ergeben als in den westlichen.[10]

3.1. Die neuen Stadtbauherren

Während im sozialistischen System die Stadt eindeutig dem Staat bzw. der Partei gehörte, werden die Karten seit 1990 neu gemischt. Demokratisch gewählte Gemeindeparlamente und Bürgermeister haben es mit einer sozialen Organisation der Stadt zu tun, bei der eine Vielfalt von Akteuren aus eigenem Recht und mit eigener Macht an der Stadtentwicklung mitwirken: die privaten Grundeigentümer, die neuen Investoren und Developer, die freien Träger der Wohlfahrtspflege und 'Träger öffentlicher Belange' (wie z.B. das Arbeitsamt), die Wohnungsbaugesellschaften, die Kammern und Verbände, Bürgerinitiativen und Parteien, übergeordnete Behörden mit Kontrollrechten und Förderangeboten, die lokale und überlokale Öffentlichkeit usw. Stadtpolitik wird zu einem Management in einem komplexen Geflecht von unterschiedlichen Interessen, in dem formale Rechte und Regelungsinstrumente nur dann effektiv genützt werden können, wenn man sie gut kennt und richtig einzusetzen weiß. Das ist eine Frage des mit den neuen rechtlichen und ökonomischen Bedingungen vertrauten Fachpersonals, die besonders hohe Bedeutung hat, wenn sehr viele Entscheidungsprozesse gleichzeitig und unter hohem Zeitdruck ablaufen sollen. Und das ist das Mindeste, was von den neuen Stadtverwaltungen erwartet wird: daß sich möglichst viel möglichst rasch, aber auch in die richtige Richtung verändert und bewegt. Daß unter solchen Bedingungen einerseits gerissene Geschäftemacher zunächst vielerorts leichtes Spiel hatten, andernorts die unbewältigte Komplexität in eine blockierende Lähmung führte, ist kaum verwunderlich.

81,1% der Gemeinden in den neuen Bundesländer haben weniger als 5.000 Einwohner, fast die Hälfte weniger als 500! Die Folgen für die Administration sind inzwischen durch die Verwaltungsreform, nach der Kleinstgemeinden zu Ämtern zusammengeschlossen wurden, zwar gemildert, aber dies ist die Situation, in der die Wende auf die kommunale Ebene kam. Die kleinen Gemeinden haben in der Regel kein Fachpersonal, oft überhaupt nur ehrenamtliche Verwaltungskräfte – und diese sollen den nunmehr losgelassenen Tiger reiten? In den großen Städten[11] wurde für die Führungspositionen rasch Personal aus den alten Bundesländern rekrutiert und eine Parteienkonkurrenz auch in der Lokalpolitik etabliert, aber in der Masse der selbständig gewordenen Kommunen (immerhin haben etwa 94 % weniger als 5.000 Einwohner) sahen sich die „Außenseiter als Politiker" (Berking/Neckel 1991) mit Interessenten und Verhandlungspartnern (aus dem Westen) konfrontiert, denen sie weder vertrauen noch gewachsen sein konnten (zu den 'Verwaltungshilfen' aus dem Westen vgl. Grunow 1995). Dies gilt keineswegs nur für Haus- und Grundstückskäufer oder Gewerbetreibende, sondern auch für Beratungs- und Planungsfirmen, die im Auftrag der Gemeinden tätig werden wollten, denn Bauleitpläne mußten entworfen, Anträge für Förderungsprogramme formuliert und Investitionen geplant werden. Da gleichzeitig die Fachaufsicht auf der Landesebene vor ähnlichen Problemen stand, wurden in der grauen Übergangszone Entscheidungen getroffen und Gutachten bestellt, deren Wert gleich Null war oder die in eine falsche Richtung wiesen. Die Lokalpolitiker hatten oft keinerlei Erfahrung und meistens nicht einmal ein Telefon, um sich rasch informieren zu können. Ein Beispiel für Planungsfehler aus dieser Zeit des Planungs-Vakuums sind überdimensionierte Kläranlagen, die vielen Gemeinden von angeblich fachkundigen Planungsbüros aufgeschwatzt wurden, und an deren Folgekosten die Gemeinden noch lange zu tragen haben. „Zuerst kamen die Discounter, die schnelles Geld machen wollten, dann die Makler und Juristen, die altes Eigentum requirieren; schließlich die Consulter, die alles versprechen, aber selber nichts können, und last not least die Qualifizierer, die dem Ostdeutschen klarmachen, was er noch alles lernen muß" (Berking/Neckel 1992, 166).

Tabelle 1: Anzahl der Gemeinden in der Bundesrepublik Deutschland nach Einwohnergrößenklassen (1989)

Größenklassen	Neue Bundesländer	in %	Alte Bundesländer	in %
unter 500 E.	3.580	47,3	1724	20,3
500 bis unter 1.000	1.956	25,9	1.344	15,8
1.000 bis unter 2.000	1.042	13,8	1.578	18,6
2.000 bis unter 5.000	597	7,9	1.733	20,4
5.000 bis unter 10.000	164	2,2	980	11,5
10.000 bis unter 20.000	107	1,4	646	7,6
20.000 bis unter 50.000	82	1,1	348	4,1
50.000 bis unter 100.000	20	0,3	84	1,0
100.000 und mehr	15	0,2	68	0,7
Gesamt	7.563		8.506	

Quelle: Schmidt-Eichstaedt 1993, 7

In fast allen Städten und Gemeinden wurde das politische Führungspersonal nach den ersten Kommunalwahlen im Jahre 1990 komplett ausgetauscht, weil das frühere politisch belastet und/oder unfähig war. Die nun in die Ämter gekommenen Personen hatten verständlicherweise keine administrative Erfahrung (vgl. Osterland/Wahsner 1994), waren sie doch als Dissidenten und Opponenten zuvor von jeglicher Mitwirkung ausgeschlossen. Zudem lagen ihre politischen Ideale auf einer höheren Etage als Kläranlagen oder Gewerbegebiete (vgl. die sehr erhellende Analyse des politischen Wandels in einer brandenburgischen Industriestadt von Berking/Neckel 1991).

Aber nicht nur kurzfristige und ohne ausreichende Informationen getroffene Entscheidungen wirken in die Gegenwart und in die Zukunft hinein, sondern auch soziale und gebaute Strukturen aus der Vor-Wende-Zeit. Da in den Städten und Gemeinden eine bürgerschaftliche Organisation jenseits der Kontrolle der SED nicht möglich war, ist jener assoziative bzw. verbandliche Unterbau des politischen Institutionensystems verschwunden, der unverzichtbare Voraussetzung einer kommunalen 'Selbstverwaltung' ist, weil sich dort bürgerschaftliche Interessen bündeln und bilden, und die zudem typischerweise das Rekrutierungsfeld für die Lokalpolitik darstellen. Da nach der sozialistischen Umgestaltung und während des stalinistischen Terrors viele Angehörige der früheren Mittelschicht die DDR bis 1961 verlassen haben und dort fortan alles 'Bürgerliche' behindert und sozialstrukturell ausgetrocknet wurde, war nach der Wende sozusagen das soziale Substrat einer bürgerlichen Selbstverwaltung dünn, das selbstbewußte lokale Eliten ausbildet.

Die Fluchtbewegungen seit 1989 – immerhin sind seitdem 1,1 Millionen ostdeutsche Einwohner in ein westliches Bundesland umgezogen –, getragen vor allem von den Jüngeren und Qualifizierten, haben das Potential von Personen, die aktiv sich zu engagieren und kommunalpolitische Führungsaufgaben zu übernehmen bereit wären, zusätzlich geschwächt. Angesichts des bisherigen Desasters der ökonomischen Restrukturierung auf den Arbeitsmärkten und der geringen Möglichkeiten, auf lokaler Ebene dagegen wirklich etwas tun zu können, haben sich inzwischen auch viele anfangs sehr engagierte Bürger aus der aktiven Kommunalpolitik zurückgezogen. Die euphorischen Hoffnungen, mit denen im Jahre 1990 Bürgerinitiativen und neugegründete Vereinigungen in die lokale Politik einstiegen, sind inzwischen einer resignierten Ernüchterung gewichen. Alten und neuen Funktionärstypen wird dadurch zunehmend das Feld in der Kommunalpolitik überlassen. Diese Gründe und die Vielzahl der Posten in den Gemeindevertretungen führten dazu, daß für die Kommunalwahlen im Jahre 1994 nicht einmal überall genügend Kandidaten gefunden werden konnten, um die Parlamente zu füllen.

Aber auch dann, wenn sich überall starke, charakterfeste und hochleistungsfähige Personen gefunden hätten, um die Aufgaben der Lokalpolitik zu übernehmen, hätte sich keine grundsätzlich andere Entwicklung ergeben, denn die entscheidenden Rahmenbedingungen für das lokale Geschehen in der Arbeitsmarkt-, Sozial- und Wohnungspolitik wurden auf Bundes- und Landesebene gesetzt. Auf der lokalen Ebene ist man nun vor allem mit der Bewältigung der Folgeprobleme und mit Abwehrkämpfen beschäftigt – und währenddessen laufen immer noch die Bürger weg, denn die Einwohnerzahlen in den Städten nehmen überall weiterhin ab. Seit 1989 bis zum Zeitraum 1993/94 haben sich in den großen Städten die Einwohnerzahlen wie folgt entwickelt: Dresden -6,1%, Magdeburg -7,6%, Halle -6,4%, Rostock -6,3%, Chemnitz -7,5%, Leipzig -7,4% (Angaben der Statistischen Ämter). Und alle Prognosen weisen in die Richtung einer weiteren z.T. sehr starken Abnahme, denn der scharfe Geburtenrückgang seit 1990 wird sich langfristig auswirken, auch wenn die Abwanderung nachgelassen hat oder sogar die Einwohnerzahlen wieder zunehmen – was allerdings von der künftigen Entwicklung der Zuwanderung aus dem Ausland abhängt, denn auch die Bevölkerung der ostdeutschen Städte wird auf absehbare Zeit nur durch den Zuzug von Ausländern wachsen.

3.2. Entwicklung der Stadtstruktur

1990 gab es keine Bodenpreise in Ostdeutschland, sie mußten erfunden werden, und die Phantasie kannte kaum Grenzen. Der 'Markt', der sich *aus dem Nichts* bildete, hatte einige Besonderheiten: Die hohen Immobilienpreise in den Städten Ostdeutschlands sind einerseits Ergebnis der hohen Wachstumserwartungen, die nach 1990 überall verbreitet waren, in der Politik, in der Publizistik und in der Privatwirtschaft. Sie regten eine große Nachfrage nach Immobilien an, die zusätzlich angereizt wurde durch die hohen steuerlichen Sonderabschreibungen, die für die ersten 5 Jahre nach der Vereinigung in Aussicht gestellt wurden. Allein damit war eine Nachfrage geschaffen, die mit einer nachhaltigen Entwicklung nicht rechnen mußte – Hauptsache Verluste zur Verminderung des steuerpflichtigen Einkommens. Dem Sturm auf den ostdeutschen Immobilienmarkt stand zunächst ein knappes Angebot gegenüber: die Klärung der Eigentumsrechte – Voraussetzung für den Transfer – nimmt mehr Zeit in Anspruch als gedacht, die öffentlichen Verkäufer (Treuhand, aber auch Bund, Länder und Kommunen) hatten zunächst eine Art Monopolstellung und legten die Meßlatte hoch. Auf einem Anbietermarkt konnte sie die Preise diktieren und betrieben damit Strukturpolitik, denn kapitalschwache Interessenten (zu denen praktisch alle Ostdeutschen zu rechnen sind) hatten geringe Chancen. Das Preisniveau aus westlichen Bundesländern wurde übertragen, 'sachverständig' untermauert von westlichen Gutachtern, aber weder die Infrastrukturausstattung noch die übrige Lebensqualität entsprachen diesem Niveau – und es wird noch lange nicht erreicht sein. Für praktisch alle wirtschaftlichen Aktivitäten in den Städten waren damit Einstandspreise fällig, deren Verzinsung die Standorte auf lange Zeit über Gebühr verteuert, denn für alle Immobilien mußte der Barpreis auf den Tisch gelegt und anschließend noch die Investition für Neubau oder Sanierung finanziert werden. Man stelle sich eine westdeutsche Großstadt vor, deren Bodenwerte von heute auf morgen neu auf hohem Niveau festgelegt und tatsächlich in Verkäufen realisiert werden – viele Nutzungen, die sich nur deshalb halten, weil das Gebäude abgeschrieben ist oder die Grundrente durch den selbstnutzenden Eigentümer nicht abgeschöpft wird, würden sofort verschwinden, weil sie die nun notwendigen Erträge nicht erwirtschaften könnten. Eine neue Nutzungsstruktur entstünde auf einheitlich höchstem Grundrentenniveau – mit den entsprechenden sozial- und raumstrukturellen Konsequenzen. Und dies geschieht in den ostdeutschen Städten seit 1990, nachhaltig unterstützt durch das steuerliche Sonderabschreibungsrecht.

3.2.1. Räumliche Struktur des Gewerbes

Die Gewerbestruktur und deren räumliche Verteilung unterliegt den raschesten Veränderungen. Davon sind die inneren Bereiche der großen Städte am stärksten betroffen, denn auf diese richtete sich als erstes das Interesse von Immobilien- und Handelskapital. Die direktesten Wirkungen der Wende vor der eigenen Haustür hatte die Kommerzialisierung des Stadtraumes, die sich – als Folge der Einführung eines Bodenpreises und entsprechender Mieten (vgl. Schmidt 1991) – in rigorosem Nutzungswechsel und einer knalligen Veränderung des Stadtbildes niederschlug (vgl. Cornelsen u. a. 1994). Nicht nur die angebotsarmen 'Verkaufsstellen' und die gastunfreundliche Gastronomie mußten weichen, sondern auch alle jene einwohnerfreundlichen Einrichtungen, die sich unter den neuen Bedingungen 'nicht rechnen': Anlaufstellen für hilfebedürftige Einwohner, Bibliotheken und kulturelle Einrichtungen, Jugendclubs und 'SERO[12]-Sammelstellen' – die Überschwemmung mit Müll aller Art war für die durch Materialknappheit an Askese gewohnten DDR-Bürger eine ebenso schockierende Erfahrung, wie die neuen Konsumfreiheiten eine Befreiung aus den alltäglichen Beengtheiten und Lästigkeiten der Mangelwirtschaft waren.

Aber das neue Gewerbe beschränkte sich nicht mit der Besetzung der Innenstädte, sondern breitet sich ebenso – und mancherorts vor allem – im Umland aus. Dort waren die Eigentumsverhältnisse geklärt, dort war viel Platz, und dort waren schnelle Baugenehmigungen für die Errichtung von großflächigen Einkaufszentren zu bekommen. Die rasche Automobilisierung machte es möglich. Fehlende Verbindungen mit dem bis dahin wichtigsten Verkehrsmittel, dem öffentlichen Nahverkehr, waren daher kein Hindernis. Aus den grauen Quartieren der Plattenbauten und verfallenden Vorkriegshäusern pendeln nun die Konsumenten in ihren bunten Gebrauchtwagen in die grellen Gewerbezonen am Stadtrand, während die neuen Eigentümer der innerstädtischen Grundstücke mit dem Umbau oder Abriß der dortigen Gebäude den Wettlauf um die Dominanz als Einkaufsort aufnahmen. Aber das gewohnte Zentrengefüge ist schon jetzt völlig aus den Fugen geraten.

Umland der Städte: Extra-Urbanisierung statt Suburbanisierung. – In den ostdeutschen Stadtregionen hat sich in den letzten 5 Jahren eine Struktur herausgebil-

det, die eher amerikanischen Vorbildern (vgl. Garreau 1991) als westdeutschen äh-
nelt: die Investitionsdynamik entwickelte sich rascher im Umland als in den Innenstädten. Die Suburbanisierung von Bevölkerung und Gewerbe hat in den letzten
5 Jahrzehnten zwar auch die westdeutschen Großstädte in manche Krise gestürzt,
Anpassungsprozesse erzwungen und politische Neuorientierungen provoziert (vgl.
Häußermann/Siebel 1987), aber es handelte sich doch um einen Prozeß der Ausdehnung urbaner Funktionen im Zuge der Flächenexpansion. In den ostdeutschen
Städten hingegen scheint sich eine andere Regionalstruktur zu etablieren: die städtischen Funktionen entstehen gar nicht erst in der Stadt, um dann 'nach draußen'
zu wandern, sondern am Rande und zwischen den Städten entstehen neue Zentren
gleichsam aus dem Nichts, die nahezu alle kommerziellen Funktionen der traditionellen Innenstadt anbieten. Die kompakte 'sozialistische Stadt' fasert nicht lediglich an den Rändern aus, sondern sie wird nach einer 'Explosion' neu zusammengesetzt.

   Während in den Städten komplizierte Neuordnungsprozesse beim Boden- und
Immobilieneigentum in Gang gesetzt werden mußten, wurde im Umland bereits
die Containerarchitektur für großflächige Zentren hochgezogen, die möglicherweise Ansatzpunkte für weitere extra-urbane Entwicklungen sind. „Je Einwohner (ent-
fällt) in den neuen Bundesländern bereits heute zweinhalbmal soviel Verkaufsfläche in Einkaufszentren wie in den alten Ländern. Bei den geplanten Flächen beträgt das Verhältnis der Verkaufsfläche je Einwohner alte zu neue Länder 1:10"
(BfLR 1995, 6; vgl. auch den Beitrag von Usbeck in diesem Band). Diese Entwicklung läßt nur zwei Perspektiven zu: entweder handelt es sich um einen transformationsbedingten Ausnahmezustand und viele dieser Zentren werden in absehbarer
Zeit wieder dicht gemacht (etwa wenn die Sonderabschreibungen auslaufen) – was
ein neuartiges 'Konversionsproblem' darstellen würde –, oder die neuen Standort-
strukturen sind Ausdruck einer stabilen Tendenz und bilden insofern die Zukunft
auch der westdeutschen Regionen ab. Letzterer Sicht neigt Friedrichs zu: „Die
Entwicklung scheint die Phase der Neubildung der Innenstädte durch ein differen-
ziertes Angebot im Einzelhandel und von Dienstleistungen zu überspringen und
gleich in der gegenwärtigen Phase westdeutscher Städte einzusetzen: periphere
Subzentralisierung einerseits und Filialisierung in der Innenstadt andererseits"
(Friedrichs 1995, 138). Wie ist diese 'Extra-Urbanisierung' zu erklären?

   Mit der Währungsunion und der Vereinigung der beiden deutschen Staaten
nahmen schlagartig sowohl die Kaufkraft wie das Warenangebot in den neuen
Bundesländern zu. Die Ausweitung der Verkaufsflächen wurde von den Einzel-
handelsketten sofort mit großem Nachdruck betrieben, wobei sie von den kommunalen Verwaltungen in der Regel großzügig unterstützt wurden. In den Städten
Ostdeutschlands herrschte zwischen dem 3. Oktober 1990 und den Kommunalwahlen im März 1991 eine Art Planungsvakuum, da die lokalen Administrationen noch
im Aufbau waren; dieser Aufbau mußte außerdem weitgehend von Politik-
Neulingen geleistet werden, denn in die politische Verantwortung rückten gerade

in den kleineren Städten solche Personen, die im politischen System der DDR Außenseiter gewesen waren. Im Prinzip das Gleiche gilt für die regionalen und landesweiten Behörden, die die lokalen Planungsentscheidungen durch Genehmigungsverfahren hätten kontrollieren können bzw. müssen.

Zur gleichen Zeit, als große Handelsketten nach Standorten für Verkaufsflächen suchten, waren die Innenstädte für ihre Zwecke noch weitgehend unzugänglich. Einen Grundstücksmarkt in den bebauten Gebieten, wie z.B. der Innenstadt, gab es vor Mitte 1991 wegen der erst anlaufenden Restitution des Privateigentums faktisch noch nicht.Die 'Verkaufsstellen' der staatlichen Handelsorganisation (HO) wurden zwar sofort von westlichen Einzelhandelsunternehmen übernommen und umgebaut (so übernahm z.B. eine einzige Kette alle HO-Läden in Ost-Berlin), aber zusätzliche Standorte bzw. Flächen waren zunächst nicht verfügbar, weil die Verkaufsflächen in den DDR-Innenstädten (im Vergleich zu westlichen) insgesamt vergleichsweise bescheiden dimensioniert waren. Außerdem war das Preisniveau für die wenigen verfügbaren Innenstadtgrundstücke binnen kurzer Zeit so hoch geworden, daß bei großflächigen Einrichtungen Rentabilitätsgrenzen aufgetreten wären.

Neben diesen 'Push-Effekten' der Situation in den Innenstädten zeichneten sich die Standorte in den Außenbereichen durch ebenso klare 'Pull-Effekte' aus: billiges Bauland, geklärte Eigentumsverhältnisse und unbegrenzte Flächen, da die lokalen Planungsbehörden in den Umlandgemeinden zugunsten der ökonomischen Wachstumseffekte Gewerbeflächen je nach Wunsch der Investoren auswiesen (vgl. z.B. Kern 1995). Einer der wichtigsten Standortfaktoren, die Erreichbarkeit per PKW, spricht nicht nur in Ostdeutschland grundsätzlich gegen innerstädtische Standorte, aber in den ostdeutschen Städten besonders, da deren Straßensystem (Durchlaßfähigkeit, Zustand, Flächen für den ruhenden Verkehr) zur Zeit der Wende für den rasch wachsenden Individualverkehr vollkommen ungenügend war. Für die Einzelhandels- und Fachmarktzentren sind innerstädtische Standorte keine realistische Alternative zu den Außengebieten. Ihre Standortrationalität ist 'exurban', d.h. sie sind auf exzellenten Anschluß an den motorisierten Individualverkehr angewiesen. Großmärkte – und erst Recht Einkaufszentren – stellen keine stadtergänzenden Funktionen dar, vielmehr ersetzen sie die traditionelle Marktfunktion der Innenstädte teilweise – und zwar mit zunehmender Tendenz. Die Zahl der einzelnen Läden verringert sich, aber die Verkaufsfläche dehnt sich beständig aus.

Diese Entwicklung hat sich in ostdeutschen Regionen schneller und stärker durchgesetzt als sie es in westdeutschen Regionen je tun wird. Im Osten befinden sich von den realisierten und genehmigten Verkaufsflächen ca. 55% im Außenbereich, während es 1993 im Westen lediglich 25–30% waren. Die Ausstattung mit Einkaufszentren ist also wesentlich größer als im Westen, und das bei geringerer Kaufkraft. Und ein Ende dieser Entwicklung ist noch nicht abzusehen, denn „von den 424 Einkaufszentren, Fachmärkten, SB-Warenhäusern, Verbrauchermärkten, Warenhäusern und C&C-Großmärkten, die bis zum Jahr 1997 in der Bundesrepublik geplant oder bereits im Bau sind, befinden sich 202 in den neuen Bundesländern. Knapp 65% der insgesamt geplanten sechs Millionen Quadratmeter Verkaufsfläche entfallen dabei auf Ostdeutschland" (Hatzfeld 1994, S.188f.). Das heißt, daß die 'Einzelhandelszentralität' in den ostdeutschen Regionen gering bleiben wird. Die Innenstädte in den Ballungsregionen können nur zwischen 5 und 15% der Kaufkraft ihres Einzugsbereichs binden, zumal die Anteile der Besucher aus dem Umland an allen Innenstadtbesuchern bei den ostdeutschen Städten geringer sind. Offensichtlich hat die regionale Nutzungsstruktur in Ostdeutschland nicht nur einen raschen Wandel durchgemacht, sondern einen 'Quantensprung' erlebt: die Käuferströme haben sich sofort an den dezentralen Standorten orientiert, als die notwendige Mobilität durch die Ausweitung des Pkw-Besitzes gegeben und das Warenangebot in den Innenstädten nicht verfügbar war oder als unzureichend und auch als zu teuer angesehen wurde. Die gleiche Entwicklung hat in den alten Bundesländern zu einer Arbeitsteilung zwischen Innenstadt und Außenbereich geführt: im Außenbereich wird der Bedarf an Massenkonsumgütern durch Selbstabholer gedeckt, wobei der Kofferraum des Autos als Transportcontainer unverzichtbar ist, während in der Innenstadt spezialisierte Angebote, traditionsreiche Fachgeschäfte und Läden bzw. Boutiquen für Luxusgüter lokalisiert sind. Auf diese Form der Arbeitsteilung können allerdings die ostdeutschen Innenstädte mittelfristig nicht hoffen, denn das Einkommensniveau und die Einkommensverteilung sind in Ostdeutschland noch erheblich anders als in den alten Bundesländern: Wenn in den neuen Bundesländern 75% der Haushaltseinkommen unter der 3.000-DM-Grenze liegen, in den alten jedoch nur 61%, ist leicht zu erkennen, daß das Kaufkraftpotential für die 'etwas teureren' Konsumgüter, auf das sich die Innenstadtnachfrage stützen müßte, deutlich geringer ist als in den alten Bundesländern. Die Innenstädte werden also zumindest eine lange 'Durststrecke' durchzustehen haben, bis aufgrund von Einkommenssteigerungen sich die Konsumstile einer relevanten Anzahl von Bewohnern der ostdeutschen Stadtregionen so verändern können, daß sie genügend Kaufkraft für die Stabilisierung der Innenstädte haben.

Auch die *Suburbanisierung des Wohnens* ist in Gang gekommen. Developer, Wohnungsbaugesellschaften und Einzelpersonen machen sich – massiv gefördert durch Steuererleichterungen – daran, dem Umland endlich jene Form zu geben, die der Sozialismus so lange verhindert hatte: Siedlungslandschaften mit gutem Straßenanschluß. Das Leitbild vom Wohnen im eigenen Haus und im Grünen hat auch in Ostdeutschland genügend Freunde, um – wenn genügend Einkommen für die Finanzierung vorhanden ist – eine Suburbanisierungswelle zu tragen. Die Konkurrenz zwischen den Städten und ihrem Umland um die (noch relativ seltenen) gut verdienenden Einwohner ist damit entbrannt. Befördert wird die Suburbanisierung durch die unerwartet lange Dauer der Sanierung, Instandsetzung und Modernisierung der Altbaubestände. Wieder also liegt die gute Wohnalternative 'draußen', vorausgesetzt Einkommen, Lebensstil und Familienstatus stimmen.

3.3. Die Wirkungen der Rückübertragung von Eigentum

Das Prinzip 'Rückgabe vor Entschädigung' – kurz vor dem Abschluß des Einigungsvertrages durchgesetzt – wird heute vielfach als eine der wirkungsvollsten Fehlentscheidungen für den Einigungsprozeß angesehen. Sie stellt in gewisser Hinsicht eine 'Revolution rückwärts' dar, weil Eigentumsverhältnisse, die in der 40jährigen DDR-Zeit grundlegend umgestaltet worden waren, wieder auf den Stand von 1949 gebracht werden. Insgesamt sind bis Ende 1992 (das war die Frist, bis zu der entsprechende Anträge bei den Ämtern für 'Regelung offener Vermögensfragen' gestellt werden konnten) 1,8 Millionen Vermögensansprüche auf Immobilien und Grundstücke angemeldet worden. Das betrifft etwa 15% des gesamten Wohnungsbestandes (Scholz 1993, 32). Kann die sozialistische Stadt- und Wohnungspolitik in ihrem ordnungspolitischen Kern als „Entmarktung" (Wielgohs 1995) bezeichnet werden, dann ist die Reprivatisierung insgesamt als Strategie der „Vermarktung" zu bezeichnen. Daß statt der Möglichkeit einer Entschädigung unrechtmäßig enteigneter Grundeigentümer – gegen den Widerstand aller frei gewählten Abgeordneten des DDR-Parlaments – die Naturalrestitution durchgesetzt wurde, begründet der westdeutsche Verhandlungsführer mit den Kosten, die dem Staatshaushalt erspart werden sollten, sowie mit dem Anreiz für Investitionen (vgl. Schäuble 1991, 254 ff.). Immerhin war damit auch die Chance verbunden, daß sich der lokal verwurzelte Mittelstand wieder hätte etablieren und kleinteilige Nutzungsstrukturen zugunsten einer urbanen Vielfalt aufbauen können. Doch die Wirkungen sind anders.

Der gesetzlich garantierte Rückübertragungsanspruch führt nicht in allen Fällen zur Wiederherstellung der alten Grundstücksgrenzen und schon gar nicht zur Rekonstruktion der alten Eigentümerstruktur. Um die rasche Verwertung und Bebauung solcher Grundstücke sicherzustellen, auf die sich im neuen Koordinatensystem der Stadtentwicklung das Interesse kapitalkräftiger Investoren richtete, wurde mit dem nachgeschobenen 'Investitionsvorranggesetz' der Rückübertragungsanspruch in eine bloße Entschädigungsregelung umgewandelt, wenn andere als die alt-neuen Eigentümer ein überzeugenderes Investitionskonzept (mit dem Versprechen einer baldigen Realisierung des Investitionsvorhabens und der Schaffung von Arbeitsplätzen) vorlegen konnten. Damit sollte vor allem die wirtschaftliche Erneuerung beschleunigt werden, denn kapitalschwache oder spekulationswillige Eigentümer hätten Grundstücke einer raschen Wiedernutzung vorenthalten können. Mit der Planung von Großinvestitionen konnten verschiedene Einzelgrundstücke zu größeren Investitionsflächen zusammengefaßt und einer 'modernen' Strategie der Stadtentwicklung zur Verfügung gestellt werden.

Bei den Städten und beim Staat der DDR hatte sich, obwohl längst nicht alle ehemaligen privaten Grundeigentümer enteignet wurden, ein beträchtliches Grundvermögen angesammelt, das aus den Enteignungen im Rahmen des 'Aufbaugesetzes' aus dem Jahre 1950, mit denen die Grundstücksgrenzen großräumig vor allem in den Innenstädten aufgehoben wurden, stammte sowie aus den (oft unfreiwilligen) Verkäufen von 'Republikflüchtlingen' bzw. aus mehr oder weniger willkürlichen Enteignungen von Ausgereisten, die zum Teil mit ihrem Hausbesitz nichts mehr zu tun haben wollten und deshalb z. B. keine Steuern mehr bezahlten. In der DDR hatte sich ein seltsames Nebeneinander von alter Grundbuchtradition (die ja nur bei Privateigentum am Boden Sinn hat) und neuer Verfassungsrealität, nach der es kein Privateigentum an Boden geben durfte, entwickelt, das dazu führte, daß viele Eigentümerwechsel weder vollständig dokumentiert noch rechtskräftig vollzogen worden sind. Bei Überführung in 'VE' (Volkseigentum) wurde das Grundbuch geschlossen. Hätte die sozialistische DDR fortbestanden, wäre daraus ja auch kein Problem erwachsen, nun aber richten sich in vielen Fällen gleich mehrere Rückübertragungsansprüche (manchmal von bis zu 10 verschiedenen Parteien) auf dasselbe Grundstück. Die rechtliche Klärung braucht Zeit, auch deshalb, weil die Ämter personell unterausgestattet sind, die Aktenlage unvollständig ist, und weil der Entscheidung durch das Amt für offene Vermögensfragen noch langwierige gerichtliche Auseinandersetzungen folgen können.

Die Restitutionsregelung (vgl. den Beitrag von Dieser in diesem Band) ist aber nicht nur unter dem Gesichtspunkt der Praktikabilität und der Effizienz für die zukünftige Entwicklung zu betrachten, sie hat vielmehr tiefgreifende politische und moralische Dimensionen, die in der aktuellen Diskussion über Stadtentwicklungsprobleme freilich keine Rolle spielen: die deutsche Geschichte steht hier als Gespenst plötzlich wieder mitten in der Stadt – als Gespenst deshalb, weil das elendeste Unrecht des 20. Jahrhunderts nun noch einmal im Streit um Eigentumstitel gegenwärtig wird. Die Restitutionsregelung zwingt dazu, die Eigentumsgeschichte von Grundstücken und Häusern bis zurück in die Weimarer Republik zu rekonstruieren, weil sich nun die früheren jüdischen Bürger bzw. deren Erben nicht nur mit den neuen Eigentümern, die dies zu DDR-Zeiten geworden sind, um ihre alten Rechte streiten müssen, sondern auch mit den Erben der Ariseure, die sich das unter Zwang verkaufte oder von den Nazis aquirierte Eigentum angeeignet haben – möglicherweise auf legale Weise. Wenn keine jüdischen Erben mehr am Leben sind, weil die nationalsozialistische Vernichtungsmaschinerie tatsächlich die Familie ganz ausgelöscht hat, kann die 'Jewish Claims Conference' deren Rechte wahrnehmen und muß die Immobilie (oder den Rechtsanspruch darauf) verkaufen, um den Erlös einem Fonds für die Opfer des Holocaust zuzuführen wird. Nur in wenigen Fällen kommen die Nachfahren von Emigranten oder Ermordeten in eine deutsche Stadt zurück, um die alte Eigentümertradition tatsächlich wieder mit Leben zu erfüllen. Daß dies aber überhaupt denkbar und möglich ist, sollte angesichts der Verbrechen, die letztlich zu den heutigen Problemen geführt haben, als ein versöhnlicher Aspekt der Restitutionsregelung gesehen werden, dem gegenüber die Nachfolgeprobleme als weniger gewichtig erscheinen. Der Regelfall ist, daß die früheren jüdischen Eigentümer bzw. deren Erben kein Interesse an einer eigenen Nutzung haben. Im 'Scheunenviertel' am Rand der Berliner Innenstadt, in dem in den 20er Jahren sehr viele jüdische Einwanderer lebten und ca. 90% der Häuser im Besitz jüdischer Eigentümer waren, bleiben nur ca. 5% der Grundstücke in den Händen der restituierten Eigentümer. Die Rückübertragungsansprüche oder die rückübertragenen Grundstücke und Häuser werden üblicherweise rasch verkauft.[13]

Durch die zahlreichen Verkäufe und durch die Investititionsvorrangregelung entsteht eine neue Eigentumsstruktur sowohl hinsichtlich der Grundstücksgrößen wie hinsichtlich der sozialen Zusammensetzung der Eigentümer. Zumindest in den Innenstädten sind die Aufkäufer nämlich nicht mehr private Einzelpersonen, sondern Grundstücksverwertungsgesellschaften, Investorenfirmen und Developer. Die Investitionsvorrangregelung befördert zusätzlich die Zusammenlegung von Grundstücken. Grundstückszuschnitte entsprechen dann nicht mehr den Parzellengrößen, in denen sich die 'alte europäische Stadt' entwickelt hatte, sondern umfassen so große Areale, daß großmaßstäbliche Entwicklungskonzepte umgesetzt werden können. Eigentümer der Innenstädte werden nicht wieder alte Handels- oder Handwerkerfamilien, sondern offene oder geschlossene Immobilenfonds, denen es vor allem auf die Abschreibungsgewinne ankommt, internationale Immobilienfirmen und Zwischenhändler aller Art. Grundbesitz wird reine Kapitalverwertung. Das Immobilienkapital tritt als 'Stadtentwickler' mit einer Bedeutung und mit Möglichkeiten auf den Plan, wie es bisher aus deutschen Städten nicht bekannt war. Seine Rolle wird durch die Finanzprobleme der öffentlichen Haushalte gestärkt, denn ein möglichst großer Teil der neu zu errichtenden Infrastruktur soll im Zusammenhang mit den großen privaten Investitionsprojekten gleich von den Privateigentümern mit errichtet und mit finanziert werden: Public-Private-Partnership (vgl. Heinz 1992). In den ostdeutschen Städten werden damit neue Wege der Stadtentwicklung auf breiter Front beschritten, die allesamt auf Ökonomisierung und Privatisierung der Stadtentwicklung hinauslaufen.

Aus der Statistik wird deutlich, daß keineswegs alle Anträge auf Restitution erfolgreich sind. Aus der Zahl der Anträge oder der Antragsteller kann daher nicht auf die zukünftige Eingentumsstruktur geschlossen werden. Die Wahrscheinlichkeit, daß ein Antrag auf Rückübertragung positiv entschieden wird, liegt im Durchschnitt aller neuen Bundesländer bisher lediglich zwischen 20 und 30 Prozent, die Wahrscheinlichkeit, daß ihm nicht entsprochen wird, liegt sogar höher. Daraus ergibt sich aber noch kein klares Bild von der zukünftigen Eigentümerstruktur, denn in diesen Zahlen sind die Aufhebungen staatlicher (Zwangs-) Verwaltung nicht enthalten, also jene Fälle, in denen es nie eine Enteignung gegeben hatte, wo aber jetzt der Wechsel von der staatlichen Verwaltung zur privaten stattfindet. Ablehnung heißt auch nicht immer, daß die Immobilie in der Hand des vorherigen Eigentümers (z. B. Kommune oder Staat) bleibt: nach dem Investitionsvorranggesetz treten möglicherweise kapitalkräftigere Eigentümer an die Stelle der früheren Besitzer. Wie die Eigentümerstruktur in den Städten nach der Abwicklung der sozialistischen Eigentumsverhältnisse aussehen wird, die bis zum Jahr 2002 abgeschlossen sein soll, ist daher noch nicht genau zu übersehen. Es gibt eine

Prognose zur künftigen Eigentümerstruktur bei den Wohnungen, die auf erhebliche Unterschiede zu den westdeutschen Verhältnissen auch nach Abschluß der Restitutionsverfahren hinweist (vgl. Tabelle 2). Der gravierendste Effekt der Restitutionsregelung liegt wohl darin, daß die endgültige Klärung der Frage, wer letztlich Eigentümer sein und bleiben wird, so lange dauert. In Ost-Berlin sind 5 Jahre nach der Vereinigung ca. 60% der etwa 101.000 Grundstücke durch Rückgabe bzw. Aufhebung der staatlichen Verwaltung 'restitutionsfrei' – was heißt, daß immerhin bei ca. 40.000 Grundstücken noch keine Sanierung und keine Modernisierung beginnen kann.

Tabelle 2: Stand der Restitutionsverfahren bei Immobilien (April 1995)

Region	Zahl der Anträge[*)]	Zahl der Antragsteller	erledigte Anträge	Entscheidung: Rückgabe[**)]	Entscheidung: Ablehnung[**)]
Berlin	75.401	138.170	43,0 %	21 %	13 %
Brandenburg	607.887	264.999	40,0 %	25 %	25 %
Mecklenburg-Vorpommern	155.881	81.337	69,0 %	28 %	46 %
Sachsen	380.651	201.767	64,0 %	29 %	34 %
Sachsen-Anhalt	394.604	141.508	64,0 %	29 %	34 %
Thüringen	489.677	187.816	40,8 %	30 %	35 %

*)   Die Anträge beziehen sich auf Flurstücke, nicht auf Grundstücke; ein Grundstück kann aus mehreren Flurstücken bestehen. Deshalb kann aus der Zahl der Anträge nicht auf die Zahl der 'restitutionsbehafteten' Grundstücke bzw. Häuser geschlossen werden.
**) in % der erledigten Fälle

Quelle: Statistiken der Landesämter für offene Vermögensfragen; eigene Berechnungen [Die Daten hat Bettina Reimann zusammengestellt.]

3.4. Neue Strukturen der sozialen Segregation

41% der Wohnungen in der DDR gehörten im Jahre 1990 dem Staat bzw. den Gemeinden, 18% den verschiedenen Genossenschaften. Dieses Eigentum ist inzwischen auf ca. 1200 kommunale oder genossenschaftliche Wohnungsunternehmen aufgeteilt worden – zusammen mit 36 Milliarden DM (zum Zeitpunkt des Einigungsvertrages) Schulden. Bis Mitte 1995 wurden die Mieten für diese Wohnungen (wie zu DDR-Zeiten) gesetzlich festgelegt, danach soll das Vergleichsmietensystem gelten. Da nach der Abschaffung des Gemeinnützigkeitsgesetzes im Jahre 1986 diese – überwiegend in öffentlicher Hand befindlichen – Wohnungsbaugesellschaften rentabilitätsorientiert wirtschaften müssen wie jedes andere private Unternehmen auch, hängt es allein von ihrer Geschäftsführung ab, ob und in wel-

chem Maße sie Funktionen im Rahmen einer sozialen Wohnungspolitik übernehmen, die der 'soziale Wohnungsbau' im Westen aufgrund der Sozialbindungen (in
abnehmendem Maße) erfüllt, denn einen Altbestand an sozialem Wohnungsbau
mit Mietpreisbindungen wird es in den neuen Bundesländern nicht geben. Die
staatliche Wohnungsversorgung mit einem administrativ geregelten Verteilungssystem wird auf eine privatwirtschaftliche Eigentümerstruktur und ein marktwirt-
schaftliches Verteilungssystem umgestellt. Diese neue Eigentümerstruktur wird auf

Tabelle 3: Eigentumsstruktur des Wohnungsbestandes (in %)

Eigentümerkategorie	Ostdeutschland		Westdeutschland
	1992	nach Restitution	1992
Genossenschaften	18	16	4
selbstgenutztes Privateigentum	24	26	39
vermietetes Privateigentum	17	24 – 27	52
Eigentum der öffentlichen Hand	41	31 – 34	5
darunter: Kommunalbesitz	*35*	*25 – 27*	*3*

Quelle: Expertenkommission 1995, S. 89

verschiedenen Wegen etabliert: einerseits werden frühere Eigentumsverhältnisse
wiederhergestellt ('Rückübertragung'), andererseits wurde das 'volkseigene' Vermögen neuen Eigentümern übergeben. Als neue Eigentümer von 'Volkseigentum'
wurden per Einigungsvertrag öffentliche Institutionen eingesetzt: Bund, Länder
und Gemeinden. Für das 'volkseigene' Wohnungsvermögen wurde Wohnungsgesellschaften als Rechtsnachfolger eingesetzt, die von den Städten und Gemeinden
für diesen Zweck neu gegründet wurden. Ihnen gehören nun sämtliche Neubauwohnungen, die seit 1949 in staatlicher Regie errichtet wurden, sowie jene Altbaubestände, die auf verschiedenste Weise in das Eigentum des DDR-Staates übergegangen waren. Mit den Wohnungen haben diese Gesellschaften auch Schulden ge-
erbt, die vom Bundesfinanzminister aus den Bilanzen des DDR-Staatshaushalts errechnet wurden. Man hätte diese 'Altschulden' auch schlicht vergessen können,
wie es bei einem großen Teil der Produktionsanlagen auch geschehen ist – aber mit
ihrer Etablierung wurde ein wirksamer Mechanismus der Einführung 'marktge-
rechter' Wirtschaftlichkeitsberechnungen für die Wohnungsversorgung in Gang
gesetzt. Den städtischen Wohnungsbaugesellschaften (und auch den Wohnungsbaugenossenschaften) war es dadurch unmöglich gemacht, ihre Bestände sofort
und freihändig zu verkaufen oder gar zu verschenken. Da die Mieteinnahmen gesetzlich geregelt wurden und gleichzeitig erhebliche Instandhaltungs- und Moder-

nisierungsmaßnahmen durchgeführt werden mußten, stiegen die Schuldenlasten der Wohnungsgesellschaften stetig an. Mit dem 'Altschuldenhilfe-Kompromiß' ist inzwischen eine Regelung gefunden, nach der ein Teil der Schulden, die für den Zeitpunkt der Übernahme errechnet worden waren, erlassen wird, wenn die Wohnungsbaugesellschaften mindestens 15% ihres Bestandes verkaufen (vgl. zu den Einzelheiten den Beitrag von Borst in diesem Band).

Neubaugebiete

Der Verkauf von Wohnungen an die Bewohner in den Plattenbauten läuft allerdings sehr schleppend an, obwohl nur Preise um DM 1.000 pro Quadratmeter verlangt werden, denn natürlich stellt sich denjenigen, die über Kapital und/oder ein genügend hohes Einkommen verfügen, um Eigentum erwerben zu können, die Alternative, ob sie nicht gleich auf den in Fahrt kommenden Zug der Suburbanisierung aufspringen und ein Häuschen im Umland kaufen oder bauen sollen. Empirische Untersuchungen zu einzelnen Neubaugebieten deuten in diese Richtung. Zwischen 12 und 29% der dortigen Bewohner haben Umzugsabsichten (vgl. Harth 1994, 91; Kahl/Kabisch 1992), etwa die Hälfte, weil sie Eigentum bilden und/oder größere Wohnungen haben wollen. Das sind vor allem jüngere Familien mit Kindern, höheren Einkommen und einer stabilen Beschäftigung – genau das soziale Profil also, das die Träger der Suburbanisierung in den alten Bundesländern während der 60er und 70er Jahre hatten. Die Gleichversorgung aller Bewohner, die dem DDR-Wohnungsprogramm zugrundelag, kann die nun einsetzende soziale Differenzierung nicht auffangen, denn die bautechnischen Bedingungen in den Plattenbauten lassen eine Grundrißanpassung (etwa zur Vergrößerung der Wohnfläche) nur unter sehr großem Kostenaufwand zu. Aber Wohnumfeld und Wohnmilieu würden wahrscheinlich auch nur wenige derjenigen Familien von einem Umzug ins Eigenheim abhalten, die sich die vergrößerten Wohnungen im Plattenbau kaufen könnten. Ob der „Aufbau eines Positiv-Images" (Hunger 1994, 333) da hilft, ist zweifelhaft. Im Jahr 1994 haben die mittleren Haushaltseinkommen in den großen ostberliner Neubausiedlungen zum ersten Mal seit der Wende abgenommen, was auch durch eine Abwanderung der einkommensstärksten Haushalte erklärbar wäre.

Damit käme jener Prozeß der sozialen Segregation in den großen Siedlungen in Gang, dem sowohl Stadtplaner wie Wohnungsbaugesellschaften mit großer Sorge entgegensehen. Im Unterschied zu den westdeutschen Großsiedlungen waren die ostdeutschen durch das staatliche Zuteilungssystem von Anfang an sozial stärker durchmischt, und auch, weil sie keine ungeliebten Wohnalternativen, sondern erstrebten Fortschritt repräsentierten. Die Großsiedlungen würden, wenn die zuvor genannten Effekte der neuen sozialen Differenzierung eintreten, sozial entmischt, und langfristig bliebe eine Wohnbevölkerung zurück, die keine andere Wahl hat. Dieser Segregationsprozeß wird verstärkt einsetzen, wenn erst einmal die meisten Altbauten modernisiert sind, wenn also dort die Belegungsrechte der Kommunen durch die Restitution des Privateigentums radikal geschrumpft sind und eine Verdrängung einkommensschwacher Mieter einsetzt. Denn dann bleiben Belegungsrechte weitgehend auf die Wohnungen beschränkt, die den kommunalen Wohnungsbaugesellschaften auf Dauer gehören, und das sind die in den Plattenbausiedlungen. Das Altschuldenhilfegesetz sieht zudem vor, daß die Kommunen für maximal 50% der Wohnungen, die den kommunalen Wohnungsbaugesellschaften gehören (überwiegend ehemaliges Eigentum des Volkes) die Belegungsrechte behalten – manche Bundesländer, wie z.B. Sachsen, wollen noch radikaler sein. Damit wäre auch eine räumliche Konzentration der einkommensschwächsten Haushalte in den Neubaugebieten am Stadtrand vorgezeichnet, die in den westdeutschen Städten bisher dadurch verhindert worden war, daß sich der 'soziale Wohnungsbau' aus den frühen Nachkriegsjahren über das gesamte Stadtgebiet verteilte. Erst Ende der 60er und Anfang der 70er Jahre wurde er in den Großsiedlungen am Stadtrand konzentriert – mit der Folge, daß bei abnehmenden Beständen preiswerter Wohnungen und bei schrumpfenden Belegungsrechten sich dort 'soziale Brennpunkte' bilden. Diese Überlegungen gelten aber nur für Neubaugebiete am Rande von großen Städten mit ökonomischen Wachstumsaussichten. Plattenbaugebiete gibt es in Ostdeutschland aber nicht nur in Großstadtregionen, sondern in jeder Stadt, die in der Territorialplanung der DDR eine bestimmte Funktion zugeschrieben bekommen hatte: in neu industrialisierten, zuvor ländlichen Regionen (vgl. Gornig/Häußermann 1994), in den ehemaligen Bezirkshauptstädten und in vielen kleinen Städten und Dörfern, weil sich seit 1970 Wohnungsbau ja nur noch als Plattenbau vollzog. Was an diesen peripheren Standorten, wo auch noch die Bevölkerungszahlen stärker abnehmen, aus den Neubaugebieten wird, ist bisher noch kaum Gegenstand von Untersuchungen geworden.

Altbaugebiete

In der Wohnungsversorgung der DDR hatten die Altbauten aus der Zeit vor 1948 mit einem Anteil von 57% eine größere Bedeutung als in den alten Bundesländern, wo 70% des Wohnungsbestandes aus der Nachkriegszeit stammen (vgl. Tabelle 4). Und der Anteil von Wohnungen, die schon vor dem 1. Weltkrieg gebaut wurden, ist mit 35% doppelt so hoch – im Westen sind im Zuge der Flächensanierung in den 60er Jahren viele Wohnungen aus dieser Zeit beseitigt worden, der verbliebene Rest ist inzwischen weitgehend saniert und modernisiert. Diese Wohnungen befinden sich in Ostdeutschland bis heute überwiegend in einem desolaten Zustand. Der Ausstattungsstandard ganzer Stadtteile ist entweder nur durch Mieterselbsthilfe (unter schwierigsten Bedingungen bei der Materialbeschaffung) oder überhaupt nicht verändert worden. Und immer mehr Altbauten werden baufällig, wenn nicht sofort Sicherungs- oder Sanierungsmaßnahmen eingeleitet werden.
Es gibt also einen riesigen Erneuerungsbedarf nicht nur in den Großstädten, sondern insbesondere auch in den vielen Kleinstädten, deren Kerne noch aus der vor-

Tabelle 4: Altersstruktur des Wohnungsbestandes (in %)

Baujahr	Neue Länder		Alte Länder
vor 1919	35		18
1919 – 1948	22		12
1949 – 1970	13	1949 – 1968	39
1971 – 1978	11	1969 – 1987	31
1979 – 1990	19		

Quelle: Expertenkommission Wohnungspolitik 1995, S. 94

industriellen Zeit stammen. Viele Wohnungen stehen leer, weil sie unbewohnbar geworden sind. Im Gegensatz zu den Sanierungsgebieten westlicher Städte, die zu Sanierungsbeginn überwiegend von einer randständigen Bevölkerung (die 'A-Gruppen': Arme, Alte, Ausländer und Auszubildende) bewohnt waren, ist die Bewohnerschaft der Altbaugebiete in Ostdeutschland sozial differenzierter. Denn die Basis für Segregationsprozesse nach dem Einkommen (alternative Wohnungsangebote, freie Wohnstandortwahl) war in der DDR gar nicht vorhanden.

Außer der Gemeinsamkeit, daß sie in der Vergangenheit vernachlässigt wurden und stark verfallen sind, haben aber die Altbaugebiete sehr unterschiedliche Entwicklungsperspektiven, je nach Größe der Stadt und deren ökonomischen Dynamik, nach Lage in der Stadt und je nach den Mitteln, die den Stadtverwaltungen für eine Sanierungsförderung (mit Mietpreisdämpfung und Belegungsbindung) zur Verfügung stehen – und der Bedarf für sozial gebundene Wohnungen ist groß (vgl. Schwandt 1993). 'Ungeklärte Eigentumsverhältnisse' haben zur Folge, daß sich zunächst überhaupt nichts mehr tut. Solche Häuser stehen nach wie vor unter der Verwaltung durch die kommunalen Wohnungsgesellschaften, und diese investieren nun keinen Pfennig mehr, denn falls das Haus irgendwann an frühere Privateigentümer zurückgegeben wird, bekommen sie diese Kosten nicht erstattet. Auch die Mieter dürfen nichts ändern, selbst wenn sie auf eigene Kosten die alten Öfen durch eine Gasheizung ersetzen wollen. Der Verfall geht also vorläufig weiter.

Wenn in einem Gebiet viele derartige Fälle auftreten (die Rückübertragungsansprüche treten ja nur in Altbaugebieten auf und konzentrieren sich daher dort), sind die Anreize für Investitionen bei den anderen Eigentümern nicht gerade hoch, denn der Zustand der Nachbarschaft entscheidet mit darüber, wie hoch die zu erzielenden Einnahmen nach der Instandsetzung und Modernisierung sein können. Dies kann eine Spirale der sozialen Segregation 'nach unten' in Gang setzen.Besonders in kleineren Städten kann dadurch die Situation entstehen, daß die Wohnhäuser im Altstadtkern insgesamt von investitionswilligen Bewohnern gemieden und der Neubau von Fertighäusern in der grünen Umgebung bevorzugt wird. Dabei mag auch noch die DDR-Wohnungsbaukultur nachwirken, in der die Altbaugebiete vor allem als defizitär galten. Jedenfalls besteht in vielen Mittel- und Kleinstädten die groteske Situation, daß zwar vollkommen erhalten gebliebene Altstadtstrukturen noch vorhanden sind, daß aber – selbst bei sinkender Einwohnerzahl! – an den Rändern der Städte neue Einfamilienhausgebiete entstehen und die unter Denkmalschutz stehenden Altstädte weiter verrotten.

Andere Altbaugebiete, insbesondere die Gründerzeitviertel am Innenstadtrand von großen Städten (z.B. in Berlin und Leipzig), haben jedoch ganz andere Perspektiven. Sie stellen ein geeignetes Feld für 'Aufwertungsstrategien' dar, d.h. für aufwendige Restaurierung und Modernisierung mit anschließender Umwandlung in Eigentumswohnungen, um den Weg frei zu machen für eine Gentrifizierung der Sozialstruktur, d.h. Austausch der Bewohner zugunsten zahlungskräftiger Haushalte (vgl. Friedrichs/Kahl 1991). Die Erwartung, daß dies eintreten wird, ist in den Altbaugebieten sehr verbreitet und wird durch teilweise rüde Methoden der modernisierenden Neu-Eigentümer genährt. In Altbaugebieten, in denen die Erneuerung nicht durch Sanierungsrecht gesteuert wird, kommt es durch die Modernisierungstätigkeit neuer Eigentümer schon heute zu den befürchteten Verdrängungsprozessen.[14]

Da die öffentlichen Mittel, die für die Stadterneuerung zur Verfügung stehen, gegenüber den fetten 70er Jahren erheblich knapper geworden sind, hat sich auch die Sanierungsstrategie geändert. Während früher Sanierungsträger mit Enteignungsvollmachten und umfangreichen Mitteln ein Gebiet großflächig modernisieren und mit Sozialbindungen wenigstens teilweise auch für die früheren Bewohner erhalten konnten, wird heute nur noch 'privat saniert', d.h. die vielen Einzeleigentümer werden zu den Trägern der Sanierung gemacht. Der umfangreiche Eigentumstransfer in den Altbaugebieten hat zur Folge, daß vor Beginn der Sanierung eine Neubewertung der Grundstücke über den Kaufpreis erfolgt, der als Kostenbestandteil in jede Kalkulation für die Erneuerung eingeht – lediglich die (restituierten) Alt-Eigentümer können ohne diesen zusätzlichen Kostenfaktor rechnen. Die Eigentümer können Zuschüsse beantragen, müssen dies aber nicht, wenn sie die damit verbundenen Belegungsbindungen vermeiden wollen. Die Gemeinde kann in Sanierungsgebieten mit der Baugenehmigung Einfluß auf die Ausstattungsstandards nehmen, und sie kann Mietobergrenzen festlegen, um Luxusmodernisierungen wenigstens unrentabel zu machen – was aber bei institutionellen Anlegern wenig Wirkung hat, weil die Steuerersparnisse die Ausfälle kompensieren. Zwar werden die gegenwärtigen Mieter durch das Mietrecht und (wenn sie in einem Sanierungsgebiet wohnen, und wenn öffentliche Förderung in Anspruch genommen wird) durch Sozialpläne, die für jedes einzelne Haus aufgestellt werden, relativ gut geschützt, solange die Eigentümer sich an die legalen Vorschriften halten, aber mittelfristig wird sich die Sozialstruktur in diesen Altbaugebieten doch nachhaltig verändern.

Im gesamten Wohnungsbestand in Ostdeutschland gilt ab Januar 1998 das normale Mietrecht, d.h. es gibt (außer in Sanierungsgebieten) keine Mietbegrenzungen für einzelne Segmente mehr wie im sozialen Wohnungsbau des Westens. Mieterhöhungen sind dann bei bestehenden Mietverträgen an die 20%-Grenze innerhalb von drei Jahren und bei Neuvermietungen an die Vergleichsmietenregelung gebunden. Die Mietentwicklung wird also einerseits vom Ausgangsniveau abhängen, und andererseits davon, welche Mietsprünge der Wohnungsmarkt bei Neuvermietungen zuläßt. Ob dies zu einer starken Steigerung im Durchschnitt führt, bleibt abzuwarten, aber gewiß ist, daß der Markt zu einer stärkeren Differenzierung der Miethöhen führen wird und damit zu einer stärkeren Differenzierung der Bewohner nach deren Einkommen. In die bevorzugten Lagen und Bestände werden sich diejenigen einkaufen, die hohe Mieten bezahlen können, und in den weniger bevorzugten Lagen bzw. Wohnqualitäten werden diejenigen bleiben müssen, die auf niedrige Mieten angewiesen sind. Das ist eine ganz einfache Tatsache. Wie schnell sich eine neue soziale Segregation der Wohngebiete in den ostdeutschen Städten herstellt, wird allein davon abhängen, wie rasch und in welchem Ausmaß sich Umzugs-Mobilität entwickelt.

Welche Muster werden sich dabei herausbilden? Die Tatsache, daß sich der Rahmen für die Lebensorganisation von einer 'diktatorischen Wohlfahrtsanstalt' zu einer eher marktförmigen Orgnaisation (vgl. den Beitrag von Neef/Schäfer in diesem Band) verändert, muß soziale Differenzierungen bzw. Polarisierungen bewirken, die sich auch sozialräumlich niederschlagen. Einerseits hängt das neue Muster von der Einkommensentwicklung insgesamt und insbesondere von der Einkommensdifferenzierung ab, die sich herausbildet, und andererseits ist das Angebot von alternativen Wohnstandorten entscheidend. Welcher Zukunft die großen Plattenbaugebiete entgegengehen, ist vielleicht noch offen. Gelingt eine breite Privatisierung an die Bewohner und eine Modernisierung der Wohnungen sowie des Wohnumfeldes ohne dramatische Mietsteigerungen, könnte die soziale Struktur stabil bleiben; verteuern sich jedoch die Wohnungen und gibt es genügend andere attraktivere Standorte, wird sich die schon beginnende soziale Segregation verstärken. Auswanderungen in zwei Richtungen sind wahrscheinlich: zum einen werden gut verdienende Bewohner mit Kindern kleinere Häuser mit Garten am Stadtrand für die Eigentumsbildung bevorzugen, zum anderen könnten die Altbaugebiete auch für die Besserverdienenden wieder attraktiv werden, wenn dort jene technischen und ästhetischen Aufwertungsinvestitionen (und Umwandlungen in Eigentumswohnungen) tatsächlich vorgenommen werden, wie sie für viele Altbaugebiete in den westdeutschen Städten in den letzten zwanzig Jahren typisch waren.

Einkommenssteigerungen, Einkommensdifferenzierung, Privatisierung von Wohnungen, Modernisierung von Altbauten, Neubau von Einfamilienhäusern, Umnutzungen und Zweckentfremdungen – all dies sind Prozesse, die mit Sicherheit zu einer anderen sozialräumlichen Verteilung der Wohnbevölkerung führen werden als dies in der 'sozialistischen Stadt' der Fall war. Das Muster dieser neuen Verteilung wird aber nicht beliebig sein, vielmehr dürften die 'vorsozialistischen' Strukturen der Städte dabei eine wichtige Rolle spielen. Wohnungsgrößen und -

ausstattungen wurden unter kapitalistischen Bedingungen für verschiedene Nachfragegruppen an verschiedenen Stellen in der Stadt gebaut: neben den großbürgerlichen Wohnungen entstanden die Arbeiterquartiere, die Villengebiete und die kleinbürgerlichen Mischgebiete. In den Altbaugebieten sind soziale Strukturen in die Grundrisse, in die Fassadengestaltung und in den Straßenraum buchstäblich eingemauert, und dies läßt sich kaum grundsätzlich ändern. Das wurde auch von der sozialistischen Wohnungspolitik gar nicht versucht, lediglich die Belegung der Wohnungen folgte anderen Kriterien. Eine grundsätzlich andere Struktur entstand nur in den Neubaugebieten[15]. Die 'gebaute Sozialstruktur' könnte sich also in einem neu-alten Muster der sozialräumlichen Differenzierung wieder durchsetzen, wenn marktförmige Investitions- und Belegungsregeln wieder das Regiment übernehmen. Dann werden ehemals bürgerliche Wohngebiete wieder zu privilegierten Wohngegenden, und alte Arbeiterviertel bleiben für jene Haushalte übrig, die auch in Zukunft nur einen kleinen Betrag für die Miete aufbringen können. Sicher, die Sozialstruktur hat sich gegenüber dem 19. Jahrhundert verändert, Bourgoisie und Arbeiterklasse existieren nicht mehr – aber deren jeweilige, sozial und kulturell fein ausdifferenzierten Erben werden sich doch entsprechend der 'gebauten Kultur' verteilen, die aus dem 19. Jahrhundert überkommen ist. Stadtstrukturen erweisen sich insofern bis zu einem gewissen Grad als persistent[16] gegen grundsätzliche Veränderungen – und dies hängt nicht einmal ausschließlich ab von Art und Zuschnitt der Gebäude, sondern kann auch durch ein 'kollektives Gedächtnis' bewirkt werden, das bestimmten Stadtquartieren ein soziales Milieu zuschreibt, das nur in langen Zeiträumen radikal verändert werden kann. Wenn diese These der Persistenz stimmt, ist vom sozialräumlichen Wandel in den ostdeutschen Städten auch eine Restrukturierung historischer Muster der sozialen Segregation zu erwarten – eine These, die insbesondere für die zukünftige Entwicklung der so lange geteilten Stadt Berlin eine gewisse Brisanz hat, weil vor dem zweiten Weltkrieg im Osten die weniger Privilegierten und im Westen die bürgerlichen Schichten und die Reichen wohnten.

4. Vermögenstransfer in den Westen

Die gesamte Restrukturierung der ostdeutschen Städte und des Immobilienwesens ist begleitet von einem gigantischen Transfer zugunsten der Vermögensbildung von Privatpersonen und Anlegergesellschaften, die im Westen wohnen – sowohl beim Altbau (durch Rückübertragung oder Aufkäufe) als auch bei der Privatisierung von Plattenbauten und beim Neubau von Gewerbeimmobilien und Wohnungen.

Während die Suburbanisierung des Wohnens in den westdeutschen Städten überwiegend von selbstnutzenden Eigentümern getragen wurden, sind es in den ostdeutschen Umlandgemeinden Wohnungsbauunternehmen und Immobiliengesellschaften, die den Hausbau zum Zweck der Vermietung bzw. des Verkaufs an

Kapitalanleger betreiben. Die hohen Sonderabschreibungsmöglichkeiten für Wohnungsbauvnestitionen in Ostdeutschland haben zu einem Boom der Immobilienfonds geführt, in denen Westdeutsche ihr überschüssiges Einkommen unterbringen können. Das Geldvermögen der ostdeutschen Haushalte ist überwiegend noch zu gering, um das Eigenkapital aufzubringen, das für die individuelle Eigentumsbildung unerläßliche Voraussetzung ist – und die Einkommen sind (noch?) nicht hoch genug, um von den großzügigen Möglichkeiten zur Steuerersparnis profitieren zu können. Bei einer Investition von 200.000 DM kann ein Spitzenverdiener im ersten Jahr 100.000 DM von seinem Einkommen abziehen und zahlt dafür 50 Tausend DM weniger Steuern – vorausgesetzt, daß er überhaupt so viel zahlen müßte. Dieser Betrag, auf den das Finanzamt verzichtet, würde als Eigenkapital für die Eigentumsbildung nicht einmal ganz benötigt. Aber diese Spitzenverdiener wohnen überwiegend im Westen, die staatliche Förderung der Baubooms im Osten trägt damit zur Vermögensakkumulation im Westen bei. Im 'Bericht der Kommission Zukunft Stadt 2000' werden daher Maßnahmen gegen eine „Westwanderung von Vermögenstiteln" gefordert, denn „die Bewohner Ostdeutschlands sind im Wettbewerb mit kapitalkräftigen Westdeutschen benachteiligt" (Kommission 1993, S. 181). Die unterschiedlichen Möglichkeiten der privaten Vermögensbildung können sehr langfristige Wirkungen für soziale Unterschiede zwischen Ost- und Westdeutschland haben.

Im Staatssozialismus gab es für die Masse der Bewohner keine private, sondern lediglich staatliche Vermögensbildung in Form von 'Eigentum des Volkes'. Das 'Volkseigentum' kam bei der Wohnungsversorgung insofern tatsächlich dem Volk zugute, als Wohnen nahezu kostenlos war – äquivalent dem Bewohner eines Eigenheimes, der seine Schulden durch 'Mietkauf' abträgt, trugen die DDR-Bewohner durch Steuern bzw. niedrige Löhne zur Finanzierung des billigen Wohnens bei ('zweite Lohntüte'). Deshalb – und natürlich wegen des geringeren Wirtschaftswachstums – sind die privaten Vermögen der Haushalte in Ostdeutschland im Vergleich zu den alten Bundesländern heute durchschnittlich weniger als halb so groß. Die 'volkseigenen' Vermögensbestände wurden mit dem Systemwechsel nicht dem 'Volk', sondern dem Staat bzw. den Gemeinden übertragen, die z. B. die Plattenbauwohnungen nun im Rahmen der Privatisierung dem Volk, dessen Eigentum sie theoretisch waren, noch einmal verkaufen wollen (in der ehemaligen Sowjetunion werden staatseigene Wohnungen den Bewohnern auf Antrag kostenlos als Privateigentum übertragen).

5. Zusammenfassung

In der DDR war eine andere Gesellschaft mit einer anderen Lebensweise als in den alten Bundesländern entstanden. Kennzeichnend dafür war eine insgesamt geringe soziale Differenzierung und eine vergesellschaftete Lebensweise, die auch in der

Peripherie zu urbanen Wohn- und Lebensformen führte. Das sozialstaatliche System war stark betriebszentriert. Kommunale Selbstverwaltung spielte kaum eine Rolle, lokale Einflußnahme auf die 'örtlichen Angelegenheiten' war nur in sehr begrenztem Maße möglich. Da der Boden verstaatlicht war und es keine Steuerung von Nutzungen über den Preis gab, bildeten sich in der baulichen Form und in der Raumstruktur der großen Städte Merkmale heraus, die in direktem Gegensatz zur Entwicklung 'kapitalistischer' Städte standen.

Kernbestandteile des sozialstsichen Gesellschaftssystems in der DDR waren das staatliche Eigentum an den Produktionsmitteln und am Boden. Während die Transformation des produzierenden Sektors und der Strukturwandel der Erwerbstätigkeit im Zentrum politischer Aufmerksamkeit und wissenschaftlicher Forschung stehen, sind bisher die Konsequenzen der Reprivatisierung von Grundstükken und Gebäuden weniger beachtet worden. Wie sich im Bereich der gewerblichen Wirtschaft der Transformationsprozeß vor dem Hintergrund eines tiefgreifenden Strukurwandels vollzieht, ist der Prozeß der Reprivatisierung des Bodens mit einem Strukturwandel der typisch städtischen Gewerbe und mit einem Strukturwandel des Grundbesitzes verbunden. Dies führt zu einer dezentrierten Raumstruktur und zu einer neuen Eigentümerstruktur. Als Akteure der Stadtentwicklung werden die lokal verwurzelten Grund- und Hausbesitzer immer seltener, an ihre Stelle treten anonyme Fonds und institutionelle Anleger, die Wohnungsbau oder Gewerbebau vor allem als Kapitalverwertung betreiben[17]. Dies verändert die Nutzungsstruktur und macht die Entwicklung der Städte voraussichtlich instabiler, weil sich Verwertungsinteressen in kürzeren Zyklen ändern als die langfristigen Strategien von selbstnutzenden Eigentümern. Wir haben es mit einer plötzlichen und nachhaltigen 'Entlokalisierung' des sozialen Subjekts der Stadtentwicklung zu tun.

Demographische Merkmale der Stadtentwicklung in Ostdeutschland sind: abnehmende Einwohnerzahlen, steigendes Durchschnittsalter der Bevölkerung und wachsender Ausländeranteil. Die räumliche Form der 'sozialistischen Stadt', die kompakte Stadt mit Großsiedlungen am Rand, löst sich rasch auf zugunsten von Suburbanisierungs- und Ex-Urbanisierungsprozessen. Diese bilden auch den Rahmen für die zu erwartenden neuen Formen sozialer Segregation, deren Konturen und Schärfe allerdings von gesamtgesellschaftlichen Differenzierungs- bzw. Polarisierungsprozessen abhängig sein wird, die sich unter den nun stark marktförmig organisierten Lebensbedingungen herausbilden werden.

Anmerkungen

1   Das war das Hauptproblem für den in den 70er Jahren durchgeführten Vergleich von „Stadtentwicklungen in kapitalistischen und sozialistischen Ländern" (Friedrichs 1978), später als „Stadtentwicklungen in West- und Osteuropa" publiziert (Friedrichs 1985); zudem lag diesem Projekt ein theoretischer Ansatz der Stadtentwicklung zugrunde, der von einer Konvergenz der Strukturen ausging.

2   Zu den Gründen, warum diese Städte im Zusammenhang mit dem Aufbau einer Schwermetall-
     bzw. Chemieindustrie entstanden sind, vgl. Gornig/ Häußermann 1994

3   Aus dem Innenleben des Apparats wird berichtet, daß der jeweilige Erste Sekretär der SED
     höchstpersönlich in die Planung der größeren Städte eingriff. So mußten z. B. „Stadtentwürfe" zu
     Ulbricht's Zeiten im Modell so vorgestellt werden, daß die Hölzchen, die die größten Gebäude
     darstellten, nicht festgeklebt waren, damit der Chef sie nach eigenem Gusto umsetzen konnte. Über
     die Bedeutungslosigkeit lokaler Planungsentscheidungen in Bezug auf Altbausanierung berichtet
     auch Kahl 1991.

4   Besondere Entwicklungen bzw. Leistungen auf kommunaler Ebene, wie z. B. die Bewahrung hi-
     storischer Bausubstanz in manchen Kleinstädten oder eine etwas phantasievollere Verwendung der
     industriell vorgefertigten Platten werden von DDR-Soziologen daher heute - wohl zu Recht - als
     das Ergebnis der Durchsetzungsfähigkeit einzelner Lokalpolitiker, also als persönliche Leistung
     erklärt. Wenn es einem kommunalen oder politischen Funktionär gelang, auf der Basis eines loka-
     len informellen Konsenses kleinere oder größere Abweichungen von der Parteilinie durchzustehen,
     wurde sein Handeln als „vernünftig" bezeichnet, um ihm jeden Geruch von Dissidenz oder gar
     Widerstand zu nehmen. Solche Persönlichkeiten haben in der Kommunalpolitik häufig auch nach
     der Wende ihren politischen Einfluß behalten, ob mit oder ohne PDS-Mitgliedschaft. Sie kennen
     eben keine Parteien, sondern nur „ihre" Gemeinde.

5   Am ehesten werden unter kapitalistischen Bedingungen städtebauliche dann relevant, wenn ähnli-
     che Bedingungen wie für die Entstehung der sozialistischen Stadt gegeben sind: beim Neubau „auf
     der grünen Wiese", wenn große Flächen von einem einheitlichen Träger beplant und bebaut wer-
     den. Dies war bei der Entstehung der „Großsiedlungen" in den 60er und 70er Jahren in der (alte)
     Bundesrepublik der Fall (vgl. Jessen 1987; Großsiedlungsbericht 1994). Vgl. zur Diskussion und
     Bedeutung städtebaulicher Leitbilder bei einer Stadt-Neugründung in der alten Bundesrepublik
     nach 1945 (Marl): Gausmann 1994.

6   In den Innenstadtgebieten von Berlin-Ost nahm die Einwohnerdichte von 1950 bis 1989 von 179
     auf 111 ab; in den neuen Großsiedlungen betrug sie 43 (Einwohner/ha).

7   „Die Entwicklung der städtischen Lebensweise drängt unter dem Einfluß tiefgreifender sozialöko-
     nomischer Wandlungen und des wissenschaftlich-technischen Fortschritts auf eine sozial-kulturelle
     Qualität der Stadtumwelt, die gewachsenen Bedürfnissen nach erlebnisreicher Stadtkultur und
     geistig anregender Stadtöffentlichkeit Rechung trägt" (Hunger u. a. 1990, 173)

8   Wie schwierig die Untersuchung sozialer Segregation in einer sozialistischen Gesellschaft wegen
     des Fehlens von geeigneten Daten ist, wenn außer demographischen auch sozialstrukturelle
     Merkmale einbezogen werden sollen, zeigt die Studie von Dangschat (1985) über Warschau.

9   Um die Auswirkungen der Wende umfassend beschreiben zu können, sind inzwischen einige Ge-
     meindestudien durchgeführt worden, die auf soziale und politische Veränderungen eingehen: vgl.
     Lange/Schöber (1993) zu Wittenberg; Berking/Neckel (1991 und 1992) zu einer brandenburgi-
     schen Industriestadt; stadtstrukturelle Veränderungen und der Wandel der Wohnverbedingungen
     stehen bei Herlyn/Bertels (1994; über Gotha) und bei Herlyn/Hunger (1994) im Vordergrund.

10   In Ostdeutschland sind andere Vorstellungen über soziale Gerechtigkeit verbreitet als in Westdeutsch-
     land, die auch für die Stadtpolitik relevant sind: die Unkündbarkeit der Wohnung beispielsweise wur-
     de als verfassungsmäßig geschütztes Grundrecht hoch geschätzt, und das Machtgefälle zwischen
     Vermieter und Mieter, das mit dem neuen System der Wohnungsversorgung etabliert wurde, findet
     nur bei wenigen Beifall. Auch wird nicht als selbstverständlich akzeptiert, daß die Höhe des Einkom-
     mens für Standard und Standort der Wohnung entscheidend sein soll; und auch, daß Obdachlosigkeit
     ein unvermeidliches Resultat einer effektiven Wohnungspolitik sei, wird selten akzeptiert. Ob sich die-
     se - wie ich glaube - tief verwurzelten sozialethischen Orientierungen irgendwann in einem eigen-
     ständigen Weg der Kommunalpolitik äußern werden, bleibt freilich abzuwarten. Die Rahmenbedin-
     gungen für Stadt- und Kommunalpolitik sind möglicherweise auch im neuen System so eng gesteckt,
     daß der gegenwärtige Wandel in bloßer Anpassung münden muß.

11 In Ostdeutschland gibt es außer Berlin nur wenige sehr große Städte: mehr als 200.000 Einwohner hatten im Jahr 1991 nur Rostock, Magdeburg, Erfurt, Halle, Chemnitz, Leipzig und Dresden.

12 Abkürzung für Sekundärrohstoffe, d. h. wiederverwendbare oder wiederverwertbare Materialien (Flaschen, Papier usw.)

13 Nach Westdeutschland abgewanderten 'Republikflüchtlinge' bzw. deren Erben sind durch die Restitutionsregelung unverhofft wieder zu Grundeigentümern geworden und übernehmen die Verwaltung der Häuser wieder selbst. Insbesondere bei kleineren Häusern, die zur DDR-Zeit nach der Enteignung wieder verkauft worden sind, kommt es dabei zu unlösbaren Konflikten. Vgl. die dramatische Schilderung von Einzelfällen bei Dahn (1994).

14 Obdachlosigkeit entsteht und wächst schon heute in den neuen Bundesländern (vgl. BfLR 1993), und dies ist eine vollkommen neue Erfahrung für die neuen Bundesbürger. Zwar wohnten - wie erwähnt - manche Leute unter extrem schlechten Bedingungen, aber wer einmal eine Wohnung hatte, die er nicht verlassen wollte, mußte dies auch nicht tun. Die Bewohner der 'volkseigenen' Wohnungen konnten sich wie Eigentümer fühlen, in diesem Punkt war die Verfassung der DDR, die das Recht auf eine Wohnung zum Grundrecht erklärt hatte, nicht nur Papier. Wenn jemand seine (ohnehin geringe) Miete nicht bezahlte, wurde dies irgendwie zwischen Wohnungsverwaltung und Betrieb geregelt - eine Zwangsexmittierung wegen Mietrückstands gab es nicht. Das gibt es aber jetzt: wenn die Mieter, weil sie mit dem ganzen neuen System nicht zurechtkommen, im Fall von Zahlungsproblemen keinen Antrag auf Wohngeld stellen und auch auf die Beratungsangebote der Wohnungsbaugesellschaften nicht reagieren, erwirken diese irgendwann einen Räumungsbefehl. Dann muß sich das Wohnungsamt um ein neues Obdach kümmern. Auch die kommunalen Wohnungsbaugesellschaften können die Mietausfälle nicht mehr hinnehmen, denn sie müssen nun wirtschaftlich korrekt handeln.
Das sind aber nicht die einzigen Gründe für Exmittierungen. Alt-neue Privateigentümer, die entweder ihr Grundvermögen zurück bekommen oder dies neu erworben haben, haben häufig genug nicht allzu großen Respekt vor den rechtlichen Schutzregelungen für die Mieter - und diese sind genau so oft nicht über ihre Rechte informiert oder trauen sich nicht bzw. sind nicht in der Lage, diese auch tatsächlich wahrzunehmen. Denn ein Rechtsanwalt muß bezahlt werden, und ein Vermieter, der auf Kündigung oder sprunghafte Mieterhöhungen aus ist, ist auf Dauer nur schwer zu ertragen. Die neuen Eigentümer möchten investieren, und das soll sich rechnen - oder sie wollen umbauen und zweckentfremden, wenn eine entsprechende Gewerbenachfrage vorhanden ist.
Die Mieter in der DDR konnten sich in ihrer Wohnung so sicher fühlen wie Eigentümer. Auf den plötzlichen Wandel ihrer Rechtsposition konnten - und wollten - sich viele Bewohner nicht sofort einstellen. Wer sich auf das Leben im Staatssozialismus eingestellt hatte bzw. darin sozialisiert worden war, für den war die umfassende Reorganisation seiner Lebensbedingungen, auf die sehr häufig mit einer diffusen emotionalen Abwehr reagiert wurde, eine gewaltige Aufgabe. Daß man sich in diesem tiefgreifenden Umbruch, der mit Arbeitsplatzverlust oder zumindest Tätigkeitswechsel verbunden war, auch noch um die Sicherung der privaten Wohnung kümmern muß, konnte häufig nicht bewältigt werden. Diese Fälle einer 'Wende in die Obdachlosigkeit' sind zwar inzwischen seltener geworden, aber die damit verbundenen sozialen und räumlichen Marginalisierungen sind in der Regel nicht mehr rückgängig zu machen.

15 Das war im übrigen auch in der alten Bundesrepublik nicht anders, wo im „sozialen Wohnungsbau", anknüpfend an die „Modernisierungs"-Ideen des Neuen Bauens, standardisierte Grundrisse mit Obergrenzen für die Wohnfläche für die „breiten Schichten der Bevölkerung" realisiert wurden. Daneben gab es freilich den freifinanzierten Wohnungsbau und die Eigenheime, die sich dieser Standardisierung nicht fügen mußten.

16 Eine kleine Studie über Studie über den Wandel in Erfurt gebraucht den Begriff der „Persistenz der Stadtstruktur" ebenfalls, allerdings in einem nutzungsfunktionalen Sinne (vgl. Ipsen u. a. 1994); die Grundidee ist, daß sich Details städtischer Strukturen, wenn der Gebäudebestand nicht radikal abgeräumt wird, über sehr lange Zeiträume erhalten.

17 Die Tendenz des Übergangs „vom privaten Hausbesitz zur gewerblichen Wohnungswirtschaft" (Zapf u. a. 1990, 44) ist auch in den westdeutschen Städten wirksam, wie eine Studie über die Mannheimer Innenstadt zeigt.

Literatur

Berking, Helmuth; Neckel, Sieghard 1991: Außenseiter als Politiker. Rekrutierung und Identitäten neuer lokaler Eliten in einer ostdeutschen Gemeinde. In: Soziale Welt, 42. Jg., S. 283–299

Berking, Helmuth; Neckel, Sieghard 1992: Die gestört Gemeinschaft. Machtprozesse und Konfliktpotentiale in einer ostdeutschen Gemeinde. In: S. Hradil (Hrsg.), Zwischen Bewußtsein und Sein. Die Vermittlung 'objektiver' Lebensbedingungen und 'subjektiver' Lebensweisen. Opladen: Leske & Budrich, S. 151–171

Bernet, Wolfgang 1992: Die Verwaltungs- und Gebietsreform in den Gemeinden und Landkreisen der neuen Länder. Halle: KSPW (Graue Reihe Nr. 801)

Beyme, Klaus von; Durth, Werner; Gutschow, Niels; Nerdinger, Winfried; Topfstedt, Thomas (Hrsg.) 1992: Neue Städte aus Ruinen. Deutscher Städtebau der Nachkriegszeit. München: Prestel

BfLR 1993: Obdachlosigkeit in den neuen Bundesländern. Materialien zur Raumentwicklung, Heft 55. Bonn: Bundesforschungsanstalt für Landeskunde und Raumordnung

BfLR 1995: Großflächige Einzelhandelseinrichtungen in den neuen Ländern. Bonn: Bundesforschungsanstalt für Landeskunde und Raumordnung, Arbeitspapiere 7/1995

Bullmann, Udo; Schwanengel, Wito 1995: Zur Transformation territorialer Politikstrukturen. Landes- und Kommunalverwaltungen in den neuen Bundesländern. In: S. Benzler; U. Bullmann; D. Eißel (Hrsg.), Deutschland-Ost vor Ort. Anfänge der lokalen politik in den neuen Bundesländern. Opladen: Leske+Budrich, S. 193–224

Cornelsen, Inge; Franz, Peter; Herlyn, Ulfert 1994: Stadtstruktur und Stadtbild im Wandel. In: U. Herlyn; L. Bertels (Hrsg.) 1994: Stadt im Umbruch: Gotha. Wende und Wandel in Ostdeutschland. Opladen: Leske+Budrich, S. 340–374

Dahn, Daniela 1987: Prenzlauer Berg-Tour. Halle; Leipzig: Mitteldeutscher Verlag

Dahn, Daniela 1994: Wir bleiben hier oder Wem gehört der Osten. Reinbek: Rowohlt

Dangschat, Jens 1985: Soziale und räumliche Ungleichheit in Warschau. Hamburg: Christians

Durth, Werner 1993: Anmerkungen zur Planungsgeschichte. In: Eisenhüttenstadt, Vor-Ort-Seminar der Akademie der Künste, Abt. Baukunst, Junge Akademie, Berlin 1994

Einenkel, Bernd; Thierbach, Thomas o.J.: Das schwere Erbe des Zentralsimus, DDR-Städte im Rückblick. Köln: Deutscher Städtetag, Reihe A, DST-Beiträge zur Kommunalpolitik, Heft 11

Eißel, Dieter 1995: Problemfelder und Lösungskapzitäten in den Kommunen Ostdeutschlands. In: S. Benzler; U. Bullmann; D. Eißel (Hrsg.), Deutschland-Ost vor Ort. Anfänge der lokalen politik in den neuen Bundesländern. Opladen: Leske+Budrich, S. 123–140

Ettrich, Frank 1992: Neotraditionalistischer Staatssozialismus. In: Prokla 22, S. 98–114

Expertenkommission Wohnungspolitik 1995: Wohnungspolitik für die neuen Länder (Gutachten im Auftrag der Bundesregierung). Tübingen: J.C.B. Mohr

Fisch, Stefan 1988: Stadtplanung im 19. Jahrhundert. München: Oldenbourg

Flierl, Bruno 1991: Stadtgestaltung in der ehemaligen DDR als Staatspolitik. In: P. Marcuse; F. Staufenbiel (Hrsg.), Wohnen und Stadtpolitik im Umbruch. Berlin: Akademie Verlag, S. 49–65

Friedrichs, Jürgen (Hrsg.) 1978: Stadtentwicklungen in kapitalistischen und sozialistischen Ländern. Reinbek: Rowohlt

Friedrichs, Jürgen (Hrsg.) 1985: Stadtentwicklungen in West- und Osteuropa. Berlin; New York: de Gruyter

Friedrichs, Jürgen 1980: Stadtanalyse. Opladen: Westdeutscher Verlag

Friedrichs, Jürgen 1995: Stadtsoziologie. Opladen: Leske+Budrich

Friedrichs, Jürgen; Kahl, Alice 1991: Strukturwandel in der ehemaligen DDR – Konsequenen für den Städtebau. In: Archiv für Kommunalwissenschaften, 30. Jg., S. 169–197

Garreau, Joel 1991: Edge City. New York: Anchor Book

Gausmann, Dagmar 1994: „Ein Bild von einer Stadt". Eine Industriestadt auf der Suche nach ihrer Mitte: Das Beispiel Marl, in: R. Lindner (Hrsg.), Die Wiederkehr des Regionalen, Frankfurt/New York: Campus, S. 158–183

Gebhardt, Winfried; Kamphausen, Georg 1994: Zwei Dörfer in Deutschland. Mentalitätsunterschiede nach der Wiedervereinigung. Opladen: Leske+Budrich

Geißler, Rainer. 1992: Die Sozialstruktur Deutschlands. Ein Studienbuch zur Entwicklung im geteilten und vereinten Deutschland. Opladen

Gornig, Martin; Häußermann, Hartmut 1994: Regionen im Süd/Nord- und West/Ost-Gefälle, In: R. Roth; H. Wollmann (Hrsg.), Kommunalpolitik. Politisches Handeln in den Gemeinden. Opladen: Leske+Budrich 1994, S. 155–175

Großsiedlungsbericht 1994, Bundestagsdrucksache 12/8406

Grunow, Dieter 1995: Verwaltungshilfe des Westens: Unterstützung oder Flop? In: S. Benzler; U. Bullmann; D. Eißel (Hrsg.), Deutschland-Ost vor Ort. Anfänge der lokalen Politik in den neuen Bundesländern. Opladen: Leske+Budrich, S. 289–310

Hain, Simone 1992: Reise nach Moskau: Wie Deutsche 'sozialistisch' bauen lernten, in: Bauwelt, Heft 45, S. 2546–1558

Hain, Simone 1993: Die andere 'Charta'. In: Städte bauen, Kursbuch 112, Berlin: Rowohlt, S. 47–62

Hain, Simone; Schumann, Wolfgang 1992: Berlin-Marzahn – Vollkommen subjektive Betrachtungen vor Ort nebst Ergänzungen aus der Sicht soziologischer Untersuchungen. In: H.G. Helms (Hrsg.), Die Stadt als Gabentisch. Leipzig: Reclam, S. 531–552

Hamm, Bernd 1982: Einführung in die Siedlungssoziologie. München: Beck

Hannemann, Christine 1995: Die Platte. Industrialisierter Wohnungsbau in der DDR. Wiesbaden: Vieweg (im Erscheinen)

Harth, Annette 1994: Lebenslagen und Wohnmilieus. In: : U.Herlyn; B. Hunger (Hrsg.), Ostdeutsche Wohmilieus im Wandel. Basel u. a.: Birkhäuser, S. 47–212

Hatzfeld, Ulrich 1994: Innenstadt – Handel – Verkehr. Verkehrtes Handeln in ostdeutschen Innenstädten? In: Informationen zur Raumentwicklung, Heft 3, S. 181–196

Häußermann, Hartmut 1991: Lokale Politik und Zentralstaat. In: H. Heinelt; H. Wollmann (Hrsg.), Brennpunkt Stadt. Basel u. a.: Birkhäuser, S. 52–91

Häußermann, Hartmut; Siebel, Walter 1994: Neue Formen der Stadt- und Regionalpolitik. In: Archiv für Kommunalwissenschaften, 33. Jg., S. 32.43

Heinz, Werner 1992: Public Private Partnership. In: M. Wentz (Hrsg.), Planungskulturen. Frankfurt/M.; New York: Campus, S. 43–50

Henckel, Dietrich u. a.1993: Entwicklungschancen deutscher Städte – Die Folgen der Vereinigung. Stuttgart u. a.: Kohlhammer (Schriften des Deutschen Instituts für Urbanistik, Band 86)

Herlyn, Ulfert; Bertels, Lothar (Hrsg.) 1994: Stadt im Umbruch: Gotha. Wende und Wandel in Ostdeutschland. Opladen: Leske+Budrich

Herlyn, Ulfert; Hunger, Bernd (Hrsg.) 1994: Ostdeutsche Wohmilieus im Wandel. Basel u. a.: Birkhäuser

Hinrichs, Wolfgang 1992: Wohnungsversorgung in der ehemaligen DDR – Verteilungskriterien und Zugangswege. Wissenschaftszentrum Berlin für Sozialforschung. WZB-Papers 92–105.

Hofmeister, Burkhard 1980: Die Stadtstruktur. Darmstadt: Wissenschaftliche Buchgesellschaft

Holl, Stefan 1994: Wirtschaftsentwicklung contra Innenstadtentwicklung. Läuft die Wirtschaftsentwicklung an den Innenstädten der neuen Bundesländer vorbei? In: Informationen zur Raumentwicklung, Heft 3, S. 169–180

Hoscislawski, Thomas 1991: Bauen zwischen Macht und Ohnmacht. Architektur und Städtebau in der DDR. Berlin: Verlag für Bauwesen

Hunger, Bernd 1994: Sozialer Wandel in den Innenstädten der neuen Bundesländer. In: Informationen zur Raumentwicklung, Heft 3, S. 151–168

Hunger, Bernd 1994: Wandel der Wohmilieus. In: U.Herlyn; B. Hunger (Hrsg.), Ostdeutsche Wohmilieus im Wandel. Basel u. a.: Birkhäuser, S. 287–301

Hunger, Bernd u. a. 1990: Städtebauprognose. Berlin: Technische Universität

Illner, Michail 1991: Zwischen Ökonomie und Neofeudalismus. In: W. Glatzer (Hrsg.) 25. Deutscher Soziologentag 1990. Die Modernisierung moderner Gesellschaften. Opladen, S. 407–413.

Ipsen, Detlev u. a. 1992: Die Zukunft der Vergangenheit. Halle: KSPW

Kahl, Alice 1991: Leipzig – ungelöste Probleme führen zum Aufbruch. In: P. Marcuse; F. Staufenbiel (Hrsg.), Wohnen und Stadtpolitik im Umbruch. Berlin: Akademie Verlag, S. 66–78

Kern, Ingolf 1995: Goldfieber oder Der plötzliche Reichtum der armen Leute von Waltersdorf. Bonn: Fannei & Walz

Kil, Wolfgang 1992a: Der letzte Monolith. Baudenkmal Stalinstadt. In: Bauwelt, Heft 10, S. 497–505

Kil, Wolfgang 1992b: Prenzlauer Berg – Aufstieg und Fall einer Nische. In: H.G. Helms (Hrsg.), Die Stadt als Gabentisch. Leipzig: Reclam, S. 508–520

Kohler, Dorothée 1994: Eisenhüttenstadt: Eine Stahlregion zwischen Plan- und Marktwirtschaft. In: H. Kilper; D. Rehfeld (Hrsg.), Konzern und Region: Zwischen Rückzug und neuer Integration. Münster; Hamburg: Lit, S. 61–118

Kommission 1993: Bericht der Kommission Zukunft Stadt 2000. Bonn: Bundesminsiterium für Raumordnung, Bauwesen und Städtebau

Lange, Elmar; Schöber, Peter 1993: Sozialer Wandel in den neuen Bundesländern am Beispiel der Lutherstadt Wittenberg. Eine Längsschnittstudie zu den wirtschaftlichen, politischen und sozialen Veränderungen einer mittelgroßen Gemeinde im Prozeß der deutschen Einheit. Opladen: Leske+Budrich

Lassak, Siegfried 1991: Zerstreute Städtebaugesetzgebung von gestern und die Erfordernisse von heute. In: P. Marcuse; F. Staufenbiel (Hrsg.), Wohnen und Stadtpolitik im Umbruch. Berlin: Akademie Verlag, S. 241–249

Lüders, Klaus 1991: Kommunale Sozialpolitik in der Stadt als sozialer Gemeinschaft. In: P. Marcuse; F. Staufenbiel (Hrsg.), Wohnen und Stadtpolitik im Umbruch. Berlin: Akademie Verlag, S. 201–210

Marcuse, Peter; Schumann, Wolfgang 1991: Wohnungsprobleme und widersprüchliche Wohnungspolitiken. In: P. Marcuse; F. Staufenbiel (Hrsg.), Wohnen und Stadtpolitik im Umbruch. Berlin: Akademie Verlag, S. 157–171

Melzer, Helmut 1991: Lokale Politikforschung in der DDR zwischen zentralismus und kommunaler Selbstverwaltung. In: H. Heinelt; H. Wollmann (Hrsg.), Brennpunkt Stadt. Stadtpolitik und lokale Politikforschung in den 80er und 90er Jahren. Basel u. a.: Birkhäuser, S. 321–335

Meuschel, Sigrid 1992: Legitimation und Parteiherrschaft in der DDR. Frankfurt: Suhrkamp

Neckel, Sieghard 1992: Das lokale Staatsorgan. Kommunale Herrschaft im Staatssozialismus der DDR. In: Zeitschrift für Soziologie, 21. Jahrgang, Heft 4, S. 252–286

Niethammer, Lutz 1990: Die volkseigene Erfahrung. Berlin: Rowohlt

Osterland, Martin; Wahsner Roderich 1994: Der schwierige Weg zur Demokratie – Zur Reinstitutionalisierung der kommunalen Selbstverwaltung in der Ex-DDR. In: R. Hoffmann u. a. (Hrsg.), Problemstart: Politischer und sozialer Wandel in den neuen Bundesländern. HBS Forschung, Köln: Bund Verlag, S. 390–413

Pensly , D. S. 1994: City planning and state policy in the GDR: The example of Neubaugebiet Hellersdorf. Manuskript

Schäuble, Wolfgang 1991: Der Vertrag. Wie ich über die deutsche Einheit verhandelte. München: Knaur

Schiller, Theo; Paulus, Petra; Klages, Andreas 1995: Kommunalpolitik auf schwankendem Grund – Neuordnungsprozesse beim Kommunalvermögen in Ostdeutschland. In: S. Benzler; U. Bullmann;

D. Eißel (Hrsg.), Deutschland-Ost vor Ort. Anfänge der lokalen politik in den neuen Bundesländern. Opladen: Leske+Budrich, S. 249–288

Schmidt, Helga 1991: Die metropolitane Region Leipzig – Erbe der sozialistischen Planwirtschaft und Zukunftschancen, ISR-Forschungsberichte, Heft 4, Wien: ISR

Schmidt-Eichstaedt, Gerd 1993: Kommunale Gebietsreform in den neuen Bundesländern. In: Aus Politik und Zeitgeschicht (Beilage zu DAS PARLAMENT), Nr. B 36/93, S. 3–17

Scholz, Carola 1993: Stadtentwicklung im Umbruch. Eine Bestandsaufnahme der spezifischen Entwicklungsbedingungen odetdeutscher Städte und Regionen. Materalien 5/93. Köln: Deutsches Institut für Urbanistik

Schulz, Marlies 1991: Der Tauschwohnungsmarkt in der zentralistischen Planwirtschaft – das Beispiel von Ostberlin. ISR-Forschungsberichte, Heft 3, Wien: ISR

Schumann, Wolfgang; Marcuse, Peter 1991: Wohnungsprobleme und widersprüchliche Wohnungspolitiken. In: P. Marcuse; F. Staufenbiel (Hrsg.), Wohnen und Stadtpolitik im Umbruch. Berlin: Akademie Verlag, S. 157–171

Schwandt, Alfred 1993: Aktuelle Probleme der kommunalen Wohnungsversorgung in den neuen Bundesländern. Bundesforschungsanstalt für Landeskunde und Raumordnung, Ms.

Staufenbiel, Fred 1991: Wohnen ohne Urbanität – zu Stärken und Grenzen der Stadtsoziologie. In: P. Marcuse; F. Staufenbiel (Hrsg.), Wohnen und Stadtpolitik im Umbruch. Berlin: Akademie Verlag, S. 11–31

Szelenyi, Ivan 1983: Urban Inequalities under State Socialism. Oxford: University Press

Werner, Frank 1981: Stadt, Städtebau, Architektur in der DDR: Aspekte der Stadtgeographie, Stadtplanung und Forschungspolitik, Erlangen, S. 122

Wielgohs, Jan 1995: Transformationspolitik zwischen Liberalisierungsambitionen und Erfordernissen sozialer Stabilitätssicherung: Die Transformation des ostdeutschen Wohnungswesens. In: H. Wiesenthal (Hrsg.), Einheit als Interessenpolitik. Studien zur sektoralen Transformation Ostdeutschlands. Frankfurt/M.; New York: Campus, S. 194–259

Wollmann, Hellmut 1991: Kommunalpolitik und -verwaltung in Ostdeutschland: Institutionen und Handlungsmuster im 'paradigmatischen' Umbruch. In: B. Blanke (Hrsg.), Staat und Stadt. Sonderheft Nr. 22 der Politischen Vierteljahresschrift. Opladen: Westdeutscher Verlag, S. 237–258

Zapf, Katrin u. a. 1990: Die Bedeutung des innerstädtischen Funktionswandels und der Stadterneuerung für die Zukunft der Innenstädte. Bonn: Bundesminister für Raumordnung, Bauwesen und Städtebau, Schriftenreihe Forschung Nr. 478

Zimmermann, Clemens 1991: Von der Wohnungsfrage zur Wohnungspolitik. Die Reformbewegung in Deutschland 1845–1914. Göttingen: Vandenhoeck & Rupprecht

Rainer Neef / Uta Schäfer

Zusammenleben und Auseinanderleben. Veränderungen sozialer Lagen und Beziehungen in Ostdeutschland

Der gesellschaftliche Umbruch hat die Lebenssituation und -perspektiven der Ostdeutschen grundlegend umgewälzt, und er verändert mehr und mehr ihre gegenseitigen Beziehungen. Aus allen uns bekannten Untersuchungen und aus unseren eigenen Interviews wissen wir, daß alle Befragten und ihre Angehörigen vom Umbruch in zentralen Bereichen ihrer Person erfaßt und in neue, oft völlig unerwartete Situationen geschleudert wurden. Unser Beitrag konzentriert sich auf Veränderungen in zwei Bereichen:

– Im Lebensunterhalt: Chancen und Leistungen beruflicher Arbeit, Nutzung staatlicher Leistungen und öffentlicher Dienste, Eigenarbeit in Haushalt und im sozialen Netzwerk.
– In Sozialbeziehungen: Beziehungen der Haushalte zu Institutionen wie Betrieben, staatlichen Stellen, Organisationen; ihr Zusammenleben und Austausch mit Verwandten, Bekannten, Nachbarn und Arbeitskollegen. Hierzu gibt es relativ wenig Forschungsmaterial, so daß wir stark auf eigene Untersuchungsergebnisse zurückgreifen.

Eine Untersuchung erfaßte 1992 und 1993 die Alltagsaktivitäten, die Veränderung von formellen und informellen Leistungen des Lebensunterhalts, von Sozialbeziehungen und Lebensorientierungen bei 22 Haushalten in einem ländlich-kleinstädtischen Gebiet und in einer Großstadt mit 100.000 EinwohnerInnen. (v. a. Gutberger; Neef 1994; Strützel 1994 – im folgenden: R. N., obwohl Dieter Strützel im zweiten Teil der Untersuchung die größere Rolle spielte). Die andere Untersuchung wurde 1993 in einer Industriestadt mit 95.000 EinwohnerInnen durchgeführt. Im Rahmen von 174 Interviews wurden die privaten Netzwerke retrospektiv für 1989 und aktuell für 1993 sowie die Einbindung der Befragten in Gruppenstrukturen erhoben (Schäfer 1994; Schäfer 1995 – im folgenden U. S.).

Die Veränderungen des Lebensunterhalts wollen wir besonders unter dem Aspekt der damit verbundenen Sozialbeziehungen betrachten, die Transformation des Zusammenlebens auch unter materiellen Aspekten. Beide Dimensionen waren und sind in Ostdeutschland enger verschränkt als im Westen. Wir gehen meist von Haushalten aus, denn hier bündeln sich erarbeitete und empfangene Leistungen, gegenseitige Fürsorge und Kommunikation. Brüche im Erwerbsleben, Probleme mit Institutionen, Änderungen im Umgang mit anderen können innerhalb der Haushalte und über Beziehungen im sozialen Netz aufgefangen werden. Sie kön-

nen aber auch zu lebensgeschichtlichen Krisen und erhöhtem Konfliktpotential in
den Familien und den sozialen Netzen und damit zu deren Erosion beitragen.

Die DDR-Sozialforschung hatte den Menschen eine kollektiv orientierte Lebensweise nachgesagt (vgl. u. a. Kahl; Wilsdorf; Wolf 1984). Über entsprechende
Haltungen gibt es viel Diskussion, aber hierzu fehlt empirisches Material. Vom
materiellen Rahmen her war das Leben in der DDR sicherlich kollektiver als im
Westen. Das gilt für die äußere Organisation des Lebens: vom Kindergarten bis
zum Betrieb konnten die Einzelnen sich nur als Gruppenmitglied bewähren. Das
gilt für den Lebensunterhalt: Erwerbseinkommen waren wenig differenziert, Wa-
renmangel und nicht Konsumunterschiede prägten die Lebenshaltung der Mehrheit; sehr viele Leistungen und Dienste wurden kollektiv, von staatlichen Institutionen, Betrieben, Organisationen gestellt, soweit möglich in Form kollektiver
Einrichtungen. Das gilt für die Wohnsituation: fast drei Viertel aller Haushalte waren Mieter – in der BRD waren es nur ca. die Hälfte (Hinrichs 1992, S. 33). Als In-
begriff kollektiven Wohnens erscheinen Plattensiedlungen, in denen ein Viertel der
Bewohner lebt (Fuhrich; Mannert 1994). "Kollektive Konsumtion" ist nach Theorien der "Neuen Stadtforschung" (Saunders 1985) Kennzeichen städtischer Lebensweisen. Diese sind stärker als im Westen bis ins Land vorgedrungen, ablesbar
an den großen Plattensiedlungen neben Dörfern und Kleinstädten, in denen oft Arbeitskräfte und Familien aus der ganzen Republik zur Bedienung neu angesiedelter
Großbetriebe zusammengezogen worden waren.

Insofern war das Leben in der DDR sicher urbaner und 'moderner' als im Westen. Gleichzeitig war es auch 'vormoderner': die "Mangelwirtschaft" (Kornai
1980) ließ Eigenproduktion florieren, ausgedehnte soziale Netzwerke dienten dem
Tausch schwer zugänglicher Güter und Dienste. Auf Dauer funktionieren diese nur
auf *Gegenseitigkeit* – in der DDR aber nicht als strenger Tausch, sondern als gegenseitige Gefälligkeit, die prinzipiell gegenseitige Offenheit und Wohlwollen
voraussetzt. Die dadurch entstehenden Sozialbeziehungen waren umfangreicher
und sozial vielfältiger als im Westen. Eine starke Orientierung auf die jeweils eigene Gruppe ließ dabei Haltungen entstehen, die prinzipiell guthießen, was den eigenen Leuten nützte, während den Außenstehenden bzw. Anderslebenden Mißstände und Übel zugeschrieben wurden (Srubar 1991; Gutberger; Neef 1994). Insofern war das Leben stärker gemeinschaftsorientiert und bis in die Großstädte und
großen Plattensiedlungen hinein dörflicher als in westdeutschen Städten. (Böltken;
Schwandt; Strubelt 1993).

Um die Veränderungen im Lebensunterhalt und in den sozialen Beziehungen
zu erfassen, erschienen uns von den Theorien und Thesen zur gesellschaftlichen
Transformation in Ostdeutschland drei plausibel und entwicklungsfähig:

– Das Ende der "Mangelwirtschaft" und die Etablierung des kapitalistischen
Systems war gleichbedeutend mit der allgemeinen Durchsetzung von *Geldwirt-
schaft*: individuelles Geldeinkommen und Durchsetzungsvermögen werden entscheidend für den Lebensunterhalt. Warenüberfluß einerseits, Abbau bzw. Ver-

teuerung öffentlicher Leistungen und Einrichtungen andererseits entwerten die für die DDR charakteristischen Beziehungsnetze. Die Folgen einer solchen *Monetarisierung* sind am plausibelsten von Simmel (1901/1989, S.463 ff., S.593 ff.) beschrieben worden: persönliche Beziehungen verlieren an Bedeutung für den Lebensunterhalt, die daran – etwa durch direkten Tausch – geknüpften "weiten Kreise" reduzieren sich und versachlichen sich zu Geldbeziehungen, die Beziehungen in engen Kreisen werden durch den Wegfall materieller Motive gefühlsbetonter, das Verhältnis zum Staat wird rechtsförmig, da staatliches Handeln selbst regelhaft und kalkulierbar wird.

– Eine zweite These ergab sich aus der schon 1991 erkennbaren Beschäftigungskrise und aus Tendenzen wachsender Einkommensunterschiede: In den meisten westeuropäischen Ländern ist seit Mitte der 70er Jahre die Massenarbeitslosigkeit stark angestiegen und damit die soziale Ungleichheit gewachsen: die Reichen wurden reicher, es gab mehr Armut, Arbeiterschaft und Mittelschichten differenzierten sich. In Großbritannien, wo diese Entwicklung besonders krass war, stellte Pahl (1990) die These einer *sozialen Polarisierung* auf: wachsende Arbeitslosigkeit *und* zunehmende Erwerbstätigkeit von Frauen differenzieren die Haushalte in Doppel-Verdiener, Haushalte mit nur einem 'Ernährer' und gänzlich Arbeitslose. Wachsende Einkommens-Ungleichheiten schlagen sich in größeren Besitz-Ungleichheiten nieder. Dadurch differenzieren sich auch die "informellen Ressourcen" der Haushalte: einkommensstarke Doppelverdiener haben den höchsten Besitzstand (insbesondere Eigenheim und Haushaltsgeräte) und die weitreichendsten sozialen Kontakte, daher leisten sie weit mehr Eigen- und Netzwerks-Arbeit als Arbeitslosen-Haushalte mit niedrigem Einkommen, geringem Besitzstand und reduzierten sozialen Beziehungen.

Den Um- und Rückbau des Staatsapparats, die *Privatisierung* eines Teils seiner Leistungen hatten wir zunächst eher als Formwandel verstanden. Unsere Befragungen machten deutlich, wie folgenreich dies für Sozialbeziehungen und Verhalten war. Der Abbau der umfassenden Kontrollmacht wurde von der Bevölkerung begrüßt, auch von ehemaligen Funktionären und Stasi-Mitarbeitern. Gleichzeitig fühlten sich die meisten überfordert vom Abbau staatlicher Vorsorge, denn nun hing die Sicherung ihres Lebensunterhalts überwiegend von ihrem Einkommen, ihrem Wissensstand, ihrer Durchsetzungsfähigkeit und ihrer Begabung zu Selbsthilfe ab. Während sie für das letztere Potentiale aus DDR-Zeiten mitbrachten, mußten die ersteren mühsam erworben werden – Ältere, schlechter Qualifizierte, Einkommensschwache genügten den neuen Verhaltensanforderungen weniger als Jüngere, in Einkommen und Bildung Begünstigte.

– Hier setzt unsere dritte These an: *soziale Differenzierung* ist auch, aber nicht nur, eine Frage materieller Unterschiede. Entscheidender ist, ob und an welcher Stelle die Individuen in die arbeitsteiligen Prozesse der Gesellschaft integriert sind und wie sie darüber ihre Verflechtungen und Beziehungen mit anderen gestalten. In modernen Gesellschaften stellt sich das als ein gegenläufiger Prozeß dar: eine zunehmende Aufgabenteilung und Spezialisierung führt zu größerer Abhängigkeit voneinander und damit dazu, daß die Einzelnen sich ihrer selbst bewußter werden. Damit wird es zunehmend wichtig, über symbolische Formen sich von anderen abzugrenzen, aber auch Einklang mit der gewählten Bezugsgruppe zu demonstrieren. (van der Loo; van Reijen 1992, S. 81 ff.)

In der Diskussion kurz nach der Wende herrschte das Bild einer – im Vergleich zu westlichen Gesellschaften – nivellierten und damit weniger differenzierten Gesellschaft vor (u.a. Adler 1991; Geißler 1991). Die – der Logik der DDR-Sozialforschung folgende – Konzentration auf die im Vergleich zum Westen relativ geringen Einkommens- und Besitzunterschiede und die "normierten Karriere- und Mobilitätsmuster" (Hanf 1992, S. 70) verstellte anfangs den Blick auf Differenzierungslinien quer zur sozialstrukturellen Verortung der Akteure. Neuere Forschungsergebnisse verweisen darauf, daß die DDR-Gesellschaft auf der Ebene von alltäglichen Lebenszusammenhängen und individuellen Verhaltensdispositionen – beispielsweise innerhalb von und zwischen verschiedenen Milieus (Vester; Hofmann; Zierke 1995) oder in der Gestaltung der Beziehungen zu anderen (Diewald 1995) – durchaus differenziert war. Soziale Kompetenzen, die in diesen Zusammenhängen erworben wurden, können sich als hilfreich für die Bewältigung und Gestaltung des Transformationsprozesses erweisen (Hradil 1995, S. 12 ff.).

1. Umbrüche im Erwerbsleben und ihre Folgen

Die krassen Veränderungen im Berufsleben und in den Erwerbschancen brachten eine allgemeine Orientierungskrise mit sich: ein Großteil bisheriger beruflicher Qualifikationen und Fähigkeiten der Alltagsbewältigung wurden entwertet, man mußte sich in einem völlig veränderten Regelwerk rasch umorientieren.

– Von einer Minderheit wurden diese Veränderungen als Chance für persönliche Bewegungs- oder Erfolgsmöglichkeiten erlebt. Nach unseren Kenntnissen sind die 'Gewinner' der Vereinigung meist Jüngere oder Hochqualifizierte in mittlerem Alter, die in der DDR stark unter Bevormundung und Blockade beruflicher Möglichkeiten gelitten hatten. Selbst unsichere Arbeitsplätze, schwierige berufliche Umstiege, Zeiten der Arbeitslosigkeit, aber natürlich auch neue Karrieremöglichkeiten sehen sie als lange erhofften Beginn eines eigenen Weges. In der Literatur wird das teils als 'Verwestlichung' gedeutet (Bertels; Herlyn 1994; Koch 1992), teils aber auch als Kontinuität lebensgeschichtlich geprägter Sinnstrukturen und Handlungsweisen (Woderich 1994, S. 86 ff.).

– Mit der Mehrheit der Erwerbstätigen vor allem im mittleren Alter und mit denjenigen Arbeitslosen, die sich eher gezwungenermaßen umorientieren, teilen sie das Gefühl dauernder Anspannung. Zu Bewährungsdruck, erhöhter Konkurrenz am Arbeitsplatz und oft verlängerten Arbeitszeiten bzw. zu Fortbildungsanstrengungen mit unsicherem Ausgang, denen beide Gruppen sich unterziehen müssen,

kommen bei der Mehrheitsgruppe Bewährungs- oder Versagensängste gegenüber
dem veränderten Berufsfeld und dem umfassenden neuen Institutionen- und Regelwerk (*"Früher gab man die Karte ab und den Rest erledigte der Betrieb"* –
R. N.), von der Problematik vermehrter Geldausgabe für den Lebensunterhalt ganz
zu schweigen. All das führte zu Orientierungsproblemen, zu Zeitnot und Verunsicherungen. Am stärksten traf dies einerseits die Pendler in den Westen (materiell
die Gewinner), andererseits die von Betriebsschließungen und vom Aussieben des
Personals betroffenen über 40jährigen.

   – Eher niederschmetternd ist das Erlebnis der 'Verlierer': berufliche Absteiger
(1991 waren das 8% der Erwerbspersonen – Datenreport 1992, S. 547 ff.), Langzeitarbeitslose (1993: 350.000 – Arbeitsmarkt 1993, S. 192 f.), sicherlich die Mehrheit der 1 Mio. Frührentner – also alle diejenigen, die sich aus der ehemaligen
"Arbeitsgesellschaft par excellence" endgültig ausgeschlossen fühlen. Als Verlierer fühlen sich sicherlich auch Angehörige der ehemaligen Funktionseliten – d. h.
neben Funktionären auch Angehörige der Intelligenz und andere Berufsgruppen
mit spezieller Rentenversicherung. Sie konnten an den kräftigen Rentenerhöhungen nicht teilhaben, weil ihre Rente gewissermaßen zur politischen 'Bestrafung'
eingefroren wurde. Außer der letzteren Gruppe befand sich die Mehrheit der jetzigen Verlierer schon in der DDR-Gesellschaft am unteren Rande (v. a. unqualifizierte Arbeiter und Behinderte).

   Innerhalb der Haushalte können sich Einkommensverluste und -gewinne von
Haushaltsangehörigen wieder ausgleichen, Verwandtschafts- und Freundesbezie-
hungen können den beruflichen Wiedereinstieg erleichtern und materielle Über-
brückungshilfen bieten, Mehrarbeit von Frauen im Haushalt verbessert die Start-
bedingungen für die Männer. Hohe Arbeitslosenraten von Ehefrauen mindern freilich auch den materiellen Vorteil von Karrieren und können zu innerfamiliären
Konflikten führen. Das Zusammentreffen von Arbeitslosigkeit bzw. Niedrigrenten
mehrerer Partner führt meist in die Abhängigkeit von der Sozialhilfe oder von den
eigenen Kindern.

   Die *Massenarbeitslosigkeit* steht im Vordergrund der Diskussion und des Erlebens. Seit 1989 ging ein Drittel der 9,3 Mio. Arbeitsplätze verloren. Förmlich zu-
sammengebrochen ist die Beschäftigung in der Landwirtschaft (-75%) und der Industrie (-60%), mäßige Rückgänge gab es in Handel und Verkehr und im öffentlichen Dienst (jeweils -20%), gehalten hat sich lediglich die Beschäftigung in den
privaten Dienstleistungen; um 15% zugenommen hat seit 1992 die Beschäftigung
im von staatlichen Programmen genährten Baugewerbe. Staatliche Beschäfti-
gungsmaßnahmen – Kurzarbeit, Umschulung, ABM – hielten zeitweilig 1,2 Mio.,
Anfang 1994 1/2 Mio. in Arbeit (Beschäftigungsäquivalente; DIW 12/1991 und
14/1994; ANBA 3/1994; Sozialreport 1992, S. 63 ff.). Die Arbeitslosigkeit hat Beschäftigte aller Bereiche und Gruppen erfaßt, aber in sehr ungleicher Weise:
   – Entlassene Frauen hatten eine wesentlich schlechtere Chance als Männer,
wieder einen Job zu finden, auch in bislang frauentypischen Bereichen des

Dienstleistungssektors. Fast zwei Drittel aller Arbeitslosen sind Frauen, sie sind im Durchschnitt länger arbeitslos als Männer und stellen drei Viertel aller Langzeitarbeitslosen.

– Un- oder angelernte Arbeitskräfte (1993 hatten 9 % der Beschäftigten keinen beruflichen Abschluß) haben schlechte Karten: sie stellten 1993 23% der Arbeitslosen und 40% der Langzeitarbeitslosen.

– ArbeiterInnen, vor allem aus Landwirtschaft und Industrie stellen zwei Drittel aller Arbeitslosen, erhöhte Anteile von ihnen sind langzeitarbeitslos. Seit 1992 hat sich allerdings auch die Zahl und Quote langzeitarbeitsloser Angestellter sprunghaft erhöht.

– Ältere Arbeitskräfte sind die Opfer des fortdauernden Aussiebens der Belegschaften, das im Dienstleistungsbereich länger anhielt als in Landwirtschaft und Industrie. Ab 40 bis 45 Jahren sinken die Einstellungschancen und entsprechend steigt die Quote der Langzeitarbeitslosen. Die Erwerbsquote der über 50jährigen hat sich seit 1989 halbiert; über 1 Mio. wurde bis Anfang 1993 vorzeitig auf Rente gesetzt, seit Auslaufen der Vorruhestands-Regelung wächst die Zahl und Quote der gemeldeten Arbeitslosen über 55 Jahren besonders schnell.

– Die verschiedenen Regionen Ostdeutschlands sind sehr unterschiedlich betroffen. Wegen des Abbaus der LPG'en und der umfangreichen Demontage von Großindustrien auf dem Land werden in den ländlich-kleinstädtischen Gebieten Mecklenburgs sowie in Klein- und Mittelstädten und Landgebieten des südlichen und östlichen Sachsens und Sachsen-Anhalts sowie des westlichen und südlichen Thüringens trotz Abwanderung jüngerer Arbeitssuchender Arbeitslosenquoten von 20 bis 23% erreicht. Die Arbeitslosigkeit liegt dort um 50 bis 100% höher als in den zentral gelegenen großen Städten, insbesondere den Landeshauptstädten, die eine differenziertere Industrie, zentrale Dienstleistungen und staatliche Einrichtungen, eine höhere Bautätigkeit und stärkere politische Unterstützung genießen. Schon in deren Umland liegt freilich die Arbeitslosigkeit in der Regel um etliche Prozentpunkte höher. Doch es gibt auch mittelgroße Städte wie Stralsund, Dessau, Gera oder Chemnitz, in denen besonders hohe Arbeitsplatzverluste und immer noch wachsende Arbeitslosenquoten zwischen 15 und 20% das wirtschaftliche Dauertief einer ganzen Region ausdrücken.

(Die übersichtlichste Darstellung von Daten findet sich in: ANBA Jahreszahlen 1993; verwendet wurden daneben: ANBA 3/1992, 11/1993 und 3/1994; Ehrhardt; Hahn 1993; Ernst 1993; Jung-Hammon; Koller 1993; Nickel; Schenk 1994; Sozialreport 1992).

Weniger in der öffentlichen Diskussion, aber im Vordergrund des Erlebens stehen die auch nach westlichen Maßstäben hohen Fluktuationen in den Betrieben und Arbeitsstellen. Schon 1990/91 waren nur noch 60% der Beschäftigten im gleichen Wirtschaftsbereich geblieben, und auch von diesen hatten zwei Drittel innerbetrieblich den Arbeitsplatz oder die Tätigkeit gewechselt, 24% der anderen hatte den Betrieb gewechselt, der Rest wurde arbeitslos oder landete in Umschulungsmaßnahmen. Die Fluktuation zwischen den Betrieben wuchs 1991/92 noch auf 24%; 60% erlebten einen innerbetrieblichen Wechsel (DIW 15/1992; Sozialreport 1992, S. 92 ff.). Während im ersten Jahr nach der Wende relativ viele Beschäftigte auf eigene Faust sich einen neuen Arbeitsplatz suchten, beherrschten 1990/91 betriebliche Teilschließungen und Ausgründungen sowie wachsender Druck zum Übergang in Frührente und Kurzarbeit das Feld, 1991/92 dominierten Massenentlassungen. Auch seitdem werden weit mehr Beschäftigte als in westlichen Betrieben entlassen, aber auch die Neueinstellungen liegen erheblich über den westlichen Quoten. Eine anhaltende "Rotation" siebt in Industrie und Handel nach intensiver Personalüberprüfung tendenziell die Männer mittlerer Jahrgänge für den Verbleib im Betrieb aus, in den privaten Dienstleistungen werden meist Belegschaften aus neu qualifizierten Jüngeren völlig neu zusammengesetzt (Andretta u.a. 1993; Häußermann; Heseler 1993).

Sehr bald hat nur noch eine Minderheit die gewachsenen Bewegungsmöglichkeiten, die Abwechslung und das persönliche Gefordertsein in der Arbeit als Vorteil und Verbesserung empfunden. Positiv wird ansonsten nur der Rückgang gesundheitsschädlicher Arbeitsbedingungen und das Verschwinden der aus der DDR überkommenen ineffektiven Arbeitsorganisation gesehen. Aber eine wachsende Mehrheit erlebt erhöhten Leistungs- und Entscheidungsdruck, gegenseitige Konkurrenz und Erwerbsunsicherheit als Überforderung, der sie sich individuell und weitgehend ungeschützt ausgeliefert sehen. Ihre bisherigen Fähigkeiten und Qualifikationen wurden weitgehend entwertet, Verhaltensroutinen in einer grundlegend geänderten Erwerbssituation – am Arbeitsplatz und auf Arbeitssuche – fehlen und müssen mühsam und unter Druck erworben werden (Andretta u.a. 1993; Koch 1993; Senghaas-Knobloch 1993).

Trotz dieser Entwicklungen ist die ohnehin hohe Arbeitsorientierung von Männern und Frauen in Ostdeutschland noch gewachsen. Die Bereitschaft zu Konzessionen hinsichtlich Arbeitsbedingungen und hinsichtlich Bezahlung nimmt zu. Höher Qualifizierte verbessern ihre Chancen, indem sie viel Zeit, Kraft und Geld für Fortbildung opfern. Gering Qualifizierte vor allem aus Industrie und Landwirtschaft sehen nur noch in Berufswechsel oder ABM eine (ungewisse) Perspektive. Jüngere und ehemalige Kader wagten manchmal den Sprung in die Selbständigkeit. Aus den erwähnten Depressionsgebieten wanderten besonders Jüngere und Hochqualifizierte zu Hunderttausenden in den Westen ab oder sie pendeln dorthin; die Rezession seit 1993 beschränkte freilich diese Perspektive. Ältere ziehen sich eher auf bisherige Positionen und Beziehungen zurück oder konzentrieren sich auf die Häuslichkeit. Selten wurde um die Erhaltung von Arbeitsplätzen gekämpft, die Erfolge dieser Kämpfe – längere Übergangsfristen, bessere Sozialplanleistungen, bestenfalls Übernahme in Beschäftigungsgesellschaften und vage Versprechen auf Weiterbeschäftigung in privatisierten Betrieben – blieben mäßig (Häußermann; Heseler 1993; Hofmann; Rink 1993; Liebernickel; Lindig; Schwarz 1993).

Dieser Hintergrund erklärt die Schärfe und Zerrissenheit im Erleben von Langzeitarbeitslosigkeit und von aufgenötigtem Vorruhestand. Wie im Westen wächst mit der Dauer der Arbeitslosigkeit die Depression über persönliche Entwertung, die Abhängigkeit von Sozialleistungen, den Verlust einer Lebensorientierung. In der Familie nehmen sowohl der Zusammenhalt als auch Konflikte zu. Die erfahrenen Positiva – Wegfall von Arbeitsbelastungen und die Möglichkeit zu mehr Familienaktivität – wiegen demgegenüber geringer. Auch wenn arbeitslose Frauen besonders über den Wegfall der Doppellast von Vollzeitarbeit und Haushalt erleichtert sind, geben gerade sie ihre Erwerbsansprüche nicht auf – sie sind eher noch intensiver auf einen sicheren Arbeitsplatz orientiert als die Männer. Stärker beklagt als von westlichen Arbeitslosen wird der Abbruch des Kontakts zu Arbeitskollegen und das Gefühl von Zukunftslosigkeit. Arbeitslosigkeit wird stärker als *kollektive* Kränkung erfahren, der Wegfall des Betriebs als Zentrum des Soziallebens erscheint vor allem der mittleren und der älteren Generation als Bedrohung ihrer ganzen Lebensweise. Die ostdeutschen Arbeitslosen sind in Arbeitssuche und in ihren Beziehungen zu Verwandten und Freunden aktiver als die im Westen, obwohl gerade sie öfter über "Verfall der sozialen Kontakte und Hilfeleistungen" klagen (Schröder 1994, S. 93 ff.; Erhardt; Hahn 1993; Kronauer; Vogel 1993; Strützel 1994, S. 70 ff.).

Die ältere Generation der über 50jährigen ist zu erheblichen Teilen vom Arbeitsmarkt verdrängt worden. Trotz guter materieller Sicherung haben die Angehörigen dieser "Aufbaugeneration" darunter stark gelitten wegen ihrer strikten Arbeitshaltung und ihrer "Tugend- und Verzichtmoral" (Mayer 1993), die sie unter Bedingungen von starker politischer Repression, ökonomischem Mangel und sozialen Aufstiegsmöglichkeiten in der DDR der 50er und frühen 60er Jahre erworben haben. Beim Durchgehen des Materials zu materiellen Lagen und Sozialbeziehungen wurde uns der Unterschied zwischen DDR-Generationen (vgl. Niethammer 1993; Mayer 1993; Strützel 1994) immer plausibler. Neben der älteren Generation steht die mittlere, zur Wendezeit 30 bis 50 Jahre alt, geprägt durch Zwang und Hang zu politischem Arrangement, einem bescheidenen und gesicherten Wohlstand in den 60er und 70er Jahren und der Kultivierung privater 'Nischen'. Wenn sie es geschafft haben, sich weiterhin im Erwerbssystem zu positionieren, verarbeiten Angehörige dieser Generation die 'Wende' vor allem unter dem Gesichtspunkt materieller Chancen. Die jüngere Generation erlebte dagegen den wirtschaftlichen Niedergang der 80er Jahre und sah Aufstiegs- und Gestaltungsmöglichkeiten durch die mittlere und ältere Generation blockiert. Angehörige dieser Generation haben politische Kontrolle und Disziplin stärker abgelehnt und haben bereits während der Endphase der DDR Verhaltensweisen entwickelt, die sie befähigen, mit den neuen Verhaltens-Freiheiten, der sozialen Verunsicherung und den Chancen individueller Durchsetzung klarzukommen, selbst unter Bedingungen von Arbeitslosigkeit (Kühnel 1991, S. 1335 f). Die *soziale Differenzierung* nach Generationen wird in empirischen Untersuchungen selten beachtet (in Niethammers u. a., 1991, wunder-

barer Untersuchung von Lebensgeschichten in der DDR war sie allerdings grundlegend), so daß wir ihr im Folgenden nur zum Teil genügen können – vor allem zur
'mittleren Generation' findet sich wenig. Unsere Erhebungen deuten jedoch darauf
hin, daß gerade Angehörige der mittleren Generation sich in einem schwierigen
Spannungsfeld zwischen Beharren im privaten Bereich und notwendiger Neuorientierung im Erwerbsleben befinden.

2. *Veränderungen im Lebensunterhalt*

a) Entwicklungen der Einkommenslage und Ausgaben

Seit 1990 sind die Brutto-Erwerbseinkommen sprunghaft auf mehr als das Doppelte gestiegen. Die gleichzeitige Inflation bei Waren und Dienstleistungen des
Grundbedarfs, bei Mieten und öffentlichen Gebühren ließ freilich den *realen* Zuwachs auf die Hälfte zusammenschmelzen. Ganz erheblich gestiegen sind bislang
auch die staatlichen Sozialleistungen, insbesondere die Renten, im Gefolge wachsender Löhne auch die Arbeitslosenunterstützung, Krankengeld u.ä.. Eine sinnvolle Einkommensbetrachtung bezieht sich auf Haushalte als Einheit des Zusammenlebens und des Lebensunterhalts und auf Zahl und Bedarf der Haushaltsmitglieder,
wobei die Inflation zu berücksichtigen ist ("reales bedarfsgewichtetes Pro-Kopf-
Haushaltseinkommen", wie es seit 1990 nach dem Sozio-ökonomischen Panel
ermittelt wurde).
  Die aus der DDR überkommenen recht geringen Einkommensunterschiede nehmen nur langsam zu. Das liegt einerseits an der immer noch mäßigen Differenzierung der Löhne: nur 1990/91 wuchsen ihre Unterschiede stärker, v.a. durch die
kräftigen Erhöhungen der Löhne von Bauarbeitern und Büroangestellten, die seit-
her 20 bis 30% mehr verdienen als die Industriearbeiter. In der Mehrzahl der Betriebe mit übernommenen Belegschaften erreichen die Einkommensdisparitäten
nicht ein 'westliches' Ausmaß – dies ist nur in neugegründeten Unternehmen Ostdeutschlands der Fall. Langsam, aber stetig auf ein Sechstel gewachsen ist der
Lohnvorsprung von Dienstleistungsangestellten gegenüber Industriearbeitern
(DIW 49/1993 und 14/1994; Schäfer 1993; Müller u.a. 1995). Erst im Gefolge
größerer Lohnunterschiede werden sich aber die Arbeitslosenunterstützungen und
sonstigen Lohnersatzleistungen, wesentlich später auch die Renten stärker differenzieren.
  Die enormen Umbrüche der Berufs- und Beschäftigungssituationen machen eine Einkommensbetrachtung nach Berufssparten sinnlos; wir konzentrieren uns im
folgenden auf Differenzen nach Erwerbssituation und Haushaltsform. Für die *realen* Einkommenszuwächse geben wir wegen methodischer Probleme (vgl. DIW
51–52/1994) nur grobe Größenordnungen an; sie betrugen im Durchschnitt 1990–
93 + 30%, (bis 1992 + 16%) und stiegen dadurch von 66% auf knapp 80% des

westdeutschen Niveaus (unter Einrechnung der im Osten noch niedrigeren Lebenshaltungskosten). Dahinter verbergen sich aber vielfältige Abwärts- und Aufwärts-Karrieren: nur 25–45% der Erwerbstätigen (in Westdeutschland: 50–75%) hatten 1990–92 eine durchschnittliche Einkommensentwicklung -16% der Personen hatten real nichts dazugewonnen oder gar verloren, 20% hatten besonders hohe Zuwächse (DIW 51–52/94; Müller u.a. 1995, S.86ff.). Sozial differenzierte Angaben liegen zum Teil nur bis 1991/92 vor.

– Die *Rentnerhaushalte* zählen zu den Gewinnern beim Einkommen; sie stellen 22% aller ostdeutschen Haushalte, und ihre (realen) Einkommen sind 1990–1993 um drei Viertel gestiegen; dadurch sind sie von 77% auf 98% der Durchschnittseinkommen (pro Kopf) gerückt. Gerade Rentner haben in der DDR weit überdurchschnittlich viele kostenlose bzw. subventionierte Leistungen bezogen – das Ausmaß der um die durchschnittliche Lebenshaltungs-Verteuerung bereinigten 'realen' Einkommensverbesserung ist (wie übrigens auch bei Alleinerziehenden) teilweise irreal. Nicht einbegriffen in den Zahlen ist die halbe Million Frührentner-Haushalte, die nur mäßige Einkommenssteigerungen hatten. Die Renten der mehreren zehntausend Haushalte von Funktionseliten wurden aus politischen Gründen gedeckelt und stagnierten.

– Einkommensgewinner waren vor allem in den ersten Jahren die ca. 400.000 Haushalte mit *Pendlern in den Westen* (Steigerung von 40% 1990–91 – DIW 4/1992). Dies geschah um den Preis einer außerordentlich hohen arbeitszeitlichen und familiären Belastung. Der Einkommensvorsprung ist immer noch beträchtlich, schwindet aber durch die Stagnation der westdeutschen Löhne.

– *Doppelverdienerhaushalte ohne Kinder*, meist aus über 40jährigen bestehend, hatten pro Kopf die höchsten Einkommen (37% über dem Durchschnitt) und ein überdurchschnittliches Einkommenswachstum (bis 1992 um ca. 20%); ihr Anteil an allen Haushalten halbierte sich wegen Arbeitslosigkeit und Frührente von 13 % im Jahr 1990 auf 6 % im Jahre 1992.

– Im Vergleich zurückgefallen sind *Partner-Haushalte mit Kindern* (38% aller Haushalte) mit bis 1993 unterdurchschnittlich, um 20%, gestiegenen Einkommen, die damit von 93% auf 90% des (Pro-Kopf-)Durchschnitts gesunken waren. Hier wirkten sich Kürzungen öffentlicher Leistungen für Familien mit Kindern, vor allem aber die gestiegene Massenarbeitslosigkeit aus. Der Anteil von Haushalten mit Kindern, die zwei Erwerbseinkommen haben, sank von 31 % (1990) auf 22 % (1992).

– Die *Arbeitslosigkeit* hat bislang am stärksten zu Einkommensunterschieden beigetragen. Einkommensentwicklungen bei *Haushalten mit Arbeitslosen* sind wenig aussagekräftig, da mehr als die Hälfte der Arbeitslosen nach einem Jahr wieder in Arbeit oder auf Rente sind. Ein Fünftel aller Haushalte enthält mindestens eine(n) Arbeitslose(n), 27% der Bevölkerung sind direkt oder indirekt von Arbeitslosigkeit betroffen. Die Einkommen der Arbeitslosen-Haushalte liegen um 15–20% unter dem Durchschnitt. Bis 1993 sind sie aber immerhin durchschnittlich (um 30%) gestiegen, da 3/4 der Arbeitslosen – mehrheitlich Frauen – mit einem erwerbstätigen Partner leben, und da auch die Arbeitslosenunterstützungen erheblich gewachsen sind. Schwieriger ist die Lage von Arbeitslosenhaushalten mit Kindern, immerhin 10% aller Haushalte: sie hatten (bis 1992) keinen realen Einkommenszuwachs. Haushalte von Langzeit-Arbeitslosen hatten bis 1992 real verloren: -10% (berechnet nach DIW 6/ 1993 und Münnich, 1993)

– Einen geringen Einkommenszuwachs von 6 % (1990 – 1993) hatten die *Alleinerziehenden-Haushalte* (6 % aller Haushalte); ihr Einkommensniveau sank von 1990: 80% auf 1993: 70%, was vor allem ihrer hohen Arbeitslosenquote von 20% und der Verschlechterung von kinderbezogenen staatlichen Leistungen geschuldet ist. "Die ostdeutschen Alleinerziehenden zählten im betrachteten Zeitraum somit einkommensmäßig zu den größten Verlierern der Einheit" (Müller u.a. 1995, S.97; Daten nach Berger u.a. 1993, S.19ff. u. S.54ff.; Müller u.a. 1995; z.T. eigene Berechnung)

Stadt-Land-Unterschiede sind nach den Einkommensdaten des "Sozio-Ökonomischen Panel" mäßig, aber größer als im Westen: In den mittelgroßen Städten (20.000 – 100.000 Ew.) lagen 1992 die Haushaltseinkommen um 5%, in den Dörfern (weniger als 2.000 Ew.) um 2% unter denen der Großstadtbewohner, die Einkommensunterschiede (Varianzen) waren überall gleich gering. Die westdeutschen Haushaltseinkommen dagegen differieren nicht nach Stadtgröße, die Einkommens-Varianzen in Städten sind doppelt so hoch, insgesamt keine sensationellen Unterschiede, aber ein Hinweis auf größere soziale Probleme in ostdeutschen Mittelstädten.

Den überwiegend gestiegenen Einkommen stand schon bald nach der Wende ein schlagartig erweitertes Marktangebot an Waren und Dienstleistungen gegenüber. Der Abbau staatlicher Subventionen nötigte jeden Haushalt zu vermehrter Geldausgabe; staatliche soziale bzw. vormals kollektive Sach- und Dienstleistungen haben zum Teil die Form von Geldzahlungen angenommen. Zudem ließen existentielle Verunsicherungen private Versicherungen und Geldanlagen ins Kraut schießen. Für diesen Prozeß der *Monetarisierung* des Lebensunterhalt fehlten zunächst die Verhaltensroutinen. "*Das Geld zerrinnt zwischen den Fingern*" (so eine Befragte, R.N.). In der DDR war bei den meisten nicht das Zusammenhalten des Geldes ein Problem gewesen, sondern die Beschaffung von Waren guter Qualität. Angesichts einer zunächst überwältigenden Auswahl an Waren und neuen Dienstleistungen mußten Preis- und Qualitätsvergleich, Vorsicht vor Übervorteilung, Planung des Haushaltsbudgets erst gelernt werden. In der ersten Zeit schwankte man zwischen "Nachholkonsum" einerseits, der sich von der Arbeiterwitwe bis zur Spitzenkraft auf elektrische und elektronische Geräte, PKWs, Kleidung, spezielle Nahrungsmittel, Auslandsreisen u.ä. richtete (vgl. Sozialreport 1992, S.143ff.). Andererseits trieben düstere Zukunftsahnungen zu ungezielter Vorsicht und Zusammenhalten des Geldes. Diese Ahnungen wurden bestätigt durch wachsende Arbeitslosigkeit, eine beträchtliche Inflation, durch Erfahrungen mit Ramschwaren, windigen Vertretern, überflüssigen Versicherungen und Geldanlagen. Schon ab 1991 gingen gerade sozial Bedrohte sehr ökonomisch und überlegt mit ihrem Geld um. Mehr als die Hälfte der Alleinerziehenden und Arbeitslosen spart, freilich niedrige Summen. Regelmäßig sparen aber auch einkommensmäßige Gewinner wie Doppelverdienerhaushalte und Rentner – für ökonomische Notfälle, fürs Alter, für Familienangehörige, für Anschaffungen und für die Wohnungsverbesserung. Kredite werden von Erwerbstätigen, Rentnern und Arbeitslosen sehr mäßig und überwiegend für Wohnungsverbesserungen und PKW-Anschaffungen aufgenommen (Berger u.a. 1993, S.64 ff.; Gutberger; Neef 1994; Schröder 1994, S.81 ff.; Strützel 1994, S.44 ff.). Größere Konsumaufwendungen sind oft von Zukunftsüberlegungen geleitet – viele Frauen verstehen die Anschaffung teurerer Kleider auch als Investition in ihre beruflichen Entwicklung, Ausgaben für die Kinder sollen den Schulerfolg fördern, Anschaffungen von Haushaltsgeräten dienen dem Wohnungsausbau, Zeitschriftenabonnements und Bildungsveranstaltungen werden als Fortbildung verbucht. Die Geldausgabe älterer Menschen ist stärker von Zukunftsbedenken geleitet, bei Jüngeren spielen Selbstverwirklichung und Lebensgenuß eine etwas größere Rolle (Strützel 1994, S.44 ff. und weitere Erhebungen, R.N.). Die *Monetarisierung* des Lebensunterhalts hat insgesamt nicht einen Komsum-Hedonismus gefördert, sondern Sicherheitsorientierungen.

Die Frage nach *Gewinnern und Verlierern* der Vereinigung ist nicht einfach zu beantworten. *'Objektiv'-materiell* lassen sich Verlierer-Gruppen identifizieren: Arbeitslose und Haushalte mit Kindern. Die größten Probleme haben die Alleinerziehenden: ihre schlechte Einkommenslage wird verschärft durch überdurchschnittliche Arbeitslosigkeit und teilweisen Verlust einstmals guter sozialer Sicherungen und Leistungen; ein Drittel lebt in Armut. *Einkommensarmut* – definiert als Einkommen unter 50% des Durchschnitts – ist durch die starken Einkommenserhöhungen insgesamt zurückgegangen, jedenfalls wenn man sie am gesamtdeutschen (1990: 20% – 1993: 10% aller Haushalte) oder am westdeutschen (1990: 27% – 1993: 16%) Durchschnitt mißt; 1994 hat sich die Lage freilich nicht mehr verbessert. Mit dem Auslaufen der Arbeitslosenhilfe bei Langzeitarbeitslosen kann aber auf längere Sicht mit einer Erhöhung des Anteils der SozialhilfeempfängerInnen, und damit der Einkommensarmen, gerechnet werden. Neben den Alleinerziehenden ist fast die Hälfte der Haushalte mit drei und mehr Kindern besonders von Einkommensarmut betroffen (DIW 51–52/ 1994; Hanesch u.a. 1994, S.137 ff.). Materielle *Gewinner* sind schwerer auszumachen, weil ihre Aussichten, die Spitzenposition zu halten, völlig unklar sind (Schröder 1994, S.192 ff.).

Wenn es aber um die *subjektive* Verarbeitung der 'objektiven Lage' geht, wird das Bild sehr vielschichtig. Armut etwa erscheint in Ostdeutschland weniger als Einkommensproblem – sie wird vor allem erlebt als uneinholbare Entwertung der eigenen Arbeitsfähigkeiten, als Gefühl von Zukunftslosigkeit und Auslieferung an unbeeinflußbare Mächte und erst danach als Verschlechterung der Wohn-, Gesundheits- oder Zusammenlebensbedingungen (Hanesch u.a. 1994, S.290 ff.). Die

Ostdeutschen sehen ihren Lebensstandard (noch) als weniger von ihrem Einkommen bestimmt als die Westdeutschen, eine größere Rolle spielen berufliche Freiheiten oder Leistungsdruck, Nutzung und Qualität des Angebots an Waren und Diensten, Veränderungen sozialer Chancen. "Deutliche finanzielle Verbesserungen (...) werden nicht unbedingt mit einem verbesserten Lebensstandard gleichgesetzt." (Schröder 1994, S.68). Familien mit Kindern etwa wägen ihre Einkommenszuwächse gegen Verschlechterungen öffentlicher Leistungen für Kinder und gegen die verunsicherte Erwerbslage ab – nur die Hälfte sah 1992 den eigenen Lebensstandard verbessert (Schröder 1994, S.224 und S.229f.). Ein Teil der einkommensmäßigen Gewinner sieht sich gar als Verlierer, etliche Verlierer in monetärer Hinsicht sehen sich dennoch als Gewinner der Vereinigung. Von den gänzlich arbeitslosen oder prekär beschäftigten Menschen ist die Mehrzahl recht jung – stagnierenden Einkommen steht die Wahrnehmung wachsender Bewegungs- und Selbstverwirklichungschancen gegenüber, so daß sich die Mehrheit der Arbeitslosen als Gewinner und nur eine Minderheit als Verlierer der deutschen Vereinigung sieht (Gutberger; Neef 1994; Schröder 1994, S.133ff. und S.211ff.).

b) Veränderungen bei kollektiven Diensten und Einrichtungen

Zur Nutzung von haushaltsbezogenen Einrichtungen und Diensten müssen wir uns hauptsächlich auf eigene Erhebungen (R.N.) stützen. Insofern ist hier kein Überblick möglich; wir heben drei Entwicklungslinien hervor und erläutern sie am Beispiel einer Leistungsart und Nutzergruppe.

Der DDR-Staat hatte ein umfassendes Netz von billig bis kostenlos nutzbaren Einrichtungen, Sach- und Dienstleistungen im Bildungs-, Kultur-, Freizeit-, Gesundheits- und Sozialbereich gestellt und subventioniert, das allen Bürgern gleichermaßen zur Verfügung stand. Viele dieser Leistungen hatten eine höchst mäßige Qualität, die sich durch den wachsenden Kostendruck in den 80er Jahren z.T. noch verschlechterte. Für Bedürftige bzw. politisch oder ökonomisch besonders zu fördernde Bevölkerungsgruppen kamen ergänzend Geldleistungen und rechtliche Vergünstigungen hinzu. Die allein vom Staat (nicht den Betrieben!) hierfür aufgewandten Summen erhöhten die Einkommen der Haushalte 'indirekt' um 1/4. Hiervon "profitierten (...) die Haushalte mit geringem Einkommen stärker als jene mit höherem Einkommen" (Berger u.a. 1993, S.49).

Die Vereinigung brachte ein für die ostdeutschen Bürger unübersichtliches System: viele Dienste und Einrichtungen wurden privatisiert, ihre Nutzung wurde zur Einkommensfrage. Andere gingen an Wohlfahrtsträger über. Die Nutzungskosten können bei Nachweis von Bedürftigkeit bezuschußt werden. Das gilt auch für die in öffentlicher Hand verbliebenen Einrichtungen, deren Gebühren stark angestiegen sind. Die Qualität der weiterhin angebotenen Dienste und Einrichtungen verbesserte sich in der Regel, sie wurde aber lückenhafter. Staatliche Geldleistungen an Bedürftige sind meist wesentlich gestiegen. Das neu eingeführte System staatlicher Förderung durch Steuervorteile kommt Einkommensstarken mehr zugute als Einkommensschwachen. *Monetarisierung* zeigt sich am deutlichsten bei den *Leistungen für Familien bzw. Kinder*. Deren generelle Bevorzugung bei Vergabe von Wohnungen in der DDR ist verschwunden. Die starke Steigerung der (noch) reglementierten Alt- und Neubaumieten, die Einführung des Wohngeldes, die marktwirtschaftliche Wohnungsvermittlung hat Familien mit Kindern eher zu Benachteiligten gemacht; Alleinerziehende haben, trotz Wohngeld, die höchste Mietbelastung aller Haushaltsgruppen (siehe den Beitrag von Frick in diesem Band). Ausgabensteigerungen durch Streichung der Subventionen für Grundnahrungsmittel, Gemeinschaftsverpflegung und Kinderkleidung wurde von den gestiegenen Einkommen der Familien aufgefangen. Das für ostdeutsche Familien gezahlte Kindergeld sank, Möglichkeiten bezahlter Freistellungen für Kinderbetreuung gingen stark zurück – aus Angst um den Arbeitsplatz werden sie ohnehin kaum beansprucht, während sie zu DDR-Zeiten reichlich genutzt wurden (unsere Erhebung, R.N.). Das mit durchschnittlich 3/4 des Lohns bezahlte Babyjahr wurde abgelöst von Erziehungsgeld (600,–DM pro Monat, ab 1994 nach Einkommen gestuft). Spezifische Arbeitsplatzgarantien und Ausbildungsförderungen für Alleinerziehende sind verschwunden. Das einstmals umfassende Netz von Kindereinrichtungen bröckelt an seinen 'Rändern' ab – Kinderkrippen, Kinderhorte, subventionierte Freizeitaktivitäten und Jugendeinrichtungen wurden von den unter Finanznot leidenden Trägern zu erheblichen Teilen demontiert. Eine Ursache hierfür war auch die Halbierung der Geburtenziffern seit 1990 (Sozialreport 1992, S.46; wenn die Geburten wieder zunehmen, steht dem dann kein Angebot an Einrichtungen mehr gegenüber!). Ein kleiner Teil wird privatwirtschaftlich zu erhöhten Preisen fortgeführt. Das Angebot an Kindergärten hat sich im Verhältnis zur Nachfrage einigermaßen gehalten, aber zu eingeschränkten Öffnungszeiten und vervielfachten Nutzungskosten, was vor allem die Erwerbstätigkeit von Müttern erschwert. Etwas gebessert hat sich nach Ansicht unserer Befragten der autoritäre Erziehungsstil in Kindereinrichtungen, auch ihre Ausstattung wurde meist erheblich verbessert. Dies fällt freilich für die Mehrzahl der Eltern weniger ins Gewicht – sie kritisieren die Verteuerung und Ausdünnung der Angebote: "früher habe der Staat bzw. der Betrieb die Kinder*betreuung* organisiert, heute sei die Kinderbetreuung des Staats im wesentlichen eine *finanzielle* Unterstützung." (Schröder 1994, S.124). Insgesamt gewachsen sind die öffentlichen Geldleistungen für Haushalte mit Kindern – aber sie fließen nur auf Antrag: Kinder und Haushaltshilfen können steuerlich abgesetzt werden (ein Vorteil vor allem für Einkommensstarke), für die meisten anderen Leistungen (z.B. für Zuschüsse zu den von 0 auf 100–200 DM verteuerten Kindergartenkosten, für Sonderleistungen der Sozialhilfe für Alleinerziehende u.ä.) muß Bedürftigkeit nachgewiesen werden. Die Monetarisierung der Kinderbetreuung führt zum Teil zur Privatisierung: Doppelverdiener oder Arbeitslose und Alleinerziehende organisieren Kinderbetreuung zunehmend in privaten sozialen Netzen, um die knappen Öffnungszeiten zu umgehen, um Geld zu sparen, um neue Kontakte mit Menschen in gleicher Lage zu knüpfen. (Hanesch u. a. 1994, S. 89 ff.; Kistler; Jaufmann; Pfaff 1993; Schröder 1994, S. 123 ff.).

Die Wirkung der *Entstaatlichung* wird am deutlichsten bei *Betreuungseinrichtungen und -leistungen für Alte und Behinderte*. Die Renten, auch für Invaliden, wurden nominal verdoppelt bis verdreifacht. Hiervon müssen nun allerdings die stark verteuerten Kosten für ambulante und Heim-Pflege bezahlt werden – für viele Betroffene bedeutet das Abhängigkeit von Sozialhilfe bzw. von der neu eingeführten Leistungspflicht von Familienangehörigen (auch dies eine Form der Privatisierung!). Weggefallen ist ein Großteil der Leistungen von Betrieben: geschützte Arbeitsplätze für Rentner und weitgehend auch für Behinderte, betriebsärztliche Betreuung und Kuren, Angebote von Wohnungsrenovierung, Betriebsessen und Ferienplätzen sowie Freizeit- und Kulturgruppen – der Wegfall letzterer wird als Ausdünnung sozialer Kontakte besonders bedauert. Die Zuständigkeit für verbliebene Einrichtungen und Leistungen des Staats oder der Betriebe sowie für neu eingeführte Einrichtungen und Leistungen ist nun auf verschiedenste Ämter und Versicherungen und die neu eingeführten Wohlfahrtsverbände verteilt, die alle mit erheblichen Anlaufschwierigkeiten zu kämpfen hatten. Neu etablierte Dienste, etwa Tagesstätten, Rehabilitationseinrichtungen, Arbeitsplätze oder Werkstätten nach dem Behindertengesetz sind immer noch im Aufbau. Die hauswirtschaftlichen Leistungen ehrenamtlicher Helfer der Volkssolidarität gehen zurück, die Umstellung der bisherigen Gemeindeschwestern auf das neue Sozialstationen-System und hauptamtliche Pfleger bringen erhebliche Ausfälle und viel Verwirrung mit sich. Als Hauptprobleme nennen Alte und Schwerbehinderte die verbreitete Abhängigkeit von Sozialhilfe bzw. von Angehörigen, das Gefühl einer Entwertung als Arbeitskraft auf den ehemaligen Behinderten- und Rentner-Arbeitsplätzen, die Orientierungsschwierigkeiten in dem Gestrüpp vielfältiger Trägerschaften und das Gefühl, als Bittsteller bei den unterschiedlichen Institutionen auftreten zu müssen. Auch eine vielfältige Beratung hat bislang die Hemmschwellen bei der Nutzung von Leistungen und Einrichtungen nur teilweise senken können. Ein Drittel der Betroffenen fühlt sich verunsichert oder sogar unzufrieden – 50–80 % sind allerdings über die Folgen der Vereinigung insgesamt zufrieden. Alle betonen stärker als in den ersten Jahren nach der Wende einzelne positive Seiten der Betreuung zu DDR-Zeiten. Wesentlich verbessern wird sich die *Qualität* der Alten-, Pflege- und Behindertenheime. Zu DDR-Zeiten herrschten hier insgesamt schlechte, z. T. katastrophale Verhältnisse. Seit vier Jahren gibt es wesentliche Investitionen in die Infrastruktur und in die Qualität der Pflege (Hanesch u. a. 1994, S. 98 ff., S. 122 ff. und S. 336 ff.; Schwitzer 1993). Insofern haben sich nicht nur die monetären Leistungen für die große Mehrheit der Alten und Behinderten verbessert, sondern die Entstaatlichung hat auch die Qualität wichtiger Einrichtungen deutlich erhöht. Gleichzeitig aber hat dies zu deren Ausdünnung und damit auch zum Rückgang entsprechender Bindungen geführt, was bei vielen Betroffenen eine tiefe Orientierungskrise bewirkte.

In der DDR hatten viele Dienste und Einrichtungen mit subventionierten Preisen (z. B. Gasthäuser, Einrichtungen der Körperpflege, Kultureinrichtungen, Instandhaltung von Haushaltsgeräten) oder kostenlos (z. B. das gesamte Gesundheitssystem) funktioniert. Die Leistungen hatten oft eine mäßige Qualität, die Einrichtungen waren überwiegend veraltet, aber flächendeckend, auch – und in stärkerem Maße als in Westdeutschland – auf dem Land. Der gesamte Einzelhandel und die meisten haushaltsbezogenen Dienste wandelten sich um in selbständige gewinnorientierte Unternehmen. Generell hat sich ihre Qualität verbessert, aber zu wesentlich erhöhten Kosten. Für die eher positiven und die stärker negativen Aspekte dieser *Privatisierung* stehen folgende Bereiche:

Die Einführung des westdeutschen *Gesundheitssystems*, v. a. der Krankenkassenfinanzierung und der ambulanten Versorgung durch Arztpraxen, war gleichbedeutend mit einem tiefgehenden Umbau des ostdeutschen Gesundheitswesens. Weitgehend gleichgeblieben, aber unter Konkurrenzdruck geraten sind die Krankenhäuser. Die ambulante Gesundheitsversorgung war in der DDR ganz überwiegend geleistet worden von Polikliniken, in denen Allgemein- und Fachärzte, Heil- und Pflegepersonal zusammenarbeiteten und einen gemeinsamen Gerätebestand nutzten. Hiervon sind nur noch Bruchstücke geblieben. Schon Ende 1991 waren neben den überkommenen 2.000 Arztpraxen 13.000 weitere Praxen entstanden und hatten 90% der ambulanten Versorgung übernommen. Sie wurden rasch mit neuen Geräten und Heilmitteln versehen und hatten meist junges frisch geschultes Personal aus den bisherigen Polikliniken. Nur in Brandenburg wird der Erhalt der Polikliniken gefördert, ansonsten wurden die meisten, auch wegen finanzieller Benachteiligung, schon weit vor dem gesetzten Termin (1995) aufgelöst, und mit ihnen fast alle nicht-ärztlichen Gesundheitseinrichtungen (Braun; Müller 1993; Deppe 1993; Sozialreport 1992, S. 185 ff.). Zweifellos hatte das alte Gesundheitssystem Mängel gehabt – Befragte nannten vor allem die veraltete Ausstattung, die häufig langen Warte- und Diagnosezeiten, bisweilen auch eine einfallslose und bevormundende Behandlung. Stärker betonten sie aber dessen Vorteile: kurze Wege, gute Krankheitsbegleitung, ökonomische Nutzung von Infrastruktur und Material. Gleichwohl beurteilen die Befragten den Systemwechsel im Gesundheitswesen überwiegend positiv: die Mehrzahl sieht Verbesserungen in Ausstattung und im Umgang mit den Patienten, eine fast ebenso starke Gruppe sieht kaum Veränderungen, nur wenige betonen Verschlechterungen (unnötiger Behandlungs- und Formalitätsaufwand, hektische Atmosphäre). Insgesamt wuchs die Zufriedenheit mit der Behandlung und mit der eigenen Gesundheit. Chronisch Kranke leiden freilich stärker unter der lückenhaften Krankheitsbegleitung und der für sie stark spürbaren Kostenbeteiligung (Genz 1994; Sozialreport 1992, S. 191 ff.; unsere Erhebungen, R. N.). Die rapiden Kostenerhöhungen von jährlich ca. 30% (d. h. die Annäherung an das westdeutsche Ausgabeniveau von 4000,–DM/Kopf; Wasem

1993, S. 121 ff.) als Folge der Privatisierung werden von den Haushalten kaum verspürt, weil sie von den Krankenkassen aufgefangen werden. Infolgedessen werden Gesundheitseinrichtungen in Ostdeutschland heute häufiger benutzt als früher.

Anders sieht die Bewertung aus bei den meisten sonstigen *persönlichen Diensten und Einrichtungen*: ihre meist um das 3- bis 5fache gestiegenen Preise müssen die Haushalte selbst tragen. Die Nutzungshäufigkeit sank um insgesamt 10–30 %, wodurch die Kostenerhöhung nicht so stark zu Buche schlug. Am stärksten geschah dies dort, wo ein Sparpotential gesehen wurde (vor allem bei Gasthäusern, Freizeitveranstaltungen und Aufwendungen für die Allgemeinbildung), in geringerem Maße auch bei Sport, Reparaturgewerbe und verschiedenen persönlichen Dienstleistungen. Stärker genutzt wurden nur persönliche Beratungsdienste und berufliche Fortbildung. Bei allen diesen Leistungen gab es eine deutliche Verbesserung von Service und Leistungsqualität. Ältere und Einkommensschwache nutzen persönliche Dienste und Einrichtungen erheblich weniger, Jüngere und beruflich Erfolgreichere eher stärker. Auf dem Land wurden erheblich mehr Dienste und Einrichtungen geschlossen als in der Stadt (Fink; Langendorf 1992, S. 30 ff. und Tab. A 7; unsere Erhebungen, R. N.). Insofern haben sich die Haushalte auf dem Land stärker in die Häuslichkeit zurückgezogen, in der Stadt betrifft dies vor allem die Rentner und die Einkommensschwachen. Viele Dienste und Einrichtungen sind stärker als früher von der Statusdemonstration bestimmter Nutzungsgruppen geprägt ("*Da gehen wir nicht mehr hin, da gibt es nur noch feine Leute*" oder aber auch "*Publikum der schlimmsten Sorte*", R. N.), andere sind stärker von speziellen Freizeitvorstellungen oder von beruflichen Anforderungen bestimmt. So verloren viele Einrichtungen ihren einstmals kollektiv-egalitären Charakter, ihre Nutzung drückt zunehmend soziale Unterschiede aus (Gutberger; Neef 1994).

Diese Unterschiede deuten weniger auf soziale Polarisierung hin. Auf dem Land wurden auch Einkommensstarke häuslicher, in der Stadt zeigt sich eine Spaltung eher zwischen Jüngeren – auch Arbeitslosen, die Dienste und Einrichtungen genausogut oder stärker nutzen als früher, und Älteren, die hier sparsamer wurden. Dies deutet eher auf *soziale Differenzierung*, die entlang einer Trennung Stadt–Land verliefe, und in der sich die ältere Generation mit ihrem Hang zur Bewahrung überkommener Lebensweisen unterschiede von der jüngeren, die sich die 'Verwestlichung' rascher zu eigen machte.

c) Zur Entwicklung von Eigenarbeit und Netzwerktausch

Was bedeuten diese Veränderungen? Schröder (1994, S. 125) betont, der Rückgang kinderbezogener Leistungen und Einrichtungen werde vorwiegend durch Eigenarbeit und Netzwerktausch ersetzt: Doppelverdiener-Paare stellten zur Kinderbetreuung häufig nichterwerbstätige Frauen an, arbeitslose und alleinerziehende Mütter bedienten sich gegenseitiger und Verwandten-Hilfe. Wollte man diese Einsicht verallgemeinern, hieße das: Die verminderte Nutzung von Diensten und Einrichtungen muß durch vermehrte Eigenarbeit kompensiert werden. Das gilt aber nicht generell, denn die verbesserte Warenversorgung hat eine ganze Reihe von Eigenarbeiten überflüssig gemacht. Als Eigenarbeiten verstehen wir dabei Routine-Hausarbeit, Instandhaltung und Reparatur von Kleidung, Haushaltsgütern und Autos, Erzeugung und Zubereitung von Lebensmitteln, Herstellung von Kleidung, Haushaltsgegenständen und Mobiliar, Bau- und Renovierungsarbeiten an der Wohnung, Einkauf, Besorgungen und Haushaltsorganisation – für den eigenen Haushalt und für andere Haushalte (soziales Netzwerk).

In der DDR mit ihrem chronisch defizitären Reparatursektor und ihrer lückenhaften Versorgung mit Konsumgütern spielte vor allem Eigenproduktion und -reparatur eine große Rolle und wurde vom Staat gefördert. Die größten Bereiche waren:

– *Instandhaltung und Bauarbeiten an Wohnungen*: die meiste Eigenarbeit floß in Eigenheime, in denen die Hälfte der Land- und ein Fünftel der Stadtbewohner leben. Unsere Befragten hatten hier die Hälfte aller notwendigen Arbeiten selbst oder durch 'Organisieren' erledigt – das waren oft jahrelange Aktionen. Viel Eigenarbeit wurde auch in Altbauwohnungen – nicht in die Häuser selbst! – investiert. In den 80er Jahren hatte die Regierung dies mit billigen Krediten und Angeboten kostenloser Materialien gefördert – aber das reale Angebot blieb weit zurück (Hinrichs 1992), so daß für größere Arbeiten sehr weite Netze (bis hinein in die Betriebe) mobilisiert werden mußten.

– *Gartenarbeit*: mehr als ein Viertel der Haushalte hat einen Garten oder Schrebergarten – die großen Plattensiedlungen erhielten meist einen ganzen Kranz neuer Schrebergärten. Hier wurden seltenere Früchte und Gemüse gezogen, in ländlichen Gebieten auch Stalltiere (wo LPG'en nicht Futtermittel bereitstellten, wurde auch mal mit subventionierten Lebensmitteln wie Haferflocken, Konsum-Brot oder Kartoffeln gefüttert). Die Eigenproduktion von Lebensmitteln wurde gefördert mit hoch subventionierten Preisen, die die Ablieferungsstelle in jeder Kaufhalle zahlte. Dennoch ging ein Großteil der Überschüsse als reine Gefälligkeit oder Tauschleistung an Freunde und Bekannte.

– *Qualifizierte Arbeitsleistungen:* für große Reparaturen, für exklusivere Kleidung, für juristische Beratung u.v.m. reichte man sich Bekannte aus einschlägigen Berufen weiter; hier spielte Schwarzarbeit eine größere Rolle, aber Gefälligkeitsleistungen herrschten immer noch vor. Staatliche Stellen mißbilligten dies, blieben aber weitgehend machtlos.

– *Soziales oder karitatives Engagement*: vorwiegend Frauen halfen, betreuten, pflegten hauptsächlich Verwandte und gute Freunde, aber es gab auch viel freiwillige Arbeit für benachteiligte oder behinderte Kinder, für den Naturschutz u.ä. Diese Aktivitäten suchte der Staat im Rahmen offizieller Organisationen zu halten.

Ein Großteil der Eigenarbeit kam dem eigenen Haushalt zugute. Ein *enger* Kreis von Verwandten und guten Freunden erhielt teils aus dem Gefühl moralischer Verpflichtung, teils aus Gefälligkeit (und dann mit der stillen Erwartung auf Reziprozität) erhebliche Arbeitsleistungen. Ein *weiter* Kreis von Nachbarn, Arbeitskollegen, direkten und indirekten Bekannten wurde meist für außerordentliche Hilfen oder für große Aktionen (z. B. grundlegende Sanierung des Autos, Bau eines Hauses oder Hausteils) genutzt. Hier herrschte das Gesetz der Reziprozität, aber selbst diese 'weiten' Tauschleistungen kamen eher gelegentlich zustande und wurden selten systematisch gesucht (Gutberger; Neef 1994).

Nach der Wende (bis 1993) hat sich die Eigenarbeit je nach Art sehr verschiedenartig entwickelt.

– Alle Möglichkeiten sind *weggefallen,* selbst produzierte Mangelwaren zu subventionierten Preisen offiziell zu verkaufen.

– Stark *zurückgegangen* sind die Leistungen für Kunden bzw. Bekannte aus den *weiten* sozialen Netzen. Eigene Schneiderei sowie Herstellung und Reparatur von Haushaltsgeräten gibt es weit weniger als zuvor. Unsere Befragten (R.N.) nannten als Gründe hierfür das wesentlich verbesserte Warenangebot, bedauerten aber gleichzeitig die damit verbundenen Verluste an sozialen Kontakten und Aktivitäten. Leicht zurück gingen Arbeiten um das Auto, was mit der geringen Reparaturfreundlichkeit von Westautos (elektronische Teile!) erklärt wurde.

– Ungefähr *gleich geblieben* sind im Durchschnitt die Gartenarbeit (statt Paprika werden z. B. die wesentlich verteuerten Kartoffeln angebaut), die Hausarbeit sowie Pflege und Betreuung von Personen; das wurde auch in repräsentativen Erhebungen festgestellt (Schröder 1994, S. 87 ff. und S. 124 f.; nach Berger u. a. 1993, S. 40 ff. gilt das für alle Haushaltstypen).

– *Zugenommen* haben Kochen und Backen – insbesondere im ländlichen Raum, in dem Betriebskantinen fast ganz wegfielen – und Betreuung eigener und befreundeter Kinder, insbesondere in Arbeitslosen-Haushalten. Bei Haushalten mit einer starken 'Bastel-Motivation' haben die neuen Baumärkte Eigenarbeiten in Wohnung und Wohnungseinrichtung beflügelt – andere leisteten hier weniger und nutzten verstärkt das verbesserte, freilich stark verteuerte Handwerker-Angebot (diese Differenzierungen entgingen Berger u. a. 1993, die Stadt und Land, arbeitslose und erwerbstätige Haushalte, Reparaturen aller Art zusammenfaßten). (Strützel 1994, S. 54 ff.; Neef 1993)

Das *Ausmaß* der Eigenarbeit unserer Befragten (R.N.) war sehr unterschiedlich – bei Einbezug aller oben genannten Bereiche variierte es zwischen 7 Std. bei einem (Früh-)Rentnerpaar und 1 Std. bei einem Doppelverdiener-Paar mit Kind und hohem Einkommen, 1¼ Std. bei einem alleinstehenden Erwerbstätigen (jeweils pro Tag und Erwachsenem). Die geringe Befragtenzahl erlaubt nur sehr grobe und provisorische Aussagen (demnächst werden die Ergebnisse der ersten bundesdeutschen Zeitbudgeterhebung genaueres verraten). Im folgenden Abschnitt berücksichtigen wir *nicht* Hausarbeit, Einkauf und Besorgungen – deren Nutzen läßt sich am schwersten mit Zeit messen, denn sie sind, wie schon Ann Oakley (1978) feststellte, außerordentlich dehnbar.

Spürbare Unterschiede der Eigenarbeit lassen sich weder nach Beruf bzw. Erwerbssituation noch nach Einkommen feststellen. Eine größere Rolle spielte die *Haushaltsform* (ähnliche, gröber zusammengefaßte Ergebnisse: Berger u.a. 1993, S.40 ff.):

– Die umfangreichste Eigenarbeit leisteten, in Übereinstimmung mit östlichen (vgl. z.B. Fiebiger 1992) und westlichen (vgl. z.B. Pahl 1984) Forschungsergebnissen, die Paare mit Kindern (8 Haushalte, 56 Min. pro Tag und Erwachsenem, ohne Hausarbeit, Einkauf und Besorgungen) – obwohl in Ostdeutschland und bei unseren Befragten immer noch ganztägige Erwerbsarbeit der Mütter (bei 6 Haushalten) vorherrscht. Sie sind entschieden "arbeitsreich" (Pahl) – nicht nur wegen des Arbeitsaufwands für die Kinder, sondern wegen ihrer besonders umfangreichen Kontakte und ihrer besonders ergiebigen Netzwerkleistungen, im Nehmen wie im Geben.

– Die wenigste Eigenarbeit leisteten *Alleinstehende* und *Alleinerziehende* (7 Haushalte, 37 Min.). Wenige hatten Zugang zu einem Garten, die Wohnungen waren klein und unaufwendig, Alleinstehende nutzen besonders viele marktförmige Dienstleistungen, Alleinerziehende beziehen mehr Netzwerks-Leistungen als sie erbringen (für Westdeutschland: Meyer; Schulze 1989; Niepel 1994).

– Zu *Paaren ohne Kinder* – mehr als die Hälfte waren 1992 nicht erwerbstätig, 15 % waren von Arbeitslosigkeit betroffen (Berger u.a. 1993, S.19) – sind unsere Ergebnisse nicht repräsentativ. Nach Berger u.a. wandten sie von allen die meiste Zeit auf für Hausarbeit, Besorgungen und Reparaturen ("Für die Partner-Haushalte ohne Kinder könnte die eigene Ausführung von Reparaturen eine alternative Versorgungsstrategie zur zurückgegangenen Erwerbstätigkeit sein"; ebda., S.42).

Dies scheint ein entscheidender Punkt zu sein: zu DDR-Zeiten entwickelte Potentiale zu Eigenarbeit und Netzwerktausch werden von den von der Vereinigung Benachteiligten oder nur am Rand Erfaßten trotz Verbesserung der Versorgungslage beibehalten. Frappant war die umfangreiche Eigenarbeit in Haushalten von oder mit Arbeitslosen (65 Min., 6 Haushalte) gegenüber Erwerbstätigen-Haushalten (40 Min., 13 Haushalte – immer pro Tag und Erwachsenem). Nach unserer anderen Erhebung (U.S.) haben vor allem die Arbeitslosen ihre sozialen Unterstützungs-Netzwerke gehalten oder erweitert – bei anderen verkleinerten sie sich. Das erklärt sich nicht nur aus Benachteiligung, sondern auch daraus, daß 2/3 der Arbeitslosen Frauen sind. Nach Schröder (1994, S.137 ff. und S.209 ff.) leisteten arbeitslose Ehefrauen erwerbstätiger Männer die umfangreichsten Aktivitäten im sozialen Netzwerk. Haushalte mit arbeitslosen Männern und erwerbstätigen Frauen dagegen tendierten zu sozialem Rückzug in die Familie. In einer laufenden Untersuchung über Langzeitarbeitslose in einem ländlichen Kreis Mecklenburgs fielen Kronauer; Vogel (1993) zunächst auf, daß arbeitslose Frauen sich keineswegs sozial zurückzogen, sondern außerordentlich aktiv waren; in der Haupt-Untersuchung 1994 neigte aber schon eine beachtliche Minderheit von Frauen zu Resignation und Rückzug in die Familie.

Insgesamt jedenfalls kann der beachtliche Umfang von Eigenarbeit und Netzwerktausch (je nach Leistungsart 10–100% höher als bei westdeutschen Haushalten – Schröder 1994, S. 98 ff.) nicht aus materiellem Mangel erklärt werden. Einkommensstärkere bringen hier vielmehr Haltungen zur Geltung – Familienbezogenheit, soziale Fürsorglichkeit, Bastlertum, Gemeinschaftsorientierung. Die (subjektiven) Verlierer der Vereinigung suchen alte kollektive Beziehungen und Lebensweisen festzuhalten. Haushalte in prekärer Lage erhalten sich ihre Selbstversorgungs-Potentiale aus einem Sicherheitsbedürfnis heraus.

Unsere etwas kargen Informationen über Eigenarbeit passen überhaupt nicht zu Pahls These einer Verdoppelung *sozialer Polarisierung* im Erwerbsleben durch den 'informellen Bereich'. Es läßt sich allerdings nicht absehen, ob und wieweit umfangreiche Eigenarbeit gerade bei Arbeitslosen und Frührentnern unabhängig vom Einkommen bestehen bleiben werden. Bisher jedenfalls haben wir eher den Eindruck einer *Teil-Monetarisierung*: erhöhte Einkommen erlauben die Nutzung des verbesserten Waren- und Dienstleistungsangebots, staatliche Leistungen werden zunehmend als individuelles Recht reklamiert, die weiten Beschaffungs-Netze verlieren an Bedeutung. Aber Eigenarbeit und Netzwerkleistungen spielen im engen Kreis weiterhin eine große Rolle, teils als Ausdruck einer eigenen Lebensform, teils als private soziale Sicherung.

3. Umbrüche in Sozialbeziehungen

a) Niedergang des betrieblichen Soziallebens?

Betriebe waren im Sozialismus "zentrale Orte der Lebensorganisation" (Häußermann, in diesem Band). *Der Abbau und Umbau der Betriebe hat den Alltag in Ostdeutschland nachhaltiger verändert als alles Andere.*

Die DDR-Betriebe hatten nicht nur in weit größerem Ausmaß als in westlichen Unternehmen Kantinen betrieben, Werkswohnungen gestellt und Kinderkrippen und -gärten unterhalten, sie hatten für die Beschäftigten auch Werksärzte und, bei Großbetrieben, gut ausgestattete Polikliniken und Sanatorien bereitgehalten, Sport-, Kultur- und Bildungseinrichtungen und Ferienheime organisiert, Subventionen für Kultur- und Bildungsveranstaltungen geboten, Betriebsverkaufsstellen eingerichtet. Hinzu kamen geschützte Arbeitsplätze für Behinderte oder sozial Randständige, der verbilligte Bezug von Materialien, der Einsatz von Arbeitskräften zur Verbesserung von Wohnungen, Rentnerklubs und Altenheimen – häufig "außer Bilanz" (Autorenkollektiv 1988, S. 21 ff.).

Unter mangelhaften Wirtschaftsbedingungen konnten die Betriebe meist nur durch Zusammenhalt und Improvisationstalent der Arbeitskollektive funktionieren. Dafür gab es vielfältige Kompensationen. Ein offizieller Ausgleich lief über Prämien, Ehrungen und Sachleistungen (z. B. „Auszeichnungsreisen") sowie über die finanzielle Unterstützung des Kollektivlebens in Form von Zuschüssen für Brigadefeiern, Ausflüge und ähnliche gemeinsame Aktivitäten. Inoffizielle Kompensationen konnten über das erlaubte und unerlaubte Abzweigen betrieblicher Ressourcen erreicht werden.

Gute Kontakte im Betrieb – zu unmittelbaren KollegInnen, stärker aber noch zu Menschen, die in anderen Abteilungen arbeiteten – stellten eine wesentliche Voraussetzung dar, am Tauschsystem von Mangelartikeln oder -leistungen in der DDR zu partizipieren. Vor allem in Industrie-, Handwerks- und Dienstleistungsbetrieben wurden Ersatzteile abgezweigt, Werkstätten und Fuhrparks privat oder für Bekannte genutzt, Arbeitszeit für private Reparatur- und Bauleistungen verwendet. Die Nutzung solcher "informellen Ressourcen" war in der Mangelwirtschaft vielfach der einzige Weg zu fehlenden Gütern und Leistungen. Diese kamen oft ausgedehnten sozialen Netzen zugute und stellten für die Vermittler solcher Leistungen eine Ressource dar, die ihnen Zugang zu anderen Mangelartikeln oder -leistungen ermöglichte. (Gutberger; Neef 1994; Rottenburg 1991; Strützel 1994). Die Zugangschancen zu solchen Tauschringen waren sehr ungleich verteilt und beträchtliche Teile der Bevölkerung – Nicht-Erwerbstätige, Hoch- und Fachschulabsolventen im nichtproduzierenden Bereich, Un- und Angelernte – blieben davon weitgehend ausgeschlossen. Profitiert haben vor allem ArbeiterInnen und Angestellte mit Facharbeiterabschlüssen im Baugewerbe, verarbeitenden Gewerbe und Handel. Diese Tauschbeziehungen wurden nur selten rein instrumentell gesehen, meist überlappten sie sich mit anderen Beziehungsinhalten: emotionale Unterstützung oder gesellige Beziehungen (Diewald 1995, S. 72; unsere Erhebung, U.S.).

Viele erinnern sich an den Betrieb als an ein "zweites Zuhause": Beziehungen knüpften sich am Arbeitsplatz und über betriebliche Einrichtungen und Veranstaltungen bis in einzelne Bereiche des Privatlebens. Das war möglich, weil aufgrund der geschlossenen Aufstiegskanäle nur eine relativ geringe Konkurrenz zwischen KollegInnen bestand und auch die Leitungskräfte über die Zugehörigkeit zur gleichen Gewerkschaftsgruppe meist in die Kollektive integriert waren. Gemeinsame politische, kulturelle und gesellige Veranstaltungen der Kollektive konnten abgerechnet werden als Bestandteil des sozialistischen Wettbewerbs – genauso wie ökonomische Kennziffern. In der Distanz zu politischen Anforderungen, die in den 80er Jahren wuchsen, waren sich die KollegInnen meist einig. Deswegen versuchten sie, sich irgendwie zu arrangieren, übten damit "im Interesse des Kollektivs" aber auch einen subtilen oder offenen Druck auf diejenigen aus, die diese Arrangements nicht mittragen wollten. Gesellige und kulturelle Unternehmungen im Betrieb und KollegInnenkreis waren dagegen zum größten Teil beliebt: Brigadefeiern, Kegelabende, Ausflüge, Gaststättenbesuche – seltener schon Theaterbesuche und sportliche Anstrengungen. Von vielen werden diese organisierten geselligen Aktivitäten im Nachhinein als bewahrenswerte Bestandteile des betrieblichen Soziallebens erinnert, deren Wegfall bedauert wird (vgl. u.a. Lange 1993; Nawroth; Kullmann 1993, S.36 ff.; "Geschichtswerkstatt BWF" 1993, S.122 ff.; Museum Berliner Arbeiterleben 1994).

Private Kontakte zu KollegInnen nahmen allerdings nicht die Rolle ein, die man aufgrund des ausgeprägten Brigadelebens erwartet hätte. Sie beschränkten sich vorrangig auf Aktivitäten, die am Arbeitsplatz "miterledigt" werden konnten: vor allem Gespräche über betriebliche, wirtschaftliche und politische Probleme, seltener über persönliche Angelegenheiten. In Aktivitäten außerhalb des Arbeitsplatzes dagegen spielten KollegInnen eine geringere Rolle. Kontakte mit KollegInnen nahmen so zwar viel (Arbeits-)Zeit ein, waren aber auch vergleichsweise austauschbar und führten nicht zu so engen persönlichen Beziehungen wie Verbindungen, die aus anderen Kontexten entstanden. So stellten (ehemalige) KollegInnen den größten Anteil sowohl derer, zu denen der Kontakt seit 1989 abgebrochen ist oder sich rapide verschlechtert hat, als auch derer, die seitdem neu in Beziehungsnetze aufgenommen wurden (Diewald 1995, S.61; unsere Erhebung, U.S.).

In großer Eile wurden nach der Wende betriebliche Sozialleistungen und -einrichtungen als in einer Marktwirtschaft 'unproduktiv' beseitigt. Nur wenige Betriebe behielten Ferienheime oder Kindergärten. Die betrieblichen Einrichtungen wurden nur zögernd, nur teilweise und meist zu stark steigenden Gebühren von Gemeinden oder neu gegründeten Gesellschaften und Wohlfahrtsverbänden übernommen. Im Westen unübliche Leistungen und Einrichtungen fielen meist ersatzlos weg. Damit verteuerte sich nicht nur der Lebensunterhalt. Mit den sozialen und kulturellen Einrichtungen, Subventionen und Hilfen der Betriebe verschwanden Kristallisationspunkte des Soziallebens (Kretzschmar 1993). Darunter leiden vor allem Arbeitslose und von sozialer Isolierung Bedrohte.

Durch die Umbrüche auf dem Arbeitsmarkt – Arbeitslosigkeit und Aufnahme neuer Tätigkeiten – müssen Beziehungen zu bisherigen KollegInnen durch Verabredungen bewußt gepflegt werden. Das geschieht nur selten: nur zwischen denjenigen, die früher schon über das Brigadeleben hinaus private Verbindungen aufgebaut hatten. Wenn es den Beteiligten wichtig genug war, entstanden manchmal aus einem Teil des Kollektivs private (Freizeit-)Zirkel: Stammtische arbeitsloser KollegInnen, regelmäßige Wanderungen von VorruheständlerInnen u.ä. (unsere Erhebung, U.S.). Darüber hinaus haben sich – unterstützt durch das Modellprogramm zur Selbsthilfeförderung in den neuen Bundesländern oder durch Mittel der Bundesanstalt für Arbeit – aus dem Erleben der zeitgleichen Entlassung ganzer Abteilungen Initiativen und Vereine entwickelt. Diese reichen vom Arbeitslosenverband Deutschland als politischer Interessenvertretung bis hin zu Selbsthilfegruppen von VorruheständlerInnen. Damit haben sich Organisationsformen Erwerbsloser entwickelt, die in den alten Ländern in dieser Form bislang nicht üblich waren (Wolski-Prenger 1991).

Eher instrumentell wird auf ehemalige KollegInnen zurückgegriffen bei der Arbeitsplatzsuche (oder zumindest der Hoffnung darauf) und beim Aufbau selbstgegründeter Unternehmen. Das ist für die Beteiligten nicht unproblematisch, weil die persönliche Wertschätzung ehemaliger KollegInnen eine Sache ist, ihre Eignung für einen bestimmten Posten eine andere. So berichten u. a. Woderich (1994) und Adler (1995) von Konflikten neuer Selbständiger in der Rolle als Arbeitgeber ihrer ehemaligen KollegInnen. Die Zwänge des Marktes kollidieren mit einer sozialen Orientierung; solche Konflikte zu bewältigen muß erst noch erlernt werden.

Denn auch für diejenigen, die noch oder wieder Arbeit haben, haben sich die Bedingungen, unter denen persönliche Kontakte am Arbeitsplatz entstehen, radikal geändert. Dazu trägt nicht nur die veränderte Funktion des Arbeitsplatzes bei: als Ort, der jetzt in erster Linie der Erwerbsarbeit dient. Die hohen Fluktuationsraten haben die Belegschaften "durcheinandergewirbelt". Beziehungen müssen deshalb zum größten Teil erst wieder aufgebaut werden, jetzt aber zwischen KollegInnen, die sich einer bislang kaum gekannten Leistungskonkurrenz untereinander ausgesetzt fühlen. Gemeinsame Aktivitäten unter KollegInnen finden zwar noch bzw. wieder statt; mit dem Moment, in dem sie selber organisiert werden mußten und kein Teilnahmezwang mehr bestand, haben sie sich aber auf das weniger verbindliche Maß reduziert, welches in westdeutschen Betrieben und Büros üblich ist (Nawroth; Kullmann 1993, S. 28 f. und S. 36 ff.). Darüber hinaus werden alte Spaltungen zwischen Leitung, Verwaltung und Belegschaft sowie zwischen bevor- und benachteiligten Abteilungen, die früher durch das Gefühl "Wir sitzen ja alle in einem Boot" verschleiert wurden, jetzt als Interessenkonflikte ausgetragen. Vor diesem Hintergrund ist es erstaunlich, daß sich bei denen, die Arbeit haben, die Art ihrer Beziehungen zu KollegInnen nicht grundsätzlich geändert hat. Auch weiterhin wird mit KollegInnen nur selten die Freizeit verbracht; nach wie vor stellen sie aber einen überdurchschnittlich hohen Anteil an den GesprächspartnerInnen, wiederum mit Ausnahme persönlicher Angelegenheiten. Wer im Arbeitsprozeß geblieben ist, leistet und erhält von KollegInnen im Verhältnis mehr informelle Hilfen als vor der Wende (unsere Erhebung, U. S.).

Diese Befunde stützen die eingangs eingeführte *Polarisierungsthese*. Wer es geschafft hat, im Arbeitsprozeß zu bleiben, kann auch weiterhin an die Arbeitsstelle gebundene materielle Ressourcen (erheblich reduziert und unter anderen Zugangsbedingungen) für private Interessen mobilisieren. Das Netzwerk der KollegInnen im Betrieb hat sich verkleinert, aber es erfüllt ähnliche Funktionen wie früher. Die meist vielen neuen KollegInnen finden allerdings schwerer Kontakt als früher. Wer aus dem Arbeitsprozeß herausgedrängt wurde, ist *materiell* stärker auf Markt oder sozialstaatliche Unterstützungssysteme angewiesen und muß soziale Netze zur instrumentellen und emotionalen Unterstützung teilweise neu aufbauen, teilweise an die neuen Bedingungen anpassen. Die hauptsächliche Ressource, die dafür eingebracht werden kann, ist Zeit – an dieser wiederum mangelt es den "Gewinnern" auf dem Arbeitsmarkt.

b) Umstrukturierung von gesellschaftlichen Organisationen

Neben dem Arbeitsplatz haben weitere soziale Kristallisationspunkte ihre bisherige Bedeutung verloren. Die meisten DDR-BürgerInnen waren Mitglieder in einer oder mehreren "gesellschaftlichen Organisationen" im Betrieb und in der Freizeit. Es gab Organisationen, in denen die Mitgliedschaft für bestimmte Bevölkerungsgruppen fast zwangsweise war, wie den FDGB oder die FDJ. Daneben existierten Organisationen, in denen durch die Mitgliedschaft das Recht auf Leistungen erworben wurde – wie z. B. in der Volkssolidarität oder den Arbeiterwohnungsgenossenschaften (AWG'en). In anderen gesellschaftlichen Organisationen, wie z. B. dem Kulturbund oder dem Deutschen Turn- und Sportbund (DTSB) konnte bestimmten Freizeitinteressen nachgegangen werden.

Der Eintritt in gesellschaftliche Organisationen – auch im Freizeitbereich – ermöglichte den Mitgliedern den Zugriff auf Ressourcen, die anderweitig nur mit langen Wartezeiten oder gar nicht erhältlich waren. Ein Kleingarten wurde über den VKSK (Verband der Kleingärtner, Siedler und Kleintierzüchter) zugewiesen; über die Mitgliedschaft in der GST (Gesellschaft für Sport und Technik – paramilitärische Organisation in der DDR) konnten billig und ohne Wartezeiten der Führerschein erworben sowie bestimmte Sportarten (z. B. Segeln, Fallschirmspringen, Fliegen) betrieben werden; über andere Organisationen war es möglich, Sporthallen, Klubräume und andere Räumlichkeiten kostenlos zu nutzen. Die meisten Freizeitorganisationen wurden nach der Aushebelung des bürgerlichen Vereinsrechtes (Verordnung 1952) in den fünfziger Jahren durch Zusammenfassung bis dahin selbständiger Vereinigungen gegründet (Autorenkollektiv 1980, S. 24 ff.). Damit wurden alle diese Organisationen unter mehr (GST, Interessengruppen in der FDJ) oder weniger (VKSK, Anglerverband) strenge politische Vorgaben gestellt. Von den Mitgliedern allerdings wurden diese Vorgaben – so gut es ging – ignoriert oder "abgehakt". Sie sahen in den Gruppen der gesellschaftlichen Organisationen vor allem eine Möglichkeit, ihren privaten Interessen mit Gleichgesinnten unter den gegebenen Bedingungen nachgehen zu können. Aufgrund dieser Doppelfunktion verloren die meisten dieser Organisationen im Wendeherbst 1989 ihre Legitimation, Massenaustritte waren die Folge.

Daß damit liebgewordene Strukturen und Kontaktmöglichkeiten gleich mit über Bord geworfen wurden, wurde den Beteiligten erst hinterher klar. Relativ schnell nach der Verabschiedung des neuen Vereinsrechts unter der Modrow-Regierung besannen sich deshalb Gruppen, Sparten, Sektionen gesellschaftlicher Organisationen im Freizeitbereich auf ihre Wurzeln und restrukturierten sich zu Vereinen (Agricola; Wehr 1993, S. 40 ff.). Aus Sektionen des DTSB wurden Sport- und Turnvereine, aus Sparten des VKSK wurden Kleingartenvereine, aus Sektionen der GST wurden Schützen- oder Segelvereine. Damit wurden von den Aktiven und "Hauptamtlichen" in den gesellschaftlichen Organisationen die Gruppenstrukturen in die neue Zeit hinübergerettet. Eine Erhebung in 2 Kreisen ergab, daß fast

70 % der in der Boomphase der Vereinsanmeldungen in den neuen Ländern (bis Ende 1990) angemeldeten Vereine entweder frühere Gruppen gesellschaftlicher Organisationen oder betriebliche Kulturgruppen waren (unsere Erhebung U. S.; siehe auch Geier 1994, S. 12 f.).

Neben gesellschaftlichen Organisationen waren bei den Kultur- und Klubhäusern von *Betrieben* und teilweise auch von *Wohngebieten* kulturelle Zirkel angesiedelt: Tanzgruppen, Chöre, Faschings- und Karnevalsvereine, Zeichenzirkel, Zirkel schreibender Arbeiter, Theatergruppen u. a. Die Mitarbeit in diesen Gruppen war nicht an die Zugehörigkeit zu einer gesellschaftlichen Organisation gebunden. Über die Kulturverantwortlichen der Betriebe und die Kreiskabinette für Kulturarbeit wurden Auftritts- und Präsentationsmöglichkeiten geschaffen sowie finanzielle und materielle Unterstützungen geleistet, z. B. Räume und Geräte bereitgestellt oder Honorare für Künstler, die die fachliche Anleitung übernahmen, gezahlt. Im Rahmen der "Kulturellen Massenarbeit in der DDR" wurden aber, wie bei den oben genannten Gruppen, Kontrollfunktionen ausgeübt – mit dem Ziel, avantgardistische, weltanschaulich neutrale oder oppositionelle Bestrebungen gar nicht erst aufkommen zu lassen (Schlesinger 1994, S. 25). Nach einer Umorientierungsphase treffen sich Teile dieser Gruppen unter erschwerten materiellen und räumlichen Bedingungen zum größten Teil weiter oder wieder: als Vereine mit Anspruch auf ABM-Stellen oder unter Verzicht auf eine "offizielle" Struktur mit Unterstützung von Trägervereinen und kommunalen Kulturverantwortlichen (unsere Erhebung, U. S.).

Mit Ausnahme von Gartensparten, bei denen es kaum Austritte gab, setzen sich die Gruppen nicht mehr aus den selben Mitgliedern wie früher zusammen. Für ältere, jahre- oder jahrzehntelange Mitglieder blieben oder wurden Gruppen ehemals gesellschaftlicher Organisationen attraktiv. Jüngere dagegen, die bereits in den 80er Jahren auf Distanz zu organisierten Freizeitangeboten gingen (für Sportgruppen u. a. Dickwach 1986), haben sich meist erst nach 1989 neuen Gruppen angeschlossen (unsere Erhebung, U. S.).

Eine Vielzahl von Interessengruppen, die sich jetzt (auch ohne juristische Festschreibung als Verein) gegründet haben, fand in der DDR keine legale Basis für ihre Tätigkeit. Insbesondere traf dies für politische Vereinigungen zu, aber auch für Selbsthilfegruppen, die in geringer Zahl (erst seit den 80er Jahren) unter ärztlicher oder psychologischer Anleitung an Krankenhäuser und Polikliniken geduldet, aber auch beargwöhnt wurden. Diese Gruppen sind insofern originäre Neugründungen, als daß sie nach der Wende auf keine hierarchischen personellen Strukturen und keine materielle "Mitgift" zurückgreifen konnten. Allerdings konnten sie sich in der Gründungsphase teilweise auf alte Freundes- und Gesprächskreise im kirchlichen Rahmen, aber auch außerhalb jeder institutionellen Anbindung, stützen.

Gegenwärtig sind etwa ein Viertel der Ostdeutschen Mitglieder in einem Verein (Sozialreport 1994, S. 317). Auch unter Berücksichtigung einer ebenso hohen Anzahl von Menschen, die sich regelmäßig in informellen Kreisen treffen, liegt damit die Einbindung in Gruppenbezüge niedriger, als sie in der DDR war und als sie in den alten Ländern ist. Nach der Wende sind gerade Vereins- und ehrenamtliche Aktivitäten schlagartig zurückgegangen und sind nun weit weniger verbreitet als in Westdeutschland (Fiebiger 1992; Ehling 1995). Diese stärkere *Differenzierung* zwischen Mitgliedern und Nichtmitgliedern hat aber nichts mit der Stellung auf dem Arbeitsmarkt zu tun. Gruppenmitglieder sind vielmehr insgesamt stärker aktiv in sozialen Beziehungen. Die Art der Beziehung zu Mitgliedern der gleichen Gruppe hat sich ebenfalls nicht geändert: mit ihnen wurde und wird hauptsächlich die Freizeit verbracht, während engere persönliche Kontakte eine geringere Rolle einnahmen und -nehmen. Gestiegen ist allerdings die Bedeutung von (Freizeit-) Gruppen für die Knüpfung neuer Kontakte: neben KollegInnen stellen Gruppenmitglieder den größten Anteil an den Menschen, die unsere Befragten neu kennengelernt haben (unsere Erhebung, U.S.). So können Vereine und Gruppen teilweise Verluste an sozialen Kontakten im Betrieb auffangen, die für Arbeitslose und VorruheständlerInnen eingetreten sind.

c) Umbrüche in den Nachbarschaften

Die Bedingungen für Beziehungen zu Nachbarn in der DDR waren vor allem durch die staatliche und betriebliche Wohnungspolitik geprägt. Daraus resultierte eine geringe horizontale Mobilität – wenn eine Wohnung den Vergabekriterien genügte, gab es kaum Chancen, die Wohnsituation zu verbessern. Die Wohnungsvergabepolitik führte darüber hinaus zu einer anderen Art von "sozialer Sortierung" der BewohnerInnen als in westdeutschen Städten. Nicht die (nivellierten) Einkommen und der berufliche Status bestimmten die Chancen bei der Wohnungsvergabe, sondern die Zugehörigkeit zu momentan förderungswürdigen Bevölkerungsgruppen (junge Familien, Angehörige volkswirtschaftlich wichtiger Betriebe, politische Kriterien). Daraus resultierte in den meisten Wohnquartieren eine im Vergleich zu Westdeutschland stärkere *soziale* Durchmischung der BewohnerInnen. (vgl. Harth; Herlyn in diesem Band) Gleichzeitig führte diese Praxis aber zu einer Bevorzugung von (jungen) Kernfamilien bei Vergabe von Neubauwohnungen, so daß von einer teilweisen Entmischung der Wohngebiete nach *Alter und Familienstand* gesprochen werden kann. Familien mit und ohne Kindern wohnten überdurchschnittlich oft in Neubauten oder im Eigenheim mit einem guten technischen Ausstattungsgrad; Alleinerziehende hatten bereits schlechtere Chancen, eine gut ausgestattete Wohnung zu erhalten; Alleinlebende, insbesondere RentnerInnen, wohnten überdurchschnittlich häufig in schlecht ausgestatteten Altbauwohnungen (vgl. u.a. Sozialreport 1994, S.216f.; Crow; Hennig 1995, S.100ff.; Meyer; Staufenbiel 1994, S.102). Damit sind die Bedingungen, unter denen sich *Nachbarschaftskontakte* in der DDR herausgebildet haben, grob umrissen. "Kontaktfördernde Gemeinsamkeiten" stellten sich her über nivellierte Lebenslagen und über eine gleichartige Familiensituation bzw. Stellung im Lebenszyklus. Beides begünstigte kleinere Hilfeleistungen auf Gegenseitigkeit als Basis für weitere Kontakte in der Nachbarschaft. Bei persönlicher Wertschätzung konnten sich daraus enge *persönliche* Beziehungen entwickeln, die gegenseitige Besuche, emotionale Unterstützung und gemeinsame Freizeitaktivitäten einschlossen. Dies war aber nicht die Regel (Harth 1994, S.138 ff.; Sekundäranalyse stadtsoziologischer Untersuchungen der HAB Weimar aus den 80er Jahren; unsere Erhebung, U.S.).

Demgegenüber hatten die sogenannten *Hausgemeinschaften* eine ambivalente Bedeutung für die Ausbildung sozialer Kontakte im Wohnungsnahbereich. Über gemeinsame Aktivitäten der HausbewohnerInnen – Frühjahrsputz, Mietermitwirkungsverträge, Feiern der Hausgemeinschaften u.ä. – wurde vor allem in den Plattenbaugebieten versucht, die "Kollektivität in der Hausgemeinschaft" zu fördern. Übertriebenen Bestrebungen, gemeinsame Aktivitäten im Wohnbereich über moralische Sanktionen zu erreichen, wurde aber bereits zu DDR-Zeiten eine Absage erteilt (Kahl; Wilsdorf; Wolf 1984, S.138 f.). Neben nützlichen und gemeinschaftsfördernden Aufgaben hatten die Hausgemeinschaften als formale Basis der Wohnbezirksausschüsse der Nationalen Front Kontrollfunktionen zu erfüllen: die Sicherung der Wahlteilnahme (Autorenkollektiv 1985, S.126 ff.), das Führen des Hausbuches, u.a. bei beantragten Westreisen auch Spitzeldienste.

Infolge der Wende lösten sich die Hausgemeinschaften als organisierte Nachbarschaften auf. Arbeiten, die früher gegen ein geringes Entgelt gemeinsam erledigt oder organisiert wurden (Hausordnung, Pflegeverträge für Grünanlagen u.a.) werden jetzt meist von privaten Firmen erledigt und mit den Betriebskosten abgerechnet. Infolge dieser *Monetarisierung* hat sich das Verantwortungsbewußtsein für die Belange des Hauses auf das Maß eingepegelt, welches den eigenen Interessen entspricht. Vor allem Ältere, die bereits früher in der Hausgemeinschaft aktiv waren, engagieren sich weiter im Haus und im Wohngebiet; besonders in älteren Neubausiedlungen können geschlossene Hausgemeinschaften fortleben. Das wird aber nicht von allen BewohnerInnen befürwortet (Krämer-Badoni in diesem Band; Harth 1994, S.150f.; unsere Erhebung, RN.).

Seit der Wende sind über 20 % der ostdeutschen Haushalte umgezogen, ein weiteres Fünftel der Mieterhaushalte äußerte 1993 Umzugsabsichten (Böltken 1994, S.761; Gerlach 1994, S.744). Damit ist die Kontinuität bisheriger Nachbarschaftsbeziehungen radikal in Frage gestellt. Neu Eingezogene haben sich in das – weiterhin bestehende – Geflecht gegenseitiger kleinerer Hilfeleistungen im Haus integriert, pflegen aber ein distanzierteres Verhältnis zu ihren NachbarInnen. Sie entwickeln weniger enge Beziehungen zu anderen HausbewohnerInnen, liegen mit diesen aber auch seltener im Streit (unsere Erhebung, U.S.).

Umzugsabsichten entstehen zur Zeit noch überwiegend aufgrund einer schlechten Wohnsituation. Die hohe Umzugsneigung bestimmter Bevölkerungsgruppen aus bestimmten Quartierstypen verweist aber auf soziale *Differenzierung*sprozesse nach Lebens- und Familienzyklus und sozio-ökonomischem Status sowie auf *Po-*

*larisierung*sprozesse nach Stellung auf dem Arbeitsmarkt. Entsprechend spielt die Nachbarschaft einer sehr unterschiedliche Rolle: Für Arbeitslose, VorruheständlerInnen und Menschen mit unsicherer beruflicher Perspektive sind Kontakte, die über das normale Maß nachbarschaftlicher Hilfe hinausgehen, und Engagement im Wohngebiet eine Möglichkeit, gebrochene Kontakte aus dem Arbeitsleben zu ersetzen und soziale Anerkennung sowie emotionale Unterstützung zu erhalten. Erwerbstätige sind darauf subjektiv nicht angewiesen und haben durch die erhöhte Anspannung im Arbeitsprozeß objektiv weniger Zeit und Kraft für intensivere Kontakte in der Nachbarschaft. Jüngere und Menschen mit einem höheren sozioökonomischen Status erleben Nachbarschaften in zunehmendem Maße als einengend und haben mehr Möglichkeiten als früher, diese Differenzen über Distanzierung von den NachbarInnen auch auszutragen (Harth 1994, S. 155 ff. und S. 203 f.; Schmidt; Schäfer; Schindhelm 1993, S. 86 ff. und S. 107; Harth; Herlyn in diesem Band). Das schließt aber keineswegs aus, daß sie in ihrem Stadtviertel neue Formen von Gemeinschaftlichkeit entwickeln – etwa als Hilfs- und Freundeskreis junger und meist arbeitsloser Mütter (Strützel 1994, 63 ff.).

d) Verschlechterung oder Neustrukturierung sozialer Beziehungen?

Die Veränderungen in den bisher dargestellten 'weiteren' sozialen Beziehungen stehen im Vordergrund des Erzählens. Die große und eher noch gewachsene Bedeutung *enger* persönlicher Beziehungen, insbesondere unter nahen Verwandten, tritt in den Hintergrund, gerade weil hier weniger einschneidende Veränderungen erlebt wurden. Ungeachtet der oft weit gespannten sozialen Netze waren schon in der DDR Verwandte – genauer: die eigenen Eltern bzw. (großen) Kinder ("Primärgeneration") – die "wichtigste und konstanteste Hilfeinstanz" (Diewald 1991, S. 107) der Haushalte, noch vor engen Freunden. Geschwister und sonstige Verwandte, Nachbarn, Arbeitskollegen spielten demgegenüber nur eine nachgeordnete Rolle; in *dieser* Hinsicht glich die DDR westeuropäischen Ländern wie etwa Westdeutschland oder Großbritannien (Höllinger 1989). Ihre Besonderheit gegenüber dem Westen lag vielmehr in der engen Verflechtung von Verwandtschafts- und Freundeskontakten mit weiteren sozialen Netzwerken und in der Vermischung materieller und sozialer Hilfen sowie emotionaler Zuwendung bei Primärgeneration und engen Freunden (Diewald 1995; Franz; Herlyn 1994, S. 235 f.).

Seit der Wende haben sich *soziale Kontakte* verändert. Dafür gibt es leicht faßbare äußere Gründe. Neben dem schon erwähnten Rückgang von Beschaffungsaktivitäten durch verbesserte Markt-Versorgung liegen sie vor allem in der stark erhöhten *Mobilität*: Vermehrter Arbeitsstellenwechsel hat Kontakte abgebrochen, neue bilden sich erst langsam. Die Zunahme von Umzügen riß Sozialbeziehungen auseinander; praktisch alle Regionen verloren meist gut ausgebildete jüngere Menschen und Familien durch Migration in die alten Bundesländer (dies hat im übrigen gerade in Krisenregionen langfristige Folgen: Fehlen von Fachkräften für innovative Branchen, Überalterung und Geburtenrückgang). Hinzu kamen 'innere' Gründe: ein Gefühl immer knapper werdender Zeit schränkte die Kontaktfreude ein, bei vielen Verwandten, Freunden, Bekannten wurde ein gewachsener Egoismus wahrgenommen. Als vom Rückgang sozialer Kontakte besonders betroffene Gruppe fallen die 40- bis 50jährigen auf, wogegen insbesondere Jüngere ihre Verkehrskreise ausbauen konnten. Eine Mehrheit dagegen betonte, ihre sozialen Kontakte seien unverändert (Franz; Herlyn 1994; Gutberger; Neef 1994; Schröder 1994, S.97f.). Nähere Nachfrage zeigte: auch diese Mehrheit erklärte, weniger Zeit als früher für Beziehungen zu haben; auch hätten sich viele Freunde unter dem Druck der Verhältnisse stärker auf sich selbst zurückgezogen. Die 'engen' Kontakte seien aber intensiver als zuvor (unsere Erhebungen, R.N. und U.S.; Kronauer; Vogel 1993 für Arbeitslose).

In der Flut der Veränderungen erschienen neben dem Lebenspartner die eigenen Eltern und (großen) Kinder als der feste Ruhepunkt: hier blieben die Beziehungen noch am stabilsten, auch über größere Entfernungen hinweg. Auch dafür gab es äußere Gründe: Güterbeschaffung und Freizeitaktivitäten sind zwar stärker "monetarisiert" worden, womit Funktionen von Sozialbeziehungen verloren gingen. Aber die Verteuerung und Ausdünnung sozialer Dienste mußte vielerorts privat ersetzt werden. Kinderbetreuung, Haushaltsführung während intensiver Arbeitssuche, materielles Aufkommen für und Pflege von älteren Angehörigen (nach dem westlichen Recht neuerdings eine Familienpflicht) u.ä. werden zuallererst von der eigenen Mutter bzw. Tochter, auch von dem (z.B. nicht mehr berufstätigen) Vater oder dem (z.B. arbeitslosen) Sohn geleistet. Erst, wenn diese nicht können, springen enge FreundInnen, Geschwister oder NachbarInnen ein. (Franz; Herlyn 1994, S.243ff.; Strützel 1994, S.59ff.) Hinzu kamen 'innere' Gründe: angesichts der Verunsicherungen im Erwerbsleben und in der Bewältigung des Alltags wuchs der Bedarf an gegenseitiger sozialer und emotioneller Unterstützung und mit ihm das Gefühl, auf verläßliche soziale Kontakte besonders angewiesen zu sein. Enge Verwandtenbeziehungen mit ihrem hohen Verpflichtungscharakter werden daher besonders stark beansprucht.

Das wird allerdings häufig auch als belastend erlebt. Der Konfliktstoff innerhalb der Verwandtschaft wächst durch unterschiedliches Erleben der gesellschaftlichen Entwicklung seit 1989, durch *neue Differenzierungsmuster* über Einkommen, subjektiv erlebten sozialen Auf- oder Abstieg, bei Jüngeren zunehmend auch durch eine Differenzierung von Lebensstilen und -formen, schließlich durch die *Polarisierung* nach der Stellung im Erwerbsleben. Verschärft gilt diese Ambivalenz für die *Arbeitslosen*: das Gefühl persönlicher Entwertung, der Rollenwechsel im Haushalt, ein teilweiser Abstieg in unterwertige Arbeit, Arbeitslosenhilfe oder Frührente werden bewältigt, indem von direkten Angehörigen mehr Dienste und emotionale Zuwendung eingefordert werden, was die Arbeitslosen meist mit größerer eigener Hilfsbereitschaft vergelten. Im gegenseitigen Umgang werden 'heikle' Themen (Einkommensunterschiede, berufliche Erfolgserlebnisse u.ä.) teilweise ausgeblendet. Der Konfliktstoff nimmt zu – darüber berichteten ein Drittel der Arbeitslosen, ein Fünftel der Erwerbstätigen (Schröder 1994, S.141 f.; ähnlich Ehrhardt; Hahn 1993; Franz; Herlyn 1994, S.247) – er soll aber tunlichst 'unter der Decke bleiben': dies ist die Ambivalenz stark beanspruchter enger Sozialbeziehungen.

Enge soziale Beziehungen können sich als ein unterstützender, aber auch als ein hemmender Faktor bei der Bewältigung der gesellschaftlichen Umbrüche in den neuen Bundesländern erweisen (Franz; Herlyn 1994). Wir erwähnten schon, daß eine Einteilung der Ostdeutschen in Gewinner und Verlierer der "Wende" etwas über ihre materielle Lage, nicht aber über ihre Lebenssituation aussagt. Personen und Haushalte in prekären Situationen sind (noch?) in der Lage, Brüche, die sich durch Arbeitslosigkeit und/oder eine schwierigere materielle Situation ergeben, durch eine Mobilisierung bestehender sozialer Netze teilweise aufzufangen. Da im Durchschnitt ihre sozialen Kontakte zurückgingen, besteht immer auch die Gefahr, daß diese Beziehungen "übernutzt" werden und damit langfristig erodieren (Strehmel 1993). So sind z.B. *Arbeitslose* in ihrem persönlichen Umfeld besonders gefragte Personen für die Erbringung alltäglicher Hilfeleistungen und erhalten deshalb ihrerseits auch etwas stärker als vor der "Wende" instrumentelle Hilfe von anderen. Aber Partner für die Bewältigung ihrer spezifischen Situation (gemeinsame Freizeit, Gespräche über politische Zusammenhänge) haben sie in überdurchschnittlich hohem Maße verloren. *Erwerbstätige* hingegen, die es geschafft haben, einen neuen Arbeitsplatz zu erhalten und die somit zu den "Gewinnern" auf dem Arbeitsmarkt gehören, sind momentan schlechter dran. Bei ihnen brechen gewachsene Beziehungen auf allen Ebenen überdurchschnittlich häufig weg; der Aufbau neuer Kontakte braucht aber Zeit, ist noch im Gange und erst in konkreten Situationen wird sich herausstellen, ob diese neuen Beziehungen auf längere Zeit tragfähig sind. Hochqualifizierte und Arbeitsplatz-Wechsler haben seit der Wende mehr Hilfen als andere aus ihren sozialen Netzen verloren (unsere Erhebung, U.S.). Zwischen diesen beiden Extremen befinden sich diejenigen, die ihren Arbeitsplatz behalten haben. Gleichzeitig ist aber eine *tendenzielle Differenzierung* der Beziehungsmuster der beiden Extremgruppen erkennbar. Wie bereits in der DDR stellt der Arbeitsplatz die wichtigste Gelegenheit zum Knüpfen neuer Kontakte dar. Arbeitslose, die diese Möglichkeit nicht haben, tendieren dazu, auf alte Beziehungen zurückzugreifen und diese intensiver zu nutzen, während Menschen, die ihren Arbeitsplatz gewechselt haben, zunehmend spezialisiertere Beziehungen für bestimmte Zwecke entwickeln (eigene Erhebung U.S.). In diesem Sinne könnte man von einer gewissen "Verwestlichung" der Beziehungsmuster derer sprechen, die in neue 'westliche' Arbeits- und Lebensumstände kommen.

Neben dieser neuen Differenzierung von Sozialbeziehungen durch den Arbeitsmarkt ist als gegenläufige Tendenz aber auch eine *Mobilisierung biographi-*

scher, also früher im Leben gewonnener *Ressourcen* zum Aufbau und zur Pflege sozialer Beziehungen erkennbar:

– *Frauen*, denen bereits in der DDR im Zusammenhang mit der Doppelbelastung von Beruf und Familie die Pflege der sozialen Kontakte zugeschrieben wurde, sind besser in der Lage, ihre privaten Beziehungen zu erhalten und auszubauen.

– *Männer* tendieren dazu, sich bei größeren Belastungen, wie berufliche Über-Beanspruchung, Arbeitslosigkeit oder unerwünschtem Frührentner-Status, in die Häuslichkeit zurückzuziehen oder in soziale Isolation zu fallen (Ernst 1993; Schröder 1994, S. 209 ff.).

– *Ältere Menschen*, die sich in den Turbulenzen der Kriegs- und Nachkriegszeit schon einmal völlig neu orientieren mußten, sind besser als die mittlere Generation in der Lage, die verbliebenen Beziehungen aufrechtzuerhalten, aber sie haben in höherem Maße Beziehungsverluste durch den Tod naher Menschen und durch Migration. Jüngere Verwandte (Kinder, Schwiegerkinder, Enkel etc.) spielen bei ihren Sozialbeziehungen eine große Rolle, und gerade sie sind besonders häufig abgewandert. Selbst wenn NachbarInnen, FreundInnen oder Bekannte z.B. mal einen größeren Einkauf erledigen, bei Reparaturen helfen oder ähnliche kleinere Verpflichtungen auf sich nehmen, erwarten ältere Menschen dauerhafte Unterstützung vor allem von nahen Verwandten. Dies um so mehr, als der Umbau sozialer Dienste und Einrichtungen für Alte bis in die Gegenwart zu Lücken und Unsicherheiten führte gegen die die starken Rentenerhöhungen wenig helfen. Zudem gelten professionelle Helfer und Alten-Einrichtungen immer als schlechtere Alternative gegenüber Hilfemöglichkeiten im eigenen sozialen Netz. Weil die Älteren sich stärker als andere auf Beziehungen angewiesen fühlen, erleben sie Verluste als beängstigender, auch wenn diese 'objektiv' nicht größer als bei anderen sind (Schäfer 1995; Schubert; Sauermann 1992; Hanesch u.a. 1994, S. 345 ff.).

– Am günstigsten stellt sich die Situation für die Angehörigen der *jüngeren Generation* dar, die sich gegen Ende der DDR noch in einer Phase biographischer Orientierung (Abschluß der Ausbildung, Beginn der Familiengründung) befanden. Sie hätten auch ohne die gesellschaftlichen Umbrüche ihre Beziehungsnetze an die neuen biographischen Anforderungen anpassen müssen. Unter denen, die seit der Wende sich nahe Freunde und Bekanntschaften neu erschlossen haben, überwiegt bei weitem die junge Generation; sie erhielten und leisteten nach der Wende auch mehr Hilfen (Franz; Herlyn 1994, S. 257; unsere Erhebungen, R. N. und U. S.). Gleichzeitig haben Angehörige dieser Generation in größerem Maße bereits in der DDR Verhaltensweisen entwickelt, die sie befähigen, mit den neuen Anforderungen besser zurechtzukommen (Kühnel 1991, S. 1335 f.). Deswegen sind sie am ehesten in der Lage, sowohl neue Beziehungen aufzubauen als auch bestehende Beziehungen auf ihre Tragfähigkeit zu überprüfen und abzubrechen. (Franz; Herlyn 1994, S. 257; unsere Erhebungen, R. N. und U. S.; Kühnel 1991, S. 1335 f.)

Diese gegenläufigen Entwicklungen verweisen darauf, daß sich soziale Beziehungen auf längere Zeit eher umstrukturieren als verschlechtern werden. Das schließt aber nicht aus, daß es eine große Anzahl Menschen gibt, die diesen Prozeß nicht oder nur schwer bewältigen können und deshalb vor allem als Verlust gewachsener Beziehungsmuster erleben. In der DDR haben hochgradig vorstrukturierte kollektive Einbindungen und die Erfordernisse der Mangelwirtschaft den Aufbau und die Pflege sozialer Beziehungen befördert, freilich um den Preis von Sanktionen gegenüber Menschen mit abweichenden Haltungen und Verhaltensweisen. Der gesellschaftliche Umbruchsprozeß in Ostdeutschland stellt Verhaltensdispositionen, die sich unter diesen Bedingungen herausgebildet haben, in Frage. Gleichzeitig erweisen sich auf diese Art gewachsene soziale Beziehungen selbst, wenn sie von den Beteiligten "entschlackt" werden, als Ressource für die Bewältigung des Transformationsprozesses. Sie sind damit nicht etwa wertlos geworden, sondern können sich längerfristig sogar als "Motor des Modernisierungsprozesses" in Ostdeutschland (Hradil 1995, S. 12 ff.) herausstellen. Die Aufrechterhaltung und Erweiterung sozialer Beziehungen wird sich allerdings zunehmend zu einer "individuell zu erbringenden Leistung" (Diewald 1991, S. 31) entwickeln und damit stärker als vorher von solchen Eigenschaften wie Kontaktfreude, Verläßlichkeit, sozialer Aktivität und Attraktivität abhängen. Da zu einer Beziehung immer mindestens zwei Menschen gehören, kann es also durchaus vorkommen, daß die Neudefinition einer Beziehung (Umstrukturierung) durch einen Beteiligten zu Verlusterlebnissen (Verschlechterung) bei den (ehemaligen) Kontaktpartnern führt.

Schlußbemerkung

Im Verlauf unserer Untersuchungen sind wir immer vorsichtiger gegenüber weit ausgreifenden Theorien und Hypothesen über die gesellschaftliche Transformation geworden. Wir haben im übrigen den Eindruck, daß auch viele andere SozialforscherInnen, die sich intensiv mit der Änderung sozialer Lagen und Beziehungen in Ostdeutschland befaßt haben, theoretisch gewissermaßen enthaltsamer geworden sind. Die folgenden Bemerkungen zu unseren drei Eingangs-Thesen müssen daher knapp bleiben und können nur vorläufige Gültigkeit beanspruchen.

Die Annahme *sozialer Polarisierung* (begünstigte oder benachteiligte Stellung im Erwerbsleben wird durch sozialstaatliche Versorgung und informelle Ressourcen verstärkt) war plausibel – gerade angesichts der Einführung des westdeutschen, überwiegend an Erwerbseinkommen gebundenen Sicherungssystems. Im *Erwerbssystem* finden sich einige Verlierer-Gruppen durch Markt-Entwicklungen: gering Qualifizierte, Industriearbeiter; Ältere, Bewohner standortbenachteiligter (vor allem ländlicher) Regionen. Der Umbau des *staatlichen Versorgungssystems* hat nur bereichsweise Markt-Entwicklungen verstärkt – etwa durch Kostenanhebungen öffentlicher Leistungen oder durch Abbau von Versorgungseinrichtungen gerade in den besonders durch Großbetriebsschließungen betroffenen ländlichen Regionen. Zum Teil hat er soziale Polarisierungen gebremst: teils gezielt durch die starke Erhöhung der Altersrenten; teils unbeabsichtigt, weil die relative Gleichheit der DDR-Erwerbseinkommen zu relativ egalitären Transferleistungen führt. Die Leistungsfähigkeit *sozialer Netzwerke* bzw. informeller Ressourcen hat (bisher) mit Entwicklungen im Erwerbsbereich und öffentlicher Versorgung wenig zu tun: sie hat sich für Erwerbstätige und Arbeitslose gleichermaßen reduziert; sie basiert auf Sozialbeziehungen und Haltungen, für die Erwerbs-Entwicklungen (bislang) nur eine sekundäre Gegebenheit sind.

Die These einer *Monetarisierung* erscheint am klarsten bestätigt in den Beziehungen der Ostdeutschen zu *staatlichen Diensten und Einrichtungen*: materielle Ansprüche und Rechtsförmigkeit haben deutlich die frühere 'Beziehungslogik' verdrängt, und Geldeinkommen spielen beim Bezug staatlicher Leistungen eine weit größere Rolle als früher. "*Weite*" *Beziehungskreise* wurden zu einem Teil durch formelle Dienste bzw. Marktversorgung ersetzt und insofern monetarisiert – so weit wäre Simmel bestätigt; zum Teil haben sie sich zwar stark reduziert, aber neu strukturiert und dienen nun weniger materiellen, mehr sozialen Hilfen ('alte' und neue Vereine; Nachbarschaften). "*Enge*" *Beziehungskreise* scheinen in formaler Betrachtung stärker emotionalisiert: Tendenzen zum Rückzug in Familie und Verwandtschaft, reduzierte Fortdauer von Freundschafts-Beziehungen in Betrieb, Nachbarschaft, Stadtviertel bzw. Dorf, und von Verwandtschaftsbeziehungen. Aber bei den Beziehungs*inhalten* verhält es sich eher umgekehrt: die emotionale Basis trägt weiterhin den Tausch materieller und sozialer Hilfen.

Die These einer *sozialen Differenzierung* ist am deutlichsten bestätigt – aber sie ist wenig erklärungsmächtig. Als gewählt (Individualisierung, Lebensstil-Differenzierung) erscheint sie nur für eine Minderheit der jüngeren und mittleren Generation, deren neue berufliche Chancen sich in Konsum und neu gewählten Sozialbeziehungen ausdrücken. In der Mehrheit, insbesondere bei fast allen Älteren, wird soziale Differenzierung im Erwerbsbereich erlebt als äußerer Zwang beruflicher Fluktuation bzw. Arbeitslosigkeit und räumlicher Mobilität. Der 'Reproduktionsbereich' dient eher der Kompensation der objektiven oder erlebten Benachteiligungen oder Entwertungen im Erwerbsbereich, und zwar vor allem im Fortleben alter Solidaritäten. Grundsätzlich jedenfalls folgt soziale Differenzierung einem sehr vielfältigen Muster, insbesondere, weil sie entsteht aus der Verflechtung formeller und informeller Ressourcen (mit jeweils eigener Logik!) mit Haltungen. Bei der älteren Generation, unter den aus dem Erwerbssystem hinauskatapultierten Haushalten, in Land und in Kleinstadt sind es stärker überkommene Haltungen. Bei der jüngeren Generation, unter den Erwerbstätigen (insbesondere in aufsteigenden Dienstleistungsberufen) und bei Großstadtbewohnern entwickeln sich auch 'verwestlichte' Haltungen – aber dies nur in spezifischen Gruppen, während andere gerade überkommene Sozialbeziehungen und 'Lebensstile' pflegen.

Literatur

Adler, Frank 1991: Ansätze zur Rekonstruktion der Sozialstruktur des DDR-Realsozialismus. In: Berliner Journal für Soziologie, 1.Jg., S. 157–175

Adler, Frank 1995: Ungleiche Ungleichheitskarrieren – Pfade und Wahrnehmungsmuster. Ms., Berlin: BISS

Agricola, Sigurd; Wehr, Peter 1993: Vereinswesen in Deutschland. Schriftenreihe des Bundesministeriums für Familie und Senioren 18, Stuttgart: Kohlhammer

ANBA (Amtliche Nachrichten der Bundesanstalt für Arbeit), 1990–1994. Nürnberg

Andretta, Gabriele u. a. 1993: Die berufliche Transformation von Arbeiter- und Angestelltenbelegschaften. Ms. Göttingen: SOFI

Autorenkollektiv 1980: Die gesellschaftlichen Organisationen in der DDR. Stellung, Wirkungsrichtungen und Zusammenarbeit mit dem sozialistischen Staat. Berlin (DDR): Staatsverlag

Autorenkollektiv 1985: Handbuch gesellschaftlicher Organisationen in der DDR. Berlin (DDR): Staatsverlag

Autorenkollektiv 1988: Sozialpolitik im Betrieb. Berlin (DDR): Dietz

Berger, Horst; Hinrichs, Wilhelm; Priller, Eckhard; Schultz, Annett 1993: Veränderungen der Struktur und der sozialen Lage ostdeutscher Haushalte nach 1990. Wissenschaftszentrum Berlin für Sozialforschung, WZB-Paper P93–105

Bertels, Lothar; Herlyn, Ulfert (Hrsg.) 1994: Stadt im Umbruch: Gotha. Opladen: Leske & Budrich

Böltken, Ferdinand 1994: Umzugspläne und Mobilitätspotentiale in Ost- und Westdeutschland. In: Informationen zur Raumentwicklung 10/11 1994, S. 759–779

Böltken, Ferdinand; Schwandt, Alfred; Strubelt, Wendelin 1993: Komponenten lokaler und sozialer Bindungen im "Ost-West-Vergleich". In: Nachrichtenblatt zur Stadt- und Regionalsoziologie, 7.Jg., 2/1993, S. 17–28

Braun, Bernard; Müller, Rainer 1993: Gesundheitspolitik als erzwungener Strukturwandel – Das Beispiel der ambulanten Versorgung in der ehemaligen DDR. In: Deppe, Hans-Ulrich u. a.

Crow, Kimberly; Hennig, Marina 1995: Wohnen und soziale Infrastruktur von Familien in den neuen Bundesländern. In: Bertram, Hans (Hrsg.): Ostdeutschland im Wandel: Lebensverhältnisse und politische Einstellungen. Opladen: Leske & Budrich, S. 99–123

Datenreport 1992. Hrsg. vom Statistischen Bundesamt. Bonn: Bundeszentrale für politische Bildung

Deppe, Hans-Ulrich u. a. (Hrsg.) 1993: Gesundheitssystem im Umbruch. Frankfurt/M.; New York: Campus

Deppe, Hans-Ulrich 1993: Gesundheitspolitik im Kontext der deutschen Vereinigung und europäischen Integration. In: ders. (Hrsg.)

Dickwach, Frigga 1986: Aspekte der Fluktuation Jugendlicher aus dem organisierten Sportbetrieb. In: Informationen zur soziologischen Forschung in der DDR, 22.Jg., 1/1986, S. 42–47

Diewald, Martin 1991: Soziale Beziehungen: Verlust oder Liberalisierung? Berlin: edition sigma

Diewald, Martin 1995: Informelle Beziehungen und Hilfeleistungen in der DDR: Persönliche Bindung und instrumentelle Nützlichkeit. In: Familie und Lebensverlauf im gesellschaftlichen Umbruch, Hrsg. von Bernhard Nauck; Norbert Schneider; Angelika Tölke, Stuttgart: Enke, S. 56–75

DIW-Wochenberichte: Deutsches Institut für Wirtschaftsforschung), mehrere Hefte

Ehling, Manfred 1995: Zeitverwendung in Ost- und Westdeutschland. In: Glatzer; Noll (Hrsg.)

Ehrhardt, Gisela; Hahn, Toni 1993: Verläufe und Verarbeitungsformen von Arbeitslosigkeit. Ergebnisse einer Paneluntersuchung in Ostberlin. In: Mitteilungen aus der Arbeitsmarkt- und Berufsforschung (MittAB) 26.Jg., 1/1993, S. 36–52

Ernst, Jochen 1993: Der vorzeitige Ruhestand in Ostdeutschland und einige Aspekte der sozialen Lage der Frührentner in den neuen Ländern. In: Sozialer Fortschritt 9/1993, S. 211–215

Fiebiger, Hilde 1992: Zeitverwendung ausgewählter Personengruppen in der ehemaligen DDR 1974 bis 1990. In: Wirtschaft und Statistik 5/1992, S. 318–325

Fink, Margit; Langendorf, Ursula 1992: Auswirkungen der Wirtschafts- und Währungsunion auf die Beschäftigungssituation, Lebenshaltung und Versorgungslage ländlicher Haushalte in den neuen Bundesländern. Braunschweig (Arbeitsbericht aus dem Institut für Strukturforschung)

Franz, Peter; Herlyn, Ulfert 1994: Zur Dynamik von Familie und Sozialbeziehungen. In: Bertels; Herlyn (Hrsg.), S. 232–261

Fuhrich, Manfred; Mannert, Harald 1994: Großwohnsiedlungen – gestern, heute – morgen. In: Informationen zur Raumentwicklung 9, S. 567–585

Geier, Wolfgang 1994: Voluntary Associations. In: Kultursoziologie, 3.Jg., 4/1994, S. 5–15

Geissler, Rainer 1991: Transformationsprozesse der Sozialstruktur der neuen Bundesländer. In: Berliner Journal für Soziologie, 1.Jg., S. 177–194

Genz, Monika 1994: Ergebnisse Zur Ambulanten Medizinischen Versorgung Älterer Menschen vor und nach der Wiedervereinigung Deutschlands. In: Sozialer Fortschritt 4/1994, S. 92–96

Gerlach, Helga 1994: Mietentwicklung und Wohnkostenbelastung in den alten und neuen Bundesländern. In: Informationen zur Raumentwicklung 10/11 1994, S. 721–757

"Geschichtswerkstatt BWF" 1993: Wir sind nicht mehr ... Hier. Erinnerungen und Forschungsergebnisse ehemaliger Mitarbeiter der Berliner Werkzeugmaschinenfabrik. Berlin: urban-consult GmbH

Glatzer, Wolfgang; Noll, Heinz-Herbert (Hrsg.) 1995: Getrennt vereint. Frankfurt/M.; New York: Campus

Gutberger, Jörg; Neef, Rainer 1994 : Versorgungsstrategien in einem ehemaligen DDR-Grenzgebiet. In: Problemstart – Politischer und sozialer Wandel in den neuen Bundesländern. Hrsg. von Reiner Hoffmann u. a. Köln: Bund Verlag, S. 79–113

Hanesch, Walter u. a. 1994: Armut in Deutschland. Reinbek: Rowohlt

Hanf, Thomas 1992: Konstitutionsprobleme einer neuen Sozialstruktur. In: Thomas, Michael (Hrsg.): Abbruch und Aufbruch. Berlin: Akademie-Verlag

Harth, Annette 1994: Lebenslagen und Wohnmilieus. In: Herlyn, Ulfert; Hunger, Bernd (Hrsg.): Ostdeutsche Wohnmilieus im Wandel. Basel: Birkhäuser, S. 47–212

Häußermann, Hartmut; Heseler, Heiner 1993: Massenentlassungen, Mobilität und Arbeitsmarktpolitik. Das Beispiel zweier ostdeutscher Großbetriebe. In: Aus Politik und Zeitgeschichte B 35, S. 16–30

Hinrichs, Wilhelm 1992: Wohnungsversorgung in der ehemaligen DDR – Verteilungskriterien und Zugangswege. Wissenschaftszentrum Berlin für Sozialforschung, WZB-Paper P92–105

Hoffmann, Michael; Rink, Dieter 1993: Die Auflösung der ostdeutschen Arbeitermilieus. In: Aus Politik und Zeitgeschichte B 26–27, S. 29–36

Höllinger, Franz 1989: Familie und soziale Netzwerke in fortgeschrittenen Industriegesellschaften. Eine vergleichende empirische Studie in sieben Nationen. In: Soziale Welt, 40.Jg., S. 513–535

Hradil, Stefan 1995: Die Modernisierung des Denkens. Zukunftspotentiale und "Altlasten" in Ostdeutschland. In: Aus Politik und Zeitgeschichte B 20/1995, 12.3.1995, S. 3–15

Jung-Hammon, Thomas; Koller, Martin 1993: Regionale und sektorale Schwerpunkte des Arbeitsplatzabbaus in Ostdeutschland. In: MittAB, 26.Jg., 1/1993, S. 7–25

Kahl, Alice; Wilsdorf, Steffen; Wolf, Herbert 1984: Kollektivbeziehungen und Lebensweise, Berlin (DDR): Dietz

Kistler, Ernst; Jaufmann, Dieter; Pfaff, Anita B. 1993: Es droht eine Abwärtsspirale. Kindereinrichtungen in den neuen Ländern. In: Arbeit und Sozialpolitik 3–4/1993, S. 49–54

Koch, Thomas 1992: "Hier ändert sich nie was!" In: Abbruch und Aufbruch. Hrsg. von Michael Thomas. Berlin: Akademie-Verlag

Koch, Thomas 1993: Die Ostdeutschen zwischen Einheitsschock und "doppeltem Zukunftshorizont". In: Reißig (Hrsg.)

Kornai, Janos 1980: Economics of Shortage. Amsterdam

Kronauer, Martin; Vogel, Berthold 1993: Arbeitslosigkeit in den neuen Bundesländern. Erste empirische Befunde zu Entwicklungstendenzen und Arbeitslosigkeitserfahrungen in den neuen Bundesländern. Zwischenbericht an die DFG. Göttingen: SOFI

Kretzschmar, Albrecht 1993: Ostdeutschland: Massenarbeitslosigkeit – soziales Phänomen mit weitreichenden Folgen. In: Reißig (Hrsg.)

Kühnel, Wolfgang 1991: Doppelte Identität: Jugendliche im Vereinigungsprozeß. In: Blätter für deutsche und internationale Politik, 36.Jg., S. 1333–1344

Lange, Lydia 1993: Kollektiv, wo bist du hin? In: Die Zeit, 5.11.1993, S. 56

Liebernickel, Wolfgang; Lindig, Dieter; Schwarz, Anna 1993: Die neuen Selbständigen – Promotoren wirtschaftlicher Modernisierung in Ostdeutschland? In: Reißig (Hrsg.)

Mayer, Karl Ulrich 1993: Die soziale Ordnung der DDR und einige Folgen ihrer Inkorporation in die BRD. In: BISS public 11, S. 39–55

Meyer, Dagmar; Staufenbiel, Nikolai 1994: Alleinerziehende im Vergleich zu verheirateten Frauen: Wohn- und Lebenssituation der Alleinerziehenden in den neuen Bundesländern. In: Materialien zur Raumentwicklung 62, Bonn: BfLR, S. 97–105

Meyer, Sybille; Schulze, Eva 1989: Balancen des Glücks. Neue Lebensformen. München: Beck

Müller, Klaus u. a. 1995: Zur Entwicklung der Einkommensverteilung und der Einkommenszufriedenheit in den neuen und alten Bundesländern 1990 bis 1993. In: Glatzer; Noll (Hrsg.)

Münnich, Margot 1993: Einkommen und Verbrauch von Angestellten- und Arbeiterhaushalten in den neuen Ländern und Berlin-Ost. In: Wirtschaft und Statistik 9/1993, S. 682–690

Museum Berliner Arbeiterleben (Hrsg.) 1994: Manöver Schneeflocke. Brigadetagebücher 1960–1990. Begleitheft zur Ausstellung

Nawroth, Kerstin; Kullmann, Gerd 1993: Die Bedeutung von Gruppenstrukturen und der sozialen Bindung in der brigadeförmig organisierten Produktionsbelegschaft der alten DDR-Industrie und ihre Veränderungen im Transformationsprozeß. Halle: Graue Reihe der KSPW 119

Neef, Rainer 1993: Wandel der Versorgungslagen und Sozialbeziehungen von Haushalten in Ostdeutschland im Licht moderner Entwicklungsperspektiven. In: Nachrichtenblatt zur Stadt- und Regionalsoziologie, 8.Jg., 2/1993, S. 34–39

Nickel, Hildegard-Maria; Schenk, Sabine 1994: Prozesse geschlechtsspezifischer Differenzierung im Erwerbssystem. In: Erwerbsarbeit und Beschäftigung im Umbruch, Hg. von Hildegard-Maria Nikkel, Jürgen Kühl, Sabine Schenk. Berlin: Akademie-Verlag: S. 259–282

Niepel, Gabriele 1994: Soziale Netze und soziale Unterstützung alleinerziehender Frauen. Opladen: Leske & Budrich

Niethammer, Lutz; von Plato, Alexander; Wierling, Dorothee 1991: Die volkseigene Erfahrung. Eine Archäologie des Lebens in der Industrieprovinz der DDR. Berlin:Rowohlt

Niethammer, Lutz 1993: Wege aus der sozialen Einheit – Wege zur sozialen Einheit? In: Gewerkschaftliche Monatshefte 3/1993, S. 130–149

Oakley, Ann 1978: Soziologie der Hausarbeit. Frankfurt/M.: Roter Stern

Pahl, Raymond E. 1984: Divisions of Labour. Oxford: Blackwell

Pahl, Raymond E. 1990: Verteilungswirkungen informeller Arbeit. In: Formen der Eigenarbeit. Hrsg. von Rolf G. Heinze; Claus Offe. Opladen: Westdeutscher Verlag

Reissig, Rolf (Hrsg.) 1993: Rückweg in die Zukunft. Frankfurt/M.; New York: Campus

Rottenburg, Richard 1991: "Der Sozialismus braucht den ganzen Menschen". In: Zeitschrift für Soziologie, 20.Jg., S. 305–322

Saunders, Peter 1985: Raum, Stadt und Stadtsoziologie. In: Krise und Konflikte in der Großstadt im entwickelten Kapitalismus. Hrsg. von Jürgen Krämer und Rainer Neef. Basel u.a.: Birkhäuser, S. 21–48

Schäfer, Claus 1993: "Armut" und "Reichtum" sind die verteilungspolitischen Aufgaben. Zur Entwicklung der Einkommensverteilung 1992. In: WSI-Mitteilungen 10/1993, S. 617–634

Schäfer, Uta 1994: "Wir bemühn uns, so zu werden, wie wir denken, daß Ihr seid". Das normative Menschenbild der Moderne als Handlungskorsett für die Menschen in Ostdeutschland? In: Nachrichtenblatt zur Stadt- und Regionalsoziologie, 9.Jg., 1/1994, S. 33–38

Schäfer, Uta 1995: "Es sind so viele von uns fortgegangen" – Auswirkungen von Migrationsprozessen auf die informelle Infrastruktur in den Quellgebieten. In: Mobilität und Migration in Deutschland, Hrsg. von Paul Gans; Franz-Joseph Kemper, Erfurter Geographische Studien, Bd. 3, im Druck

Schenk, Sabine; Schlegel, Uta 1993: Frauen in den neuen Bundesländern – Zurück in eine andere Moderne? In: Berliner Journal für Soziologie, 3.Jg., S. 369–84

Schlesinger, Joachim 1994: Wieviel Kultur braucht eine Stadt? [II]. In: Kultursoziologie, 3.Jg., 4/1994, S. 17–30

Schmidt, Holger; Schäfer, Uta; Schindhelm, Birgit 1993: Soziale Anforderungen an die Erneuerung großer Neubaugebiete: Das Beispiel Halle-Neustadt Forschungsbericht im Auftrag des Ministeriums für Wissenschaft und Forschung des Landes Sachsen-Anhalt. Projektgesellschaft mbH am Bauhaus Dessau

Schröder, Antonius 1994: Haushalt und Familie in den neuen Bundesländern. Hrsg. Forschungsstelle für empirische Sozialökonomik. Frankfurt/M.; New York: Campus

Schubert, Herbert J.; Sauermann, Elke 1992: Hilfenetze älterer Menschen. Ergebnisse einer egozentrierten Netzwerkanalyse im ländlichen Raum. Hannover: Institut für Entwicklungsplanung und Strukturforschung

Schwitzer, Klaus-Peter 1993: Zur sozialen Lage älterer Menschen in den neuen Bundesländern. In: Sozialer Fortschritt 9/1993, S. 203–210

Senghaas-Knobloch, Eva 1993: Betriebliche Notgemeinschaft im Umbruch. In: die unsichtbaren Hände. Hrsg. von Jörg Mayer. Rehburg-Loccum (Loccumer Protokolle 20/93)

Simmel, Georg 1989 (1. Aufl. 1901): Philosophie des Geldes. Frankfurt/M.

Sozialreport 1992: Daten und Fakten zur sozialen Lage in den neuen Bundesländern. Gesamtredaktion von Gunnar Winkler. Berlin: Morgenbuch 1993

Sozialreport 1994: Daten und Fakten zur sozialen Lage in den neuen Bundesländern. Hrsg. von Ingrid Kurz-Scherf und Gunnar Winkler. Berlin: GSFP

Srubar, Ilja 1991: War der reale Sozialismus modern? In: Kölner Zeitschr. f. Soziologie und Sozialpsychologie, 43.Jg., S. 415–432

Strehmel, Petra 1993: Soziale Netzwerke in diskontinuierlichen Erwerbsbiographien – Veränderungen in subjektiv erlebten Belastungen und Unterstützungspotentialen. In: Soziales Netzwerk und soziale Unterstützung, Hrsg. von Anton Laireiter. Bern, Göttingen, Toronto, Seattle: Huber, S. 167–178

Strützel, Dieter 1994: Haushaltslagen und damit verknüpfte Sozialbeziehungen in Ostdeutschland. Berlin: Graue Reihe der KSPW bei der GSFP

Van der LOO, Hans; van Reijen, Willem 1992: Modernisierung. Projekt und Paradox. München: dtv

Vester, Michael; Hofmann, Michael; Zierke, Irene (Hrsg.) 1995: Soziale Milieus in Ostdeutschland. Köln: Bund-Verlag

Verordnung über die Übertragung der Angelegenheiten der Freiwilligen Gerichtsbarkeit. In: Gesetzblatt der Deutschen Demokratischen Republik, Nr. 146, 20. Oktober 1952, S. 1057 ff.

Wasem, Jürgen 1993: Finanzentwicklung im Gesundheitswesen der neuen Bundesländer. In: Institutionelle Erneuerung des Gesundheitswesens in Deutschland. Hrsg. von P. Oberender. Baden-Baden: Nomos

Woderich, Rudolf 1994: Biographische Analyse: Beziehungsstrukturen neuer Selbständiger im Fallvergleich. In: BISS public 16, S. 73–88

Wolski-Prenger, Friedhelm 1991: Der "Arbeitslosenverband Deutschland". Chance oder Risiko für die Arbeitslosenbewegung? In: Forschungsjournal Neue Soziale Bewegungen, 4.Jg., 3/1991, S. 38–45

Christine Hannemann

Entdifferenzierung als Hypothek – Differenzierung als Aufgabe: Zur Entwicklung der ostdeutschen Großsiedlungen

Großsiedlungen *sind* Problemsiedlungen. In dieser einfachen Formel läßt sich die aktuelle Debatte über die Perspektiven der ostdeutschen Neubaugebiete zusammenfassen. Dahinter verbirgt sich eine seit der Wende in der Stadtforschung intensiv geführte Diskussion, die im Wesentlichen die westdeutsche Großsiedlungskritik der 70er Jahre auf die ostdeutschen Neubaugebiete überträgt. Verstärkt wird diese Tendenz durch den äußeren Eindruck, den die grauen, einheitlichen und reizlosen Betonschlafstädte bei ihren Begutachtern hinterlassen, eine Wahrnehmung, die durch die Medienberichterstattung der Nachwendezeit kräftig verstärkt wurde. Tageszeitungen und Fernsehsendungen berichteten gerade nach den Krawallen in Rostock-Lichtenhagen und Hoyerswerda-Neustadt über die 'Arbeiterschließfächer' als Zentren des Rechtsradikalismus oder zu Wahlzeiten als PDS-Hochburgen. Die bestimmende Tendenz öffentlicher Resonanz bestand in der Politisierung der Siedlungsform Großsiedlung: 'Abriß' oder 'Rückbau' – dies schienen die einzig möglichen Perspektiven für die Großwohngebiete in Ostdeutschland zu sein. Insgesamt wurde die Diskussion um die ostdeutschen Neubaugebiete in den zurückliegenden fünf Jahren durch eine idiosynkratische Aufladung gegenüber allem, was mit dem Terminus politicus 'Errungenschaften der DDR' verbunden wird, gekennzeichnet.

Die Ausgangssituation aller ostdeutschen Neubaugebiete ist durch ähnliche Defizitlagen in der städtebaulichen und infrastrukturellen Situation gekennzeichnet:

- bautechnische Schäden an Häusern, Ver- und Entsorgungssystemen
- funktionelle Mängel in den typisierten Wohnungen bei Grundriß, Nutzungsmöglichkeiten, Bauqualität und Ausstattung
- Gestaltungs- und Nutzungsmängel im Wohnumfeld
- Mangel an Konsum-, Kultur- und Freizeiteinrichtungen in den Wohngebieten
- fehlende Möglichkeiten zur wohnungsnahen Erwerbstätigkeit
- enorme Parkplatzprobleme aufgrund der gestiegenen Pkw-Dichte.

Inzwischen versachlicht sich die Diskussion, und zumindest in der Fachwelt hat sich ein Grundkonsens über einen behutsamen Umgang mit diesem Wohnungsbestand durchgesetzt. Dazu beigetragen haben insbesondere institutionelle Akteure der bundesdeutschen Verwaltung wie das Bundesbauministerium, die Bundesforschungsanstalt für Landeskunde und Raumordnung mit einem groß angelegten Modellvorhaben im Rahmen des 'Experimentellen Wohnungs- und Städtebaus' wie auch der Berliner Senat mit seiner Strategie der Großsiedlungsaufwertung durch Wohnumfeldverbesserung sowohl innerhalb des Bundesprogramms als auch auf Grund eigener Maßnahmen.

Die öffentliche Meinung zum Problemfeld Großsiedlung wird heute aber von den Entwicklungen prävaliert, die sich mit der 'Krise des fordistischen Städtebaus' verbinden: Mit der Abkehr der internationalen Städtebauauffassung von der funktionalen Stadt und der Wiederentdeckung der 'alten' Stadt sowie der Postmoderne entwickelte sich die Großsiedlung in den westlichen Industrieländern zum sozialen und städtebaulichen Erneuerungsproblem. Der Aufwertung der innerstädtischen Gründerzeitgebiete entsprach die Abwertung und Stigmatisierung der Großsiedlungen. Vielfältige Nachbesserungsmaßnahmen wurden aus bautechnischer Notwendigkeit und vor allem als aktive soziale Krisenintervention in Gang gesetzt. Diese Erfahrungen wurden für den Umgang mit ostdeutschen Großsiedlungen nach der Wende prägend.

Die relative Homogeniät der sozialen Lagen als auch der defizitären baulichräumlichen Bedingungen aller ostdeutschen Großsiedlungen wird sich, so die These, auflösen. Denn die Enwicklungschancen der ostdeutschen Großsiedlungen sind unterschiedlich: Sie werden sowohl 'Problemsiedlungen' mit Wohnungsleerstand und allen weiteren bekannten Negativerscheinungen als auch beliebte Wohngebiete für Familien mit mittlerem Einkommen sein. Die Entwicklung der Großsiedlungen wird – analog zur Entwicklung der ostdeutschen Gesellschaft insgesamt – durch zunehmende Differenzierung auf sozialer, städtebaulicher und architektonischer Ebene geprägt sein.

Da mit dem Begriff 'Neubaugebiet' bzw. 'Großsiedlung' verschiedene Arten von Großsiedlungen bezeichnet werden, muß zunächst der Begriff genauer bestimmt werden. Als Neubaugebiete bzw. Großsiedlungen werden in diesem Beitrag Wohngebiete bezeichnet die – beginnend Mitte der fünfziger Jahre – nach dem Konzept des 'sozialistischen Wohnkomplexes' und – ab den siebziger Jahren – im Rahmen des 'Komplexen Wohnungsbaus' in der DDR erbaut wurden. Im Unterschied zur Großsiedlungsdefinition 'West'[1] werden darunter Wohngebiete gezählt, die „in der Regel mehr als 2.500 Wohnungen haben" (ExWoSt-Informationen: 1). Des weiteren sind sie durch eine baulich-räumliche Monostruktur gekennzeichnet womit nicht nur die gleichförmige Bauweise der vielgeschossigen Häuser, sondern auch die mangelnde Vielfalt der inneren Strukturen gemeint ist. Die Neubaugebiete der DDR sind in staatlichem/kommunalem oder genossenschaftlichem Eigentum errichtet worden und deshalb sämtlich Mietwohnungen.

1. Größe und Lage ostdeutscher Großsiedlungen

Der seit den fünfziger Jahren in der DDR realisierte industrielle Wohnungsbau führte zu einer im internationalen Vergleich überdurchschnittlichen Anzahl von Neubauwohnungen, deren Zukunft als 'problematisch' gilt. Bei einem Wohnungsbestand der DDR von ca. 6,35 Millionen Wohnungen weist die Statistik ca. 2,17 Millionen Wohnungen aus, die seit 1955 in industrieller Bauweise errichtet wurden (Großsiedlungsbericht 1994: 132). Tabelle 1 gibt eine Überblick zum Anwendungsumfang der verschiedenen industrialisierten Wohnungsbautechnolgien in den neuen Ländern.

Tabelle 1: Wohnungen in industriell errichteten Mehrfamilienhäusern in der DDR (in 1000 WE)

Bauserie/ Errichtungszeitraum	Blockbau	Streifenbau	Plattenbau	Gesamt
1958/1970	430,1	23,4	116,9	570,4
1971/1975	104,7	7,5	229,2	341,4
1976/1980	56,3	5,7	379,8	441,8
1981/1985	43,1	4,0	406,6	453,7
1986/1990	35,3	2,4	327,0	364,7
Gesamt	669,5	43,0	1459,5	2172,0

Quelle: Großsiedlungsbericht 1994, 132

Eine Expertise des Instituts für Architektur und Städtebau der ehemaligen Bauakademie der DDR weist 125 Großsiedlungen mit jeweils mehr als 2500 Wohneinheiten aus (BMBau 1991, 13 ff.). Etwa 20 Prozent der Bevölkerung der DDR lebten in Großsiedlungen, und zwar zu über 50 Prozent in industriell errichteten Mehrfamilienhäusern. In der alten Bundesrepublik lebten 1988 etwa zwei Millionen Menschen in etwa 500.000 bis 600.000 Wohnungen in Großsiedlungen[2], errichtet in den sechziger und siebziger Jahren (BMBau 1988, 8). Nur eine geringe Anzahl der zumeist von gemeinnützigen Wohnungsunternehmen errichteten Wohngebäude entstand in Fertigteilbauweise.

Die industriell errichteten Wohnungen in den neuen Bundesländern, von denen ca. 42 Prozent mit der Wohnungsbauserie 70 (BMBau 1993, 3) gebaut wurden, sind häufig an der Peripherie von industriellen und administrativen Zentren errichtet worden. So gibt es Städte mit einem sehr hohen Anteil an industriell errichteten Wohnungen wie z. B. Schwedt mit 85, Lübbenau mit 75, Frankfurt (Oder) mit 72 und Rostock mit 65 Prozent an Plattenbauten.

Seit 1955 stieg der Anteil der industriellen Bauweisen am DDR-Wohnungsbau kontinuierlich und erreichte 1985 einen Anteil von 83 Prozent. Während bis in die sechziger Jahre die Blockbauweise dominierte, wurde von den siebziger Jahren an die Großtafelbauweise zur technologischen Grundlage des staatlichen Wohnungsbaus der DDR. Block- und Tafelbauweise unterscheiden sich im wesentlichen durch Größe und Gewicht der verwendeten Bauelemente. Die folgende Grafik ver-

deutlicht die Zunahme der Plattenbauweise, insbesondere ab Ende der sechziger
Jahre und die gleichzeitige Reduzierung anderer Bauweisen.

Anteil der Bauweisen am DDR-Wohnungsbau von 1955–1985 (in Prozent)

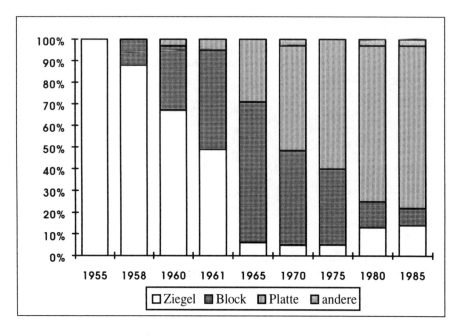

Zahlen nach Hoscislawski 1991, 158

Der Wohnungsbau in Großsiedlungsform in der DDR ist zum anderen durch eine
breite Streuung auf Städte und Gemeinden gekennzeichnet. Während in den alten
Bundesländern Großsiedlungen überwiegend in städtischen Agglomerationsräu-
men gebaut wurden, wurden diese in der DDR auch an den Rändern von Klein-
und Mittelstädten errichtet. Dies erklärt sich aus der Dominanz des industriellen
Wohnungsbaus in der DDR und dessen wohnungspolitischer Funktion: Der Wohnungsbestand in den Großsiedlungen diente der staatlich gelenkten Wohnungsversorgung von Beschäftigten der Hauptindustrien, der 'bewaffneten Organe' und
der administrativen Institutionen. So war z.B. die Zuweisung einer Wohnung in
der Großsiedlung Halle-Neustadt „in den Anfangsjahren weitgehend an den Arbeitsplatz in den Großbetrieben der Chemieindustrie" (Kunze/Schmidt 1994, 206)
dieser Region sowie Buna oder Leuna gebunden. „Die bevorzugte Verteilung des
Wohnungsneubaus der ehemaligen DDR auf Ostberlin, die ehemaligen 14 Be-

zirksstädte [...] sowie eine Reihe weiterer industrieller Schwerpunktstädte, z.B.
Hoyerswerda, Eisenhüttenstadt, Schwedt, Greifswald, Stralsund, Wismar, Stendal,
Dessau, Jena, Altenburg und Plauen, ergab sich im wesentlichen aus den über einen langen Zeitraum von der staatlichen Plankommission vorgegebenen Zielvor-
stellungen für die sogenannte Standortverteilung der Produktivkräfte sowie den
staatlichen Vorgaben aus den Fünfjahresplänen, die für jeden Planungszeitraum
entsprechende Prioritäten setzten." (BMBau 1991, 18)

Wohnungen in Großwohnsiedlungen nach Gemeindegrößengruppen in den neuen
Bundesländern und Berlin (Ost)

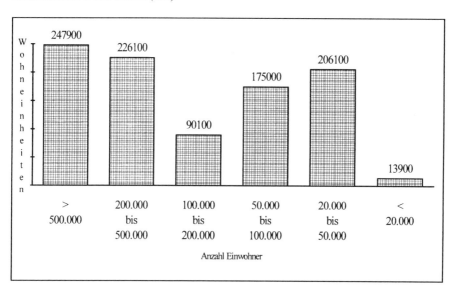

Zahlen nach Rietdorf et al., 1991, S. 19 ff.

Im Gegensatz zur Bundesrepublik (alt), in der der soziale Wohnungsbau als Träger
des Großsiedlungsbaus auf Großstädte konzentriert war und somit dem „räumlichen Management der Urbanisierung" (Häußermann/Siebel 1993, 26) diente, war
der 'soziale' Wohnungsbau in der DDR Mittel zur Steuerung der proportionalen
Entwicklung der Regionen entsprechend einem der „Grundgesetze der Politischen
Ökonomie des Sozialismus", nämlich der „proportionalen Entwicklung der
Volkswirtschaft". Dahinter verbarg sich eine bewußt dezentrale Industrieansied-
lungspolitik, die in der DDR vor allem von der Leitidee getragen war, den im
Vergleich zum Süden unterentwickelten Norden zu fördern. Dies führte dazu, daß
Wohnungen in Großsiedlungen auf dem Gebiet der DDR auf Großstädte *und* klei-
ne Mittelstädte, wie z.B. Stendal, Sömmerda oder Mühlhausen, konzentriert sind.

Der Großsiedlungsbau hatte vor allem eine wirtschaftspolitische Funktion: Wohnungen für Arbeitskräfte an Industriestandorten zu bieten. Das Resultat dieser Politik läßt sich für die kleinen Mittelstädte der DDR vereinfacht so zusammenfassen: ein Werk = eine Großsiedlung. Dieser Fakt hat nach der Transformation der Wirtschaftsstruktur entscheidende Konsequenzen für die Chancen der Weiterentwicklung dieses städtebaulichen Siedlungstyps in dieser Gemeindegrößengruppe.

Wohnungen und Bevölkerung in ostdeutschen Großwohnsiedlungen nach Gemeindegrößengruppen

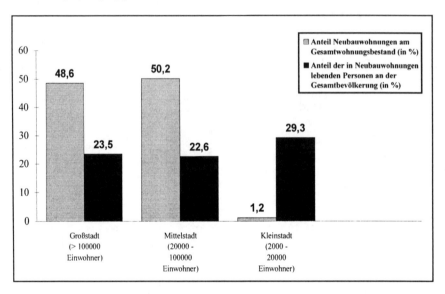

Zahlen nach Rietdorf et al. 1991: 19 ff.

2. Entwicklung der Siedlungsform 'Großwohngebiet' und der Neubaugebiete

Grundlage des überdimensionierten Großsiedlungsbaus in der DDR war die bedingungslose Durchsetzung der 'Industrialisierung des Bauwesens der DDR'. Diese wurde von der Partei- und Staatsführung in einer Beschlußfassung auf der zu diesem Zweck erstmalig einberufenen Baukonferenz der DDR im April 1955 'demokratisch' initiiert und 'danach' vom Ministerrat der DDR als Gesetz erlassen. Diesem baupolitischen Beschluß vorausgegangen war die Moskauer 'Allunionsbaukonferenz' vom 7. Dezember 1954, auf der mit einer Rede Chruschtschows[3] über die „zu teuren Herren Architekten" ein den gesamten Ostblock betreffender Richtungswandel im Bauwesen eingeleitet wurde: die Abkehr vom stalinistischen (neoklassizistischen) Bauen und die Hinwendung zu einer Ökonomisierung des Bauens (vgl. Martiny 1983, 91 ff.).

In einem städtebaulichen Zusammenhang wurde die Großtafelbauweise erstmalig in Hoyerswerda angewandt (Chronik 1974, 127). Die zweite Neugründung einer sozialistischen Stadt nach Stalinstadt (heute Eisenhüttenstadt) wurde als Wohnstadt für das Braunkohlekombinat 'Schwarze Pumpe' geplant. Die Siedlung wurde in Großblock- und Großplattenbauweise gebaut. Der Bau des ersten vollmechanisierten Großplattenwerkes der DDR bildete 1957 den Ausgangspunkt der weiteren vollständigen Durchsetzung der Anwendung der Großtafelbauweise. Bereits Ende der fünfziger Jahre begann die verhängnisvolle Koppelung der Großtafelbauweise mit dem Großsiedlungsbau: mit dem städtebaulichen Leitbild der Nachkriegsmoderne, der funktional gegliederten Stadt (das zwar zu diesem Zeitpunkt noch nicht zum offiziellen Leitbild der DDR avancierte, aber dessen Rehabilitierung sich andeutete (vgl. dazu Hoscisclawski 1991, 210 ff.) erwies sich das industrielle Bauen als hochgradig kompatibel. Für die 'Neue Stadt' in Hoyerswerda folgte die Bebauungskonzeption im Unterschied zu Eisenhüttenstadt erstmalig dem Verlauf des Portalkrans, so wie es die Großblock- bzw. Großplattenbauweise erforderte. Statt einem zentralen Platz entstand ein flächiges Stadtzentrum, statt einer der Blockbebauung angenäherten Struktur wurde die Zeilenbebauung zum Gestaltungsprinzip (vgl. Topfstedt 1975; Hoscislawski 1991). Da bei der Planung des 1. Wohnkomplexes in Hoyerswerda festgestellt wurde, daß es unmöglich war, kleinteiligere städtebauliche Strukturen mit industriellen Methoden herzustellen, wurde ab jetzt eine offene Struktur zur dominierenden Bebauungsform. Diese technologisch bedingte Einschränkung wurde vom führenden Theoretiker des industriellen Wohnungsbaus der DDR am Beispiel der Planungen des ersten Wohnkomplexes in Hoyerswerda kritisiert. Diese Planungen hätten „das typische Bild einer kapitalistischen Hofbebauung" (Schmidt 1959, 29) zum Ergebnis und entsprächen damit nicht einer der sozialistischen Gesellschaft adäquaten Bebauungsform.

Die Ideologie des Fordismus als Strategie zur Lösung der Wohnungsfrage mittels (Bau-)Technik war in den zwanziger Jahren zur Matrix moderner Architekturkonzepte geworden. Viele der damals führenden Architekten wie Le Corbusier, Walter Gropius, Frank Lloyd Wright, Bruno Taut und Ernst May setzten sich mit den technologischen Erfordernissen und ästhetischen Aspekten des industrialisierten Bauens auseinander. Wenn davon in den zwanziger und frühen dreißiger Jahren auch nur wenige Beispiele realisiert werden konnten, blieb aus dieser Diskussion doch eine grundlegende Erkenntnis, die den Wohnungs- und Städtebau in allen industrialisierten Ländern in der Nachkriegszeit lange Zeit dominieren sollte: Die Verbindung der Idee des wirtschaftlich rationellen, d.h. des industrialisierten Bauens in der städtebaulichen Form der Großwohnsiedlung als den einzig richtigen Lösungsweg der 'Wohnungsfrage'. Eine Erkenntnis, die Mies van der Rohe in einem Aufsatz zum industriellen Bauen 1924 so zum Ausdruck brachte: „In der Industrialisierung des Bauwesens sehe ich das Kernproblem des Bauens in unserer

Zeit. Gelingt es uns, diese Industrialisierung durchzuführen, dann werden sich die sozialen, wirtschaftlichen, technischen und auch künstlerischen Fragen leicht lösen lassen." (Mies 1924, 305)

Mit dem Erstarken der Volkswirtschaften und der Zunahme des Drucks auf dem Wohnungsmarkt in den entwickelten Industrieländern waren nach dem Zweiten Weltkrieg die gesellschaftspolitischen Rahmenbedingungen gegeben, die Ideen der zwanziger Jahre Realität werden zu lassen. Weltweit wurde das industrielle Bauen von Großsiedlungen zur favorisierten Variante bei der Lösung des Wohnungsproblems. Nicht nur im Ostblock wurde diese Bauweise zum zentralen Bestandteil staatlicher Wohnungspolitik, sondern auch im Westen, so z.B. in Großbritannien und insbesondere in Frankreich (vgl. Hannemann 1993). Die gesellschaftspolitische Idee einer egalisierten Mittelstandsgesellschaft, wie sie in der Nachkriegszeit in Ost und West dominierend war, schien sich baulich-räumlich mit gleichartigen Wohnungen zur Realisierung des Anspruchs jedes Menschen und jeder Familie auf Wohnraum umsetzen zu lassen – zumal da sich der rationalisierte Wohnungsbau als hochrangig kompatibel mit dem dominierenden städtebaulichen Leitbild der fünfziger und sechziger Jahre erwies, der 'gegliederten und aufgelokkerten Stadt'.

Im Unterschied zu den westlichen Industrieländern, in denen der wirtschaftlich rationelle Großsiedlungsbau vor allem als bautechnologische Frage diskutiert wurde, ist in den sozialistischen Ländern, so auch in der DDR (vgl. dazu ausführlich Hannemann 1995), die Großtafelbauweise zur Staatsdoktrin erhoben worden. In den sozialistischen Ländern knüpfte die Planung und Realisierung großer Neubaugebiete seit den fünfziger Jahren an die Diskussion um die 'sozialistische Stadt' aus den späten zwanzigern und frühen dreißiger Jahren an. Zu diesem Zeitpunkt konzipierten man in der Sowjetunion zahlreiche städtebauliche Projekte für die neuen sozialistischen Städte im Ural und in Sibirien wie Magnitogorsk, Orsk und Nowokusnezk. Diese Projekte wurden federführend von oder in enger Zusammenarbeit mit Vertretern der deutschen Architekturmoderne wie Ernst May und Hans Schmidt erarbeitet. Diese städtebaulichen Entwicklungskonzepte wurden nach dem fordistischen Konzept einer funktional gegliederten Stadt (sozialistische Bandstadt) entwickelt, in der die 'sozialistische Lebensweise' in speziellen Wohnquartieren, d.h. in städtebaulichen Teilquartieren mit einer infrastrukturellen Grundausstattung von Gemeinschaftseinrichtungen, realisiert werden sollte. „In diesen frühen dreißiger Jahren entstanden die ersten theoretischen und praktischen Grundlagen für den 'sozialistischen Wohnkomplex', einen als einheitliches Ganzes entwickelten Baustein der 'sozialistischen Stadt', der neben den Wohngebäuden auch die dazugehörigen gesellschaftlichen Einrichtungen, Bauten und Freiflächen umfaßt und der auch baulich-räumlich als ein Ganzes überschaut, erlebt und genutzt werden kann." (Rietdorf/Liebmann 1994, 43)

Wie in allen sozialistischen Ländern wurde auch in der DDR seit Mitte der fünfziger Jahre der 'sozialistische Wohnkomplex' zum dominierenden städtebaulichen Leitbild. In der DDR wurde mit dem Übergang zum industrialisierten Wohnungsbau neben Typisierung und Normierung der Bauproduktion auch das städtebauliche Planungselement 'sozialistischer Wohnkomplex' definiert (vgl. Sozialistischer Wohnkomplex 1959). Die Größe eines derartigen Wohnkomplexes richtete sich nach dem Einzugsbereich einer Acht-Klassen-Schule und umfaßte ca. 4.000 bis 5.000 Einwohner. Des weiteren war die fußläufige Erreichbarkeit aller zum Wohnkomplex standardisiert zugeordneten gesellschaftlichen Einrichtungen, wie Schule, Kindergarten, Einzelhandelsgeschäft und Haltestelle des öffentlichen Nahverkehrs, Grundlage der Flächenbemessung und der baulich-räumlichen Konzeption. Städtebaulich wurde die Anordnung der Wohngebäude in zeilenförmiger Bebauung festgelegt, während die Erschließung des Komplexes über Wohnstichstraßen erfolgte. Erwerbsarbeitsstätten wurden nur in Form der 'Wohnfolgeeinrichtungen' wie Kinderkrippen und -gärten in die Wohnkomplexe integriert. Die dem bürgerlichen Gesellschaftsmodell zugerechnete Trennung der sozial-räumlichen Strukturen in Privatheit und Öffentlichkeit wurde durch den vollständigen Verzicht auf private Freiflächen aufgehoben. Aufgrund der Gebäudeabstandsnormen und der freien Verfügbarkeit über Grund und Boden wurden die Freiräume im Wesentlichen als undifferenzierte Grünflächen mit Spiel- und Wäscheplatz geplant. Diese den Erfordernissen einer rationellen Planung und den technologischen Notwendigkeiten des Kranspiels beim industrialisierten Bauen untergeordnete Vorgehensweise wurde bis zum Beginn der siebziger Jahre trotz zunehmender Ablehnung in der Fachwelt und in der literarisch interessierten Öffentlichkeit der DDR[4] Grundlage großer Neubaugebiete. Die erste Generation der DDR-Neubaugebiete basierte auf den Richtlinien zum 'sozialistischen Wohnkomplex' und der zunehmenden Reduzierung der Bautechnologie auf die Großplattenbauweise. Die schematische Addition immer gleicher Wohnkomplexe führte zur Entstehung von baulich-räumlichen Monostrukturen, die das Haupterbe der Großsiedlungsphase im Städtebau bilden und deren grundlegendes Kennzeichen in der Entdifferenzierung der Wohnstrukturen besteht. Die monostrukturelle Aufteilung der Räume in den Großsiedlungen ist Konsequenz eines Gesellschaftsbildes, das von der Idee der funktionalen Differenzierung der sozialen Rollen des Individuums im Sozialismus getragen wurde. Es wurde davon ausgegangen, daß sich die verschiedenen Formen und Inhalte der sozialistischen Lebensweise in den Gemeinschaftsformen der Familie und in den Kollektivformen der Hausgemeinschaft, dem Wirkungsbereich der Nationalen Front, der Elternversammlung, der Arbeiter-Wohnungsbaugenossenschaft, der Konsumgenossenschaft, der Sportgemeinschaft usw. entwickeln würde. „Es ist aber Aufgabe des sozialistischen Städtebauers, eben diesem neuen Leben Raum und Ausdruck zu geben, durch die raumkörperlichen Ordnungen und Erlebnisse, die er schafft (Engelberger 1958/59, 163) So bildete die Basis des 'sozialistischen Wohnkomplexes' ein „klares und leicht ablesbares Bezugssystem (...), das von der räumlichen Umwelt der Familie zu der Wohngruppe des Wohnkomplexes und des Stadtzentrums fortschreitet" (ebd., 164).

Auch der scheinbare 'Paradigmenwechsel' vom 'sozialistischen Wohnkomplex' zum 'Komplexen Wohnungsbau' erbrachte Mite der sechziger Jahre keine grundlegende Änderung dieses fordistischen Wohnungs- und Städtebaus, sondern bedeutete seine Fortführung in neuer Qualität und Quantität. Das Leitbild des komplexen Wohnungsbaus war wesentlich gekennzeichnet durch Verdichtung der Wohnbebauung (Erhöhung der Geschoßzahlen der Wohngebäude) und Konzentration der gesellschaftlichen Einrichtungen in Kompaktbauten (z.B. Bau von „Dienstleistungswürfeln"). Dieses Leitbild konnte „effektiv aber nur bei Vorhaben realisiert werden, die durch eine entsprechende Größenordnung den massierten Einsatz der industriellen Bautechnik ökonomisch rechtfertigten. Die Folge war eine zunehmende Konzentration des Wohnungsbaus auf relativ wenige (randstädtische, C.H.) Standorte und eine Vergrößerung der zu strukturell zusammenhängenden Wohngebieten vereinigten Wohnkomplexe auf 10.000 und mehr Einwohner" (Topfstedt, 1988: 24).

Mit Beginn der Honecker-Ära war eine Neuorientierung der Wirtschafts- und Sozialpolitik in der DDR verbunden. Die Politik der SED war auf den Ausbau ihrer beherrschenden Rolle in allen gesellschaftlichen Bereichen ausgerichtet. Die damaligen positiven Eckdaten der wirtschaftlichen Entwicklung ließen eine optimistische Interpretation der weiteren Entwicklung des Sozialismus in der DDR zu und führten zu einer gesellschaftspolitischen Strategie, die eine Erhöhung der inneren Stabilität durch eine allgemeine Erhöhung des Lebensstandards anstrebte. In Anlehnung an das westliche Konsum- und Wohlfahrtsmodell avancierte im Programm der SED-Sozialpolitik der in der Ulbricht-Ära stark vernachlässigte Wohnungsbau zum zentralen Legitimationsinstrument. Auf dem VII. Parteitag der SED (1971) wurde als Kernstück der neuen Sozialpolitik das 'Wohnungsbauprogramm der DDR' beschlossen. Mit dem Ziel der 'Lösung der Wohnungsfrage als soziales Problem bis zum Jahre 1990' war die Forcierung des staatlichen und genossenschaftlichen Wohnungsbaus verbunden. Im Rahmen dieses Programms wurden die Investitionssummen für den Wohnungsneubau und die Modernisierung von Wohnungen wesentlich erhöht. Konkret sollten von 1976 bis 1990 mehr als 200 Mrd. DDR-Mark investiert werden. Damit war das Ziel verbunden „2,8 bis 3 Mio. Wohnungen neu zu bauen bzw. zu modernisieren" (Junker 1973, 16). Die bis zu diesem Zeitpunkt entwickelte Struktur des Bauwesens und die anhaltende Fokussierung aller Ressourcen auf den Wohnungsneubau hatten die Entwicklung eines DDR-einheitlichen Wohnungstyps als materiell-technische Grundlage des politischen Programms zur Folge: Die WBS 70. „Das 'Wohnungsbausystem 70' ist ein offenes und dynamisches, den Grundsätzen des 'Einheitssystems Bau' und den für die Wohnungsbaupolitik in der DDR festgelegten Ziele entsprechendes System, das in der jetzigen Phase der Bearbeitung auf die Bedingungen des Massenwohnungsbaus, der Wohnheime und der Vorschuleinrichtungen sowie der weitestgehenden Nutzung vorhandener und zu rekonstruierender Plattenwerke ausgelegt ist." (Wohnungsbausystem 1971, 9). Dieser Wohnungstyp sollte bis zum Ende der

DDR die einheitliche Basis des beschleunigten Wohnungsneubaus bilden. Am Konzept der vorrangig randstädtischen Wohnbebauung änderte sich mit der Einführung dieses Wohnungstyps kaum etwas. Die zweite Generation der DDR-Neubaugebiete entstand. Die systematische Vernachlässigung der Altbausubstanz und die Ausrichtung der Wohnungsbaukapazitäten auf die fast ausschließliche Anwendung der Großtafelbauweise führten im Gegenteil dazu, daß dieser Wohnungstyp zunehmend auch für den innerstädtischen Wohnungsneubau angewandt wurde.

Mit der DDR-weiten Einführung der Wohnungsbauserie 70 war eine folgenreiche Reduzierung der baulich-räumlichen Wohnstrukturen verbunden. Dieser eine Wohnungstyp wurde bevorzugt in additiver Stapelung gleicher Wohnungsgrundrisse in mehrspännigen und -geschossigen Wohngebäuden angeordnet. Die Standardisierung der 'klassischen' DDR-Neubauwohnung bedeutete: 1 bis 4 Räume, Loggia, Innenküche (teilw. Außenküche) und Badzelle sowie gezielte Zuordnung bestimmter Wohnfunktionen zu bestimmten Räumen. Das größte Zimmer der Wohnung ist als Wohnzimmer konzipiert. Das mittlere, meist zur verkehrsberuhigten Straße gelegene, als elterliches Schlafzimmer, und die kleinsten Räume sind die Kinderzimmer. Der Korridor ermöglicht den Zugang zu den anderen Räumen innerhalb der Wohnung und dient darüber hinaus als Empfangsraum, als Garderobe und als Abstellraum für Kleinmöbel und Haushaltsgeräte. Parallelen zum Grundrißkonzept der Sozialwohnung der zwanziger und frühen dreißiger Jahre sind deutlich. Die gesamte Entwicklung der im staatlichen Wohnungsbau der DDR verwendeten Grundrißtypen basierte auf dem Konzept der Kleinfamilie in der Kleinstwohnung, zusammengefaßt in sozialistischen Wohnkomplexen bzw. -gebieten, die nach dem Prinzip der Funktionstrennung strukturiert wurden.

3. Wer wohnt (noch) in den ostdeutschen Großsiedlungen?

Einer der entscheidenden Unterschiede zwischen ost- und westdeutschen Großsiedlungen liegt in der völlig verschiedenartigen Bewohnerstruktur. In der DDR erfolgte die Belegung der Neubauwohnungen nach staatlich vorgegebenen sozialpolitischen Kriterien, die von wechselnden sozialpolitischen Zielstellungen bestimmt wurden, aber doch ein gemeinsames Resultat hervorbrachten: Die Neubaugebiete der DDR werden von einer altershomogenen Bevölkerung und im wesentlichen immer nur von zwei Generationen bewohnt. Die Formel lautet schlicht: Das Baualter bestimmt das Bewohneralter. So leben in den Großsiedlungen der ersten Generation, die in den 50er und 60er Jahren entstanden, vorwiegend Menschen, die schon das Rentenalter erreicht haben oder es in naher Zukunft erreichen werden. Hier entstehen wahre 'Seniorenhochburgen'. Die Großsiedlungen der zweiten Generation werden von einer Bevölkerung mit einem wesentlich jüngeren Durchschnittsalter und einer hohen Kinderanzahl geprägt – ein Problem, auf das schon in der ersten soziologischen Neubauuntersuchung der DDR hingewiesen wurde (vgl. Steiger 1966, 29/30).

Hinsichtlich der Qualifikation bestehen nach wie vor Unterschiede zwischen der Bevölkerung in Neubaugebieten, in älteren Stadtgebieten und der Innenstadt. Bewohner, die über Hoch- und Fachschulabschlüsse verfügten, sind in den Neubaugebieten deutlich überrepräsentiert. Dies ist vermutlich typisch für die meisten Großsiedlungen in den ehemaligen sozialistischen Ländern[5]. Dieser Sachverhalt ist das Resultat von Segregationsprozessen, die auf wohnungspolitischen und nicht marktwirtschaftlichen Prozessen beruhten. Neubauwohnungen wurden seit den 70er und 80er Jahren vorrangig an junge Ehepaare und junge, aber auch kinderreiche Familien vergeben. Diese 'zweite' Gencration der Neubaugebietsbewohner hatte ein wesentliches höheres Qualifikationsniveau als ältere Generationen.

Diese Besonderheiten in der Sozialstruktur ostdeutscher Großsiedlungen werden durch einen weiteren Aspekt ergänzt: die geschlechtsspezifische Segregation. Aufgrund der oben beschriebenen Tatsache, daß die Neubaugebietsbewohner vor allem über Hoch- und Fachschulabschlüsse verfügen, ergibt sich – gekoppelt mit der hohen Scheidungsrate in der ehemaligen DDR – das Phänomen, daß in diesen Gebieten überdurchschnittlich viele hochqualifizierte Frauen mit Kindern leben. Alleinerziehende in Neubaugebieten sind vor allem geschiedene Frauen, von denen wiederum drei Viertel Kinder haben.

Analysen zu den unterschiedlichen Qualifikations- und Berufsprofilen in den einzelnen Großsiedlungen gibt es bis heute nur in Ansätzen. Es ist zu vermuten, daß z.B. in Jena-Lobeda ein hoher Anteil von Wissenschaftlern und Ingenieuren lebt. In den Ostberliner Neubaugebieten dürfte ein großer Teil der Bewohner aus Mitarbeitern staatlicher Institutionen und Verwaltungen bestanden haben. Das Phänomen einer hauptstadtspezifischen 'Dienstklasse' wird auch nach dem Umbruch durch überdurchschnittlich hohe Wahlergebnisse für die PDS manifest. Diese Großsiedlungen in Ostberlin sind darüber hinaus Schwerpunkte räumlicher und sozialer Mobilität. Demgegenüber hat sich in Hoyerswerda vermutlich eine homogene Facharbeiterschaft sozial verankert, die seit dem Umbruch stärker von dem Niedergang der Industrie betroffen ist als die relativ hochqualifizierte und jüngere Bewohnerschaft etwa von Berlin-Marzahn. Insgesamt zeigen die Beispiele, daß es einen Zusammenhang zwischen Wohnsegregation, regionalem Arbeitsmarkt und Industriestruktur gibt, der für die Zukunft der Großsiedlungen bedeutsam ist.

4. Wohnen im Neubaugebiet vor und nach der Wende

Die Stadtentwicklungspolitik der DDR richtete sich fast ausschließlich auf den Bau von Großsiedlungen an Hauptproduktionsstandorten und administrativen Zentren. Gleichzeitig wurde das Wohnen in einer Neubauwohnung medienwirksam als die neue sozialistische Wohnform propagiert. Die offizielle Ideologie hatte das Wohnen in der Neubauwohnung als zentralen Bereich der sozialistischen Gesellschaft bestimmt und in der Honecker-Ära zusehends als Legitimationsbasis der 'Einheit von Wirtschafts- und Sozialpolitik' überhöht. Das führte zu einer kulturellen Überbewertung des Wohnens in der Neubauwohnung im Neubauwohngebiet und bewirkte bei seinen Bewohnern die Entstehung eines spezifischen Wohnbewußtseins, das sich mit den Begriffen Fortschrittlichkeit, hoher Wohnstandard, gesellschaftskonforme Wohnform charakterisieren läßt. Empirisch wurde diese Tatsache durch die in soziologischen Untersuchungen immer wieder belegten hohen Zufriedenheitsquoten mit den Wohnbedingungen belegt. Ein Beispiel hierfür ist das Ergebnis der ersten wohnsoziologischen Studie, die auch in den neuen Wohngebieten der DDR durchgeführt wurde, der '10-Städte-Untersuchung' aus dem Jahre 1968, die ergeben hatte, daß „80 % der Bewohner von Neubaugebieten mit ihren Wohnungen und den übrigen Wohnbedingungen zufrieden oder überwiegend zufrieden sind." (Schwandt 1976, 12/13)

Mit den danach folgenden mehr als zwanzig Untersuchungen wurde zwar nie geklärt, worauf diese hohen Zufriedenheitsquoten beruhten, aber sie erbrachten die Bestätigung der positiven Meinung der DDR-Neubaugebietsbewohner über ihrer Wohnung und ihr Wohngebiet. Diese ist m.E. darauf zurückzuführen, daß der Bezug einer Neubauwohnung für viele DDR-Bürger die einzige Möglichkeit war, eine Wohnung mit Vollkomfort (zentrale Warmwasserversorgung und Fernheizung) zu erhalten. Diese Wohnungen bedeuteten die Lösung langjähriger Wohnungsprobleme, sei es der Hinterhofwohnung mit Außentoilette oder der aussichtslosen Wohnungssuche von jungen Familien in Klein- und Mittelstädten der DDR. Aufgrund des Ausbaus von Ostberlin zur sozialistischen Hauptstadt und der damit verbundenen wesentlich besseren Versorgungslage, vielfältigeren Arbeitsmöglichkeiten und Bildungschancen war es für viele Menschen ein Glücksfall, wenn sie eine Neubauwohnung in einem der neuen Stadtteile von Ostberlin bekamen.

Die Entstehungsbedingungen und die wohnungspolitischen Auswahlverfahren der Bewohner führte dazu, daß in den DDR-Neubaugebieten eine Bevölkerung lebt, die in dem Bewußtsein in die Neubauwohnungen eingezogen ist, sozial privilegiert zu sein. Nach der Wende mußte dieselbe Bevölkerung einen dramatischen Verfall der Bewertung ihrer Wohngebiete ertragen, die bis heute zu großen Problemen bei der Identifikation mit der neuen bundesrepublikanischen Gesellschaft führt, was z.B. in Wahlergebnissen ablesbar wird. So erreichte die PDS bei den Wahlen 1994 zum Bundestag in den Berliner Neubaubezirken Lichtenberg, Marzahn, Hohenschönhausen und Hellersdorf jeweils mehr als 30 % der Stimmen.

Insgesamt belegen auch die neueren soziologischen Untersuchungen in Großsiedlungen, daß die Einstellungen der Mehrheit der Bewohner zu ihrem Neubaugebiet besser ist als deren offizieller Ruf, aber die veränderten gesellschaftlichen Verhältnisse generieren auch neue kulturelle Wertungen. Im Rahmen der Diskussionen über den Umgang mit den ostdeutschen Großsiedlungen wurde und wird eine Vielzahl von Studien und Expertisen erarbeitet, die die Entwicklungspotentiale dieser Gebiete von der Gewerbestättenansiedlung bis zur Wohnungsprivatisierung analysieren und beurteilen. Übereinstimmend wird in diesen Materialien als wesentlicher Vorteil die heterogene Sozialstruktur der Neubaugebiete bewertet. Problematisch ist die sinkende Akzeptanz dieser Gebiete bei besser verdienenden Schichten. Eine Plattenbauwohnung in Rostock-Lichtenhagen oder Güstrow-Südstadt hat eben nicht die Wohnqualität und das Prestige eines Einfamilienhauses. Dieser Wohnform bekommt aber auch in Ostdeutschland, wie entsprechende Untersuchungen belegen (Silbermann 1993), die stärkste Wertschätzung. Gleichzeitig verweisen diese Studien auf die Notwendigkeit, daß die Attraktivität dieser Gebiete für zuziehende Gruppen – insbesondere Familien mit Kleinkindern – erhöht werden müsse. Es deuten sich aber Entwicklungen an, bei denen der Wohnungsbestand von Großsiedlungen vor allem als Potential von 'belegungsgebundenem Wohnraum' benutzt wird. Die negative öffentliche Meinung zum Wohnen in Großsiedlungen generell führt dazu, daß eine einseitige Belegung der Wohnungen für verschiedene soziale 'Zwangssituationen' akzeptiert und gefördert wird. Dies wiederum würde unweigerlich zur Segregation führen. Damit verbunden wäre die weitere kulturelle Entwertung dieser Siedlungsform als Folge.

5. Der Wohnungsbestand in den ostdeutschen Großsiedlungen als Instrument wohnungspolitischer Regulierungsmaßnahmen

Der Großsiedlungsbau in der DDR war nicht nur die Reaktion auf eine defizitäre Wohnsituation, sondern zuerst Instrument zur Durchsetzung sozialistischer Bauproduktions- und Wohnverhältnisse entsprechend dem gesellschaftspolitischen Grundkonzept der DDR. Der industrialisierte Großsiedlungsbau insbesondere in Großtafelbauweise galt dabei als „Ausdruck des Fortschritts in der sozialistischen Bauindustrie" (Rat der Stadt Halle 1961, 88). Als Rechtsträger des staatlichen/ kommunalen und genossenschaftlichen Wohneigentums fungierten einerseits die volkseigenen Gebäudewirtschaften (Kommunale Wohnungsverwaltungen) und die verschiedenen in der überwiegenden Mehrheit den volkseigenen Betrieben zugeordneten Arbeiterwohnungsgenossenschaften. Privates Eigentum an nach 1945 errichteten Mehrfamilienhäusern gab es in der DDR nicht. Obwohl es bis heute keine zusammenfassende Übersicht über die Eigentumsverhältnisse in Großwohnsiedlungen der DDR gibt, kann davon ausgegangen werden, daß „im Zeitraum von 1958 bis 1989 [...] ca. 60 Prozent der Wohnungen in mehr- und vielgeschossigen Gebäuden auf staatlicher und 40 Prozent auf genossenschaftlicher Basis gebaut" wurden (BMBau 1991, 135). Mit der Einführung der wohlfahrtsstaatlichen Marktwirtschaft in der DDR entstand die Frage der Weiterbehandlung dieses immensen Wohnungsbestandes. Als erstes wurden die Rechtsträger des staatlichen/kommunalen und genossenschaftlichen Wohnungsbaus in Rechtsformen des bürgerlichen Rechts umgewandelt. Auf der Grundlage des „Gesetzes über die Umwandlung volkseigener Wohnungswirtschaftsbetriebe in gemeinnützige Wohnungsbaugesellschaften" vom 22. Juni 1990 wurden die ehemaligen volkseigenen Gebäudewirtschaften bzw. Kommunalen Wohnungsverwaltungen in Wohnungsbaugesellschaften umgewandelt. Aus den früheren Arbeiterwohnungsgenossenschaften bildeten sich Wohnungsgenossenschaften entsprechend dem Genossenschaftsrecht der BRD.

Eine der politisch grundlegenden Entscheidungen über den Umgang mit dem Wohnungsbestand in den ostdeutschen Großsiedlungen ist der Beschluß der Bundesregierung, daß aus diesen Wohnungen keine Sozialwohnungen werden sollen. Allerdings wurde für einen Übergangszeitraum, der am 1. Juli 1995 endete, eine Art staatliche Mietpreisbindung mit gestaffelter Mieterhöhung beibehalten. Ab dann sollen sich die Mieten im gesamten Wohnungsbestand auf dem Weg der ortsüblichen Vergleichsmiete berechnen. Eine soziale Abfederung dieser Liberalisierung der Wohnungsversorgung wird durch einen Restbestand an belegungs- und mietgebundenem Wohnraum und durch Wohngeld erfolgen – eine politische Regelung, die entscheidende Konsequenzen für die zukünftige Situation in ostdeutschen Großsiedlungen haben wird. Da praktisch für den gesamten Altwohnungsbestand (Wohnungen die vor 1945 erbaut wurden) Rückübertragungsansprüche gelten, wird nach sozialen Kriterien vergebbarer Wohnraum in den neuen Bundesländern zukünftig nur noch im Neubauwohnbestand – also überwiegend in Großsiedlungen – vorhanden sein. Soziale Segregation und 'Ghettoisierung sozialer Problemgruppen' in diesem Wohnungsbestand sind somit programmiert.

Der Wohnungsbestand in den ostdeutschen Großsiedlungen wird außerdem als Ressource für die Vermehrung individuellen Wohneigentums gesehen. Dafür liefert das Altschuldenhilfegesetz die Vorgabe: 15 % der Wohnungen müssen von den Gesellschaften veräußert werden, wenn sie ihre Altschulden reduzieren wollen (vgl. Beitrag von Borst in diesem Band). Obwohl es bisher noch keine umfassenden Darstellung der Konsequenzen dieser Regelung gibt, lassen sich bestimmte Tendenzen ausmachen: Einerseits wird der attraktivere Wohnungsbestand in den Großsiedlungen privatisiert und andererseits erfolgt die Eigentumsbildung nicht im politisch gewünschten Umfang durch Ostdeutsche. So übernahm z.B. die Berliner Wohnungsbaugesellschaft Marzahn Altschulden in Höhe von rund 1,4 Milliarden Mark. Für die Privatisierung wählte die Wohnungsbaugesellschaft, wie auch andere Wohnungsunternehmen in den Großsiedlungen der ehemaligen DDR, vor allem „niedriggeschossige Gebäude in guter Wohnlage" (Mieterinformation 1995, 2) aus. Da den Wohnungsbauunternehmen bei Inanspruchnahme der Altschuldenregelung auch die Geschwindigkeit der Privatisierung honoriert wird, gibt es eine Tendenz zur Veräußerung einer großen Anzahl von Wohnungen im Block.[6] Die dazu notwendigen finanziellen Mittel können in der Regel nicht von ehemaligen DDR-Bürgern aufgebracht werden, so daß ein Drittel des Wohnungsbestandes von westdeutschen Investoren aufgekauft wird. Aufgrund der Vermögenslage in Ostdeutschland ist nur ca. 1/3 der Mieter in dem zur Privatisierung anstehenden Wohnungsbestand in der Lage, ihre Mietwohnung zu kaufen. Ein weiteres Drittel lehnt dies aus den verschiedensten Gründen, wie Bedenken wegen zu hoher Instandhaltungskosten der Plattenbauten u.ä. ab.

Im Zusammenhang mit den Rückübertragungsregelungen und den notwendigen finanziellen Aufwendungen zur Sanierung des ostdeutschen Altbaubestandes ergibt sich insgesamt zwar die politisch gewünschte Privatisierung des ostdeutschen Wohnungsfonds, aber zu einem großen Anteil geschieht dies durch westdeutsche Eigentümer. Auf der Ebene von Wohngebiet und Wohnung wird das eine weiter sinkende Motivation der Bewohner für ihr Engagement in den Wohnquartieren zur Folge haben und zur weiteren Abwertung des Wohnens in Großsiedlungen führen.

Zusammenfassung

Folgende Aspekte kennzeichnen die Situation und Entwicklungsgrundlagen der ostdeutschen Großsiedlungen:

1. Die quantitativ-räumliche Dimension: Der Wohnungsbestand in den ostdeutschen Großsiedlungen von über einer Million bildet einen Kernbestand für die Wohnraumversorgung für 'breite Schichten der Bevölkerung'. Er ist nicht wie in Westdeutschland auf städtische Agglomerationsräume konzentriert, sondern regional breit gestreut, d.h. auch im ländlichen Raum existiert diese Wohnform.

2. Die historisch-städtebauliche Dimension: Die städtebauliche Form der Großsiedlung ist Ergebnis der Diskussionen um die 'Wohnungsfrage', die seit Mitte des 19. Jahrhunderts in Deutschland geführt wird. Unterschiede hinsichtlich Entstehungsgeschichte, Planungs- und Bauprozeß, aktuellem Zustand und insbesondere der Dominanz der industriellen Bauweisen ergeben sich aus den konstitutiven Rahmenbedingungen des staatlichen Massenwohnungsbaus in Ost und West.

3. Die soziale Dimension: Die soziale Situation in den ostdeutschen Neubaugebieten unterscheidet sich erheblich von den westdeutschen Großsiedlungen. Ostdeutsche Großsiedlungen sind durch eine sozialstrukturelle Mischung und hohe Altershomogenität gekennzeichnet. In ihnen bündeln sich (noch) nicht soziale Problemlagen wie Arbeitslosigkeit, hoher Ausländeranteil und Sozialhilfeempfänger.

4. Die kulturelle Dimension: Eine weitere kulturelle Entwertung der Wohnsituation fast jedes vierten DDR-Bürgers vertieft unnötig die mentale Spaltung zwischen Ost und West. Die pauschale Stigmatisierung der ostdeutschen Neubauwohngebiete als Hauptmerkmal der sozialistischen Wohnungsbaumisere und PDS-Hochburgen führt im Extremfall zu einer Ablehnung des bundesdeutschen Wirtschafts- und Gesellschaftsmodells.

5. Die wohnungspolitische Dimension: Die Marktposition der ostdeutschen Großsiedlungen ist aufgrund des generellen Wohnungsproblems in Deutschland günstig. Die möglichen Alternativen sowohl der modernisierten Altbau- als auch der Einfamilienhausgebiete können aufgrund der hohen Mieten und Erwerbskosten nur für eine kleine Gruppe von einkommensstarken Großsiedlungsbewohnern relevant werden. Wohnungen im ostdeutschen Großsiedlungsbestand stellen des

weiteren ein erhebliches Privatisierungskapital zur politisch gewünschten Wohneigentumsbildung in Ostdeutschland dar.

Mit der Wende verändern und verschärfen sich die Probleme in den Neubaugebieten. Der seit Mitte der achtziger Jahre beginnende Trend der sozialen Differenzierung in der DDR erfuhr durch den Umbruch 1989 eine Beschleunigung. War schon in der DDR das Verhältnis der Entwicklung der Wohnbedürfnisse und der real existierenden Wohnstrukturen durch eine sich ständig vergrößernde Schere gekennzeichnet, so wächst heute diese Differenz zwischen Wohnanspruch und Wohnwirklichkeit beschleunigt. „In Großsiedlungen verschärfen sich die Probleme: [...] Die Wohnungsgesellschaften in den Großsiedlungen im Osten befürchten ernsthaft, daß die Sozialstruktur ihrer Quartiere »umkippen« könnte. Sollten die städtischen Gesellschaften den Abzug ihrer Mieter zulassen, hätten sie ihren Auftrag verfehlt." (Brüning 1993, 28)

Um eine solche Entwicklung zu verhindern, werden seit 1991 insbesondere durch politisch-adminstrative Institutionen wie Bundesbauministerium und Bundesforschungsanstalt für Landeskunde und Raumordnung Initiativen zur Konsolidierung der Großsiedlungen gesteuert und finanziert. Milliardenprogramme zur Plattenbausanierung wurden aufgelegt. Mit diesen Programmen ist eine Schwerpunktsetzung auf stadtplanerische und bauliche Verbesserungsmaßnahmen programmiert. Im Rahmen der Institutionalisierung des Forschungsfeldes 'Entwicklung großer Neubaugebiete' wurden seit 1992 z.B. elf Modellvorhaben mit verschiedenen inhaltlichen Zielsetzungen konzipiert und realisiert. Damit sollen „zukunftsweisende Wege aufgezeigt werden, wie eine langfristige städtebauliche und soziale Perspektive für die großen ostdeutschen Neubaugebiete durch deren qualitative Weiterentwicklung gesichert werden kann" (ExWoSt-Informationen 2, 1). Dieses Forschungsfeld stellt eine „Wiederaufnahme des Themas 'Städtebauliche Entwicklung großer Neubaugebiete' im experimentellen Wohnungs- und Städtebau (ExWoSt)" (ExWoSt-Informationen 1, 1) als städtebaupolitische Aufgabe des Bundes dar. Das westdeutsche Thema der Großsiedlungsnachbesserung war in den sechziger und siebziger Jahren entstanden, als massiver Wohnungsleerstand, hohe Fluktuation und soziale Erosion Handlungskonzepte erforderten. Dies waren Problemstellungen, die in den ostdeutschen Großsiedlungen 1991 noch nicht existierten und durch eine schnelle politisch-adminstrative Intervention vermieden werden sollten. Heute zeigt sich, daß die Chancen der Großsiedlungen nicht vor allem von städtebaulichen und baulichen Aspekten abhängig sind. Ausschlaggebende Faktoren sind nicht die einzelnen Wohnumfeldmaßnahmen, sondern in erster Linie die arbeitsmarktlichen und wirtschaftlichen Chancen der Region und der Stadt, in der das Neubaugebiet liegt. Der zweite Faktor ergibt sich aus der Stärke der Wohnortkonkurrenzen innerhalb einer Stadt: Ein Neubaugebiet wie Berlin-Marzahn wird aufgrund der äußerst angespannten Lage auf dem Berliner Wohnungsmarkt in absehbarer Zeit kaum mit Problemen wie Leerstand zu kämpfen haben. Auch im 'Großsiedlungsbericht' der Bundesregierung wird festgestellt, daß die „Verbesserung der relativen Marktchancen vor allem auf die Entwicklung der externen Wohnungsmarktbedingungen und weniger auf den Erfolg der bisherigen internen Wohnwertverbesserungen zurückzuführen ist" (S. 15).

Erste Differenzierungen der Wohnverhältnisse in den ostdeutschen Neubaugebieten deuten sich hinsichtlich der Eigentumsverhältnisse und der Wohnstrukturen an. Da zunehmend in den Großsiedlungen Menschen leben, die älter als 50 Jahre sind, wagt es angesichts der fehlenden Erwerbschancen fast niemand, sich zu verschulden. Zum Volumen der Nachfrage nach Wohneigentum in Ostdeutschland insgesamt liegen Informationen aus einer repräsentativen Befragung von 1992 vor. Demnach besteht die größte Nachfrage bei jüngeren und größeren Haushalten. Gewünscht werden aber vor allem Ein- und Zweifamilienhäuser, dagegen wäre nur jeder fünfte Haushalt an einer privatisierten Eigentumswohnung interessiert. Die Präferenzen entsprechen nicht der Struktur des Wohnungsbestandes in Ostdeutschland. Es zeigt sich, daß bürgerliche Häuser und Wohnungen leichter zu verkaufen sind. Wohnungen in den sozialistischen Plattenbauten dagegen, aus denen das größte Angebot kommt, werden nur geringe Absatzchancen zugebilligt (vgl. Chancen... 1992, 13 ff).

Ein weiterer Beitrag zur geringen Attraktivität der Großsiedlungen sind die Mieten, die das Wohnen zu einem vernünftigen Preis-Leistungs-Verhältnis auf Dauer sehr in Frage stellen. Aufgrund der degressiven Subventionierung von Mieten werden „Marktmieten für vergleichbare Wohnungen erreicht und häufig überschritten", wird im Großsiedlungsbericht der Bundesregierung eingestanden (Großsiedlungsbericht 1994, 15) Mieten also, die aufgrund der Lageungunst – randstädtische Standorte – vieler Großsiedlungen und des negativen Images des Wohnens in der 'Platte', nicht akzeptiert werden. Die Aussichten dafür, daß in den Großsiedlungen eine negative soziale Segregation verhindert werden kann, sind also nicht besonders günstig. Lediglich in den Regionen, die aufgrund ökonomischen Wachstums auch weiterhin Wohnungsknappheit haben werden, werden die Probleme gering bleiben.

Anmerkungen

1   Der üblicherweise in Westdeutschland mit dem Begriff der Großsiedlung verbundene Typus eines Wohngebietes wird wie folgt definiert: „– nach dem 2. Weltkrieg, vorwiegend in der zweiten Hälfte der 60er und 70er Jahre erbaut, – überwiegend aus Mietwohnungen des sozialen Wohnungsbaus bestehend, – in der Regel einheitlich nach einem Bebauungsplan mit Infrastruktur, Grün- und Verkehrsflächen gebaut, – relativ homogen im Charakter der Bebauung und damit eindeutig abgrenzbar gegenüber der Umgebung" (BMBau 1988: 7). In der Regel werden darunter Wohngebiete subsumiert, die mehr als 1000 Wohnungen haben.

2   Den Zahlenangaben liegen zwar unterschiedliche Definitionen des Begriffs 'Großsiedlung' zugrunde, sie verdeutlichen aber die Proportionen (vgl. auch Rietdorf et al. 1991: 9f).

3   „O tschirokom wnedrenii industrial´nych metodow, ulutschenii katschestwa i snitschenii stoimosti stroitelstwa" = Über die Einführung industrieller Methoden in großem Maßstab, die verbesserte Qualität und die gesenkten Baukosten.

4   Eine die Diskussion initialisierende und kanalisierende Wirkung hatte dabei insbesondere der 1974 erschienen Roman „Franziska Linkerhand" von Brigitte Reimann.

5   Für eine Moskauer Großsiedlung konnte festgestellt werden, daß die Sozialstruktur deutlich von den Gruppen der nicht-leitenden Angestellten und der Intelligenz dominiert wurde (vgl. Hannemann 1992, 108 f.).

6   Da inzwischen auch auf bundespolitischer Ebene erkannt wurde, daß die Privatisierungsbemühungen bisher nicht den gewünschten Erfolg brachten, wurden durch das Bundesbauministerium im Mai 1995 neue Maßnahmen zur Umsetzung des Altschuldenhilfegesetzes und der Privatisierungsverpflichtungen ergriffen: Als Privatisierungsform wird nun auch die Neugründung von Wohnungsbaugenossenschaften – als 'mieternahe Privatisierungsform' – anerkannt. Inwieweit diese Regelung den Trend „Ostwohnungsbestand in Westbesitz" ändert, bleibt abzuwarten; Erfahrungen dazu liegen noch nicht vor.

Literatur

BMBau 1988 – Bundesminister für Raumordnung und Städtebau: Städtebaulicher Bericht: Neubausiedlungen der 60er und 70er Jahre – Probleme und Lösungswege

BMBau 1991 – Bundesminister für Raumordnung und Städtebau: Vitalisierung von Großsiedlungen. Expertise. Informationsgrundlagen zum Forschungsthema Städtebauliche Entwicklung von Neubausiedlungen in den fünf neuen Bundesländern, Bonn

BMBau 1993 – Bundesministerium für Raumordnung, Bauwesen und Städtebau: WBS 70 – Wohnungsbauserie 70 – 6,3 t: Leitfaden für die Instandsetzung und Modernisierung von Wohngebäuden in der Plattenbauweise, Bonn

Brüning, Rolf 1993: Perspektiven der Großsiedlungen in Foyer (Magazin der Senatsverwaltung für Bau- und Wohnungswesen Berlin) Nr. IV, 3. Jg., S. 28

Chancen und Grenzen der Wohneigentumsbildung in den neuen Bundesländern, 1992, hrsg. vom Forschungsinstitut der Friedrich-Ebert-Stiftung Bonn (Reihe 'Wirtschaftspolitische Diskurse' Nr. 41)

Engelberger, Otto 1958/59: Einige Gedanken zum Einfluß der Industrialisierung auf den Städtebau und die Architektur, in: Wissenschaftliche Zeitschrift der Hochschule für Architektur und Bauwesen Weimar, VI. Jg, H. 3, S. 161 ff.

ExWoSt-Informationen 1 zum Forschungsfeld 'Entwicklung großer Neubaugebiete', Nr. 1, 1991 – Juli

ExWoSt-Informationen 2 zum Forschungsfeld 'Entwicklung großer Neubaugebiete', Nr. 2, 1992 – August

Chronik 1974: Chronik Bauwesen – Deutsche Demokratische Republik 1945–1971 hrsg. von der Bauakademie der DDR, Berlin: Bauinformation der DDR

Großsiedlungsbericht 1994 hrsg. vom Bundesministerium für Raumordnung, Bauwesen und Städtebau, Drucksache 12/8406, Bonn

Häußermann, Hartmut; Siebel, Walter 1993: Das Ende des goldenen Zeitalters im Sozialen Wohnungsbau, in: J. Brech (Hrsg.), Das Ende der Normalität im Wohnungs- und Städtebau?: Thematische Begegnungen mit Klaus Novy. Darmstadt: Verl. f. wiss. Publik., S. 9 ff.

Hannemann, Christine 1992: Nu mui guljajem…: Wohnen in Moskau-Teplyi Stan – eine soziale Skizze, in: H: Bodenschatz et al. (Hrsg.): Stadterneuerung in Moskau – Perspektiven für eine Großsiedlung der siebziger Jahre, Technische Universität Berlin, S. 103 ff.

Hannemann, Christine 1993: Wohnford als Weltphänomen, in: Foyer (Magazin der Senatsverwaltung für Bau- und Wohnungswesen Berlin), Nr. IV, 3. Jg., S. 12 ff.

Hannemann, Christine 1995: Die Platte. Industrialisierter Wohnungsbau in der DDR, Wiesbaden: Vieweg, im Erscheinen

Hoscislawski, Thomas 1991: Bauen zwischen Macht und Ohnmacht: Architektur und Städtebau in der DDR, Berlin: Verlag für Bauwesen

Junker, Wolfgang 1979: 10. Tagung des ZK der SED, Berlin: Dietz Verlag

Kunze, Ronald; Schmidt, Holger 1994: Die Revitalisierung von Halle-Neustadt als Beispiel für den Umgang mit der Substanz der Plattensiedlungen der DDR, in: Arbeitskreis Stadterneuerung und der TU Berlin (Hrsg.): Jahrbuch für Stadterneuerung 1994, Berlin; S: 205 ff.

Mies van de Rohe 1924: Industrielles Bauen, in: F. Neumeyer: Mies van der Rohe: Das kunstlose Wort – Gedanken zur Baukunst, Berlin: Siedler Verlag, S. 306 ff.

Mieterinformation der Wohnungsbaugesellschaft Marzahn: Wir in Marzahn, Nr. 1, Jan. 1995, Berlin

Rat der Stadt Halle (Hrsg.) 1961: 100 Jahre Halle, Beiträge zur 1000-Jahr-Feier, Halle

Rietdorf, Werner; Liebmann, Heike 1994: Großsiedlungen in Mittel- und Osteuropa. in: Institut für Regionalentwicklung und Strukturplanung Berlin (Hrsg.): Großsiedlungen in Mittel- und Osteuropa

Schmidt, Hans 1959: Industrialisierung und Städtebau, in: B. Flierl: Hans Schmidt – Beiträge zur Architektur, Berlin: VEB Verlag für Bauwesen, S. 158 ff.

Schwandt, Alfred 1976: Einflußfaktoren auf die Wohnzufriedenheit im städtischen Wohnmilieu, in: Stadt-Umland-Beziehungen II (Sitzungsberichte der Akademie der Wissenschaften der DDR 15 N), Berlin: Akademie-Verlag, S. 12 ff.

Silbermann, Alphons 1993: Das Wohnerlebnis in Ostdeutschland, Köln: Verlag Wissenschaft und Politik

Sozialistischer Wohnkomplex (Der): Richtlinien, Deutsche Bau-Enzyklopädie, Berlin, 1959

Steiger, Rolf 1966: Die sozialistische Lebensweise im städtischen Neubau-Wohngebiet und die Anforderungen an Architektur und Städtebau. Diss. A, Institut für Gesellschaftswissenschaften beim ZK der SED.

Topfstedt, Thomas 1988: Städtebau in der DDR: 1955 – 1971. Leipzig: E. A. Seemann Verlag

Wohnungsbausystem 70 – Übersichtskatalog 1971, hrsg. von der Deutschen Bauakademie zu Berlin, Institut für Wohnungs- und Gesellschaftsbau

Renate Borst

Volkswohnungsbestand in Spekulantenhand?
Zu den möglichen Folgen der Privatisierung von ehemals volkseigenen Wohnungen in den neuen Bundesländern

Die Privatisierung ehemals volkseigener bzw. staatlich verwalteter Wohnungen ist wesentlicher Bestandteil einer Politik, die eine marktwirtschaftliche Struktur der Wohnungsversorgung in den neuen Bundesländern verankern will. Die verschiedenen Privatisierungsaktivitäten sind einer Reihe von Maßnahmen zuzurechnen, die als entscheidende Bausteine für eine deregulierte, von Marktprozessen bestimmte Wohnungsversorgung gelten können: Dazu gehören die Neugliederung der DDR-Wohnungswirtschaft in marktwirtschaftliche Unternehmen, die Rückübertragung zahlreicher ostdeutscher Immobilien an die AlteigentümerInnen oder deren Erben, die schrittweise Einführung des westdeutschen Vergleichsmietensystems und das Auslaufen des Belegungsrechte-Gesetzes.

In den nächsten Jahren werden die Privatisierungsaktivitäten an Tempo zulegen: Rund 200.000 Wohnungen, die sich zu DDR-Zeiten im Eigentum volkseigner Betriebe, landwirtschaftlicher Produktionsgenossenschaften und anderer Organisationen befanden, werden bis Ende 1997 an private EigentümerInnen verkauft sein. Dieser Wohnungsbestand wurde mit den Betrieben von der Berliner Treuhandanstalt übernommen; er wird von der Treuhand-Liegenschaftsgesellschaft (TLG) verwaltet und vermarktet.

Quantitativ noch bedeutsamer sind die Veränderungen, die im Wohnungsbestand kommunaler und genossenschaftlicher Unternehmen stattfinden. Durch die Rückübertragung von voraussichtlich 560.000 Altbauwohnungen an Alteigentümerinnen und durch die Privatisierung von rund 380.000 Mietwohnungen im Rahmen des Altschuldenhilfe-Gesetzes wird der kommunale und genossenschaftliche Wohnungsbestand in den neuen Bundesländern in den nächsten zehn Jahren um ein Drittel, d. h. um rund 1 Million Wohnungen abnehmen.

Dieser Beitrag wird sich auf die Wohnungsprivatisierung im Rahmen des Altschuldenhilfe-Gesetzes konzentrieren. Zunächst werden die rechtlichen Grundlagen und der bisherige Verlauf der Privatisierungsprozesse in den neuen Ländern anhand verschiedener empirischer Studien und Haushaltsbefragungen problemorientiert dargestellt. Danach werden die voraussichtlichen Folgen der Wohnungsprivatisierung unter sozialen Gesichtspunkten skizziert, wobei ich mich auf drei Aspekte beschränke: 1. Wie werden sich die Privatisierungsaktivitäten auf die Wohnungsversorgung in den neuen Ländern auswirken? 2. Wie wird sich die Eigentümerstruktur im bisher kommunalen und genossenschaftlichen Wohnungsbestand verändern? 3. Welche stadträumlichen Auswirkungen sind zu erwarten?

1. Die sog. Altschulden der ostdeutschen Wohnungswirtschaft und das Altschuldenhilfe-Gesetz

Als zentrale Rahmenbedingung für die Privatisierung kommunaler und genossenschaftlicher Wohnungen ist das im Juni 1993 beschlossene Altschuldenhilfe-Gesetz zu nennen, das den Umgang mit den sog. Altschulden der Wohnungsunternehmen in den neuen Bundesländern regelt. Wie kam es zu diesen Altschulden?

In der DDR wurden Mietwohnungen zum größten Teil von bezirksgeleiteten Wohnungsbaukombinaten errichtet und von kommunalen Wohnungsverwaltungen und Arbeiterwohnungsgenossenschaften bewirtschaftet. Wie für alle anderen Waren und Leistungen des Grundbedarfs waren die Mietpreise auf niedrigem Niveau gesetzlich festgelegt (Wielgohs 1995). Von 1949 bis 1989 wurden von diesen Trägern rund 2,3 Millionen Mietwohnungen neu gebaut: rund ein Drittel des Gesamtwohnungsbestandes in der DDR Ende 1989 (GdW 1991). Ab 1960 wurde der Wohnungsneubau über langfristige Kredite der DDR-Staatsbank finanziert. Die Tilgung und die auf einem niedrigen Niveau festgeschriebene Verzinsung dieser Kredite wurde allerdings nicht von den MieterInnen, sondern von den (nicht selbstständigen) Kommunen und damit letzlich vom Staatshaushalt übernommen.

Mit dem Einigungsvertrag wurden die volkseigenen Wohnungen den Kommunen übereignet, mit der Maßgabe, diese in marktwirtschaftliche Organisationsformen zu überführen. Die kommunalen Wohnungsverwaltungen und Arbeiterwohnungsgenossenschaften wurden in 400 kommunale Wohnungsunternehmen und 800 Wohnungsgenossenschaften umgewandelt. Die Eröffnungsbilanzen dieser Wohnungsunternehmen wiesen jedoch mit dem Stichtag der Währungsunion im Juli 1990 hohe Verbindlichkeiten in Form sog. Altschulden auf, die sich auf insgesamt 36 Mrd. DM beliefen.

Im Zuge der Auflösung der DDR-Staatsbank und deren Übernahme durch die Deutsche Kreditbank und Berliner Bank waren den Spareinlagen der ostdeutschen Haushalte die Darlehensverträge der DDR-Kreditinstitute mit den Wohnungsbaukombinaten als Vermögenswerte gegenübergestellt worden. Die Wohnungsbaukredite, die zu DDR-Zeiten eher den Charakter von staatlichen Subventionen und damit von "Scheinverbindlichkeiten" hatten, wurden mit der Währungsunion und nach der Umstellung der DDR-Mark auf DM im Verhältnis 2 : 1 zu ganz "realen" Bankschulden, die von den neu gegründeten kommunalen und genossenschaftlichen Wohnungsunternehmen übernommen werden mußten. Jede Neubauwohnung war im Durchschnitt mit 15.000 DM belastet. Vor allem Wohnungen aus den letzten Baujahrgängen waren bis zu 135.000 DM verschuldet (Kunze 1993). Da im

Zuge des "Gesetzes über die Anpassung von Kreditverträgen an Marktbedingungen" für diese Altkredite ab Juli 1991 von der Deutschen Kreditbank Zinsen in Höhe von 10%, von der Berliner Bank gar von 10.7% erhoben wurden, waren die sog. Altschulden der ostdeutschen Wohnungsunternehmen bis Ende 1993 auf rund 51 Mrd. DM angestiegen.

Der Rechtscharakter der wohnungswirtschaftlichen Altschulden ist nach wie vor nicht geklärt. Ein Rechtsgutachten, das der Gesamtverband der Wohnungswirtschaft (GdW) in Auftrag gab, kam zu dem Ergebnis, daß die nach DDR-Recht geschlossenen Kreditverträge keine "materiell rechtlichen Darlehens – oder Kreditverträge waren", sondern allein "Mechanismen zur Umverteilung und Kontrolle des Geldkreislaufs im Rahmen der Planwirtschaft" (GdW Arbeitshilfen 2, 1993). Gutachten der Bundesregierung kamen zu einem anderen Ergebnis. Allen Beteiligten war jedoch schnell klar, daß die sog. Altschulden kaum aus den laufenden Mieteinnahmen zu tilgen waren: Mieterhöhungen von 3 bis 8 DM/qm wären die Folge gewesen. Hinzu kam, daß das Problem der Altschulden die Kredit – und Investitionsfähigkeit der Wohnungsunternehmen in entscheidender Weise hemmte. Zunächst wurde deshalb auf Veranlassung des Bundes zwischen den Gläubigern der ostdeutschen Wohnungswirtschaft und den 1200 kommunalen und genossenschaftlichen Wohnungsunternehmen bis Ende 1993 ein Zahlungsmoratorium für die Altschulden vereinbart. Am 23.6.93 wurde im Rahmen des "Solidarpakts Aufschwung Ost" das sog. Altschuldenhilfegesetz (AHG) als politischer Kompromiß zwischen Bund und Ländern verabschiedet (Artikel 39 des Gesetzes zur Umsetzung des Förderalen Konsolidierungsprogramms, BGBl. I 1993, S.944). Gleichzeitig wurde im Rahmen des "Förderalen Konsolidierungsprogramms" das Genossenschafts-Vermögensgesetz verabschiedet, das die Wohnungsgenossenschaften zu Eigentümern der ihrem Wohnungsbestand zugehörigen Grundstücke macht. Im Gegenzug müssen diese den Gemeinden einen Ausgleichsbetrag von ein bis drei DM pro qm Grundstücksfläche zahlen.

Im Kern sieht das AHG vor, die sog. Altschulden der kommunalen und genossenschaftlichen Wohnungsunternehmen auf 150 DM je qm Wohnfläche zu kappen. Alle darüberhinaus gehenden Altschulden in Höhe von rund 31 Mrd. DM werden vom Bund übernommen. Nach der Teilentlastung von Altschulden ist eine 60 qm große Wohnung durchschnittlich nur noch mit 9.000 DM belastet (BuMiBau 12/1993). Die Anträge auf "Teilentlastung durch Schuldübernahme" (§ 4 Abs.1) mußten von den einzelnen Wohnungsunternehmen bis zum 31.12.1993 bei der Kreditanstalt für Wiederaufbau eingereicht werden. Als Gegenleistung für die Teilentlastung von Altschulden müssen die Unternehmen die ihnen auferlegten Altschulden in voller Höhe (einschließlich der aufgelaufenen Zinsen) anerkennen (§ 2 Abs.1) und die Verpflichtung eingehen, innerhalb von 10 Jahren 15% des von ihnen bewirtschafteten Wohnungsbestandes mit mindestens 15% der Wohnfläche in qm an Dritte zu veräußern (§ 5 Abs.1). Beim Verkauf der Wohnungen sollen die Mieter bzw. Genossenschaftsmitglieder "zur Bildung individuellen Wohneigentums vorrangig" berücksichtigt werden (§5 Abs. 1). Ein gesetzliches Vorkaufsrecht wurde aber nicht verankert.

Den Erlös aus den Wohnungsverkäufen teilen sich Bund und Wohnungsunternehmen. Ein Teil des Veräußerungserlöses, der 150 DM pro qm Wohnfläche zuzüglich der im Zusammenhang mit der Veräußerung entstandenen Sanierungskosten übersteigt, ist an den vom Bund eingerichteten Erblastentilgungsfonds abzuführen. Je schneller die Unternehmen privatisieren, desto höher ist der Anteil am Verkaufserlös, der von ihnen einbehalten werden kann: von 80% 1994 und 70% 1995 sinkt er auf nur noch 10% in den letzten drei Jahren. Gelingt es einem Wohnungsunternehmen nicht, der Privatisierungsauflage fristgerecht nachzukommen, wird die Teilentlastung nicht gewährt, "es sei denn, das Wohnungsunternehmen hat dies nicht zu vertreten " (AHG §5 Abs. 3). Für die Zeit vom 1.1.1994 bis zum 30.6.1995 kann von den Wohnungsgesellschaften eine Zinshilfe beantragt werden, deren Kosten in Höhe von 7 Mrd. DM von Bund und Länder anteilig übernommen werden. Ab Mitte 1995 soll die Restschuld einschließlich der Zinsen von den Unternehmen aus den laufenden Mieteinnahmen getilgt werden. Bei einer marktüblichen Verzinsung von 8% und 1% Tilgung würde dies im Durchschnitt zu einer monatlichen Mieterhöhung von etwas über 1 DM pro qm Wohnfläche führen (GdW 1993).

Mit der Veräußerungspflicht für einen Teil des ehemals volkseigenen Wohnungsbestandes werden verschiedene Ziele verfolgt: erstens soll der Anteil des kommunalen und genossenschaftlichen Wohnungsbestandes erheblich reduziert und die Wohnungsunternehmen auf eine betriebswirtschaftlich sinnvolle Größe verkleinert werden; zweitens soll die Wohneigentumsquote in den neuen Ländern von derzeit nur 24% (in den alten Ländern: 41%) erhöht werden; drittens sollen durch die Mobilisierung privaten Kapitals von Investoren und Eigennutzern die öffentlichen Haushalte entlastet und Mittel für den hohen Erneuerungsbedarf des ostdeutschen Wohnungsbestandes gewonnen werden.

2. Wohnungsprivatisierung in der Praxis: Umfang, Verfahren und Hindernisse

Umfang: Bis zum 31. 12 1993 wurden von 60% der kommunalen und genossenschaftlichen Wohnungsunternehmen, die 86% des ehemals volkseigenen Wohnungsbestandes bewirtschaften, entsprechende Anträge auf Teilentlastung und Zinshilfe nach dem AHG gestellt. Ein weiteres Viertel der Unternehmen mit knapp 10% des kommunalen und genossenschaftlichen Wohnungsbestandes will nur die Zinshilfe in Anspruch nehmen (GdW Informationen 18, 1994). Auf Grund der Rückübertragungsansprüche für rund ein Viertel des kommunalen Wohnungsbestandes – 564.000 Wohnungen – ist der Umfang der zu privatisierenden Wohnungen nicht genau zu fassen: Die Wohnungsunternehmen, die die Teilentlastung in Anspruch nehmen, rechnen mit insgesamt 200.000 kommunalen Wohnungen und

130.000 genossenschaftlichen Wohnungen, die verkauft werden müssen. Darüberhinaus wird unabhängig von den Auflagen des AHG von einigen kommunalen Wohnungsunternehmen die Veräußerung von weiteren 47.000 Wohnungen geplant (ebd.). Geht man von insgesamt 380.000 privatisierten Wohnungen aus und bezieht man die Rückgabe restitutionsbehafteter Wohnungen an die AlteigentümerInnen mit ein, ist damit zu rechnen, daß sich bis zum Jahre 2003 der kommunale und genossenschaftliche Wohnungsbestand um fast eine Million Wohnungen, d.h. um rund ein Drittel, vermindert haben wird.

Die Veräußerungspflicht betrifft auch 75% der 800 genossenschaftlichen Wohnungsunternehmen, die für insgesamt 850.000 Genossenschaftswohnungen eine Teilentlastung von Altschulden beantragt haben. Die mit der Teilentlastung verbundene Privatisierungsauflage wird von den Genossenschaften und vom Verband der Wohnungswirtschaft heftig kritisiert. Sie vertreten die (durch Rechtsgutachten untermauerte) Meinung, daß genossenschaftliches Eigentum bereits eine Form des privaten Wohneigentums darstelle. Wer kaufe eine Wohnung, die ihm schon gehört? (Steinert 1994). Es stelle sich sogar die Frage, ob der mögliche Verkauf genossenschaftlicher Wohnungen an Ditte überhaupt rechtmäßig sei. Die Forderungen der Genossenschaften aufgreifend, schlagen Bündnis 90/Die Grünen in ihrem Gesetzentwurf zur Änderung des Altschuldenhilfe-Gesetzes (vom 18.1.1995) vor, die Genossenschaften von ihrer Pflicht zur Umwandlung von Wohnungen in Einzeleigentum zu befreien. Demgegenüber wollen die Fraktionen von CDU/CSU und F.D.P. die Wohnungsgenossenschaften "eigentumsorientiert ausgestalten". Die Genossenschaftsmitglieder sollen die Umwandlung in Einzeleigentum verlangen können und der private Eigentumsanteil soll jederzeit an Dritte verkaufbar sein (wib 6/95 – XII/13).

Privatisierungsträger: Als Privatisierungsträger traten bisher vor allem kommunale Wohnungsunternehmen, Wohnungsgenossenschaften und ostdeutsche Gemeinden, aber auch westdeutsche Immobilienfirmen auf. Da bis 1994 die Neuorganisation der ostdeutschen Wohnungswirtschaft durch die Bildung von Kapitalgesellschaften und Wohnungsgenossenschaften weitgehend abgeschlossen war, sind im Regelfall diese neu gegründeten Wohnungsunternehmen für den Verkauf von Wohnungen zuständig. Nur in einigen kleineren Gemeinden wird der Wohnungsbestand noch von kommunalen Eigenbetrieben verwaltet. Aus Gründen mangelnder Erfahrung und personeller Kapazität werden von den Wohnungsgesellschaften und Gemeinden in vielen Fällen externe Firmen mit der rechtlichen und organisatorischen Vorbereitung bzw. Durchführung von Privatisierungsvorhaben beauftragt. Bei den externen Privatisierungsträgern handelt es sich häufig um westdeutsche Firmen, die im Immobilien- und Baugeschäft tätig sind und die zum Teil auf umfangreiche Erfahrungen mit der Umwandlung von Miet- in Eigentumswohnungen zurückgreifen können. So wirkten in der Hälfte der vom Bund geförderten Modellvorhaben der Privatisierung westdeutsche Träger mit (BuMiBau 8/93).

Der Aufgabenbereich dieser externen Privatisierungsträger, der in der Regel von der Auswahl und Bestandsaufnahme der Objekte, über die Schaffung der Umwandlungsvoraussetzungen bis hin zur Beratung der MieterInnen und zum Abschluß von Kaufverträgen reicht, wird in sog. Geschäftsbesorgungsverträgen festgelegt. In manchen Fällen arbeiten diese Dienstleitungsunternehmen mit bestimmten Kreditinstituten zusammen, was sich bei der Finanzierungsberatung und Kreditvermittlung für kaufbereite MieterInnen in entsprechender Weise niederschlagen dürfte (Wochenpost vom 1.9.94).

Angebotsstruktur und Auswahl der Objekte: Nur bestimmte Teile des Wohnungsbestandes eines Unternehmens sind auch für den Verkauf an MieterInnen geeignet. Bei der Auswahl der Objekte sind Kriterien wie Alter, Einkommen und Kaufbereitschaft der Mieter-Haushalte, sowie räumliche und betriebswirtschaftliche Aspekte maßgeblich. Als Umwandlungsobjekte bieten sich vor allem niedriggeschossige Gebäude in günstiger Lage mit geringen baulichen Mängeln, mit PKW-Stellplätzen und guter infrastruktureller Ausstattung an. Hinzu kommt, daß die BewohnerInnen dieser potentiellen Umwandlungsobjekte über genügend Einkommen und Eigenkapital für den Eigentumserwerb verfügen sollten.

Von den insgesamt 2.3 Millionen Wohnungen, die in den neuen Bundesländern nach 1949 erstellt wurden, entstanden fast 70% der Wohnungen in Großtafelbauweise und 50% in meist randstädtischen Großsiedlungen mit mehr als 2.500 Wohneinheiten (Großsiedlungsbericht 1994). Dieser Wohnungsbestand ist für eine Privatisierung nur begrenzt geeignet (Bericht des Unterausschusses 1994). Besonders schwierig ist die Privatisierung von Plattenbauwohnungen in randstädtischen Großsiedlungen, die vor allem in Ballungsgebieten einen Großteil des kommunalen und genossenschaftlichen Wohnungsbestandes ausmachen So sollen z.B. in Ostberlin fast ausschließlich Plattenwohnungen zum Verkauf kommen. Ohne eine Grundsanierung des Gemeinschaftseigentums, die z.B. in Ostberlin Kosten von 40.000 DM bis 80.000 DM je Wohneinheit verursacht, sind diese Wohngebäude an Mieter-Haushalte kaum veräußerbar (Protokoll des Unterausschusses 1994). Nicht nur hochgeschossige Häuser und erneuerungsbedürftige Plattenbauten sind schwer zu privatisieren, auch Gebäude mit vielen kleinen oder sehr großen Wohnungen oder Altbauwohnungen, die durch Außentoiletten oder andere Faktoren die Kriterien der baulichen Abgeschlossenheit nicht erfüllen können, sowie Wohnhäuser mit erheblichen Lagenachteilen oder auch hohen Bodenwerten bzw. Grundstücksanteilen sind für eine Veräußerung an Mieter-Haushalte nicht geeignet. Andererseits ist ein Verkauf der in Zukunft ertragsstärksten Bestände, d.h. der Bestände mit guter Bausubstanz in guten Lagen, für die Unternehmen wenig lukrativ. So scheint sich insbesondere der Wohnungsbestand mittlerer Qualität, der überwiegend bei den Bauten aus den 20er und 50er Jahren zu finden ist, für die Umwandlung in Einzeleigentum zu eignen (Neu 1994). Bei den MieterInnen sind vor allem Ein- und Zweifamilienhäuser sehr begehrt; diese machen jedoch nur einen kleinen Teil des kommunalen und genossenschaftlichen Wohnungsbestandes aus.

Um Kosten zu sparen, werden Privatisierungsmaßnahmen im allgemeinen auf einzelne Wohnblöcke oder mehrere, einen Wohnhof bildende Gebäude beschränkt. Weitgehende Einigkeit besteht bei den Wohnungsunternehmen darin, daß bei Privatisierungsvorhaben vor der Umwandlung in Einzeleigentum zumindest die Instandsetzung des Gemeinschaftseigentums (Dach, Fassade, Fenster, Balkone, Decken, Keller, Eingangstüren, Treppenaufgänge, Steigeleitungen, Heizanlagen, Be- und Entwässerung) stehen müsse, die im allgemeinen vom Verkäufer durchgeführt wird (sog. Verkäufermodell; Bericht des Unterausschusses 1994). Bei vielen randstädtischen Plattenbausiedlungen wird auch die Verbesserung des Wohnumfelds (Parkplätze, Grünanlagen, Einkaufs- und Freizeitmöglichkeiten) für notwendig erachtet. Die Modernisierung der Wohnungen wird je nach Fall unterschiedlich gehandhabt oder sie unterbleibt aus Kostengründen ganz (BuMiBau 8/1993).

Wie bisherige Erfahrungen zeigen, ist es kaum möglich, alle Wohnungen in einem Privatisierungsobjekt innerhalb einer kurzen Frist komplett an MieterInnen zu verkaufen. Nur bei einem Verkauf an "Dritte" ist die vollständige Privatisierung eines Objektes in einem kurzen Zeitraum zu erreichen. Sollen in einem Gebäude die Mehrzahl der Wohnungen an BewohnerInnen veräußert werden, müssen im allgemeinen die nicht kaufwilligen Mieter-Haushalte umgesetzt werden. Die nicht verkauften Wohnungen verbleiben im Eigentum der Wohnungsunternehmen, wobei diese im Regelfall aus Gründen der Kapazitätsauslastung auch die Verwaltung der veräußerten Wohnungen im Auftrag der Eigentümergemeinschaften mit übernehmen (GdW 1994).

In der generellen Verpflichtung zur Privatisierung von 15% des jeweiligen Wohnungsbestandes für alle Wohnungsunternehmen, die die Altschuldenhilfe in Anspruch nehmen wollen, wird von der ostdeutschen Wohnungswirtschaft das Hauptproblem des Altschuldenhilfe-Gesetzes gesehen (Steinert 1994). Die Privatisierungsverpflichtung gilt unabhängig von der Rechtsform, spezifischen Struktur und Größe des Wohnungsbestandes der einzelnen Unternehmen und der unterschiedlichen sozialen Lage der betroffenen MieterInnen. Die Gesetzesinitiativen von SPD (6.12.94) und Bündnis 90/Die Grünen (18.1.95) zur Änderung des Altschuldenhilfe-Gesetzes, die vom Bauausschuß abgelehnt wurden, griffen die Kritik der Wohnungswirtschaft auf: Nach diesen Entwürfen sollten Wohnungsunternehmen, deren Bestand 400 Wohnungen nicht übersteigt, von der Privatisierungsverpflichtung befreit werden. Bei Wohnungsunternehmen, die "vorwiegend Wohnkomplexe in Plattenbauweise in Ballungsgebieten in ihrem Bestand haben, in strukturschwachen Gebieten angesiedelt sind oder für die Privatisierung nicht geeignete Mieterstrukturen besitzen", soll individuell geprüft werden, inwieweit eine Abweichung von der Privatisierungsverpflichtung möglich sei.

Kaufpreise: Für den Erfolg eines Privatisierungsvorhabens ist letztendlich der geforderte Kaufpreis ausschlaggebend. Wohnungsunternehmen sind prinzipiell an hohen Verkaufserlösen, d.h. an hohen Kaufpreisen interessiert. Auch ist es für sie betriebswirtschaftlich günstiger, sog. unwirtschaftlichen Besitz, d.h. Wohnungen mit hohem Instandsetzungsbedarf und "Streubesitz" loszuwerden. Soll der Verkauf von Wohnungen an die bisherigen NutzerInnen im Vordergrund stehen, müssen die Kaufpreise jedoch für die Mehrzahl der MieterInnen erschwinglich sein und die Wohnungen sich in einem passablen Zustand befinden. Auch Haushalte mit durchschnittlichen oder unterdurchschnittlichen Einkommen müßten dann als Käufer in Betracht kommen. Für die Ermittlung von Kaufpreisen sind die Bewertung der Gebäudesubstanz und des anteiligen Bodenpreises sowie die Sanierungskosten und der verbleibende Altschuldenanteil entscheidend. Für den Boden- oder Gebäudewert werden je nach Fall Wertabschläge festgesetzt. Auch die Einbeziehung der Altschulden in den Kaufpreis wird auf unterschiedliche Weise geregelt. Beim Verkauf von Wohnungen an MieterInnen wird im Regelfall berücksichtigt, daß der Verkehrswert vermieteter Wohnungen bis zu 30% unter dem Preis von bezugsfreien Eigentumswohnungen liegt. Zwar untersagt das Haushaltsrecht den Gemeinden, ihre Immobilien unter Wert abzugeben, und die Grundsätze einer ordnungsgemäßen Geschäftsführung verlangen von den Wohnungsunternehmen Verkäufe zum Verkehrswert, doch gibt es bei der Wertermittlung einen großen Gestaltungsspielraum. In den meisten Fällen werden Wertgutachten durch Sachverständige oder Gutachterausschüsse erstellt, wobei meist nach dem Ertragswert – oder Sachwertverfahren vorgegangen oder eine Mischform gewählt wird. Besonders niedrig waren die Preise, wenn Buchwerte aus der DM-Eröffnungsbilanz zugrundegelegt wurden (BuMiBau 8/1993). Zum Teil wurden aber auch die Grundstückspreise als überhöht kritisiert. Es wurde bemängelt, daß die "den Verkehrswert ermittelnden Gutachterausschüsse die Bodenwerte in Ostdeutschland häufig an die im Westen üblichen Bodenpreise und nicht an die ortsüblichen Gegebenheiten anlehnten" (Bericht des Unterausschusses 1994, S.20).

Bei den in den letzten Jahren durchgeführten Modellvorhaben der Privatisierung, die vom Bundesbauministerium gefördert wurden, wurden relativ günstige Kaufpreise von durchschnittlich 1.500DM/qm veranschlagt. Auch bei diesen Preisen waren jedoch 20 bis 30% der bisherigen MieterInnen aus finanziellen Gründen nicht in der Lage, ihre Wohnung zu erwerben (BuMiBau 8/1993). Inzwischen sind die geforderten Kaufpreise gestiegen. Vor allem in den Großstädten werden für den qm Wohnfläche Preise zwischen 2.000DM bis 2.500DM verlangt (Pflaumer/ Walcha 1994). In Ostberlin z.B. liegen die Preisvorstellungen der Wohnungsunternehmen im Durchschnitt bei rund 2.500DM je qm Wohnfläche. Diese Preise liegen zwar an der unteren Grenze dessen, was derzeit auf dem Berliner Wohnungsmarkt für vermietete Eigentumswohnungen gefordert wird. Für einen Ostberliner Mieter-Haushalt mit einem Nettoeinkommen von durchschnittlich 2.800DM monatlich (IfS 1994) und einer Eigenkapitalausstattung von unter 20%, sind diese Preise jedoch unerschwinglich. Selbst bei einem Eigenkapital von 20% des Kaufpreises würde die Wohnkostenbelastung eines solchen Haushalts beim Kauf einer 60 qm großen Wohnung zu den marktüblichen Konditionen (Kredit von 120.000DM zu 9% Zins /Tilgung, Nebenkosten 250DM, Nutzung der Steuervorteile nach § 10e EStG) in jedem Fall mehr als ein Drittel des Einkommens betragen. Im Vergleich zur jetzigen Miete würde sich die Belastung durch Wohnkosten bei einem Kauf verdoppeln.

Der hohe Erneuerungsbedarf des Wohnungsbestandes erfordert meist umfassende Sanierungsmaßnahmen vor dem Verkauf. Deshalb sind für die Ermittlung von Kaufpreisen neben der Bewertung der Gebäudesubstanz und des Bodenpreises vor allem die Sanierungskosten wichtig. Die durchschnittlichen Sanierungskosten einer kommunalen oder genossenschaftlichen Wohnung mit 60 qm Wohnfläche lagen im Jahre 1993 bei 80.000 DM bzw. bei 1.400 DM je qm (GdW Informationen 18, 1994). Bei den in den letzten Jahren durchgeführten Modellvorhaben lagen die Instandsetzungs – und Modernisierungskosten pro qm Wohnfläche bei durchschnittlich 1.000 DM, die Kaufpreise bei 1.500 DM. Bei diesen relativ günstigen Preisen fielen die Verkaufserlöse der Wohnungsunternehmen entsprechend niedrig aus. Nach einer Berechnung von Dübler und Pfeiffer (1992) könnten mit durchschnittlichen Verkaufserlösen von 500 DM je qm verkaufter Wohnfläche gerade einmal 5 % der für die Erneuerung des kommunalen und genossenschaftlichen Wohnungsbestandes (einschließlich der Ersatzneubauten für ein Drittel der Altbauwohnungen) erforderlichen Mittel aufgebracht werden. Auch ist es fraglich, ob unter diesen Bedingungen die vorauskalkulierten Erlöse in Höhe von ein bis zwei Mrd. DM für den Erblastentilgungsfonds zustande kommen.

Wer kommt als KäuferIn in Frage? Ältere Menschen, sowie Haushalte mit unterdurchschnittlichen Einkommen oder unsicherer Erwerbssituation kommen für einen Eigentumserwerb in der Regel nicht in Frage. Jedoch könnte vor allem für jüngere Haushalte in gesicherter Erwerbssituation mit etwas überdurchschnittlichen Einkommen und genügend Eigenkapital der Kauf von kommunalen und genossenschaftlichen Wohnungen attraktiv sein. Gut verdienende Haushalte wird es längerfristig eher ins Eigenheim oder in größere Wohnungen mit besserer Ausstattung und Lage ziehen. Diese Einschätzung wird von Haushaltsbefragungen gestützt, die vor allem in Großsiedlungen, aber auch in anderen Wohngebieten einen Anteil von bis zu 30 % umzugswilliger Haushalte ermittelten (IfS 1993; Großsiedlungsbericht 1994; InWIS 1994; Die Wohnungswirtschaft 1/1994; Mieterbefragung der Wohnungsbaugesellschaft Berlin-Marzahn 1994). Bei den Umzugswilligen handelte es sich vor allem um BezieherInnen höherer Einkommen, jüngere Haushalte und junge Familien in zu kleinen Wohnungen.

Neben dem Alter, der Höhe des Haushalts-Einkommens und der Erwerbssicherheit ist die Eigenkapitalausstattung für den Eigentumserwerb relevant. Im Vergleich zu westdeutschen Verhältnissen, verfügen die Haushalte im Osten Deutschlands jedoch im Durchschnitt nicht nur über niedrigere Einkommen – im Jahre 1994 lagen diese um 30 % unter dem Durchschnitt der alten Länder –, sondern auch über weniger Vermögen. Nach Angaben der Bundesbank lag das durchschnittliche Geldvermögen der ostdeutschen Haushalte Ende 1994 bei 40.000 DM gegenüber 137.000 DM bei den westdeutschen Haushalten. Einer Mieterbefragung zufolge kann deshalb nur eine Minderheit der ostdeutschen Haushalte Eigenkapital in der für den Eigentumserwerb erforderlichen Höhe mobilisieren: Bei einem angenommenen Kaufpreis von 120.000 DM für eine 60 qm große Wohnung, könnten nur 30% der MieterInnen ein Eigenkapital von mindestens 24.000 DM aufbringen (InWIS 1994). Um die meist unzureichende Eigenkapitalausstattung der Mieter-Haushalte zu verbessern, wurden in den Jahren 1991 bis 1994 im Rahmen des "Gemeinschaftswerks Aufschwung Ost" von der Bundesregierung sog. Erwerbszuschüsse bereitgestellt. Die Zuschüsse für den Erwerb kommunaler Wohnungen beliefen sich auf maximal 7.000 DM zuzüglich 1.000 DM für jedes weitere Haushaltsmitglied. Zu den direkten Finanzhilfen für WohnungseigentümerInnen mit niedrigen Einkommen zählt ferner der Lastenzuschuß nach dem Wohngeldsondergesetz. Bei der staatlichen Förderung von selbstgenutztem Wohneigentum nehmen jedoch die steuerlichen Vergünstigungen nach § 10e des Einkommensteuergesetzes einen weitaus größeren Raum ein. Diese indirekten Finanzhilfen helfen jedoch nur den höheren Einkommensgruppen über die Schwelle.

Ein weiterer hemmender Faktor bei der Privatisierung von Mietwohnungen ergibt sich aus der Verunsicherung vieler Haushalte durch die Arbeitsmarktlage in den neuen Ländern. Ein Großteil der Mieter und Mieterinnen schreckt deshalb davor zurück, sich langfristig zu verschulden (InWIS 1994). Daß diese Ängste nicht unbegründet sind, zeigen die zahlreichen Zwangsversteigerungsfälle in den alten Bundesländern Anfang der 80er Jahre. Bei hochverschuldeten Wohneigentümer-Haushalten mit durchschnittlichen oder gar unterdurchschnittlichen Einkommen können Einkommensverluste durch Arbeitslosigkeit, Unterbeschäftigung oder Scheidung schnell zur Zahlungsunfähigkeit und damit zu Zwangsversteigerungen führen. Ein längerfristiges Problem kann dadurch entstehen, daß bei knappem Haushaltsbudget die Instandhaltung des Wohneigentums vernachlässigt wird. Müssen gar Teile des Gemeinschaftseigentums nachträglich instandgesetzt werden, sind harte Konflikte in der Hausgemeinschaft vorprogrammiert.

Kaufbereitschaft: Bisher durchgeführte Mieterbefragungen in den neuen Ländern ergaben eine relativ geringe Kaufbereitschaft. Lange Zeit ging das Bundesbauministerium davon aus, daß bis zu 20% der MieterInnen ihre Wohnung kaufen wollen. Bei verschiedenen Umfragen in den Jahren 1993 und 1994 lag dieser Prozentsatz jedoch nur bei 5 bis 8% (Behring 1993; InWIS 1994; Kunze 1994). Als praktisches Problem kommt hinzu, daß sich kaufbereite Mieter und Mieterinnen nicht unbedingt dort konzentrieren, wo auch Wohnungen veräußert werden sollen. Häufig sind den MieterInnen zu Beginn einer Privatisierungsmaßnahme die mit dem Eigentumserwerb zusammenhängenden Schwierigkeiten nicht klar. Ohne genaue Aufklärung der Mieter-Haushalte, die die Angabe von Kaufpreisen mit einschließt, sind Umfragen zur Kaufbereitschaft – wie sich jetzt zeigt – nicht aussagekräftig. Nach Erhalt detaillierter Informationen sinkt die zunächst festgestellte Kaufbereitschaft der Mieter-Haushalte oft schlagartig. So nahm bei einer Umfrage unter Ostberliner Genossenschaftsmitgliedern nach detaillierter Aufklärung über

Preis und Modalitäten des Eigentumserwerbs die Kaufbereitschaft von 17% auf 6% ab (TS 30.11.94).

Unter der Bedingung, daß der Kaufpreis angemessen und die finanzielle Belastung tragbar erscheint und die Finanzierung risikolos erfolgen kann, sind jedoch Umfragen zufolge bis zu einem Drittel der Mieter und Mieterinnen am Erwerb ihrer Wohnung interessiert. Diese Gruppe würde auch für den Erwerb der eigenen Wohnung eine Wohnkostenbelastung von durchschnittlich 25% des Haushalts-Nettoeinkommens in Kauf nehmen (InWIS 1994). Durch den Wohnungskauf verursachte finanzielle Belastungen, die deutlich über der durchschnittlichen Mietbelastung von derzeit 20% liegen, werden jedoch in der Regel nicht akzeptiert (BuMiBau 8/1993; EMNID 1994). Die Gründe dafür, daß die Mehrheit der Mieter und Mieterinnen den Kauf der eigenen Wohnung ablehnt, sind vor allem im Verschuldungsrisiko, in einem zu hohen Kaufpreis und in den zu hohen laufenden Belastungen durch den Eigentumserwerb zu suchen (InWIS 1994). Die Wohnungswirtschaft macht jedoch für diese ablehnende Haltung weniger die begrenzte Zahlungsfähigkeit und die durch die Arbeitsmarktlage bedingte Verunsicherung vieler MieterInnen verantwortlich als vielmehr das ihrer Ansicht nach fehlende "Wertbewußtsein" der ostdeutschen Haushalte. Erst wenn sich der Gedanke verbreite, daß "mit der Bildung von Wohneigentum auch in eine werthaltige und im Wert steigende Anlage investiert wird", sei zu erwarten, daß auch "Belastungen deutlich über den Mieten akzeptiert würden" (BuMiBau 8/1993, S. 89). Fragen wir also danach, wie die Wertsteigerungen eingeschätzt werden.

Wertsteigerungspotentiale: Angesichts bescheidener Wohnstandards und geringer Lagequalitäten wird das Wertsteigerungspotential der bisher privatisierten Wohnungen eher niedrig eingeschätzt. Die zum Verkauf stehenden Wohnungen waren im Durchschnitt nur 60 qm groß. Zum Teil blieben in den Wohnungen auch nach der Instandsetzung des Gemeinschaftseigentums erhebliche Mängel wie unzureichender Wärme – oder Schallschutz, kleine, oft innenliegende Küchen und Bäder oder gar Ofenheizungen bestehen (BuMiBau 8/1993). Vor allem bei den nicht sanierten Bauteilen des Gemeinschaftseigentums besteht ein hohes Instandsetzungsrisiko für die Zukunft. Auch die Lage der in den Städten verkauften Wohnungen läßt keine allzu großen Wertsteigerungen erwarten. Da es sich bei den Privatisierungsvorhaben um eher randstädtische Wohnsiedlungen handelte, waren nach Maklerkriterien „bessere" Lagen kaum vertreten. Auf Grund der Angebotsstruktur wird sich dies in Zukunft kaum ändern, sodaß zumindest außerhalb der Großstädte kaum Chancen auf Wertsteigerungen bestehen. Nach Einschätzung des Finanzdienstleistungs-Informationszentrum – einer Einrichtung der Kreditinstitute – müssen deshalb Kapitalanleger und Selbstnutzer in Hinblick auf eine "rentierliche" Immobilienanlage vor dem Erwerb von Gebrauchtwohnungen aus dem ostdeutschen kommunalen Bestand sogar gewarnt werden: Mit Ausnahme der Berliner Region (incl. Potsdam) und einigen "guten" Lagen in den Großstädten der neuen Länder (vor allem in Dresden und Leipzig) sei bei der Mehrzahl der bisher angebotenen Privatisierungsobjekte die zentrale Bedingung für eine rentierliche Anlage in Immobilien – nämlich die Wertsteigerung des Objekts – nicht gegeben. Besonders Mietern in Plattenbauten wird „nur in Ausnahmefällen" zum Kauf geraten. Neben baulichen Mängeln stelle die künftige Wertentwicklung der Gebäude das Hauptproblem dar. Die "Verwestlichung" des Nachfrageverhaltens, mit der bei einer Anpassung der Kaufkraft im Osten an westdeutsche Verhältnisse gerechnet werden kann, führe zu einer Entwertung der Plattenbauten und zu einer Aufwertung von anderen Wohnformen wie von Neubau-Eigentumswohnungen, Eigenheimen und modernisierten Altbauwohnungen (Tagesspiegel vom 31.10.1993, Wochenpost vom 1.9.1994). Aus diesen Gründen scheinen sich vor allem Großbanken bei der Kreditvergabe an Haushalte für den Kauf von Plattenwohnungen zurückzuhalten. So wurde z.B. in Halle-Neustadt von den Großbanken für den blockweisen Verkauf von Plattenwohnungen ein Beleihungsgrenzwert von nur rund 50% des Verkaufspreises genannt (Kunze 1994) – üblich sind 80%. Dieses Vorgehen erinnert an das in Großbritannien und in den USA von den Kreditinstituten praktizierte "redlining", bei dem in Stadtgebieten mit ungünstigen Entwicklungsaussichten keine oder nur geringe Kredite für den Erwerb von Wohneigentum vergeben werden.

Kaufmotive: Tatsächlich spielten bisher beim Kauf kommunaler und genossenschaftlicher Wohnungen durch Mieter-Haushalte Motive der Vermögensbildung nur eine geringe Rolle. Als Kaufmotiv war vor allem die Angst der MieterInnen vor unkalkulierbaren Mietsteigerungen oder dem Verlust der Wohnung ausschlaggebend. (BuMiBau 8/1993; Behring 1993; EMNID 1994; InWIS 1994). Erst in zweiter Linie spielten auch die Absicherung früherer Investitionen in die Wohnung und die erweiterten Verfügungsrechte der EigentümerInnen im Vergleich zu MieterInnen eine Rolle. Die Ängste vieler MieterInnen werden durch den Mangel an bezahlbarem Wohnraum in den größeren Städten der neuen Ländern verstärkt. Preiswerte Mietwohnungen sind Mangelware, Eigenheime oder neu gebaute Eigentumswohnungen sind bei Preisen von 3.000 bis 5.000 DM pro qm in den ostdeutschen Großstädten nur für eine Minderheit der BewohnerInnen bezahlbar.

Informationsmangel und Verunsicherung der MieterInnen: Umfragen zufolge fühlen sich die MieterInnen bei bisherigen Privatisierungsvorhaben schlecht informiert (InWIS 1994). Darüberhinaus wurde bei den Betroffenen eine fundamentale Unsicherheit in allen mit dem Wohneigentum zusammenhängenden Fragen festgestellt (BuMiBau 8/1993). Die Unsicherheit ergibt sich auch dadurch, daß die Rechtsform des Einzeleigentums an Wohnungen in der DDR nicht bekannt war. Da diese in den Details äußerst kompliziert ist, werden die potentiellen KäuferInnen mit einem Regelwerk konfrontiert, das für sie unduchschaubar ist. Die Kaufverträge bei Eigentumswohnungen in den neuen Ländern, die meist eine Fülle von Absicherungsklauseln enthalten (Grundbuch, Vermögenszuordnung, Sanierung nach Kaufvertrag etc.), sind oft komplizierter als die im Westen. Ferner sind – im Unterschied zum Hauseigentum – die mit dem Wohnungseigentum verbundenen

Abhängigkeiten von Miteigentümern, von der Eigentümergemeinschaft und vom Verwalter nicht einfach zu überschauen. In der Regel kommt es bei Privatisierungsmaßnahmen über längere Zeit zu einer aus MieterInnen und Wohneigentümern gemischten Hausgemeinschaft, die neue, bisher unbekannte Konfliktfelder entstehen läßt. Bei vielen Privatisierungsobjekten werden die neuen Besitzer für längere Zeit nur auf dem Papier Verfügungsberechtigte sein. Da sich im Regelfall nur ein Teil der Wohnungen an die derzeitigen MieterInnen verkaufen läßt und die nicht verkauften Wohneinheiten meist beim Verkäufer als Eigentümer verbleiben, können die Verkäufer – kommunale und genossenschaftliche Wohnungsunternehmen, zum Teil auch westdeutsche Immobilienfirmen als sog. Zwischenerwerber – über längere Zeit die Eigentümerversammlung dominieren. In den meisten Fällen bleibt die Verwaltung der Wohnungen beim Verkäufer.

Hoher Arbeits- und Zeitaufwand: Die bisherigen Erfahrungen mit der Privatisierung zeigen, daß die Bildung von Einzeleigentum nach dem Wohn-Eigentumsgesetz und der Verkauf an MieterInnen wesentlich mehr Zeit benötigt, als der Verkauf an Dritte. Der Zeitaufwand, der erforderlich ist, um die Voraussetzungen für die Privatisierung von Wohnungen zu schaffen, wurde allgemein unterschätzt. Im Unterschied zu den alten Bundesländern sind im Osten Deutschlands die Eigentumsverhältnisse an Grund und Boden vielfach nicht geklärt. Kommunale Wohnungsunternehmen und -genossenschaften können erst über die von ihnen bewirtschafteten Grundstücke verfügen, wenn sie als Rechtsträger ins Grundbuch eingetragen sind. Die zuständige Oberfinanzdirektion muß dafür einen sog. Zuordnungsbescheid ausstellen. Bis Mitte 1994 stand dies bei über 40% der kommunalen und genossenschaftlichen Wohnungen noch aus (GdW Informationen 18, 1994). Da zu DDR-Zeiten Hunderte von Wohnblocks erstellt wurden ohne auf Flurstücksgrenzen zu achten, müssen große Grundstücke vor der Zuordnung häufig erst noch vermessen und aufgeteilt werden. Auch mit der Zuordnung von Grundstücken sind mögliche Ansprüche früherer EigentümerInnen, die entschädigt werden müssen, noch nicht ausgeschlossen. Bis zur endgültigen Klärung der Eigentumsfragen können auf diese Weise Jahre vergehen. In nicht wenigen Fällen haben Wohnungsunternehmen Gebäude verkauft, die ihnen rechtlich noch gar nicht gehörten (BuMiBau 8/1993).

Ist die grundstücksrechtliche Situation für den Verkäufer geklärt, müssen zur Bildung von Einzeleigentum an Wohnungen die Gebäude nach dem Wohnungs-Eigentumsgesetz aufgeteilt werden. Es muß ein Aufteilungsplan erstellt werden, in dem die einzelnen Wohnungen als Sondereigentum und die sich in gemeinschaftlichen Eigentum befindenden Gebäudeteile ausgewiesen sind. Auch dafür sind in der Regel wiederum Vermessungsarbeiten an den Grundstücken und Gebäuden notwendig. So muß z.B. im sog. Aufteilungsplan für jede abgeschlossene Wohnung auch ein PKW-Stellplatz nachgewiesen werden, was bei kleineren Grundstücken zu Problemen führt. Da Eigentumswohnungen baulich in sich abgeschlossen sein müssen, muß beim zuständigen Amt die sog. Abgeschlossenheitsbescheinigung beantragt werden. Die Einzelheiten der Nutzung des Wohneigentums werden im Kaufvertrag und in der sog. Teilungserklärung geregelt. Für jede Wohnung wird beim Grundbuchamt ein eigenes Blatt angelegt.

Diese Verwaltungsvorgänge nehmen viel Zeit in Anspruch, wobei die personellen Engpässe in den Kataster- und Grundbuchämtern und bei den Vermessungsingenieuren in den neuen Ländern erhebliche Verzögerungen zur Folge haben. Eintragungen in das Grundbuch können mehrere Jahre dauern. Neben der rechtlichen Vorbereitung der Umwandlung von Miet- in Eigentumswohnungen, die in Westdeutschland (bei nicht strittigen Eigentumsverhältnissen) üblicherweise einen Zeitraum von zwei bis drei Jahren in Anspruch nimmt, erfordert vor allem die Information und Beratung der MieterInnen einen hohen Arbeits- und Zeitaufwand (Bericht des Unterausschusses 1994). Ein weiteres Hindernis für den vorrangigen Verkauf an Mieter-Haushalte ist darin zu sehen, daß das Altschuldenhilfe-Gesetz den *schnellen* Verkauf von Wohnungen begünstigt, um den hohen Kapitalbedarf der Wohnungsunternehmen für Erneuerungsmaßnahmen zu befriedigen. Dieser Zeitdruck führt auch dazu, daß vorhandene Mittel auf Privatisierungsobjekte konzentriert werden, während die Erneuerung der verbleibenden Mietwohnungsbestände zurückgestellt wird. So sollen z. B. in Ostberlin die Mittel das Plattensanierungsprogramms in den nächsten Jahren schwerpunktmäßig in den Bestand fließen, der für die Mieterprivatisierung vorgesehen ist (Protokoll des Unterausschusses 1994).

Die Gesetzesiniativen von SPD und Bündnis90/Die Grünen, die deshalb eine Änderung des Altschuldenhilfe-Gesetzes in Richtung auf eine lineare Abfuhr der Verkaufserlöse an den Erblastentilgungsfonds in Höhe von 30% vorsahen, wurden jedoch im Bauausschuß des Bundestages abgelehnt.

3. Die möglichen Folgen der Wohnungsprivatisierung

Auswirkungen auf die Wohnungsversorgung: Bisher gab es in den neuen Bundesländern knapp 3,2 Millionen Wohnungen, die der Mietpreisbindung und dem Belegungsrechte-Gesetz vom 27.7.1990 unterlagen. Ab Mitte 1995 wird auch in den neuen Bundesländern mit einer Übergangsfrist von zweieinhalb Jahren das in Westdeutschland geltende Vergleichsmietensystem eingeführt. Im Übergangszeitraum können die Grundmieten maximal um 20% steigen. Bei Neuvermietungen soll die Miete um maximal 15% steigen können. Außerdem soll die bisher geltende Kappungsgrenze für Heizkosten von 2,50 DM pro qm entfallen (Entwurf eines Mietenüberleitungsgesetzes, Bundestags-Drucksache 13/783). Ab 1998 sollen dann die Regelungen der ortsüblichen Vergleichsmiete gelten; d.h. je nach dem wie sich der Neubau und die Modernisierungstätigkeit sowie die Umzugshäufigkeit in einer Region entwickeln, wird sich das Mietpreisniveau schrittweise – oder in Wachstumsregionen auch sprunghaft – erhöhen. Neben der bisherigen Mietpreisbindung läuft auch das Belegungsrechte-Gesetz, das seit 1990 die Vergabe von Wohnungen (in Fortsetzung der Wohnungsvergabe-Praxis zu DDR-Zeiten) nach Haushaltsgröße regelt, Ende 1995 aus. Im Rahmen des Altschuldenhilfe-Gesetzes (§ 12) können die Länder ab 1995 für bis zu 50 % des kommunalen und genossenschaftlichen Wohnungsbestandes, für den Altschuldenhilfe in Anspruch genommen wurde, Vorschriften über Belegungsbindungen erlassen. Diese sollen höchstens 18 Jahre gelten. Dabei können die Haushalte die für den sozialen Wohnungsbau geltenden Einkommensgrenzen um bis zu 60 % überschreiten. Gleichzeitig können für diese Wohnungen auch kommunale Belegungsrechte vereinbart werden.

Entsprechend den Erfahrungen in den alten Bundesländern hielt noch 1992 der Gesamtverband der Wohnungswirtschaft zur Sicherung der Wohnungsversorgung in den neuen Ländern kommunale Belegungsbindungen für 20 bis 30 % des Gesamtwohnungsbestandes für erforderlich. "Wird die Privatisierung über das Maß hinaus betrieben, das für die Aufrechterhaltung des kommunalen Wohnungsversorgungsauftrages nötig ist, so bedarf es über kurz oder lang zusätzlicher Milliarden-Programme um neue, teurere Sozialwohnungen nachzubauen" (GdW 1992). Durch die Rückgabe von voraussichtlich 560.000 restitutionsbehafteten Wohnungen und durch die Privatisierung von 380.000 kommunalen und genossenschaftlichen Wohnungen wird der Wohnungsbestand kommunaler und genossenschaftlicher Unternehmen in den nächsten zehn Jahren von 3,2 Millionen (1993) auf 2,2 Millionen Wohnungen abnehmen, d.h. der Anteil kommunaler und genossenschaftlicher Wohnungen am Gesamtwohnungsbestand in Ostdeutschland von 6,8 Millionen wird von 47 % auf 32 % fallen. In den Großstädten wird der kommunale Wohnungsbestand sehr viel stärker schrumpfen, da dort 40 bis 50 % des kommunalen Wohnungsbestandes, vor allem Altbauten, von Rückübertragungsansprüchen betroffen sind. Da für 95 % der Wohnungen kommunaler und genossenschaftlicher Unternehmen eine Teilentlastung von Altschulden und/oder Zinshilfe beantragt wurde, könnten längerfristig rund 1 Million Wohnungen, d.h. 15 % des Gesamtwohnungsbestandes in den neuen Ländern, mit Belegungsbindungen versehen werden. Vermutlich wird dieser Anteil aber kleiner ausfallen, da nicht alle Länder die mögliche Quote von 50 % ausschöpfen werden.

In den alten Bundesländern beträgt der Anteil des belegungsgebundenen Wohnungsbestandes am Gesamtbestand zur Zeit 12 % – allerdings mit dem entscheidenden Unterschied, daß für den belegungsgebundenen Wohnungsbestand in Westdeutschland im Rahmen des sozialen Wohnungsbaus mietpreisregelnde Bindungen bestehen. Trotz der im Vergleich zu den alten Ländern immer noch schlechteren Einkommenssituation der ostdeutschen Haushalte – so lag z.B. 1994 die Hälfte aller Mieter-Haushalte in den neuen Ländern mit ihrem Einkommen unterhalb der Einkommensgrenzen für den sozialen Wohnungsbau (Bündnis90/Die Grünen 1995) – ist für den nach Altschuldenhilfe-Gesetz belegungsgebundenen Wohnungsbestand in den neuen Ländern eine vergleichbare Mietpreisbindung nicht vorgesehen.

Die Reduzierung des kommunalen und genossenschaftlichen Wohnungsbestandes entspricht den ordnungspolitischen Zielvorgaben der Wohnungspolitik des Bundes für die neuen Länder. Der Spielraum der Kommunen bei der Erfüllung ihrer Aufgaben im Bereich der Wohnungsversorgung wird dabei deutlich enger. In der wohnungspolitischen Diskussion wird immer wieder darauf hingewiesen, daß der rapide abnehmende Bestand an Sozialwohnungen in den alten Ländern und der noch kleinere Bestand, für den im Westen kommunale Belegungsrechte bestehen – für nur 4% des Gesamtwohnungsbestandes – längst nicht ausreichen, um die Wohnungsnot in den westdeutschen Großstädten wirksam bekämpfen zu können. Im Osten Deutschlands wird durch die schrittweise Einführung des Vergleichsmietensystem dem preisgebundenen Mietwohnungsbestand der Boden entzogen und durch die verschiedenen Privatisierungsaktivitäten der belegungsgebundene Wohnungsbestand erheblich schrumpfen, im Westen Deutschlands ist der Ausstieg aus dem traditionellen sozialen Wohnungsbau längst vorprogrammiert. Es ist deshalb nicht verwunderlich, daß die Veräußerung kommunaler und genossenschaftlicher Wohnungen in Ostdeutschland im Westen eifrige Nachahmer findet. So wollen z.B. die landeseigenen Wohnungsunternehmen in Westberlin in den nächsten Jahren rund 30.000 Wohnungen verkaufen. Damit sollen Mittel für den Neubau von Wohnungen (überwiegend im sog. 2. Förderungsweg) und zur Zahlung der vom Land Berlin geforderten Dividende gewonnen werden. Unter bestimmten Bedingungen wolle "man auch den Einstieg professioneller Wohnungsunternehmen akzeptieren" (so Bausenator Nagel; vgl.. Tagesspiegel vom 23.8.1994).

Verkauf an Dritte: Eines der Hauptziele der Privatisierung von ehedem „volkseigenen" Wohnungen in den neuen Bundesländern ist die Erhöhung der Eigentumsquote, also die Vermögensbildung durch private Haushalte. Wie bereits dargestellt wurde, gibt es mehrere Faktoren, die den beabsichtigten Verkauf kommunaler und genossenschaftlicher Wohnungen in den neuen Ländern an die derzeitigen Mieter und Mieterinnen im vorgesehenen Umfang und Zeitrahmen erschweren: Zum einen ist hier die soziale Situation der Mieter-Haushalte zu nennen, die von der Nachfrageseite her Grenzen setzt. Für den Eigentumserwerb kommen vor allem jüngere Haushalte in gesicherter Erwerbssituation, mit höheren Einkommen und genügend Eigenkapital in Frage. Die Anzahl dieser Mieter-Haushalte ist jedoch begrenzt. Auch die durch den wirtschaftlichen Strukturwandel bedingte Verunsicherung vieler ostdeutschen Haushalte wirkt sich hemmend aus. Zum andern entstehen Grenzen aus der Angebotsstruktur. Als Umwandlungsobjekte bieten sich vor allem niedriggeschossige Wohngebäude in günstiger Lage mit geringen baulichen Mängeln an. Erneuerungsbedürftige Plattenbauten in randstädtischer Lage machen jedoch einen Großteil des kommunalen und genossenschaftlichen Wohnungsbestandes aus. Hinzu kommt, daß in den Großstädten die explosionsartig gestiegenen Boden- und Immobilienpreise auch die Kaufpreise kommunaler und genossenschaftlicher Wohnungen in die Höhe treiben. Zum Dritten ist neben den Hemmnissen, die sich aus der Nachfrage – und der Angebotsstruktur ergeben, auch auf den hohen Arbeits- und Zeitaufwand bei der Umwandlung von Miet- in Eigentumswohnungen zu verweisen, der in den neuen Ländern allgemein unterschätzt wurde. Auch die im Altschuldenhilfe-Gesetz enthaltene Privilegierung des schnellen Verkaufs von Wohnungen steht dem vorrangigen Verkauf an Mieter-Haushalte entgegen. Vor diesem Hintergrund ist es nur verständlich, daß die ostdeutsche Wohnungswirtschaft daran zweifelt, daß sich die Privatisierungsauflagen des Altschuldenhilfe-Gesetzes im geforderten Umfang und Zeitrahmen ohne einen Verkauf an Investoren realisieren lassen (Bericht des Unterausschusses 1994; Steinert 1994). Schon bei den bisherigen Verkäufen ging die Mehrzahl der Wohnungen kommunaler Unternehmen an „Dritte". Von den 50.000 in den Jahren 1991 bis 1993 veräußerten Wohnungen, wurden über 70% an „Dritte" statt an MieterInnen verkauft (GdW Informationen 18, 1994). Die Wohnungswirtschaft fordert die Anerkennung von Verkäufen an Dritte als Privatisierung im Sinne des AHG (Bericht des Unterausschusses 1994).

In Ostberlin z.B. rechnen die Wohnungsbaugesellschaften nach entsprechenden Umfragen damit, daß höchstens ein Drittel der zur Privatisierung angebotenen Wohnungen von Mieter-Haushalten erworben wird. Nach Auffassung der Senatsbauverwaltung ist es deshalb unausweichlich, parallel zur Mieterprivatisierung auch weiterhin Großverkäufe an sog. institutionelle Anleger bzw. private Wohnungsunternehmen durchzuführen (Protokoll des Unterausschusses 1994). Beim Verkauf an Dritte sieht das AHG keine über geltende Gesetze hinausgehenden Auflagen zum Mieterschutz vor. Die Kommunen zwar entsprechende Vorgaben machen, diese werden aber keinswegs in jedem Fall eingehalten. Dies zeigt der Verkauf von über 10.000 kommunalen Wohnungen in fünf Ostberliner Bezirken an westdeutsche Immobilienfirmen und Kapitalanleger vor Ablauf des Jahres 1993, der ohne vorherige Befragung der MieterInnen durchgeführt wurde. Nur in zwei Bezirken (Friedrichshain und Mitte) wurden die Senatsvorgaben, die Kündigungen wegen Eigenbedarfs oder wirtschaftlicher Verwertung, sowie die Zweckentfremdung von Wohnraum dauerhaft ausschließen sollten, auch tatsächlich in die Kaufverträge aufgenommen (Mieter Magazin 3/94). Im allgemeinen gilt bei der Begründung und Veräußerung von Wohneigentum eine Mindestfrist von drei Jahren, bevor der neue Besitzer Eigenbedarf geltend machen kann (§ 564 BGB). In Gebieten mit "gefährdeter Wohnraumversorgung" kann diese Frist zehn Jahre betragen (Art. 14 des Investitionserleichterungs – und Wohnbaulandgesetz vom 22.4.93). Kündigungen unter Berufung auf "eine Hinderung angemessener wirtschaftlicher Verwertung" (nach § 564 Abs. 2 Nr. 3 BGB) sind nur dann ausgeschlossen, wenn es sich um Mietverträge handelt, die vor der Vereinigung abgeschlossen wurden.

Bei einer Veräußerung von Wohnungen an ausschließlich renditeorientierte Eigentümergruppen wie freie Wohnungsunternehmen, Immobilienfonds und gewerbsmäßige Umwandler sind die Folgen für die MieterInnen vorhersehbar: umfassende Modernisierungsmaßnahmen, die leicht zu einer Verdoppelung bis Verdreifachung der Grundmiete führen können, sowie in attraktiven innerstädtischen Lagen nachfolgende Umwandlung in Einzeleigentum mit der Gefahr von Eigenbedarfskündigungen und Zweckentfremdung von Wohnraum. Die zwischen den Bauministern vereinbarte Begrenzung der Modernisierungsumlage auf höchstens 3 DM/qm ist keine dauerhafte Regelung, sodaß in absehbarer Zukunft wieder mit hohen Mietsteigerungen infolge von Modernisierungsmaßnahmen gerechnet werden muß. Privat durchgeführte Modernisierungsmaßnahmen haben z. B. in Ostberlin in den letzten Jahren zu Nettokaltmieten zwischen 11 und 16 DM pro qm geführt. Hinzu kommt, daß der Verkauf ganzer Wohnquartiere an ausschließlich renditeorientierte Wohnungsunternehmen die öffentlichen Haushalte kaum entlasten dürfte, da von diesen Unternehmen indirekte staatliche Subventionen in Form von Steuerersparnissen in Anspruch genommen werden (siehe das Beispiel Karl-Marx-Allee in Ostberlin, Stattbau 1994).

Um den bisher schleppenden Verkauf kommunaler und genossenschaftlicher Wohnungen zu beschleunigen, wird vom Bauausschuß des Bundestages der Verkauf von Wohnungen an sog. Zwischenerwerber ausdrücklich empfohlen. Die Einschaltung eines Zwischenerwerbers bedeutet im Regelfall den Verkauf meist ganzer Wohnblöcke an einzelne Investoren, die sich zu Erneuerungsmaßnahmen verpflichten und die anschließend die Wohnungen als Einzeleigentum über einen längeren Zeitraum an kaufbereite MieterInnen veräußern. Für Wohnungsunternehmen ist dieses Konzept durchaus vorteilhaft. Die Privatisierungsrisiken werden auf einen externen Träger abgewälzt. Es lassen sich in kurzer Zeit Verkaufserlöse erzielen und damit auch erhöhte Abführungen an den Erblastentilgungsfonds in späteren Jahren vermeiden. Der Verkauf an "Dritte" würde jedoch für den Staat vermutlich Steuerverluste in beträchtlicher Höhe nach sich ziehen und das Wohneigentum für den kaufbereiten Mieter-Haushalt letztlich verteuern. Kosten und Risiken der Privatisierung, sowie ein Gewinnanteil, der z. B. in Ostberlin auf 10 % begrenzt werden soll (Protokoll des Unterausschusses 1994), werden vom Zwischenerwerber auf die Kaufpreise aufgeschlagen. Auch bei diesem Modell ist zu erwarten, daß Wohnungen, die nicht an Mieter-Haushalte verkauft werden können, schließlich an weitere "Dritte" – eigentlich Vierte – veräußert werden. Wie ein Beispiel in Ostberlin-Prenzlauer Berg zeigt, ist auch bei einem Verkauf an private Investoren als Zwischenerwerber, die per Kaufvertrag zum Weiterverkauf an die MieterInnen verpflichtet werden, die Weiterveräußerung an kaufbereite MieterInnen keineswegs gesichert (I.B.I.S. 1994).

Stadträumliche Auswirkungen: Inwieweit wird durch die Wohnungsprivatisierung die Aufwertung innerstädtischer Wohnquartiere beschleunigt und die Entwertung großer randstädtischer Plattenbausiedlungen verhindert? Rein quantitativ gesehen dürfte für die Aufwertung bestimmter innerstädtischer Altbauquartiere in den nächsten Jahren die Rückübertragung von Altbauten an die AlteigentümerInnen eine weitaus größere Rolle spielen als die Privatisierung kommunaler und genossenschaftlicher Wohnungen. In den neuen Ländern ist über die Hälfte des Altbaubestandes kommunaler Wohnungsunternehmen von Rückübertragungsansprüchen betroffen. In den Ballungsgebieten ist dieser Anteil noch höher: So wurden in Ostberlin für rund 90% des Altbauwohnungsbestandes kommunaler Unternehmen – 140.000 Wohnungen – Rückübertragungsansprüche gestellt (GdW Informationen 18, 1994). Nach bisherigen Erfahrungen werden mehr als zwei Drittel der Restitutionsansprüche erfolgreich sein (Dahn 1994). Nutznießer sind fast ausschließlich Erbengemeinschaften, die zum größten Teil ihr Erbe meistbietend veräußern wollen. Die Folgen für die BewohnerInnen dieser Altbauten bei einer Veräußerung an ausschließlich renditeorientierte Eigentümergruppen sind bereits oben aufgezeigt worden. Die Verdrängungswirkung von Modernisierungs- und Umwandlungstätigkeiten in den erneuerungsbedürftigen Altbauquartieren der ostdeutschen Städte wird besonders groß sein, weil Haushalte mit niedrigen Einkommen dort überdurchschnittlich häufig vertreten sind (siehe Häußermann in diesem Band).

Für die randstädtischen Großwohnsiedlungen in den neuen Ländern wird erwartet, daß diese zunehmend in Konkurrenz zu innerstädtischen modernisierten Altbauquartieren und vorstädtischen Eigenheimsiedlungen geraten (Großsiedlungsbericht 1994). Das durchschnittliche Einkommensniveau in den randstädtischen Großsiedlungen der neuen Bundesländer ist – im Unterschied zu westdeutschen Großsiedlungen – oft höher als in den innerstädtischen Wohngebieten. Ob der geplante Verkauf von Wohnungen an die bisherigen MieterInnen in diesen Wohnquartieren gelingt, wird vor allem von der Entwicklung der lokalen Wohnungsteilmärkte und der Einkommensverhältnisse abhängen. Bisher haben Angebotsknappheit und hohe Kosten in den konkurrierenden Wohnungsteilmärkten in den größeren Städten eine Abwanderung einkommensstärkerer Haushalte aus den randstädtischen Großsiedlungen noch behindert. In der Regel kann die Privatisierung kommunaler und genossenschaftlicher Wohnungen in den randstädtischen Wohnsiedlungen nur in bestimmten Teilbereichen durchgeführt werden. Auch setzt die Veräußerung von Wohnungen in Großsiedlungen meist flankierende Maßnahmen in Form der Sanierung des Gemeinschaftseigentums und der Verbesserung des Wohnumfelds voraus. In diesem Sinne könnte in den randstädtischen Großsiedlungen einem Abwärtstrend entgegen gewirkt werden. Hinzu kommt, daß WohneigentümerInnen in besonderem Maße um die Erhaltung der Gebäudesubstanz bemüht sind. "Die Wohnquartiere werden so durch ihre Bewohner aufgewertet" (Großsiedlungsbericht 1994, S. 123).

Im Vergleich zu den randstädtischen Großsiedlungen in Westdeutschland, die überwiegend im Rahmen des sozialen Wohnungsbaus errichtet wurden, wird die heterogene Sozial- und Einkommensstruktur dieser Siedlungen im Osten Deutschlands immer wieder positiv hervorgehoben. Die Privatisierung von Wohnungen in Teilbereichen der ostdeutschen Großsiedlungen könnte jedoch eine kleinräumliche "Entmischung" dieser Wohnquartiere begünstigen: in Wohngebiete mit einem hohen Anteil an Eigentümer-Haushalten mit zumindest durchschnittlichen oder überdurchschnittlichen Einkommen einerseits und andrerseits in Gebiete, in denen ökonomisch und sozial benachteiligte Bevölkerungsgruppen sich konzentrieren. Möglicherweise wandern die Haushalte mit den höheren Einkommen, die keineswegs größere Kauflust zeigen als die übrigen Haushalte, aber auch ganz ab.

4. Resümee

Mit dem vorrangigen Verkauf von Wohnungen an MieterInnen soll die Wohneigentumsquote von derzeit nur 24 % in den neuen Ländern erhöht werden. Schon jetzt ist aber absehbar, daß sich dies im vorgesehenen Umfang und Zeitrahmen kaum umsetzen läßt. Westdeutsche Immobilienfirmen und Kapitalanleger werden daher vor allem in den ostdeutschen Großstädten mit einem attraktiven Immobilienmarkt, d.h. in Städten wie Berlin, Potsdam, Dresden und Leipzig verstärkt als Erwerber von Wohnungen aus dem kommunalen Bestand in Erscheinung treten. Damit werden ausschließlich renditeorientierte Eigentümergruppen mit den entsprechenden Verwertungsstrategien im ehemals volkseigenen Wohnungsbestand ein immer größeres Gewicht erhalten. Im Zuge dieser Umstrukturierung könnten viele Mieter-Haushalte aus ihren Wohnungen verdrängt werden. Unter diesem Blickwinkel erscheint die Privatisierungspolitik als Vermögenspolitik für kapitalkräftige, in der Regel westliche Investoren.

Vor diesem Hintergrund scheint es dringlich, sich über andere Formen der Trägerschaft für den zur Disposition stehenden Wohnungsbestand Gedanken zu machen. Dabei müssen Trägerformen gesucht werden, die die Wohnkosten für den Einzelnen auf ein tragbares Niveau begrenzen und die geeignet sind, den Mietern und Mieterinnen auf Dauer Wohn- und Verfügungsrechte einzuräumen. In diesem Sinne erscheint die Umwandlung genossenschaftlicher Wohnungen in Einzeleigentum als besonders unsinnig. Anstatt gemeinschaftliches Eigentum in Einzeleigentum umzuwandeln, wird in der Diskussion um geeignete Privatisierungsmodelle immer stärker gefordert, sich bei der Privatisierung des kommunalen Wohnungsbestandes auch an Formen des gemeinschaftlichen Haus- und Grunderwerbs durch Mietergemeinschaften und neue Wohnungsgenossenschaften oder Selbsthilfe-Vereine zu orientieren bzw. diese der Individualprivatisierung gleichzustellen. Das Interesse der MieterInnen, sich an einer Genossenschaft oder an einem gemeinschaftlichen Hauserwerb zu beteiligen, ist groß (InWIS 1994). In einzelnen Fällen besteht bei Mietergemeinschaften sogar die Bereitschaft, in Selbsthilfe Erneuerungsmaßnahmen durchzuführen (I.B.I.S. 1994). Die Förderung von solchen Gemeinschaftsprojekten könnte auch dazu beitragen, sozial durchmischte Wohnquartiere in ihrer Struktur zu erhalten.

Literatur

Behring, Karin (ifo-Institut für Wirtschaftsforschung München) 1993: Der Wohnungsbestand der neuen Bundesländern – Privatisierungsfähigkeit und Privatisierungspotentiale. Manuskript zur Tagung der Friedrich-Ebert-Stiftung am 16.9.1993 in Berlin zu "Interessenkonflikte bei der Privatisierung von Wohnungen in den neuen Bundesländern"

Bericht des Unterausschusses "Privatisierung des Wohnungsbestandes in den neuen Ländern" an den Ausschuß für Raumordnung, Bauwesen und Städtbau vom 15.6.1994. Bundestags-Drucksache 12/7923. Bonn

Bündnis 90/Die Grünen 1995: Stichwort Mieten Ost. Daten. Materialien. Argumente. Bonn

Bundesministerium für Raumordnung, Bauwesen und Städtebau (Hrsg.) August 1993: Querschnitt-schnittsanalyse von Modellvorhaben zur Wohnungsprivatisierung in den neuen Bundesländern. Bonn-Bad Godesberg

Bundesministerium für Raumordnung, Bauwesen und Städtebau (Hrsg.) Dezember 1993: Wohnungsprivatisierung in den neuen Ländern. Informationen für Kaufinteressenten und Mieter. Bonn-Bad Godesberg

Bundesministerium für Raumordnung, Bauwesen und Städtebau (Hrsg.) 1994: Großsiedlungsbericht, Bundestag-Drucksache 12/8406 vom 30.8.94. Bonn

Dahn, Daniela 1994: Wir bleiben hier oder wem gehört der Osten. Hamburg: Rowohlt Taschenbuch Verlag

Deutsches Volksheimstättenwerk e.V. 1992: Wohnungsprivatisierung. Materialsammlung für Wohnungsunternehmen und Kommunen in den fünf neuen Bundesländern. Magdeburger Gespräche 92. Magdeburg

Dübel, Achim; Pfeiffer, Ulrich (empirica, Gesellschaft für Struktur – und Stadtforschung) 1992: Probleme der Wohnungsbaufinanzierung in den Neuen Bundesländern. Studie im Auftrag des GdW, hrsg. vom GdW. Köln

Gesamtverband der Wohnungswirtschaft (Hrsg.) 1991: Daten und Fakten 1991 der unternehmerischen Wohnungswirtschaft in den neuen Bundesländern. Köln

Gesamtverband der Wohnungswirtschaft (Hrsg.) 1992: Privatisierung von Wohnungsbeständen in den neuen Bundesländern. Positionspapier und Arbeitshilfe. Köln

Gesamtverband der Wohnungswirtschaft (Hrsg.) 1993, Arbeitshilfen 2: . Altschuldenhilfe-Gesetz. Wohnungsgenossenschafts-Vermögensgesetz. Erläuterungen. Köln

Gesamtverband der Wohnungswirtschaft (Hrsg.) 1994, Informationen 18: . Daten und Fakten 1993 der unternehmerischen Wohnungswirtschaft in den neuen Ländern. Dokumentation. Berlin

Gesamtverband der Wohnungswirtschaft (Hrsg.) 1994, Arbeitshilfen 6: Privatisierung von Wohnungsbeständen in den neuen Ländern. Voraussetzungen, Rahmenbedingungen, Instrumentarien. Köln

I.B.I.S. (Bürgerberatungsgesellschaft für Stadterneuerung mbH) 1994: Mieter kaufen ihre Häuser – Modell Prenzlauer Berg. Erfahrungen, Erkenntnisse, Anwendungsvorschläge. Manuskript. Berlin.

IfS (Institut für Stadtforschung und Strukturpolitik) 1993: Wohnen zur Miete im Land Brandenburg. Berlin/Potsdam

IfS (Institut für Stadtforschung und Strukturpolitik) 1993: Mieterbefragung der Wohnungsbaugesellschaft Berlin-Marzahn. Berlin

IfS (Institut für Stadtforschung und Strukturpolitik) 1994: Mieten und wirtschaftliche Situation der Mieter vor dem Übergang in das Vergleichsmietensystem in den neuen Ländern. Ergebnisse der Mieterbefragung. Berlin

InWIS (Institut für Wohnungswesen, Immobilienwirtschaft, Stadt- und Regional- entwicklung) 1994: Einstellungen der Mieter zur Privatisierung. Ergebnisse einer repräsentativen Intensivbefragung in den neuen Bundesländern. Bochum

Kunze, Ronald 1993: Perspektiven! Zum Umgang mit dem Bestand altschuldenbelasteter Wohnbausubstanz in den neuen Ländern. In: Die Wohnungswirtschaft, 46. Jg., S. 353–360

Kunze, Ronald 1994: Bericht zum Forschungsvorhaben Privatisierung von Mietwohnungen in Halle-Neustadt im Rahmen des Altschuldenhilfegesetzes. Kassel. Manuskript

Neu, Matthias 1994: Projektmanagement. Marketingstrategien für die Privatisierung von Wohneigentum im Osten Deutschlands. In: Die Wohnungswirtschaft, 47. Jg., S. 218–222

Pflaumer, Hans; Walcha, Henning (Hrsg.) 1994: Wohnraum schaffen. Elemente eines Aktionsprogramms. Konrad-Adenauer-Stiftung, Interne Studien und Berichte Nr. 75. Sankt Augustin bei Bonn

Protokoll der 11. Sitzung des Unterausschusses "Privatisierung des Wohnungsbestandes in den neuen Ländern" vom 15.3.1994 in Berlin. Manuskript

Schöppner, Klaus-Peter (EMNID-Institut) 1994: Chancen und Auswirkungen der Wohnungsprivatisierung in den neuen Ländern. Ergebnisse einer repräsentativen Bevölkerungsbefragung. Manuskript

Medienforum Mecklenburg-Vorpommern zur Wohneigentumsbildung in Schwerin, 22.3.1994

Stattbau 1994: "Es ist auch anders machbar".Genossenschaftsmodell für eine bewohnerorientierte Privatisierung von Wohnanlagen des Komplexen Wohnungsbaus. Entwickelt und berechnet am Beispiel der Karl-Marx-Allee/Frankfurter Allee. Berlin. Manuskript

Steinert, Jürgen 1994: Wohnungsprivatisierung im Unternehmenskonzept. In: Die Wohnungswirtschaft, 47. Jg., S. 201–206

Wielgohs, Jan 1995: Transformationspolitik zwischen Liberalisierungsambitionen und Erfordernissen sozialer Stabilitätssicherung: Die Transformation des ostdeutschen Wohnungswesens. In: Wiesenthal, Helmut (Hrsg.): Einheit als Interessenpolitik. Studien zur sektoralen Transformation Ostdeutschlands. Frankfurt/New York: Campus Verlag

Hartwig Dieser

Restitution: Wie funktioniert sie und was bewirkt sie?

Auf dem Gebiet der neuen Bundesländer werden seit der Vereinigung Immobilien in das Eigentum ihrer früheren Besitzer zurückgeführt. Es gibt wenige Themen, die in den Jahren nach der Wende in der politischen Öffentlichkeit, in Fachdiskussionen von Stadtplanung und -erneuerung, aber auch an den Stammtischen der Republik, derart polarisierten, wie der im Einigungsvertrag festgelegte Grundsatz "Rückübertragung vor Entschädigung". Nach nunmehr fünfjährigen Erfahrungen mit den praktischen Konsequenzen, die aus der Umsetzung dieses Grundsatzes für die Stadterneuerung in den östlichen Bezirken Berlins resultieren, ist zunächst festzuhalten, daß die Auswirkungen sehr vielfältig und ambivalent sind, und je nach Interessenstandpunkt auch sehr unterschiedlich bzw. widersprüchlich eingeschätzt werden. Die Auswirkungen sind aber nicht nur vielfältig, sie sind auch ganz gravierend.

Das an vielen Stellen im Ostteil der Stadt durch die Restitution ausgelöste veränderte oder aufgrund restitutionsbezogener Restriktionen auch konservierte Erscheinungsbild der Stadt kann aber nicht auf das Restitutionsprinzip allein zurückgeführt werden, denn Stadtentwicklung und Stadterneuerung sind von vielen Faktoren bestimmte Prozesse, die zudem hochgradig interdependent sind. Dessen müssen wir uns bewußt sein, wenn im folgenden von Restitution und ihrer Wirkungsweise die Rede ist.

Die gesetzlichen Regelungen für die Durchführung des im Einigungsvertrag festgelegten Grundsatzes „Restitution vor Entschädigung" sind seit 1990 mehrfach modifiziert bzw. verändert worden. Wegen der Komplexität und der komplizierten Sachverhalte des Themas sind hier zunächst einige Einzelheiten einer eher trockenen rechtlichen Materie darzustellen, da die Restitutionsproblematik und ihre praktischen Auswirkungen nur im Kontext der vermögensrechtlichen Rahmenbedingungen nachvollziehbar zu vermitteln sind. Die folgenden Ausführungen beschränken sich auf die Konsequenzen der Restitution im Zusammenhang mit der Stadterneuerung, auf die Absichten, die die Alteigentümer mit ihren Grundstücken nach erfolgter Rückübertragung verfolgen, auf die künftige Eigentümerstruktur und ansatzweise auf die damit verbundenen Auswirkungen auf die Stadtquartiere und ihre Bewohner. Die Beispiele beziehen sich alle auf Berlin, da wir dort durch die Tätigkeit im 'Koordinationsbüro zur Unterstützung der Stadterneuerung' detaillierte Einsichten gewonnen haben. Die Thematik wird im folgenden weder aus rechtsphilosophischer noch aus politischer oder gar moralischer Sicht abgehandelt.

Niemand kann die Frage beantworten, welche Entwicklung die Stadt und die Stadterneuerung in den östlichen Bezirken von Berlin genommen hätte, wäre die

Restitution per Gesetz ausgeschlossen worden. „Was wäre wenn" bleibt unbeant-
wortet, weil wir nicht parallel zum realen Verlauf der letzten Jahre eine Laborsi-
tuation analysieren konnten, bei der dieser Prozeß unter umgekehrten Vorzeichen
stattgefunden hat. Der Phantasie, sich dieses Szenario auszumalen, sind keine
Grenzen gesetzt.

1. Zur Geschichte der vermögensrechtlichen Regelungen

Was heute im Umgang mit der Restitution selbstverständlich scheint, wurde vor
genau 5 Jahren noch kontrovers diskutiert. Ende Mai 1990 verkündete der damalige Bauminister der DDR, Vieweger: "In der DDR in früheren Jahren enteigneter
Grund und Boden wird *nicht* an die ursprünglichen Besitzer zurückgegeben. Wir
müssen im Sinne der Bürger der DDR am Status quo festhalten und den Alteigentümern gegebenenfalls Entschädigungen anbieten. Ich strebe hier eine politische
Lösung an. Eine juristische würde viele, sich über Jahrzehnte erstreckende Prozesse nach sich ziehen." (Berliner Zeitung vom 28.05.1990) Doch die Politik wurde in
Bonn und nicht in Berlin gemacht. Nur knapp drei Wochen später wurde Viewe-
gers Aussage durch eine gemeinsame Erklärung der damaligen beiden deutschen
Regierungen zur Regelung offener Vermögensfragen auf dem Gebiet der DDR auf
den Kopf gestellt: "Enteignetes Grundvermögen wird grundsätzlich (...) den ehemaligen Eigentümern oder deren Erben zurückgegeben", hieß es kurz und bündig
im Tagesspiegel vom 16.06.1990.

Dieses Prinzip wurde als Vermögensgesetz von der letzten DDR-Regierung im
September 1990 verabschiedet und als Bestandteil des Einigungsvertrages am
03.10.1990 auch gesamtdeutscher Rechtsgrundsatz. Die daran geknüpften Erwartungen an eine rasche Investitionstätigkeit insbesondere zum Aufbau der verfallenen innerstädtischen Altbauquartiere in den Städten der ehemaligen DDR sind
schnell der Erkenntnis gewichen, daß mit den eigentumsrechtlichen Regelungen
ungewollt auch erhebliche Investitionshemmnisse verbunden waren. Nachdem dies
deutlich geworden war, konzentrierte sich die öffentliche Debatte über die nicht
zufriedenstellende Entwicklung auf zwei Hauptfragen: 1. soll der Grundsatz
"Rückübertragung vor Entschädigung" zurückgenommen werden? 2. wie können
wirkungsvolle Regelungen zum Vorrang von Investitionen gegenüber der Restitution ausgestaltet und praktisch umgesetzt werden?

Nach mehreren Novellierungen des Vermögensgesetzes und langen politischen
Auseinandersetzungen über diese Fragen wurde dann am 14.07.1992 das 2. Ver-
mögensrechtsänderungsgesetz mit dem 'Investitionsvorranggesetz' beschlossen,
das am 22. Juli 1992 in Kraft trat. Mit ihm sollten vermögensrechtliche Restriktionen beseitigt, die Verfahren beschleunigt und die erhofften und erforderlichen Investitionen initiiert werden. Es ist ein Artikelgesetz mit u. a. auch der Novellierung
des Vermögensgesetzes.

2. Geltungsbereich der Restitutionsansprüche

Wer hat überhaupt unter welchen Voraussetzungen einen Anspruch auf Restitution enteigneten Grundvermögens? Dies ist im *Vermögensgesetz* geregelt. § 1 beschreibt den Geltungsbereich: "*§ 1 Geltungsbereich.* (1) Dieses Gesetz regelt vermögensrechtliche Ansprüche an Vermögenswerten, die a) entschädigungslos enteignet und in Volkseigentum überführt wurden; b) gegen eine geringere Entschädigung enteignet wurden, als sie Bürgern der früheren Deutschen Demokratischen Republik zustand; ... (2) Dieses Gesetz gilt des weiteren für bebaute Grundstücke und Gebäude, die aufgrund nicht kostendeckender Mieten und infolgedessen eingetretener oder unmittelbar bevorstehender Überschuldung durch Enteignung, Eigentumsverzicht, Schenkung oder Erbausschlagung in Volkseigentum übernommen wurden."[1] In diesen Geltungsbereich fallen nicht die DDR-Enteignungen nach dem Aufbaugesetz von 1960 und dem Baulandgesetz von 1984, da Eigentümer im Rahmen dieser Enteignungen eine Entschädigung erhalten haben. Diese Grundstücke werden nicht restituiert. Rechtlich umstritten sind die Fälle, in denen Eigentümer, die im Westteil Deutschlands lebten, im Rahmen dieser Enteignungen eine geringere Entschädigung erhielten als Eigentümer, die in der DDR lebten. Eine solche Differenzierung wurde Anfang 1977 nach dem Beschluß des Präsidiums des Ministerrats der DDR eingeführt.

§ 1 Absatz 6 regelt die vermögensrechtlichen Ansprüche von NS-Verfolgten: "(6) Dieses Gesetz ist entsprechend auf vermögensrechtliche Ansprüche von Bürgern und Vereinigungen anzuwenden, die in der Zeit vom 30. Januar 1933 bis zum 8. Mai 1945 aus rassischen, politischen, religiösen oder weltanschaulichen Gründen verfolgt wurden und deshalb ihr Vermögen infolge von Zwangsverkäufen, Enteignungen oder auf andere Weise verloren haben. Zugunsten des Berechtigten wird verfolgungsbedingter Vermögensverlust vermutet." Diese neue Regelung ist für die NS-Verfolgten bedeutsam, da sie ihnen die Beweislast für verfolgungsbedingten Vermögensverlust nimmt. Das Restitutionsrecht gilt für ehemaliges Vermögen jüdischer Eigentümer, die unter sowjetischer Besatzungshoheit erneut enteignet worden sind.

Angesichts der systematischen Massenvernichtung der Juden in Deutschland durch die NS-Herrschaft wurde geregelt, daß bei erbenlosem Vermögen als Rechtsnachfolger die Conference on Jewish Material Claims against Germany (Claims Conference) eingesetzt wird.

Es gibt aber auch Enteignungsfälle, die das Vermögensgesetz nicht regelt, da eine Restitution ausgeschlossen ist. Nach § 1 Absatz 8 sind Enteignungen auf besatzungsrechtlicher oder besatzungshoheitlicher Grundlage nicht mehr rückgängig zu machen. Die früheren Eigentümer erhalten nur eine Entschädigung nach dem

---

1   In der Fassung des 2. VermRändG

Entschädigungsgesetz. Durch verwaltungsgerichtliche Auseinandersetzungen ist die 'Liste 3' berühmt geworden. Die Verordnung (ca. 1.400 Grundstücke sind davon betroffen) wurde vor Gründung der DDR erlassen, jedoch erst nach ihrer Gründung veröffentlicht. Aus diesem Grund entstand ein jahrelanger Streit über die Rechtmäßigkeit dieser Enteignungen. Inzwischen ist diese aber höchstrichterlich bestätigt worden.

3. Wirkungen für die Stadterneurung

Für die Stadterneuerung am problematischsten ist der § 3 VermG. Er untersagt, wenn ein vermögensrechtlicher Anspruch vorliegt, den Verfügungsberechtigten den Abschluß langfristiger vertraglicher Verpflichtungen und den Abschluß dinglicher Rechtsgeschäfte ohne Zustimmung der Berechtigten. Gebäude, für die dies zutrifft, werden üblicherweise von einer kommunalen Wohnungsbaugesellschaft verwaltet, und diese kann dann in die Gebäude nicht investieren. Wie wirkt sich diese Regelung in der Praxis aus? Die Zustimmung zu Maßnahmen zu bekommen, setzt voraus, man kennt alle Antragsteller per Namen und Adresse. Daran scheitern die Bemühungen bereits in den meisten Fällen. Oft handelt es sich um vielköpfige Erbengemeinschaften, verstreut in aller Welt lebend. Die Kommunikation mit ihnen gestaltet sich äußerst schwierig, weil sie die komplizierten Sachverhalte kaum durchschauen und unter Unsicherheit nur im Ausnahmefall eine Zustimmung geben. Hat man aber beispielsweise die Zustimmung von 5 Anmeldern und es fehlt die des 6., gilt sie insgesamt als nicht erteilt. Einige Maßnahmen sind von diesen Beschränkungen unter bestimmten Bedingungen ausgenommen, u.a., wenn die Kosten für die Instandsetzungsmaßnahmen auf die Miete umzulegen sind. Doch welcher Mieter stimmt dem zu?

Für die Berliner Stadterneuerungspraxis war bisher relevant, daß Maßnahmen ohne Zustimmung des Berechtigten durchgeführt werden können, wenn eine Kostenerstattung gemäß § 177 BauGB erfolgt; d.h., wenn das Land Berlin alle unrentierlichen Kosten übernimmt. Auf dieser Grundlage kann Berlin aber nur im Ausnahmefall Stadterneuerung praktizieren, da dies einen zu hohen Mitteleinsatz erfordert und damit das Mengenproblem nicht gelöst werden kann.

§ 5 regelt die auch für die Fragen der Stadterneuerung wichtigen Ausschlußgründe für die Rückübertragung, u.a.: (1) Eine Rückübertragung von Eigentumsrechten an Grundstücken und Gebäuden ist (...) u.a. auch dann ausgeschlossen, wenn Grundstücke und Gebäude a) mit erheblichem baulichen Aufwand in ihrer Nutzungsart oder Zweckbestimmung verändert wurden und ein öffentliches Interesse an dieser Nutzung besteht, b) dem Gemeingebrauch gewidmet wurden, c) im komplexen Wohnungsbau oder Siedlungsbau verwendet wurden". Zunehmende Bedeutung gewinnt der Ausschlußgrund "komplexer Wohnungbau", der nicht nur auf Plattenbauten zutrifft, sondern auch auf zu DDR-Zeiten rekonstruierte Altbauten, wenn die aufgewendeten Kosten mehr als 1/3 vergleichbarer Neubaukosten in Mark der DDR betragen haben.

Die dargestellte Situation betrifft Enteignungen, die auch im Grundbuch dokumentiert worden sind, die sogenannten volkseigenen Grundstücke. Im Januar 1995 verwalteten die Wohnungsbaugesellschaften noch ca. 105.000 Wohnungen auf volkseigenen Grundstücken, für die ein Restitutionsantrag vorliegt. Für die Wohnungsbaugesellschaften und infolge für die Mieter in diesen Häusern ist nach dem novellierten Vermögensgesetz in Artikel 10 des Entschädigungs- und Ausgleichsleistungsgesetzes geregelt, daß die Wohnungsbaugesellschaften die Bewirtschaftung dieser Grundstücke ab 1.7.1994 gegenüber den Berechtigten abrechnen müssen. Das bedeutet im Grundsatz, daß nur das für die Instandsetzung reinvestiert werden kann, was über die Mieten eingenommen wird. Eine Finanzierung darüber hinaus ist derzeit nicht gesichert. Die Folge ist weiter vernachlässigte Instandhaltung.

Es gibt aber auch Grundstücke, die lediglich unter staatliche Verwaltung gestellt wurden, die von den Wohnungsbaugesellschaften also nur verwaltet werden, im Grundbuch blieb immer ein privater Eigentümer eingetragen. Im Rahmen des 2. VermRändG ist das Vermögensgesetz in den §§ 11 f. mit wesentlichen Konsequenzen für die Stadterneuerung diesbezüglich geändert worden. Gemäß § 11 a endete die staatliche Verwaltung zum 31.12.1992; die Wohnungsbaugesellschaften hatten ein halbes Jahr Zeit, um die Übergabe der Grundstücke an die Eigentümer zu vollziehen. Die Realität sieht jedoch weit komplizierter aus: In den wenigsten Fällen fordern die im Grundbuch eingetragenen Eigentümer ihr Grundstück zurück; vielmehr treten häufig deren Erben auf, deren Anzahl und Berechtigung erst vom ARoV zu prüfen sind. In vielen Fällen liegen zusätzlich konkurrierende vermögensrechtliche Ansprüche jüdischer Personen oder der Claims Conference vor, was zur Konsequenz hat, daß die im Grundbuch eingetragenen Eigentümer dieser Grundstücke den Verfügungsbeschränkungen des § 3 VermG unterworfen sind. In diesen Fällen weigern sich häufig die Eigentümer, mit dem ARoV und den Wohnungsbaugsellschaften zusammenzuarbeiten und das Grundstück zu übernehmen. Im Effekt führt dies zu leerstehenden Wohnungen bzw. Häusern. Die Wohnungsbaugesellschaften sind entweder als gesetzliche Vertreter eingesetzt oder handeln in einer Notgeschäftsführung, bei der nur zur Gefahrenabwehr oder zur Aufrechterhaltung einer ordnungsgemäßen Bewirtschaftung zwingend gebotene Maßnahmen durchgeführt werden können.

Zu den rechtlichen Restriktionen kommen in diesen Fällen finanzielle Probleme hinzu. Insgesamt betrifft dies in allen östlichen Bezirken zur Zeit etwa 9.000 Wohnungen in der Notgeschäftsführung und ca. 7.000 Wohnungen in der gesetzlichen Vertretung. Diese Grundstücke sind das organisatorisch, finanzierungstechnisch und eigentumsrechtlich schwierigste Segment aller restitutionsbezogener Problemfälle. Die Senatsverwaltung für Bau- und Wohnungswesen hat daher zur Lösung dieser Fälle cigens eine Expertengruppe zusammengestellt. Direkt befaßt mit dem Problem sind neben den Ämtern zur Regelung offener Vermögensfragen auf Bundes-, Landes- und Bezirksebene die Senatsverwaltung für Finanzen, die Amtsgerichte, die Bau- und Wohnungsaufsichtsämter, die Wohnungsämter und die Grundstücksämter der betreffenden Bezirke. Das mag die Problematik verdeutlichen.

4. Das Investitionsvorranggesetz

Wie und unter welchen Voraussetzungen können Restitutionsansprüche umgangen und ausgehebelt werden? Das entscheidende Rechtsinstrument dafür ist das Investitionsvorranggesetz, das seit dem 22.7.1992 in Kraft ist. Es hat aber Vorläufer. Bereits der Einigungsvertrag sah in Art. 41 II 1 vor, daß das Prinzip der Rückübertragung von Vermögenswerten dann nicht gelten soll, wenn das betreffende Grundstück der Errichtung einer gewerblichen Betriebsstätte dient, die volkswirtschaftlich förderungswürdig ist und insbesondere Arbeitsplätze schafft oder sichert. Das Verfahren hierzu sollte im Rahmen besonderer gesetzlicher Regelungen festgelegt werden. Als bereits Ende 1990 immer deutlicher wurde, daß die erforderlichen Investitionen nur schleppend in Gang kamen, wurde am 22.3.1991 von der Bundesregierung mit dem "Gesetz zur Beseitigung von Hemmnissen bei der Privatisierung von Unternehmen und zur Förderung von Investitionen (Hemmnisbeseitigungsgesetz)" und der Neufassung und Erweiterung des Gesetzes über besondere Investitionen in dem in Artikel 3 des Einigungsvertrags genannten Gebiet (BInvG)" der zweite Schritt unternommen, um Investitionen zur Stabilisierung wirtschaftlicher Prozesse zu initiieren und auszulösen. Aus diesem Grunde wurden neben der Sicherung und Schaffung von Arbeitsplätzen auch die Herstellung von Wohnraum als investiver Zweck im Rahmen dieser beiden gesetzlichen Regelungen angesehen eine für die Stadtentwicklung wichtige Entscheidung. Der Gesetzgeber folgte damit der Erkenntnis, daß nicht nur die wirtschaftliche Situation dringende Investitionen erforderte, sondern auch die jahrzehntelang vernachlässigte Instandhaltung der innerstädtischen Altbauten.

Anfang 1992 mußte die Bundesregierung jedoch feststellen, daß die Klärung der Fragen des Eigentums beim Aufbau in den neuen Ländern weiterhin vor großen Schwierigkeiten steht. "Angesichts der großen Bedeutung, die insbesondere einem funktionierenden Grundstücksmarkt für Investitionen und damit für den wirtschaftlichen Aufschwung zukommt, hat die Funktionsfähigkeit der hierauf bezogenen rechtlichen Rahmenbedingungen eine ganz überragende Bedeutung." (BT-Drucksache) Durch die Zusammenfassung und Straffung der Vorfahrtregelungen in einem Gesetzeswerk sollten die festgestellten Mängel beseitigt werden. Das Investitionsvorranggesetz zielt insbesondere darauf ab, eine einheitliche, an bestimmten Investitionszwecken orientierte Regelung zu schaffen, die Investitionen auf anmeldebelasteten Grundstücken ermöglicht.

Als zusätzlicher besonderer Investitionszweck ist gegenüber seinen Vorläufern die 'Wiederherstellung nicht bewohnten und nicht bewohnbaren oder vom Abgang bedrohten Wohnraums' aufgenommen worden (§ 3 Abs. 1 Nr. 2 InVorG). Das Gesetz verfolgt ferner das Ziel, das Verfahren zu straffen und die möglichen Einspruchsmöglichkeiten des Alteigentümers im Wege eines Antrags auf Anordnung der aufschiebenden Wirkung auf zwei Wochen nach Bescheiderteilung zu begrenzen. Gleichzeitig werden die Rechte des Alteigentümers gestärkt, indem zusammen mit mehreren Spezialverfahren (§§ 18 bis 20) ihm eine eigene Antragstellung im Rahmen des Investitionsvorrang (InVorG)-Verfahrens möglich ist (§ 21). Die Geltungsdauer des Gesetzes ist bis zum 31.12.1995 verlängert worden.

Eine weitere wesentliche Neuerung ist, daß Aufkäufer von Restitutionsansprüchen nicht mehr am Verfahren beteiligt sind und somit der zunehmenden Tendenz, daß diese ein Investitionsvorrangverfahren blockieren, Einhalt geboten werden konnte. Als Kompromiß wurde vom Gesetzgeber vorgesehen, daß Käufer, die den Restitutionsanspruch vor dem 2.4.1992 erworben und diesen bis zum 2.7.1992 dem ARoV gemeldet haben, den Anmeldern gleichgestellt und somit am InVorG-Verfahren beteiligt werden.

In § 21 hat der Gesetzgeber den Alteigentümern einen besonderen Status eingeräumt, indem sie ein eigenes Vorhaben beantragen können. Besonders hervorzuheben ist die nur für ihn geltende Erweiterung des investiven Zwecks um die Instandsetzung und/oder Modernisierung eines bestehenden Gebäudes unter den Bedingungen, daß mindestens 20.000 DM je Wohn- bzw. Gewerbeeinheit investiert werden. Die besondere Stellung, die ihm zugesprochen wird, ist auch daran zu erkennen, daß der Alteigentümer einen Rechtsanspruch auf eine Bescheidung seines Antrags nach § 21 hat. Der Verfügungsberechtigte hat nur für die Dauer von 3 Monaten ab Antragstellung des Anmelders die Möglichkeit, diesen Antrag abzulehnen, wenn er bereits ein anderes Verfahren (z. B. §§ 4, 19) begonnen hat.

Das Gesetz benennt in § 22 Ausschlußgründe für die Durchführung eines InVorG-Verfahrens: "Eine eng begrenzte Ausnahme" vom Investitionsvorrang gilt nach § 22 InVorG für Grundstücke und Gebäude, deren Grundakten mit einem sogenannten Liste-C-Vermerk versehen oder die aus dem Grundbuch als Synagogen oder jüdische Friedhöfe zu erkennen sind. Das betrifft Grundstücke ehemals jüdischer Eigentümer. Der Gesetzgeber ist mit dieser Formulierung den Interessen der jüdischen Gemeinden und Organisationen zum Teil entgegengekommen, die sämtliche Grundstücke, für die Ansprüche nach § 1 Abs. 6 VermG gestellt worden sind, vom InVorG ausgenommen sehen wollten.

Mit dem InVorG besteht die Möglichkeit für Dritte, die Restitution auszuheben, wenn die investiven Zwecke erfüllt werden. Was aber beabsichtigen die Alteigentümer mit ihren Grundstücken nach erfolgter Rückübertragung? Sind sie die neuen Träger der Stadterneuerung?

5. Die Eigentümerstruktur nach der Restitution

Wer wird der neue Eigentümertyp sein? Wird es eher der sein, der Grundstück und Haus zurückbekommt, der sich dem Ort, dem Gebiet, auch den Bewohnern gegenüber verpflichtet fühlt, der seine ökonomischen Interessen nicht zum alleinigen Maßstab des Handelns macht? Oder wird der neue Eigentümer als Käufer eher so zu charakterisieren sein, daß ihn weder das Gebäude und das Spezifische des Ortes interessieren, sondern nur die Lagegunst des Gebiets und die Verwertung des Grundstücks? Und werden die Alteigentümer dafür sorgen, daß es in den östlichen Bezirken wieder den klassischen privaten Einzeleigentümer mit den skizzierten Eigenschaften nicht mehr nur im Ausnahmefall gibt? Bewirkt die Restitution eine Rückkehr zu vergangenen Eigentümerstrukturen?

Der Idealfall sieht wie folgt aus: die Alteigentümer erhalten ihre Häuser zurück, erneuern sie im Einvernehmen mit den Mietern, bewirtschaften sie danach selbst. Der Grundsatz "Rückübertragung vor Entschädigung" würde weder zu Brüchen, Diskontinuitäten noch zu sozialen Problemen führen. Doch wie sieht die Realität aus? Zunächst zum Umfang der Rückübertragung, aufgezeigt am Beispiel des Sanierungsgebiets Spandauer Vorstadt im Bezirk Mitte, einem Teil des noch vorhandenen historischen Berlin in der alten Mitte. Die Wohnungsbaugesellschaft Mitte (WBM), die noch einen erheblichen Teil des Altbaubestands verwaltet, wird nach Abschluß der Restitutionsverfahren nur noch die Plattenbauten besitzen, wenn man von ihren Neubauvorhaben im Gebiet absieht. Die Altbauten werden fast vollständig wieder an die Alteigentümer bzw. deren Erben und Rechtsnachfolger zurückgegeben, denn 96,3% sämtlicher Grundstücke im Sanierungsgebiet Spandauer Vorstadt sind restitutionsbelastet.

Wer hat Rückübertragungsansprüche angemeldet? Wer sind die Alteigentümer, wo leben sie, welche Interessen haben sie noch am Grundstück, welche Absichten und Perspektiven verbinden sie damit? Gibt es den zuvor skizzierten Alteigentümer überhaupt? Um herauszufinden, was Anmelder von Grundstücken in der Spandauer Vorstadt damit nach erfolgter Rückübertragung beabsichtigen, wurden diese vom 'Koordinationsbüro zur Unterstützung der Stadterneuerung in Berlin' im Auftrag der Senatsverwaltung für Bau- und Wohnungswesen im Jahre 1992 gebeten, ihre diesbezüglichen Absichten mitzuteilen. Die wichtigsten Ergebnisse: Etwa je ein Viertel der Alteigentümer wollte das Grundstück nach Rückübertragung "sicher behalten" bzw. "sicher verkaufen" und die Hälfte konnte sich zu dieser Frage noch nicht eindeutig äußern. Die Hälfte der Alteigentümer, mit denen Gespräche geführt wurden (insgesamt 402) lebt in Berlin, davon wiederum ein Viertel in den östlichen Bezirken, 3% haben ihren Wohnsitz in den neuen, 32% in den alten Bundesländern, 15% im Ausland. Diejenigen aus Berlin wollten in überdurchschnittlich hohem Maße ihr Grundstück behalten, Antragsteller aus dem Ausland in überdurchschnittlichem Maße veräußern.

Weiter oben wurde postuliert, daß möglichst viele Alteigentümer nach erfolgter Rückübertragung ihre Häuser behalten, da sie keinen Kaufpreis finanzieren müssen und somit unter geringerem Verwertungsdruck stehen als Käufer. Die Erwartung eines möglichst hohen Anteils an Alteigentümern, die ihren Besitz wieder selbst verwalten (die sich aus dem Ergebnis unserer Befragungen und Beratungen im Jahre 1992 ergeben hatte), muß nach den Erfahrungen der Jahre 1993/94 erheblich korrigiert werden. Einerseits muß davon ausgegangen werden, daß der überwiegende Teil von denen, die der Grundposition "indifferent" zugeordnet werden, als potentielle Verkäufer gelten. Und andererseits ist das tatsächliche Handeln in vielen Fällen nicht identisch mit der vor etwa zwei Jahren geäußerten Absicht. Wesentliche Gründe dafür sind die Verlockungen des "großen Geldes" (die Kaufpreise für Altbauten befinden sich noch immer auf hohem Niveau), zunächst unterschätzte Probleme der Organisation bei Erneuerung und Bewirtschaftung sowie nicht hergestelltes Einvernehmen innerhalb von Erbengemeinschaften. Nach unseren vorsichtigen Schätzungen liegt bezogen auf die Spandauer Vorstadt der Anteil der Alteigentümer, die ihre Grundstücke längerfristig behalten werden, nur bei etwa 5 bis 8%. Die Stadterneuerung hat sich auf diese Entwicklung einzustellen. Erfreulich ist sie nicht.

6. Resümee

1. Dem Land Berlin, letztlich den Wohnungsbaugesellschaften, verbleiben trotz des Prinzips Rückübertragung vor Entschädigung nicht nur die im komplexen Wohnungsbau errichteten Plattenbauten, sondern auch ein nicht unerheblicher Teil an Altbaugrundstücken, die nach dem Aufbaugesetz und dem Baulandgesetz enteignet wurden und für die, zumindest bis 1977, auch in den Westen geflüchtete DDR-Bewohner in normaler Höhe entschädigt worden sind und somit keinen Anspruch auf Naturalrestitution besitzen. Das ist ein erhebliches Potential an Wohnungen, mit denen gezielt sozialverträgliche Wohnungspolitik praktiziert werden kann. Als Folge der Restitutionsanmeldungen haben die Wohnungsbaugesellschaften aber nicht nur ehemals staatlich verwaltete Grundstücke in Notverwaltung bzw. in gesetzlicher Vertretung zu verwalten, sondern, wenn auch befristet, zur Zeit noch Altbauten mit ca. 105.000 Wohnungen, die anmeldebelastet sind. Diese, wenn auch nur temporären Folgen der Restitution sind gravierend: Leerstand, vernachlässigte Instandhaltung, schleppende Realisierung von Modernisierungsmaßnahmen, infolgedessen selektiver Fortzug der Besserverdienenden, Tendenzen zur Destabilisierung sozialer Verhältnisse im Gebiet. Das ist das janusköpfige Gesicht der Restitution aus dem Blickwinkel der Wohnungsbaugesellschaften.

2. Die Hoffnung, auf die Alteigentümer als die neuen Eigentümer und Träger der Stadterneuerung setzen zu können, ist nach dem derzeitigen Erkenntnisstand vergeblich. Die Alteigentümer werden nach der Restitution überwiegend verkau-

fen. Grob geschätzt behält nur etwa jeder zwanzigste sein Grundstück, organisiert den Neubau bzw. die Altbauerneuerung und bewirtschaftet sein Grundstück danach selbst. Diese Berliner Erfahrungen sind identisch mit denen in anderen ostdeutschen Städten wie Potsdam, Erfurt, Leipzig und Dresden. Da helfen weder der Rechtsanspruch auf investive Rückgabe gemäß § 21 InVorG noch die gezielte Beratung zur öffentlichen Förderung.

3. Daraus folgt, daß der Grundsatz der Restitution "Rückübertragung vor Entschädigung" zu einer völlig neuen Eigentümerstruktur führen wird. Der sein Grundstück nach Rückübertragung selbst bewirtschaftende Alteigentümer wird die Ausnahme bleiben, Käufer werden als neue Eigentümer die Regel sein. Die Motive des Erwerbs der neuen Eigentümer sind ökonomischer Natur. Der in nicht seltenen Fällen erfolgte mehrfache Eigentumswechsel (mit jeweils höheren Preisen) schafft zusätzlich erhöhten Verwertungsdruck. Dieser wiederum zielt auf umfassende Modernisierungen. So können am Ende der Wirkungskette Rückübertragung Verkauf Instandsetzung/Modernisierung zwar bessere Wohnverhältnisse stehen, doch für wen? Die Restitution kann positiv als Katalysator eines ohnehin erforderlichen Erneuerungsprozesses wirken. Sie kann allerdings auch die diesem innewohnenden Kräfte zur Verdrängung einkommensschwacher Bewohnergruppen und die Herausbildung von Segregationsphänomenen bestärken. Dies ist z. B. in Erfurt zu beobachten. In innenstadtnahen Altbauquartieren wandeln Kapitalanlegergesellschaften große Wohnungen in Apartments mit 1−2 Zimmern um, Mietkosten 18−20 DM netto kalt, ohne daß es eine Nachfrage dafür gibt, völlig am Markt vorbei. Leerstand ist die Folge, Druck auf Verkauf, Umnutzung etc. eine negative Spirale, die, einmal in Gang gesetzt, sich selbst nährt. Noch ist es zu früh, diese Tendenz zu verallgemeinern, doch zu übersehen ist sie nicht.

4. Das Investitionsvorranggesetz hat in vielen Fällen die Restitution an die Alteigentümer verhindert. Es wurde investiert, gebaut, Wohnungen und Arbeitsplätze geschaffen. Der investive Zweck war und ist das Maß aller Dinge, wenngleich zumindest in jüngster Zeit mehr inhaltliche Vorgaben über beabsichtigte Investitionen entscheiden als zuvor. Allein für die Spandauer Vorstadt sind 68 Vorhaben mit einer Investitionssumme von ca. 820 Millionen DM beantragt worden, nicht alle werden realisiert. Bezogen auf sämtliche östlichen Bezirke sind es über 600 positiv beschiedene Vorhaben mit einem zugesagten Investitionsvolumen von etwa 8 Milliarden DM. Doch man muß kein Prophet sein, muß nicht die Schneider-Pleite als Menetekel bemühen, um zu prophezeien, daß nicht wenige dieser Projekte auf Sand gebaut sind und als Investitionsruinen der 90er Jahre Geschichte machen, weil weniger die marktgesetzliche Logik Nachfrage nach Wohnungen und Büroflächen Motor der Investitionen war als vielmehr das Fördergebietsgesetz mit seiner Steuerabschreibungsarithmetik.

Annette Harth / Ulfert Herlyn

„... und dann geht's doch 'n bißchen auseinander". Zum Wandel städtischer Wohnmilieus in den neuen Bundesländern

1. Fragestellung

Die Umwälzungen in der DDR wurden auch als „kommunale Revolution" (Hunger 1991) bezeichnet, weil die kommunalen Mißstände eine wesentliche Triebfeder für Aktionen zur Veränderung waren. In der Tat war der bauliche Zustand der Städte in der DDR in weiten Teilen katastrophal und führte zu den bekannten Schockerlebnissen der ersten BesucherInnen aus der alten Bundesrepublik. In der nüchternen Sprache des ersten gesamtdeutschen Raumordnungsberichtes von 1991 heißt es: „Die Städte und Gemeinden in den neuen Ländern befinden sich überwiegend in einem schlechten baulichen Zustand und sind teilweise vom Verfall bedroht. Die städtebauliche Erneuerung von Städten und Dörfern ist daher eine vorrangige Aufgabe der nächsten Jahre" (BMBau 1991, 126).

Noch vor der Vereinigung wurde ein enormer Stadterneuerungsbedarf prognostiziert. So wurde zur Bewältigung dieser umfangreichen Aufgabe u.a. ein eigenes Stadterneuerungsgesetz gefordert, das den Nachholbedarf steuern sollte (vgl. Bock/Hunger 1990). Dazu ist es zwar 5 Jahre nach der Wende noch nicht gekommen, aber die städtebaulichen Erneuerungs- und Entwicklungsmaßnahmen sind umfänglich angelaufen, nicht zuletzt durch eine Reihe von Modellvorhaben in den neuen Ländern. Die städtebaulichen Förderungsprogramme und Finanzhilfen sind zwar erheblich (vgl. BMBau 1993, 136ff.), aber es ist kaum die Rede von sozialplanerischer Begleitung, die doch in Westdeutschland vor 20 Jahren im Städtebauförderungsgesetz von 1971 verankert und in der Öffentlichkeit intensiv diskutiert wurde (vgl. dazu Korte 1986). Die Aufgaben der baulichen Regeneration in den Städten der neuen Länder erscheint so dominant, daß für die gebietsspezifische sozialplanerische Betreuung kaum mehr Ressourcen vorhanden sind.

So sicher es auch für die Erneuerung von Städten und Gemeinden der neuen Länder sein mag, daß städtebauliche Maßnahmen einer vorbereitenden, begleitenden und nachsorgenden Sozialplanung bedürfen, so eindeutig abzulehnen ist ein umstandsloses Übertragen von Maßnahmen und Programmen, die in Westdeutschland entwickelt und angewandt wurden. Vielmehr stand zu erwarten, daß bewährte Praktiken an die DDR-spezifischen Wohnmilieuqualitäten und -belastungen in den neuen Bundesländern angepaßt werden müssen. Daher wurde in den letzten Jahren eine empirische Untersuchung über ostdeutsche Wohnmilieus und ihren Wandel im Zusammenhang mit der Wende durchgeführt, die Maßstäbe und Ansatzpunkte für eine an den Interessen der BewohnerInnen orientierte Sozialplanung entwikkeln sollte (vgl. Herlyn/Hunger 1994).

Im Zuge des gesellschaftlichen Umbruchs in der DDR ist es vor allem zu einem weitgehenden Zusammenbruch ökonomischer Strukturen und dadurch zu vorher nicht gekannten Freisetzungen aus Arbeitsverhältnissen gekommen. Die faktische Arbeitslosigkeit bzw. die Furcht vor ihr ist das bedrückendste soziale Problem in den neuen Bundesländern. Andererseits kann nicht übersehen werden, daß sich durch die in den letzten Jahren stattgefundenen Einkommens- und Lebensstandardsteigerungen für einen Großteil der Bevölkerung neue Chancen ergeben haben, sich gesellschaftlich zu etablieren. In dem Maße nun, in dem der Arbeitsbereich als gesellschaftlicher Integrationsbereich brüchig wird bzw. unerwartet hohe Anforderungen stellt, müssen andere Ressourcen zur Integration mobilisiert werden, zu denen auch und gerade die lokalen Lebenszusammenhänge im Wohnmilieu gehören.

Von den gesellschaftlichen Umwälzungen sind die Wohnmilieus aber nicht verschont geblieben. Sie stellen keine Inseln der Ruhe dar, sondern sind auch – nicht zuletzt durch die Zerreißprobe der Stadterneuerung – in den Strudel der Modernisierung hineingerissen. Gegenüber der „grauen Stadt der sozialistischen Kommandowirtschaft" (Marcuse 1991, 206) verwandeln sich an vielen Orten die Wohnquartiere in ihrem äußeren Erscheinungsbild, hinter dem erhebliche Umstrukturierungen der Sozialstruktur und der Lebensweise stehen (vgl. Herlyn/Bertels 1994, 340 ff.).

Ohne an dieser Stelle eine detaillierte Erörterung des Wohnmilieubegriffs vorzunehmen (vgl. dazu Herlyn/Hunger 1994, 16 ff.), gehen wir im folgenden davon aus, daß das Wohnmilieu als intermediäre Ebene zwischen strukturellen Ausgangsbedingungen resp. Veränderungsprozessen und der individuellen Betroffenheit begriffen werden kann. Das Wohnmilieu mit seinem spezifischen materiellen und sozialen Substrat wird von uns als Ressource angesehen, die die BewohnerInnen bei der Bewältigung der Wendefolgen unterstützen, aber auch behindern kann. Den Wandel der Wohnmilieus als lokal zentrierte Lebensstilgruppierungen (vgl. Hradil 1987, 168) kann man gut abbilden vor dem Hintergrund der von Schulze für die Konstitution sozialer Milieus entwickelten Modelle der „Beziehungsvorgabe" und der „Beziehungswahl" (vgl. Schulze 1992, 176 f.). Gegenüber dem in der DDR vorherrschenden relativ geschlossenen, lokal zentrierten Lebensmodell mit geringen Wahlmöglichkeiten in ökonomischer wie sozialer Hinsicht, könnte man in der BRD idealtypisch eher von einem offenen, kosmopolitisch orientierten Modell mit hohen Wahlchancen ausgehen. Der plötzliche Übergang von dem einen zu dem anderen Lebensmodell vollzieht sich in einer Reihe milieurelevanter charakteristischer Sprünge bzw. Schübe:

Der Schub sozioökonomischer Differenzierung führt sehr wahrscheinlich zu einer vertikalen und horizontalen Differenzierung von Lebenschancen und Lebensstilen, die tendenziell zu einer räumlichen Entmischung sozialer Gruppen führt und eine Lockerung nachbarschaftlicher Bindungen nach sich zieht. Mit dem Mobilitätssprung eröffnen sich Chancen, die die Angewiesenheit auf den einmal zugewiesenen oder erworbenen Wohnplatz lockern und damit die Abhängigkeit von dem früher vorhandenen sozialen Quartiersgefüge mildern. Der durch die Währungsunion ermöglichte Konsumsprung stärkt die Autarkie der Haushalte und schwächt das Angewiesensein auf die Nachbarschaft. Mit der plötzlich eingetretenen Arbeitslosigkeit hat jedoch durch eine verlängerte Anwesenheit das Interaktionsfeld des Wohnquartiers – insbesondere für die Frauen – an alltäglicher Bedeutung gewonnen. Einen „Enteignungsschub" der Wohnung hat es insofern gegeben, als vor allem durch die Restitutionsansprüche ehemaliger WohnungsbesitzerInnen die früher vorhandene Wohnsicherheit mit einem Male in Frage gestellt wurde. Schließlich ist hypothetisch auch von einem Entpolitisierungsschub auszugehen insofern, als sich – durchaus ähnlich zur „Ohne-mich-Haltung" nach dem 2. Weltkrieg in Westdeutschland – ein Rückgang gesellschaftspolitischen Engagements in der ostdeutschen Bevölkerung beobachten läßt (vgl. Herlyn/Hunger 1994, 29).

Die empirischen Erhebungen wurden in verschiedenen Typen von Wohnvierteln vorgenommen, in denen unterschiedliche Wohnmilieus erwartet werden konnten. Als typisch für die Wohnsituation in der DDR (vgl. dazu Staufenbiel 1989, 121 ff.) wurden von uns untersucht[1]:

1. Die für das Stadtbild und -image besonders wichtigen mittelalterlich geprägten *Altstadtkerne*, die im Durchschnitt ca. 5% der Fläche und Wohnungen städtischer Wohn- und Mischgebiete einnehmen (vgl. Hunger u.a. 1990, 86 ff.). Als Repräsentant für diesen Quartierstypus wurde das Domplatzviertel in Halle/Saale untersucht. Es zeichnet sich in städtebaulicher Hinsicht durch eine Mischung zwischen Arbeiten und Wohnen sowie durch extreme Gegensätze zwischen marodem (bereits in Einzelfällen sanierten) Althausbestand und sehr neuen Plattenbauten (etwa je zur Hälfte) aus, die sich auch in sozialer und demographischer Polarisierung niederschlagen. Wohnen in den Plattenbauten vorwiegend ältere Einpersonenhaushalte, so leben im Altbau eher jüngere und größere Haushalte. Auch in sozioökonomischer Hinsicht läßt sich eine große Differenzierung der Bewohnerschaft feststellen, die sich allerdings unabhängig vom Gebäudealter zeigt.

2. Die zwischen 1870 und 1918 errichteten *Gründerzeitgebiete*, die ungefähr ein Viertel der städtischen Wohn- und Mischgebietsflächen und Wohnungen ausmachen (vgl. Hunger u.a. 1990, 86 ff.), werden durch das Hallenser Paulusviertel repräsentiert. Auch hier findet sich eine Mischung unterschiedlicher Nutzungen und Funktionen und eine sozialräumliche Polarisierung entlang des Erhaltungszu-

---

1 Bei der Bewohnerschaft der vier Wohnquartiere wurden 587 teilstandardisierte mündliche Interviews im Jahre 1992 durchgeführt. Zusätzlich wurden im Jahre 1993 mit 40 Befragten Intensivinterviews durchgeführt, um den Niederschlag des gesellschaftlichen Umbruchs im quartierlichen Milieu genauer untersuchen zu können. Außerdem wurden nichtteilnehmende Beobachtungen, Expertengespräche, in Wittenberg Bürgerforen und Sekundäranalysen durchgeführt.

standes der Gebäude. Die Restitutionsproblematik und die nach der Privatisierung i.d.R. erfolgende Sanierung und Tertiärisierung der Nutzung spielt hier eine besondere Rolle. Das gesamte Gebiet soll zum Sanierungsgebiet erklärt werden. Die Sozial- und Bevölkerungsstruktur der Bewohnerschaft zeichnet sich durch einen relativ niedrigen Altersdurchschnitt, hohe Berufs- und Schulabschlüsse und Einkommen sowie durch eine starke Differenzierung der Haushaltsgrößen und – formen aus.

3. Die zwischen den Weltkriegen entstandenen *Wohnsiedlungen*, die ca. 10% des Flächenanteils und 15% der Wohnungen der Städte ausmachen (vgl. Hunger u.a. 1990, 86ff.), wurden am Beispiel der Werkssiedlung Piesteritz in Wittenberg einbezogen. Diese steht als Ensemble unter Denkmalschutz und zeigt trotz der umfänglichen Bauzustandsmängel noch weitgehend ihren Ursprungszustand. Aufgrund der Privatisierung der Stickstoffwerke und des damit verbundenen erheblichen Personalabbaus ist Arbeitslosigkeit/Vorruhestand das gravierendste Problem der SiedlungsbewohnerInnen. Angesichts des vergleichsweise niedrigen Ausbildungsstandes und des hohen Altersdurchschnitts sehen die beruflichen und einkommensbezogenen Zukunftsaussichten recht düster aus. Es bestehen Überlegungen, die notwendigen Sanierungsarbeiten durch die Anwendung des Milieuschutzes zu begleiten.

4. Die nach 1970 gebauten großen randstädtischen *Neubaugebiete*, in denen fast jede/r vierte Ostdeutsche wohnt (vgl. Fuhrich/Mannert 1994, 570), werden durch die Wittenberger Plattenbausiedlung Trajuhnscher Bach/Lerchenberg repräsentiert. Diese wurde in den 70er und 80er Jahren in fünf- und sechsgeschossiger Bauweise errichtet und ist charakterisiert durch eine Monofunktion (nur Wohnen und Deckung des Grundbedarfs im Gebiet), bei der öffentliches Leben im Stadtteil fehlt. Die Wohnungen haben eine relativ gute Ausstattung, aber einen einseitig auf Dreiraumwohnungen (80%) orientierten Wohnungszuschnitt. Entsprechend wohnen dort sehr wenig Einpersonen- oder Großhaushalte, dagegen sehr viele Kernfamilien mit einem oder zwei Kind/ern. Hinsichtlich demographischer und sozioökonomischer Faktoren dominieren die Mittellagen – ein wichtiger Unterschied zu den entsprechenden Siedlungen in Westdeutschland. Außerdem zeigen sich die typischen „demographischen Wellen" in der Altersstruktur nach dem Bezug bei Fertigstellungszeitpunkt.

Im folgenden wird die empirische Analyse auf Fragen der Mobilität, der sozialen Beziehungen und der Partizipationsbereitschaft konzentriert, bevor abschließend einige sozialplanerische Überlegungen angestellt werden.

2. Wandel der Wohnmilieus

2.1. Mobilität und Segregation: „... und dann wird nicht wieder ein Mieter aus dieser sozialen Schicht hier einziehen."

Die DDR läßt sich im Vergleich zur Bundesrepublik mit Weiske (1993) als eine Gesellschaft mit langsamem Zeittakt und geringer Dynamik „in allen ihren Bewegungen wie Fluktuation, Migration und soziale Mobilität" (S. 37) kennzeichnen. Die horizontale Mobilität, d. h. der Anteil der Umzüge, war vergleichsweise gering (vgl. Böltken 1992; Grundmann 1992). Zwar gab es – ähnlich wie in der alten BRD – eine Land-Stadt-Wanderung (vor allem nach Ost-Berlin), jedoch war diese keineswegs so stark ausgeprägt, was sich auch an dem deutlich geringeren Urbanisierungsgrad der DDR ablesen läßt (vgl. Mackensen 1992, 742). Die Zahl arbeitsplatzbedingter Umzüge war nicht hoch, da zum einen die Einkommenshöhe bzw. die ökonomische Stellung nur unwesentlich dadurch verändert werden konnte, und weil zum anderen größere Kombinate aufgrund der verordneten Arbeitskräftepolitik eine territoriale Monopolstellungen hinsichtlich der Rekrutierung von Beschäftigten hatten (vgl. Hanf 1991, 78). Es überwogen daher familienbezogene Wanderungen (vgl. Grundmann u. a. 1989, 241). Schließlich ist auch der Modus der Wohnungsvergabe als Mobilitätsrestriktion zu nennen.

Die residentielle Segregation, d. h. die räumliche Entmischung sozialer Gruppen, war in der DDR entlang der Merkmale Einkommen, Beruf und Bildung nur schwach ausgeprägt (vgl. Marcuse 1991). Aufgrund der niedrigen Mieten spielten ökonomische Kriterien für die Wohnbedingungen nahezu keine Rolle. Dennoch waren auch in der DDR sozialräumliche Sortierungsprozesse wirksam (vgl. Hannemann 1992, 290; Hinrichs 1992). Vor allem langjährige Betriebszugehörigkeit, politische Privilegien und bevölkerungspolitische Prioritäten führten im Ergebnis zu Differenzierungen der Haushalte bezüglich unterschiedlicher Wohnstatuslagen. Diese Verteilungsmodi unterliegen aber seit der Vereinigung einem tiefgreifenden Wandel. So stellten Friedrichs und Kahl 1991 die folgende Trendprognose: „Es ist sehr wahrscheinlich, daß derartige selektive Fortzüge aus Großsiedlungen (wie sie in den alten Bundesländern beobachtet werden; d. Verf.) auch in den Städten der neuen Bundesländer auftreten werden und damit eine Entmischung und Destabilisierung der Siedlungen eintreten wird. (...). Die vermutete Differenzierung der Einkommen und Lebensstile wird auch eine weitere räumliche Folge haben: die Aufwertung innerstädtischer Wohngebiete mit gründerzeitlicher Bausubstanz (Gentrification). (...). Die Verdrängung insbesondere einkommensschwacher Gruppen aus diesen innerstädtischen Wohngebieten, die zur Zeit noch eine schlechte 'soziale Adresse' sind, ist aufgrund der Mietenentwicklung unvermeidlich (...). Grund und Boden, Immobilien, Wohnungseigentum werden bevorzugte Objekte eines wachsenden Teils der Bevölkerung werden" (S. 191 f.). Im folgenden soll anhand unserer Untersuchungsergebnisse geprüft werden, ob derartige Entwicklungsprozesse bereits empirisch festzustellen sind.

Betrachtet man zunächst die Umzugsbewegungen in den drei Jahren vor und nach dem gesellschaftlichen Umbruch, so wird deutlich, daß die innerquartierlichen Umzüge deutlich abgenommen haben, während die quartiersübergreifende Mobilität stark zugenommen hat. So lebt fast jede/r fünfte Befragte erst seit weniger als drei Jahren in seinem gegenwärtigen Wohngebiet. Die vor dem Umbruch relativ hohe Zahl der innerquartierlichen Umzugsbewegungen läßt sich wohl überwiegend auf Wohnungstausch zurückführen. Dieser war angesichts der starren und formalisierten Wohnungsvergabe durch die kommunalen Wohnungsämter eine der wichtigsten Möglichkeiten, die Wohnung zu wechseln (vgl. Marcuse 1991). Der Rückgang der innerquartierlichen Umzüge kann als Anzeichen für eine Abwartehaltung interpretiert werden. Die deutliche Zunahme der quartiersübergreifenden Mobilitätsvorgänge zeigt demgegenüber an, daß die nun bestehenden Opportunitäten genutzt werden, was eine Lockerung der Beziehung zum einmal erworbenen Wohnplatz bedeutet. Was die Umzugsbewegungen in den verschiedenen Untersuchungsquartieren angeht, so zeigt sich, daß die Zahl der quartiersübergreifenden Zuzüge im Gründerzeitgebiet und im Altstadtkern am größten ist.

Tabelle 1: Umzugspläne nach Gebietstypen (in %)

	Neubau-gebiet	Siedlung	Gründerzeit-gebiet	Altstadt	Insgesamt
keine	73	94	70	68	75
in mehr als 2 Jahren	12	3	15	11	11
in weniger als 2 Jahren	12	3	11	19	11
Umzug steht fest	3	–	4	2	3
insgesamt	100	100	100	100	100
Zahl der Fälle[*)]	199	95	186	97	577

*) ohne „weiß nicht/keine Angabe"

Quartierstypische Unterschiede gibt es auch bei den Anteilen der Befragten, die angeben, für die Zukunft Umzugspläne zu haben. Immerhin ein Viertel aller Befragten hat die Absicht umzuziehen (vgl. Tab. 1). Dieser Anteil entspricht etwa den Befunden bei ost- (und west-) deutschen MieterInnen insgesamt (vgl. Böltken 1992, 752). Nach einem erheblichen umbruchsbedingten Anstieg der Mobilität 1989/90 hat in den neuen Bundesländern mittlerweile eine Angleichung an westliche Muster stattgefunden. Bei etwa der Hälfte der Umzugswilligen handelt es sich aber um eher vage Absichten, die erst in mehr als zwei Jahren realisiert werden sollen; die andere Hälfte hat schon konkretere Pläne, und 3% aller Interviewten haben bereits Abmachungen bzw. Verträge geschlossen. In der Siedlung bestehen nahezu keine Umzugsabsichten (was aufgrund des dortigen hohen Altersdurchschnitts auch nicht erstaunt), während besonders im Altstadt- und Gründerzeitgebiet vergleichsweise häufig Umzugspläne geschmiedet werden.

Bei den Umzugsmotiven stehen Push-Faktoren im Vordergrund, d.h. diejenigen Gründe, die als Defizite der bestehenden Wohnsituation anzusehen sind: 95% der umzugswilligen Befragten nennen derartige Motive (Mehrfachnennungen waren möglich), während Pull-Faktoren (z.B. Eigentumsbildung, Haushaltsgründung) nur von 53% genannt werden. An erster Stelle der Umzugsmotive stehen qualitative Mängel der Wohnung, die von fast jedem/r dritten Umzugswilligen angegeben werden. Darüber hinaus spielt eine Rolle, daß die Wohnung zu klein, zu groß oder zu teuer sei. Außerdem mißfällt jedem/jeder fünften umzugswilligen Befragten die Wohnungsumgebung. Von allen umzugswilligen Befragten wollen 28% Eigentum bilden (7% aller Befragten), wobei dieser Wunsch nur im Neubaugebiet vorherrschend ist (12% aller dortigen Befragten planen eine Eigentumsbildung).

Der Vergleich mit den Wohnverhältnissen in den alten Bundesländern zeigt deutliche Unterschiede hinsichtlich der Eigentümerstruktur: In den neuen Bundesländern wohnen nur 28% der Haushalte im selbstgenutzten Eigentum, in den alten dagegen 44% (vgl. Hinrichs/Eisenberg 1993, 169). Hieraus läßt sich schließen, daß es im Hinblick auf die Bildung von Wohneigentum in den neuen Bundesländern einen starken Nachholbedarf gibt (vgl. Manzel 1992). Auch wenn Bausparverträge nicht immer zum Bauen verwandt werden, so weisen u. E. auch die erheblichen Steigerungsraten bei den Neuabschlüssen von Bausparverträgen (vgl. Stat. Bundesamt 1992, 379) auf eine verstärkte Neigung zur Wohneigentumsbildung hin. In unserer Untersuchung zeigt sich, daß die Bildung von Wohneigentum besonders von den jüngeren Befragten bis 35 Jahre, von Kernfamilien mit ein oder zwei Kindern sowie von Personen in einer stabilen Beschäftigungssituation und mit hohem Einkommen angestrebt wird.

Wenn auch von einer bestehenden Umzugsabsicht nicht ohne weiteres auf die tatsächliche Realisierung des Wohnungswechsels geschlossen werden kann, da dafür weitere Faktoren – wie z.B. das Angebot einer anderen Wohnung – hinzukommen müssen, so geben derartige Absichten doch einen Hinweis auf bestehende Unzufriedenheiten und Mobilitätspotentiale. Um solche Potentiale zu ermitteln, wurden die Mobilitätsneigungen verschiedener sozioökonomischer Gruppen in den Wohngebieten verglichen. Die Befunde – die allerdings teilweise nicht signifikant sind – deuten darauf hin, daß auch in den Städten der neuen Bundesländer in Zukunft mit einer zunehmenden sozialräumlichen Segregation zu rechnen ist, die sich zum einen auf lebenszyklische Aspekte bezieht und zum anderen von der Arbeitsmarktposition des gesamten Haushalts und insofern von dessen ökonomischer Planungssicherheit abhängt.

Die jüngeren Befragten bis zu 35 Jahren haben weit überdurchschnittlich häufig Pläne für einen Wohnungswechsel, wobei von den unter 25jährigen meist die Gründung eines eigenen Haushalts angestrebt wird. Die Mobilität seit der Wende geht fast ausschließlich auf ihr Konto, was auch Ausdruck der zur DDR-Zeit eingeschränkten Möglichkeiten ist, als junger Mensch ohne Heirat und Kinder eine eigene Wohnung zu erhalten. Im Neubaugebiet ist die ohnehin hohe Umzugsbereitschaft junger Menschen überdurchschnittlich ausgeprägt; so schmiedet über die Hälfte der jüngeren NeubaubewohnerInnen Umzugspläne (gegenüber 40% in allen Gebieten). Aus dem Gründerzeitgebiet wollen (müssen?) demgegenüber eher die Älteren ausziehen, was vermutlich mit den großen und häufig sehr schlecht ausgestatteten Wohnungen zusammenhängt, die gerade für ältere Menschen häufig nicht mehr zu halten sind. Außerdem machen sich hier bereits die Folgen von Rückübertragungen einzelner Häuser und Modernisierungsarbeiten bemerkbar.

Besonders ausgeprägt ist die Umzugsbereitschaft der Kernfamilien in der Expansionsphase. Sie machen fast die Hälfte aller befragten Haushalte aus und möchten weit überdurchschnittlich häufig in Zukunft ihre Wohnsituation verändern. Zu den wichtigsten Motiven gehören die vielfach beengte Wohnsituation und Ausstattungsmängel, aus denen eine hohe Unzufriedenheit mit der Wohnung resultiert; häufig wird die Bildung von Eigentum angestrebt. Diese Haushalte mit kleineren Kindern wollen überproportional häufig aus dem Neubau- und aus dem Altstadtgebiet ausziehen.

Ausschlaggebend für die Umzugspläne ist dabei vorwiegend – in allen Gebieten gleichermaßen – der sozioökonomische Status und die Situation auf dem Arbeitsmarkt. Die Erwerbstätigen – besonders diejenigen, deren gesamte Beschäftigungssituation des Haushalts momentan stabil ist – hegen am häufigsten Umzugspläne, wobei das Motiv Eigentumsbildung dominiert. Interessanterweise besteht aber zwischen dem Pro-Kopf-Einkommen und der Mobilitätsabsicht kein Zusammenhang. Auch wenn man die Umzugspläne der Angehörigen verschiedener Einkommensgruppen in den Quartieren vergleicht, lassen sich fast keine Unterschiede feststellen. Erst mit einer zunehmenden Stabilität der sozioökonomischen Differenzierung innerhalb der Quartiersbevölkerungen ist damit zu rechnen, daß auch die Einkommenshöhe eine verstärkte Bedeutung für den Wohnstandortwechsel erlangen wird. Zu bedenken ist natürlich auch, daß ein Wohnstandortwechsel den Verlust der Mietpreisbindung und somit höhere Wohnkosten bedeutet (vgl. Schröder 1994, 17). Die quartiersspezifischen Differenzen sind dagegen um so deutlicher, wenn der sozioökonomische Status (gebildet als Index aus Schul- und Berufsabschluß sowie Pro-Kopf-Einkommen) betrachtet wird: Wollen aus dem Neubaugebiet tendenziell eher die höheren und mittleren Sozialstatusgruppen ausziehen, wird im Gründerzeit- und Altstadtgebiet eher bei den unteren sozioökonomischen Gruppen von einem zukünftigen Umzug ausgegangen.

Die von Friedrichs und Kahl 1991 aufgestellte Trendprognose selektiver Fortzüge aus den Plattenbausiedlungen, einer zunehmenden Verdrängung Sozialschwächerer aus innerstädtischen Wohngebieten und einer wachsenden Neigung zur Eigentumsbildung läßt sich also anhand unserer Befunde durchaus erhärten. Würden die Umzugspläne tatsächlich realisiert, so würden aus dem Neubaugebiet eher jüngere Personen, Kernfamilien in der Expansionsphase und Personen mit einer sicheren Beschäftigungsperspektive abwandern (vgl. auch Mnich 1993 und Kahl/Kabisch 1992, die für Halle-Neustadt bzw. Leipzig-Grünau zu ähnlichen Ergebnissen kommen). Gerade die jüngeren Familienhaushalte und gehobenen Sozialschichten gehören vielfach zu den sozialaktiven Bevölkerungsgruppen, die zur Entstehung und Stabilisierung der quartierlichen Sozialmilieus beitragen und wichtige Träger für eine Bewohnerbeteiligung sind. Wenn für diese Gruppen kein attraktives Wohnangebot in ihren Quartieren vorhanden ist, wird ein Teil von ihnen wohl abwandern, was wiederum das Risiko der Überalterung, der Destabilisierung der sozialen Milieus, der fehlenden Bewohnerpartizipation und schließlich der weiteren sozialräumlichen Segregation erhöht. „Nicht nur die Substanz der Plattenbauten bröckelt, auch das soziale Milieu verändert sich" (Leithäuser 1992) – aber erst, wenn der Wohnungsmarkt überhaupt eine ausreichende Zahl an Alternativen bietet und nur dann, wenn in den Gebieten nicht gegengesteuert wird.

Im Gründerzeitgebiet stellt sich die mutmaßliche Entwicklung fast umgekehrt dar: hier besteht eher bei den älteren und sozial schwächeren Personengruppen ein Umzugsdruck. Dies hängt wohl zum einen mit den großen – und deswegen nun auch teuren – Wohnungen zusammen, zum anderen sind dort die Ausstattungs- und Erhaltungsmängel zum Teil gravierend und schließlich machen sich hier bereits Sanierungen bemerkbar. In der Altstadt schließlich lassen sich beide Tendenzen erkennen: Auf der einen Seite gibt es bei den jüngeren Haushalten und Kernfamilien mit kleineren Kindern Umzugspläne, auf der anderen Seite sind auch Abwanderungstendenzen bei den älteren Einpersonenhaushalten und den sozial Schwächeren zu erkennen.

2.2. Soziale Beziehungen im Stadtteil: „Die Spreu trennt sich vom Weizen"

Die früheren Mobilitätsbarrieren stabilisierten die Wohnmilieus insofern, als man sich mit dem zugewiesenen oder erworbenen Wohnstandort arrangieren mußte. So betont eine Reihe stadtsoziologischer Untersuchungen in der DDR den hohen Stellenwert mikrolokaler Unterstützungsbeziehungen (vgl. Brand 1981; Niederländer u.a. 1987; Staufenbiel 1989, 132 f., 146 f.). Die insgesamt stärkere Nivellierung der Lebenslagen begünstigte kontaktfördernde Gemeinsamkeiten. Aufgrund der allgemeinen Mangelsituation waren Solidargemeinschaften wichtige Ressourcen, besonders im ökonomischen Bereich. Gleichzeitig wurde die Ausbildung engerer Sozialbeziehungen begünstigt, „in denen Individuen einen für ihre individuelle Entwicklung wichtigen Gegenpol zu der formalen Gewalt staatlicher Regelungs- und Kontrollmechanismen ausbilden konnten" (Huinink/Mayer 1993, 155). Außerdem wurden milieubezogene Unterstützungsleistungen unter der Bewohnerschaft als Element 'sozialistischer Lebensweise' staatlich gefördert (vgl. Lemke 1991, 214 f.).

Die Entwicklungen seit der Vereinigung lassen durchaus gegenläufige Hypothesen bezüglich der quartierlichen Sozialbeziehungen zu: Einerseits könnte die wachsende Differenzierung und die Erhöhung sozialer Ungleichheit traditionelle solidarische nachbarschaftliche Beziehungen abbauen. Möglicherweise wird ein Teil der Bevölkerung die Freisetzung aus den vormaligen und sogar teilweise verordneten Nachbarschaftshilfen als Chance für eine autonomere Lebensgestaltung erleben. Andererseits kann aber auch angenommen werden, daß die Betroffenheit durch gleiche Problemlagen, z. B. durch allgemeine Mieterhöhungen – genau umgekehrt – zu einer Verstärkung nachbarschaftlicher Solidarität beiträgt. Außerdem könnten auch positive Erfahrungen mit einer anderen Art von Nachbarschaftsbeziehungen eine Erosion der nachbarschaftlichen Netzwerke verhindern. Schließlich könnte angesichts der Arbeitslosigkeit eine Hinwendung zu sozialen Beziehungen im Wohngebiet als Kompensation vormaliger Kontakte zu KollegInnen erfolgen.

Für die Untersuchung der Veränderungen des Nachbarschaftsklimas durch den gesamtgesellschaftlichen Umbruch wurden den Befragten verschiedene Statements zu Beurteilung vorgelegt. Über 40 % der Befragten stimmen der Aussage zu: „Seit der Wende haben die sozialen Gegensätze stark zugenommen. Es gibt hier jetzt viel größere Unterschiede zwischen jenen, die viel haben und denen, die weniger haben." Die Zunahme ökonomischer Disparitäten – denn diese sind hier besonders angesprochen – wird quartiersübergreifend ähnlich wahrgenommen. Deutliche Quartiersunterschiede gibt es hingegen bei der Beurteilung der Aussage: „Wir haben hier andere Probleme, als die Beziehungen mit den Nachbarn zu pflegen. Jeder interessiert sich mehr für sich selbst." Auch hier stimmen 4 von 10 Befragten zu, wobei die deutlichste Unterstützung aus dem Neubaugebiet kommt, wo fast die Hälfte der Befragten zustimmt. Die vermutete Hinwendung zur Nachbarschaft bei Personen mit Problemen auf dem Arbeitsmarkt bestätigt sich: Von ihnen kommt die mit Abstand deutlichste Ablehnung des Statements.

Diejenigen Aussagen, die eine Verstärkung oder Intensivierung der Kontakte behaupten, stoßen auf deutliche Ablehnung bei den Befragten. Zwei Drittel halten die Aussage für unzutreffend: „Wir haben ein viel offeneres Verhältnis zueinander, man redet über viele Dinge." Immerhin ein Viertel aller Befragten ist aber der Meinung, daß das Nachbarschaftsverhältnis offener geworden sei. Besonders die niedrigeren Sozialstatusgruppen sehen überproportional eine solche Verbesserung des Nachbarschaftsklimas. In der Siedlung sehen sogar 4 von 10 Befragten eine solche positive Entwicklung, während aus dem Neubaugebiet und der Altstadt eine deutliche Ablehnung kommt. Folgende Aussage erhielt die geringste Zustimmung: „Die Solidarität hat zugenommen. Wir helfen und unterstützen uns gegenseitig." Fast drei Viertel der Befragten glauben dies nicht. Einen Bedeutungsgewinn der Unterstützungsleistungen aus dem kleinräumlichen Milieu wird besonders von denjenigen gesehen, die in stärkerem Maße darauf angewiesen sind, d.h. von Personen mit Arbeitsmarktproblemen und aus niedrigeren Sozialstatusgruppen.

Um die Wahrnehmung der Folgen des Umbruchs auf die Nachbarschaftsbeziehungen synoptisch darzustellen, wurden die unterschiedlichen Bewertungen der vier Statements in einem Indikator zusammengefaßt. Dabei zeigt sich, daß die Konsequenzen für die Sozialmilieus in den Wohngebieten ausgesprochen negativ wahrgenommen werden. 44% der Befragten bewerten die Veränderungen eher negativ, während nur 18% eher positive Folgen sehen. Etwa ein Drittel sieht positive und negative Konsequenzen gleichermaßen, und für 6% ist das Problem egal. In allen Gebieten werden besonders die negativen Veränderungen hervorgehoben. Im Neubaugebiet sieht über die Hälfte der Befragten überwiegend negative Veränderungen des Nachbarschaftsklimas durch die Wende. In der Siedlung hingegen werden die Folgen positiver als in den anderen Gebieten gesehen; hier scheinen die insgesamt recht engen Sozialbeziehungen im Milieu die negativen Folgen der Wende abzupuffern.

Doch was sind die Ursachen für die erhebliche Erschütterung der kleinräumigen Sozialbeziehungen? Die Intensivinterviews geben hier genaueren Aufschluß. Eine wesentliche Determinante ist die Auflösung notgemeinschaftlicher Unterstützungsleistungen, die nun aufgrund der besseren allgemeinen Versorgungslage nicht mehr notwendig sind. Ein Befragter bringt dies folgendermaßen auf den Punkt: „Das Persönliche war früher stark, bedingt durch die Mangelwirtschaft, daß man eben schnell der Nachbarin sagt: Da gibt es Apfelsinen, lauf mal schnell hin. Und daß man sich half. Da besorgte man dem einen 'nen Sack Zement, und der andere konnte einem mal bei der Autobatterie helfen. Das hat enorm dazu beigetragen, persönliche Kontakte zu schaffen. Und das ist natürlich jetzt alles nicht mehr notwendig, und ich glaube, daß allmählich auch ein Auseinanderdriften stattfinden wird." (emeritierter Universitätslehrer, 63 Jahre, Gründerzeitgebiet)

Auch Veränderungen im Arbeitsbereich wirken sich auf das gesamte Geflecht der Sozialbeziehungen aus. Zum einen wird von denjenigen, die einen Arbeitsplatz haben, betont, daß die Zunahme der Intensität der Arbeitsbelastungen die Energie für soziale Kontakte außerhalb der Arbeit bindet. Zum anderen werden diejenigen, die aus dem Erwerbsleben ausgegrenzt worden sind, auf andere Sozialbeziehungen verwiesen. Bei ihnen wurde eine stärkere Nachbarschaftsorientierung und eine im Durchschnitt positivere Bewertung der Wendefolgen für das Nachbarschaftsklima festgestellt. Da Arbeitsplatz und Brigadeleben nicht mehr vorhanden sind, werden andere Zusammenhänge relevanter: „Der Stellenwert der Nachbarschaft hat zugenommen. Dadurch, daß man jetzt mal Zeit hat" – so eine Arbeitslose. Allerdings berichtet sie im gleichen Atemzug von mangelnder Sensibiliät ihrer Situation gegenüber und beschreibt ihr eigenes Rückzugsverhalten aus der Nachbarschaft.

Die Differenzierung und Pluralisierung der Lebenslagen wird hinsichtlich der Folgen ambivalent beurteilt. Auf der einen Seite ergeben sich neue Chancen der Individualisierung, auf der anderen Seite geht damit ein viel höheres Maß an Risiken, Entscheidungszwängen und Verantwortlichkeit für die Folgen der Entscheidungen einher. Dies führt teilweise zu Konkurrenzempfindungen – „ein gewisser Überlebensegoismus" – und dem Gefühl, daß „man kühler zueinander wird". Auch die Generationsunterschiede scheinen sich zu verstärken und äußern sich besonders bei den Jüngeren gegenüber einer sehr an materiellen Werten orientierten Elterngeneration. Außerdem werden die Möglichkeiten zu nicht quartiersbezogenen Sozialkontakten verstärkt genutzt: „Man findet zwar wieder neue Kreise, aber dann nicht unbedingt hier im Viertel." Auch die oben besprochene Zunahme der residentiellen Mobilität macht sich in den Wohngebieten bemerkbar. Besonders durch Fernwanderungen (in den Westen) sind Kontakte abgebrochen. Der Wegfall der staatlich geförderten Kollektive auch im Wohnbereich wird durchaus auch als Verlust erlebt. Auch wenn die Befragten die 'sozialistischen Hausgemeinschaften' – besonders im Neubaugebiet – deutlich kritisieren, so hatten sich dadurch doch Anknüpfungspunkte für soziale Beziehungen ergeben: „Es war vorher verordnete Nachbarschaftshilfe, und dadurch war ein größerer Zusammenhalt. Es entstanden daraus doch Kontakte, wenn sie auch erst verordnet waren." (Rentnerin, 65 Jahre, Neubaugebiet)

Schließlich machen sich in einzelnen Fällen die Nachwirkungen des staatlichen Kontrollsystems in den Nachbarschaften negativ bemerkbar. In der DDR mußte in allen Wohngebäuden ein 'Hausbuch' geführt werden, in das sowohl Eintragungen beim Bezug und Auszug aus einer Wohnung als auch Eintragungen von Übernachtungsbesuch gemacht werden mußten. Gerade im Neubaugebiet, wo die Reglementierung wohl am größten war, steht man heute diesem Hausbuch sehr kritisch gegenüber und sieht dies als Element der Bespitzelung. Insgesamt aber läßt sich das Hausbuch wohl am ehesten als Kontrollinstrument ohne reale Kontrollwirkung bezeichnen. Auch die Frage nach der Bedeutung der Präsenz des Staatssicherheitsdienstes in der Nachbarschaft zeigt, daß hier keineswegs von einer durchgängigen Atmosphäre des gegenseitigen Mißtrauens in den Wohngebieten ausgegangen werden kann. Die Stasi-Diskussion erhielt zum Zeitpunkt unserer Untersuchung durch eine Veröffentlichung von sog. 'Stasi-Listen" mit den Namen von Inoffiziellen Mitarbeitern aus dem Regierungsbezirk Halle eine besondere Brisanz: „Die 1283 Schlimmsten. Ist Ihr Nachbar auch dabei?" (Bild-Zeitung Halle vom 2.2.93). Unsere Untersuchung zeigt, daß von einem umfassenden Vertrauensverlust in der Nachbarschaft aufgrund der vormaligen Bespitzelungen nicht ausgegangen werden kann. Dennoch verdeutlichen die Intensivinterviews, wie tief die Stasi-Präsenz in das Nachbarschaftsverhältnis eingegriffen hat und heute zum Teil noch nachwirkt: „Die Bespitzelungen durch die Staatssicherheit haben eigentlich immer belastet. Man hat auch schon damals gespürt, der oder der könnte bei der Stasi sein oder der ist zumindest linientreu oder staatshörig. Solchen Leuten ist man aus dem Weg gegangen. Naja, man hat sich 'Guten Tag' und 'Auf Wiedersehen' gesagt, mehr ist nicht passiert. Manchmal läuft es heute noch genauso, wo durch die Veröffentlichung der Stasi-Listen bekannt ist, wer dabei war. Und bei manchen

Leuten kennt man auch die näheren Umstände, hat ihnen auch verziehen. Die Leute werden wieder einbezogen in die Mietergemeinschaft." (Stadtplaner, 38 Jahre, Gründerzeitgebiet)

Betrachtet man die unterschiedlichen Befunde in ihrer Gesamtheit, so wird zunächst deutlich, daß die gesamtgesellschaftlichen Umbruchsprozesse auch gravierende Auswirkungen auf die kleinräumigen Sozialzusammenhänge hat. Die Veränderungen werden weit überwiegend negativ beurteilt. Obwohl es keine Anzeichen für umfassende Desorganisations- und Entfremdungsprozesse gibt, lassen sich doch Erosionserscheinungen und Distanzierungen feststellen. Andererseits sind auch gegenläufige Tendenzen vorhanden, die nicht nur einer Entwertung widersprechen, sondern in Teilbereichen sogar eine Verstärkung und einen Bedeutungsgewinn mikrolokaler Bindungen aufgrund gemeinsamer Problemlagen, wie z.B. Arbeitslosigkeit oder Mieterhöhungen, belegen. Die Bedeutung von Wahlkontakten nimmt gegenüber den Zwangskontakten zu oder – wie Diewald (1993) es nennt: es findet eine „Entschlackung", d.h. eine „Neu-Sortierung" und ein „Neu-Bewußtwerden" sozialer Netzwerke statt, wobei die sozialen Beziehungen teilweise persönlicher und enger werden können, wenn sich ihre Tragfähigkeit auch unter veränderten Bedingungen erweist: „In der DDR herrschte so etwas wie eine Notgemeinschaft im Geiste, da gab's aber eben auch ein Zusammenhalten. Wir steckten ja alle sozusagen in der Tinte, und wir mußten uns also gegenseitig auch ein bißchen stützen. Und das ist natürlich jetzt weggebrochen, völlig, das ist ja nicht mehr nötig. Ich stelle auch fest, daß zum Beispiel Freundschaften bröckeln, die Leute fangen jetzt an, die Ellenbogen zu gebrauchen, sich in dieser schwierigen Zeit zu behaupten, sind also ganz stark mit sich beschäftigt, haben nicht mehr soviel Zeit für andere. Also bricht das weg, wobei wirklich feste langjährige und von beiden Seiten getragene Freundschaften bleiben. Die Spreu trennt sich also vom Weizen." (Journalist, 53 Jahre, Gründerzeitgebiet)

2.3. Selbsthilfe und Partizipation: „Da bleiben dann so'n paar Unentwegte"

Die bereits stattfindenden und noch anstehenden umfangreichen Projekte der Stadterhaltung und Stadterneuerung in den neuen Bundesländern greifen tief in die Lebenswelten der dort lebenden und arbeitenden Menschen ein. Ein wichtiges Element von Sozialplanung bei Prozessen des Stadtumbaus ist die Orientierung an den vitalen Interessen der Betroffenen, was deren Beteiligung impliziert. Partizipation bei Prozessen der Stadterneuerung ist zunächst abhängig von den gesetzlichen Rahmenbedingungen und Organisationsformen. Hier haben sich aufgrund der kommunalen Selbstverwaltung und der Institutionalisierung dezentraler Entscheidungsstrukturen verbesserte Möglichkeiten der Mitwirkung für die Bevölkerung in den neuen Bundesländern ergeben (vgl. Neckel 1992). In erster Linie muß Partizipation jedoch als Teil des Entwicklungsstandes der politischen Kultur verstanden werden (vgl. Herlyn 1991, 183). Man kann in der DDR idealtypisch von einer „dichotomisierten politischen Kultur" (Schöbel 1993, 2) ausgehen mit einer relativ autonomen Privatsphäre einerseits und einem reglementierten öffentlichen Leben andererseits, wobei sich die Kluft zwischen beiden Bereichen seit Anfang der 80er Jahre zunehmend verstärkt hat. Wie Lemke (1991, 211) zeigt, „prallten politisch-ideologische Legitimation durch Ausbau der 'sozialistischen Demokratie' als Systemstütze und Alltagsrealität allerdings gerade im Wohngebiet besonders kraß aufeinander. Während Mobilisierung und Politisierung im Wohngebiet Bestandteile der offiziellen politischen Kultur waren, zeichnete sich die im Alltag dominierende politische Kultur durch formale Partizipation, Privatisierung, Ablehnung der Politisierung und Perpetuierung traditioneller regionaler Bindungen aus". Allerdings darf man nicht verkennen, daß Formen der offiziellen politischen Kultur auch und gerade für private oder gemeinschaftliche Zwecke genutzt wurden. Auf der anderen Seite haben die BürgerInnen aus den östlichen Bundesländern zur Zeit der Wende eine „partizipatorische Revolution" (Fuchs u.a. 1991, 46) erlebt, was das Vertrauen in die Möglichkeiten der politischen Veränderbarkeit und damit die Bereitschaft zum eigenen Engagement erhöht haben könnte.

Es stellt sich also die Frage, inwieweit vor dem Hintergrund dieser Erfahrungen mit der politischen Kultur die allmähliche Herausbildung von sozialstrukturellen Differenzierungen sowie die damit verbundene tendenzielle Auflösung gemeinsamer Lebensstile die Selbsthilfefähigkeit und das öffentliche Engagement der BewohnerInnen verhindert. Es soll dabei vorwiegend auf die Selbsthilfe im Wohnungsbereich, das Engagement für Belange des Wohngebiets und die Beteiligungspotentiale bei Sanierungsvorhaben eingegangen werden. Die Selbsthilfe bei der Wohnungsmodernisierung besaß in der DDR ein besondere Tradition und war auch notwendig, um die Instandhaltungsmängel auszugleichen. Auch in unserer Untersuchung wurde ein hohes Maß an Eigenleistungen in Bezug auf die Wohnung und das direkte Wohnumfeld festgestellt, das ein breites Spektrum an handwerklichen Tätigkeiten umfaßt und erhebliche Eigenleistungen und Geschicklichkeit voraussetzt. Uns interessierte nun, inwieweit die Bereitschaft zur Selbsthilfe auch unter veränderten Rahmenbedingungen anhält. Tabelle 2 stellt den Zusammenhang von Modernisierungsaktivitäten in der Vergangenheit und zukünftigen Absichten dar.

42% der Befragten gehören zum Typ des „ständigen Modernisierers"; dieser hat in der Vergangenheit seine Wohnung renoviert und will dies auch in Zukunft tun. Besonders in der Siedlung und im Gründerzeitgebiet findet sich diese Haltung. Der Gegentypus ist der „Nicht-Modernisierer" (16%), der weder bereits modernisiert hat noch dies für die Zukunft beabsichtigt. Dieser dominiert im Altstadtgebiet, was auch mit der dortigen älteren Bewohnerschaft zusammenhängt. Beide Typen – zusammen über die Hälfte der Befragten – sind durch den gesamtgesellschaftlichen Umbruch in ihren Selbsthilfeaktivitäten nicht berührt worden. Anders jedoch der „frühere Modernisierer" (29%); dieser ist besonders in der Altstadt und im Gründerzeitgebiet vertreten. Als ursächlich für die Einstellung von Modernisierungsak-

tivitäten wird von den Befragten angeführt, daß Unklarheiten über die Besitzrege-
lungen vorliegen (Restitutionsansprüche), daß man sich selbst unsicher ist, ob man
in der Wohnung bleibt und schließlich, daß Selbsthilfeaktivitäten eher verprellt
werden (z. B. durch die Anrechnung bei den sog. Beschaffenheitszuschlägen oder
durch fehlende Genehmigung der Wohnungsgesellschaften). 13 % der Befragten
haben erst jetzt die Absicht, in der Wohnung Hand anzulegen („neue Modernisierer"), z. B. weil bestimmte Materialien und Ausstattungsgegenstände nun zu kaufen
sind. In der Siedlung ist nicht nur das Ausmaß an bislang geleisteter Selbsthilfe am
größten, sondern es bestehen auch für die Zukunft umfangreiche Absichten. Gerade wenn man sich die im Durchschnitt niedrigeren Einkommen und Qualifikationen sowie die massiven Arbeitsmarktprobleme der BewohnerInnen dieser Werkssiedlung vor Augen hält, zeigt sich, daß in dieser Bereitschaft und Fähigkeit zur
Eigenleistung und gegenseitiger Hilfe eine Chance für eine sozial- und kostenver-
trägliche Sanierung liegt.

Tabelle 2: Geleistete Selbsthilfe bei der Wohnungsmodernisierung und
Modernisierungspläne (in %)

	Neubau-gebiet	Siedlung	Gründerzeit-gebiet	Altstadt	Insgesamt
„Der ständige Modernisierer"	40	51	47	26	42
„Der neue Modernisierer"	16	24	8	9	13
„Der Nicht-Modernisierer"	17	6	1	31	16
„Der frühere Modernisierer"	27	19	34	34	29
insgesamt	100	100	100	100	100
Zahl der Fälle[*]	201	95	185	98	579

*) Nur Befragte mit diesbezüglichen Angaben

Das Engagement für Belange des Wohnbereichs wurde in der DDR staatlich gefordert und gefördert. Die Menschen sollten sich aktiv in verschiedenen sozialen,
politischen und kulturellen Organisationen im Wohngebiet beteiligen. Auf Wohn-
bereichsebene gab es eine Fülle von Funktionen vom 'Hausvertrauensmann' über
'Schiedskommissionen' und die Ausschüsse der Nationalen Front bis hin zu Basisgruppen der verschiedenen politischen Organisationen. Darüber hinaus existierten
verschiedene staatliche Programme, die Verbesserungen im Wohnbereich zum Ziel

hatten, z.B. „Nationales Aufbauwerk", „Mach mit" und die FDJ-Aktion „Umgebaut, ausgebaut" (vgl. Heitmann 1992, 20). Die Mitwirkung der BürgerInnen im Wohnbereich diente verschiedenen Zielsetzungen: Zum einen sollte die Integration in die Gesellschaft gestärkt werden; außerdem sollte eine politische Erziehung im Alltag stattfinden, und schließlich sollten Mängel im Wohnumfeld unter Mitwirkung der Bewohnerschaft beseitigt werden (vgl. auch Staufenbiel 1989, 133 f.).

Das Ausmaß der vormaligen und jetzigen Beteiligung wird – analog zu den Modernisierungstypen – in Tabelle 3 dargestellt. Zunächst zeigt sich, daß vor dem Umbruch in allen untersuchten Gebieten ein vergleichsweise hohes Engagement der BewohnerInnen festzustellen ist: fast ein Drittel hat sich in irgendeiner Weise für Belange des Wohnbereichs eingesetzt – mit Abstand am meisten im Neubaugebiet. Die Bewohneraktivitäten bezogen sich auf ein weites Spektrum von der Sorge für Grünanlagen bis hin zum kommunalpolitischen Engagement, z.B. im Wohnbezirksausschuß. Was allerdings fast gänzlich fehlt, sind selbstbestimmte Formen der Partizipation, z.B. in Bürgerinitiativen oder Mieterbewegungen. Aufgrund der zentralistischen Struktur und des theoretischen Selbstverständnisses der Staats- und Parteiführung waren die Möglichkeiten einer autonomen Interessenartikulation oder gar eine oppositionelle Haltung nicht vorgesehen und hatten keine Chance zur Durchsetzung (vgl. Lemke 1991, 218 f.). Der Anspruch auf demokratische Mitwirkung der BewohnerInnen konnte angesichts der bestehenden geringen Spielräume wenig mehr als eine politische Phrase bleiben.

Tabelle 3: Engagement für Belange im Wohngebiet vor und nach dem Umbruch (in %)

	Neubau-gebiet	Siedlung	Gründerzeit-gebiet	Altstadt	Insgesamt
„Der ständig Engagierte"	15	13	11	7	12
„Der neue Engagierte"	2	2	4	–	2
„Der nicht Engagierte"	53	75	72	70	66
„Der früher Engagierte"	30	10	13	23	20
insgesamt	100	100	100	100	100
Zahl der Fälle*)	173	83	171	93	520

*) Nur Befragte mit diesbezüglichen Angaben

Zwei Drittel aller Befragten haben sich weder vor noch nach dem Umbruch für die Belange des Wohnbereichs eingesetzt. In der Siedlung und im Gründerzeitgebiet gilt dies sogar für etwa drei Viertel. Jede/r fünfte Befragte hat sich vor den gesellschaftlichen Umbrüchen für das Wohngebiet eingesetzt, tut dies aber heute nicht mehr; dieser Typus des „früher Engagierten" findet sich überwiegend im Neubaugebiet, wo vormals die gesellschaftliche Einbindung besonders hoch war. Der überwiegende Teil der jetzt noch engagierten 14% hat sich bereits vor dem Umbruch für Belange des Wohnbereichs eingesetzt. Eine Entstehung neuen Engagements läßt sich fast gar nicht feststellen. Wenn man nach den Gründen für die Veränderungen des Engagements fragt, so lassen sich auf der Basis der Intensivinterviews verschiedene Ursachenbündel herauskristallisieren. Die zu DDR-Zeiten übliche Förderung, Unterstützung und teilweise Erzwingung des Bürgereinsatzes ist weggefallen, was zum Teil dazu führt, daß das Engagement abnimmt. Die BewohnerInnen sind teilweise der verordneten Einsätze für das Wohngebiet überdrüssig, und das Engagement wird auch nicht wie zu DDR-Zeiten durch monetäre Anreize gefördert (z.B. durch Pflegeverträge für die Grünanlagen oder jährlich von allen Hausparteien abzuleistende Arbeitsstunden). Die starke Verregelung des Alltags und die mehr oder weniger freiwilligen 'Hausgemeinschaften'-Aktivitäten haben zu einem Überdruß geführt, der nun teilweise eine völlige Abstinenz bei öffentlichen Engagements bewirkt: „Das hat jeder so satt gehabt, da will keiner mehr was von hören", so ein Befragter über seine Erfahrungen mit 'sozialistischen Hausgemeinschaften' im Neubaugebiet.

Unter den BewohnerInnen macht sich teilweise auch eine Gleichgültigkeit im Hinblick auf die Wohnumwelt bemerkbar. So wurde häufig beklagt, daß die Sauberkeit seit der Wende erheblich nachgelassen habe, weil sich niemand mehr darum kümmere. Es werden andere Prioritäten, z.B. im Berufsbereich, gesetzt. Schließlich fehlen in der Wahrnehmung der Menschen geeignete Anknüpfungspunkte für ein Engagement. Es fehlt die Vertrautheit mit den neuen Institutionen und Organisationen (vgl. Rueschemeyer 1993, 502). Außerdem läßt sich eine grundlegende Frustration und Politikverweigerung feststellen, die teilweise auf der vormaligen Überreglementierung und teilweise aus Gefühlen der Machtlosigkeit resultiert: „Früher sollte ja jeder politisch sein. Die Leute wollen einfach nicht mehr. Jetzt haben sie es probiert mit den ganzen Wahlen, haben sie Hoffnung gehabt, das ein bißchen zu ändern und sind eigentlich wieder enttäuscht worden." (Angestellter, 28 Jahre, Neubaugebiet)

Gerade die zur Wendezeit politisch Aktiven sind häufig resigniert, da sich ihre hohen Erwartungshaltungen nicht erfüllt haben: „Es werden immer weniger und nicht mehr, die sich einbringen. Die Leute ziehen sich zurück, weil sie gar nicht soviel erreichen können, also so'n bissel Enttäuschung auch. Dieser Elan der Anfangszeit, wo man glaubte, jetzt können wir was verändern, ist ganz schnell umgeschlagen. Man sieht, daß man gar nicht so viel verändern kann, wie man gehofft hat. Und die waren ja auch bereit, ganz viel zu machen und ganz viel Zeit einzusetzen, um sich zu engagieren. Aber es ist relativ wenig dabei rausgekommen, dann ziehen die sich einfach zurück. Da bleiben dann so'n paar Unentwegte." (Germanistin, 37 Jahre, Gründerzeitgebiet)

Nach diesen Befunde kann nur von einer geringen generellen Bereitschaft zum wohngebietsbezogenen Engagement ausgegangen werden. Wie stellt sich dies nun im Hinblick auf die Sanierung dar? Zunächst zeigt sich, daß ausgesprochen hohe Erwartungen und Hoffnungen von seiten der BewohnerInnen mit einer Sanierung verknüpft werden. Ressentiments oder auch nur Skepsis gegenüber grundlegenden städtebaulichen Veränderungen hat – im Gegensatz zu Erfahrungen in den alten Bundesländern – fast niemand, oder diese treten angesichts des desolaten Zustandes vieler Wohnungen und des Umfelds in den Hintergrund. Das auf Sanierungsfolgen bezogene Statement mit der höchsten Zustimmung (90%) besagt: „Durch die Veränderungen würde hier alles viel schöner, und die Menschen würden sich viel wohler fühlen". Befürchtungen, z.B. im Hinblick auf eine Verdrängung der angestammten Bewohnerschaft werden nur von wenigen gehegt; auch die Bereitschaft zur Hinnahme von Mieterhöhungen war (1992) recht hoch. Aufgrund der hohen Erwartungshaltung der Bewohnerschaft im Hinblick auf Sanierungsmaßnahmen sind Enttäuschungen bereits abzusehen. Um so notwendiger ist bei den planenden Instanzen ein großes Verantwortungsbewußtsein und der gezielte Schutz der Bürgerinteressen.

Unsere Ergebnisse zeigen, daß besonders von denjenigen eine Partizipationsbereitschaft zu erwarten ist, die sowohl eine enge Stadtteilbindung als auch eine sozialaktive Verhaltensdisposition haben. Hierzu gehören besonders die mittleren Altersgruppen mit einem höheren Schul- und Berufsabschluß. Das Partizipationspotential ist besonders ausgeprägt im Gründerzeitgebiet und der Siedlung. Allerdings wird es darauf ankommen, an die spezifischen Aktivitätsstrukturen der dortigen Bewohnerschaft anzuknüpfen. In diesem Zusammenhang stellt sich die Frage, ob die institutionalisierten Beteiligungsmöglichkeiten von den BürgerInnen akzeptiert und genutzt werden oder ob diese Formen der Partizipation auf ein grundlegendes Mißtrauen stoßen. Gefragt nach den vorstellbaren Reaktionsarten auf eine unerwünschte kommunale Entscheidung, würde der Großteil der Befragten (60%) das Problem zunächst mit NachbarInnen und Bekannten besprechen. Immerhin 44% würden sich einer Bürgerinitiative anschließen, 6% könnten sich sogar vorstellen, eine solche zu gründen. Die Möglichkeit, sich mit dem eigenen Anliegen an eine politische Partei zu wenden, wird dagegen fast gar nicht gewählt. Man würde sich eher an die Verwaltung wenden (40%), wogegen der/die zuständige Stadtverordnete nur von relativ wenigen Befragten angesprochen würde. Fast ein Drittel der Befragten könnte sich vorstellen, im Falle einer mißliebigen Entscheidung an einer Demonstration dagegen teilzunehmen. Hier zeigt sich, daß die institutionalisierten kommunalen Beteiligungsmöglichkeiten nicht nur von dem Großteil der Befragten für unzureichend gehalten, sondern auch im Gegensatz zu „neuen" Formen der Beteiligung (wie z.B. Bürgerinitiativen) weniger praktiziert werden würden. Eine wirksame Sozialplanung bei Sanierungsprozessen, die über eine reine Fürsorge und Kompensation von Härten hinausgehen soll, hat diese Faktoren zu berücksichtigen.

3. Sozialplanerische Überlegungen

Anders als in der alten Bundesrepublik, wo sozialplanerische Forderungen erhoben wurden, als die radikalen Flächensanierungen der 60er Jahre bereits Wirklichkeit geworden waren und somit die städtebauliche Erneuerung negativ stigmatisiert war, ließ sich in den Städten der ehemaligen DDR einige Jahre nach der Vereinigung ein großer Sanierungsoptimismus feststellen, der die Akzeptanz sozialplanerischer Aktivitäten zu begünstigen scheint. Allerdings steht einer Kooperation beim Sanierungsprozeß von Seiten der Wohnbevölkerung grundsätzlich die angespannte soziale Lage gegenüber, in der sich die meisten BewohnerInnen der ehemaligen DDR nach der Wende befinden; sei es durch tatsächliche oder erwartete Arbeitslosigkeit oder durch den Druck, neue Lebenswege und -entwürfe in verhältnismäßig kurzer Zeit entwickeln zu müssen. An dieser Stelle ist weder der Platz, allgemeine Anforderungskataloge an sozialplanerische Standards in den neuen Bundesländern zu entwickeln (vgl. Deutscher Verein 1993), noch können hier gebietsspezifische Nuancierungen in den Handlungsempfehlungen im einzelnen dargestellt werden (vgl. Herlyn/Hunger 1994, 329 f.). Vielmehr sollen zu den drei zuvor analysierten Themenfeldern einige weiterführende Überlegungen angestellt werden, die in sozialplanerische Konzepte zu integrieren wären, wobei versucht werden soll, die ostdeutschen Mentalitäten und Befindlichkeiten zu berücksichtigen.

3.1. Residentielle Mobilität und Segregationstendenzen

In Anbetracht der weitgehend erzwungenen Seßhaftigkeit zur Zeit der DDR aus Mangel an Alternativen, verwundert es nicht, daß sich nach der Wende erhebliche Bevölkerungsumschichtungen in den einzelnen Wohnquartieren abzeichnen. Will man diese Tendenz zur quartiersübergreifenden Mobilität, die sozial selektiv strukturiert ist und damit Segregation fördert, verlangsamen, so ist bei der Erneuerung insbesondere auf eine bestandsorientierte Qualitätsverbesserung der Wohnverhältnisse zu achten, denn fast alle diejenigen, die Umzugspläne äußerten, begründeten dies mit Kritik an ihrer derzeitigen Wohnsituation. Darüber hinaus würden auch Chancen zur Eigentumsbildung in den jeweiligen Quartieren die Umzugsneigungen herabsetzen, denn dies ist der am häufigsten genannte Pullfaktor der Umzugswilligen. Ganz grob kann gesagt werden, daß die Umzugswilligen in der Regel eher zu den ökonomisch und sozial stärkeren Personengruppen gehören.

Der Versuch, die höheren Sozialschichten im Quartier zu halten – ein Problem, das besonders in den Neubauvierteln akut ist – darf jedoch nicht dazu führen, daß Schwächere gegen ihren Willen verdrängt werden. Diese Gefahr zeigt sich vor allem im Gründerzeitgebiet und im Altstadtgebiet, in denen über Mietanhebungen nach erfolgten Einzelmodernisierungen Sozialschwächere aus großen Wohnungen gedrängt werden. Die innerquartierlichen Disparitäten, d.h. die Unterschiedlichkeit der Wohnbedingungen und Lebenslagen der Menschen in den verschiedenen Straßenzügen, stellen dort ein wichtiges Problem dar. Bei der Sanierung und der sanierungsbezogenen Sozialplanung sollten diese Disparitäten nicht verstärkt, sondern abgebaut werden. Dazu ist es notwendig, den baulichen Zustand allgemein zu verbessern und nicht nur bei attraktiven Einzelobjekten; eine umfassende Einfach- und Erhaltungssanierung ist einer Luxusmodernisierung in ohnehin schon privilegierten Bereichen vorzuziehen. Besonders im Altstadtkern stehen bei der Sozialplanung eindeutig die Schutzinteressen der BewohnerInnen im Vordergrund. Die Umnutzungs- und Verdrängungsprozesse, die bereits stattfinden, erfordern – gerade für die sozial schwächere Bevölkerung, die vielfach in den maroden Altbauten wohnt – einen wirksamen Härtefallausgleich. Die Bindung der AltstadtbewohnerInnen an ihr Wohngbiet ist ausgesprochen eng, aber nicht besonders widerstandsfähig. Aus diesem Grund besteht – gerade in den attraktiven Lagen – die Gefahr einer lautlosen Verdrängung der angestammten Bewohnerschaft und einer Verödung der Innenstädte, wie sie vielfach in den alten Bundesländern beklagt wird. Per Saldo hat jede Sozialplanung die quantitative und qualitative Bevölkerungsbilanz in einem Quartier zu thematisieren und die gruppenspezifischen Mobilitätsneigungen und ihre Gründe bei lokalen Maßnahmen zu berücksichtigen.

3.2. Zur Dichte des Netzes von Sozialbeziehungen

Die Analyse des lokalen sozialen Beziehungsnetzes zeigte eine tiefgreifende Erschütterung durch die Wende. Trotz der Präsenz der Staatssicherheit und formalen Hauskontrollen durch Führung von Hausbüchern konnte das Sozialmilieu überwiegend als integrativ angesehen werden; es war relativ fest gefügt und hatte sich im Laufe der Jahre zusammengerüttelt. Die Vereinzelungen nach der Wende führten zu Disparitäten in der Wahrnehmung von Lebenschancen, in deren Verlauf sich auf Kosten von Nachbarschaftsorientierungen die Individualisierungen verstärkten: 40% aller Befragten befürworten die Ansicht, daß man andere Probleme habe, als die Beziehungen mit den Nachbarn zu pflegen und, und jeder interessiere sich mehr für sich selbst. Die (noch) vorhandenen integrierten Nachbarschaftsmilieus in allen Gebieten bedürfen einer Stützung, da sie in der Lage sind, die negativen Wendefolgen abzupuffern. In den homogeneren sozialräumlichen Milieus (besonders in der Siedlung) kommt den Nachbarschaftsbeziehungen eine offensichtliche Schutzfunktion für die BewohnerInnen zu. Bei eher heterogenen Sozialmilieu (besonders im Neubaugebiet) besteht dagegen die Gefahr des Auseinanderbrechens und der Ausgrenzung einzelner Bevölkerungsgruppen im Zuge von Segregationsprozessen. Diese Erosionserscheinungen mögen sich in der letzten Zeit etwas zurückgebildet haben; jedoch bleibt für die Sozialplanung die Aufgabe, diese Verschlechterung der Kontakte nicht noch weiter zu befördern, sondern möglichen Desorganisationserscheinungen entgegenzuwirken. Es sollten gebietsspezifische Sozialplanungs- und Beteiligungsmodelle entwickelt werden, die auf die besondere Kontakt- und Kommunikationsstruktur der Quartiere bezogen sind. Hierzu bietet die „Milieuarbeit", d.h. die Beeinflussung der Ressourcen zur Lebensbewältigung im Wohnmilieu, einen geeigneten Ansatz. Dabei geht es – in Ergänzung der personenbezogenen Sozialarbeit – um die gezielte Verbesserung der kleinräumigen Wohn-, Arbeits-, Kommunikations- und Infrastrukturangebote in den Wohnmilieus (vgl. Herlyn u.a. 1991, 233). Eventuell wäre an frühere Gemeinsamkeits- und Solidaritätsvorstellungen anzuknüpfen, wenn man Gelegenheiten zur Kontaktaufnahme vorsieht, die in dem sozialdistanzierten Wohnmilieu westdeutscher Wohnsiedlungen kaum vorhanden sind. Es läßt sich auch daran denken, über politische Artikulationen im Rahmen der Modernisierung der Wohnmilieus quasi „neue Nachbarschaften" im Sinne von „raumübergreifenden Beziehungsformen" entstehen zu lassen (vgl. Bertels 1987, 153 f.).

3.3. Zu Selbsthilfe und Partizipation

Für die DDR kann man einerseits von einem hohen Maß an Selbsthilfeleistungen bei der Wohnungsmodernisierung ausgehen (vgl. Hunger 1991), und zum anderen von einem Defizit an politischer Partizipation, für die es kaum Spielräume gab. Zunächst hätte eine auf die Interessen und auf das Leistungsvermögen der Betroffenen bezogene Sozialplanung an diesem traditionellen Selbsthilfepotential der Bevölkerung in den neuen Bundesländern anzuknüpfen, auch wenn in den ersten Jahren nach der Wende die Bereitschaft zur Selbsthilfe bei der Wohnungsmodernisierung abgebröckelt ist. Sowohl hinsichtlich der Modernisierung von Wohnungen als auch hinsichtlich des direkten Wohnumfeldes durch die BewohnerInnen selbst wären fachliche Beratung und finanzielle Anreize eine wichtige Voraussetzung zur Erhaltung dieser Fähigkeit.

Die Einsatzbereitschaft für Belange des Wohnbereichs ist vergleichsweise gering, da die früher üblichen Verpflichtungen zur Teilnahme in wohngebietsbezogenen Kollektiven mit ihren typischen Reglementierungen nach der Wende nicht mehr gefordert wurden und die Bevölkerung ihrer überdrüssig war. Um so wichtiger ist die Frage nach den Beteiligungspotentialen bei der Bevölkerung im Zusammenhang einer Stadterneuerung. Auf dem Hintergrund einer grundsätzlich positiven Erwartungshaltung gegenüber Stadterneuerungen stehen Zeitungsartikel und Bürgerbriefe an der Spitze der von der Bevölkerung für geeignet gehaltenen

Informationsmedien. Institutionalisierte Beteiligungsformen wie Kontaktaufnahme mit politischen Parteien und einzelnen Stadtverordneten rangieren eindeutig hinter alternativen Aktivitäten, wenn es im Zuge einer Erneuerung Probleme bzw. Konflikte gibt. Immerhin knapp die Hälfte der Befragten würden sich einer Bürgerinitiative anschließen und fast ebenso viele würden sich an die Verwaltung wenden. Diese Antworten ermuntern partizipative Ansätze von Sozialplanung, auch wenn damit noch keine Aussagen über die Erfolge möglich sind, denn kritische Bürgerpartizipation kann sich nur dann konstituieren, wenn eine gewisse Konfliktbereitschaft bei der Bevölkerung vorhanden ist.

Zunächst scheint es also in allen Gebieten notwendig, Bürgerinteressen und Bürgerbeteiligung explizit zu aktivieren, wobei die konventionellen Wege der Einflußnahme nur auf wenig Gegenliebe zu stoßen scheinen. Vielmehr muß nach neuen Wege der Ansprache und Beteiligung gesucht werden, wie z. B. aktivierende Befragungen, Stadtteilkonferenzen, aufsuchende Öffentlichkeitsarbeit und anderes mehr. Wichtig sind dabei zunächst konkrete Projekte, die an bereits vorhandene Bewohnerinitiative anknüpfen und zu sichtbaren Veränderungen führen. Außerdem wird es – stärker noch als bei Sanierungsprozessen in den alten Bundesländern – unverzichtbar sein, zum Schutz und zur Vertretung der Bewohnerinteressen und zur Unterstützung bürgerschaftlichen Engagements professionelle Agenturen („intermediäre Organisationen") einzusetzen, die als Vermittler zwischen planenden Instanzen, BewohnerInnen, Bauträgern, Investoren etc. fungieren und allseitige Lernprozesse befördern können (vgl. Selle 1991).

Mit diesen Überlegungen sind nur einige Grundprinzipien einer die Stadterneuerung begleitenden Sozialplanung angesprochen, deren Umsetzung auch und vor allem von der Entwicklung einer politischen Kultur in den Neuen Ländern abhängig ist. Insgesamt dürfen die BewohnerInnen durch Partizipationsangebote nicht überfordert werden, aber gleichzeitig ist auch die Unterforderung, also eine Konservierung der Sprachlosigkeit, zu vermeiden, wie dies ein Befragter treffend zum Ausdruck bringt: „Wir wohnen hier, wir leben hier, wir wollen heute und morgen nicht weg von hier. Aber dann möchte ich auch ein Wörtchen mitreden können, daß wir unsere Umwelt unseren Wünschen entsprechend gestalten können." (Angestellter, 38 Jahre, Neubaugebiet)

Literatur

Bertels, L., 1987: Neue Nachbarschaften. Soziale Beziehungen in einer Neubausiedlung als Folge von Initiativenarbeit, Frankfurt/M.
BMBau, 1991, Bundesminister für Raumordnung, Bauwesen und Städtebau: Raumordnungsbericht 1991, Bonn
BMBau, 1993, Bundesminister für Raumordnung, Bauwesen und Städtebau: Raumordnungsbericht 1993, Bonn

Bock, D./B. Hunger, 1990: Stadterneuerungsbedarf in den Städten der bisherigen DDR aus soziologischer Sicht, Studie des Instituts für Städtebau und Architektur der Bauakademie, Berlin

Böltken, F., 1992: Mobilitätspotentiale in den alten und neuen Ländern. Ergebnisse der vergleichenden BfLR-Umfragen 1990/91, in: Informationen zur Raumentwicklung, H. 9/10, S. 745–768

Brand, K., 1981: Zur Rolle sozialer Beziehungen im Wohnmilieu bei der Herausbildung sozialistischer Lebensweise, 2 Teile, Diss., Leipzig

Deutscher Verein für öffentliche und private Fürsorge, 1993: Arbeitsmappe örtliche Sozialplanung. Leitfaden für die neuen Bundesländer (erarbeitet von H. Großlaus/U. Feldmann), Frankfurt/M.

Diewald, M., 1993: Aus der „Nische" in die „Kälte"? Informelle Beziehungen und Hilfeleistungen vor und nach der Wende. Vorlage für einen Vortrag auf der Frühjahrstagung 1993 der Sektion „Familien- und Jugendsoziologie" der Deutschen Gesellschaft für Soziologie, Man., Bamberg

Friedrichs, J./A. Kahl, 1991: Strukturwandel in der ehemaligen DDR – Konsequenzen für den Städtebau, in: Archiv für Kommunalwissenschaften, 30. Jg., 2. Halbjahresband, S. 169–196

Fuchs, D./H.-D. Klingemann/C. Schöbel, 1991: Perspektiven der politischen Kultur im vereinigten Deutschland. Eine empirische Studie, in: Aus Politik und Zeitgeschichte. Beilage zur Wochenzeitschrift Das Parlament, B32/91, S. 35–46

Fuhrich, M./H. Mannert (1994): Großwohnsiedlungen – Gestern, Heute, Morgen, in: Informationen zur Raumentwicklung, H. 9, S. 567–585

Grundmann, S., 1992: Zur Entwicklung der Binnenwanderungen im geeinten Deutschland: die neuen Muster der neuen Bundesländer, in: Informationen zur Raumentwicklung, H. 9/10, S. 721–731

Grundmann, S. u. a., 1989: Forschungsbericht zur Sozialstruktur und Lebensweise in Städten und Dörfern, Teil 1, Berlin

Hanf, T., 1991: Modernisierung der Gesellschaft als sozialstrukturelles Problem, in: Berliner Journal für Soziologie, Sonderheft, S. 73–82

Hannemann, C., 1992: Die „Platte" im Kontext der Ideologie der DDR. Ein Beitrag zur Thematisierung des Selbstverständnisses der DDR-Gesellschaft, in: Archiv für Kommunalwissenschaften, 31. Jg., 2. Halbjahresband, S. 281–292

Heitmann, U., 1992: Bürgerinitiativen in der Stadterneuerung der neuen Bundesländer. Wurzeln, Aufgaben und Perspektiven, Studie im Rahmen des Forschungsprojekts „Sozialplanung und Stadterneuerung" im Auftrag des Bundesministeriums für Raumordnung, Bauwesen und Städtebau, Berlin

Herlyn, U., 1991: Die Bewohner im Wandel der Stadterneuerung, in: P. Marcuse/F. Staufenbiel (Hg.): Wohnen und Stadtpolitik im Umbruch. Perspektiven der Stadterneuerung nach 40 Jahren DDR, Berlin, S. 172–185

Herlyn, U./L. Bertels (Hg.), 1994: Stadt im Umbruch: Gotha. Wende und Wandel in Ostdeutschland, Opladen

Herlyn, U./B. Hunger (Hg.), 1994: Ostdeutsche Wohnmilieus im Wandel. Eine Untersuchung ausgewählter Stadtgebiete als sozialplanerischer Beitrag zur Stadterneuerung, Basel u. a.

Herlyn, U./U. Lakemann/B. Lettko, 1991: Armut und Milieu. Benachteiligte Bewohner in großstädtischen Quartieren, Basel u. a.

Hinrichs, W., 1992: Wohnungsversorgung in der ehemaligen DDR – Verteilungskriterien und Zugangswege, Wissenschaftszentrum Berlin für Sozialforschung, WZB-Papers 92–105, Berlin

Hinrichs, W./W. Eisenberg, 1993: Wohnen in den neuen Bundesländern, in: Sozialreport 1992. Daten und Fakten zur sozialen Lage in den neuen Bundesländern, Berlin, S. 161–178

Hradil, S., 1987: Sozialstrukturanalyse in einer fortgeschrittenen Gesellschaft. Von Schichten und Klassen zu Lagen und Milieus, Opladen

Huinink, J./K. U. Mayer, 1993: Lebensverläufe im Wandel der DDR-Gesellschaft, in: H. Joas/M. Kohli (Hg.): Der Zusammenbruch der DDR. Soziologische Analysen, Frankfurt/M., S. 151–171

Hunger, B., 1991: Stadtverfall und Stadtentwicklung – Stand und Vorschläge, in: P. Marcuse/F. Staufenbiel (Hg.)· Wohnen und Stadtpolitik im Umbruch. Perspektiven der Stadterneuerung nach 40 Jahren DDR, Berlin, S. 32–48

Hunger, B. u. a., 1990: Städtebauprognose. Städtebauliche Grundlagen für die langfristige intensive Entwicklung und Reproduktion der Städte, H. 42 der Arbeitshefte des Instituts für Stadt- und Regionalplanung der TU Berlin, Berlin

Kahl, A./S. Kabisch, 1992: Identifikationsprobleme mit Wohnort und Neubauwohngebiet. Stadtsoziologische Forschungsergebnisse aus Leipzig, in: Kultursoziologie. Ambitionen, Aspekte, Analysen. Wissenschaftliche Hefte der Gesellschaft für Kultursoziologie, 1. Jg., H. 3, S. 78–86

Korte, H., 1986: Stadtsoziologie. Forschungsprobleme und Forschungsergebnisse der 70er Jahre, Darmstadt

Leithäuser, J., 1992: „Zu Besuch in 635/2. Vom Arbeiterschließfach zur Bauhaus-Siedlung: Halle-Neustadt soll umgebaut werden", in: Frankfurter Allgemeine Zeitung, 10.10.92

Lemke, C., 1991: Die Ursachen des Umbruchs 1989. Politische Sozialisation in der ehemaligen DDR, Opladen

Mackensen, R., 1992: Zur Entwicklung der Binnenwanderungen im geeinten Deutschland: zwischen alten Siedlungsstrukturen und neuen Rahmenbedingungen, in: Informationen zur Raumentwicklung, H. 9/10, S. 737–744

Manzel, K.-H., 1992: Von der Wohnlaube zum Wohnblock – Ziel der „registrierten Antragstellung", in: E. Hölder (Hg.): Im Trabi durch die Zeit – 40 Jahre Leben in der DDR, Stuttgart, S. 251–264

Marcuse, P., 1991: Die Zukunft der „sozialistischen" Städte, in: Berliner Journal für Soziologie, H. 2, S. 203–210

Mnich, E., 1993: Wohnen und horizontale Mobilität in Halle-Neustadt, Vortrag bei der 2. Projektwerkstatt im Rahmen des EXWOST-Forschungsvorhabens zur Weiterentwicklung ostdeutscher Neubaugebiete am 26.05.93 in Halle-Neustadt, Man.

Neckel, S., 1992: Das lokale Staatsorgan. Kommunale Herrschaft im Staatssozialismus der DDR, in: Zeitschrift für Soziologie, Jg. 21, H. 4, S. 252–268

Niederländer, L./K. Gurske/W. Schumann/K. Richter, 1987: Wohnen 1986 – Marzahn. Zur Entwicklung eines Neubaugebietes der Hauptstadt der DDR, Berlin

Rueschemeyer, M., 1993: East Germany's New Towns in Transition: A Grassroots View of the Impact of Unification, in: Urban Studies, Vol. 30, No. 3, S. 495–506

Schöbel, C., 1993: Sozialisation in unterschiedlichen Systemen. Zum Profil der Persönlichkeitstypen in West- und Ost-Berlin, Wissenschaftszentrum Berlin für Sozialforschung, WZB-Papers FS III 93–204, Berlin

Schröder, H., 1994: Wohnqualität in Ostdeutschland noch weit unter dem westdeutschen Niveau. Wohnen im vereinten Deutschland, in: Informationsdienst Soziale Indikatoren (ISI), Nr. 11, S. 13–19

Schulze, G. 1992: Die Erlebnisgesellschaft. Kultursoziologie der Gegenwart, Frankfurt/M.

Selle, K., 1991: Mit den Bewohnern die Stadt erneuern. Der Beitrag intermediärer Organisationen zur Entwicklung städtischer Quartiere. Beobachtungen aus sechs Ländern, Dortmund/Darmstadt

Statistisches Bundesamt, 1992: Statistisches Jahrbuch 1992 für die Bundesrepublik Deutschland, Wiesbaden

Staufenbiel, F. 1989: Leben in Städten, Berlin

Weiske, C., 1993: Das Programm der sozialistischen Lebensweise in den Untersuchungen der Stadtsoziologie der DDR, Beitrag zum Soziologentag 1992, in: Nachrichtenblatt zur Stadt- und Regionalsoziologie, 7. Jg., Nr. 2, S. 34–43

Christine Weiske

Die langen Wellen und die kurzen Momente – Dimensionen der sozialen Zeit und des sozialen Raums in der Stadtentwicklung Erfurts[1]

Der Umbruch im Osten hat eine enorme Beschleunigung der Entwicklung bewirkt – "modern times" rotieren. Aber diese Entwicklung und dieser Rhythmus erfassen unterschiedliche Zeitregime und unterschiedliche Subjekte in sehr verschiedener Weise. Ungleichzeitigkeit charakterisiert gerade den Umbruch. Sie begleitet den Differenzierungsprozeß, indem aus kollektivistischen Blocks – z.B. der nahezu uferlosen Mieterschar der alten KWV (Kommunale Wohnungsverwaltung) – sich Subjekte herausdifferenzieren, die es in der Sozialstruktur der DDR nicht gab. Die Akteure der Stadtentwicklung rekurrieren auf neue äußere Bedingungen, in denen sie sich auch verändern, oder sie sind selbst neu, weil ihre Handlungspotentiale und Organisationsformen erst mit und nach der Wende existieren. In den Fallbeispielen wird dieser Herausdifferenzierungsprozeß geschildert.

Stadtentwicklung ist ein Phänomen der Ungleichzeitigkeit. Die Stadt insgesamt und ihre einzelnen Stadtviertel können aufgefaßt werden als Ebenen der räumlichen und zeitlichen Aggregation, auf denen Überschneidungen und Überlagerungen verschiedener Zeitregime geschehen, auf denen sich unterschiedliche Akteure kreuzen, sich unterstützend oder hinderlich und widerstreitend begegnen. Die Metapher von den langen Wellen und den kurzen Momenten soll dazu dienen, die verschiedenen räumlichen und zeitlichen Ebenen der Aggregation sozialer Prozesse zu verdeutlichen. Die Momentaufnahme (in einem Fallbeispiel) hat den Reiz des Authentischen, das noch durch keine Interpretation überlagert oder unkenntlich gemacht wurde. Es steht erst einmal nur für sich. Aber gleichzeitig steht es für übergreifende Zusammenhänge wie "die Stadt", "die Kultur", "die Nachwendezeit" oder ähnliches. Dafür ist es nötig, den Moment auf den Hintergrund einer anderen räumlichen und zeitlichen Dimension zu projizieren. Diese repräsentiert hier das Stadtviertel und seine Geschichte.

Die Untersuchung dreier Stadtviertel in Erfurt bringt den Nachweis, daß die Ungleichzeitigkeit der Stadtentwicklung ihre Orte hat. Der Vergleich zwischen der Nördlichen Innenstadt, der gründerzeitlichen Ostvorstadt und dem Neubaugebiet Rieth zeigt, daß die Uhren jeweils anders ticken, daß Stillstand, Verfall oder Er-

1 Dieser Artikel geht zurück auf das Material eines Projektes mit dem Titel: Differenzierungen im sozial-räumlichen System der Wohnmilieus, das ich gemeinsam mit Jürgen Fabian, Uta Schäfer, Robert Henke und Jürgen Hohmuth (Fotografie) zwischen 1992 und 1994 erarbeitet habe. Dieses Projekt wurde von der KSPW (Kommission für die Erforschung des sozialen und politischen Wandels in den neuen Bundesländern) finanziert.

neuerung nicht eine der Funktionen der physikalischen Verfallszeit von Ziegel oder Beton sind, sondern soziale Charakteristika von Mobilität oder Verharrung. Die Stadtviertel sind solche sozialen Orte, deren zeitliche Dimension sich an den langen Wellen abtragen läßt. Der Platz und der Rang, den Stadtviertel jetzt gerade im Erneuerungsprozeß der Städte einnehmen können, resultiert in einem erstaunlich hohen Maße aus ihrer Geschichte, die immer gleichzeitig Baugeschichte und Sozialgeschichte ist. Auf diesen Zusammenhang kommt es mir an.

Ruhige Fahrt im Andreasviertel: Zur Stadtteilgeschichte eines mittelalterlichen Stadtviertels

Das Andreasviertel ist ein Teil der denkmalgeschützten Altstadt Erfurts, die in ihrer städtebaulichen Struktur nach wie vor wesentliche Merkmale einer mittelalterlichen Stadt trägt. Das Andreasviertel gehört zur nördlichen Innenstadt, schließt sich nördlich an das mittelalterliche Stadtzentrum an, das durch die Platzfolge vom Wenigenmarkt im Osten über den Fischmarkt bis zum Domplatz im Westen reichte. Es lag noch innerhalb der Stadtmauer, die erst 1873 abgetragen wurde. Das Andreasviertel war ein Handwerkerviertel. Die Straßennamen weisen darauf hin: Webergasse, Pergamentergasse, Glockengasse. Die kleinen zwei-, mitunter auch dreigeschossigen Häuser stehen zumeist in Traufstellung zur Gasse oder zur Straße. Schmale und dabei tiefe Grundstücksformate sind charakteristisch und prägen diese Struktur, weil sie die räumlichen Bedingungen einer vormodernen Ökonomie des ganzen Hauses darstellen. Werkstätten aber auch Haustiere im Hof und Gartenwirtschaft gehörten dazu. Im Vorderhaus liegen die Wohnungen, mitunter auch der Laden. Die größeren Häuser und tiefen Grundstücke verfügen über eine Durchfahrt von der Straße in das Grundstück, manchmal durch's Haus hindurch. Die Gassen sind schmal und gekrümmt. Sie ergeben wohlproportionierte, intim wirkende, überschaubare Straßenräume. Die Höhendominanten im Gebiet werden durch die Kirchtürme der nahen Kirchen geprägt. Am nächsten ist die Andreaskirche, nach der das Viertel heißt. Der Denkmalswert des Stadtteils bezieht sich in erster Linie auf diese Strukturen, die gleichzeitig ein Zeugnis geben für die Lebensweise der Handwerker in einer mittelalterlichen Großstadt. Erfurt hatte bereits im 14. Jahrhundert 24.000 Einwohner innerhalb seiner Stadtmauer.

Die Häuser selber sind selten bauhistorisch wertvoll. Die Baumaterialien waren und sind von mäßiger Qualität. Abbrüche und Brände haben die ursprüngliche Bebauung zum Teil vernichtet, auf den Grundstücken gibt es Ersatz und Wiederaufbau aus verschiedensten Baualtern. Seit der Nachkriegszeit allerdings fiel das Gebiet einer anhaltenden Verwahrlosung und einem tiefgreifenden Verfall anheim. Die Gründe hängen zusammen mit den Selbstbildern, die die sozialistische Nachkriegsgesellschaft von sich entwickelte. Sie finden sich in den städtebaulichen Leitbildern wieder. Die baulich-räumliche Situation in einem Viertel wie diesem ließ sich schwerlich vereinbaren mit der Vorstellung vom sozialistischen Leben des neuen Menschen. Auf der Ebene städtebaulicher Leitbilder konnte diesen Vierteln kein zukunftsträchtiger Wert zugeordnet werden. "Alt" wurde in der Ideologie der Stadtentwicklung eher identifiziert mit überholt, vergangen, einer anderen Zeit zugehörig. Und diese Ideologie war durchaus verbreitet, nicht nur bei Architekten und Planern oder Kommunalpolitikern, auch bei den BewohnerInnen selber. 1982 wollte ungefähr die knappe Hälfte der befragten Bewohner der Nördlichen Innenstadt das Viertel möglichst verlassen (Weiske C.: 1982). Die Abwanderungswilligen damals waren entweder sehr jung (unter 25 Jahren) oder über 40. Besonders die Rentner wollten gerne in eine Neubauwohnung ziehen, dahinter stand der Wunsch, nicht mehr 10 Jahre auf die Rekonstruktion des Gebietes warten zu wollen und zu können. Sie sind in den späten 80ern auch wirklich ausgezogen.

Andreasviertel

Diese Diskrepanz zwischen den Vorstellungen vom "neuen Leben" und der Realität der alten Stadt löste Hilflosigkeit und Entschlußunfähigkeit bei den Planern der Stadtentwicklung aus. Der Rang eines Flächendenkmals der Europäischen Denkmalpflegeliste für die Nördliche Innenstadt trug dazu bei, daß nichts passierte, außer daß der Verfall vorankam. Die einseitige Entwicklung der Bautechnik und der Bauwirtschaft hin zur Großplatte ohne Alternative machte es unmöglich, diese kleinteiligen Strukturen des Stadtviertels erneuern und entwickeln zu können. Als in den späten 80er Jahren die neuerlichen weitreichenden Abrißpläne und die Vorstellungen von der Neubebauung in Plattenbauweise und der Durchquerung mit einer vierspurigen Stadtautobahn bekannt wurden, löste das Bürgerproteste aus. Eine Ausstellung, die die Gruppe der damals Aktiven 1987 in der Michaeliskirche präsentierte, verursachte großes Aufsehen in Erfurt. Sie mobilisierte Widerstände und eine fachinterne Diskussion, bei der das Denkmalamt seine Positionen stärken konnte und nach der in weiteren Planungen der Abriß minimiert, nicht jedoch aufgegeben wurde .

Die Wende hat die Abrißpläne gestoppt. Es entstand eine regellose Situation, als die alte Administration verfiel, eine neue noch nicht funktionierte. In dieser Zeit formierten sich die ambitionierten Bürger im Altstadt e.V. In einer "jakobinischen Haltung" wurde eine Vergabekommission gebildet, die die 60 für den Abriß vorbereiteten Häuser an Interessenten "vergeben" wollte. Von den 60 waren 20 unrettbar. Für die 40 verbleibenden Häuser gab es 400 Interessenten. Die Aktivitäten der Kommission wurden überholt von den Rückführungsansprüchen der rechtmäßigen Eigentümer. Mit den neuen alten Eigentümern trat eine weitere Gruppe von Akteuren auf die Szene der Nördlichen Innenstadt, durch die sich der Altstadt e.V. eingeschränkt fühlte. Der Versuch der Durchsetzung einer Milieuschutzsatzung war der letzte Versuch, gestalterischen Einfluß auf den Erneuerungsprozeß der Altstadt zu behalten, bevor aus der Mitte des Vereins selbst sein Scheitern konstatiert wurde.

Das Viertel hat also zum Glück überlebt, wenn es auch schwer lädiert ist. Es ist im Prinzip möglich, seine Qualität als Denkmal zu erhalten. Aber der museale Aspekt muß sich verbinden lassen mit einer Vorstellung von moderner Lebensweise. Die mittelalterlichen Strukturen werden nur überleben, wenn sie sich erneuern und modernisieren lassen. Städtebauliche Leitbilder der behutsamen Stadterneuerung sind nach dem rigorosen Modernisierungswahn der Nachkriegszeit in Ost und West zum professionellen Wissen der Planer und Architekten geworden. Die Eigentümer als die Bauherren wollen oder können den Denkmalwert nicht in jedem Falle per se bei ihren Modernisierungsabsichten respektieren. Das erfordert Lernprozesse und auch Kompromisse auf beiden Seiten. Hinzu kommt, daß die Grundstücke oft so klein sind (mitunter nur 60–70 qm), daß es bei der Expansion heutiger Wohnbedürfnisse schwierig werden kann, eine Wohnung darauf unterzubringen.

Charakteristisch für das Viertel bis heute ist die weitgehende personelle Identität zwischen Hausbesitzern und Hausbewohnern. Stadterneuerungsmaßnahmen der Kommune in den 20er Jahren brachten viel später den Mietwohnungsbau in das Viertel.

In der Dichte der Besiedelung des Gebietes gibt es einen absoluten Tiefpunkt, der Ende der 80er Jahre kurz vor der Wende liegt. Zu dieser Zeit verließen vor allem die alten und älteren Eigentümer das Gebiet, sie wohnen heute oft am Drosselberg, einem der letzten Neubaugebiete der Stadt. Manche von ihnen haben an jüngere Eigentümer verkauft, manche an die Stadt, die das Gebiet für den Abriß vorbereitete und daher Grundstücke kaufte. Vor 5 bis 6 Jahren hat es also einen relativ weitreichenden Wechsel in der Besiedelung des Viertels gegeben. Initiativreiche Leute, die sich im klaren waren, daß sie die Häuser in Eigenarbeit und mit viel Rennerei um die Baumaterialien von Hand wieder aufbauen müssen, kamen dazu. Wenn diese Besitzer und Sanierer über gesicherte Einkommen verfügen, dann haben sie eine Zukunft im Gebiet. Die Struktur der Grundstücke und die darauf stehenden kleinen Häuser sind gut geeignet für den Selbstbau. Vieles läßt sich schon von der Leiter aus erledigen. Diese Hausbesitzer, die vor der Wende für ein paar Tausend Mark das Häuschen gekauft haben, und sei es als Ruine, sehen ihren Besitz durch die Wende aufgewertet.

Die nachbarschaftlichen Beziehungen in diesem Viertel waren gut vor der Wende und sind gut geblieben. "Man wohnt hier mitten in der Stadt und trotzdem wie auf dem Dorf.", sagte eine der Bewohnerinnen. Die Bauerei gibt auch Anlässe genug für nachbarschaftliche Hilfen. Die Gasse liegt unmittelbar vor dem Haus, gehört in gewisser Weise zum Haus oder sogar zur Wohnung. Außer der hohen Verkehrsbelastung gibt es nichts Bedrohliches oder Befremdliches. Nachbarschaftliche Beziehungen und soziale Kontrolle füllen den Straßenraum aus. Bis jetzt hat es den Anschein, als hätten die Strukturbrüche der Wende dieses Viertel nur am Rande berührt wie eine leichte frische Brise, die die Segel bläht und die Fahrt beschleunigt.

Zum Beispiel die Familie L.

In dem Haus wohnt eine Familie mit zwei kleinen Kindern. Die Frau ist 25 Jahre alt und von Beruf Meisterin des Friseur- und Kosmetikhandwerkes. Sie führt zwei Friseur- und Kosmetikgeschäfte. Eines davon ist im Erdgeschoß des Hauses eingerichtet, in dem die Familie auch wohnt. Ein weiteres Geschäft befindet sich in einem anderen Wohngebiet von Erfurt und ist gemietet. Die junge Frau hat vor wenigen Wochen ihr zweites Kind geboren. Sie arbeitet derzeit als Geschäftsführerin 19 Stunden pro Woche. In dieser Zeit wird das Kind von der Oma, der Mutter der Frau, oder der Urgroßmutter betreut. Der Lebensgefährte der Frau ist ebenfalls 25 Jahre alt. Er arbeitet als Mechaniker in einer KfZ-Firma. Derzeit befindet er sich in einer Weiterbildung zum Meister. Das ältere Kind ist ein Junge von vier Jahren. In der Regel geht er in einen Kindergarten in unmittelbarer Nähe des Hauses im Andreasviertel. Der Vater der Frau hat das Haus für die Tochter umgebaut und ihr so den Weg in die Selbständigkeit erleichtert. Formal gehört es zu je einem Drittel der jungen Frau, ihrer Mutter und ihrem Vater. Die Eltern der jungen Frau wohnen selbst nicht mit in dem Haus. Sie sind Mieter einer Neubauwohnung im Rieth.

Das Haus wurde im November 1987 von dem Eltern der Frau für 5000 Mark gekauft. Ursprünglich hatte der Vater nur die Absicht, für seine Tochter einen Gewerberaum zu besorgen. Das Haus "war vollkommen runtergekommen. Sanitäranlagen gab es praktisch nicht. Wasser wurde aus einer demolierten Wasseruhr mit Eimern entnommen." beschreibt der Vater. Der Bau des Hauses begann im Herbst 1988. Abriß und Rohbau wurden von dem Vater allein durchgeführt. Der Abriß dauerte ein Vierteljahr. Für die weiteren Arbeiten hatte er Unterstützung durch einen Bekannten, der von Beruf Maurer ist. Der Bauherr selbst ist Eisenbahner, er hat sich im Laufe der Zeit die notwendigen Handwerke angeeignet. Ein Bauingenieur hat ihm die Bauzeichnungen erstellt und ihn auch sonst gelegentlich beraten.

Im Mai 1991, nach zweieinhalb Jahren, war der Innenausbau fertig, und im September des gleichen Jahres wurde das Geschäft eröffnet. Die Gesamtfläche des Hauses besteht zu zwei Dritteln aus Wohnräumen, der Rest sind Geschäftsräume. Die gesamte untere Etage ist der Geschäftsbereich: Frisier-, Kosmetik-, Fußpflege- salon und ein Warteraum für die Kundinnen, eine kleine Abstellkammer und eine Toilette. In der ersten Etage liegt das Wohnzimmer. Es ist mit etwa 23 qm der größte Raum im gesamten Haus. Die drei schmalen Fenster des Zimmers zeigen nach Westen auf die Gasse. Das Zimmer ist großzügig eingerichtet. Eine Sessel- garnitur nimmt den größten Teil der Fläche ein. Der Raum wird sehr oft genutzt. Am Tage ist das "Wohnzimmer fast ein öffentlicher Raum. ... Da kommt immer mal jemand hoch, um Geld zu wechseln oder so ..." (Frau L.). Geschäftliche Ge- spräche mit Vertretern werden ebenfalls in diesem Raum geführt. Während der Geschäftszeiten kann das Wohnzimmer kaum als Rückzugsmöglichkeit genutzt werden. Der Fußboden des Wohnzimmers wurde gefliest. "Vertreter kommen rein, behalten die Straßenschuhe an. Friseusen kommen rauf, der Junge mit seinen Gummistiefeln, um etwas in der Küche zu holen. Es ist wirklich alles nur praktisch in diesem Haus. Fliesen da, wo viele Leute langgehen ..." (Frau L.).

Der Balkon befindet sich auf der Gartenseite. Er ist 7,50 m lang und etwa 3 m breit. "Von März bis Oktober wird der Balkon ganz intensiv genutzt" (Frau L.). Draußen wird gefrühstückt und das Abendbrot gegessen. Wenn Gäste kommen, ist das der ideale Ort, um zu grillen und zu feiern. Am Wochenende werden oft Gäste eingeladen. In den warmen Monaten bietet der Balkon während der Geschäftszeit eine Möglichkeit, sich zurückzuziehen. Das Bad hat eine Fläche von fast 8 qm.. Im Bad konzentrieren sich mehrere Funktionen, die es zu koordinieren gilt: Pflege des Kleinstkindes, persönliche Pflege der anderen Familienmitglieder sowie die Erle- digung von "Privat- und Geschäftswäsche" (Frau L.). Des weiteren ist in dem Bad noch eine Toilette eingebaut.

In der zweiten Etage liegen Schlafzimmer und Kinderzimmer. Das Schlafzim- mer ist ein langgestreckter Raum von 2,50 m mal 7,50 m. Ein Fenster an der Ost- seite des Hauses nimmt fast die gesamte Zimmerbreite ein. In der Nähe des Fen- sters steht das Bett des kleinen Mädchens. Im hinteren Teil des Zimmers sind die Betten der Eltern angeordnet.

Das Zimmer des Jungen liegt an der Straßenseite des Hauses. Es ist groß genug, um es auch als Raum zum Spielen zu nutzen. Doch meistens ist der Junge "in der Gasse oder auf dem Spielplatz" (Lebensgefährte). "Auch an Regentagen, dann eben mit Regenjacke und Gummistiefel" (Frau L.). Derzeit gibt es noch keine befriedigen- de Raumlösung für das Mädchen. "Wenn das Mädchen zwei Jahre alt ist, ist der Jun- ge 6 und geht zur Schule. Er braucht dann sein Zimmer" (Frau L.). Es werden einige

Ideen diskutiert, um ein bis zwei weitere Räume zu gewinnen. Zum Beispiel könnte der Spitzboden zu einem Schlafraum ausgebaut werden. Die Eltern würden dann ihr Schlafzimmer einem der Kinder überlassen und selbst auf den Dachboden umziehen.

Die Wohngegend verbindet eine ganz zentrale Lage in der Stadt mit einer sozialen Qualität von Gemeinschaftlichkeit. Wenn sonnabends gegrillt wird, so "ist das wie auf einem Dorffest", kommentiert der Lebensgefährte. "Die Kinder sind hier bis abends auf der Straße oder auf dem Spielplatz".

Statuswechsel des Andreasviertels

Im Unterschied zur Ostvorstadt wird der Statuswechsel des Gebietes nicht durch die Wendeereignisse verursacht, sondern verstärkt und vertieft. Der Entwicklungsdruck, der auf das Gebiet wirkt aufgrund seiner Innenstadtlage und seiner Denkmalwürdigkeit, führt nicht zu einer tiefgehenden Verunsicherung der Lebensbedingungen der Bewohnerschaft im Viertel. Der Status des förmlich festgesetzten Sanierungsgebietes einerseits und der Eigentumstitel andererseits wirken als Sicherungen für viele Bewohner. Dabei ist es gerade die Kleinheit des Eigentums, die es für Ost-Eigentümer sicher macht. Das Fallbeispiel illustriert das.

Allerdings ist es kein Zufall, daß es ganze Familien sind, die diese Strategie der Lebenssicherung wählen konnten. Es reicht nicht die Kraft eines einzelnen Menschen, um so ein Haus und Grundstück wieder in Gang zu setzen. Zu DDR-Zeiten war es tatsächlich eine Frage von physischer Kraft (im Sinne eines "Muskel-Kredits"), von handwerklichem Geschick und von verfügbarer Zeit, die für die Haussanierung eingesetzt werden mußten. Im Fall der Familie L. sind am Hausbau und der Absicherung des Erwerbs der jungen Familie sogar drei Generationen beteiligt. Die Ressourcen, die eingesetzt werden müssen, um an der Aufwertung des Gebietes partizipieren zu können und gleichzeitig Akteure dieser Aufwertung zu sein, können nicht aus einer Biographie geschöpft werden. Die Verankerung in einem sozialen Netz, in dem die Ressourcen gesammelt werden, war also eine wichtige Zugangsbedingung, um als neuer Hausbesitzer oder neue Hausbesitzerin in den späten 80er Jahren ins Gebiet zu kommen. Die starke Familienorientiertheit der DDR-Gesellschaft ist hier anhand ihrer ökonomischen Logik von Familienwirtschaften nachvollziehbar.

Hausbesitzer, die nicht oder nicht mehr in solchen familialen Netzen stehen, weil sie alt und allein sind, machen den Statusgewinn ihres Viertels nicht mehr mit. Ihre Zukunft im Gebiet ist unsicher, wenn sie Schwierigkeiten haben, ihr Grundstück zu halten. Arbeitslosigkeit und Einkommensschwäche sind dafür massive Gründe. Der Vertreter der DSK (das ist die treuhänderische Sanierungsträgerin der Stadt) spricht von Situationen, in denen Leute "eventuell raus müssen". Aus sozialen Notlagen heraus habe es noch keine Hausverkäufe gegeben – aber "es gibt Ansätze".

Mieter in Häusern, deren Besitzer jetzt mit der Sanierung beginnen, leben auf einer Baustelle, was eine große Belastung darstellt. Wenn sie das Viertel nicht verlassen wollen, weil es als Wohngegend unersetzbare Qualitäten hat, dann müssen sie an ihrem Mietvertrag festhalten. Aus der Perspektive der Hausbesitzer sind solche Mieter eine Behinderung des Sanierungsprozesses, die Rücksichtnahme kostet Zeit und Geld. Das ist ein Interessenkonflikt, der kaum einen friedfertigen Verlauf nehmen kann. Die Initiative der KOWO (Kommunale Wohnungsgesellschaft mbH), Ersatzwohnungen als eine Art Sanierungs-Hotel einzurichten, um die Härten des Sanierungsprozesses für einige abzufangen, scheiterten an der Wohnungsknappheit in der Stadt. Die alten und abgewrackten Häuser, in denen derzeit nichts passiert, fungieren jetzt noch als Nischen, in denen sich gefährdete Existenzen halten können: Alkies und Obdachlose z.B. Aber die Sanierung wird solche Nischen beseitigen.

Das Andreasviertel und die Nördliche Innenstadt insgesamt ist ein städtebauliches Unikat. Der Reiz dieses Stadtteils mit seinen Gassen, Gärtchen, Wegen am Fluß, hübschen Häusern, interessanten Blickbeziehungen und seiner ganz eigenen Atmosphäre wird wieder entstehen. "Die Erhaltung" kostet " viel, viel Geld (...). Mehr Geld, als mancher hat", sagt der Vertreter der DSK. Dieses Geld entscheidet, wer im Gebiet bleibt und wer nicht. Durch den Einsatz von Fördermitteln kann die Härte hier und da gemäßigt werden, aber wer nichts hat, kann auch nicht gefördert werden – zumindest nicht über die Mittel der Städtebauförderung.

Die sozialstrukturell polarisierende Wirkung des Stadterneuerungsprozesses ist im Andreasviertel weicher als vergleichsweise in der Ostvorstadt. Diese Abfederung hängt m.E. zum einen an der sozialen Wirkung des kleinen Eigentums. Das sichert erst einmal die Wohnung, es sei dahingestellt auf welchem technischen und kulturellen Niveau. Es gibt den Eigentümern eine gewisse Entscheidungsfreiheit über den Umfang und die Zeitabläufe der Sanierung in Abhängigkeit von ihren Möglichkeiten. Es ermöglicht den Selbstbau. Es erlaubt mitunter auch unternehmerische Initiativen, die ein Erwerbseinkommen sichern können. Die, die noch zu DDR-Zeiten Eigentümer geworden sind, als es noch eine zweifelhafte Gunst war, ein solches Grundstück zu besitzen, sind eindeutige Wende-Gewinner, weil sie persönlich profitieren vom Bedeutungsgewinn des Eigentums. Zum anderen federt die Beteiligung der Kommune am Prozeß der förmlich festgelegten Sanierung die Polarisierung ab. Immerhin schafft ein solchermaßen geregeltes Sanierungsverfahren einen Rechtsrahmen, innerhalb dessen die Betroffenen ihre Ansprüche geltend machen können, wenn sie verdrängt werden sollen. Durch die Beteiligung der Kommune (und den geltenden Flächennutzungsplan) ist es möglich, das Viertel als allgemeines Wohngebiet zu erhalten. Damit ist ausgeschlossen, daß City-Funktionen in das Gebiet drängen können, die die städtebaulichen Maßstäbe brächen (z.B. Kaufhäuser, Bankhäuser, Autohäuser o.ä.).

Mietwohnungsbau in diesem Viertel, möglichst als sozialer Wohnungsbau, ist ein respektables Anliegen der Kommune, weil dadurch auch BewohnerInnen mit schwächeren Einkommen an der Lagegunst des Gebietes, an der öffentlich finanzierten Wiederherstellung der Gassen, Straßen und Plätze teilhaben könnten. Insgesamt ist die Befürchtung noch nicht eingetreten, daß hier mal eine "betuchte Gegend" entstehen wird. Es gibt so viele freie Flächen im Viertel, daß auch ohne Verdrängung eine "allmähliche Auffüllung" der Sozialstruktur der Bewohnerschaft nach oben hin (so die Formulierung des DSK-Vertreters) möglich ist. Das Interesse ist groß, gerade bei Altbundesbürgern, die Erfahrung mit anderen Stadtsanierungen und einen Blick für's künftige Ergebnis haben. Eine Ausdünnung nach unten hin durch Abwanderung und auch durch den Tod der alten Bewohnerinnen und Bewohner wird der gegenläufige Prozeß sein.

Schnelle steile Ausschläge in der Ostvorstadt: Zur Geschichte einer gründerzeitlichen Stadterweiterung

Die Ostvorstadt ist eine gründerzeitliche Stadterweiterung des 19. und frühen 20. Jahrhunderts im Anschluß an den Stadtkern in Richtung Osten. Dieser Stadtteil ist tatsächlich aufzufassen als ein Prototyp, denn ähnliche Stadtteile gibt es in allen gro-

Ostvorstadt

ßen und größeren Städten in Deutschland. Sie stehen für einen Urbanisierungsschub in der deutschen Geschichte, der einsetzt mit der Reichseinigung Deutschlands 1871, die eine Welle der industriellen Entwicklung mit sich bringt (eben zur Gründung vieler deutscher Unternehmen in dieser Zeit führt). Der Typus der Bauherren, die technische Basis der Bauindustrie und natürlich auch die Professionalisierung der Architekten und Ingenieure lassen in vielen Städten sehr ähnliche Bedingungen für die anstehenden Stadterweiterungen entstehen. Die je verschiedenen Bauordnungen der Städte bzw. Länder bringen eine gewisse lokale Varianz, aber im Prinzip sind diese Gebiete als bereits moderne Stadtteile technisch und ästhetisch standardisiert.

Die geraden Straßenzüge werden von Blockrandbebauungen gesäumt. Die Geschoßhöhe der Blöcke variiert zwischen 4- und 6 Geschossen. In den Quartiersinnenhöfen ist nach wie vor Handwerk oder Gewerbe ansässig. An Kreuzungspunkten der betonten und dominanten Straßen entstehen Plätze, die meist Baumbestand haben und im Kontinuum der Straßen Konzentration und Zentralität erzeugen können. Wichtige Hervorhebungen dabei gehen von den Eckhäusern aus, die in der Höhe und Gestaltung durch Türmchen, Erker, Balkone und Fassadenschmuck sich herausheben aus der Front der Häuserzeile. An den Ecken sind oftmals Läden, Kneipen, der Friseur, ein Schuster oder eine andere gebietswichtige Infrastruktureinrichtung angesiedelt.

In den Innenhöfen der Baublocks sind in Nebengebäuden und Seitenflügeln, die niedriggeschossiger als die Straßenfronten sind, kleine Produktionsstätten und andere gewerbliche Nutzungen angesiedelt – Schlüsseldienst, Lagerräume, Klempner, Druckerei. Diese Funktionsdichte der gründerzeitlichen Gebiete ist seit ihrer Entstehungszeit angelegt und hat sich bis heute erhalten. Wenn von den Betrieben keine Emissionen ausgehen, dann zählte und zählt dies weiterhin zu den städtebaulichen Qualitäten solcher Quartiere. Weiterhin gibt es in die Höfe hinein Seitenflügel und Nebengebäude, die bewohnt waren oder noch bewohnt sind. Hier liegen die minderwertigeren Wohnungen. Die hohe Bebauungsdichte geht mit einer hohen Versiegelung des Bodens einher, so daß die Höfe wenig oder nichts an Rasen, Beeten oder Bäumen haben.

Die ursprünglichen Bewohner dieses Gebietes waren Kleinbürger und Arbeiter. Auf ihre Einkommenssituation hin war dieses Gebiet geplant und angelegt, Grundrisse von Wohnungen und Ausstattungsstandards orientierten sich an ihren realen Möglichkeiten. Die Bauherren waren Privatleute des kleinen und mittleren Bürgertums, die am Mietwohnungsbau Interesse hatten, weil sie aus der Vermietung der Wohnungen ihre eigene Existenz erhalten oder stützen konnten. Dieses wirtschaftliche Kalkül hat in DDR-Zeiten seine Relevanz verloren bzw. sich sogar in sein Gegenteil verkehrt. Zwar gab es de jure wenige förmliche Enteignungen, aber das staatliche Monopol der Wohnungsvergabe (geregelt im ZGB § 96) und die staatlich verordnete Höhe der Mieten schränkten den Eigentumstitel soweit ein, daß er seine Bedeutung in ökonomischer und letztlich auch juristischer Hinsicht verlor. Die Hauseigentümer waren nicht mehr in der Lage, ihre Mietshäuser instandzuhalten. Jegliches ökonomische Interesse war politisch unterbunden worden. Infolge der Kriegswirrnisse und der antibürgerlichen Politik der DDR lebten viele Hauseigentümer oder deren Erben nicht mehr in der DDR oder verließen sie noch bis 1961. Ihre Häuser wurden daraufhin unter kommunale Verwaltung gestellt. An diesen Häusern wurden die notdürftigsten Reparaturen erledigt, denn für grundständige Sanierungen reichten die Mieteinnahmen nicht aus. Der Sanierungsstau in diesem Gebiet reicht zurück bis in die Zwischenkriegszeit.

Die Besiedelung der Ostvorstadt ist in sozialstruktureller Hinsicht disparat. Hier leben die unterschiedlichsten Leute dicht beieinander. Wie vergleichbare Gründerzeitgebiete in der DDR war und ist die Ostvorstadt in einem schlechten baulichen Zustand. Große Wohnungen gehören zum Bestand, deren Ausstattungsniveau niedrig ist, wenn nicht initiativreiche Mieter aus der eigenen Tasche eine Modernisierung in ihrer Wohnung betrieben haben. Im Zusammenhang mit einer geringen Miete war das durchaus eine sinnvolle Strategie für Leute, die im Stadtteil wohnen bleiben wollten. Schon zu DDR-Zeiten lagen große Substandard-Wohnungen (gemessen am Standard der Neubauwohnungen) neben modernisierten Wohnungen, deren besonderer Wert in der Koppelung von hohem Standard und großer Wohnungsgröße lag. Sehr große Familien mit relativ geringen Pro-Kopf-Einkommen, junge Familien in der Familiengründungsphase oder Alleinerziehende wohnten Tür an Tür mit gut etablierten Familien mit überdurchschnittlichen Einkommen, die es hier freilich seltener gab als im Neubau (Silbermann A.: 1993, 22). Es war leichter, eine Wohnung im Gründerzeitgebiet zu bekommen, weil die politisch formulierten Zugangsbedingungen nicht so einschränkend gewesen sind, wie für Neubauwohnungen.

Diese heterogene Bewohnerstruktur setzte sich nach der Wende fort und verstärkt sich. Die Sanierung ganzer Häuser hat in der Ostvorstadt begonnen, sie wird von den Eigentümern betrieben. In die erneuerten Häuser ziehen Leute ein, die am wirtschaftlichen Leben nach der Wende beteiligt sind und aufgrund ihres Einkommens die hohen Mieten zahlen können. Wenn die Häuser vor der Sanierung nicht leerstanden, dann sind nur noch die zahlungsfähigen Mieter geblieben. Die anderen sind möglicherweise zuvor abgefunden worden und haben im besten Fall über das Wohnungsamt eine andere Wohnung erhalten. Darüber gibt es nur punktuelle Informationen, indem Dritte über die Leute reden, die inzwischen weggezogen sind.

Die Einkommen der StadtteilbewohnerInnen streuen stark. Im Vergleich der drei Quartiere untereinander nehmen sie hier also Extremwerte zwischen sehr hoch und sehr gering an. Betrachtet man die Einkommensquellen, dann ist der Anteil derer, die ein Transfereinkommen beziehen, hoch (ein reichliches Drittel der befragten Haushalte). Dazu kommen jene, die Transfereinkommen in Verbindung mit anderen Einkommensarten beziehen. Auf diesem Hintergrund, der in die DDR-Geschichte hineinreicht, läßt sich sagen, daß die Ostvorstadt ein relativ schwaches Renommée hatte. Damit startete das Stadtviertel in der Wende, verfügt aber über große Potentiale der Aufwertung.

Zum Beispiel Familie R.

Die Familie besteht aus einer Frau und ihren beiden Kindern. Frau R. ist 37 Jahre alt und seit 1993 geschieden. Nach einem halben Jahr Arbeitslosigkeit ist sie wieder in ihrem erlernten Beruf als Bauzeichnerin tätig. Die Tochter ist 9 Jahre alt und besucht die 4. Klasse. Der Sohn ist 8 Jahre und ist Schüler der 2. Klasse in derselben Schule. Der Vater der Kinder nimmt am Leben in der Wohnung nicht teil. Er kann die Kinder oft und ganz ungehindert sehen. Er wohnt direkt gegenüber in der Wohnung, die zuvor die Familienwohnung gewesen ist.

Frau R. hat einen Mietvertrag, der auf drei Jahre begrenzt ist. Das bereitet ihr Sorgen. Die Dreizimmerwohnung ist so eingerichtet, daß es ein Kinderzimmer, ein Wohnzimmer, ein Schlafzimmer und eine Küche gibt. Die Toilette ist auf halber Treppe und wird mit einer Nachbarin gemeinsam genutzt. Die Wohnung gefällt Frau R. gut, sie möchte hier gern wohnen bleiben. "Wohnen tut es sich hier eigentlich ganz angenehm, es stört mich auch nicht, daß ich kein Bad habe, und die Außentoilette stört mich auch nicht, man gewöhnt sich da irgendwie dran, vor allem wenn die Nachbarn, die es mitnutzen, sauber sind, da ist das kein Problem."

Eigentümer des Hauses und Vermieter der Wohnung ist ein Ehepaar, das ebenfalls im Hause wohnt. Das Verhältnis zu den Vermietern sieht Frau R. belastet. Die Mieter des Hauses sind aufgrund verschiedener Vorgänge verunsichert. So wurde es einem Mieter gestattet, die beiden Wohnungen einer Etage zu einer großen zusammenzulegen und eine Wand zu entfernen. Nun, nachdem er damit fertig ist, wird er von den Vermietern angefeindet und wird sogar bedrängt auszuziehen. In dieser Situation traut sich Frau R. nicht zu fragen, ob der Mietvertrag möglicherweise verlängert werden könnte. Ohne diesbezüglich viel Hoffnung zu haben, setzt sie darauf, daß es die Vermieter vergessen haben könnten, daß der Vertrag nur befristet war. "Dummerweise muß man bei jedem Ding immer auf der Hut sein." Eine Chance, anderen finanzierbaren Wohnraum zu bekommen, falls sie diese Wohnung verlassen muß, sieht sie nicht.

Die Kinder suchen in der Wohnung die Nähe der Mutter. Sind alle Familienmitglieder zu Hause, dann halten sie sich auch oft gemeinsam im selben Zimmer auf. Die beiden Räume, die in der Regel der gemeinsamen Nutzung dienen, sind das Wohnzimmer und die Küche. "Im großen und ganzen versuche ich, mich nach den Kindern zu richten, na, so ist eigentlich die Wohnung auch ein bißchen eingerichtet." Das Wohnzimmer ist aber gleichzeitig der Rückzugsort für die Mutter am Tage, wobei das eigentlich nur bei Abwesenheit der Kinder möglich ist. Außerdem ist das Wohnzimmer der Ort, an dem es möglich sein soll, Gäste zu empfangen, sagt Frau R. "Das Wohnzimmer ist mein Reich, weil, wenn jemand kommt, dann möchte ich den ins Wohnzimmer führen, das soll ordentlich sein, wenigstens ein Raum, wo man jetzt nicht unbedingt was rumliegen hat." Meistens verbringt Frau R. abends, wenn die Kinder bereits im Bett sind, die Zeit allein im Wohnzimmer. "Ich verlege alle Sachen, bei denen ich nicht gestört werden will, auf die Zeit, wo ich alleine bin."

Im Kinderzimmer wohnen beide Kinder. Jedes Kind hat einen eigenen Schreibtisch für ungestörtes Malen, für Schulaufgaben. Jedes kann so auch seine Sachen ungestört liegenlassen. Frau R. erwägt die Einrichtung eines zweiten Kinderzimmers. "Bis jetzt wollen sie es ja noch nicht, aber wenn das der Fall wäre – einer müßte das Schlafzimmer bekommen." Dabei würde Abstellraum verloren gehen.

Für den Korridor ist ein Zwischenboden geplant. Frau R. würde dann im Wohnzimmer schlafen. Das Mädchen bekäme dann das Schlafzimmer, weil sie die Ältere ist. Das Wohn- und Schlafzimmer der Frau wäre dann ein Durchgangszimmer.

Die Küche dient zum Kochen und gleichzeitig als Waschraum der Familie. Die Waschmaschine steht auch hier. Der Gasherd, mit dem die Küche ausgestattet ist, ist seit längerer Zeit außer Betrieb. Zum Kochen steht nur noch ein kleiner Kocher mit zwei Platten zu Verfügung. Ursprünglich sollten neue Gasleitungen verlegt werden und auch Gasheizungen die Kohleöfen ersetzen. Die Sanierung wurde auf unbestimmte Zeit verschoben, so daß aus einem vorübergehenden Provisorium ein Dauerzustand wurde. So ist es unmöglich, Kuchen zu backen.

Die Küche ist auch der Waschraum der Familie. Dafür steht allerdings nur ein Waschbecken zu Verfügung. Nicht so sehr das ist der Mangel, vielmehr der Verlust an Abgeschlossenheit und Intimität. "Mich stört eigentlich dann mehr, daß wir keinen abgeschirmten Waschplatz haben, aber ich schätze, da fällt mir auch noch was ein." Die Mutter wäscht sich am Morgen, bevor die Kinder aufstehen, und am Abend, wenn sie schon im Bett sind. Sie steht gegen fünf Uhr auf, um die erste Viertelstunde für sich allein zu haben und den Tag zu beginnen. "Ich sehe immer zu, daß jeder so sein Eigenes hat zum Waschen. Nicht daß sie jetzt zusammen sich waschen.", sagt Frau R. Daß es kein Bad in der Wohnung gibt, wird auch noch anders ausgeglichen. "Das mit dem Bad haben wir ja nun gut geregelt, dadurch, daß wir nun häufig schwimmen gehen – jede Woche einmal." Dafür nutzen sie den Familienpaß, den die Stadt ausstellt. Vom Vermieter wurde eine Sanierung des Hauses mit Badeinbau angekündigt und wieder verschoben. Dazu sollte das Kinderzimmer etwas verkleinert und ein Teil des Flures dazugenommen werden. Ob diese Modernisierungen durchgeführt werden oder nicht, und ob die Familie R. in den Genuß der Veränderung kommt, ist sehr ungewiß.

Die Unsicherheit, ob sie die Wohnung behalten kann, die mangelhafte Ausstattung der Wohnung und die ständigen Querelen mit den Wirtsleuten lassen sie immer wieder über eine andere Wohnung nachdenken. "Vor einem Umzug graut es mir ein bißchen, allerdings, wenn es eine Wohnung wäre, wo alles tip top wäre und die für mich noch erschwinglich ist, wäre es natürlich wieder verlockend, wenn man wirklich eine eigene Toilette, ein eigenes Bad hat. Aber im Moment bin ich damit zufrieden, was ich habe, ich habe mich eigentlich darauf beschränkt, damit zufrieden zu sein, was ich habe. Wenn ich es ändern kann, wenn ich weiß, ich kann es ändern, dann mache ich's, wenn ich es unbedingt möchte, aber wenn ich es nicht unbedingt möchte und es ist vielleicht mit Haken oder mit sonstwas verbunden, dann bin ich zufrieden mit dem, was ich habe und konzentriere mich auf angenehmere Dinge, als mich mit irgendwelchen Problemen rumzuschlagen, die im Endeffekt vielleicht doch nicht zu lösen sind." Das ist die Position von Frau R.

Die Wohngegend

"Es ist eine relativ unsichere Gegend. Da ist dieses Spiellokal, weil das so lange auf hat. Um die Ecke ist dann der Getränkestützpunkt und gegenüber sitzen dann die Leute in Reih und Glied auf dem Bordstein, und manche haben schon ihre Campingstühle mitgebracht; und das sind Leute, die haben eben keine Arbeit und die sind schon ganz schön weit unten, und man weiß nicht, wozu sie fähig sind. Die sitzen halt früh um acht schon da. Abends nehme ich das Auto, wenn ich hier weg gehe. Ich fühle mich nicht sicher.", sagt Frau R.

Den Kindern geht es ähnlich, die Straße bietet ihnen keine Spielmöglichkeit und schreckt sie ab. Spielfreunde haben sie im Viertel nicht. "Die haben hier keinen Kontakt, die gehen auch nicht runter, ganz selten, die möchten das gar nicht, die haben Angst, wenn sie da vorne am Getränkestützpunkt vorbei gehen, und die Leute sitzen dort auf der Straße und trinken und haben große Hunde dabei."

Zur Arbeit fährt sie mit dem Fahrrad. "Ich bringe die Kinder noch ein ganzes Stück, manchmal, wenn wir es schaffen, bis in den Hort. ... Die beiden gehen frühmorgens erst einmal in den Hort, die Schule beginnt ja um acht, da können sie erst noch einmal spielen. ... Meistens fahre ich sie die halbe Strecke." Dazu schiebt Frau R. ihr Fahrrad, die Kinder sitzen auf Sattel und Kindersitz. Es mutet an, als müßte sie die Kinder auf einem Gefährt sicher durch die Gefahren im Viertel bringen.

Zum Beispiel Familie P.

Zu dieser Familie gehören vier Personen, ein Elternpaar mit einer Tochter und einem Sohn. Die Frau ist Ehefrau und Mutter und in ihrem Beruf Dozentin an einer Fachhochschule. Sie ist 40 Jahre alt. Der Mann ist Jurist. Er ist der gleichaltrige Ehemann seiner Frau und Vater der beiden Kinder. Die Tochter ist 13 Jahre alt und Schülerin einer Integrierten Gesamtschule. Ihr Bruder ist 11 Jahre alt und besucht ein Gymnasium. Die Familie ist vor zwei Jahren aus Bonn zugezogen. Die dortige Wohnung war mit 120 qm etwas kleiner. Herr und Frau P. haben zuerst in Erfurt gearbeitet und nun in Weimar. Obwohl sie sich für die spätere Zukunft vorstellen können, nach Weimar zu ziehen – es ist mittlerweile kein Problem mehr, auch dort entsprechenden Wohnraum zu vergleichbaren Preisen zu bekommen – denken sie für die nächste Zeit nicht an einen Umzug. Frau P.: "Wir fühlen uns jetzt hier sehr wohl, die Lage ist ideal, man ist zu Fuß und mit der Straßenbahn ruckzuck in der Stadt."

Die Wohnung ist sehr groß und geräumig. Sie erstreckt sich als Maisonette-Wohnung über zwei Etagen. Im Zuge der Sanierung des Hauses sind zwei Wohnungen in der 3. Etage mit dem darüberliegenden ehemaligen Dachboden zusammengelegt worden. Von der Diele aus erreicht man das Wohnzimmer, die Küche, das Schlafzimmer der Eltern und ein kleines Badezimmer, gleichzeitig führt von da aus die Treppe nach oben in das Studio mit den beiden Galerien darüber. Vom Studio gehen die Kinderzimmer und ein weiteres Bad ab.

Frau P.: "Die Wohnung hat zirka 170 qm, geht also über das Übliche oder das Typische hinaus. Da ist also eine Riesenwohnküche, mit dem Wohnzimmer hier, draußen der Eingangsbereich, als Diele zu bezeichnen oder Eßzimmer zu nutzen oder wie auch immer. Schlafzimmer ist hier unten auf der unteren Etage und ein Badezimmer. Dann ist oben das Studio: auf der einen Seite hat mein Mann so sein Büro mit PC, und auf der anderen Seite hab ich so mein Büro, wenn man so will, wo ich mich hinsetze und arbeite. Und dann sind zwei Galerien noch mal drauf gebaut, das eine wird als Gästezimmer genutzt, und auf der anderen Seite ist ein kleines Sofa mit Tisch, und wenn jemand absolut seine Ruhe will, dann wird er da oben auch nicht gestört."

P.: "Die Wohnung hat zirka 170 qm, geht also über das Übliche oder das Typische hinaus. Da ist also eine Riesenwohnküche, mit dem Wohnzimmer hier, draußen der Eingangsbereich, als Diele zu bezeichnen oder Eßzimmer zu nutzen oder wie auch immer. Schlafzimmer ist hier unten auf der unteren Etage und ein Badezimmer. Dann ist oben das Studio: auf der einen Seite hat mein Mann so sein Büro mit PC, und auf der anderen Seite hab ich so mein Büro, wenn man so will, wo ich mich hinsetze und arbeite. Und dann sind zwei Galerien noch mal drauf gebaut, das eine wird als Gästezimmer genutzt, und auf der anderen Seite ist ein kleines Sofa mit Tisch, und wenn jemand absolut seine Ruhe will, dann wird er da oben auch nicht gestört."

Über die Diele ergibt sich der Zugang zu den Zimmern in beiden Etagen. Sie wirkt sehr geräumig und dennoch wohnlich. Es ist noch genügend Platz für einen großen runden Tisch, der bei größeren Festen als Eßtisch genutzt wird. Herr P.: "Wenn dann mal mehr Besuch kommt, daß es in der Küche zu eng wird, dann kann man hierhergehen, den Tisch kann man ausziehen." Das Wohnzimmer ist das Zimmer für die freien Stunden der Eltern. Hier sieht man fern, hört Musik, sitzt einfach gemütlich zu zweit oder mit Gästen beieinander. Die Kinderzimmer sind unterschiedlich groß. Während die Tochter ein Zimmer von mittlerer Größe hat, ist das Zimmer des Jungen klein. Zum Spielen ist dieses Zimmer zu klein. Dafür steht im allgemeinen das Studio zur Verfügung und die Galerien sind beliebte Aufenthaltsorte der Kinder.

Die Arbeitsplätze im Studio werden häufig genutzt. Die Frau verbringt etwa die Hälfte ihrer Arbeitszeit zu Hause mit der Vorbereitung ihrer Lehrtätigkeit, der Korrektur von Klausuren und ähnlichem. Oftmals sitzt sie vormittags hier, wenn es ganz ruhig ist in der Wohnung. Herr P. geht hier vor allem seiner nebenberuflichen Arbeit als Autor für Fachliteratur nach. Für seine Bibliothek von 2000 Bänden braucht er Platz in der Wohnung.

Die Wohngegend

Auch dieses Haus befindet sich in der Ostvorstadt in einer Straße, die typisch für den derzeitigen Zustand des Gebietes ist. Es ist saniert und modernisiert und hat eine ansehnliche Fassade, die angrenzenden Häuser sind unansehnlich, teils baufällig, verdreckt. Die Wohnung innerhalb des Hauses wirkt wie eine Enklave in einer fremden Region. Das Stadtviertel ist nicht das Milieu der Familie P. und wird auch nicht als heimatliches Stadgebiet empfunden. Die Kinder halten sich kaum auf der Straße auf. Es gibt kaum Möglichkeiten zum Spielen. Auch der auf der Rückseite des Hauses befindliche Hof wird nicht zum Aufenthalt oder als Spielplatz benutzt, obwohl ein Teil des Hofes formal direkt zum Haus gehört. Herr P. steht in der Interviewsituation auf, geht zum Fenster und schaut hinunter, um dann etwas zur Beschaffenheit des Hofes zu sagen.

Statuswechsel der Ostvorstadt

Die beiden Fallbeispiele stehen wie exemplarische Illustrationen für die weit auseinanderliegenden Lebenslagen, die der Status quo des Stadtviertels in sich birgt.

Familie R. lebt bereits jetzt sehr beengt und mit einem Substandard an Ausstattung. (Ein Drittel der in die Untersuchung einbezogenen Wohnungen hatte kein Bad, ein reichliches Drittel die Toilette außerhalb der Wohnung – dazu gehört auch diese Wohnung.) Die Gedanken, die sich die Mutter macht um die Waschgelegenheit in der Küche und die Respektierung von Intimität für alle drei Familienmitglieder zeigen deutlich, daß eine räumliche oder organisatorische Neustrukturierung ihrer Wohnung (räumliche Organisation) nur noch möglich ist, wenn Frau R. durch die Rücknahme ihrer eigenen Bedürfnisse zusätzliche Möglichkeiten eröffnet. Zum Beispiel versucht sie, ungestörte Zeit für die Tochter allein zu finden, indem sie selbst ausweicht (zeitliche Organisation). Dadurch verlängert die Frau ihren Arbeitstag und verkürzt damit ihre eigene freie Zeit.

Ganz ähnlich verhält sie sich in bezug auf die Nutzungen der Zimmer in der Wohnung. Sie hat schon sehr genaue Vorstellungen, was passieren wird, wenn jedes Kind ein eigenes Zimmer brauchen wird. Diese Variante hat sie schon bis in die Möblierung durchgespielt. Sie wird ihr Schlafzimmer räumen. Ihr Zimmer wird das Wohnzimmer sein, zu dem alle drei Familienangehörigen Zutritt haben. Zudem ist der Zugang zu diesem künftigen zweiten Kinderzimmer nur durch das jetzige Wohnzimmer möglich. Es bleibt dann für sie lediglich die Zeit nach dem Schlafengehen der Kinder, in der sie dieses Zimmer für sich hat. Die Grenze zu ihrem individuellen Bereich ist nicht mehr räumlich sondern nur noch zeitlich zu ziehen. Mit dem Älterwerden der Kinder wird dieser Zeitabschnitt außerdem kleiner. Diese Frau setzt sich selbst als Ressource ein, um die Familie zu erhalten. Dabei kommt sie mit beachtlich wenig Larmoyanz aus. Im Gegenteil ist sie deutlich bemüht, ihre Situation nicht abzuwerten, zu schätzen, was irgend möglich ist. Sie will sich arrangieren. Und damit wird deutlich, daß sie keine Alternativen zu ihrer augenblicklichen Situation sieht. Daß ihr Mietvertrag befristet ist, daß sie die für sie unberechenbaren Wirtsleute als Bedrohung empfindet, daß eine Sanierung ihren Platzmangel noch zuspitzen wird, thematisiert sie sehr wohl. Sie setzt alles ein, was sie hat – und mehr, um den Status quo zu halten, denn eine teurere Wohnung liegt außerhalb ihrer Überlegungen. Die Gefährdung, die es für ihre Lebenssituation gibt, sagt viel zum Thema Segregation.

Ganz anders die Situation der Familie P. Ihre Mitglieder verfügen über sehr viel Raum. Sie wissen das auch und schätzen diese Situation hoch. Das entspricht ihrer Wohnerfahrung. Die Wohnung gibt allen Familienmitgliedern die Möglichkeit, sich allein in einem Raum aufzuhalten oder gemeinsam mit anderen. Konzentration und Ruhe für eine bestimmte Beschäftigung ist genauso möglich wie das Empfangen von Gästen oder jede beliebige hauswirtschaftliche Betätigung – alles das kann nebeneinander ablaufen, ohne daß Rücksichtnahme oder gar Verzicht von einem anderen Familienmitglied dafür eingeholt werden müßten. Die Ressource Raum enthält die Möglichkeit für eine konfliktarme und kultivierte Familienatmosphäre.

Was die beiden Fälle gemeinsam haben, ist die starke Abgrenzung zwischen der Wohnung als Innenraum und der Straße oder dem Hof als Außenraum. Es gibt kein räumliches Kontinuum von innen nach außen. Die Straße bleibt fremd, unwirtlich und auch bedrohlich. Weder die Kinder der beiden Familien spielen dort, treffen sich also auch nicht, noch halten sich die Erwachsenen dort auf. Das Bild, das Frau und Herr P. von ihrer Wohnung vermitteln, hat etwas von einem hohen Turm, der sich über der Straße befindet. Ähnlich distanziert sind die Schilderungen von Frau R. Es gibt die Wohnung und dann die wichtigen Orte außerhalb des Viertels wie Arbeitsort und Schulort. Oft bringt und holt sie die Kinder, so daß diese kaum allein das Stadtviertel außerhalb der Wohnung benutzen. In meiner Interpretation sind das Befunde für ein starkes soziales Spannungsfeld im Gebiet, das durch die sukzessive Eigentümer-Sanierung ohne sozialplanerische Begleitung zugespitzt wird. Die Potentiale, die in einem Viertel wie der Ostvorstadt stecken, sind sowohl von den baulichen Bedingungen als auch von den sozialen Welten darinnen sehr weit gefächert. Die Voraussage, daß dieses Gebiet eine städtebauliche Aufwertung, eine soziale Stabilisierung hin zu einer "Mittelstands"-Bevölkerung erfahren wird, ist sehr naheliegend. Diese Gentrification wird mit Verdrängung einhergehen. Es wird Gebietsbewohner und -bewohnerinnen geben, die diese Aufwertung nicht werden mitmachen können, ihre Lebensbedingungen werden sich nicht verbessern, zumindest nicht am Ort. Das werden vor allem die bereits bekannten Gruppen sein, die von Verarmungsprozessen erfaßt sind: Arbeitslose, Alleinerziehende, schlecht Qualifizierte und psychisch Überforderte, die Erfahrungs- und Orientierungswissen durch den Systembruch verloren haben und nun resignieren oder randalieren, weil sie nicht in die Lage kommen zu lernen. Wo werden sie in Zukunft leben können? Die Entscheidung über diese Frage wird über den Verlauf und das Tempo der Stadterneuerung in diesem Viertel mindestens so deutlich mitentscheiden wie die Klärung der rechtlichen Verhältnisse am Besitz der Häuser und Grundstücke. Wenn diese Frage nicht geklärt werden kann – letztlich von der Kommune als Gebietskörperschaft aller Bürger und nicht nur der solventen – dann kann das auch die Verlangsamung und Verschleppung der Stadterneuerung in diesem Viertel bedeuten.

In der Ostvorstadt gab es und gibt es eine anhaltende Mobilität. Eine kontinuierlich andauernde Zu- und Abwanderung aus dem Gebiet und in das Gebiet ist
über die Jahrzehnte charakteristisch. Im Vergleich der drei Stadtteile zeigt sich,
daß die Mobilität der Bewohner der Ostvorstadt am höchsten ist. Fragt man nach
der Wohndauer in der Stadt Erfurt, ist das Ergebnis noch deutlicher, weil klar wird,
daß die Ostvorstadt der erste Wohnsitz in der Stadt ist: Die Ostvorstadt ist der Eingang in die Stadt und von dort aus werden die nächsten Migrationsschritte in die
Stadt hinein gemacht. Es gibt also schon "immer" einen Stamm von älteren und
alten Bewohnern, die dauernd im Gebiet wohnen, und dazu kommen die wechselnden, tendenziell jüngeren Leute, für die der Stadtteil der Durchgang in die ei-
gentliche Wohnung in der Stadt ist. Dafür steht auch die Familie P.

Der bisherige Status des Stadtviertels war geprägt von einem Selektionseffekt, der
im Saldo von Zuwanderung und Abwanderung in der Tendenz die Leute mit pro-
blembeladenen Biographien und Lebensumständen, die als die sozial Schwachen bezeichnet werden, im Gebiet dauerhafter ansässig gemacht hat. Diese Situation scheint
sich mit dem Transformationsprozeß gerade zu ändern. Der Stadtteil wird erfaßt von
Prozessen der Stadterneuerung. Verfall und Erneuerung liegen dicht beieinander, sa-
nierte Häuser stehen neben lädierten, verfallenen, unbewohnten. Das nahe Stadtzentrum übernimmt Zug um Zug die Funktionen einer modernen City und hat gleichzeitig dafür nicht die ausreichenden Flächen und Räume. Dieser Entwicklungsdruck
drängt in die angrenzenden Stadtgebiete und eines davon ist die Ostvorstadt. Büros
von Maklern, Steuerberatern oder Versicherungsvertretern, Arztpraxen, ein China-
Restaurant und ein Sex-Shop oder ähnlich exotische Sachen sind neu im Viertel. Die
Dachgeschosse der Häuser werden ausgebaut, um im Erdgeschoß, mitunter auch in
noch darüberliegenden Geschossen, Wohnungen umnutzen zu können.

Die Eigentümer bekommen mit dem Rechts- und Wirtschaftssystem der Bundesrepublik Deutschland ihre Verfügungsmacht zurück. Die Akteure dieses Erneuerungsprozesses sind die Eigentümer – die neuen und die alten. Die Ostvorstadt hat
nicht den Status eines förmlichen Sanierungsgebietes erhalten, so daß die regulieren-
den Möglichkeiten der Kommune eingeschränkt sind. Die Fördermittel, die von
Bund, Land und Kommune für die Sanierung geboten werden, werden möglichst
nicht in Anspruch genommen, um nicht in die Mietpreisbindung zu geraten. Für die
Eigentümer soll sich das eingesetzte Kapital schnell, möglichst sehr schnell verwerten.

Die neuen Bewohner des Stadtteils kommen mit dem Geld und durch das Geld.
Ihr Migrationsschritt hängt zumeist mit ihrer Arbeit zusammen – das heißt, sie sind in
irgendeiner Weise mit dem "Aufschwung Ost" verbunden. Sie können damit über ein
sicheres Einkommen verfügen. Ihre Wohnungen liegen in den sanierten Häusern, die
vorerst als farbige Inseln im grauen Verfall stehen. Ob sie bleiben oder wieder gehen
werden, sich in einem anderen Stadtteil eine Wohnung suchen werden, hängt m.E.
daran, wie schnell und wie tief der Sanierungsprozeß im Gebiet verlaufen wird. Noch
sind längst nicht alle Rückführungsansprüche geklärt. Nach Schätzungen über die
Dauer dieses Klärungsprozesses werden 10 und mehr Jahre dafür veranschlagt. So

lange könnte sich also dieses krasse Nebeneinander von alt und neu, von Aufstieg und Abstieg, von alter und neuer Bevölkerung erhalten. Diese neuen Bürger treffen auf die alten, die auch ohne Wohnortwechsel in der Lage waren, ihre Einkommen über ihre Erwerbsarbeit zu sichern. Und sie treffen auf die, die einen allmählichen Abstieg machen oder auch einen abrupten Abstieg gemacht haben.

Auf der Straße gehen die angestammten und die neuen Bewohnerinnen und Bewohner des Viertels aneinander vorbei. Als Beobachterin hatte ich den Eindruck von Funkstille und gegenseitiger Unsicherheit. Die alten und die neuen Bewohner des Viertels wohnen nicht in ein und demselben Haus, denn zwischen "saniert" und "nicht saniert" läuft eine Trennlinie. Die ist sogar zu hören, wenn die neobarocke schwere Tür leise ins Schloß fällt. Wechselsprechanlagen regeln den Eingang. Den Absteigern gehört die Straße. Vor dem Getränkehandel sitzen die Männer auf Campingstühlen, die sie mitgebracht haben, trinken Bier und unterhalten sich laut. Die unausrottbaren geblümten Perlonbeutel stehen neben ihren Füßen und verhüllen, wie man eh schon weiß, den Vorrat an Flaschen oder Büchsen. Wie lange werden sie hier noch sitzen? Sind das die "Sanierungsnomaden", die die sukzessive Klärung der Eigentumsverhältnisse, die Gewährung der Baugenehmigungen, die Maurer und Maler und die Mietforderungen der Eigentümer vor sich her schieben werden? Die ganz normale Gentrification? Es gibt keine Hinweise, daß es anders kommen wird. Es sei denn, der Sanierungsprozeß käme zu langsam voran, die Konflikte auf der Straße würden unangenehmer, das Prestige litte unter der Adresse und es ergäben sich andernorts Alternativen – dann könnten die Gentrifier eventuell auch wieder abziehen.

Lähmendes Gleichmaß im Rieth: Zur Stadtteilgeschichte eines Neubaugebietes

Das Rieth gehört zu den Stadterweiterungen der 70er Jahre im Norden der Stadt. Seine städtebauliche Gestalt mit dem dahinterstehenden städtebaulichen Leitbild einer sozialistischen Großstadt machen es zu einem sehr typischen Beispiel des Städtebaus der DDR. Es ist eine Großplattenbausiedlung auf externem Standort am Stadtrand. Das Neubaugebiet wurde geplant, weil sich Erfurt als Industriestandort (Schwermaschinenbau, Mikroelektronik ...) entwickelte und einen leichten Anstieg der Einwohnerschaft zu verzeichnen hatte. Außerdem entstand der Wohungsbedarf aus dem Verfall innerstädtischer Gebiete, wie für das Andreasviertel und die Ostvorstadt schon gezeigt wurde. Erfurt hat mehrere Neubaugebiete, wobei die älteren im Norden liegen, die jüngeren im Südosten. Die Neubaugebiete liegen in einem weiten Kreis und auf gesplitteten Flächen um die Stadt.

Das Rieth entstand zwischen 1969 und 1976. Es hat 4216 Wohnungen und reichlich 12.000 Einwohner. Wenn man die Personen einschließt, die in Internaten, Feierabend- und Pflegeheimen wohnen, dann sind es etwa 15.000 (Nebe K. u.a.: 1993). Es entstand als ein Wohngebiet, das in der Nachbarschaft eines Industriegebietes liegt.

Die enge Verflechtung der städtischen Funktionen von Arbeiten, Wohnen, Sich-
Bilden und Sich-Erholen waren konzeptionelle Vorstellungen bei der Planung des
Gebietes. Erfurt hat eine große Nord-Süd-Ausdehnung, so daß die Entwicklung eines
Subzentrums im Norden durchaus Sinn macht. In dieser Logik ist die infrastrukturel-
le Ausstattung des Gebietes zu sehen. Sie ist mit Kindergärten und -krippen, mit
Schulen, mit einer Gesundheitsversorgung in ärztlichen Praxen, mit Kaufhallen, der
Wohngebietsgaststätte und der Außenstelle der städtischen Bibliothek gut gewesen.
Die meisten dieser Einrichtungen waren im Wohngebietszentrum angesiedelt, das
Anlässe zur Kommunikation, für Kontakte und Gemeinschaften bieten sollte.

Stadtteil Rieth

Heute liegen große Teile der Gebäude des Wohngebietszentrums brach. Die vormaligen Mieter und Nutzer wie die HO oder eine PGH des Frisieurhandwerks gibt
es nicht mehr. Irgendwelche Billig- und Schnäppchenverkäufe zogen tageweise
durch. Eigentumsverhältnisse und Altschuldenbelastungen für diese Gebäude sind
nicht klar. Die Bibliothek gibt es glücklich noch in einer ansonsten verlassenen
Umgebung. Der Bilderfries, der die Gebäude schmücken sollte, wirkt mit seinen
emphatischen Themen von der glücklichen und strahlend jungen Familie, vom
Befreiungskampf der Völker Lateinamerikas und von der unendlichen Fruchtbar-
keit der mütterlichen Natur wie ein Anachronismus inmitten des Verfalls. Beton

hat nicht die Gabe zu altern, er verrottet sogleich. Das Zentrum liegt inzwischen "mega out". Die verkehrliche Erschließung des Wohngebietes mit der Straßenbahn zum Stadtzentrum ist für einen Standort wie diesen von großer Wichtigkeit. Erfurts Straßenbahntarif war mit 15 Pfennigen pro Fahrt sehr niedrig. Heute liegt der Tarif bei 1,–DM.

Das Bild des Wohngebietes ist geprägt durch 16-Geschosser oder 11-Geschosser. Städtebaulich setzen die 16-Geschosser als Punkthochhäuser die Dominanten im Gebiet. Die 11-geschossigen "Scheiben" bilden langgestreckte Baukörper, die das Gebiet nach außen und nach Norden wie eine Mauer schützend abriegeln sollen. Im Innenbereich des Gebiets sind 5-geschossige Baublöcke angeordnet, die so zusammengestellt sind, daß die 12 Blöcke 4 Höfe bilden. Die Lowetscher Straße umschließt diesen Bereich als eine Ringstraße. Die Qualität des städtischen Außenraums unterscheidet sich ganz erheblich zwischen den verkehrsreichen Hauptstraßen und den Wohnstraßen im Inneren des Gebietes bzw. den Wohnhöfen. Die Wohnhöfe haben inzwischen Bäume und Sträucher, die zum Teil einen dichten Bewuchs bilden. Dadurch bekommen die Höfe eine Gliederung, die abgeschirmte kleine Plätze, ästhetisch versöhnliche Blickbeziehungen, beinahe romantische Szenerien entstehen läßt. Im Gegensatz dazu sind die Straßenseiten laut, schmutzig, ungepflegt, sehr rauh.

Etwa Dreiviertel aller Wohnungen liegen in den hohen Häusern, die um sich herum keinen Raum haben, der eine Hofsituation assoziieren läßt. Der Übergang zwischen Wohnung, Haus und Straße wird nicht noch einmal vermittelt. In der Fallstudie über die Familie K. wird eine Lebenssituation geschildert, die das Wohnen in einem solchen Haus betrifft. Die räumliche Ebene des Stadtteils ist quasi ausgeblendet, die sozialen Beziehungen in den Raum erstrecken sich zuerst auf die Wohnung und dann sofort auf die Stadt insgesamt. Das ist durchaus typisch für die Lebensprozesse in Neubaugebieten (Weiske C. und U. Schäfer: 1993).

Das Wohngebiet ist inzwischen 20 Jahre alt. Dieses Datum ist von besonderer Wichtigkeit. So ähnlich sich die Neubaugebiete sehen mögen, unterscheiden sie sich gerade soziologisch am nachhaltigsten durch das Datum ihrer Fertigstellung und damit ihrer Besiedelung. Zwei Drittel der befragten Bewohner wohnen schon länger als 10 Jahre im Gebiet. Sehr viele Leute im Gebiet werden mit ihm zusammen alt. Im Vergleich zu den Alternativen des städtischen Wohnungsangebots waren diese Wohnungen gut und akzeptabel. Der Mietpreis für Neubauwohnungen entsprach den realen Kosten nicht, er wurde aus dem Staatshaushalt subventioniert, was einer realen Erhöhung des Einkommens ihrer Bewohner gleichkam. In der späten DDR gab es kaum Alternativen zur Neubauwohnung, die Akzeptanz war hoch. Die überschüssige Initiative, die diese Wohnform nicht binden konnte, wurde dann zum Beispiel ins Wochenendgrundstück gesteckt. Datschen sind in diesem Kontext mehr als nur Freizeitorte und Besitz, sie sind oder waren sinnstiftend.

Zur Charakterisierung der Einkommenssituation kann man sagen, daß die Bewohner des Viertels über mittlere Einkommen verfügen, die aber relativ unabhängig von der Entwicklung des lokalen Arbeitsmarktes sind, weil es sich in hohem Maße um Renten und Transferzahlungen handelt. Die Renteneinkommen gewinnen immer größeres Gewicht, denn tendeziell gibt es eine Überalterung der Bewohnerschaft alter Neubaugebiete imVergleich zum Stadtdurchschnitt. Solange die Transfer- und Rentenzahlungen sicher sind, verfügen die Rieth-Bewohner über ein mittleres Einkommen, mit dem sie ihr Leben bestreiten können, das ihnen aber kaum die Möglichkeit gibt, eine teurere Wohnung zu nehmen. Für ihre Vermieter sind sie damit berechenbare und stetige Mieter.

Die Eigentümer und Vermieter im Gebiet sind ausschließlich die Kommunale Wohnungsgesellschaft KOWO mbH und mehrere Wohnungsbaugenossenschaften. Die KOWO hat sich entschieden, nicht am Rieth sondern in älteren Beständen zu privatisieren, die aus den 60er Jahren stammen bzw. auch noch älter sind. Das hängt mit der fatalen Tatsache zusammen, daß der Neubau der frühen Jahre qualitativ gediegener ist, als der Neubau der späteren Jahre. Die KOWO wird im Laufe der nächsten 15 Jahre ihre Wohnungen sanieren – voraussichtlich im bewohnten Zustand.

Aus der Perspektive der Mieter war es zu DDR-Zeiten fast unerheblich, ob sie sich in einem Mietverhältnis mit der KWV (Kommunalen Wohnungsverwaltung) oder mit einer AWG (Arbeiterwohnungsbaugenossenschaft) befanden. Das hat sich geändert – und damit auch das Verhältnis zu den Vermietern. Der größte Unterschied zwischen den beiden Eigentümerinnen besteht in ihrer Rechtsform, die nach der Wende mit dem Rechtssystem der Bundesrepublik Deutschland einen enormen Bedeutungsgewinn erlangt hat. In den Genossenschaften haben die Genossinnen und Genossen als Eigentümerinnen und Eigentümer de jure einen anderen Status als die Mieterinnen und Mieter der KOWO. Für die Mitglieder der Genossenschaften eröffnet sich ein Recht auf Mitsprache, das ihnen per Genossenschaftsgesetz gesichert ist. Damit sind sie im Prinzip an den Entscheidungen zur Bestandspflege und damit zur Mietpreisentwicklung entscheidend beteiligt. Sicher wird dieses Recht ungenügend gekannt und wahrgenommen, aber es ist dennoch eine Option, die offen ist. Dieses Mitspracherecht haben die Mieterinnen und Mieter der KOWO nicht. Ihre Rechte ergeben sich allein aus dem Mietrecht. Außerdem sehen sie sich einem Koloß von Organisation gegenüber, der schwer durchschaubar ist. Mit diesem Zustand sollten sich weder die Mieterinnen und Mieter noch die kommunale Gesellschaft weiterhin zufriedengeben.

Zum Beispiel die Familie K.

Frau K. ist 65 Jahre alt. Sie war früher als Wirtschaftskaufmann in einem Baubetrieb tätig. Seit 1989 bekommt sie Rente. Sie arbeitete dann ein Jahr über die Rente hinaus und wäre auch noch länger berufstätig gewesen, wäre ihr Betrieb nicht abgewickelt worden. Sie ist zum zweiten Mal verheiratet und hat zwei Töchter aus erster Ehe. Herr K. war Lehrer für Deutsch und Geschichte, er ist jetzt 74 Jahre alt und ist seit 1985 Rentner. Das Paar, Frau und Herr K., heiratete 1973 und die Familie zog 1976 gemeinsam mit der jüngeren, damals 14jährigen Tochter in diese Wohnung. Seit 5 Jahren wohnen sie nun zu zweit in der Dreiraumwohnung. Die Wohnung ist eine typische Dreiraumneubauwohnung, 67,8 qm und 2 Balkone (das ist nicht typisch), das Kinder- und das Schlafzimmer sind klein, das Wohnzimmer ist geräumig, dazu kommen die fensterlose Küche mit Durchreiche und eine Badzelle.

Der Block, in dem die Wohnung liegt, ist ein dreiflügeliger Bau, der in der Draufsicht wie ein Y aussieht. Mit diesen weiten Auskrakungen verliert der Block die Dimensionen eines Hauses, er wird zu einer technischen Anlage, die aus der Perspektive eines Menschen immer unübersichtlich bleiben muß. Der Block hat 11 Geschosse. Die Wohnung der Familie K. liegt in der 4. Etage. Vom Wohnzimmer aus hat man einen guten Blick auf eine Fußgängerzone. Hohes Grün und Schatten spendende Bäume verschönern den Ausblick. "Das war das Vorzeigeviertel", meint der Mann beim Blick vom Balkon vor dem Wohnzimmer hinunter. Die Straßenseite dagegen ist nicht angenehm. Die Sonne aus südwestlicher Richtung prallt ungehindert auf den Beton. Der Verkehrslärm einer vielbefahrenen Straße brandet herauf. Staubig ist die Luft.

Insgesamt liegen in einem Block 23 Wohnungen in jeder Etage. Daß es in einem so langen Block nur einen Fahrstuhl gibt, prägt die Organisation innerhalb des Hauses. Zudem hält er nur auf jeder dritten Etage und von dort aus werden die Wohnungen in einer eigenen Logik erschlossen: Vom zentralen Fahrstuhl gehen auf jeder dritten Etage lange Gänge nach beiden Seiten. Zu diesen horizontalen Verbindungswegen gibt es vertikale Aufgänge, die auf jeder Etage zu zwei Wohnungen Zugang bieten. Die Treppenaufgänge wirken mitunter kellerhaft dunkel. Eine bestimmte Wohnung ist bei dieser Anordnung schwer zu finden. Herr und Frau K. sind es gewohnt, unerfahrene Gäste an der Haustür abzuholen.

Das Wohnzimmer ist sehr hell und mit vielen Grünpflanzen ausgestattet. Es liegt nach Osten. Der Eßplatz mit einem Tisch und fünf Stühlen nimmt eine Hälfte des Raumes an der Durchreiche zur Küche ein. In der anderen Hälfte steht die Sitzecke mit dem Fernseher. Eine Schrankwand komplettiert die Wohnzimmereinrichtung. Die beiden halten sich meist im Wohnzimmer auf. Zu den Nachbarn haben sie wenig Kontakt. Die Hauptbeschäftigungen sind nach Frau K.: "Essen und schlafen."

Der Wohnzimmerbalkon wird wenig benutzt. Er liegt im inneren Winkel des y-Gebäudes, so daß die angrenzenden Balkonachbarn sehr nahe sind. Weil sie ihre Wohnung über andere Treppenhäuser erreichen, trifft man sie ansonsten nicht. So stehen unvermittelt Fremde in der eigenen Wohnung. Frau und Herr K. benutzen dann lieber den anderen Balkon, obwohl er auf der Straßenseite liegt.

Frau K.: "Mittags essen wir meistens hier, also in den meisten Fällen oder wir nehmen uns etwas mit oder wir machen och ma irgendwo eine kleine Einkehr." Herr K.: "Wir sitzen wenig zu Hause, wir wandern, weil das günstiger und gesünder ist."

Die Küche ist eine typische fensterlose Neubauküche. Sie hat eine geringe Fläche, links und rechts stehen Möbelreihen mit Herd und Spüle. Eine Durchreiche verbindet Küche und Wohnzimmer miteinander. Herr K.: "... das ist der Nachteil, daß beim Kochen die Gerüche überall zu riechen sind, im Wohnzimmer, auch im Kinderzimmer, auch im Schlafraum." Der Abzug funktioniert so schlecht, daß über seinen Schacht sogar Küchengerüche aus anderen Wohnungen hereingetragen werden. Frau K.: "Wenn sie durch das Haus gehen, sagen wir mal samstags, wo mehr kochen als in der Woche, da können sie sagen, da gibt es Krautrouladen, da gibt es Kartoffelsuppe." Ansonsten wird die Küche aber als praktisch bezeichnet. Frau K.: "Für uns zwei reicht es, aber wehe dem, wir haben größere Feste, also da wird es problematisch."

Das Bad finden Frau und Herr K. viel zu klein, aber die beiden kommen auch damit aus. Es ist das typische Neubaubad, alles Notwendige ist da, kleine Wanne, Toilette, Waschbecken, aber kein Fenster. Auch das Schlafzimmer ist sehr eng. Neben einem Doppelbett stehen dort ein großer Kleiderschrank und eine Frisiertoilette. Damit fällt es dann schon schwer, sich zu bewegen. Es liegt nach Südwesten und ist damit das wärmste und lauteste Zimmer in der Wohnung.

Das immer noch so genannte Kinderzimmer ist ein schmales rechteckiges Zimmer mit einer Liege, einem kleinen Schränkchen, einem kleinen Tisch mit Stuhl und einem Fernseher. Durch diese Möbelierung bleibt nur noch ein schmaler Gang. Das Zimmer wird nicht ständig genutzt. Wenn die beiden verschiedene Sendungen sehen wollen, für einen Mittagsschlaf oder zur Beherbergung der seltenen Gäste.

Frau K. wünscht sich Gelegenheiten und Partner für interessante Gespräche. Die Themen, die sie sehr oft bei alten Menschen findet, irgendeinen Tratsch über andere, stoßen sie ab. Ihr Mann ist ihr zu still, er möchte sich nicht so häufig unterhalten. So besucht die Frau einmal im Monat zwei Freundinnen und sie trifft sich wöchentlich mit ihrer Schwester. Das geschieht aber alles nicht in der Wohnung. Der Mann ist in dieser Zeit entweder allein zu Hause, schaut fern, liest Zeitung oder geht auch allein wandern. Bei der Schwester der Frau, die ganz in der Nähe ein Haus mit Garten hat, verbringen Frau und Herr K. sehr gern ihre Wochenenden. Frau K.: "So ausgesprochen Kontakte zu anderen Familien haben wir nicht, das ist aber daher gekommen, erstens mal, weil wir nicht mehr arbeiten, kein Umfeld mehr, keine Kollegen mehr, und die Verwandtschaft, Bekanntschaft, die haben alle keine Zeit oder kümmern sich alle nur um sich selber, jeder macht die Türe zu und möchte für sich sein."

Der Statuswechsel des Gebietes

Der Statuswechsel ist in Gang gekommen, ohne daß viel passiert wäre. Indem sich die Stadt verändert, verändern sich die Neubaugebiete in ihrer Wertigkeit, selbst wenn ansonsten vieles beim Alten geblieben ist. Durch die Aufwertung der alten und älteren Stadtteile sinkt das Renomée der Neubaugebiete. Die Akzeptanz für die Neubauviertel, die zu DDR-Zeiten weit verbreitet war, galt immer der Neubauwohnung. An ihr wurde ihr Komfort geschätzt – und das hieß vor dem Hintergrund der im Altbau verbreiteten Bedingungen: Bad und IWC, zentrale Heizung, warmes Wasser und Balkon. Die Kritik dagegen bezog sich genauso stereotyp auf Platzmangel (zu wenige Räume, zu kleine Räume, zu wenig Stauraum und Nebengelaß für Handwerkereien), auf die fensterlosen Bäder und Küchen, auf Lärmbelästigungen und auf Mängel in der Bauausführung. In dem Maße, in dem solche Qualitäten durch Sanierungen im Altbau verbreitet werden, relativieren sich die Vorzüge, und die Nachteile der Neubauwohnungen treten stärker hervor. Allerdings sind die Alternativen z. B. in der Ostvorstadt vorläufig teurer als die Neubauwohnungen.

Die längst bekannten Kritikpunkte, die seine Bewohner gegenüber den Wohngebieten am Stadtrand hegen, nehmen an Gewicht zu. Die externe Lage der Gebiete macht die Teilnahme am städtischen Leben schwieriger und inzwischen auch teurer. Die "Randlage" bekommt eine Mehrfachbedeutung. Im städtischen Raum des Gebietes ist von Stadterneuerung nichts zu spüren. Die Häuser machen einen abgewrackten Eindruck. Vitrinen stehen leer mit eingeschlagenen Scheiben auf der Fußgängerzone und umrahmen nichts. Fliegende Händler und Imbißbuden verstärken das Gefühl, daß sich hier nur Provisorien halten. Die Autos sind das, was neu ist. Es sind viel zu viele und sie stehen überall.

Es sind die "Ur-Erfurter" oder wenigstens die Langzeit-Erfurter, die hier wohnen. Mehr als ein Drittel der von uns im Rieth befragten Personen wohnt seit mehr als 40 Jahren in Erfurt. Mit denen zusammen, die seit mehr als 20 Jahren in Erfurt leben, waren das schon drei Viertel. Im Vergleich der drei Stadtviertel untereinander gab es die geringsten Zuzüge in diesen Stadtteil. Nach der Wende ist ein knapp bemessenes Viertel dazugekommen. Über die Abwanderung wissen wir nichts Genaues.

Wie lange diese Auszeit in solchen Stadtteilen wie dem Rieth anhalten wird, hängt in erster Linie von den Eigentümern der Häuser und Anlagen ab, und in zweiter Linie von der kommunalen Politik zur Stadterneuerung, die wirtschaftliche und kulturelle Impulse für diese Stadtteile bringen muß. Das Neubaugebiet am Rieth kann vorläufig nicht partizipieren an der Dynamik der Stadtentwicklung Erfurts. Es liegt im wahrsten Sinne des Wortes am Rande des Geschehens. Beharrung heißt der Befund, fast gleichgültig, welche sozialen Prozesse des Lebens im Viertel man in die Optik nimmt. Dabei trägt das relativ sichere Einkommen der Bewohner, das mit dem hohen Anteil an Renten und Transfereinkommen zustande kommt, sowohl zur Beharrung als auch zur Balance der Verhältnisse auf diesem Niveau bei. Das relativ hohe Alter eines großen Teils der Bewohnerinnen und Bewohner und ihr relativ sicheres Einkommen erhalten ihnen ihre relativ guten Wohnungen – so lange sich der Staat nicht zurückzieht aus der Verantwortung, die er mit der deutschen Vereinigung vom Staat der DDR übernommen hat. Im Falle des Neubaugebietes am Rieth dominieren nicht die sozial krassen Fälle, die den Befürchtungen von der Verslumung der Neubaugebiete Berechtigung geben könnten. Allerdings gehen damit alle Probleme einer tendeziellen Überalterung der Stadtteilbevölkerung einher. Wesentlich schärfer sind die Probleme vermutlich in jüngeren Gebieten, in denen auch die Bevölkerung jünger ist und noch ganz anders

von den Problemen der Arbeitslosigkeit und der Abwertung der beruflichen Qualifikationen betroffen ist.

Die städtebaulichen Veränderungen in einem Viertel wie dem Rieth werden
voraussichtlich langsam vor sich gehen. Gerade in den unspektakulären Neubaugebieten wird offenkundig, daß die Sanierung ein Prozeß der Stadterneuerung ist,
der städtebauliche, bautechnische und soziale Probleme sehr eng verknüpft. Wie
Stadterneuerung in einem Viertel wie dem Rieth aussehen kann, hängt in einem
sehr großen Maße ab von den politischen Entscheidungen auf der Bundes- und
Landesebene über die Randbedingungen (Altschuldenhilfegesetz, Rückzahlungs-
modi der Schulden, Tempo der Privatisierungen, Festlegung eines formalen Status
ähnlich dem der Sozialwohnungen u.ä.), innerhalb derer die Eigentümerinnen agie-
ren müssen. Das Instrument der förmlichen Festsetzung von Sanierungsgebieten,
das weiterreichende kommunale Verfügungen und den Einsatz zusätzlicher Fördermittel ermöglichte, wurde hier vorläufig nicht angewandt. Die innerstädtischen
Bereiche nehmen in der Abwägung den gewichtigeren Rang ein. Wenn dieses
Verfahren nicht eingesetzt wird, gibt es auch keine Sozialplanung.

Die Neubauwohnungen werden nach wie vor gebraucht angesichts der vielen
Wohnungssuchenden in der Stadt, selbst wenn die Tendenz zur Abnahme der
Stadtbevökerung anhält. Die mögliche Aufwertung dieser Viertel allerdings ist ein
sehr komplexer Vorgang, der wegen der Größe der Gebiete und der Massenhaftig-
keit der Probleme, wegen der Eigentumsverhältnisse und der weitreichenden staatlichen und kommunalen Beteiligung eng mit der regionalen Wirtschaftsentwicklung verknüpft bleiben wird. Daher werden sich die Neubaugebiete in den neuen
Ländern künftig sehr deutlich durch ihren regionalen Standort voneinander unterscheiden. Je prosperierender die regionale Wirtschaft, desto eher kann Stadterneuerung einschließlich der Wohnungssanierung bezahlt werden – von Eigentümerinnen und Mietern gemeinsam.

Ute Lenssen

Wieder die gleichen Fehler? Verkehrssituation und -planung in ostdeutschen Städten

Einer der auffälligsten Unterschiede zwischen den Städten in der DDR und der alten Bundesrepublik lag im Jahr 1989 im Verkehrssystem: in der DDR wurden überwiegend öffentliche Verkehrsmittel benutzt, in der alten Bundesrepublik dominierte der individuelle Pkw. Dieser Gegensatz war einerseits Ausdruck der unterschiedlichen Konsumniveaus, andererseits aber auch Ergebnis unterschiedlicher verkehrspolitischer Konzepte. Nach der Wende bewaffneten sich die Bürger der ostdeutschen Länder zunächst einmal massenhaft mit Autos, füllten die Freiflächen mit Blech und die Straßen mit Staus – zu einem Zeitpunkt, als in westdeutschen Städten allenthalben nach Alternativen zum Verkehrsinfarkt gesucht wurde. Für die Stadtentwicklung war es eine der spannendsten Fragen, ob die neuen Bundesländer ebenso wie die alten, den bitteren Weg der Stadt- und Landschaftszerstörung gehen würden, die den Preis für die Massenmotorisierung darstellten.

1. Straßenbahnstadt versus autogerechte Stadt

Nach dem Ende des 2. Weltkriegs bestanden in den beiden deutschen Staaten unterschiedliche politische Ausgangsbedingungen für die Stadtentwicklung. In der DDR ergab sich durch die Enteignungen und die Bildung von Volkseigentum an Grund und Boden die Möglichkeit, große zusammenhängende Flächen zu bilden, die als 'Komplex' bebaut wurden. Da alle Investitionen staatlich geplant und durchgeführt wurden, bestanden auch die Voraussetzungen dafür, neue Stadtstrukturen zu realisieren. Im Westen verlief der Wiederaufbau der im 2. Weltkrieg zum Teil stark zerstörten Städte unter Beibehaltung der alten Besitzverhältnisse und dadurch auch weitestgehend unter Berücksichtigung der historischen Parzellen. Der rasche Wiederaufbau und das einsetzende Wirtschaftswachstum vollzogen sich weitgehend innerhalb des gegebenen räumlichen Rahmens. Die Vorstellungen von einer vollkommen neuen Stadtstruktur, die Planer schon vor 1945 entwickelt hatten (vgl. Durth/Gutschow 1988), wurden zunächst nur in wenigen Städten, und auch dort nur ansatzweise zur Grundlage der Planung.

Eine Ausnahme bildete in den westdeutschen Städten die Verkehrsplanung für die Innenstädte. Dort war es schon vor dem Krieg zu hohen Verkehrsdichten gekommen und nun sollte die Chance genutzt werden, die Stadtstrukturen den Bedürfnissen des zu erwartenden Verkehrs anzupassen. Verbreiterungen der Hauptverkehrsstraßen, Umgehungsringe mit Tangenten und Fußgängerzonen entstanden. Die Tertiärisierung der Innenstädte, die Suburbanisierung des Umlandes durch Eigenheimbau und später die Flächensanierung in Altbaugebieten führten zu einer zunehmenden Nutzungsentmischung. Auch im Westen entstanden Großsiedlungen am Stadtrand, meist als reine Schlafstädte konzipiert. Die Zahl der Pendler und die Entfernungen zwischen Arbeitsplätzen und Wohnorten wuchsen in der Nachkriegszeit permanent. Auch die Versorgungsfunktionen mußten in anderen Gebieten wahrgenommen werden. Die Erschließung dieser Wohngebiete war vorrangig auf die Erreichbarkeit mit dem Pkw ausgerichtet. Die Versorgung mit Linien des ÖPNV wurde zwar geplant, aber meist nur mit einer minimalen Taktfolge eingerichtet. Dabei wurde völlig außer Acht gelassen, daß die Pkw-Besitzer und -Nutzer in erster Linie die berufstätigen Männer waren, die die Siedlungen morgens verließen und erst abends zurückkehrten. Die Mobilität der Hausfrauen, Kinder und älteren Menschen, die in der Regel auf den ÖPNV angewiesen waren, wurde dadurch stark eingeschränkt.

Hand in Hand mit dieser Entwicklung verlief der Anstieg der Motorisierung. Ziel der Stadtplanung war bis zu den 70er Jahren die autogerechte Stadt. Dann drangen die negativen Folgeerscheinungen des Anstiegs der Kfz-Nutzung in das öffentliche Bewußtsein. „Verkehrsberuhigung" wurde von den Bewohnern der Innenstadtquartiere gefordert, entsprechende Maßnahmen werden im größeren Stil aber vor allem in Wohngebieten durchgeführt. Damit wird aber die Wirkungskette eines vom Individualverkehr dominierten Verkehrssystems nur an seinem Ende, dort wo es sich unerträglich verdichtet, bearbeitet, nicht jedoch in ihrer Struktur. Wie in den Städten die notwendige Mobilität sozial- und umweltverträglich organisiert werden könnte, ist am Ende des 20. Jahrhunderts zu einem der Hauptprobleme der Stadtpolitik geworden.

2. Sozialistische Verkehrsplanung

Die Hauptstraßen in der Mitte ostdeutscher Städte sind in der Regel sehr, sehr breit und erwecken den Eindruck, man habe sich früh auf die Massenmotorisierung vorbereitet. Doch die mächtigen Magistralen sollten nicht in erster Linie die autogerechte Stadt vorbereiten: "Ihre höchste Bedeutung erhält die Straße in der Stadt dann, wenn sie zum Schauplatz von Demonstrationen – diesem politischen Willensausdruck der Bevölkerung – wird." Straßenprofile sind also kein direktes Indiz für die verkehrsplanerische Konzeption, auch wenn sich die ostdeutschen Verkehrsplaner im Straßenbau bemühten, den Anschluß an Standards zu halten, die man für international hielt.

Unter den Bedingungen einer sozialistischen Stadtplanung wurde der Verkehr zentral und möglichst rational geplant. Hauptmerkmal der "sozialistischen" Verkehrsplanung ist die Bemühung um eine größtmögliche Effektivität in der Erstellung und Auslastung der Verkehrsanlagen. Unter diesem Gesichtspunkt entstanden Forderungen nach einer rationellen Standortverteilung der Verkehrsquell- und -zielgebiete, d. h. nach einer optimalen Zuordnung von Wohnen und Arbeiten, nach gestaffelten Arbeitszeiten sowohl am Tag als auch in der Woche und nach leistungsfähigen Massenverkehrsmitteln. „Die Vorrangstellung des öffentlichen Personennahverkehrs gegenüber dem individuellen Kraftfahrzeugverkehr ist nicht schlechthin durch die geringere Inanspruchnahme von Verkehrsfläche begründet, sondern sie ist ein Ausdruck der planmäßigen und proportionalen Entwicklung der Volkswirtschaft der DDR." (Kowalik 1976, S. 15) „Die Hauptaufgabe des städtischen Nahverkehrs besteht darin, die Ausbleibezeiten der Werktätigen zu verkürzen und die Beförderungsbedürfnisse – vor allem im Berufsverkehr – in hoher Qualität zu befriedigen". (Autorenkollektiv 1979, S. 131) Die Verkehrsexperten der DDR blickten damals zur Orientierung nach Osten in die Länder des sozialistischen Lagers, vor allem in die UdSSR – und dort in erster Linie nach Moskau, mit dem erklärten Ziel der "Überwindung der Fehlentwicklungen der kapitalistischen Stadt und Herausbildung eines neuen, sozialistischen Leitbildes für den Stadtverkehr[1] ... Die sozialistische Verkehrspolitik geht von der planmäßigen und den gesellschaftlichen Interessen entsprechenden Entwicklung der Verkehrssysteme aus. Daraus resultiert die vorrangige Förderung des öffentlichen Massenverkehrs mit niedrigen Tarifen und hohen Reisegeschwindigkeiten (S-Bahn Moskau 42 km/h)." (Autorenkollektiv 1974, S. 27) Baulich-räumlich drückt sich dieser Ansatz in einer weitgehenden Konzentration möglichst kompakter Bebauung an hochfrequentierten öffentlichen Nahverkehrslinien bzw. unmittelbar im fußläufigen Einzugsgebiet von Schnellbahnen aus.

In den 60er Jahren wurden viele Ressourcen für den Bau einiger repräsentativer Zentren mit „städtebaulichen Dominanten" gebunden, die Maßstäblichkeit vor allem bei der Neubebauung von historisch gewachsenen Altstadtgebieten ging verloren. Beim Wohnungsneubau setzte sich der industrielle Plattenneubau weiter fort, trotz einiger architektonischer Experimente überwog hierbei die offene Zeilenbebauung. Unter anderem zum 20. Jahrestag der Gründung der DDR wurden Sonderbauprogramme durchgeführt, auch hier mit dem Schwerpunkt in der 'Hauptstadt der DDR' und in anderen größeren Städten. Eine weitere Priorität lag bei der Schaffung von Großindustriegebieten, die immer in enger Verknüpfung mit Wohngebieten konzipiert wurden, entweder durch räumliche Nähe oder durch leistungsstarke öffentliche Verkehrsverbindungen. Ein eindrucksvolles Beispiel für diese Planung ist der Neubau der Industriestadt Eisenhüttenstadt. Seit Beginn der 70er Jahre stand der Städtebau der DDR ganz im Zeichen des Wohnungsneubaus. Der stark gestiegenen Wohnungsnot sollte mit einem großangelegten Wohnungsbauprogramm begegnet werden und tatsächlich wurden bis 1990 ca. zwei Millionen Wohnungen geschaffen – überwiegend in städtischen Randsiedlungen als reine Wohngebiete.

Im „Handbuch Städtischer Verkehr" wird die Notwendigkeit beschrieben, "die Arbeits- und Lebensbedingungen sowie die zwischenmenschliche Kommunikation durch engeren Kontakt zu vielfältigen, niveauvollen, städtischen Einrichtungen des Arbeitens, Wohnens, Bildens, Erholung, der Kultur, Versorgung, Betreuung, usw. zu verbessern." (Autorenkollektiv 1974, S. 55) Für die Umsetzung wird eine räumliche Form favorisiert, die größtmögliche Funktionsmischung erlaubt. So lauteten zumindest die theoretischen Vorstellungen. Tatsächlich entstanden in erster Linie randstädtische Großsiedlungen, die nach dem Grundsatz des komplexen Wohnungsbaus konzipiert waren, d. h. daß ein Mindestangebot an sozialen und gesundheitlichen Versorgungseinrichtungen und sonstiger Infrastruktur in Wohnungsnähe errichtet wurde. Durch kleine Wohneinheiten in einer relativ hohen Dichte wurden kompakte Strukturen erreicht, deren Einwohnerzahl z.T. die 100.000 Einwohnergrenze überschreitet (Rostock, Berlin). Aber gerade im Anfangsstadium wurde dort in vielen Fällen nur eine geringe Ausstattung realisiert und für die meist jungen Familien, also den mobilsten Teil der Bevölkerung, erhöhten sich dadurch die notwendigen Wege, vor allem ins Stadtzentrum.[2] Die Anbindung an das Verkehrsnetz der Stadt erfolgte in der Regel durch Straßenbahnlinien, die zwar über einen eigenen Gleiskörper verfügen, die aber in den Hauptzeiten des Berufsverkehrs hoffnungslos überlastet waren. Durch den Umzug in ein Neubaugebiet änderte sich daher in den meisten Fällen die Benutzungsstruktur der Verkehrsmittel im Berufsverkehr dramatisch. Von Leipziger Verkehrsplanern wurde ermittelt, daß bei Bewohnern eines Neubaugebietes nach ihrem Umzug dorthin der Anteil der Fußwege zum Arbeitsplatz um zwei Drittel auf 8% abnahm, der Anteil des öffentlichen Personennahverkehrs (ÖPNV) um 6% auf 66% stieg und ein Pkw jetzt doppelt so häufig (aber immer noch nur von 20% der Verkehrsteilnehmer) benutzt wurde. (vgl. Rochlitz u. a. 1990, S. 114).

In der DDR wurde schon Mitte der 70er Jahre für die zukünftige Entwicklung im Verkehr prognostiziert, daß trotz angestrebter räumlicher Überlagerung der Nutzungen und trotz der Fortschritte in der Telekommunikation das „Verkehrsbedürfnis" weiter wachsen werde. Auch wurde eine immer größere Bereitschaft der Privathaushalte registriert, sich – ungeachtet der damit verbundenen Wartezeit und der relativ hohen Preise – einen Pkw anzuschaffen. Als Konsequenz begann sich abzuzeichnen, daß der steigende Motorisierungsgrad zu einem problematischen Flächenbedarf vor allem für den ruhenden Verkehr führen werde. Daraus wurde geschlossen, daß die Mobilitätsbedürfnisse auf längere Sicht nur durch den weiteren Ausbau des öffentlichen Nahverkehr befriedigt werden können. (Vgl. Autorenkollektiv 1974, S. 57f) Trotzdem entstand gleichzeitig die Priorität, den stetig ansteigenden motorisierten Individualverkehr konfliktfrei in das Verkehrssystem zu integrieren. Zum damaligen Zeitpunkt wurde eingeschätzt, daß die Straßennetzlänge in der DDR die Bewältigung auch des zukünftigen Verkehrs im Großen und Ganzen erlauben werde, daß aber schon damals die Durchlaßfähigkeit des Hauptstraßennetzes zu Spitzenzeiten nicht mehr gewährleistet war. Aus der Ansicht, daß Straßenverkehr niemals als Selbstzweck angesehen werden darf und alle Auswirkungen auf die Gesellschaft bewertet werden müssen, wurde die Forderung abgeleitet, trotz des Anstiegs des Pkw-Verkehrs dem ÖPNV grundsätzlich Vorrang einzuräumen und die Behinderungen, die er als Hauptsäule des Berufsverkehrs durch Kraftfahrzeuge erfährt, zu mindern. (vgl. Kowalik 1976, S. 15f)

Nach der Phase der extensiven Stadterweiterungen setzte in den 80er Jahren auch in der DDR eine Tendenz ein, sich mehr mit der Innenentwicklung der Städte zu beschäftigen. Begründungen wurden mit der größeren „Effizienz" dieser Gebiete gegeben: "Nach gemeinsamen Untersuchungen des Instituts für Städtebau und Architektur und des Zentralinstituts für Verkehrswesen beträgt beispielsweise der Mehraufwand für den öffentlichen Nahverkehr bei extensiven Wohnungsstandorten gegenüber innerstädtischen – differenziert nach Stadtgrößengruppen – zwischen 300 und 650 Mark pro Wohnung im Jahr." (Lammert 1982, S. 14) Und „sicher braucht man z. B. Kraftstoff, um Baumaterialien in die Stadt und Schutt aus ihr herauszufahren. (Eine Wohnung wiegt 60–80 Tonnen.) Noch mehr braucht man aber, um täglich tausende Berufstätige zu transportieren." (ebenda S. 22)

In den 80er Jahren wurden für alle wichtigeren Städte Generalverkehrspläne im Zusammenhang mit den Generalbebauungsplänen erstellt. Dafür wurden zentral festgelegte Vorgaben zugrundegelegt: Die Mobilität, gemessen durch Wege/Einwohner/Tag, sollte für 1990 2,8 betragen und im Jahre 2010 etwa 3,2–3,4 Wege/Einwohner/Tag erreichen. Der Motorisierungsgrad wurde 1990 mit 220 Pkw pro 1000 Einwohner festgesetzt und sollte sich 2010 auf 286 Pkw pro 1000 Einwohner erhöhen. Der Modal-split, d. h. die Aufteilung der Fahrten in die Anteile des öffentlichen Nah- und Fernverkehrs und des motorisierten Individualverkehrs[3], sollte sich 1990 auf 60 % ÖPNV und 40 % motorisierten Individualverkehr belaufen, für 2010 war geplant, ein ausgeglichenes Verhältnis zu erreichen – 50 % ÖPNV, 50 % motorisierten Individualverkehr. (vgl. FGSV 1994, S. 7f.) Für viele Städte wurden Orts- oder Ortskernumgehungsstraßen und Tangenten geplant, die aber aufgrund fehlender Ressourcen nur teilweise oder gar nicht realisiert wurden. Aber auch für die 80er Jahre wird die Weiterentwicklung des ÖPNV als Kernstück des Stadtverkehrs postuliert, nach wie vor abgeleitet aus dem Bedarf an angemessener und ökonomischer Verkehrsleistung, die der ÖPNV bei gleichzeitiger Beschränkung des motorisierten Individualverkehr bieten konnte. "Eine Modal-split-Verschiebung um nur 1 % zugunsten der individuellen Motorisierten erhöhte in der DDR 1987 den Verbrauch an Vergaserkraftstoff um 60 Millionen Liter. Die ökonomischen, ökologischen und damit auch die sozialen Wirkungen des motorisierten Berufsverkehrs in der DDR müssen kritisch bewertet werden." (Rochlitz u. a. 1990, S. 26)

Fazit: Die Stadt der kurzen Wege der Vorkriegszeit mit ihrer Nutzungsmischung von Wohnen, Gewerbe und Industrie und ihren fußläufig erreichbaren Zielen blieb im Osten vor allem dort erhalten, wo kein Geld für Erneuerung vorhanden war. Bedroht war und ist sie durch Desinvestition und Verfall, aber die Struktur hat vielerorts überlebt. Wurde ein Stück neue Stadt gebaut, sei es im Zentrum der Hauptstädte oder am Stadtrand, so erscheinen die Verkehrsflächen für die

damalige Motorisierung überdimensioniert, zum Teil ein frühes Stadium der autogerechten Stadt. Ideologisch begründet und faktisch notwendig – gerade wegen des
niedrigen Grades des privaten Pkw-Besitzes –, wurden Arbeitsstätten und Wohn-
standorte durch ÖPNV-Linien vernetzt, die aufgrund des günstigen Preises auch
von Pkw-Benutzern angenommen wurden, um so eher, wenn sich dadurch ein
Zeitvorteil realisieren ließ. Der in der DDR beeindruckende ÖPNV-Benutzungs-
grad war das Resultat von push- und pull-Faktoren[4], 'push' durch geringe Pkw-
Verfügbarkeit und hohe Benzinpreise, 'pull' durch das umfangreiche und preis-
günstige, wenn auch nicht unbedingt komfortable Angebot im ÖPNV.

In der DDR waren ähnliche Tendenzen in der Verkehrsentwicklung zu beobachten wie im Westen, die dort allerdings in weit größeren Dimensionen und unter
anderen Rahmenbedingungen abliefen. Dennoch: Der private Pkw-Besitz stieg un-
aufhörlich, der Flächenverbrauch für den motorisierten Individualverkehr wurde
offensichtlich. Spätestens seit den 80er Jahren wurde das Abstellen der immer
zahlreicheren Pkws in den Innenstädten und auch in den Wohngebieten ein Problem, wo zwar Flächen in ausreichendem Umfang vorhanden waren, die Anlage
von Stellplätzen aber eingespart worden war. Obwohl der ÖPNV stark benutzt
wurde, wurden die Anlageinvestitionen (Gleise und Wagen) stark vernachlässigt.
Die Umweltbelastungen durch Kfz-Emissionen wuchsen bedrohlich an.

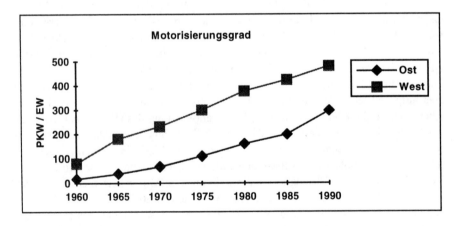

Quelle: Lehmbrock 1993, S. 32, Autorenkollektiv 1979, S. 141; eigene Berechnungen

3. Die Verkehrssituation seit der Wende

Durch die Veränderungen der politischen, gesellschaftlichen und wirtschaftlichen Bedingungen in der Nachwendezeit entstehen neue Strukturen im Verkehrssystem. Auf den ersten Blick fallen die negativen Folgen ins Auge. Der sprunghafte Anstieg der privaten Motorisierung traf auf eine (hauptsächlich im Zustand) inadäquate Straßeninfrastruktur. Durch das höhere Verkehrsaufkommen steigen die Unfallzahlen sprunghaft. Selbst dem ADAC war dies zuviel: „Wilder Westen im Osten. Drängler, Raser, Kamikazefahrer. Neue Autos, aber uralte Straßen. Unfälle wie nie zuvor. Ostdeutsche Autobahnen." (ADAC- motorwelt 2/92, S.50)

Ein Anstieg des Kfz-Verkehrsaufkommens resultierte aus der dramatischen Erhöhung der transportierten Mengen im Straßen-Güterverkehr, aus den neu entstehenden Transportrelationen (in die alten Bundesländer und als Folge der neuen Im- und Exportbeziehungen in die Länder der EU) und aus der Verlagerung der Gütertransporte von der Schiene auf die Straße. Die DDR war ein „Eisenbahnland": noch 1991 wurden in den neuen Bundesländern nur 20% der Güter auf der Straße transportiert, verglichen mit 70% im Westen. Das hat sich schnell geändert, und die vervielfachten Fahrten im Schwerlastverkehr belasten die Ortsdurchfahrten und führen zu einer weiteren Verschlechterung der Straßenoberflächen, die gerade in den kleineren Orten noch vorwiegend gepflastert und durch jahrelange Vernachlässigung in einem desolaten Zustand sind.

Die gestiegenen Kfz-Zahlen führen während der Tagesspitzenzeiten vor allem in den Stadtzentren zu Verkehrsstaus, von denen dann auch die Fahrzeuge der ÖPNV-Linien behindert werden, wenn sie nicht über einen eigenen Gleiskörper verfügen. Die Folge ist ein Attraktivitätsverlust des ÖPNV. Die Kommunen, nun finanziell auch für den ÖPNV verantwortlich, der zu DDR-Zeiten aus dem Staatshaushalt oder von den Betrieben bezahlt wurde, müssen Subventionen abbauen. Fahrzeitverschlechterung und Verteuerung verringern die Nachfrage, was wieder eine drastische Reduzierung des Takt – und Linienangebotes nach sich zieht. Die naheliegende Verlagerung vieler Fahrten auf den motorisierten Individualverkehr führt zu einer deutlichen Verschiebung des Modal-split.

Die sich daraus ergebenden Einnahmeeinbußen belasten die Betriebe zu einer Zeit, wo lange versäumte Unterhaltungsmaßnahmen nachgeholt und Neuinvestitionen vorgenommen werden müßten. Das umfangreiche Schienennetz befindet sich vielerorts in einem desolaten Zustand. Bis 1988 war in der DDR der Bestand der in der damaligen CSSR gebauten sogenannten "Tatra-Bahnen" auf eine Stückzahl von über 5500 Wagen angewachsen, was darauf zurückzuführen war, daß auch stark beschädigte Fahrzeuge nicht vor Ablauf ihrer festgelegten Nutzungsdauer verschrottet werden durften. Einer dringend notwendigen Erneuerung des Fuhrparks muß also kurzfristig eine Modernisierung des Bestandes vorausgehen, was erhebliche Investitionen erfordert (vgl. Bauer 1990). Die Stadt Dessau hat zur Erneuerung ihres Fuhrparks von der Partnerstadt Duisburg, die in den 80er Jahren selbst vor der Zahlungsunfähigkeit stand, die Straßenbahnwagen aus den 70er Jahren übernommen.

Übereilte oder durch die neue Marktentwicklung nur schwer zu verhindernde Entscheidungen in der Standortplanung in den letzten fünf Jahren haben weitreichende Konsequenzen für das Verkehrsaufkommen. In der DDR hatten sich wegen der „kompakten" Stadtentwicklung ohne Suburbanisierung nur geringfügige Pendlerbeziehungen zwischen Städten und ihrem Umland ausgebildet. Darüber hinaus waren auch die kleinen Dörfer mit „Verkaufsstellen" und anderen Versorgungseinrichtungen ausgestattet, so daß keine notwendigen weiten Wege entstanden. In der nächsten größeren Stadt gab es ohnehin kaum ein größeres Warenangebot. Mit der Wende verschwand dieses feinmaschige Versorgungsnetz und die Angebotsstruktur veränderte sich drastisch. Die unrentablen „Verkaufsstellen" wurden geschlossen, und vielerorts wurde gleichzeitig die Busverbindung in den nächsten Ort stillgelegt oder nur noch zweimal am Tag angeboten. Verkehrserzeugende Großstandorte des Einzelhandels, die die günstigeren Grundstückspreise und geklärten Eigentumsverhältnisse 'auf der grünen Wiese' zu nutzen wußten, zogen den motorisierten Individualverkehr nicht nur aus den kleinen Gemeinden, sondern auch aus den Städten auf sich. 55% der Verkaufsfläche des Einzelhandels befanden sich 1993 in den neuen Ländern im Außenbereich der Städte. Der Vergleichswert für den Westen beträgt ca. 25–30% (vgl. Hatzfeld 1994, S.188). Diese Einzelhandelszentren sind fast ausschließlich auf den Kofferraumkunden orientiert. Sie bieten im Vergleich zu Innenstädten konkurrenzlos viele kostenfreie Parkplätze und häufig auch günstigere Preise als die innerstädtischen Läden, die hohe Mieten zu zahlen haben. Die Folge sind überlastete Straßenverbindungen, so zu beobachten zwischen Leipzig und dem Saale-Park, wo an- und abreisende Kunden z.T. stundenlang im Stau stehen.

Viele Standorte der Großindustrie, die bestens durch ÖPNV-Linien mit den Wohngegenden der Arbeiter verbunden sind, wurden stillgelegt oder werden nur mit einem Bruchteil der Belegschaft weitergeführt. Sie für die neuen tertiären Einrichtungen zu nutzen hätte verkehrstechnisch nahegelegen, aber Strukturentscheidungen, Beseitigung der Bodenbelastungen und Eigentumstransfer hätten doch so viel Zeit in Anspruch genommen, daß der Investitionsdrang der Handelsketten und Zentren-Betreiber von den Kommunen kaum ausgehalten worden wäre. Die einst zentral und effizient gesteuerten Verkehrsbeziehungen lösen sich nun auf in unüberschaubare, schwer steuerbare individuelle Ströme. Und das aus dem Westen importierte Gemeindeverkehrsfinanzierungsgesetz des Bundes ermuntert die Kommunen zum Straßenbau – vor allem dann, wenn sie fast pleite sind. Denn die Ansprüche auf Landes- und Bundeszuschüsse sind bei keiner kommunalen Investition so groß wie beim Straßenbau. Öffentliche Nahverkehrssysteme werden von diesem Gesetz noch immer benachteiligt, auch wenn Stadtentwicklungsplaner seit 5 Jahren fordern, es an 'östliche Bedingungen' anzupassen.

4. Chancen

Die riesigen Probleme der neuen Verkehrssituation sollten aber nicht die Aufmerksamkeit von den Chancen ablenken, die ebenfalls aus der besonderen Lage der neuen Bundesländer erwachsen. Bedingt durch die langjährige Vernachlässigung vieler Städte, denen von der zentralen Regierung keine besondere Bedeutung zugemessen wurde, gibt es noch eine große Zahl von historisch wertvollen, kleinteiligen Altstadtensembles, deren Erhalt und Restaurierung heute zu einer kommunalpolitischen Priorität geworden ist. Für eine neue Nutzung der Stadtzentren, notwendig auch für die wirtschaftliche Regeneration, ist Voraussetzung, daß sie durch Kunden, Besucher, Bewohner etc. zu erreichen sind. Dies erfordert die Suche nach Alternativen zum flächenverbrauchenden motorisierten Individualverkehr, die die gewachsenen Strukturen respektieren und dem Drang nach Straßenerweiterungen und -neubau tragfähige Konzepte entgegensetzen (vgl. dazu Läpple 1993).

Die Ausgangslage in den ehemaligen Bezirkshauptstädten und in anderen Städten, die in der Siedlungsstrategie der DDR hohe Priorität genossen und in denen neue Stadt- und Verkehrsstrukturen entstanden sind, ist zwar völlig anders, beinhaltet aber ihrerseits ebenfalls Chancen für neue Konzepte. Dort, wo überdimensionierte Straßenräume realisiert wurden, besteht jetzt die Möglichkeit, durch einen Umbau den Platzbedürfnissen aller Verkehrsteilnehmer gerecht zu werden und z.B. Fahrradspuren oder eigene Gleiskörper für den schienengebundenen ÖPNV zu schaffen. Gleichzeitig kann hier die Aufenthaltsqualität der Straßenräume, die ja gerade in Stadtzentren immer mehr als nur Verbindungsfunktionen erfüllen müssen, erhöht werden.

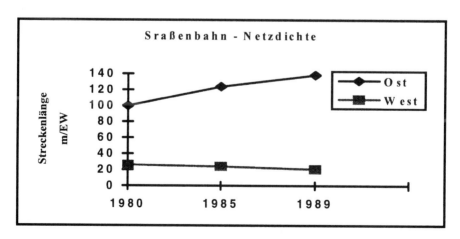

Quelle: Lehmbrock 1993, S. 29

Die größte Chance für die Verkehrsplanung in den Städten der neuen Bundesländer ergibt sich aus dem dichten Schienennetz der Straßenbahnen. Auf Einwohner bezogen ist es dort sechsmal so lang wie in den Altbundesländern (siehe Graphik). Von den 33 Straßenbahnbetrieben, die 1960 auf dem Gebiet der ehemaligen DDR existierten, gab es 1990 noch 27 Betriebe und 3 Betriebe, die O-Buslinien unterhielten.

Trotz des steigenden Motorisierungsgrades sind die öffentlichen Verkehrsmittel in den ostdeutschen Städten noch immer stark frequentiert. Der hohe Anteil an schienengebundenem Nahverkehr birgt im größeren Maße das Potential, zukünftig auch Autofahrer als Kunden zu gewinnen, als das bei Bussen der Fall ist. Empirische Untersuchungen zeigen, daß den Bus nur 3% der "umgestiegenen" Pkw-Fahrer nutzen, während es bei den Stadtbahnen über 20% waren (vgl. Ludwig 1992, S. 11). Die vielerorts vorhandenen kompakten Stadtstrukturen bieten gute Möglichkeiten zur Verkehrsvermeidung, wenn sie erhalten bzw. weiterentwickelt und gefördert werden.

Trotz des steigenden Motorisierungsgrades sind die öffentlichen Verkehrsmittel in den ostdeutschen Städten noch immer stark frequentiert. Der hohe Anteil an schienengebundenem Nahverkehr birgt im größeren Maße das Potential, zukünftig auch Autofahrer als Kunden zu gewinnen, als das bei Bussen der Fall ist. Empirische Untersuchungen zeigen, daß den Bus nur 3% der "umgestiegenen" Pkw-Fahrer nutzen, während es bei den Stadtbahnen über 20% waren (vgl. Ludwig 1992, S. 11). Die vielerorts vorhandenen kompakten Stadtstrukturen bieten gute Möglichkeiten zur Verkehrsvermeidung, wenn sie erhalten bzw. weiterentwickelt und gefördert werden.

Für die Großsiedlungen des komplexen Wohnungsbaus, die ja zum Teil die Dimensionen von Großstädten erreichen, war die fußläufige Erreichbarkeit der Versorgungseinrichtungen konzipiert, aber nicht in ausreichendem Maße tatsächlich realisiert. Die vorhandenen Flächenreserven bieten heute die Voraussetzung, die gewünschte "Komplexität" zu erreichen und z. B. auch die räumliche Annäherung von Wohnen und Arbeiten anzustreben. Die meist schon vorhandene gute ÖPNV-Anbindung bietet die Gelegenheit, dort auch verkehrserzeugende Nutzungen für ein größeres Einzugsgebiet anzusiedeln, denn gerade tagsüber sind diese Linien nicht so ausgelastet wie in den wenigen Stunden des Berufsverkehrs.

In der DDR wurde die Tradition fortgesetzt und aufrechterhalten, Industriegebiete an bestehenden Bahnlinien oder Häfen anzusiedeln oder für deren Erschließung mit diesen Verkehrsträgern zu sorgen. Lastwagen spielten im Güterfernverkehr eine weit geringere Rolle als in den alten Bundesländern. Technisch bestehen also die Voraussetzungen, diese Gebiete weiterhin oder erneut intensiv zu nutzen und den Güterverkehr von der Straße fernzuhalten bzw. wieder herunterzunehmen. Bei der momentan sehr dynamisch verlaufenden Standortentwicklung kann durch integrierte Konzepte schon im Vorfeld verhindert werden, daß die ostdeutschen Städte verkehrserzeugende Strukturen entwickeln. Das gilt besonders für die oft innenstadtnahen Industriebrachen und die umfangreichen Gebiete der Westgruppe der ehemals sowjetischen Truppen, die für eine intensive Entwicklung unter bestmöglicher Ausnutzung der vorhandenen Verkehrsinfrastruktur zur Verfügung stehen.

Das Stellplatzangebot in den Städten ist ein sehr wirksam regulierendes Moment bei der Verkehrserzeugung. Bisher gab es in den Innenstädten im Osten Deutschlands kaum Parkhäuser oder Tiefgaragen, die bestehenden Stellplätze sind ebenerdig angelegt. Dadurch kann das zukünftige Angebot noch ohne großen Aufwand den verkehrspolitisch erwünschten Zielen angepaßt und z. B. verhindert werden, daß im Berufsverkehr ein Überangebot an Parkplätzen zur Pkw-Nutzung verleitet.

Das Straßennetz der neuen Ländern entspricht quantitativ dem der alten Länder. Es bestehen aber zum Teil erhebliche Mängel im Unterbau und beim Belag. Die Struktur des Straßennetzes mit dem geringen Autobahnanteil bietet jedoch gute Voraussetzungen für die Weiterentwicklung von energie- und flächensparenden Verkehrsnetzen. Netzergänzungen sollten nur dort erfolgen, wo sensible Bereiche vom Verkehr entlastet werden müssen, nicht zur Kapazitätserweiterung, die nur weiteres Verkehrsaufkommen generiert.

Über die Einstellungen und das Bewußtsein der Bevölkerung vergleichbarer Städte der alten und neuen Bundesländer wurden in den letzten vier Jahren aufschlußreiche Untersuchungen für die Verkehrsentwicklung durchgeführt (vgl. Socialdata 1990,1992, 1994). Einige der Ergebnisse sollen hier dargestellt werden, um zu demonstrieren, welches Veränderungspotential zumindest in Ansätzen vorhanden ist – Ansätze, die durch eine mutige, konstruktive und konsequente Verkehrspolitik genutzt werden könnten.

Sowohl die befragte Leipziger Bevölkerung als auch die Wismarer und die Dresdner nennt den Verkehr als wichtigstes kommunales Problem, es besteht große Aufmerksamkeit und augenscheinlich auch ein gewisser Leidensdruck. Einig sind sich die Befragten auch in der überwiegend negativen Einschätzung der Zunahme des Pkw-Verkehrs (Wismar 78%, Dresden 82%, Leipzig 84%). Bei Befragungen in den Regionen Dresden, Chemnitz, Cottbus, Leipzig, Rostock und Schwerin wurde ermittelt, daß die überwiegende Mehrheit der Befragten sich für Verbesserungen im ÖPNV ausspricht (zwischen 77% und 93%). Ebenfalls eine klare Mehrheit lehnt Einsparungen im ÖPNV zugunsten des Straßenbaus ab. Insgesamt wurde bei 87% der Bevölkerung der neuen Bundesländer eine Orientierung zum Umweltverbund, d. h. für die als umweltfreundlich geltenden und sich gegenseitig ergänzenden Verkehrsarten ÖPNV, Rad- und Fußverkehr, festgestellt. Sie liegen damit sogar über dem entsprechenden Durchschnittswert der EU-Staaten (85%) und über den Werten für Deutschland-West (81%).

Eine wichtige Erkenntnis wurde durch Meinungsforscher in Dresden in die Diskussion gebracht. Dort sprechen sich von den befragten Bürgern 76% für die Verkehrsmittel des Umweltverbundes aus, bei den 'Meinungsbildnern' sind es sogar 81%. Voneinander denken die beiden Gruppen das aber zu einem entschieden geringerem Prozentsatz. 'Meinungsbildner' halten die Bürger ihrer Stadt nur zu 48% für Umweltverbund-orientiert, und die Bürger trauen dies sogar nur zu 31% den funktionalen Eliten zu. Zieht man in Betracht, daß ein gewisser Anteil der Befragten die Orientierung zum Verkehrsverbund nur angibt, weil sie für eine gesellschaftlich sanktionierte Einstellung gehalten wird, zu der man sich theoretisch gern bekennt, in der Praxis aber anders handelt, so bleibt dennoch eine überzeugende Mehrheit für den Umweltverbund. Die Schlußfolgerung für die kommunale Verkehrsentwicklungspolitik daraus ist, daß die Bürger trotz starken Interesses am eigenen Pkw-Besitz verstanden haben, daß Maßnahmen für die Förderung des ÖPNV langfristig die sinnvolle Benutzung des Pkw erst sichern, und daß die Lebensqualität in den Städten ein höheres Gut ist als neue Straßen.

5. Wider die gleichen Fehler

Im Jahr Eins nach der Vereinigung der beiden deutschen Länder entsprach der Modal-split im Osten dem der Bundesrepublik in den 50er Jahren – genauer gesagt: der ÖPNV-Anteil war so hoch, der motorisierte Individualverkehr-Anteil so niedrig wie vor der großen Motorisierungswelle (vgl. Lehmbrock 1993, S. 33). Monheim schildert die damaligen Folgen des dramatischen Kfz-Anstiegs für die BRD: „In 13 Jahren zwischen 1960 und 1973 vervierfachte sich die Zahl der gefahrenen Autokilometer und verdoppelte sich die Streckenlänge der Autobahnen. Schnellstraßen wurden durch Altstädte geschlagen, Autobahnkreuze in Wälder gefräst. (...) Im Rückblick bleibt unverständlich, wie sich Politiker, Planer, Medien und Bürger so schnell und so deutlich von Bussen und Bahnen abwenden konnten, denn die meisten Städte besaßen bis in die 50er Jahre ein ausgebautes, leistungsfähiges Verkehrssystem aus Bussen und Bahnen. (...) Sehr wirtschaftlich war es jedenfalls nicht, Jahr um Jahr Milliardenbeträge in den Aufbau eines neuen Autoverkehrssystems zu investieren, obwohl man schon ein gutes, funktionierendes Stadtverkehrssystem besaß, das man so zu ruinieren begann. Durch die systematische Vernachlässigung des öffentlichen Verkehrs und das Versäumen seines weiteren Ausbaus setzte die Massenbewegung zum Auto erst richtig ein" (Monheim 1990, S. 20 ff.).

Entgegen der landläufigen Meinung hat der starke Anstieg des Pkw-Besitzes keinen Mobilitätsgewinn gebracht, lediglich die zurückgelegte Entfernung hat sich leicht vergrößert, und die dazu benötigte Zeit ist geringfügig gesunken.

Im Westen hat der überdimensionierte Ausbau des Straßenverkehrsnetzes nicht zur grundlegenden Verbesserung der Verkehrsverhältnisse geführt, sondern deren täglichen Kollaps in vielen Städten mitverursacht. Und während die 'autogerechte Stadt' noch nicht einmal dem Auto gerecht wird haben sich die Lebensbedingungen für die Anwohner und nicht-motorisierten Nutzer der Straßen katastrophal ver-

Tabelle 1: Entwicklung der Mobilitäts-Parameter

	Wuppertal				**München**			
	1976	1982	1990	1992	1976	1982	1990	1992
Pro Person/Tag								
Aktivitäten	1,5	1,5	1,5	1,5	1,7	1,7	1,7	1,7
Unterwegszeit in Minuten	61	63	58	58	69	70	69	69
Wege	2,6	2,6	2,6	2,6	3,0	2,9	3,1	2,9
Entfernung	16	18	19	19	21	21	22	22

Quelle: Socialdata 1994

schlechtert. Deshalb ist es dringend erforderlich, den ostdeutschen Nachholbedarf in bezug auf den 'autogerechten' Stadtumbau argumentativ zu entkräften. Für die Verkehrsentwicklung in den neuen Bundesländern hätte eine Verkehrspolitik eine Chance, die die Tugenden des DDR-Verkehrssystems mit den Rahmenbedingungen der gegenwärtigen Stadt- und Regionalentwicklung verbindet. Die Zukunft liegt in der Verlagerung des motorisierten Individualverkehrs auf den ÖPNV, und hier hat der Osten die Nase noch vorn. Diese Situation kann genutzt werden. Allerdings wäre die Annahme, daß die Menschen im Osten gleichsam 'von Natur aus' den öffentlichen Nahverkehr bevorzugen, falsch. Auch in der DDR war der Wunsch nach einem eigenen Pkw weit verbreitet, der Motorisierungsgrad blieb nur deshalb auf einem niedrigen Niveau, weil die Versorgungslage so angespannt war. Die Pkw-Dichte stieg aber trotzdem kontinuierlich an.

Aus einer ostdeutschen Kommune ist ein hoffnungsvoller Ansatz für die Neuorientierung der Verkehrsplanung zu melden. In der Stadt Brandenburg ist als Ergebnis eines mehrjährigen intensiven Planungsprozesses ein Konzept vorgestellt worden, dessen hervorstechende Charakteristik der Konsens zwischen im allgemeinen antagonistischen Interessengruppen wie etwa Anwohnern, Gewerbetreibenden, Umweltschützern und anderen Beteiligten für eine Förderung des Umweltverbundes ist. Es wurde gezeigt, daß es keine paradoxe Entscheidung sein muß, einerseits die Erreichbarkeit des Stadtkerns zu gewährleisten und andererseits den individuellen Autoverkehr weitgehend auszuschließen. Koordiniert mit Weichenstellungen, die die Stadt- und Wirtschaftsentwicklung betreffen, sind u. a. ein vernetztes Fuß- und Radwegenetz und die Bahnanbindung nach Berlin Elemente einer Verkehrspolitik, die den Autoverkehr aus dem unverdienten Mittelpunkt verdrängt. Allerdings muß einschränkend angemerkt werden, daß solche Konzepte nur dort eine Chance haben, wo sie nicht an der desolaten Finanzlage der Kommunen und den ständig schrumpfenden Fördertöpfen scheitern. Brandenburg ist eine vom Bund geförderte Modellstadt.

Die sächsische Landeshauptstadt Dresden hat ihre Verkehrspolitik unter das Motto einer Sozial-, Umwelt- und Stadtverträglichkeit gestellt und die Aufstellung ihres Verkehrskonzeptes mit einer Reihe von öffentlichen Diskussionen und der umfangreichen Erhebung der Meinung der Bevölkerung begleitet. Auch hier ist das Ergebnis ein Dokument, das dem Umweltverbund große Bedeutung einräumt. Kritisch ist allerdings, daß letztlich doch der Versuch unternommen wird, möglichst alle Verkehrsarten zu fördern. Ohne eine Prioritätensetzung für den Umweltverbund wird sich der drohende Circulus vitiosus des steigenden Kfz-Verkehrs und sinkender ÖPNV-Benutzungen aber nicht stoppen lassen. Denn es bedarf einer Lösung für das Dilemma, daß der enorme Nachholbedarf für Investitionen bei den Verkehrsbetrieben und der Zwang zum Sparen in der Regel zu Angebotseinschränkungen führt, wo doch Angebotserweiterungen notwendig wären, um die erklärten Ziele der Verkehrsvermeidung zu erfüllen.

Dresden hat sich bisher die in den DDR-Jahren entstandenen günstigen Bedingungen für den Umweltverbund erhalten können (vgl. Müller-Eberstein 1994), und anders als in vielen Städten der neuen Bundesländer haben bisher in der Umgebung keine größeren Handels- und Gewerbeansiedlungen stattgefunden. Das Straßenbahnnetz (135 km) ist das größte aller vergleichbaren deutschen Städte. Es bietet neben den radialen Strecken entlang der Hauptverkehrsstraßen auch eine frequentierte Ringlinie, da die Hauptströme in Dresden nicht zur Innenstadt laufen, sondern sich zwischen den einzelnen Stadtteilen verteilen. Ursache ist der relativ hohe Anteil der Wohnnutzungen in der City und die dezentrale Verteilung von Dienstleistung und Verwaltungsfunktionen. Beim Wiederaufbau der vollkommen zerstörten Innenstadt wurden auf den neu angelegten Verkehrsflächen eigene Gleiskörper für die Straßenbahn geschaffen. Heute verfügen aber nur 27% aller Straßenbahnstrecken über einen eigenen Gleiskörper, von den in Dresden zu bestimmten Tageszeiten über viele Stunden stattfindenden permanenten Staus sind daher auch die Straßenbahnzüge betroffen. Erklärtes Ziel ist es, 60–80% der Strecken mit eigenem Gleiskörper zu versorgen. Ebenfalls geplant ist die Bevorrechtigung der Straßenbahn an Knotenpunkten. In Entwicklungsgebieten wird planungsrechtlich vorgegeben, Straßenbahnlinien einzurichten. Ein weiteres Element ist die intendierte Reduzierung der Flächen für den motorisierten Individualverkehr. "Gelingt es Dresden tatsächlich, Stadtentwicklung und Verkehrsentwicklung unter qualitativen Zielen integriert miteinander zu verknüpfen und problemorientiert zu verwirklichen, dann könnte Dresden vielleicht sogar Zürich in der Rolle als verkehrspolitisches Vorbild ablösen." (Wider, Charles 1992, S. 6) Wider nennt diese Chance die "Gnade der 'späten Geburt' einer neuen Stadt- und Verkehrspolitik".

Anmerkungen

1 Diese Orientierung an den sozialistischen Vorbildern in Sachen Verkehrsplanung wurde nach Aussagen ehemaliger Tiefbaukombinatsmitarbeiter dadurch relativiert, daß in der Nachkriegszeit und auch später nach der "Sicherung der Staatsgrenze" intensive Fachkontakte zum Westen aufrechterhalten wurden und Regelwerke und andere Grundlagen nach den Vorbildern aus der BRD, vor allem den Veröffentlichungen der Forschungsgesellschaft für Straßen- und Verkehrswesen FSGV, erstellt

2 Kahl-Zitat

3 Bei der Berechnung des Modal-splits wird nur der motorisierte Verkehr berücksichtigt, die Anteile der Wege, die zu Fuß oder mit dem Fahrrad zurückgelegt werden, gehen nicht in die Rechnung ein

4 Push-Maßnahmen sind solche, wo durch "sanfte Gewalt" Verhaltensweisen erzwungen werden, ein Beispiel ist die Reduzierung von Parkplätzen zur Deattraktivierung des MIV, während pull-Maßnahmen dadurch Vergünstigungen "locken", z. B. durch Preissenkungen im ÖPNV Autofahrer zum Umsteigen bewegen wollen.

Literatur

Autorenkollektiv 1974: Handbuch Städtischer Verkehr. Berlin: Transpress VEB Verlag für Verkehrswesen

Autorenkollektiv 1979: Komplexe Verkehrsentwicklung im Territorium. Erfahrungen – Beispiele – Aufgaben. Berlin: Transpress VEB Verlag für Verkehrswesen

Bauer, Gerhard 1990: Straßenbahnen in der DDR. Die Situation des schienengebundenen ÖPNV zwischen Ostsee und Erzgebirge. In: Der Nahverkehr Heft 2/1990

Dresdner Dialoge 1992: Dokumentation einer Veranstaltungsreihe zu verkehrspolitischen Problemen der sächsischen Landeshauptstadt. Leipzig: Friedrich-Ebert-Stiftung

Durth, Werner; Gutschow, Niels 1988: Träume in Trümmern: Planungen zum Wiederaufbau zerstörter Städte im Westen Deutschlands 1940–1950. Braunschweig: Vieweg

Forschungsgesellschaft für Straßen- und Verkehrswesen 1994: Orientierungshilfen zur Verkehrsplanung in ostdeutschen Städten und ihrem Umland. FGSV-Arbeitspapier Nr. 31

Göb, Rüdiger 1991: Stadtentwicklung in West und Ost – vor und nach der Einheit. In: Deutsches Institut für Urbanistik (Hrsg.) 1991: Urbanität in Deutschland. Stuttgart, Berlin, Köln

Güther, Harald 1992: Städtebau und Verkehr in den neuen Bundesländern. In: Informationen zur Raumentwicklung Heft 6/1992

Hatzfeld, Ulrich 1994: Innenstadt – Handel – Verkehr. Verkehrtes Handeln in ostdeutschen Innenstädten? In: Informationen zur Raumentwicklung Heft 3/1994

Hunger,D.; von Winnig, H.-H. 1990: Vorbereitet auf die Vollmotorisierung? Gedanken zur Entwicklung des Stadtverkehrs der DDR anhand eines Rückblicks auf die Verkehrspolitik in den Städten der BRD. In: Die Straße, 30. Jahrgang (1990), 8

Kowalik, Dr. Udo 1976: Organisation des Straßenverkehrs. Berlin: Transpress VEB Verlag für Verkehrswesen

Läpple, Dieter (Hrsg.) 1993: Güterverkehr, Logistik und Umwelt. Analysen und Konzepte zum interregionalen und städtischen Verkehr. Berlin: Sigma

Lammert, Ule 1982: Zu Problemen des Städtebaus der achtziger Jahre. Sitzungsberichte der Akademie der Wissenschaften der DDR. Berlin: Akademie-Verlag

Lehmbrock, Michael 1993: Verkehrsentwicklungsplanung in den neuen Bundesländern – Fallbeispiel Wismar. Versuche zur Integration von Verkehrs- und Flächennutzungsplanung. Berlin: Deutsches Institut für Urbanistik

Ludwig, Dieter 1992: Moderne Lösungen zur ÖPNV – Beschleunigung. In: Dresden – Die Landeshauptstadt plant und informiert. Anforderungen an moderne Verkehrskonzepte. Dresden: Amt für Presse - und Öffentlichkeitsarbeit

Monheim, Heiner; Monheim-Dandorfer, Rita 1990: Straßen für alle. Analysen und Konzepte zum Stadtverkehr der Zukunft. Hamburg: Rasch und Röhring

Müller-Eberstein, Frank 1994: Versäumnisse aus 50 Jahren aufholen. Technische Entwicklungen im Dresdner Nahverkehr. In: Der Nahverkehr 6/94

Pfau, Wilfried u. a. 1990: Stadtentwicklung in der DDR. Zustand, Probleme und Erfordernisse. Berlin: Ministerium für Bauwesen, Städtebau und Wohnungswirtschaft

Rochlitz, M.; Bellmann, R.; Gantz, H. 1990: Lebensweise und Verkehr. Wissenschaftliche Zeitschrift, Sonderheft 56. Dresden: Hochschule für Verkehrswesen "Friedrich List" Dresden

Socialdata 1990: Mobilität in Leipzig. Einstellungen und Einschätzungen. Leipzig: Leipziger Verkehrsbetriebe

Socialdata 1992 (a) : Mobilität in den neuen Ländern: Hansestadt Wismar. München: Socialdata

Socialdata 1992 (b) :Trendwende zum ÖPNV. Mobilitätsverhalten in Witten. München: Socialdata

Socialdata 1994: Mobilität in Dresden. Band 1 – 6. München: Socialdata

Stein, Martin 1992: Es ist nicht die Zukunft, vor der wir Angst haben müssen, es ist die Vergangenheit. Zur radikalen Automobilisierung der neuen Bundesländer. In: Helms, H. G. (Hrsg.) 1992: Die Stadt als Gabentisch. Beobachtungen der aktuellen Städtebauentwicklung. Leipzig: Reclam

Wider, Charles 1992: Szenarien der Dresdner Verkehrsentwicklung. In: Dresden – Die Landeshauptstadt plant und informiert. Anforderungen an moderne Verkehrskonzepte. Dresden: Amt für Presse- und Öffentlichkeitsarbeit

Thomas Krämer-Badoni / Elke Wiegand

Bürgerinitiativen nach der Wende.
Zur Entstehung von Stadtteil- und Bürgerinitiativen in der Stadt Leipzig seit 1989

Im Jahre 1992 bewilligte die Deutsche Forschungsgemeinschaft uns ein Projekt, mit dem wir einen Vergleich zwischen der Entwicklung von städtischen Bürgerinitiativen in den alten und in den neuen Bundesländern anstrebten. Diesen Vergleich haben wir am Beispiel der in den Städten Bremen und Leipzig vorhandenen bzw. entstehenden Bürgerinitiativen durchgeführt. Die Empirie ist abgeschlossen; die hier vorgelegten ersten Ergebnisse stellen einen Vorgriff auf die noch ausstehende Gesamtinterpretation dar. Sie sind deshalb auch zurückhaltend formuliert und nicht abschließend bewertet. Sie sind aber für uns zugleich so überraschend, daß wir uns nicht scheuen, sie trotz ihrer Vorläufigkeit hier vorzustellen.

1. Zu den Parametern des Ost-West-Vergleichs

Für die alten Bundesländer strebten wir zunächst die Untersuchung der Frage an: Haben sich Ziele, Konfliktlinien und Themen von Bürgerinitiativen zwischen 1970 und dem Beginn der 90er Jahre verändert? Hinter dieser Fragestellung stand die Annahme, daß Bürgerinitiativen sich von Organisationen, die primär Ziele der sozialen Gerechtigkeit in Form von verallgemeinerbaren Interessen verfolgten, immer mehr zu Organisationen entwickelt hätten, die primär egoistische Motive in Form partikularer Interessen verfolgen. Wir haben diesen Wandlungsprozeß als die "Dethematisierung des Sozialen" (Krämer-Badoni 1990) bezeichnet. Parallel zu dieser Annahme wollten wir der Frage nachgehen, ob in der Gesellschaft der ehemaligen DDR, in der der Begriff "Bürgerinitiative" ja eine völlig andere Bedeutung hatte (wir gehen darauf noch ein), mit der Wende Bürgerinitiativen westlichen Typs entstehen, die aber – und das war unsere Vermutung – nicht von vornherein dem partikularistichen Muster, sondern eher dem frühen westlichen Entwicklungsmuster mit der Vertretung verallgemeinerbarer Interessen entsprechen würden. Knüpfen also die neu entstehenden städtischen Bürgerinitiativen sofort am aktuellen westlichen Modell an oder machen sie eine Entwicklung durch, die von der gesellschaftlichen Vergangenheit des realen Sozialismus geprägt ist? (Vgl. zur Dokumentation des Forschungsantrages Krämer-Badoni, Söffler 1994.)

Alle unsere Annahmen ließen sich weder in der einen noch in der anderen Form halten, denn selbst die mit Hilfe von Zeitungsberichten und Interviews rekonstruierte gesellschaftliche Wirklichkeit erwies sich als wesentlich vielseitiger und komplexer, als daß sie sich in unseren abstrakten und theoretisch begründeten Annahmen hätte wiederfinden lassen. Dennoch leisteten uns unsere Annahmen gute Dienste, erwiesen sie sich als brauchbare "heuristische" Annahmen, die es uns erlaubten, den Forschungsgegenstand zugleich zu erschließen und neu zu konstituieren.

Zwar fanden sich alle Phänomene wieder, die wir unseren Annahmen zugrunde gelegt hatten, es fanden sich aber zugleich eine Reihe von anderen Phänomenen, die entweder bei der Analyse von Bürgerinitiativen im Westen bislang keine Rolle gespielt hatten, oder die – aufgrund der unterschiedlichen gesellschaftlichen Vergangenheit im Osten – völlig neue Phänomene darstellten. Um ein Beispiel für den Westen zu benennen: 1970 spielten in Bremen die Bürgervereine noch eine große Rolle. Vereine, die nach Stadtteilen gebildet waren und die den Anspruch hatten, die Interessen des Stadtteils im Konzert konkurrierender Interessen zu Gehör zu bringen. Und seitens des politisch-administrativen Systems wurden sie auch als Organisationen der Interessenvertretung des Stadtteils ernst genommen. Demgegenüber erwiesen sich die Bürgerinitiativen bereits damals eher – wenn auch nicht durchgehend – als partikularistische Interessenvertretungen. Eine Interpretation dieser "Entdeckungen", die weder in der Literatur über Bürgerinitiativen noch in der Erinnerung von Bürgerinitiativ-Aktivisten eine Rolle spielten, kann deshalb nicht an der Oberfläche der Organisationsformen stehen bleiben. Vielmehr muß man den Versuch machen, anhand der verschiedenen und doch gleichzeitigen Phänomene städtischer Interessenvertretung die Entwicklungslinien der "civil society" nachzuzeichnen. Jenes gesellschaftlichen Raumes also, in dem die Bürger ihre Interessen selbst wahrnehmen und gegebenenfalls gegen den Staat durchzusetzen versuchen.

Dies gilt natürlich auch – unter ganz anderen Voraussetzungen – für die Analyse der städtischen Bürgerinitiativen in Leipzig, wobei wir hier unsere Erhebung auf die sogenannten Stadtteilinitiativen beschränkten, also auf solche, die ihr Handlungsterrain vorwiegend im Wohnbereich suchen und hauptsächlich stadtspezifische Themen bearbeiten. Alle anderen Initiativen – wie beispielsweise Selbsthilfegruppen, Sport-, Kultur-, Mieter-, Bildungs-, Medien-, Umwelt- und Fraueninitiativen etc., von denen es in Leipzig eine Vielzahl gibt – blieben weitestgehend unberücksichtigt.

Bei der Analyse der Leipziger Stadtteilinitiativen gingen wir von der Annahme aus, daß die neuen Bürger- und Stadtteilinitiativen aus dem Umfeld der Bürgerbewegung entstanden seien, initiiert von aktiven Bürgern aus dem Neuen Forum und anderen Organisationen der Bürgerbewegung. Dies schien uns die logische Folge aus dem Prozeß der Transformation zu sein: Die langsame Wiederherstellung einer "civil society", eines selbstbewußten bürgerschaftlichen Engagements aus dem Kreise jener, die mit ihrer Zivilcourage maßgeblichen Anteil an der Destruktion des realen Sozialismus in der DDR gehabt hatten.

Dies war nun aber keineswegs der Fall. Mit großem Erstaunen stellten wir bei der Durchführung unserer Interviews fest, daß die wenigsten der von uns interviewten neuen Stadtteil- und Bürgerinitiativen aus den Reihen der Bürgerbewegung initiiert worden waren. Zwar gab es auch solche sowie spontan entstandene Zusammenschlüsse, diese bildeten aber keineswegs das Entstehungsmuster der neuen Initiativen ab. Wie hatten sogar Schwierigkeiten, überhaupt Stadtteilinitiativen ausfindig zu machen, die aus dem Umfeld der Bürgerbewegung kamen. Die Initiatoren der nun neu entstandenen Stadtteilinitiativen sind nicht identisch mit denen aus der Bürgerbewegung. Das heißt also, daß es kaum eine personelle Kontinuität von den Aktiven aus den Basisgruppen der Vorwendezeit über die Aktiven aus den Basisgruppen der Wendezeit bis hin zu den Initiatoren der neu gegründeten Stadtteilinitiativen gibt. Viele der neuen Initiativen gingen statt dessen auf die Wohnbezirksausschüsse der Nationalen Front zurück, jener Massenorganisation der DDR, in der alle politischen und kulturellen Organisationen vereinigt waren und die Träger der Wahlorganisation ebenso war wie Träger und Organisator der "Bürgerinitiative". Also eine ehemals staatstragende, zentralistisch-hierarchisch strukturierte und nach dem Territorialprinzip aufgebaute Organisation, die das ganze kulturelle und private Leben einbezog und der Intention nach kontrollierte. Unterstes Glied dieser Organisation waren die Wohnbezirksausschüsse, die jeweils orientiert an der Anzahl der wahlberechtigten Bürger in entsprechende Wahlbezirke eingeteilt wurden. In jedem dieser Wahlbezirke existierte ein Wahllokal, in dem die Stimmabgabe erfolgte.

Was bedeutete nun dieses für uns völlig neue Phänomen in der Entstehung der Bürger- und Stadtteilinitiativen? Viele der in den neuen Stadtteilinitiativen entwickelten Aktivitäten spiegeln soziale Belange der Bewohner wider, und angesichts des Wegfalls der zentralistischen Struktur der Nationalen Front gewinnen die im Wohnquartier sozusagen residual hinterlassenen sozialen Strukturen u.U. eine neue Qualität. Auch hier also reicht es keineswegs aus, nach der Herkunft, Organisationsform, Thematik und den Konfliktlinien der neuen Bürgerinitiativen zu fragen. Auch hier wird es darum gehen müssen, den Beitrag der verschiedenen Initiativen zur Entwicklung einer "civil society" zu untersuchen und in seiner Bedeutung abzuschätzen. Es könnte nämlich durchaus sein, daß unabhängig von der Weigerung all jener aus der Bürgerbewegung stammenden Initiatoren, sich mit den ehemaligen Aktivisten der Wohnbezirksausschüsse an einen Tisch zu setzen, alle diese "neuen" Bürgerinitiativen eine ähnliche Rolle bei der Herausbildung der "civil society" spielen.

Um diesen Fragen nachgehen zu können, müssen wir zunächst auf die Nationale Front und die Wohnbezirksausschüsse sowie auf deren Veränderung im Zuge der Wende eingehen.

2. Die Nationale Front und der Versuch ihrer Umwandlung in der Wende

Es gibt – soweit wir das überblicken können – keine neueren Analysen der manifesten und latenten Funktionen der Nationalen Front (vgl. zur Nationalen Front Herbst et al. 1994, 722–733). Als überparteiliche (aber keineswegs SED-unabhängige) Organisation aller Massenorganisationen, also auch aller politischen Parteien, hatte die Nationale Front, entstanden aus der Volkskongreßbewegung für Einheit und gerechten Frieden und 1949 nach der Staatsgründung offiziell ins Leben gerufen, die Aufgabe, für die nationale Einheit Deutschlands als eines sozialistischen Staates zu wirken. Ziemlich bald aber entwickelte sich eine andere Funktion, die im Laufe der Zeit immer dominanter werden sollte: Das Ziel einer umfassenden Mobilisierung der Bürger der DDR, erstmals erprobt in dem 1951 initiierten Nationalen Aufbauwerk (NAW) zur Organisierung "freiwilliger" Arbeitsleistungen bei der Kriegstrümmerbeseitigung. Das Ziel einer umfassenden Mobilisierung der Bevölkerung der DDR war aber nicht auf die Aktivierung freiwilliger Arbeitseinsätze reduziert: "Die Nationale Front der DDR füllt den ihr gebührenden Platz bei der Gestaltung der entwickelten sozialistischen Gesellschaft würdig aus. Sie ist aktiv am Ergebnis der positiven Bilanz unserer Vorwärtsentwicklung beteiligt. Sie schafft mit wichtige Voraussetzungen zur Verbesserung der materiellen und kulturellen Lebensbedingungen des Volkes." – so lautet die offizöse Kennzeichnung der Nationalen Front in einem Grundsatzreferat auf der erweiterten Tagung des Nationalrats der Nationalen Front der DDR am 9.Januar 1976 (Lamberz 1976, 11). Faktisch organisierte die Nationale Front freiwillige Arbeitsleistungen wie z.B. Bau und Modernisierung von Wohnungen, Kindergarten- und Hortplätzen, Nachbarschaftshilfe in allen möglichen Bereichen, Pflege von Gärten, Grünflächen, Straßen, aber auch den Anschluß von Haushalten in ländlichen Regionen an das Trinkwassernetz sowie die Wiedergewinnung von Ressourcen durch die Sammlung von Altpapier und Schrott. Alles in nicht unbeträchtlichem Maße und stolz quantifiziert als eingesparte staatliche Mittel in Höhe mehrerer Milliarden Mark (ebd., 13). In der Hauptsache wurden diese Leistungen im Rahmen des sozialistischen Wettbewerbs "Schöner unsere Städte und Gemeinden – Mach mit" erbracht, der in den 60er Jahren ins Leben gerufen und als "Sozialistische Bürgerinitiative" bezeichnet wurde. Aber nicht nur die freiwilligen Arbeitsleistungen waren das Ziel der Nationalen Front, sondern auch, "sozialistische Persönlichkeiten zu formen" (ebd., 19). Und: "Ausgangspunkt und wesentlicher Inhalt jeder Aktivität ist die ideologische Arbeit. Das gilt nicht nur, weil jeder Schritt vorwärts im gesellschaftlichen Prozeß die Überwindung veralteter oder rückständiger Ansichten und Gewohnheiten voraussetzt, nicht nur, weil bewußtes Gestalten neuer sozialer Verhältnisse tieferen Einblick in gesetzmäßige Zusammenhänge verlangt, sondern auch deshalb, weil sich die Ausformung der entwickelten sozialistischen Gesellschaft in einer Zeit vollzieht, in der im internationalen Klassenkampf die ideologische Auseinandersetzung an Schärfe und Ausdehnung zunimmt." (ebd., 22). An dieser Textstelle lassen sich in etwa die Mechanismen ablesen, mit denen auf der Ebene der Wohnbezirke Überzeugungsarbeit geleistet und die freiwillige Arbeitsleistung eingefordert werden sollte. Daß das vielerorts anders aussah, ist unbestritten: „Also so´n WBA, den darf man sich nun weiß Gott nich wie so ´ne Parteigruppe vorstellen. Ick war in einer Parteigruppe, ick weiß, wovon ick rede, ja (...) der WBA-Vorsitzende durfte immer irgendwann irgendwelche Berichte schreiben und was er nun gemacht hat und was nicht. Es war immer leidig gewesen und das war nicht das Thema in dem WBA. Wenn man sich dort getroffen hat, dann hat man sich getroffen um darüber zu reden, wie können wir unsere Wohn- und Lebensbedingungen hier zumindest beeinflussen, von verbessern kann ja selten die Rede gewesen sein, und was können wir für die Alten tun, und was können wir für die Kinder tun, und wie können wir bestimmte Sachen von der Stadt in Erfahrung bringen und wie können wir bestimmte Mißstände beseitigen, ja. Und wie können wir letztlich die ganzen Instrumente und auch diese ganzen Strukturen einfach für uns nutzen." (Interview XII)

Darüber hinaus besteht kein Zweifel, daß die Nationale Front ein bis in den Wohnbereich hinein verästeltes System der sozialen Kontrolle darstellte, wie es in ähnlicher Form auch im nationalsozialistischen System der Blockwarte existierte. Zwar gingen die Direktiven von der Zentrale aus, es gab aber auch den umgekehrten Berichtsweg von den Wohnbezirken zu den jeweils übergeordneten Hierarchieebenen bis zum Nationalrat der Nationalen Front. Uns schien dies aber nur eine untergeordnete Rolle zu spielen.

In verschiedenen Interviews und im Rahmen der Auswertung der Presseberichterstattung in den Leipziger Tageszeitungen sind wir darauf gestoßen, daß die Nationale Front im Jahre 1989 versucht hat, sich eine neue, den neuen Verhältnissen angepaßte Zielsetzung zu geben, die in einem "Aktionsprogramm für die Erneuerung der Arbeit der Ausschüsse der Nationalen Front und die Herausbildung einer nationalen Bürgerbewegung" von einer Initiativkonferenz am 13.12.1989 in Berlin ausformuliert wurde (vgl. hierzu neuerdings auch Herbst et al. 1994). Dort heißt es im ersten Absatz: "Getragen vom Willen, die Kraft der mehr als 400.000 in den Ausschüssen der Nationalen Front vereinten Bürger für einen Sozialismus zum Wohle aller Bürger in der DDR einzubringen, stellen wir uns die Aufgabe, in einer nationalen Bürgerbewegung mit dem Angebot an alle zur aktiven Mitarbeit zu wirken. Dazu werden Bürgerkomitees in den städtischen und ländlichen Wohngebieten wirksam." Die Wortwahl "nationale Bürgerbewegung" kann kein Zufall sein und muß in den Ohren der Bürgerbewegung wie ein Hohn geklungen haben. Der Versuch, die Nationale Front in eine nationale Bürgerbewegung umzuwandeln, muß sicher auch als der Versuch gewertet werden, das sich anbahnende Neue in den Staatssozialismus zu integrieren und diesen damit zumindest in Ansätzen zu retten.

In diesem Sinne ist wohl auch ein Beschluß der Regierung Modrow (Beschluß des Ministerrates 8/14/90 vom 4. Januar 1990) zur "Erneuerung der Arbeit der Nationalen Front und zur Herausbildung einer nationalen Bürgerbewegung der DDR" zu interpretieren. Zwar ist der Beschluß insgesamt in einer sich demokratisch gebenden Diktion gehalten, die vorgesehenen Mechanismen verweisen allerdings mehr auf die bisherige Praxis der Nationalen Front denn auf demokratisch-institutionelle Innovationen. So sieht die Regierung "in der Durchführung eines Kongresses der nationalen Bürgerbewegung im Frühjahr 1990" einen wichtigen Schritt für die demokratische Erneuerung des öffentlichen Lebens; die zentralen Staatsorgane und örtlichen Räte sollen die "Konstituierung von Bürgerkomitees (...) und die Herausbildung von Konsultations- bzw. Informationskomitees mit Geschäftsstellen in den Kreisen, Stadtbezirken, Bezirken und zentral (...) unterstützen (...)". Die Mitglieder der Bürgerkomitees arbeiten ehrenamtlich, aber in den Geschäftsstellen gibt es hauptamtliche Mitarbeiter (666 statt bisher 1420). Und abschließend heißt es: "Über die Entwicklung und das Wirken der Bürgerinitiative und der erreichten Ergebnisse für das Gemeinwohl der Bürger ist eine breite und regelmäßige Öffentlichkeitsarbeit zu gewährleisten." Die Organisation der nationalen Bürgerbewegung wird also durchaus analog zur Organisation der Nationalen Front als ein hierarchisch gestuftes System von Gremien verstanden, die zwar nicht direkt eingesetzt, die aber auch zentral unterstützt, als "Bürgerinitiative" interpretiert und dazu verpflichtet werden, die "Ergebnisse für das Gemeinwohl der Bürger" öffentlich darzulegen.

Entsprechend scharf reagierten die Teilnehmer des Runden Tisches in Leipzig, die am 18.1.1990 den Beschluß des Ministerrates zur Kenntnis erhalten hatten. In einem Fernschreiben an Modrow heißt es:

"Der Runde Tisch betrachtet die Bildung einer nationalen Bürgerbewegung auf der Grundlage dieses Beschlusses als eine Provokation und bringt seinen schärfsten Protest zu Ausdruck.

Durch diesen Beschluß sieht der Runde Tisch die Grundlage seiner Arbeit als untergraben und den Fortbestand als stark gefährdet.

Einstimmig wird deshalb gefordert, sofort diesen Beschluß aufzuheben und die Finanzierung dieser Organisation sowie aller Nachfolgeorganisationen der aufgelösten Nationalen Front umgehend einzustellen."

In der Folgezeit kam es trotz des Protestes des Leipziger Runden Tisches zur Bildung mehrerer Bürgerkomitees der nationalen Bürgerbewegung in Leipzig. Für die Stadt Leipzig wissen wir auch aus Interviews, Zeitungsberichten und uns überlassenen Akten, daß die Bürgerkomitees ihre Legitimation aus der Durchführung von Einwohnerversammlungen bezogen, auf denen entsprechende Abstimmungen stattgefunden hatten. Auf dem Territorium der DDR gründeten sich bis zum 1. Landeskongreß der „nationalen Bürgerbewegung" – der am 10. März in Berlin stattfand – bereits insgesamt 2200 solcher Bürgerkomitees. So flächendeckend wie ursprünglich geplant ging dieser Prozeß jedoch nicht vor sich. Auch blieben die von den Kommunen geforderten Unterstützungen der Bürgerkomitees aus.

Auf dem 1. Landeskongreß der nationalen Bürgerbewegung in Berlin wurde dann deutlich, daß insbesondere ehemalige Führungsmitglieder der Nationalen

Front ihrer alten Denkweise verhaftet waren. So fällt besonders der unkritische und unsachliche Charakter von Diskussionsbeiträgen auf, die die Erinnerung an stolze DDR-Propaganda wachrufen. So heißt es z.B. in dem Beitrag von Dr. Norbert Podewin, ehemals Mitglied des Sekretariats des Nationalrates der Nationalen Front und zu diesem Zeitpunkt Mitglied der Berliner Initiativgruppe zur Bildung einer nationalen Bürgerbewegung: „Für uns als breiteste Bürgerbewegung hieß es doch schon immer, selbst mit Hand anzulegen im Wohngebiet, sich um Nachbarn, ältere Bürger, Behinderte oder Kinder zu sorgen. Wir waren in der Praxis – lange bevor dieser Begriff in Mode kam – im Wortsinne eine landesweite Solidargemeinschaft der Tat. Und wir waren – auch das kann man mit Stolz rückblickend sagen – nicht bereit, gerade in jenen Tagen, da Menschen massenhaft das Land verließen, da Bürgermeister ihre Posten aufgaben, Volksvertretungen sich auflösten und Kommunen oftmals unregierbar wurden, in gleicher Weise zu reagieren. (...) Während also andere Gruppen häufig – um ein Bild zu gebrauchen – mit beiden Beinen „fest in der Luft standen“, haben Mitglieder unserer Bürgerkomitees bescheiden, beharrlich und unter Verzicht auf viel Freizeit für das Wohl ihres Umfeldes gewirkt.“

So, wie die ehemaligen Führungskräfte unkritisch mit der eigenen Vergangenheit umgingen, versuchten sie auch, die nationale Bürgerbewegung dem zentralistischen Modell der Nationalen Front entsprechend zu strukturieren. Der Vorstand der Nationalen Bürgerbewegung ließ sich dann aufgrund des neuen Vereinigungsgesetzes vom 21.2.1990 am 30.3.1990 unter der laufenden Nummer 47 des Vereinsregisters des Stadtbezirksgerichts Berlin-Mitte als Verein eintragen. Dieser war als republikweites gemeinnütziges Bindeglied der nationalen Bürgerbewegung gedacht. Die einzelnen Bürgerkomitees sollten als Basiskomitees auf der Grundlage der neuen Verordnung vom 1. März 1990 über die Tätigkeit von Bürgerkomitees und Bürgerinitiativen arbeiten. In einem Schreiben der „Nationalen Bürgerbewegung e.V.“ vom 2.4.1990 an diejenigen, die am 1. Landeskongreß teilgenommen hatten, heißt es: „Um eine kontinuierliche Kommunikation in den einzelnen Regionen zu erreichen, schlagen wir Ihnen vor, sich mit weiteren Delegierten des Gründungskongresses und Mitgliedern von Bürgerkomitees aus Ihrem Territorium darüber zu verständigen, welche Möglichkeiten bestehen, einen Sprecherrat auf Stadt-, Kreis-, Bezirks- oder Länderebene zu bilden.“ Zur Bildung dieser Strukturen kam es nicht mehr. Aufgrund des Ausbleibens der erhofften finanziellen Unterstützung durch das Präsidium der Volkskammer war die Geschäftsstelle der Nationalen Bürgerbewegung e.V. in Berlin nur noch bis zum 30.6.1990 besetzt.

Vergleicht man den Diskussionsbeitrag von Podewin mit dem des Sprechers des Bürgerkomitees Leipzig-Mitte, der als parteiloser WBA-Vorsitzender jahrelang ehrenamtlich im Wohngebiet tätig war, so fallen sofort die Unterschiede sowohl bei der Beurteilung des Alten als auch bei der Herangehensweise an das Neue auf. In dem Beitrag des Sprechers des Bürgerkomitees Leipzig-Mitte auf dem 1. Landeskongreß heißt es: „Bewährtes erhalten – Neues ermöglichen. Unser Vorteil ist, wir schöpfen aus der Erfahrung, auch in Fragen der Basisdemokratie, mag sie

noch so ideologisch ausgerichtet, dadurch eingeengt und oft genug uneffektiv gewesen sein. Es gab keinen Grund, diese gesellschaftliche Kraft aufzugeben. Nicht
Strukturen galt es zu erhalten, sondern die Leute, ihr Engagement für den Bürger
(...) Im Leipziger Raum gibt es zur Zeit mehr Frust zwischen den einzelnen Bürgerbewegungen, denn Lust zur Zusammenarbeit im Bürgerinteresse, zum Bürgerwohl. In dieser schnellebigen Zeit ist dies möglicherweise bald Geschichte."

Trotz solcher Ausführungen ist auf der Ebene der Initiativkonferenz mit ihrem
Aktionsprogramm, des 1. Landeskongresses der nationalen Bürgerbewegung sowie
auf der Ebene des Ministerratsbeschlusses der Regierung Modrow der Versuch, die
Nationale Front in eine nationale Bürgerbewegung umzuformen, sicher auch als
ein restauratives Moment zu interpretieren, ganz unabhängig davon, ob dies bewußt von den Beteiligten als solches geplant war oder nicht.

Unterhalb dieser Ebene bedarf es aber einer erneuten Analyse der konkreten
Initiativen. Es ist durchaus möglich, daß die Bürgerkomitees und Stadtteilinitiativen sich in ihrer Entstehung und Entwicklung aus dem Ursprungszusammenhang
gelöst haben und zu etwas anderem geworden sind. Auf jeden Fall verändert schon
alleine der Wegfall des zentralistischen staatssozialistischen Systems die Verortung der Bürgerkomitees und Bürgerinitiativen. Mit welchen Auswirkungen?

Um dieser Frage nachgehen zu können, sollen in den nächsten Abschnitten zunächst einige Aussagen aus dem Umkreis des Bürgerkomitees Leipzig Mitte
(ehemals WBA-Aktive) Aussagen von in anderen Stadtteilinitiativen tätigen gegenübergestellt werden.

3. Das Verhältnis von Organisationen der Bürgerbewegung zu den
Organisationen, die von ehemaligen Mitgliedern der Wohnbezirksausschüsse
gegründet wurden

An dieser Stelle müssen wir eine kurze Erläuterung zu zwei verschiedenen Organisationen geben, die trotz ihres fast gleichlautenden Namens – Bürgerkomitee
Leipzig und Bürgerkomitee Leipzig Mitte – nicht verwechselt werden dürfen. Das
Bürgerkomitee Leipzig bildete sich im Dezember 1989 auf Initiative des Neuen Fo-
rums mit dem Ziel, die damalige Stadtverordnetenversammlung bis zur Wahl der
neuen zu unterstützen: „Hinter der Initiative zu diesem Bürgerkomitee hatte noch
die Grundidee des Neuen Forum gestanden, Foren für bestimmte Bereiche zu bilden. In einem überparteilichen Gremium sollten Fachleute Lösungen für die bren-
nenden Probleme der Stadt suchen. Die beginnende parteipolitische Profilierung
auch innerhalb des Bürgerkomitees verhinderte jedoch solch einen Schritt. Im Januar übernahm außerdem der Runde Tisch die Rolle einer Legislative für die Stadt.
Damit wurde das Bürgerkomitee hinfällig, konnte aber Vertreter an den runden
Tisch entsenden. Es bestand bis zum 6. Mai 1990 weiter." (Unterberg, 1991, 103 f.)

Das *Bürgerkomitee Leipzig Mitte* dagegen wurde im Dezember 1989 – also zeitgleich mit dem Bürgerkomitee Leipzig – von ehemaligen Mitgliedern der Wohnbezirksausschüsse der Nationalen Front in Anlehnung an das Aktionsprogramm der Berliner Initiativgruppe zur Umwandlung der Nationalen Front in eine Nationale Bürgerbewegung gegründet.

Schon die bereits zitierte Reaktion des Runden Tisches in Leipzig auf den Ministerratsbeschluß der Regierung Modrow vom 4.1.1990 machte deutlich, daß die Bürgerbewegung keineswegs gewillt war, eine zentralisierte und staatlich unterstützte "nationale Bürgerbewegung" zu dulden bzw. mit dieser zu kooperieren. Dies wird auch in verschiedenen Interviews deutlich. Auf die Frage nach dem Verhältnis des Bürgerkomitees Leipzig Mitte zum Bürgerkomitee Leipzig antwortete ein ehemaliger parteiloser WBA-Vorsitzender: "Ja, das Bürgerkomitee Leipzig war schon da (war vor dem Bürgerkomitee Leipzig Mitte gegründet worden, Anm. E.W./T.K.-B.) und wir waren der mißratene Stiefsohn in der Zeit in der Stadt, unter anderen, mit anderen och, von uns wollte man nichts wissen, mit uns wollte man nichts zu tun ham." Auch aus vielen Kontaktversuchen wurde nichts, Versuche der Zusammenarbeit wurden abgewehrt, "... weil man nicht akzeptieren wollte oder konnte, daß, sagen wir, och in den bisherigen Gremien in Wohngebieten Bürger engagiert waren, die nich ganz so in das Milieu gepaßt ham, wobei ich das jetzt nicht kolportieren will mit Widerstandskämpfern und dergleichen Dinge mehr. Aber der Wohnbezirksausschuß gehörte mit zu der alten Machtstruktur und damit war das Problem geklärt. Das war Tabu und damit wollte und durfte man nichts zu tun ham. Wir machen alles neu, wir machen alles anders." (alle Zitate Interview II). Solche Formulierungen finden sich in allen Interviews mit ehemaligen WBA-Vorsitzenden und -Aktiven. Und auch bei den Akteuren, die aus der Bürgerbewegung stammen, findet sich komplementär die Bestätigung dieses Sachverhalts: "...und wir ham uns och immer, also ich zumindest, von, von jeder Art solcher, solcher Leute distanziert, weil das waren wirklich also für mich die verhaßten Träger des Systems, was mir persönlich sehr geschadet hat. Und also mit denen wollte ich bewußt nix zu tun haben. Also da hab ich mich immer, mach ich eigentlich och heute noch, total abgegrenzt." (Interview XI) Dies wird von der Person formuliert, die – aus dem Neuen Forum kommend – einen sehr erfolgreichen Bürgerverein in Leipzig gegründet hat. Gleichzeitig – und dies ist vielleicht Ausdruck einer einsetzenden Relativierung, sagt der gleiche Interviewpartner: "Ich denke, (...) jeder hat ne Motivation, in so nen Bürgerverein zu gehen (...). Und wenn eben ein PDSler, der vielleicht aus der Richtung Nationale Front kommt, der jetzt Vorruheständler is vielleicht sogar und früher Hochschullehrer war, dadurch gut rhetorisch reden kann und nen gewissen Bekanntheitsgrad hat, der wird natürlich dann, wenn er sich zur Verfügung stellt, och gewählt. Deshalb is aber so ein, so ne Initiative oder son Bürgerverein nich immer unbedingt nur ne Sache der Bürgerbewegung oder nich immer nur ne Sache der Nationalen Front. Also ich denke nich, daß man das so trennen kann." (Interview XI)

Im Januar 1990 verabschiedete das Bürgerkomitee Leipzig Mitte eine Erklärung, die als Reaktion auf den Protest des runden Tisches zum Ministerratsbeschluß über die Bürgerbewegung zu verstehen ist. Ausgehend davon, daß man das Potential in den Wohngebieten nicht mißachten dürfe, das für die Rettung des Landes gebraucht werde, heißt es in der Erklärung weiter: "In einer Zeit, da Ökonomie und Rechtsstaatlichkeit an Wert verlieren, Toleranz und Humanismus zunehmend plakativen Charakter erhalten und unsere Kommunen in den Verwaltungsnotstand übergehen, spricht man engagierten Bürgern das Recht ab, sich für Bürgerwohl und Mitverantwortung einsetzen zu wollen." (LVZ vom 25.1.1990). Natürlich ist eine solche Resolution keine Tatsachenbehauptung. Sie muß eher als ein Indikator für die Undurchlässigkeit der Fronten zwischen den SED-nahen und den neuen Organisationen verstanden werden. Das Unverständnis war radikal, und die Abschottung der Bürgerbewegungsakteure hat es den WBA-Akteuren leicht gemacht, das Neue als das Alte in neuem Gewande zu interpretieren: "Es war ja an und für sich alles wie vor '89, bloß mit anderen Vorzeichen." (Interview II). Die Tatsache, daß auch Vertreter des Bürgerkomitees Leipzig Mitte am Runden Tisch teilnahmen und wie alle Organisationen nach dem Rotationsprinzip auch gelegentlich die Versammlungsleitung innehatte (H.G.Fischer), änderte an der strikten Abgrenzung der Bürgerbewegung gegen die Wohnbezirksausschußakteure nichts. Die Trennungslinie schien zu diesem Zeitpunkt nicht überschreitbar zu sein.

Aus dem Bürgerkomitee Leipzig Mitte ging dann der Leipziger Bürgerverein hervor, gedacht als stadtübergreifender Verein all jener, die aus den Wohnbezirksausschüssen kamen. Aber diese Form der Zentralisierung war selbst bei den WBA-Vorsitzenden nicht mehr erwünscht: "So, und jeder versuchte nun, sein Süppchen zu kochen. Jeder WBA-Vorsitzende versuchte nun, nen eigenen Bürgerverein zu gründen. Und das war letztendlich unser Todesstoß für den Leipziger Bürgerverein." (Interview X). Manche dieser Bürgervereine und Initiativen sind in der Tat noch existent, während der Leipziger Bürgerverein als Dachverband keine Bedeutung mehr hat. Er existiert jedoch als Bürgerinitiative weiter.

Schon im Herbst 1989 hat sich das Bürgerkomitee Leipzig aus dem Umfeld des Neuen Forum heraus gegründet, dessen Sprecher seitens des Bürgerkomitees Leipzig Mitte so charakterisiert wurde: "Jawohl, das war einer unserer entschiedensten Gegner, der von der Nationalen Front absolut nichts wissen wollte." (Interview I). Die Ablehnung, die den ehemaligen WBA-Vorsitzenden und -Mitgliedern entgegenschlug, hat in vielen Fällen bei den Älteren zu einer tiefgreifenden Resignation geführt, zumal dann, wenn es sich um parteilose WBA-Vorsitzende handelte. Einige unserer Interviewpartner haben sich ganz aus den Initiativen zurückgezogen. Gerade bei diesen ist eine heftige Verbitterung gegenüber den Vertretern der Bürgerbewegung zu spüren, die als überheblich galten und die vor allem die Arbeit der Wohnbezirksausschüsse nicht gelten lassen wollten. Ähnlich wird auch das Verhätnis zu den Kirchen geschildert: "Nein, der Kirche paßten wir nicht mehr, das paßte in die allgemeine politische Lage nicht mehr rein.

Das war eine, muß ich sagen, für mich erschreckende politische Situation, die da aufgetreten ist, vor allen Dingen dann unter de Maizière. Daß also hier eine Verunglimpfung stattgefunden hat von Leuten, muß ich immer wieder sagen, die ihr, die sich Friedensbewegung oder sonstwas nannten. Aber da(s) sprech ich ganz bewußt an, jetzt die Frau Bohley zum Beispiel mal, die hat wunderschön in England rumgelebt, in London, wissen Sie ja selber, ne?" (Interview X) Hier nimmt die Verbitterung Züge eines persönlichen Ressentiments an.

Die Verbitterung gerade der älteren WBA-Mitglieder geht darauf zurück, daß sie sich jahrelang aus ihrer Sicht erfolgreich gegen die politische Indienstnahme ihres Wohnbezirks durch die SED gewehrt hatten, nur um jetzt zu erleben, daß ihre Tätigkeit ("es war eine Solidargemeinschaft, die sich auf das Zusammenleben positiv ausgewirkt hat") nicht anerkannt wurde, daß die Wohnbezirksausschüsse als "kommunistisch verseucht", als "kommunistische Spitzelvereine" galten. Hinter dieser Verbitterung läßt sich allerdings auch das Wissen um die Eingebundenheit der WBA finden ("Wir wußten also, wo unsere Grenzen lagen"), auch die Berichte darüber, wie man sich den Parteieinflußnahmen entziehen konnte. Auch aus der Weitergabe der Listen von Nichtwählern wurde ebensowenig ein Geheimnis gemacht wie aus der Erkenntnis, daß die Auszählung der Stimmen im eigenen Wahlbezirk nie mit den offiziellen Angaben übereinstimmte. Hierüber tauschten sich die WBA-Vorsitzenden aus, jedenfalls diejenigen, die keine linientreuen SED-Mitglieder waren. Sie wußten also um die Wahlfälschung.

Über die Kontroll- und Disziplinierungsfunktion der Wohnbezirksausschüsse erhielten wir eher von Personen Auskunft, die in der Hierarchie der Nationalen Front und in der gesellschaftlichen Hierarchie weiter oben standen, so z.B. von einem Mitglied im Sekretariat der Nationalen Front und von 1986 bis 1989 Stadtbezirksbürgermeister in Leipzig-West: "... der WBA war natürlich ein Instrument zur Durchsetzung einer totalen Führung, Beherrschung und Leitung der Gesellschaft. Also, es konnte praktisch nichts aus den Fugen geraten. Und ich erinnere mich, es gab mal (...) im Stadtbezirk Nordost (...), Anfang der 80er Jahre gabs mal ne Frauenbewegung, die sich dort bildete außerhalb vom DFD (Demokratischer Frauenbund Deutschlands, E.W./T.K.-B.). Na das –, das ist klar, weil nicht sein kann, was nicht sein ..., das wurde sofort zerschlagen..." (Interview III) Und wenig später bekräftigt unser Interviewpartner sozusagen abschließend seine Einschätzung der Funktion der Wohnbezirksausschüsse: "Also, (...) man darf nicht verkennen, daß, obwohl der WBA sich praktisch mit kleinen Alltagsproblemen beschäftigt hat, er letzten Endes doch das Instrument war, um die Parteipolitik durchzusetzen, eindeutig."

Nicht alle haben resigniert; aus dem Kontext der Wohnbezirksausschüsse sind Bürgervereine und Stadtteilvertretungen gegründet worden. Bei einigen scheint die Herkunft aus den Wohnbezirksausschüssen an Bedeutung zu verlieren. Dennoch ist die Genese vieler dieser Initiativen typisch und wirft Fragen auf, die bislang nicht beantwortet sind; so z.B. die Frage, wieso aus dem Umkreis der Bürgerbewegung kaum solche Stadtteilinitiativen entstanden sind. Einer unserer Interviewpartner, ehemaliger WBA-Vorsitzender und Mitinitiator einiger neuer Initiativen aus dem Umfeld der Wohnbezirksausschüsse, interpretierte die Konkurrenzsituation zwischen dem Bürgerkomitee Leipzig (Bürgerbewegung) und dem Bürgerkomitee Leipzig Mitte (Nationale Front) sehr prägnant folgendermaßen: "... wahrscheinlich trifft es eher zu, wenn man sagt, es sind zwei gegenläufige Prozesse gewesen. So bei den neuen waren zuerst die Köpfe da und dann wollte man ne Basis ham, strukturell. Und bei uns war die Basis da und wir ham nach nem Weg gesucht, um mit dem Kopf und der noch vorhandenen Basis in der neuen Situation auszukommen, durchzukommen, Dinge zu tun, die im Prinzip letztenendes zwar och, aber vordergründig apolitisch waren.(...) Und na, so würde ich's sehen, wie gesagt: die einen (hatten) zuerst de(n) Kopf und (haben) dann eine Struktur gesucht, und wir hatten noch Struktur und ham praktisch dann nach ner arbeitsfähigen Leitung gesucht, nach ner Organisationsstruktur, wo man alles noch vertretbar bewältigen konnte unter den neuen Bedingungen (...)" (Interview II)

Was hier beschrieben wird, ist für die Bürgerbewegung schon an anderer Stelle beschrieben worden (vgl. Pollack 1994): Sie hatte keine Massenbasis, sie war gewissermaßen von der Geschichte an die Spitze einer Bewegung gespült worden, die die "Bürgerbewegung" nach dem Zusammenbruch der DDR nicht mehr brauchte. Dieser Zusammenbruch führte auch zur Auflösung der Nationalen Front als einer zentralistischen Organisation, übrig blieben die sozialen Strukturen in den Wohnbezirken, die nun in keine Organisationsstruktur mehr eingebunden waren. Ihnen fehlte der Kopf, der Bürgerbewegung die sozialen Strukturen in der Bevölkerung. Aus dieser Situation heraus scheinen viele der Wohnbezirksausschüsse – sofern sie nicht durch Umzug, Arbeit und Arbeitslosigkeit der Mitglieder auch sozial durcheinandergewirbelt worden waren – den Versuch gemacht zu haben, sich als Bürgervereine, als Bürgerkomitees und Stadtteilinitiativen zu etablieren. Wohl eher, um ein Stück sozialer Vertrautheit in einer neuen und fremden Umwelt zu bewahren, als um die obsolet gewordenen Zielsetzungen der Nationalen Front in eine neue Gesellschaft zu retten. Viele dieser Stadtteilinitiativen sind heute eingetragene Vereine und arbeiten kommunalpolitisch erfolgreich. Die Herkunft dieser Stadtteilinitiativen aus den Wohnbezirksausschüssen der Nationalen Front wird durch „neue" Mitglieder überlagert und hat an Bedeutung verloren.

Betrachtet man die Gesamtheit der Leipziger Stadtteilinitiativen, so ist festzustellen, daß unabhängig davon, ob ihre Initiatoren aus der Bürgerbewegung kommen, in ehemaligen Wohnbezirksausschüssen tätig oder in der Vergangenheit überhaupt nicht im Wohngebiet aktiv waren, das Grundanliegen ihrer Stadtteilinitiative das gleiche ist. Es geht ihnen darum, das Wohnen und Leben im Territorium zu verbessern. Die Aktivitäten der Initiativen sind diesbezüglich sehr umfangreich. Sie führen an die Stadt Leipzig adressierte Protestaktionen insbesondere zu städtebaulichen Vorhaben durch, organisieren Bürgerberatungen, geben Stadtteilzeitungen heraus, organisieren Kulturveranstaltungen und vieles mehr. Bei der

Durchführung gemeinsamer Aktionen ist nach unserem bisherigen Kenntnisstand die Frage der Herkunft der einzelnen Initiative kein Thema mehr.

4. Die Entstehung der civil society in den neuen Bundesländern: ein unabgeschlossener Prozeß

Der Terminus "civil society" wird hinsichtlich östlicher und westlicher Gesellschaften unterschiedlich benutzt. In einer ersten Analyse der einschlägigen Literatur konnten wir diese Differenz folgendermaßen benennen: Während im Westen mit civil society primär eine eher kommunitaristische, gemeinschaftsorientierte Eingrenzung des schieren, individualistischen Liberalismus gemeint ist, ist im Osten damit eher die Einführung einer Demokratie auf der Basis eines erst noch zu entwickelnden Individualismus gemeint. Wir werden hierauf in unserem Forschungsbericht noch ausführlich eingehen. Damit ist aber zumindest das Spannungsverhältnis formuliert, inerhalb dessen sich die Entwicklung einer civil society in den neuen Bundesländern bewegt. In den neuen Bundesländern ist die Demokratie westdeutschen Typs eingeführt, ohne daß eine civil society – die als Voraussetzung der Demokratie gelten kann – sich hätte etablieren können. Ob sich nunmehr auch eine civil society nach westdeutschem Muster entwickeln wird, diese Frage kann noch nicht beantwortet werden.

Die Umwandlung von Wohnbezirksausschüssen in Bürgervereine scheint zunächst ein eher DDR-nostalgisches Element zu enthalten. Aber gegenüber dem Phänomen der zusammenbrechenden lebensweltlichen Gewißheiten eines staatssozialistischen Gesellschaftssystems macht es durchaus Sinn, die Reste von sozialen Bezügen und Beziehungen bewahren zu wollen. Diese hatten sich in der DDR-Gesellschaft hauptsächlich in den Wohnbezirken und Arbeitskollektiven entwikkelt, wobei durch die Schließung oder die drastische Personalreduzierung in vielen Fabriken der Arbeitsplatz als Träger einer Kontinuität von Sozialbeziehungen fortgefallen ist. Bleibt also das Wohnquartier, aber auch hier zeigten sich sehr schnell die Muster westdeutscher Anonymität im Stadtleben. Viele Interviewpartner beklagen, daß man sich im Wohnquartier nicht mal mehr grüße, sich kaum sehe und nichts mehr gemeinsam unternehme.

Dennoch sind diese Initiativen letztlich mehr als nur der Versuch einer Selbstvergewisserung der Alltagswelt. Durch den Wegfall der Nationalen Front als der zentralen Organisation, deren unterste Glieder die Wohnbezirksausschüsse waren, haben diese auch ihre Funktion verändert. Dies gilt vor allem auch deshalb, weil die Umwandlung der Nationalen Front in eine Nationale Bürgerbewegung am Mißtrauen fast aller gegenüber zentralen Strukturen gescheitert ist. Dies gilt sogar für die Versuche, auf Stadtebene zentralisierte Dachverbände für die neuen Bürgerinitiativen zu schaffen wie z.B. den Leipziger Bürgerverein. Wenn der politische Kontroll- und Disziplinierungsmechanismus weggefallen ist, welche Funktion könnten diese Stadtteilinitiativen und Bürgervereine über die Stabilisierung sozialer Bezüge hinaus haben?

Gerade dann, wenn viele dieser Initiativen zunächst Sammelbecken der Verunsicherten und Resignierten, der Verlierer des Vereinigungsprozesses waren, könnte ihnen eine hochgradig integrierende Funktion zuwachsen. Aus der Erfahrung, als Bürgervertretung doch den einen oder anderen Erfolg gegenüber der planenden Verwaltung und den Stadtoberen verbuchen zu können, könnte ein neues demokratisches Bewußtsein entstehen, eine Grundform der civil society, deren Fehlen sich langfristig für die Demokratie in den neuen Bundesländern (und damit in der Bundesrepublik insgesamt) eher negativ auswirken dürfte.

Literatur

Herbst, A., Ranke, W., Winkler, J. 1994: So funktionierte die DDR. Lexikon der Organisationen und Institutionen, 3 Bände. Reinbek: Rowohlt

Krämer-Badoni, Th. 1990: Die Dethematisierung des Sozialen – Ansätze zur Analyse städtischer sozialer Bewegungen. In: Forschungsjournal Neue Soziale Bewegungen, Heft 4/1990, S. 20–27

Krämer-Badoni, Th., Söffler, D. 1994: Die Rolle der städtischen Bürgerinitiativen in Westdeutschland und Ostdeutschland bei der Ausprägung lokaler Demokratie. Universität Bremen, Arbeitspapiere der ZWE Arbeit und Region, Nr.13

Lamberz, W. 1976: Die Nationale Front im Jahre des IX. Parteitages der SED. Bilanz und Plan der sozialistischen Volksbewegung. Berlin (Ost): Staatsverlag der DDR

Pollack, D. 1994: Strukturwandlungen der Gruppen, Bürgerinitiativen und Bürgerbewegungen nach der Wende. In: H.Findeis et al.: Die Entzauberung des Politischen. Was ist aus den politisch alternativen Gruppen der DDR geworden? Interviews mit ehemals führenden Vertretern. Leipzig: Evangelische Verlagsanstalt, S. 274–285

Unterberg, P. 1991: „Wir sind erwachsen, Vater Staat!" Entstehung und Wirkung des Neuen Forum in Leipzig. Diplomarbeit an der Ruhr-Universität Bochum

Thomas Olk/Doris Rentzsch

Kommunale Armutspolitik in Ostdeutschland – Armutslagen und Strategien ihrer Bekämpfung in ausgewählten Kommunen im Land Sachsen-Anhalt[1]

1. Einleitung

Das deutsche System sozialer Sicherung ist seit der Bismarckschen Sozialgesetzgebung bis in die Gegenwart hinein durch die Funktionstrennung zwischen zentralstaatlichen Sozialversicherungssystemen einerseits und der kommunalen Fürsorge andererseits gekennzeichnet. Das Ziel der Sicherung des Lebensstandards bei Eintritt von Einkommensrisiken wird nicht an den Staatsbürgerstatus allgemein, sondern im Kern an den Arbeitnehmerstatus (ohne Beamte und geringfügig Beschäftigte) gebunden und schließt andere Sicherungsansprüche von Nichterwerbstätigen nur über die Mitversicherung bzw. die abgeleitete Sicherung im Hinterbliebenenfall, gekoppelt an die Institution der Ehe, ein. Unterhalb dieser zentralstaatlichen Versicherungssysteme befindet sich auf kommunaler Ebene die Sozialhilfe. Sie stellt ein letztes Auffangnetz des bundesdeutschen Sozialstaates dar und ist zudem die einzige sozialpolitische Institution, die die Aufgabe der gezielten Prävention von Armutslagen zu erfüllen hat (vgl. Döring 1995, S.17). Dieses „eingleisige" System der Mindestsicherung, das auf mindestsichernde oder umverteilende Maßnahmen in den „vorgelagerten" überörtlichen Sicherungssystemen verzichtet, fußte ursprünglich auf der optimistischen Sicht, daß im Zuge fortgesetzter wirtschaftlicher Wohlstandssteigerungen eine Absicherung materieller Existenzsicherungen unterhalb der überörtlichen Systeme der sozialen Sicherung immer weniger erforderlich sein werde und sich die örtliche Sozialhilfe auf die Kompensation individueller Notlagen und die persönliche Beratung und Unterstützung konzentrieren können.

Obwohl sich diese Prämissen schon in Westdeutschland als Trugschluß erwiesen haben, wurde dieses „zweistufige" System im Zuge der deutschen Einigung auch nach Ostdeutschland übertragen. Damit bekommen die ostdeutschen Kommunen eine zentrale Bedeutung bei der Bekämpfung von Armutslagen im Verlaufe des ökonomischen und sozialen Strukturwandels in Folge des deutschen Einigungsprozesses zugewiesen. Auf diese Aufgabe waren die ostdeutschen Kommunen und Landkreise allerdings insofern denkbar schlecht vorbereitet, als sie zunächst einmal den „paradigmatischen Umbruch" (vgl. Wollmann/Schnapp 1995, S.202ff.) von weitgehend unselbständigen „örtlichen Organen" der zentralen Par-

tei- und Staatsmacht zu eigenständigen Akteuren einer "kommunalen Sozialstaatlichkeit" zu bewältigen hatten (vgl. auch Backhaus-Maul/ Olk 1993). Um die an-
spruchsvollen Anforderungen eines „örtlichen Trägers der Sozialhilfe" erfüllen zu
können, mußten die ostdeutschen Kommunen zunächst einmal die Sozialverwaltung aufbauen, fachlich qualifiziertes Personal rekrutieren bzw. berufsbegleitend
qualifizieren sowie die subsidiäre Zusammenarbeit zwischen öffentlichen und ver-
bandlichen Trägern der freien Wohlfahrtspflege aufbauen. In dem folgenden Beitrag soll (am Beispiel von zwei kreisfreien Großstädten, einer Kreisstadt, die einem
Landkreis angehört sowie einem Landkreis) der Frage nachgegangen werden, wie
sich die Betroffenheit von Armut entwickelt hat und wie die Strategien und Maßnahmen der Armutsbekämpfung auf kommunaler Ebene heute aussehen.

In der Armutsforschung werden unterschiedliche Armutsbegriffe diskutiert, die
von allgemeiner Einkommensarmut über die Sozialhilfeschwelle als „bekämpfter
Armut" bis hin zum Lebenslagenkonzept und zur Teilhabearmut infolge von Aus-
grenzungsprozessen reichen. Im Mittelpunkt der gegenwärtigen Fachdiskussion
zur Armut in den neuen Bundesländern steht allerdings – ebenso wie in den alten
Bundesländern – ein relativer Armutsbegriff, bei dem eine Niedrigausstattung mit
Einkommen als das wesentliche Bestimmungsmerkmal gilt (vgl. ausführlich
Schäuble 1984). Von einem solchen Armutskonzept ausgehend können die beiden
folgenden Zugänge zu entsprechenden Daten gewählt werden:

(1) eine Analyse von Umfang und Betroffenheit der Bevölkerung in der Sozialhilfe
bzw. im engeren Sinne in Abhängigkeit von „Hilfe zum Lebensunterhalt" im
Rahmen des Bundessozialhilfegesetzes (BSHG) sowie

(2) eine Bestimmung von Umfang und Betroffenheit der Bevölkerung mit Niedrigeinkommen anhand von Bevölkerungsbefragungen, insbesondere mittels der
Haushaltsbefragung des sozioökonomischen Paneels (SOEP).

Für die neuen Bundesländer insgesamt liegen auf dieser Datenbasis erste sozial-
wissenschaftliche Analysen zur Armut vor (vgl. Hanesch u.a. 1994; Krause 1994;
Müller u.a. 1994; vgl. zum derzeitigen Forschungsstand Olk/Rentzsch 1994). Regionale bzw. örtliche Analysen von Struktur und Entwicklung der Armut fehlen
bisher allerdings völlig. Die folgenden Ausführungen können diese Forschungs-
lücke keineswegs schließen; sie verstehen sich vielmehr als ein erster Beitrag zur
Diskussion von örtlicher Armut und Armutspolitik in den ostdeutschen Kommunen
und Landkreisen. Zu diesem Zweck wird in einem ersten Schritt eine knappe Cha-
rakerisierung des sozialökonomischen Umbruchs und der Armutssituation im Land
Sachsen-Anhalt vorgestellt, um den landespolitischen Rahmen für die Analyse örtlicher Armutssituationen zu kennzeichnen (Abschnitt 2). Dann folgt eine Analyse
der Armutssituation in den vier ausgewählten Kommunen bzw. Landkreisen
(Abschnitte 3 und 4). Sodann wird versucht, die Konzepte, Maßnahmen und Instrumente einer kommunalen Armutspolitik in den untersuchten Kommunen her-

auszuarbeiten (Abschnitt 5). Abschließend geht es in einem vorsichtigen Resümee darum, erste vergleichende Schlußfolgerungen aus der Analyse kommunaler Armutsverläufe und Armutspolitiken zu ziehen (vgl. Abschnitt 6).

2. Sachsen-Anhalt – der landespolitische Rahmen

Das Bundesland Sachsen-Anhalt liegt in der zentral gelegenen mitteldeutschen Region und hat nach Sachsen die zweitgrößte Bevölkerungszahl der neuen Bundesländer. Regiert wird Sachsen-Anhalt seit den Wahlen 1994 von einer SPD-BÜ90/GRÜNE-Koalition, die die CDU/F.D.P.-Koalition abgelöst hat. Die Bevölkerung Sachsen-Anhalts ist im Zeitraum von 1990 bis 1993 um fast 100.000, d.h. auf weniger als 97 % des Niveaus am Tag der deutschen Einheit zurückgegangen. Mit dieser Bevölkerungsentwicklung liegt Sachsen-Anhalt im allgemeinen Trend der neuen Bundesländer. Dieser Bevölkerungsrückgang ist auf einen starken Rückgang an Geburten – im Jahre 1993 wurden nur ca. 42 % der Geburtenzahlen von 1989 erreicht – zurückzuführen. Ferner hat die Bevölkerungswanderung zu diesem Rückgang beigetragen, da in diesem Zeitraum mehr Fort- als Zuzüge zu verzeichnen waren. Erst Ende 1993 trat wieder ein Wanderungsgewinn auf, der ausschließlich durch die Zuzüge von Ausländern getragen wurde.

Ob ein „freiwilliger" Abbau der Bevölkerung als Indikator für die Verarmung einer Region gelten kann, ist nicht eindeutig zu beantworten, da niedrige Geburtenraten auch Ausdruck von Wertewandel und Modernisierung sein können. Befunde von Bevölkerungsbefragungen unter Neubundesbürgern (Sozialreport 1994, S. 8, 23 ff.) deuten allerdings darauf hin, daß die Geburteneinschränkungen als Anzeichen für eine spezifische individuelle Verarmung gewertet werden können. Auch wenn das Zusammenleben mit Kindern weiterhin einen hochrangigen Lebenswert darstellt, wird die Wertehierarchie der Ostdeutschen nach der Wende vor allem von Problemen der Existenzsicherung beherrscht. Die Werte Arbeit sowie persönliche und soziale Sicherheit nehmen in der Werteskala vergleichsweise hohe Ränge ein. Darüber hinaus zeigen die Umfragen, daß die Zufriedenheit hinsichtlich der Bedingungen für ein Leben mit Kindern seit 1990 sinkt. Es ist davon auszugehen, daß Risiken im Zusammenhang mit der eigenständigen Existenzsicherung, die nach der Wende aktualisiert wurden, die wahrnehmbare Elternverantwortung einschränken und daß im Falle auftretender finanzieller Probleme ein Leben mit Kindern als zusätzliche Belastung interpretiert wird.

Arm ist, wer „Unterstützung genießt bzw. sie nach seiner soziologischen Konstellation genießen sollte – auch wenn sie zufällig ausbleibt ..." (Simmel 1992, S. 551 ff.). Wenden wir diese Definition auf die derzeitige Phase der Transformation an, so lassen sich sowohl die neuen Bundesländer insgesamt als auch das Bundesland Sachsen-Anhalt eindeutig als arm identifizieren. Der Bevölkerungsanteil Ostdeutschlands, der sich zwischen 1990 und 1993 von 20,2 % auf 19,3 % der gesamten Bundesrepublik vermindert hat, erbrachte im selben Zeitraum mit 6,9% im Jahre 1990 (Sozialreport 1992, S.13) und 9,2% im Jahre 1993 (Sozialreport 1994, S.12) eine wirtschaftliche Leistung, die anteilmäßig deutlich unter diesem Wert lag. Bei nunmehr (fast) gleichen sozialstaatlichen Rahmenbedingungen zog dieses Gefälle eine Umverteilung von West nach Ost nach sich. An der Entwicklung der Sozialleistungsquote in Ostdeutschland wird die extreme Abhängigkeit von westlichen Unterstützungen offensichtlich: Im Gebiet der neuen Bundesländer hat sich die Relation zwischen Sozialleistungen und wirtschaftlicher Leistung von 64,2% im Jahre 1991 auf 73,1% im Jahre 1992 und auf 70% im Jahre 1993 entwickelt (Sozialbericht 1993, S.172).

Wichtigster Wirtschaftszweig ist in Sachsen-Anhalt nach wie vor, trotz des inzwischen erfolgten radikalen Abbaus, die chemische Industrie, gefolgt vom Nahrungs- und Genußmittelgewerbe, dem Stahl- und Leichtmetall- sowie Schienenfahrzeug- und Maschinenbau (Statistisches Bundesamt, 3/1994, S.37). Der Zusammenbruch der ostdeutschen Chemieindustrie – einem der wichtigsten Industriezweige der DDR – war vor allem im Raum Halle-Merseburg-Bitterfeld von drastischen Arbeitsplatzverlusten begleitet. Mehr als zwei Drittel der ehemals Beschäftigten verloren hier ihre Arbeit. Für Leuna mit über 27.000 und Buna mit über 18.000 Beschäftigten bedeutete das vor allem im Jahr 1992 einen enormen Beschäftigtenabbau. Da der Beschäftigungsabbau sozial gerahmt wurde und differenziert erfolgte, konnte ein erheblicher Teil der drohenden Armutsrisiken vermieden werden. Der Arbeitsplatzabbau wurde durch ein breites Spektrum von Maßnahmen begleitet. In der Spanne von 1990 bis 1992 stellte sich diese Entwicklung wie folgt dar (Gilles/ Hertle 1994, S.23–24):

– betriebsbedingte Kündigungen (rund 20%)
– Eigenkündigungen (rund 30%)
– Ausgeschiedene mit Altersübergangs- und Vorruhestandsregelungen bzw. Rente (rund 20%)
– AB- oder Weiterbildungsmaßnahmen (rund 10%). In der zentralen Chemieregion Sachsen-Anhalts wurden sechs ABS-Gesellschaften mit rund 7500 Beschäftigten gegründet.
– Übernahme bei Ausgründungen und Neuansiedlungen (rund 10%).

Auch der Einbruch in der Metallindustrie setzte in kurzer Zeit eine hohe Anzahl von Beschäftigten frei. So schrumpfte das Schwermaschinenkombinat SKET in Magdeburg mit ehemals über 10.000 Arbeitnehmern in eine GmbH der Größenordnung von ca. 3000 Beschäftigten. Im Kombinat für Förderanlagen und Kranbau, das in der Region Köthen strukturbestimmend war, verringerte sich die Zahl der Beschäftigten von ca. 4000 auf gegenwärtig 300 Personen. Infolge derartiger Entwicklungen hat sich in Sachsen-Anhalt ein hohes Niveau der Arbeitslosigkeit herausgebildet, obwohl in ungewöhnlichem Umfang Arbeitsbeschaffungsmaßnahmen organisiert wurden.

Um die erwarteten sozialen Folgen des ökonomischen Umbruchs abfedern zu können, wurden eine Reihe von sozialpolitischen Übergangsregelungen im Einigungsvertrag festgelegt. Dies bedeutet, daß beträchtliche Armutsrisiken der Neubundesbürger über das Sozialversicherungssystem abgefangen werden. So wurden insbesondere mit der Einführung eines Sozialzuschlags für Niedrigrenten bzw. gering ausfallende Arbeitslosenunterstützungen in den neuen Bundesländern zusätzliche Instrumente für die Minderung hoher Armutsrisiken geschaffen[2].

Der über amtliche Statistiken ermittelbare Umfang der Sozialhilfeempfänger, der als zentraler Indikator zur Bestimmung des Ausmaßes von materieller Armut gilt, erfaßt das tatsächliche Armutsniveau allerdings nur zum Teil. Daneben ist von einer „Dunkelziffer" der Armut auszugehen, deren Umfang in den neuen Bundesländern durch spezifische Umstände beeinflußt wird. Hierzu gehören unzureichende Kenntnisse über Anspruchsrechte und über Sozialgesetze, die erst im Zuge des Einigungsprozesses von West- nach Ostdeutschland übertragen wurden sowie Vorbehalte gegenüber diesem weiterhin mit negativen Einstellungen und Diskriminierungsängsten behafteten Zweig des sozialen Sicherungssystems. Die daraus resultierende nicht registrierte Armut muß allerdings in den folgenden Ausführungen außerhalb der Betrachtung bleiben.

Mit Einführung des "Sozialhilfegesetzes der DDR" (SHG) am 1. 7.1990, das dem BSHG der alten Bundesrepublik weitgehend angenähert war, änderten sich bereits in den letzten Monaten der DDR-Existenz die Anspruchsvoraussetzungen für eine laufende soziale Unterstützung im Land Sachsen-Anhalt. Gegenüber der nur bedingt vergleichbaren Sozialfürsorge der DDR stieg die Zahl der sozial Unterstützten von ca. 1.000 im Jahre 1989 auf ca. 27.000 im zweiten Halbjahr 1990 sprunghaft an. Das BSHG wurde mit Beginn des Jahres 1991 für alle neuen Bundesländer mit einigen im Einigungsvertrag festgeschriebenen Einschränkungen wirksam. Diese bestehen in einem etwas niedrigeren Regelsatz[3], in der Einschränkung, daß Personen über 60 Jahre kein Mehrbedarf entsprechend § 23, Abs. 1 des BSHG zusteht, sowie in dem Sachverhalt, daß für Sozialhilfeempfänger in Einrichtungen ein geringeres Taschengeld als in den Altbundesländern gezahlt wird.

Im folgenden sollen der Umfang und die Struktur der Sozialhilfeempfänger sowie die Hauptursachen der Hilfegewährung seit Einführung des BSHG im Land Sachsen-Anhalt als Armutsindikatoren herangezogen werden.[4] Für die amtliche Auswertung der Sozialhilfezählungen ist folgende Einteilung nach bestimmten Sozialhilfeempfängergruppen grundlegend :

- Sozialhilfeempfänger aller Hilfearten insgesamt innerhalb und außerhalb von Einrichtungen (im weiteren : SH-Empfänger),
- Empfänger von laufender Hilfe zum Lebensunterhalt in- oder außerhalb von Einrichtungen (im weiteren : HLU-Empfänger).

In die Gruppe der SH-Empfänger insgesamt gehen neben den HLU-Empfängern auch Empfänger von Hilfen in besonderen Lebenslagen (HbL-Empfänger) ein.

Letztere erhalten Sozialhilfe in unterschiedlicher Form und aus unterschiedlichem Anlaß, z.B. als Krankenhilfe, Eingliederungshilfe für Behinderte, Hilfe zur Familienplanung u.v.a.m. Zur Kennzeichnung von typischen Armutssituationen kommen HbL-Empfänger weniger in Betracht, als HLU-Empfänger, die in einem engeren Sinne als Indikator für Armutslagen gelten. Aus diesem Grunde werden die HLU-Empfänger in unserer Analyse noch einmal gesondert hervorgehoben. Neben diesen inhaltlichen sind auch methodische Gesichtspunkte der Sozialhilfestatistik zu beachten. So liefern Empfängerzahlen aus der Sozialhilfestatistik keine jahresdurchschnittlichen Angaben, sondern Daten, die aus zwei unterschiedlichen Zählverfahren hervorgehen können – Jahresfallzahlen oder Stichtagszahlen. In der folgenden Tabelle ist die zahlenmäßige Entwicklung der SH-Empfänger in Sachsen-Anhalt durch Jahresfallzahlen dargestellt. Mittels der berechneten Empfängerdichte, d.h. der Anzahl der SH-Empfänger insgesamt je 100 Einwohner, ermöglichen die Tabellenangaben gleichzeitig einen Vergleich zwischen dem SH-Niveau Sachsen-Anhalts und dem der neuen Bundesländer insgesamt.

Tabelle 1: Entwicklung des Sozialhilfeniveaus in Sachsen-Anhalt

Sozialhilfe	1991	1992	1993
SH-Empfänger in Sachsen-Anhalt (Anzahl)	**99.200**	**134.700**	**153.000**
dar.: weibl.	55.101	72.029	81.808
< 18 Jahre	30.676	40.212	47.424
> 60 Jahre	20.769	27.032	24.863^x
SH-Dichte in Sachsen-Anhalt / neue Bundesl. (%)	**3,5/3,1**	**4,8/4,4**	**5,5/4,8**
dar.: weibl.	3,7/3,4	5,0/4,6	5,7/5,0
< 18 Jahre	5,0/4,0	6,7/5,6	8,1/6,5[*)]
> 60 Jahre	3,7/4,0	4,8/5,2	4,4$^{x)}$/5,0[*)]

*) Bevölkerungsstand 31.12.1992 zugrundegelegt
x) Angabe für 65 Jahre und älter

Quelle: Statistisches Landesamt Sachsen-Anhalt, Statistisches Bundesamt, eigene Berechnungen

Die Daten demonstrieren, daß die Sozialhilfeabhängigkeit in Sachsen-Anhalt im Zeitraum von 1991 bis 1993 stark angestiegen ist, und daß die entsprechenden SH-Empfängerdichten in diesem Zeitraum über dem Sozialhilfeniveau der neuen Bundesländer insgesamt lagen. Das durchschnittliche Niveau der alten Bundesländer wurde allerdings noch nicht erreicht. Auffallend ist die hohe Empfängerdichte der Bevölkerung im Alter bis 18 Jahre; Kinder und Jugendliche sind demnach überdurchschnittlich von der Möglichkeit eines Lebens mit Sozialhilfe betroffen. Dieser Befund entspricht dem allgemeinen Sachverhalt, daß Kinder und Jugendliche sowohl in West- als vor allem auch in Ostdeutschland im besonderen Maße betroffen sind. Dem entspricht auch, daß sowohl in West- wie in Ostdeutschland vor allem alleinerziehende und kinderreiche Haushalte überproportional von Einkommensarmut betroffen sind (vgl. Hanesch u.a. 1995, S.39). In einem geringeren Maß trifft das auch für Frauen in Sachsen-Anhalt zu. Die Bevölkerung im Rentenalter ist dagegen unter den SH-Empfängern lediglich durchschnittlich häufig vertreten. Hierin kommt zum Ausruck, daß im Gegensatz zur Situation in den alten Bundesländern, wo eine deutlich ausgeprägte Altersarmut nachweisbar ist, die Übertragung des westdeutschen Rentensystems nach Ostdeutschland die Altersarmut praktisch hat bedeutungslos werden lassen. Hierzu haben insbesondere die Anhebung des Rentenniveaus sowie die typische Struktur ostdeutscher Erwerbsverläufe beigetragen. In Folge der hohen Frauenerwerbsquote in der DDR haben sich viele alleinstehende Rentnerinnen eigene Rentenansprüche erworben und eine hohe Zahl von Rentenhaushalten beziehen zwei Renteneinkommen.

Für einen Empfang von laufender Hilfe zum Lebensunterhalt sind im Jahre 1992 in Sachsen-Anhalt laut offizieller Statistik als wichtigste Gründe (in der Formulierung dieser Statistik) zu nennen:

1. Arbeitslosigkeit und nicht erfüllte Voraussetzungen für eine Leistungsgewährung nach dem AFG bzw. im Falle der Überbrückung des Zeitraums zur Berechnung einer zustehenden Arbeitslosenunterstützung (rund 42% aller HLU-Haushalte)
2. unzureichende Versicherungs- und Versorgungsansprüche (rund 12% aller HLU-Haushalte)
3. unzureichende Erwerbseinkommen (rund 6% aller HLU-Haushalte).

Im folgenden soll in einem ersten Schritt die Armutssituation in vier ausgewählten Kommunen/Landkreisen des Landes Sachsen-Anhalt dargestellt werden, um anschließend auf der Grundlage dieser Informationen kommunalpolitische Strategien des Umgangs mit dem Phänomen der Armut zu diskutieren.

3. Sozialporträts der ausgewählten Kommunen[5]

Sachsen-Anhalt hat drei Regierungsbezirke, von Nord nach Süd sind das die Regierungsbezirke Magdeburg, Dessau und Halle. In unsere Analyse beziehen wir Kommunen aus allen drei Bezirken ein:

- die kreisfreie Stadt Magdeburg, die gleichzeitig Landeshauptstadt ist
- den Landkreis Köthen aus dem Regierungsbezirk Dessau
- die kreisfreie Stadt Halle sowie
- die Kreisstadt des Landkreises Merseburg aus dem Regierungsbezirk Halle.

Bei dieser Auswahl von örtlichen Untersuchungseinheiten haben wir uns von der Absicht leiten lassen, durch den Einbezug eines möglichst vielseitigen kommunalen Spektrums die Voraussetzungen für einen interkommunalen Vergleich zu gewährleisten. Ein weiteres Kriterium für die Auswahl bestand in der Bereitschaft zur Mitwirkung der kommunalen Armutsexperten (Sozialdezernenten bzw. Beigeordnete sowie Leiter der Sozialämter) bei unserer Untersuchung.

3.1 Halle

Bevölkerung. Die größte Stadt Sachsen-Anhalts umfaßt ca. 289.900 Einwohner (Stand 1994), was im Vergleich zu 1990 einem Bevölkerungsrückgang von mehr als 6% entspricht. Der Frauenanteil, der sich über die letzten Jahre kaum verändert hat, beträgt im Jahre 1994 52,9%. Im Jahre 1993 hat die hallesche Bevölkerung folgenden Altersaufbau: 20,9% unter 18jährig; 60,8% über 18- und unter 60jährig; 18,3% 60jährig und älter.

Im Zeitraum 1990–1993 ist insofern ein Trend zur Alterung der Bevölkerung erkennbar, als die Proportionen zwischen diesen drei Altersgruppen sich zuungunsten der Jungen (-1%) und zugunsten der Einwohner im letzten Drittel (+ 1%) verschoben haben. Ursachen für diese Tendenz liegen sowohl in den gesunkenen Geburtenraten – im Jahre 1994 gab es weniger als die Hälfte der Geburten von 1990 – als auch in den Wegzügen von Einwohnern, die überwiegend den jüngeren und mittleren Altersgruppen zugehören.

Wirtschaft und Arbeitsmarkt. Zu DDR-Zeiten war Halle eine Bezirkshauptstadt und ließ sich zum Zeitpunkt der Wiedervereinigung als ein „städtisches Dienstleistungszentrum" (Rudolph 1990, S.498) charakterisieren, da der größte Teil der Erwerbstätigen im Dienstleistungssektor beschäftigt war (57,5% aller ständig Erwerbstätigen). Industrielle Schwerpunkte waren der Waggonbau Ammendorf mit ca. 10 000 Beschäftigten sowie die Bau- und Baumaterialienindustrie. Die im nahen Umkreis liegenden Standorte der Chemischen Industrie sowie die Braunkohlenreviere um Halle herum boten darüber hinaus für die Bevölkerung wichtige Beschäftigungsmöglichkeiten.

Die ehemalige Wirtschaftsstruktur in und um Halle wurde im Zeitraum von fünf Jahren zu großen Teilen restrukturiert. Erhalten gebliebene Betriebe beschäftigen im Vergleich zu früher wesentlich weniger Personen. So ging z.B. die Anzahl der Beschäftigten im Waggonbau Ammendorf von 10.000 auf ca. 2000 zurück. Gegenwärtig ist die Kommune mit mehr als 8000 Beschäftigten der größte Arbeitgeber, gefolgt von der Martin-Luther-Universität mit ca. 4000 Beschäftigten. Die Arbeitslosenzahlen wuchsen in Halle und Umgebung seit 1990 kräftig und erreichten im Jahre 1994 eine jahresdurchschnittliche Größe von mehr als 23.000 Arbeitslosen. Mit 62% sind die Frauen unter ihnen überproportional vertreten.

Anfang 1992 waren die Werte am höchsten (18,4%). Ausgehend von diesem hohen Niveau sind die Arbeitslosenquoten seit Mitte 1992 stetig gesunken.

3.2 Magdeburg

Bevölkerung. Die gegenwärtige Landeshauptstadt Magdeburg, nach Halle die zweitgrößte Stadt Sachsen-Anhalts, hat eine Bevölkerung von über 265.000 (Dezember 1994). Im Vergleich zum Jahre 1990 hat sich die Magdeburger Bevölkerung um 5% verringert – auch hier Ergebnis der stark gesunkenen Geburtenzahlen – 1994 wurden nur 44% des Niveaus von 1990 erreicht – sowie des negativen Wanderungssaldos. Im Jahre 1993 gliedert sich die Bevölkerung wie folgt nach Altersgruppen: 20,2% unter 18jährig; 60,9% über 18- und bis unter 60jährig; 18,9% 60jährig und älter. Im Vergleich zum Jahr 1991 ist ebenso wie in Halle eine Alterung der Bevölkerung zu beobachten.

Wirtschaft und Arbeitsmarkt. Zum Zeitpunkt der Vereinigung wurde die Bezirkshauptstadt Magdeburg als ein „städtisches Industriezentrum mit Monostruktur" (Rudolph 1990, S.498) gekennzeichnet, denn Magdeburg war zu DDR-Zeiten ein bedeutender Maschinenbaustandort (Schwermaschinenbau, allgemeiner Maschinen- und Fahrzeugbau, Elektrogerätebau). Gegenwärtig sind in den industriellen Kernen ehemaliger Großbetriebe, die zum Teil erhalten wurden, noch ca. ein Viertel der früher Beschäftigten tätig. Ein beträchtlicher Beschäftigungsabbau erfolgte gleichzeitig in der Nahrungsmittelindustrie. Die Nutzung von ABM und die Gründung von ABM-Gesellschaften – 1991 die AQB (Gesellschaft für Arbeit, Qualifizierung und Bildung) und im Jahre 1992 die SMG (Sanierungsgesellschaft Magdeburg mbH) – waren in diesem Zusammenhang wichtige arbeitsplatzerhaltende Maßnahmen. Es ist davon auszugehen, daß die Arbeitslosenquoten in Magdeburg auch infolge dieser aktiven ABM-Politik in den ersten Jahren vergleichsweise niedrig lagen. Mitte 1993 erhöht sich diese Quote erheblich und erreichte Anfang 1994 (17,3%) kurzzeitig einen Maximalwert. Am Jahresende befindet sich die Arbeitslosenquote in Magdeburg zwar auf einem geringeren, aber auf keinem niedrigen Niveau. Der Anteil der Frauen an den Arbeitslosen beträgt 56,2%.

3.3 Merseburg

Bevölkerung. Die Stadt Merseburg hat gegenwärtig etwas über 41.000 Einwohner (Dezember 1994). Im Verhältnis zum Jahr der Vereinigung ist damit die Bevölkerung um ca. 3% geschrumpft. Auch in Merseburg haben die Geburtenzahlen stark abgenommen, denn im Jahre 1994 wurde diesbezüglich nur ein Niveau von 42% gegenüber 1990 erreicht. Auch überstiegen die Wegzüge in der Bevölkerung bis zum Analysezeitpunkt noch kontinuierlich die Zuzüge. Der Altersaufbau der Be-

völkerung im Jahre 1993 spiegelt sich in folgenden Proportionen wider: 19,2%
unter 18jährig; 58,5% über 18- und bis unter 60jährig; 22,3% 60jährig und älter.
Wirtschaft und Arbeitsmarkt. Wirtschaftlich wurde die Stadt Merseburg zu
DDR-Zeiten durch die nahegelegenen Chemiestandorte Leuna und Buna geprägt.
Gemäß der Beschäftigungsstruktur gehörte Merseburg im Jahre 1989 einer
„Umlandregion mit Landwirtschaft und industrieller Monostruktur" (Rudolph
1990, S.499) an. Im Vergleich zu den landwirtschaftlich geprägten Teilen des
Landkreises hat die Kreisstadt trotz umfangreicher Arbeitsplatzreduzierungen in
der Großchemie relativ geringe Einbrüche auf dem Arbeitsmarkt erfahren. Zwei
Beschäftigungsgesellschaften, die Leuna-Sanierungsgesellschaft und die ökologische Sanierungsgesellschaft Buna, haben einen beträchtlichen Teil der Arbeitslosen auffangen können. Hinzu kommt, daß die Standorte Buna und Leuna erhalten
bleiben werden. Für den Bau einer „Raffinerie Leuna 2000" erfolgte 1994 der erste
Spatenstich. Die Neuansiedlung von Gewerbe in unmittelbarer Nähe zu dieser
neuen Industrieentwicklung ist bereits angelaufen. Ein Technologiepark für for-
schungs- und technologieorientierte Unternehmen ist geplant und ein Innovations-
und Technologiezentrum besteht bereits, das Existenzgründern den Start erleichtern soll. Die Hoffnungen von Merseburg richten sich auch auf einen mitteldeutschen Wirtschaftsraum in Verbund mit den Städten Halle und Leipzig (jeweils 15
km bzw. 30 km entfernt).

Die Arbeitslosenquoten lagen im Bezirk Merseburg bisher stets unter dem
Landesdurchschnitt. Nach einem niedrigen Niveau der Arbeitslosigkeit in den ersten drei Jahre erfolgte 1993 ein sprunghafter Anstieg. Anfang 1994 erreichte diese
Quote in Merseburg kurzzeitig ein Maximum (17,1%), hat sich aber zum Jahresende wieder auf einen relativ moderaten Wert eingependelt.

3.4 Köthen

Bevölkerung. Im Landkreis Köthen leben etwas mehr als 73.300 Einwohner (März
1994), ca. 63% davon in den vier dazugehörenden Städten. Die Kreisstadt Köthen
umfaßt mehr als 40% der Landkreisbewohner. In den 45 ländlichen Gemeinden
lebt demzufolge jeweils ein vergleichsweise geringer Teil der Bevölkerung. Die
Landwirtschaftsfläche nimmt fast 80% der gesamten Bodenfläche ein. Die Bevölkerung ist seit 1990 um ca. 4% zurückgegangen. Im Jahre 1993 sind erstmalig
mehr Zuzüge als Wegzüge registriert worden. Das niedrige Geburtenniveau in
Köthen nach der Wende hält indes weiter an. So wurden im Jahre 1993 weniger als
43% der Geburtenzahlen von 1990 erreicht. Der Frauenanteil an der Bevölkerung
beträgt 52%. Folgender Altersaufbau läßt sich für das Jahr 1993 feststellen: 20,9%
unter 18jährig; 57,7% über 18- und unter 60jährig; 21,4% 60jährig und älter. Im
Vergleich zu 1990 hat sich damit die Altersstruktur zuungunsten der jüngeren Be-

völkerung (mehr als -2%) entwickelt, der Anteil der Einwohner im Rentenalter hat entsprechend zugenommen.

Wirtschaft und Arbeitsmarkt. Entsprechend der Beschäftigungsstruktur nach Wirtschaftsbereichen war Köthen und Umgebung zu DDR-Zeiten als eine „Umlandregion mit Landwirtschaft und industrieller Monostruktur" (Rudolph 1990, S. 499) zu charakterisieren. Sowohl als Industriestandort (insbesondere Förderanlagen- und Kranbau/Tagebaugroßgeräte, elektrische Brückenkrane, Vorwärmer- und Kesselbau/Dampferzeuger, Bauteile für Dieselmotoren sowie chemische Industrie) als auch als landwirtschaftlicher Produzent hat der Landkreis nach dem Systemumbruch stark verloren. Dem enormen Abbau von Arbeitsplätzen konnte sowohl durch Neugründungen als auch durch Einrichtung mehrerer größerer Gewerbeparks auf ehemaligen landwirtschaftlichen Nutzflächen nur geringfügig entgegengewirkt werden. Erst relativ spät , d.h. im Jahre 1994, wurde durch stärkere Orientierung auf AB-Maßnahmen die ÖSAB (Ökologische Sanierungs- und Ausbildungsgesellschaft) gegründet und damit die zeitweise auffallend hoch liegenden Arbeitslosenquoten etwas gedämpft. Ein Extremwert der Arbeitslosenentwicklung wurde Anfang 1994 mit 25,3% registriert. Auch Ende 1994 ist die Arbeitslosenquote in Köthen vergleichsweise hoch (4,9 Prozentpunkte über dem Landesdurchschnitt). Mit ca. 65% sind die Frauen an den Arbeitslosen deutlich überrepräsentiert.

3.5 Die Kommunen im Vergleich

Bevölkerung: In allen vier Kommunen ist in den Jahren nach 1990 ein Bevölkerungsrückgang zu verzeichnen, der durch gesunkene Geburtenraten und negative Wanderungssaldi hervorgerufen wird. Dieser geht einher mit einer relativen Verringerung der jüngeren und einer entsprechenden Zunahme der älteren Bevölkerung. Der Frauenanteil von 52–53% bleibt etwa konstant. Unterschiede zwischen den Kommunen sind: Der Rückgang der Bevölkerung ist in großen Kommunen relativ stärker ausgeprägt, als in kleinen. Der Geburtenrückgang fällt in den großen Kommunen geringer aus als in den Landkreisen. Der Anteil der Älteren an der Gesamtbevölkerung ist in den Großstädten niedriger als in den Landkreisen bzw. der Mittelstadt.

Wirtschaft und Arbeitsmarkt: Alle vier Kommunen sind seit der Wende von einem tiefgreifenden wirtschaftlichen Strukturbruch betroffen. In der Entwicklung der Arbeitslosenquoten der Kommunen spiegelt sich sowohl der unterschiedlich intensive regionale Abbau der Arbeitsplätze, die Anziehungskraft für neue Investitionen als auch die relative Wirksamkeit kommunaler Arbeitsmarktpolitik. Frauen sind häufiger von Arbeitslosigkeit betroffen als Männer. Damit bestätigt sich in den untersuchten Kommunen der allgemein feststellbare Befund, daß sich die Beschäftigungschancen für Frauen nach der Vereinigung in Ostdeutschland erheblich verschlechtert haben (Holst/Schupp 1995, S. 11). Alle empirischen Untersuchun-

gen stimmen darin überein, daß die Anzahl der Alleinverdienerhaushalte in den
neuen Bundesländern gegenüber 1989 erheblich angestiegen ist (vgl. Landua u.a.
1993, S.25 ff.). Wenn nur eine Person im Haushalt erwerbstätig ist, ist es auch in
Ostdeutschland die Frau, die aus dem Erwerbsleben – überwiegend unfreiwillig –
ausgeschieden ist.

Tabelle 2: Entwicklung der Arbeitslosenquoten*) im Vergleich

Arbeitslosenquote (%) im Monat Dezember des Jahres ...	Halle	Magdeburg	Merseburg	Köthen	Sachsen-Anhalt	neue Bundesländer
1990	6,9	5,8	2,6	7,4	7,0	7,3
1991	14,1	9,6	5,4	12,9	11,9	11,8
1992	13,2	9,5	8,9	17,3	14,5	13,9
1993	13,0	15,5	15,5	22,9	17,5	16,2
1994	11,4	13,9	12,4	20,1	15,2	13,8[x)]

*) Arbeitslose in% der abhängigen zivilen Erwerbspersonen
x) Angabe für 11/94

Quelle: Statistisches Landesamt Sachsen-Anhalt, Sozialreport neue Bundesländer IV/94

Die Städte Halle, Magdeburg und Merseburg sind im Vergleich zum Landesdurchschnitt unterdurchschnittlich von Arbeitslosigkeit betroffen, der Landkreis Köthen
dagegen überdurchschnittlich.

4. Die kommunale Armutssituation[6]

4.1 Zur Entwicklung von Sozialhilfebedürftigkeit

Wie aus der Tabelle 3 (erste Informationen über Umfang und Häufigkeit von So-
zialhilfebetroffenheit) hervorgeht, wurde im ersten Halbjahr nach Einführung des
Sozialhilfegesetzes in diesen Kommunen – ebenso wie in den neuen Bundeslän-
dern insgesamt – vergleichsweise selten Sozialhilfe in Anspruch genommen. In
den beiden Großstädten, so läßt sich dem weiteren Verlauf entnehmen, stiegen die
Sozialhilfezahlen dann schneller an als in den Landkreisen. Im Vergleich mit dem
Landesdurchschnitt (Tabelle 1) hatten die beiden Großstädte (mit Ausnahme von
Magdeburg im Jahre 1992) ein höheres und die Landkreise ein niedrigeres Sozi-
alhilfeniveau in dem hier analysierten Zeitraum. Die Sozialhilfedichte hat sich in
Magdeburg und Halle von 1993 an auf ein Niveau gesteigert, das nahe an die ent-
sprechenden Anteile in den alten Bundesländern herankommt.

Tabelle 3: Entwicklung der Anzahl der Sozialhilfeempfänger und der Sozialhilfedichten (%)

Jahr	Halle		Magdeburg		Merseburg[*]		Köthen[*]	
1990	2 718	(0,9)	2 284	(0,8)	1 305	(1,1)	391	(0,5)
1991	13 208	(4,4)	10 611	(3,8)	3 322	(2,9)	2 509	(3,3)
1992	17 896	(6,0)	12 661	(4,6)	5 094	(4,4)	2 986	(4,0)
1993	19 569	(6,6)	17 657	(6,5)	5 670	(5,0)	(x)	(x)

* Landkreisangabe
(x) Angabe nicht verfügbar

Quelle: Statistisches Landesamt Sachsen-Anhalt, eigene Berechnungen

Für die HLU-Empfänger außerhalb von Einrichtungen ergibt sich in den Kommunen folgendes Bild:

Tabelle 3a: Entwicklung der HLU-Dichten (%)

Jahr	Halle	Magdeburg	Merseburg[*]	Köthen[*]
1990	0,9	0,8	1,1	0,5
1991	3,3	2,5	2,0	2,1
1992	4,6	3,4	3,3	2,6
1993	5,2	4,3	3,6	(x)

*) Landkreisangabe
(x) Angabe nicht verfügbar

Quelle: Statistisches Landesamt Sachsen-Anhalt, eigene Berechnungen

Mittels dieses Indikators zeichnet sich ab, daß Halle vergleichsweise am meisten von Armut betroffen ist, mit Abstand gefolgt von Magdeburg und den Landkreisen. In Köthen ist die Häufigkeit einer laufenden Hilfe zum Lebensunterhalt am geringsten, wobei allerdings aktuelle Zahlen leider nicht zur Verfügung stehen.

Besonders hervorzuheben ist der Sachverhalt, daß im gesamten Analysezeitraum in allen vier Kommunen Kinder und Jugendliche bis 18 Jahre stark überproportional häufig Hilfe zum Lebensunterhalt erhalten. Dies entspricht dem erwähnten Befund, daß Kinder und Jugendliche vor allem in solchen Haushalten leben, die (wie Alleinerzieher- und kinderreiche Haushalte) überproportional von Armut betroffen sind. Diese Gruppe erreicht in der HLU-Klientel aller Kommunen einen Anteil von fast 40 %. Demgegenüber ist die ältere, d. h. über 50 Jahre alte Bevölkerung unter den HLU-Empfängern aller Kommunen unterproportional vertreten. Dafür ist wohl sowohl der massenhafte Übergang der über 55jährigen in den Vorruhestand, der in den Jahren 1990–1992 möglich war, als auch die Übertragung des westdeutschen Rentensystems nach Ostdeutschland verantwortlich.

Vor dem Hintergrund der Erfahrungen in Westdeutschland, wonach sich die anhaltend hohe Arbeitslosigkeit in den 80er Jahren sowie die Verschärfung der Leistungsvoraussetzungen für den Bezug von Arbeitslosengeld und Arbeitslosenhilfe in einem Anstieg der Sozialhilfeempfängerzahlen niederschlugen, wird auch für die neuen Bundesländer eine zunehmende Anzahl von Sozialhilfeempfängern als Folge der Dauerarbeitslosigkeit prognostiziert (vgl. Wollmann/Schnapp 1995, S.200, Hanesch u.a. 1995, S.47 sowie Döring 1995, S.41). Insbesondere bei lang anhaltender Arbeitslosigkeit wächst die Wahrscheinlichkeit, daß die Arbeitslosenunterstützung ausläuft beziehungsweise unter dem Sozialhilfesatz liegt und deshalb einen Anspruch auf (aufstockende) Sozialhilfe begründet. Im folgenden soll deshalb geprüft werden, ob in den untersuchten Kommunen ein solcher Zusammenhang zwischen dem Niveau der registrierten Arbeitslosigkeit und der Entwicklung der Anzahl von Empfängern einer laufenden Hilfe zum Lebensunterhalt nachweisbar ist.

Die Analyse zeigt, daß die im Jahre 1993 vergleichsweise gering von Arbeitslosigkeit betroffene Kommune Halle die relativ höchste HLU-Betroffenheit aufweist, der Landkreis Köthen hingegen ist über alle (verfügbaren) Jahre bei einem vergleichsweise hohen Niveau von Arbeitslosigkeit mit einer recht geringen HLU-Betroffenheit ausgewiesen.

Auch bei den beiden anderen untersuchten Kommunen ist kein direkter Zusammenhang zwischen dem Niveau der Arbeitslosigkeit und Bezug von HLU erkennbar. Die 1992 und 1993 in Magdeburg und Merseburg fast gleichhohen Arbeitslosenquoten haben – so muß man annehmen – in der Großstadt zu einer höheren HLU-Bedürftigkeit geführt als in der Mittelstadt eines Landkreises. Ein eindeutiger Einfluß des Niveaus der Arbeitslosigkeit auf die Häufigkeit eines Lebens mit laufender Hilfe zum Lebensunterhalt ist also auch hier statistisch nicht erkennbar.

Der Befund, daß es keine linearen Beziehungen zwischen der Entwicklung von Arbeitslosen- und HLU-Quoten gibt, spiegelt sich in gewissem Grade auch in der Struktur der Verursachung des HLU-Bezuges wieder, die in der jährlichen Sozialhilfestatistik über die beantragten Haushalte in den Kommunen vorliegt: So ist z.B. im Jahre 1992 in dem vergleichsweise stark von Arbeitslosigkeit betroffenen Landkreis Köthen nur bei 33% aller HLU-empfangenden Haushalte Arbeitslosigkeit als Hauptursache der Hilfegewährung anzutreffen. In dem relativ gering von Arbeitslosigkeit betroffenen Merseburg wird der Grund 'Arbeitslosigkeit' dagegen bei 48% aller Haushalte angegeben. Allgemein läßt sich hier feststellen, daß der Grund 'Arbeitslosigkeit' bei den Haushalten mit HLU-Leistungen in allen vier Kommunen im Zeitraum 1990–1992 anteilmäßig sank. Lag dieser Anteil im Jahre 1990 in den Kommunen zwischen 54% (Köthen) und 69% (Halle), so bewegte er sich 1992 nur noch zwischen den weiter oben erwähnten 35% und 48%. Wider aller Erwarten hat also die anhaltend hohe Arbeitslosigkeit sowohl in den neuen Bundesländern allgemein als auch in den untersuchten Kommunen bislang noch nicht zu einer vergleichbar hohen Zahl von Sozialhilfe-Bezug geführt. Hierfür sind eine Vielzahl von Gründen verantwortlich zu machen:

Zunächst einmal verweisen die Ausführungen in den Sozialporträts der vier untersuchten Kommunen darauf, daß der beschäftigungspolitische Umbruch in hohem Maße durch arbeitsmarktpolitische Maßnahmen (wie die Vorruhestandsregelung) und einen beispiellosen Einsatz von ABM-Stellen moderiert wurde. Ferner gilt, daß offene Arbeitslosigkeit zumindest bislang in Ostdeutschland weniger häufig in den Sozialhilfebezug führt als in Westdeutschland (vgl. Mädje/Olk. 1995, S. 262). Da in den ostdeutschen Haushalten mehr Frauen erwerbstätig sind, ist die Wahrscheinlichkeit, bei Eintritt von Arbeitslosigkeit in eine Armutslage zu geraten, deutlich geringer ausgeprägt, da in diesen Fällen der Ausfall eines Einkommens durch das Einkommen des Ehepartners teilweise kompensiert wird. Außerdem beziehen ostdeutsche Arbeitslose (zur Zeit noch) öfter Arbeitslosengeld als westdeutsche Arbeitslose, die zu einem höheren Anteil die niedrigere Arbeitslosenhilfe beziehen. Auch die Sozialzuschläge im Falle des Bezugs von Niedrigrenten beziehungsweise bei einer geringen Arbeitslosenunterstützung haben bislang noch zur Reduzierung der Sozialhilfeempfängerzahlen beigetragen. Da es sich bei allen diesen Maßnahmen und Regelungen um lediglich vorübergehend wirksame Bedingungsfaktoren handelt, dürften sich die Auswirkungen des hohen Arbeitslosigkeitsniveaus in den kommenden Jahren deutlich stärker in der Sozialhilfestatistik niederschlagen

4.2 Gruppenspezifische Armutsprobleme

Aus der Sicht der Experten sind in den Kommunen bestimmte Bevölkerungsgruppen besonders von Armut betroffen. Es handelt sich dabei entweder um Bevölkerungsgruppen, die relativ häufig in der Sozialhilfe anzutreffen sind, oder um Gruppen mit auffälligen, typischen Merkmalen, die aufgrund übereinstimmender Ursachen Sozialhilfe beziehen. Bei dieser Charakterisierung der Sozialhilfeklientel nach Gruppen gab es hohe Übereinstimmungen in den Einschätzungen der Experten aus allen untersuchten Kommunen.

Aus Expertensicht stellen die ehemaligen Sozialfürsorgeempfänger aus DDR-Zeiten eine solche markante Gruppe innerhalb der Sozialhilfeklientel dar. Diese betroffenen Personen werden als „Altfälle" gedeutet und sind den Mitarbeitern des Sozialamtes häufig aus früheren Zeiten bekannt. Insbesondere wurden in diesem Zusammenhang alkoholkranke Personen sowie ehemalige Haftentlassene, aber auch kinderreiche Alleinerziehende genannt. Nach der Wende wurde diese Klientel sehr früh durch die Gruppe der gering Qualifizierten ergänzt, die häufig Opfer der gerade beginnenden Arbeitslosigkeit wurden und ab diesem Zeitpunkt auch keine nennenswerten Chancen mehr auf dem Arbeitsmarkt hatten. Zu den ersten 'neu hinzukommenden' Empfängern von laufender Hilfe zum Lebensunterhalt gehörten auch weitere Gruppen von Arbeitslosen. So waren z. B. Alleinerziehende mit mehreren Kindern oder auch ältere Arbeitslose mit geringem Arbeitslosengeld (u. a. niedriger DDR-Löhne) relativ früh als Problemgruppen zu erkennen. Auch die Obdachlosen entwickeln sich in allen befragten Kommunen zu einer neuen, auffälligen Problemgruppe innerhalb der Sozialhilfeklientel.

Im weiteren Verlauf des Transformationsprozesses wird die Zusammensetzung der Klientel zunehmend differenzierter. Von den Experten werden weitere Gruppen genannt, wobei in dieser Hinsicht allerdings in den einzelnen Kommunen unterschiedliche Schwerpunkte gesetzt werden. Insgesamt ergibt sich daraus folgendes Spektrum:

- Erwerbstätige Personen mit niedrigem Arbeitseinkommen, die aufstockende Sozialhilfe in Kauf nehmen müssen, weil sie angesichts ihrer schwachen Arbeitsmarktposition extrem niedrige Löhne akzeptieren mußten, wenn sie überhaupt erwerbstätig sein wollen (Halle, Magdeburg, Merseburg).
- Langzeitarbeitslose mit so niedriger Arbeitslosenhilfe, daß sie aufstockende Sozialhilfe zum Lebensunterhalt in Anspruch nehmen (Halle, Merseburg).
- Alleinerziehende im Erziehungsjahr, in dem das staatliche Erziehungsgeld in Höhe von 600 DM bei der Sozialhilfeberechnung nicht angerechnet wird (Halle, Magdeburg, Merseburg, Köthen).
- Jüngere erwachsene Personen, die nach einem mißglückten Auswanderungsversuch gen Westen in die „Heimat" zurückkehrten, weil sie gescheitert (und häufig mit Schulden beladen) sind und infolge zerstörter Hoffnungen und verletztem Selbstwertgefühls schwer einen Neuanfang finden (Halle, Magdeburg).
- (Häufig jüngere) Familien, in denen beide Partner arbeitslos sind und die sich mit dem Andauern von Arbeitslosigkeit und Sozialhilfeunterstützung tendenziell auf ein Leben mit der Sozialhilfe einrichten (Halle, Merseburg, Köthen).
- Gescheiterte neue Selbständige, die nach dem Versuch, sich eine eigene wirtschaftliche Grundlage zu schaffen, überschuldet sind (Magdeburg).
- Sowohl ganz junge, als auch ältere nicht vermittelbare, hochqualifizierte Akademiker (Magdeburg).

Als allgemeine gruppenübergreifende Ursachen für Verarmung wurden von den Experten genannt: ungefestigte, gelöste bzw. gescheiterte Familienbeziehungen; der Familienstand „alleinstehend" sowie Alkoholmißbrauch bzw. -sucht. Insgesamt kamen die Experten zu der Einschätzung, daß sich bereits ca. ein Drittel der Klientel kaum noch bemüht, den gegenwärtigen Sozialhilfestatus hinter sich zu lassen. Hierfür kann maßgeblich sein, daß die Betroffenen aufgrund ihrer individuellen Voraussetzungen (geringe berufliche Qualifikation, beeinträchtigte Gesundheit etc.) keine realistischen Chancen zur Wiederbeschäftigung sehen. Hinzu kommt, daß eine Minderheit unter den Sozialhilfebeziehern angesichts der Wahlmöglichkeit zwischen gering bezahlten, ungelernten Arbeitstätigkeiten einerseits und Sozialhilfebezug andererseits bewußt den Status des Sozialhilfeempfängers bevorzugt und sich in dieser Überlebens-Nische einzurichten beginnt.

5. Armutspolitische Strategien auf der kommunalen Ebene

Im folgenden soll untersucht werden, ob bzw. inwieweit in den untersuchten Kommunen armutspolitische Strategien in Form eines koordinierten und zielgerichteten Konzepts und Vorgehens entwickelt worden sind. Die Grundlage für diese Analyse stellen die Experteninterviews mit den zuständigen Sozialdezernenten/Beigeordneten und Amtsleitern dar. Zur Evaluation der eingesetzten Instrumente zu einer Armutsbekämpfung haben wir vier Komponenten unterschieden:

a) die monetäre Unterstützung nach dem BSHG
b) die soziale Beratung und Sozialarbeit auf der Grundlage des BSHG bzw. im Rahmen der Tätigkeit des ASD (Allgemeiner Sozialdienst)
c) die Hilfe zur Arbeit nach dem BSHG bzw. auf der Grundlage einer kommunalen Beschäftigungspolitik
d) die Wohnhilfe und der Umgang mit Obdachlosigkeit

a) Monetäre Unterstützung nach dem BSHG

Die Experten waren sich darin einig, daß eine bestimmte finanzielle Unterstützung für einkommensschwache Bürger notwendig ist. Ob in den neuen Bundesländern allerdings die Sozialhilfeempfänger hinsichtlich ihres Lebensniveaus zu den (relativ) Ärmsten zählen, wurde zum Teil in Frage gestellt. Einerseits sei Sozialhilfe bereits fast vollständig an das Westniveau angeglichen, während die östlichen Arbeitseinkommen im Durchschnitt erst 70 % dieses Niveaus erreicht hätten, andererseits lebten Niedrigeinkommensbezieher außerhalb der Sozialhilfe häufig ärmer, weil sie z.B. keine sogenannten einmaligen Leistungen der Sozialhilfe erhielten, bzw. auch nicht wüßten, daß sie ihnen zuständen. Als inakzeptabel gilt, daß auch Leistungsbezieher nach dem AFG zum Teil mit Sozialeinkommen unterhalb des Sozialhilfeniveaus auskommen müssen. Ein weiteres Argument in diesem Zusammenhang war die Dunkelziffer der Sozialhilfe, d.h. die Existenz eines bestimmten Personenkreises, der bestehende Sozialhilfeansprüche nicht in Anspruch nimmt, weil es der eigenen Lebenshaltung und Würde widerspräche, nicht für sich allein sorgen zu können. Insbesondere unter Älteren kurz vor dem Rentenalter bzw. in Erwartung ihres Rentenbescheides, oder ohne eigene Rente, aber mit einem kleinen angesparten Vermögen oberhalb der zulässigen Grenze laut BSHG, vermuten Experten eine erhebliche Dunkelziffer. Aber höchstwahrscheinlich ist auch unter erwerbstätigen Niedrigeinkommensbeziehern mit Sozialhilfeansprüchen eine Beantragung häufig nicht akzeptabel. Die allgemein mit der Beantragung von Sozialhilfe verbundenen Stigmatisierungen werden mehr gefürchtet als persönliche Belastungen infolge relativ größerer materieller Einschränkungen.

Es ist überhaupt unzulässig, von *dem* Sozialhilfeempfänger zu sprechen, da sich die Einkommensquellen von Sozialhilfeempfängern stark voneinander unterscheiden („reine" Sozialhilfeempfänger versus Empfänger von Arbeitslosenunterstützung mit aufstockender Sozialhilfe versus Empfänger von Erwerbseinkommen mit aufstockender Sozialhilfe u.v.a.m.). Nach Ansicht der Experten ist die Sozialhilfe gewissermaßen ein letztes soziales Auffangbecken für völlig unterschiedliche Risiken. Insbesondere die prekäre Arbeitsmarktsituation zwingt bestimmte Gruppen, die im Grunde untypisch für eine Armutsklientel sind, zur Beantragung einer sozialen Unterstützung beim Sozialamt. Wegen der sehr unterschiedlichen Hintergründe von Niedrigeinkommen muß oft neben dem Sozialamt eine Vielzahl anderer Behörden hinzugezogen werden, was zu einem hohen bürokratischen Aufwand führt. Leidtragende dieser Entwicklung sind allerorts aber die Sozialhilfeempfänger, die von einer Instanz zur anderen geschickt werden und sich auf diese Weise die Verwirklichung ihrer Ansprüche „erlaufen" müssen.

Seit der Novellierung des BSHG im Jahre 1994 sind die Sozialämter unmittelbar angehalten, bei Verstößen von Sozialhilfeempfängern gegen rechtliche Bestimmungen des BSHG Kürzungen der Sozialhilfe vorzunehmen. So kürzten die Sozialämter aller untersuchten Kommunen im Falle der Verweigerung einer Maßnahme der Hilfe zur Arbeit zwischen 10 % und 30 % des zustehenden Sozialhilfesatzes. Einige Kommunen kürzten die Sozialhilfe auch im Falle von sogenanntem unwirtschaftlichen Verhalten der Betroffenen bzw. zahlen die Sozialhilfe in Form von Wertgutscheinen für Lebensmittel aus.

b) *Soziale Beratung und Sozialarbeit auf der Grundlage des BSHG bzw. im Rahmen der Tätigkeit des ASD (Allgemeiner Sozialdienst)*

Einhellig stellen die Experten fest, daß in den Sozialämtern – anders als im BSHG vorgesehen – so gut wie keine Zeit für eine persönliche Beratung der Betroffenen zur Verfügung steht und diese deshalb im Arbeitsregime der Sozialämter eine Randposition einnimmt. Begründet wird dies durch folgende Bedingungen: fehlende EDV-Ausstattung der Sozialämter (Halle und Merseburg), zu hohe Fallzahlen pro Sachbearbeiter (Merseburg ca. 200 laufende Akten, Halle ca. 180 laufende Akten, Magdeburg ca. 150 laufende Akten – bei einer bundesweit empfohlenen Höchstzahl von 120 laufenden Akten) sowie eine häufig „schmalspurige" Ausbildung der Sachbearbeiter infolge von crash-Qualifikationen und ungenügender Kenntnis weiterer sozialer Hilfeangebote. Die Aufgabe der sozialen Unterstützung und Beratung sowie die Initiierung von Selbsthilfe treten deshalb nach Experteneinschätzung in allen Sozialämtern in den Hintergrund.

Beim Angebot von Schuldnerberatung stellt sich die Situation in allen Kommunen dagegen günstiger dar, denn eine solche Spezialberatung wird entweder in den Sozialämtern selbst oder in entsprechenden Einrichtungen freier Träger geleistet. Darüber hinaus sind soziale Beratung und sozialarbeiterische Aktivitäten in den Kommunen außerhalb der Sozialämter organisiert. So z. B. über den Allgemeinen Sozialen Dienst (ASD), der in allen einbezogenen Kommunen dem Jugendamt angeschlossen ist. Die Zusammenarbeit zwischen dem ASD und dem Sozialamt wird jedoch in aller Regel als wenig wirksam eingeschätzt. In Köthen erschöpfte sich diese Zusammenarbeit in der Delegierung von Hausbesuchen bei Sozialhilfeempfängern auf den ASD. In Magdeburg agiert der ASD vor allem familienbetreuend. Es wird betont, daß kaum präventiv gearbeitet wird und der ASD – insbesondere wegen des bisherigen Fehlens der Absolventen der Fachhochschul- und Universitätsausbildungsgänge für Sozialarbeit/Sozialpädagogik – ein fachliches Niveaugefälle im Vergleich mit den alten Bundesländern aufweist. Darüber hinaus bestehende soziale Beratungsstellen leisteten nach Meinung aller Experten eine sehr nützliche Arbeit. Ein zentrales Problem (Armutsbericht 1994) besteht aber darin, daß jene Gruppen, die eine Beratung besonders dringend benötigten, diese Angebote am wenigsten in Anspruch nehmen. Insbesondere gelte dieses für besonders problembelastete Personen und für Personen mit geringem Bildungsabschluß.

c) *Hilfe zur Arbeit nach dem BSHG bzw. auf der Grundlage einer kommunalen Beschäftigungspolitik*

Im BSHG (§§ 18,19,20) ist die Hilfe zur Arbeit als Hilfe für den einzelnen, arbeitsfähigen Empfänger von HLU-Leistungen vorgesehen, der Probleme mit seiner Integration in das Erwerbsleben hat. Abgesehen von der Möglichkeit, für bestimmte Sozialhilfeempfänger auf diese Weise eine Arbeitspflicht herbeizuführen bzw. diese Art der Hilfe nach § 25 BSHG als Sanktionsinstrument einzusetzen, waren insgesamt in den Sozialämtern der vier Kommunen drei weitere Varianten der Arbeitshilfe anzutreffen:

1. Angebot von gemeinnützigen Arbeiten (25 Wochenstunden als Obergrenze) mit Mehraufwandsentschädigung als öffentlich-rechtliches Beschäftigungsverhältnis.

2. Arbeitsbeschaffung zu Tariflöhnen, nach deren Beendigung ein längerer Ausstieg aus der Sozialhilfe in Leistungsansprüche nach dem AFG (v.a. Arbeitslosengeld) wahrscheinlich ist.

3. Arbeitsbeschaffung in Kombination mit Umschulung auf der Basis des Europäischen Sozialfonds (ESF), nach deren Absolvierung sowohl ein Qualifikationsnachweis (Zertifikat) als auch Leistungsansprüche nach dem AFG erworben werden.

Diese Möglichkeiten liegen im Ermessensspielraum eines Soziahilfeträgers. In den untersuchten Kommunen wird dieses Instrumentarium unterschiedlich genutzt. Während in den beiden Großstädten Magdeburg und Halle relativ intensiv auf das gesamte Spektrum gesetzlich eingeräumter Varianten zurückgegriffen wird, spielen die Hilfen zur Arbeit in Köthen und dem Landkreis Merseburg nur eine untergeordnete Rolle. So konzentriert sich die Hilfe zur Arbeit in der Stadt Merseburg im wesentlichen auf die Prüfung der Arbeitsbereitschaft der als besonders problematisch eingestuften Hilfeempfänger und läuft im wesentlichen auf die Vermittlung in Grünanlagenarbeiten an das Ordnungsamt der Stadt hinaus. Die Arbeitsbeschaffung auf der Basis des ESF wird in der Stadt Merseburg nur durch den übergeordneten Sozialhilfeträger organisiert. In diese Maßnahme ist allerdings im Jahre 1994 eine geringere Zahl von Sozialhilfeempfängern der Stadt einbezogen als in den Jahren 1992 und 1993. Die arbeitsvertraglich abgesicherte Arbeitsbeschaffung der Variante 2 wird in dieser Kommune nicht genutzt, weil der übergeordnete Sozialhilfeträger dafür seine Genehmigung verweigert. Da dies die kostenaufwendigste Variante darstellt, spielen hierbei vermutlich finanzielle Erwägungen eine entscheidende Rolle. In Köthen ist die Situation in dieser Beziehung sehr ähnlich. In beiden Landkreisen wird von den Experten eine hohe Verweigerungsrate unter den zur Arbeitsbereitschaft nach Variante 1 jeweils aufgeforderten Sozialhilfeempfängern festgestellt (z.B. in Merseburg 8 von 10 Angeschriebenen, in Köthen 7 von 10).

In Halle und Magdeburg unterscheiden sich die im Sozialamt für die Organisierung der Hilfe zur Arbeit eingesetzten Kapazitäten beträchtlich. In Halle sind zwei Bearbeiterinnen eingesetzt, was in Anbetracht der Jahresfallzahlen problematisch ist. In Magdeburg sind es immerhin fünf. Infolgedessen läuft Variante 2 der Arbeitsbeschaffung in Halle erst im Versuchsstadium an, in Magdeburg dagegen waren Ende 1994 bereits 62 (1993 waren es 30) arbeitsvertragliche Arbeitsbeschaffungen realisiert worden. Dagegen hat Halle im Jahre 1994 entschieden mehr Arbeitsstellen der Variante 1 an Sozialhilfeempfänger vermittelt (420 – Verdoppelung gegenüber 1993) als Magdeburg (203). Auch in der Anzahl von ESF-Maßnahmen, d.h. der Variante 3, übertrifft Halle im Jahre 1994 (275 Stellen) Magdeburg, das mit 180 Stellen im Jahre 1994 weniger Maßnahmen realisierte als 1993, vermutlich wegen des engen finanziellen Spielraumes der Kommune. Eine Umverteilung der Gelder des Europäischen Sozialfonds in von Arbeitslosigkeit noch stärker als Magdeburg betroffene Regionen Sachsen-Anhalts konnte wahrscheinlich von der Stadt nicht in vollem Umfang kompensiert werden (Kornemann 1995, S. 241). In Halle ist jeder 3., in Magdeburg jeder 4. Sozialhilfeempfänger der Einladung zur Arbeit durch das Sozialamt nicht gefolgt. In diesen Fällen wird, wie in Merseburg und Köthen, die Sozialhilfe stufenweise gekürzt. In Halle wird darüber hinaus – nach mehrfachen Verwarnungen – die Zahlung der Sozialhilfe für diese Personen auch völlig eingestellt. Erhält auch lediglich ein geringer Anteil der Sozialhilfeempfänger nach einer Arbeitshilfe durch das Sozialamt ein festes Arbeitsverhältnis, so wird von den Experten dennoch unterstrichen, daß bei allen, die an diesen Maßnahmen beteiligt waren, Fähigkeiten aktiviert bzw. ausgebildet werden, die ihre Chancen für eine Wiedereingliederung verbessern.

Von den Experten wird auch auf Probleme im Zusammenhang mit einer Ausweitung der HzA hingewiesen. Zum einen entsteht durch die Arbeitsstellen der HzA Konkurrenz zu bestimmten AB-Maßnahmen. Zum anderen zeigen die Befunde, daß ein beträchtlicher Teil der arbeitsfähigen Klientel auf die Arbeitsangebote nicht reagiert. Insbesondere Sozialhilfeempfänger, die aufgrund ihrer Voraussetzungen (geringe Qualifikation, Langzeitarbeitslosigkeit, beeinträchtigter Gesundheitszustand, auffälliges soziales Verhalten) besonders schlechte Chancen auf dem ersten Arbeitsmarkt haben, verweigern am häufigsten auch die Hilfen zur Arbeit. Hinsichtlich dieser Teilgruppe hängt der Erfolg von Maßnahmen der Hilfe zur Arbeit von begleitenden Hilfen, wie eine intensive sozialpädagogische Betreuung oder eine Sozialberatung, ab. Die hiermit verbundenen Mehrkosten können allerdings von den untersuchten Kommunen kaum aufgebracht werden. Die befragten Experten halten deshalb von Bund und Ländern finanzierte Sonderprogramme für sozialpolitisch notwendig und zweckmäßig.

Das zu Beginn des Jahres 1995 neu aufgelegte Arbeitsbeschaffungsprogramm für schwer vermittelbare Arbeitslose hatte zum Untersuchungszeitpunkt aus Expertensicht noch keine praktische Bedeutung in den Kommunen. Von den Experten wird bezweifelt, daß der darin angelegte Versuch, Dauerarbeitslose über ein „Start"-Modell als Leiharbeiter für Unternehmen einzusetzen, eine effektive Form des Abbaus von Langzeitarbeitslosigkeit in Ostdeutschland darstellt. Als hilfreicher wird dagegen eine Koordination zwischen möglicher Arbeitsvermittlung im Arbeitsamt und im Sozialamt betrachtet, die in den Kommunen bisher aber faktisch nicht stattfindet. Die BSHG-Novelle von 1994 sieht eine solche Zusammenarbeit u. a. in der Form vor, daß für einzelne Klienten ein Gesamtplan zu entwickeln sei, der die unterschiedlichen Angebote und Maßnahmen verschiedener Dienste und Ämter miteinander verknüpft. Diese Form der einrichtungs- und ämterübergreifenden Kooperation wird allerdings zur Zeit noch nicht realisiert. Als Hemmnisse hierfür werden Ressortegoismus, fehlende Bereitschaft zur Kooperation, Datenschutzbestimmungen sowie die Stigmatisierung des Sozialamts durch andere kommunale Institutionen genannt.

Faßt man diese Befunde zu den beschäftigungspolitischen Maßnahmen in den untersuchten Kommunen zusammen, so ergibt sich folgendes Bild: Im Unterschied zu den anderen untersuchten Kommunen hat sich die Stadt Magdeburg bereits unmittelbar nach der Wende für eine eigenständige kommunale Beschäftigungspolitik entschieden. Über die Gründung von ABM-Gesellschaften durch die Stadt und die vorrangig für freie Träger aktivierte Beschäftigungsförderung nach § 249 h des AFG wird hier seit längerem ein Politik verfolgt, die zusätzliche Arbeitsplätze sichert und für die Beschäftigten ein Abgleiten in die Armut verhindert. In der Großstadt Halle ist eine solche kommunale Strategie nicht erkennbar. Das trifft auch für die Stadt Merseburg bzw. den Landkreis Köthen zu. Letzterer setzt vor allem auf eine Wirtschaftsförderung in Form der Bereitstellung attraktiver Gewerbegebiete. Bisher sind allerdings – abgesehen von der Ansiedlung einiger mittelständischer Betriebe – nur wenig neue Beschäftigungsmöglichkeiten entstanden.

d) Wohnhilfe und der Umgang mit Obdachlosigkeit

Wie bekannt, waren die Mieten in der ehemaligen DDR aufgrund entsprechender politischer Regelungen sehr gering und belasteten deshalb die Mieter kaum. Das Problem auflaufender Mietrückstände und die hiermit zusammenhängenden möglichen Konsequenzen einer Zwangsräumung sind deshalb für viele Neubundesbürger bislang unbekannt. Die rasch ansteigenden Mieten und die hohe Arbeitslosigkeit haben allerdings viele Familien in die Situation gebracht, ihre Miete nicht mehr selbst bezahlen zu können. Angesichts der fehlenden Erfahrung mit diesem Problem und der Unkenntnis über bestehende Beratungsangebote, lassen viele Betroffene erhebliche Mietrückstände auflaufen, bis sie um Hilfe und Unterstützung nachsuchen. (vgl. Kornemann 1995 S. 231). Angesichts solcher Entwicklungen stellt das Phänomen der Mietschulden in allen untersuchten Kommunen ein zentrales Problem kommunaler Sozialpolitik dar. Die Wohnhilfe nimmt deshalb einen entsprechend exponierten Platz im Rahmen der kommunalen Bekämpfung von Armut ein. Da die Erfassung von Mietschuldnern durch die zumeist sehr großen Wohnungsunternehmen zunächst erhebliche Zeit in Anspruch genommen hatte, und die Wege von den ersten Mahnschreiben bis zur gerichtlich durchgesetzten Räumung oft sehr lang sind, setzt die Welle der Wohnungsräumungen allerdings nicht unmittelbar nach dem Einigungsvertrag, sondern erst viel später und dann stufenweise ein. In den Großstädten erfolgt die Freiräumung von Mietern schneller und intensiver als in den Landkreisen. So gab es z. B. in Merseburg bis zum Jahre 1994 keinen eigenen Gerichtsvollzieher und aus diesem Grunde wurden Familien mit Mietschulden nicht zwangsgeräumt, sondern in Übergangswohnungen mit geringerer Wohnqualität verwiesen, für die die Stadt das Belegungsrecht hat. Zum Untersuchungszeitpunkt hat Merseburg auch ein Haus der Wohnhilfe für alleinstehende Obdachlose, das aber vorwiegend leer steht. Es wird vermutet, daß die in geringer Entfernung liegende Großstadt Halle eine Sogwirkung für Merseburger Obdachlose ausübt. Im Landkreis Köthen befindet sich das Obdachlosenheim in der Stadt Köthen und ist zum Untersuchungszeitpunkt voll belegt. Es wird befürchtet, daß sich dieses Haus und seine als äußerst problematisch geltenden Bewohner zu einem sozialen Brennpunkt der Kommune entwickeln werden. Besonders schwerwiegend ist hierbei, daß sowohl Familien mit Kindern als auch Alkoholkranke und Haftentlassene unter einem Dach wohnen.

In den beiden Großstädten hat die Zahl der Zwangsräumungen bereits ein beachtliches Ausmaß erreicht. Die existierenden Einrichtungen der Wohnhilfe sind voll belegt, weitere Notunterkünfte werden geschaffen. Auch Übergangswohnungen werden angeboten, allerdings in kleinerer Zahl als in der Mittelstadt Merseburg.

Nach § 15 des BSHG besteht die Möglichkeit, Mietschuldner vor der Zwangs-räumung zu bewahren, indem das Sozialamt die Schuldensumme übernimmt bzw. als Darlehen verauslagt. Diese Maßnahme wird in Halle und Magdeburg, sowie auch in Köthen praktiziert. Dagegen wird diese Möglichkeit in Merseburg nicht genutzt.

6. Auf dem Weg zu kommunalen Strategien der Armutsbekämpfung?

Insgesamt sind Struktur und Entwicklung der Gruppe der Sozialhilfeempfänger in den untersuchten Kommunen/Landkreisen – ebenso wie in den neuen Bundeslän-dern insgesamt – nachhaltig von den Bedingungen und Auswirkungen des Syste-mumbruchs und seiner sozialpolitischen Rahmung in Ostdeutschland geprägt. Ins-besondere ist hervorzuheben, daß zeitlich befristete Maßnahmen und Programme – wie vor allem eine präventive Arbeitsmarktpolitik durch Arbeitsbeschaffungs-, Umschulungs- und Weiterbildungsmaßnahmen, Kurzarbeit und Vorruhestandsre-gelungen – aber auch die Einführung befristeter Sozialzuschläge bei niedrigen Renten und unzureichender Arbeitslosenunterstützung – zu einer erheblichen so-zialpolitischen Abfederung der Folgen des Systemumbruchs beigetragen haben. Dadurch hat die Sozialhilfedichte in den neuen Bundesländern in den ersten Jahren nach der Wende das Niveau der alten Länder noch nicht erreicht. Diesen Sachver-halt können wir auch in den untersuchten Kommunen erkennen, wobei allerdings die zuletzt verfügbaren Jahresfallzahlen von Sozialhilfeempfängern in den Städten Halle und Magdeburg dem durchschnittlichen westdeutschen Niveau sehr nahe kommen. Hinsichtlich der Höhe der Sozialhilfezahlen lassen sich ferner Stadt-Land-Unterschiede feststellen: Während sich die Sozialhilfezahlen (Jahresfälle) in den beiden untersuchten Großstädten etwas oberhalb des Landesdurchschnitts be-wegen, liegen diese Zahlen in den ländlichen Gebieten knapp unter dem Durch-schnitt. Was die gruppenspezifische Betroffenheit anbelangt, so bestätigen sich in den untersuchten Kommunen/Landkreise einige der Befunde aus der Sozialhil-festatistik der neuen Bundesländer. Während die Altersarmut insbesondere wegen der günstigen Auswirkungen der Übertragung des westdeutschen Rentenversiche-rungssystems auf die ostdeutschen Leistungsvoraussetzungen zumindest noch kein Problem darstellt, ist die überproportionale Betroffenheit von jungen Menschen im Sozialhilfebezug auffällig. Hierin kommt zum einen der auch aus dem Westen be-kannte Sachverhalt, daß Kinder und Jugendliche besonders häufig in solchen Haushalten leben, die überproportional von Armut betroffen sind. Angesicht der Verwerfungen im Wirtschaftssystem und auf dem Arbeitsmarkt sowie infolge der Krise des Berufsausbildungssystems in den neuen Bundesländern hat sich zum an-deren die Lebensphase Jugend offensichtlich zu einem erheblichen sozialen Risiko für die nachwachsende Generation entwickelt (vgl. dazu auch den 9. Jugendbericht, Bundesministerium für Familie, Senioren, Frauen und Jugend 1994). Darüber hinaus sind Personengruppen gefährdet, in Armutskarrieren einzumünden, die über geringe formale Qualifikationen verfügen, über 45 Jahre alt sind sowie Alleinlebende und kinderreiche Familien.

Vor dem Hintergrund solcher Entwicklungen hat die Frage nach den armutspolitischen Reaktionen in den untersuchten Kommunen/Landkreise besondere Bedeutung. Einschlägige Analysen aus den alten Bundesländern zeigen in dieser Hinsicht, daß die kommunale Ebene trotz bestehender Restriktionen durchaus über erhebliche Gestaltungsspielräume verfügt und unter bestimmten Bedingungen auch in der Lage ist, kommunalpolitische Spielräume durch eine aktive Politik der Armutsbekämpfung zu nutzen. Die Analyse der vier ostdeutschen Kommunen/Landkreise verweist in dieser Hinsicht sowohl auf typische Hemmnisse und Probleme ostdeutscher Kommunen als auch auf regionalspezifische Variationen dieser Bestimmungsfaktoren.

In allen untersuchten Kommunen/Landkreisen war Armut bzw. die Situation der Sozialhilfe allenfalls ein punktuelles Randthema in der kommunalpolitischen Öffentlichkeit. Nach Aussage der Befragten aus der kommunalen Verwaltung wird Armut bzw. Sozialhilfebezug dann zum Thema erhoben, wenn die Misere einer betroffenen Gruppe vorübergehend offenkundig wird, also wenn zum Beispiel Obdachlose an bestimmten zentralen Plätzen der Stadt gehäuft auftreten oder familiengelöste Jugendliche durch spektakuläre Aktionen, wie Hausbesetzungen etc., auf ihre Probleme aufmerksam machen. Ansonsten wird das soziale Problem Armut kommunalpolitisch eher verdrängt bzw. marginalisiert. Dazu ein Experte: "Sie finden das Thema nicht in der Presse, sie finden es nicht in den Diskussionen im Stadtrat und sie finden es immer nur dann, wenn soziale Leistungen für Randgruppen diskutiert werden müssen, weil aufgrund der Größenordnung des eingesetzten Geldes oder der Heranziehung von bestimmten Gebäudekomplexen Entscheidungen gefällt werden müssen".

Hierfür sind mehrere Gründe verantwortlich zu machen. Ganz generell besteht bei politischen Entscheidungsträgern in ostdeutschen Kommunen eine ausgeprägte Tendenz dazu, das vermeintliche Negativimage, das durch die Verbreitung von Berichten über die Aktivitäten gewaltbereiter Jugendlicher, über die wachsende Arbeitslosigkeit und die damit verbundenen Folgeerscheinungen sozialer Deintegration gepflegt und gefestigt wird, nicht noch zusätzlich durch die Thematisierung des sozialen Problems der Armut zu befördern. Dies führt zu ausgeprägten Widerständen auch gegen eine breite, öffentliche, fachpolitische Debatte über den Umgang mit Armutsrisiken. Ferner gibt die im Vergleich zu Westdeutschland noch geringere Sozialhilfedichte keinen unmittelbaren Anlaß zu einer erhöhten Aufmerksamkeit der Kommunen gegenüber ansteigenden Sozialhilfezahlen, den hiermit verbundenen sozialen Folgen für die Betroffenen sowie der finanziellen Belastung kommunaler Haushalte. Noch liegen die Ausgaben für Sozialhilfe mit einem durchschnittlichen Anteil von 7% am kommunalen Verwaltungshaushalt merklich unter den Zahlen (von 18%) in Westdeutschland (vgl. Wollmann/ Schnapp 1995, S.205). Ferner handelt es sich bei der Armut um ein Thema, das sich kaum für Profilierungsstrategien politischer Akteure eignet. Eine kommunal- bzw. landespolitische Karriere läßt sich mit Sicherheit eher durch andere Themen befördern als durch die Befassung mit dem Problem der Armut.

Versucht man, vor diesem Hintergrund die durchaus vorhandenen Ansätze und Einzelmaßnahmen zur Armutsbekämpfung in den untersuchten Kommunen einzuordnen und einer vorsichtigen Analyse zu unterziehen, so lassen sich folgende Aussagen treffen: Für alle untersuchten Kommunen gilt ein eher reaktiver Umgangsstil mit dem Phänomen Armut bzw. Sozialhilfebezug. Im Vordergrund kommunalpolitischer Aktivitäten steht die Etablierung von geordneten Strukturen und Abläufen einer kommunalen Sozialverwaltung sowie die Etablierung und finanzielle Sicherung bestimmter Einrichtungen und Angebote (wie Obdachlosenunterkünfte, Anlauf- und Beratungsstellen, Wärmestuben etc.). Dort, wo bestimmte Stellen bzw. freie Träger einen besonderen Schwerpunkt im Bereich der Armutspolitik legen, wie wir dies zum Beispiel für die Stadt Halle durch die konfessionellen freien Träger der Wohlfahrtspflege finden, kommt die derzeitige Politik der Bekämpfung von Armut eher einer traditionellen Fürsorgepolitik nahe. Die Armutsbekämpfung konzentriert sich primär auf die Betreuung und notdürftige Versorgung auffälliger Randgruppen. Auf diese Weise wird das Problem der transformationsbedingten Verarmungsrisiken auf die Betroffenheit einiger ausgewählter, besonders benachteiligter Problemgruppen eingeengt und einer traditionellen Form der Betreuung überantwortet.

Aktive Konzepte einer Armutsbekämpfung, die darauf hinauslaufen könnten, Maßnahmen und Instrumente der „Hilfen zur Arbeit" nach den §§19 ff. BSHG mit arbeitsmarktpolitischen Förderinstrumenten zu einer Gesamtstrategie einer zweiten Arbeitsmarktpolitik zu verknüpfen, haben wir bestenfalls in einigen Ansätzen – so vor allem in Magdeburg – gefunden. In Halle verfolgt das Sozialamt eine engagierte HzA-Strategie, hat aber relativ geringe personelle Kapazitäten für diese Aufgabe. In den beiden Landkreisen überwiegt dagegen ein defensiver Umgang mit dem Thema der Armut. Da bei den dort befragten Experten traditionelle Armutsbilder vorherrschen, ist eine Politik der Bekämpfung von Armut aus deren Sicht entweder hinfällig, da es diesem Stereotyp entsprechende Bevölkerungsgruppen nicht (mehr) gibt, oder diese Politik wird mit der traditionellen Fürsorge für ausgegrenzte Randgruppen (wie Obdachlose, Stadtstreicher, Alkoholkranke) in Form einer Bereitstellung von Notunterkünften, Wärmestuben und Beratungsstellen gleichgesetzt.

Für das weitgehende Fehlen aktiver Strategien und der hierfür erforderlichen Kooperation zwischen unterschiedlichen Ressorts (Soziales, Arbeitsverwaltung, Fort- und Weiterbildung etc.) sind insbesondere strukturelle Probleme ostdeutscher Kommunen verantwortlich zu machen: Wie die Analysen vor Ort zeigen, waren die Sozialämter – wie andere kommunale Ämter auch – in den ersten Jahren nach der Wende damit befaßt, ihre eigenen Strukturen zu konsolidieren sowie Personal zu rekrutieren, zu qualifizieren und zu sichern. Durch die Konzentration auf den Aufbau der eigenen Organisation und Ablaufroutinen treten nachhaltige Bemühungen um die Entwicklung von innovativen Konzepten zur Armutsbekämpfung in den Hintergrund. Zudem sind die Abteilungen „Hilfen zur Arbeit" in einigen der untersuchten Kommunen personell so unzureichend besetzt, daß eine volle Ausschöpfung der rechtlichen Möglichkeiten des Bundessozialhilfegesetzes schon aus diesem Grunde unwahrscheinlich wird.

Auch die Betroffenen selbst tragen keineswegs zu einer stärkeren kommunalpolitischen Thematisierung des Armutsproblems bei. Aufgrund ihrer Sozialisation während der Zeit der DDR ist bei den Sozialhilfeempfängern eine eher zurückhaltende bis passive Haltung bzw. die Erwartung weit verbreitet, daß sich eine zuständige Stelle bzw. Institution schon finden wird, die sich ihres Problems annimmt. Eigeninitiierte Aktivitäten der Skandalisierung oder aber der Selbsthilfe bleiben deshalb weitgehend aus. Dem entspricht, daß alle befragten Experten über eine geringe Bereitschaft und Kompetenz der von Armut Betroffenen zur Selbsthilfe und Selbstorganisation – etwa in Form von Selbsthilfepruppen, BSHG-Beratungsgruppen etc. – berichten.

Die Analyse läßt also erkennen, daß die Kommunen bislang kaum aktive und programmatisch umfassende Konzepte und Strategien der Armutsbekämpfung entwickelt haben. In dem Maße, wie sich kommunale Ämter und Verwaltungsroutinen stabilisieren und sich die Schere zwischen unzureichenden kommunalen Finanzmitteln und politischem Druck durch steigende Sozialhilfeempfängerzahlen weiter öffnet, ist aber durchaus ein Umdenken in den Kommunen möglich. Eine begünstigende Voraussetzung hierfür wäre, daß sich unter der Beteiligung von kommunalen Ämtern, engagierter freier Träger sowie sozialer Initiativen sozialpolitische Netzwerke vor Ort herausbilden, die als „örtliche Armutslobby" zu einer kontinuierlichen Thematisierung dieses sozialen Problems beitragen und an der Entwicklung fachpolitischer Konzepte und Strategien mitwirken könnten.

Anmerkungen

1   Der folgende Beitrag steht im Zusammenhang mit dem laufenden Forschungsprojekt "Sozialhilfedynamik in den neuen Bundesländern", in dem am Beispiel der Stadt Halle die Dynamik von Armutsverläufen im Schnittfeld individueller Bewältigungsstrategien und institutioneller Steuerung untersucht wird. Das Forschungsprojekt wird von der Deutschen Forschungsgemeinschaft gefördert und wird von Prof. Dr. Thomas Olk geleitet (Bearbeiterinnen: Dr. Eva Mädje und Dr. Doris Rentzsch).

2   Für Arbeitslose mit niedrigen Lohnersatzleistungen wurde ein Sozialzuschlag eingeführt, so daß für Arbeitslose mit Leistungsansprüchen nach dem AFG eine einheitliche Mindestunterstützung gezahlt wird. Diese Regelung ist allerdings inzwischen fast ohne Bedeutung, da diese Zuschläge höchstens bis 1995 gezahlt werden und bei Neuanträgen bereits seit Anfang 1992 entfielen.

Rentner mit niedrigen Ansprüchen nach dem Rentengesetz erhalten einen Sozialzuschlag zur Rente. Die auf diese Weise entstehende Mindestrente betrug zunächst 495 DM, im Jahre 1992 wurde sie auf 668 DM für Alleinstehende und 1054 DM für Verheiratete angehoben. Diese Regelung für Rentenbezieher gilt bis zum 31.12.1996, für neuzugehende Rentner trat sie bereits zum 1.1.1994 außer Kraft.

3   Mit Einführung der Sozialhilfe wurde der Regelsatz für den Haushaltsvorstand in Ostdeutschland einheitlich auf 400 DM festgelegt. Für die weiteren Haushaltsangehörigen errechnet sich davon ausgehend ein anteiliger Betrag (§ 22 des BSHG). Die stufenweise Anhebung des Regelsatzes erfolgte im Rahmen von Rechtsverordnungen, auf deren Grundlage die Landesregierungen regionale Sätze festlegten. In Sachsen-Anhalt gelten ab 1.7.1995 folgende Regelsatzbeträge:
506 DM für Haushaltsvorstände und Alleinerziehende
253 DM für Kinder unter 7 Jahren
329 DM für Kinder über 7 und unter 14 Jahren
455 DM für Kinder über 14 und unter 18 Jahren
405 DM von Beginn des 19. Lebensjahres an.

4   Zu den gravierenden Mängeln dieser Statistik gehört die verspätete Datenbereitstellung.

5   Für die hilfreiche Unterstützung bei der sozialen Erkundung und Informationsbeschaffung vor Ort, insbesondere auch bei der Organisation und Durchführung von Expertengesprächen möchten wir allen Beteiligten in den Kommunen herzlichen Dank sagen.

6   Um in den ausgewählten Kommunen eine möglichst realistische Einschätzung derzeitiger Armut und Armutspolitik zu erlangen, wurden zwei Wege verfolgt. *Zum einen* wurden Expertengespräche mit sozialpolitisch und fachlich zuständigen Vertretern der kommunalen Politik und Verwaltung durchgeführt. *Zum anderen* wurden die Daten der offiziellen bzw. behördlichen kommunalen Statistik hinzugezogen. Alle befragten Experten waren an der Entwicklung und Umsetzung von Maßnahmen und Problemlösungen im Rahmen des kommunalen Handlungsfeldes „Armut" beteiligt. Bis auf einen der befragten Experten handelte es sich um ehemalige DDR-Bürger. Alle Befragten waren durch Neubesetzung der Verwaltungsämter im Zuge des Neuaufbaus der Institution Sozialamt bzw. Stadt- oder Landkreisverwaltung nach der Wende – bzw. auch erst nach den letzten Wahlen im Jahre 1994 – in ihre derzeitige berufliche Tätigkeit gelangt.
Zur Kennzeichnung des Ausmaßes und der Struktur von Armut und Armutspolitik haben wir die amtlichen statistischen Daten genutzt. Die Qualität dieser kommunalen Statistiken fiel allerdings höchst unterschiedlich aus. In den beiden Großstädten fanden wir differenzierte Auswertungen sowohl der überörtlichen als auch – zumindest teilweise – der kommunalen Statistik vor. Es existierte sowohl eine zuständige statistische Behörde bzw. eine spezielle Sachbearbeitung im Amt als auch eine Ausstattung mit EDV an den entsprechenden Arbeitsplätzen. Im Landkreis bzw. der hier einbezogenen Kreisstadt eines Landkreises lagen dagegen kaum spezielle Auswertungen armutsrelevanter behördlicher Statistiken vor. In Ermangelung einer entsprechenden Infrastruktur für Datenverarbeitung war es u. a. auch nicht möglich, entsprechende statistische Informationen mit einem vertretbaren Aufwand bereitzustellen. Aus diesem Grunde liegt für die beiden zuletzt genannten Kommunen eine schmalere Datenbasis für eine Armutsbeschreibung vor als in den beiden Großstädten.

Literatur

Backhaus-Maul, Holger und Thomas Olk 1993: Von der "staatssozialistischen" zur kommunalen Sozialpolitik. In: Archiv für Kommunalwissenschaften, 32. Jg., II.Halbjahresband, S. 300–330
Döring, Diether und Richard Hauser (Hrsg.) 1995: Soziale Sicherheit in Gefahr. Zur Zukunft der Sozialpolitik. Frankfurt/M.: Edition Suhrkamp

Gilles, Franz-Otto und Hans-Hermann Hertle 1994: Industrielle Beziehungen in der Großchemie Sachsen-Anhalts: Aufbau-Struktur-Politik. In: Der Transformationsprozeß der großchemischen Industrie Sachsen-Anhalts. Forschungsbeiträge zum Arbeitsmarkt in Sachsen-Anhalt Band 4: Ministerium für Arbeit und Soziales des Landes Sachsen-Anhalts

Hanesch, Walter (Hrsg.) 1995: Sozialpolitische Strategien gegen Armut. Opladen: Westdeutscher Verlag

Hanesch, Walter; Wilhelm Adamy; Rudolf Martens; Doris Rentzsch; Ulrich Schneider; Ursula Schubert und Martin Wißkirchen 1994: Armut in Deutschland. Der Armutsbericht des DGB und des Paritätischen Wohlfahrtsverbandes. Hamburg: Rowohlt

Holst, Elke und Jürgen Schupp 1995: Aspekte der Arbeitsmarktpolitik in Ostdeutschland. In: Sozialreport. Daten und Fakten zur sozialen Lage der neuen Bundesländer. II. Quartal 1995. Berlin: Sozialwissenschaftliches Forschungszentrum Berlin-Brandenburg e.V., S. 9–12

Jacobs, Herbert 1994: Die Armutssoziologie Georg Simmels. Zur Aktualität eines beziehungssoziologischen Armutsbegriffs. In: Zeitschrift für Sozialreform, 40. Jg., S. 24–42

Krause, Peter 1994a: Armut im Wohlstand: Betroffenheit und Folgen. DIW-Diskussionspapier Nr. 88: Berlin

Krause, Peter 1994b: Zur zeitlichen Dimension von Einkommensarmut. In: Hanesch u. a., Armut in Deutschland. Hamburg: Rowohlt

Kornemann, Susanne 1995: Armut und Armutspolitik auf kommunaler Ebene: Das Beispiel Magdeburg. In: Hanesch, Walter (Hrsg.), Sozialpolitische Strategien gegen Armut. Opladen: Westdeutscher Verlag, S. 221–246

Krüger, Jürgen und Eckhart Pankoke (Hrsg.) 1985: Kommunale Sozialpolitik. Oldenbourg: Verlag München Oldenburg

Landua, Dieter 1993: ...im Westen noch beständig, im Osten etwas freundlicher. Lebensbedingungen und subjektives Wohlbefinden drei Jahre nach der Vereinigung. Berlin: Wissenschaftszentrum, Arbeitsgruppe Sozialberichterstattung (Arbeitspapier P93–108)

Mädje, Eva und Thomas Olk 1995: Lebensläufe zwischen Umbruch und Kontinuität: Armut im vereinten Deutschland. In: Leibfried, Stephan und Lutz Leisering (Hrsg.), Zeit der Armut. Lebensläufe im Sozialstaat. Frankfurt/M.: Edition Suhrkamp, S. 238–267

Müller, Klaus; Richard Hauser; Joachim Frick und Gert G. Wagner 1994: Wandel der Lebensverhältnisse im vereinten Deutschland – Ungleichheit und Angleichung. Vortrag auf der Tagung der Sektion „Sozialindikatoren" der DGS am 17. und 18. März 1994 in Berlin

Olk, Thomas und Doris Rentzsch 1994: Zur Transformation von Armut in den neuen Bundesländern. In: Riedmüller, Barbara und Thomas Olk (Hrsg.): Grenzen des Sozialversicherungsstaates. Leviathan Sonderheft 14/1994, S. 248–274

Olk, Thomas und Hans-Uwe Otto, 1985: Kommunale Sozialpolitik und wohlfahrtsstaatliche Entwicklung. Ansätze zu einer gesellschaftstheoretischen Begründung des kommunalen Bedeutungsgewinns. In: Krüger, Jürgen und Eckhart Pankoke (Hrsg.): Kommunale Sozialpolitik. Oldenbourg: Verlag München Wien Oldenbourg

Rudolph, Helmut 1990: Beschäftigungsstrukturen in der DDR vor der Wende. In: Mitteilungen aus der Arbeitsmarkt- und Berufsforschung, Heft 4, S. 474–503

Schäuble, Gerhard 1984: Theorien, Definitionen und Beurteilung der Armut. Sozialpolitische Schriften Heft 52. Berlin: Duncker & Humblot

Schubert, Herbert J. 1995: Sozial- und Armutsberichte als neues Instrument der kommunalen Sozialverwaltung. Ergebnisse einer explorativen Umfrage des Vereins für Sozialplanung (VSOP). In: Nachrichtendienst des Deutschen Vereins für öffentliche und private Fürsorge. 75. Jg., S. 101–106

Simmel, Georg 1992 [1908]: Soziologie. Untersuchung über die Formen der Vergesellschaftung. Gesamtausgabe Bd. II, Frankfurt/M.: Suhrkamp

Kurz-Scherf, Ingrid und Gunnar Winkler 1994: Sozialreport 1994. Daten und Fakten zur sozialen Lage in den neuen Bundesländern. Berlin: GAM MEDIA

Wollmann, Helmut und Kai-Uwe Schnapp 1995: Kommunale Sozialpolitik in den neuen Bundesländern. Zwischen Herausforderung und struktureller Überforderung „kommunaler Sozialstaatlichkeit". In: Hanesch, Walter (Hrsg.), Sozialpolitische Strategien gegen Armut. Opladen: Westdeutscher Verlag, S. 195–220

Winkler Gunnar (Red.) 1993: Sozialreport 1992. Daten und Fakten zur sozialen Lage in den neuen Bundesländern. Berlin: Morgenbuchverlag

Bundesministerium für Arbeit und Sozialordnung (Hrsg.)1994: Sozialbericht 1993. Bonn

Bundesministerium für Familie, Senioren, Frauen und Jugend (Hrsg.) 1994: Neunter Jugendbericht. Bericht über die Situation der Kinder und Jugendlichen und die Entwicklung der Jugendhilfe in den neuen Bundesländern. Bonn

Jahresbericht des Arbeitsamtes Halle 1994: Der Arbeitsmarkt Nr.: 26/95, C. Tabellenteil.

Sozialreport. Daten und Fakten zur sozialen Lage der neuen Bundesländer. II. Quartal 1995. Berlin: Sozialwissenschaftliches Forschungszentrum Berlin-Brandenburg e.V.

Sozialreport. Daten und Fakten zur sozialen Lage der neuen Bundesländer. I. Quartal 1995. Berlin: Sozialwissenschaftliches Forschungszentrum Berlin-Brandenburg e.V.

Sozialreport. Daten und Fakten zur sozialen Lage in den neuen Bundesländern. IV. Quartal 1994. Berlin: Sozialwissenschaftliches Forschungszentrum Berlin-Brandenburg e.V.

Statistisches Bundesamt 1994: Zur wirtschaftlichen und sozialen Lage in den neuen Bundesländern. Vierteljahreszeitschrift. 3/1994

Statistisches Jahrbuch des Landes Sachsen-Anhalt 1994: Landesergebnisse sowie Übersicht Bundesgebiet und Bundesländer. Teil 1 und 2. Halle: Henner Verlag, Grennigloh & Co, OHG

Statistisches Jahrbuch des Landes Sachsen-Anhalt 1993. Halle: Henner Verlag, Grennigloh & Co, OHG

Statistisches Jahrbuch des Landes Sachsen-Anhalt 1992. Halle: Henner Verlag, Grennigloh & Co, OHG

Statistisches Landesamt Landes Sachsen-Anhalt 1994: Statistik der Sozialhilfe Jahr 1992. Halle: Eigenverlag

Statistisches Landesamt Landes Sachsen-Anhalt 1993: Statistik der Sozialhilfe Jahr 1991. Halle: Eigenverlag

Statistisches Landesamt Landes Sachsen-Anhalt 1991: Statistik der Sozialhilfe Jahr 1990. Halle: Eigenverlag

Joachim Frick / Herbert Lahmann

Verbesserung der Wohnqualität und Entwicklung der Mieten in den neuen Bundesländern seit der Vereinigung

Durch die zentrale staatliche Lenkung der Wohnungswirtschaft in der DDR wurden den Haushalten scheinbar preiswerte und – zumindest in Neubauten – gut ausgestattete Wohnungen zur Verfügung gestellt. Jedoch waren weder die Qualität der Sanitär- und Heizungseinrichtung besser, noch die dafür letztlich von den Haushalten zu zahlenden Kosten (vgl. Deutscher Bundestag 1992) niedriger als in Westdeutschland. Um auf längere Sicht marktwirtschaftliche Verhältnisse in der Wohnungswirtschaft der neuen Bundesländer zu erreichen, wurden im Einigungsvertrag Regelungen zur Neuorientierung der Eigentumsverhältnisse, zu den Investitionen in Wohngebäude (Instandsetzung, Modernisierung, Neubau) und zum Mietrecht getroffen. Im folgenden werden schwerpunktmäßig die Verbesserung der Wohnqualität durch die dank besonderer Vergünstigungen kräftig expandierenden Investitionen in Wohngebäude in Ostdeutschland sowie die Entwicklung der Mieten analysiert.

Wie die Weichenstellung für mehr Marktwirtschaft in der Wohnungsversorgung von der Bevölkerung bewertet wird, kann die Veränderung des Indikators „Wohnzufriedenheit" zeigen. Der Transformationsprozeß der ostdeutschen Wohnungswirtschaft hat für das Gros der Bevölkerung zwar Verbesserungen gebracht, gleichzeitig gilt es jedoch zu beachten, daß die sprunghaften Mieterhöhungen, die durch die Grundmietenverordnungen möglich waren, bei einkommensschachen Haushalten zu erheblichen finanziellen Belastungen geführt haben. Ziel dieses Beitrages ist die Darstellung dieser objektiven Veränderungen und deren Einfluß auf die subjektive Beurteilung der Wohnsituation ostdeutscher Privathaushalte.

1. Datenbasis und Methode

Ausgewertet werden die wohnungsbezogenen Daten des sozio-ökonomischen Panels (SOEP), einer repräsentativen Längsschnittuntersuchung privater Haushalte in Deutschland (vgl. Projektgruppe 1993). Die Befragungsinhalte des SOEP beziehen sich darüber hinaus auf die Themenbereiche Erwerbsbeteiligung und berufliche Mobilität, Einkommen und Transfers, Demographie und familiäre Veränderungen, Zeitverwendung, Gesundheit sowie Aus- und Weiterbildung. Die Panel-Befragungen werden im jährlichen Rhythmus – in Westdeutschland seit 1984 – bei denselben Haushalten durchgeführt. Bereits im Juni 1990, also noch vor der Währungs-, Wirtschafts- und Sozialunion mit der DDR, wurde das SOEP auch auf Ostdeutschland ausgedehnt. Die Befragungsergebnisse geben daher einen guten Überblick über die Wohnsituation vor der Vereinigung und die Veränderungen im Transformationsprozeß. In den neuen Bundesländern wurden mehr als 2.000 Haushalte befragt; die Fragen zur Wohnsituation wurden an den Haushaltsvorstand oder die Bezugsperson im Haushalt gerichtet. Neben den klassischen Variablen zur Wohnsituation wurde auch nach der Ausstattung mit langlebigen Konsumgütern und der Umzugshäufigkeit gefragt. Die Bewertung der Wohnsituation wird mit Fragen zur Beurteilung der Wohnungsgröße und der Wohnkosten sowie zur Wohnzufriedenheit erfaßt, wobei die Zufriedenheit im SOEP auf einer 11er-Skala von 0 (= sehr unzufrieden) bis 10 (= sehr zufrieden) gemessen wird. Analysiert werden die Daten der ersten vier Befragungswellen des SOEP, die im Zeitraum von 1990 bis 1993 erhoben wurden. Für ausgewählte Fragen werden zusätzlich vorläufige Ergebnisse für das Jahr 1994 herangezogen.

Die Angleichung der Wohnverhältnisse zwischen Ost- und Westdeutschland läßt sich mit den Daten des SOEP in zweierlei Hinsicht untersuchen: Erstens können Veränderungen der jährlich erhobenen Informationen im Querschnitt dargestellt und ausgewertet werden. Von großem Nutzen ist jedoch, daß durch die Wiederholungsbefragung bei denselben Haushalten individuelle Veränderungen der Wohnsituation und der Haushaltsstruktur im Zeitverlauf analysiert werden können. Besonders wertvoll ist darüber hinaus die Möglichkeit, objektive und subjektive Indikatoren sowie deren Veränderungen in Beziehung zueinander setzen zu können.

2. Allmähliche Strukturveränderungen im Wohnungsbestand

Nachdem die Hürde der Neuorganisation der Wohnungsgesellschaften relativ leicht genommen war, ergaben sich Investitionshemmnisse bei der Übertragung der Eigentumsrechte. Die grundbuchlichen Eintragungen kamen nur schleppend voran und werden teilweise auch dadurch weiterhin verzögert, daß in erheblichem Umfang Restitutionsansprüche zu klären waren bzw. noch sind. Ein schwelendes Problem ist die Zuordnung bzw. die Rückzahlung der Altschulden der Wohnungsunternehmen. Bei der im Einigungsvertrag vorgesehenen sogenannten Mietprivatisierung wurden bisher nur geringe Verkäufe aus dem kommunalen Wohnungsbestand an Mieter getätigt. Trotz zahlreicher finanzieller Hilfen und Erleichterungen bei der Abgeschlossenheitsregelung ist das finanzielle Risiko für die Käufer von Wohnungen in Plattenbauten sowie in maroden Altbauten schwer abschätzbar. Dies liegt nicht zuletzt an der häufig unsicheren Einkommensentwicklung (vgl. den Beitrag von Borst in diesem Band).

Die Veränderungen in der Altersstruktur des Wohnungsbestandes waren im Zeitraum von 1990 bis 1993 nur gering (vgl. Tabelle 1). Zum einen hat sich der Wohnungsbestand in Altbauten – insbesondere in Gebäuden, die vor 1918 gebaut wurden – durch Abriß verringert; hinzugekommen sind andererseits deutlich mehr

Wohnungen in Neubauten (Baujahr 1981 und später). In Ostdeutschland lagen 1993 noch 53% aller Wohnungen in Gebäuden, die vor 1949 errichtet worden waren, 17% der Wohnungen in Gebäuden, die nach 1981 erstellt wurden. In der DDR wurden zwischen 1975 und 1989 jährlich rund 100.000 Wohnungen neu gebaut, es entstanden dabei überwiegend Wohnhäuser mit 9 und mehr Wohnungen, für die in der Regel vorgefertigte Betonteile verwendet wurden. Im Eigenheimbau wurden dagegen nur rund 12.000 neue Wohnungen pro Jahr erstellt (Statistisches Amt der DDR 1990, S.168).

Tabelle 1: Zur Struktur des Wohnungsbestands in Ostdeutschland in vH[*)]

	Ostdeutschland		nachrichtlich: Westdeutschland
	1990	**1993**	**1993**
Baujahr			
vor 1919	32	29	15
1919–1948	25	24	16
1949–1971	15	16	41
1972–1980	14	14	22
1981 und später	14	17	6
Gebäudetyp			
landwirtschaftliches Wohngebäude	4	4	4
1- bis 2-Familienhaus freistehend	21	21	28
1- bis 2-Familien-Reihenhaus	10	10	17
Wohnhaus 3–4 Wohnungen	13	12	14
Wohnhaus 5–8 Wohnungen	20	20	22
Wohnhaus 9 und mehr Wohnungen	26	28	14
Hochhaus	6	5	1
Nutzer der Wohnung			
Selbstnutzender Eigentümer	26	26	41
Hauptmieter	70	71	55
Untermieter	4	3	4
Gebäudezustand			
gut	46	32	67
teilweise renovierungsbedürftig	28	51	30
ganz renovierungsbedürftig	25	16	3
abbruchreif	1	1	0

[*)] Anteile jeweils auf alle Haushalte bezogen.

Quelle: SOEP, 1990 und 1993.

Seit 1992 expandiert der Wohnungsbau in den neuen Bundesländern mit zunehmendem Tempo. So entstanden 1992 rund 22.000 neue Wohnungen, wobei mehr als die Hälfte von privaten Haushalten gebaut wurden. Im Jahr 1993 entstanden bereits 73.000 neue Wohnungen, wiederum war der Anteil der privaten Bauherren mit rund 45% sehr hoch (vgl. DIW 1994b). Diese Bestandsausdehnung ist jedoch keineswegs nur bedarfsorientiert, da die entsprechenden Investitionen zu einem großen Teil durch hohe Abschreibungsmöglichkeiten motiviert sind. Die so entstandenen Wohnungen sind häufig eher an einem gehobenen Bedarf orientiert und die entsprechend zu zahlenden Erstvertragsmieten liegen deutlich über dem Durchschnitt. Insofern sind diese neuen Wohnungen nur für wenige ostdeutsche Haushalte erschwinglich.

Der Anteil der selbstnutzenden Eigentümer an allen Haushalten hat sich im Zeitraum von 1990 bis 1993 kaum verändert: Die Eigentümerquote bleibt mit 26% im Vergleich mit Westdeutschland (41%) gering. Bemerkenswert ist auch, daß nur wenige Mieterhaushalte in diesem Zeitraum in ein Eigenheim gezogen sind. Der Wunsch vieler Mieterhaushalte in ein Einfamilienhaus zu ziehen, ist aufgrund der relativ niedrigen Einkommen bisher nur für wenige realisierbar. In Westdeutschland ist der Anteil der Haushalte, die in Ein- bzw. Zwei-Familienhäusern wohnen, mit 45% deutlich höher als in den neuen Ländern (31%). Die starke Neubautätigkeit, das zeigen auch die Zahlen im ersten Halbjahr 1994, spricht dafür, daß sich der Trend zur Angleichung der Wohnverhältnisse zwischen Ost- und Westdeutschland langsam fortsetzt. Ein Hindernis auf diesem Weg ist die hohe Renovierungsbedürftigkeit der Wohngebäude in Ostdeutschland. Während in Westdeutschland nur ein Drittel der Gebäude von den Bewohnern als mehr oder weniger renovierungsbedürftig eingeschätzt wird, beläuft sich dieser Anteil in Ostdeutschland auf reichlich zwei Drittel.

Die Beurteilung des Gebäudezustands durch den Haushaltsvorstand der Hauptmieterhaushalte zeigt in den Jahren 1990 bis 1992 eine deutliche Abnahme des Anteils der als "gut" eingestuften Gebäude (vgl. Tabelle 2). Allerdings ist der deutliche Sprung in der Bewertung, der im Jahr 1991 gegenüber 1990 zu verzeichnen war, weniger auf eine tatsächliche Verschlechterung, sondern auf eine veränderte Beurteilung zurückzuführen. Dabei hat sicher die bessere Vergleichsmöglichkeit mit Westdeutschland eine Rolle gespielt. Auch der Anteil der als "ganz renovierungsbedürftig" eingestuften Gebäude nimmt zugunsten der Kategorie "teilweise renovierungsbedürftig" ab. Dies kann mit den bisher durchgeführten Modernisierungsmaßnahmen erklärt werden. Das Jahr 1993 könnte eine Wende in der Bewertung des Gebäudezustandes markieren; erstmals nimmt bei den Mietern der Anteil der als "gut" eingestuften Gebäude wieder zu.

Als "abbruchreif" wird von den Mietern und Eigentümern nach wie vor ein sehr geringer Teil ihrer Wohngebäude eingestuft (1%); dies erklärt sich aber auch damit, daß abbruchreife Gebäude in der Regel nicht bewohnt werden. Leerstand wird mit der Panelbefragung jedoch nicht erfaßt, sie richtet sich vielmehr an Haushalte in Wohngebäuden und ist keine Wohnungs- bzw. Gebäudestichprobe. Nach Ergebnissen des vom Bundesbauministerium (BMBAU) initiierten Wohnungsbestandspanels (vgl. Kelle 1994) hat sich der recht hohe Leerstand bei ostdeutschen Mietwohnungen inzwischen durch Modernisierungsmaßnahmen verringert.

Tabelle 2: Renovierungsbedürftigkeit der Wohngebäude in Ostdeutschland (Anteil jeweils an allen Wohngebäuden im Jahr in vH)

	Alle Haushalte				Hauptmieter				Eigentümer			
Gebäudezustand[*)]	1990	1991	1992	1993	1990	1991	1992	1993	1990	1991	1992	1993
gut	46	35	31	32	40	28	23	25	62	52	50	49
teilw. renovie-rungsbedürftig	28	50	53	51	31	53	57	54	19	42	45	45
ganz renovie-rungsbedürftig	25	14	15	16	28	18	19	21	18	5	5	5
abbruchreif	1	1	1	1	1	1	1	1	1	1	0	1

[*)] Beurteilung durch den Haushaltsvorstand.

Quelle: SOEP-Ost 1990–1993.

3. Modernisierung der Altbauwohnungen und der Plattenbauten gewinnt an Tempo

Seit 1990 haben die Instandsetzungs- und Modernisierungsleistungen stark zugenommen. Für die Finanzierung dieser Maßnahmen waren im Einigungsvertrag zum 1.10.1991, 1.1.1993 und 1.1.1994 Erhöhungen der außerordentlich niedrigen Grundmieten festgesetzt worden. Trotz deutlicher Mietsteigerungen haben aber nur knapp ein Drittel der Hauptmieter bis 1993 von Modernisierungsmaßnahmen profitiert (vgl. Tabelle 3). Während private Eigentümer die Qualität ihrer vermieteten Wohnungen bereits zu knapp 50% verbesserten, wurde bei den Mietern in kommunalen Wohnungen in erheblich geringerem Umfang modernisiert (27%).

Selbstnutzende Eigentümer waren diesbezüglich seit der Vereinigung in deutlich höherem Maße aktiv: Knapp drei Viertel von ihnen hatte in den Jahren 1990 bis 1993 die Küche, den Sanitärbereich oder das Heizungssystem modernisiert bzw. neue Fenster eingebaut. Im Zeitraum von Frühjahr 1992 bis 1994 haben sich diese Aktivitäten in den Eigentümerhaushalten weiter verstärkt. Neben der größeren Eigenverantwortung und den für Eigentümer deutlich höheren Einflußmöglichkeiten auf den Zustand des bewohnten Gebäudes sind hierfür wohl nach wie vor die Finanzierungsprobleme verantwortlich, denn selbst die bisher deutlich gestiegenen Mieten stellen nach der Argumentation der Wohnungswirtschaft nur eine unzureichende Grundlage für umfangreiche Modernisierungsmaßnahmen dar.

Nach Angaben im SOEP hat sich jedoch der Anteil der vom Vermieter voll finanzierten Modernisierungsmaßnahmen auf über 40% erhöht, eine Kostenteilung mit
dem Mieter war bei einem Fünftel der Haushalte zu verzeichnen.

*Tabelle 3: Modernisierungsmaßnahmen an Wohngebäuden in Ostdeutschland
1990 bis 1993 in vH*)*

Modernisierung von ...	Insgesamt	Eigentümer	Hauptmieter Alle	darunter Kommunale Wohnung	darunter Privater Eigentümer
Küche	12,1	15,2	10,5	10,1	13,0
Bad / WC	17,0	25,2	13,3	12,8	20,5
Heizung	14,9	33,7	7,7	4,1	17,9
Fenster	16,4	34,1	9,5	8,1	18,1
Sonstiges	18,1	39,3	9,8	5,9	17,9
Alle Maßnahmen	43,5	72,3	31,9	27,0	49,1

*) Anteile jeweils bezogen auf alle Haushalte gemäß Spaltenbezeichnung.

Quelle: SOEP-Ost 1990 – 1993.

4. Deutliche Defizite bei der Wohnraumversorgung

Zur Messung der Wohnraumversorgung wird üblicherweise die Zahl der Wohnräume (über 6 qm ohne Küche) bzw. die Wohnfläche (in qm) – jeweils bezogen
auf die Zahl der Haushaltsmitglieder – herangezogen. Durchschnittlich standen
1993 jedem Haushalt in den neuen Ländern insgesamt 3,1 Räume (pro Person 1,5
Räume) und 68,4 qm (pro Person 32,8 qm) Wohnfläche zur Verfügung. Ein-
Personen-Haushalte haben eine durchschnittliche Wohnungsgröße von 48 Quadratmetern. Mit zunehmender Haushaltsgröße sinken diese Werte stark ab; so verfügt in Haushalten mit fünf und mehr Mitgliedern der Einzelne im Durchschnitt
lediglich über eine Wohnfläche von 18 qm.

In ostdeutschen Städten zwischen 20.000 und 100.000 Einwohnern stehen
reichlich 40% der Hauptmieter-Haushalten weniger als 20 qm pro Person zur
Verfügung; in Westdeutschland gilt dies nur für ein Viertel der Haushalte in Städten dieser Größenordnung. Vergleicht man die Wohnflächenversorgung in den
neuen und alten Ländern nach dem Gebäudetyp, so zeigen sich insbesondere bei
Wohngebäuden mit mehr als fünf Wohnungen weitere deutliche Unterschiede:
Während im Westen jede Person in Hauptmieter-Haushalten durchschnittlich über

40 qm Wohnfläche verfügt, liegt der Vergleichswert für Ostdeutschland um rund 10 qm niedriger (vgl. DIW 1994a).

Aus bedarfsorientierter Sicht verringert sich die pro zusätzlicher Person benötigte Wohnfläche, weil größere Haushalte ihre Räume intensiver nutzen können. An diesem degressiven Wohnflächenbedarf zusätzlicher Personen im Haushalt orientieren sich auch die Versorgungsrichtlinien für den sozialen Wohnungsbau. Unterstellt man die im Durchschnitt der alten Bundesländern 1990 gültigen Versorgungsrichtlinien, so stehen Alleinlebenden 47,5 qm Wohnfläche zur Verfügung, Zwei-Personenhaushalten 60 qm, Drei-Personenhaushalten 75 qm und Vier-Personenaushalten 87,5 qm; weiteren Personen im Haushalt werden jeweils 12,5 qm zugebilligt. Orientiert man sich an diesen westdeutschen (Minimal-) Maßstäben, so konnten 1990 knapp 60% der ostdeutschen Haushalte bezüglich der Wohnfläche als unterversorgt angesehen werden. Bei Betrachtung der Zahl der Wohnräume war der Anteil mit 16% erheblich geringer. Dies ergibt sich aus den deutlich kleineren Wohnräumen in den industriell gefertigten Plattenbauten. Bis zum Frühjahr 1993 hatte sich für die Haushalte die Versorgung mit Wohnfläche – gemessen in Quadratmetern pro Person – leicht verbessert. Dabei spielten weniger die Neubaumaßnahmen als die Abnahme der Bevölkerung – vor allem durch Abwanderung nach Westdeutschland – eine wichtige Rolle; zudem war in den neuen Bundesländern ein deutlicher Rückgang der Geburten zu verzeichnen.

5. Sprunghafte Mieterhöhungen

Mit Hilfe hoher Subventionen wurden die Wohnungsmieten in der DDR niedrig gehalten: 1990 lagen die durchschnittlichen Quadratmeter-Kaltmieten bei lediglich 0,88 Mark. Entsprechend niedrig war auch der Anteil der Mieten mit 4% am Haushaltsnettoeinkommen (Kalt-Mietbelastungsquote). Innerhalb von vier Jahren hat sich die Miete pro qm um rund 700% auf knapp 6,90 DM erhöht. Stellt man die in diesem Zeitraum gestiegenen Einkommen in Rechnung, ergibt sich lediglich eine Vervierfachung der Mietbelastungsquote auf durchschnittlich 17%. Das Belastungsniveau der ostdeutschen Mieterhaushalte liegt damit immer noch deutlich unter dem in den alten Bundesländern (rund 22%). Der Abstand der Warm-Mietbelastungsquoten zwischen Ost- und Westdeutschland fällt jedoch etwas geringer aus, da die Kosten für Heizung und Warmwasser in den neuen Ländern höher sind. Dies ist in erster Linie auf eine schlechtere Wärmedämmung sowie die häufig noch fehlende Möglichkeit zur individuellen Wärmeregulierung zurückzuführen. Die inzwischen durchgeführten Maßnahmen zur Modernisierung von Heizsystemen sowie der Einbau neuer Fenster haben schon zu deutlichen Kosteneinsparungen geführt, was sich in den (um über 40%) reduzierten Heizkostenpauschalen einiger Wohnungsbaugesellschaften zeigt (vgl. Wohnungsbaugesellschaft 1994).

Tabelle 4: Entwicklung der Kaltmieten in Ostdeutschland in Abhängigkeit von ...

	Kaltmiete pro Quadratmeter							
	DM/qm				Index*)			
	1990	1991	1992	1993	1990	1991	1992	1993
Gebäudezustand)								
gut	0,96	1,04	4,14	6,21	110	108	104	108
teilweise renovierungsbedürftig	0,87	0,96	4,00	5,76	100	100	101	101
ganz renovierunsbedürftig	0,79	0,85	3,78	5,19	91	89	95	91
abbruchreif	0,58	(0,98)	2,57	3,52	67	(102)	65	61
Baujahr								
vor 1919	0,69	0,80	3,57	5,16	79	83	90	90
1919 bis 1948	0,82	0,89	3,79	5,43	94	93	95	95
1949 bis 1971	0,84	0,92	3,84	5,64	97	96	96	98
1972 bis 1980	1,06	1,13	4,46	6,31	122	118	112	110
1981 und später	1,07	1,18	4,37	6,29	123	123	110	110
Wohndauer								
bis unter 5 Jahre	0,94	1,05	4,08	5,88	108	109	103	103
5 bis unter 12 Jahre	0,89	1,00	4,07	5,88	102	104	102	103
12 Jahre und mehr	0,82	0,88	3,86	5,57	94	92	97	97
Gemeindegröße								
bis unter 2000 Einwohner	0,66	0,82	3,61	5,25	76	85	91	92
2000 bis u. 20000 Einwohner	0,81	0,92	3,84	5,58	93	96	96	97
20000 bis u. 100000 Einwohner	0,88	0,94	3,96	5,73	101	98	99	100
100000 bis u. 500000 Einwohner	0,90	zus.	4,03	5,81	103	zus.	101	101
500000 Einwohner und mehr	1,00	1,03	4,24	6,00	115	107	107	105
Gebäudetyp								
landwirtschaftl. Wohngebäude	0,58	,62	3,29	5,07	61	65	83	88
1- bis 2-Familienhaus freistehend	0,78	0,82	4,03	5,66	90	85	101	99
1- bis 2-Familien-Reihenhaus	0,73	0,78	3,60	5,32	84	81	90	93
Wohnhaus 3–4 Wohnungen	0,71	0,83	3,73	5,32	82	86	94	93
Wohnhaus 5–8 Wohnungen	0,81	0,89	3,68	5,41	93	93	93	94
Wohnhaus 9 und mehr Wohnungen	0,96	1,05	4,20	6,03	110	109	106	105
Hochhaus	1,11	1,22	4,57	6,39	128	127	115	112
Ausstattung								
ohne Bad/Dusche	0,64	0,76	3,72	4,99	79	79	93	87
mit Bad/Dusche	0,91	0,99	4,00	5,81	105	103	101	101
ohne moderne Heizung	0,75	0,84	3,62	5,26	86	88	91	92
mit moderner Heizung	0,99	1,06	4,24	6,08	114	110	107	106
Eigentümer der Wohnung								
volkseigene bzw. kommunale Whg.	0,93	1,03	4,21	5,96	107	107	106	104
genossenschaftliche Wohnung	0,85	0,91	3,81	5,65	98	95	96	99
Betriebs-, Werkswohnung	0,69	0,87	3,47	5,19	79	91	87	91
Privater Eigentümer	0,70	0,81	3,60	5,24	80	84	90	91
nicht bekannt	0,82	1,01	3,39	4,98	94	105	85	87
Insgesamt (Durchschnitt)	0,88	0,96	3,98	5,73	100	100	100	100

*) Durchschnitt der Miete pro qm insgesamt im jeweiligen Jahr = 100. – **) Beurteilung durch den Haushaltsvorstand. Hinweis: Werte in Klammern bei Fallzahlen unter 30. Quelle: SOEP-Ost 1990–1993.

Die vom Gesetzgeber initiierten Mieterhöhungen, deren Ausmaß sich am Gebäudezustand und der Ausstattung der Wohnung orientiert, haben dazu geführt, daß diese Kriterien zum wichtigsten Bestimmungsgrund für die Höhe der Wohnkosten in Ostdeutschland geworden sind (vgl. Tabelle 4). Ob die Anhebung der Miete auch immer mit einer deutlichen Verbesserung der Wohnqualität einherging, ist bei dem bisher relativ geringen Modernisierungsaufwand eine offene Frage. Wohnqualität schließt immer auch ein adäquates Wohnumfeld mit ein. Hier bestehen weiterhin – nicht zuletzt wegen fehlender öffentlicher Mittel – erhebliche Mängel. In Westdeutschland läßt sich der Anstieg der Mieten in den 80er Jahren auch mit einer erheblichen Verbesserung der Wohnqualität und zunehmender Wohnfläche erklären. In Ostdeutschland dagegen haben wichtige Determinanten der Miete, wie die Wohndauer und Gemeindegröße, kaum Einfluß auf die Miete. Dies liegt insbesondere am pauschalen Charakter der Mieterhöhungen, der den üblichen Mietdeterminanten nur geringfügig Rechnung trägt. So hat sich die Spreizung der Miete in Abhängigkeit von der Gemeindegröße von 1990 (Indexwerte zwischen 79 und 123) bis 1993 deutlich verringert (Indexwerte zwischen 90 und 110). Eine Mietpreisdifferenzierung ist jedoch eine wichtige Voraussetzung für Investitionen im Wohnungsbau, denn wenn die Qualitätsunterschiede im Wohnungsbestand nur geringen Einfluß auf die Miete haben, besteht für besser verdienende Haushalte wenig Veranlassung selbst Wohneigentum zu schaffen.

6. Entlastung der Wohnkosten durch Wohngeld

Zeitgleich mit der ersten Mieterhöhung zum 1.10.1991 trat für die neuen Bundesländer das Wohngeldsondergesetz in Kraft. Wohngeld und Lastenzuschuß wurden bereits seit Januar 1991 nach den Bestimmungen des Wohngeldgesetzes gewährt. Wegen der niedrigen Mieten haben im Zeitraum vor dem 1.10.1991 davon weniger die Mieter als die Wohnungseigentümer Gebrauch gemacht. Im Gegensatz zur Regelung in den alten Bundesländern wurden auch die Ausgaben der Mieter für Heizung und Warmwasser einbezogen. Außerdem sind für die neuen Bundesländer die Bestimmungen über die Einkommensermittlung erheblich vereinfacht worden; bestimmte Einkommensarten bleiben zudem unberücksichtigt (z.B. Einnahmen aus Vermietung und Verpachtung sowie aus Kapitalvermögen). Nach den Ergebnissen des SOEP haben 1992 rund 28% aller Privathaushalte Leistungen nach dem Wohngeldsondergesetz erhalten (vgl. Tabelle 5). Die Inanspruchnahme von Wohngeld war unter den Hauptmietern mit 31% deutlich höher als bei den selbstnutzenden Eigentümern (22%). Dagegen erhielten weit über die Hälfte der Hauptmieter-Haushalte im untersten Fünftel der bedarfsgewichteten Haushaltsnettoeinkommen Wohngeld. Bei den Einpersonenhaushalten im Rentenalter (60 Jahre und älter) waren es sogar über 70%. Bemerkenswert ist auch, daß selbst in der höchsten Einkommensschicht (oberstes Quintil) noch rund 10% der Haushalte Wohngeld erhielten, wobei die durchschnittlichen monatlichen Leistungen bei 184 DM lagen. Dieser relativ hohe absolute Betrag (der Durchschnitt aller Wohngeldbezieher lag bei rund 120 DM pro Monat) erklärt sich damit, daß dieses überwiegend Mehrpersonen-Haushalte sind, die in größeren Wohnungen leben und hohe Mieten zu zahlen haben.

Tabelle 5: Mietbelastung und Bezug von Leistungen nach dem Wohngeldsonder-gesetz / Hauptmieterhaushalte mit geringem Einkommen

Haushalte	Mietbelastungsquote in vH	Anteil der Haushalte mit Bezug von Wohngeld in vH aller Haushalte
Alleinerziehende	25	58
Alleinlebende (über 60 Jahre)	22	72
Unterstes Einkommensquintil*)	28	56
Arbeitslose im Haushalt	19	38
Sonstige Haushalte	14	16
Alle Haushalte	17	31

*) 20 vH von allen Hauptmieterhaushalten mit dem niedrigsten bedarfsgewichteten Haus-haltseinkommen.
Quelle: SOEP-Ost 1993.

Die Verminderung der Wohnkosten durch die Inanspruchnahme von Wohngeld war bei den Mietern im Jahr 1992 beträchtlich. Diese Haushalte hätten ohne Wohngeld eine Kalt-Mietbelastungsquote von 21% gehabt. Unter Berücksichti-gung von Wohngeld als Einkommensbestandteil ist diese Quote auf rund 17% ge-sunken. Die Wohngeldbezieher hatten damit allerdings immer noch eine deutlich höhere Mietbelastung als die übrigen Mieterhaushalte.

7. Die Bewertung von Wohnsituation und Wohnkosten verschlechtert sich

Die Einschätzung der Höhe der Miete durch die Mieter hat sich nach dem sprung-haften Anstieg der Wohnkosten merklich geändert. Wie bereits in den SOEP-Befragungen in Westdeutschland zu beobachten war, orientieren sich die Haushal-te weniger an der absoluten Miethöhe als an der Relation zwischen Miete und Haushaltseinkommen, also der Mietbelastungsquote. Während in Ostdeutschland im Jahr 1990 noch 56% der Mieter ihre Miete als "sehr günstig" oder "günstig" einschätzten, stieg dieser Anteil bis zum Frühjahr 1991 auf 65%. Die subjektive Beurteilung der Mieten steht im Einklang mit den objektiven Veränderungen: Die

Einkommensentwicklung hat bis zur ersten Mieterhöhung im Oktober 1991 die relativ geringen Mietsteigerungen von rund 10% überkompensiert, die Mietbelastungsquote ging zurück. Im Frühjahr 1992 hingegen stuften nur noch 17% ihre Miete als "sehr günstig" ein, während etwa ein Drittel die Miete als "etwas zu hoch" oder "viel zu hoch" empfand. Immerhin die Hälfte der Haushalte hält die Miete noch für angemessen. Nach vorläufigen Ergebnissen für 1994 zeigt sich wieder eine etwas positivere Einschätzung der Wohnkostenbelastung. Dies ist plausibel, da die durchschnittlichen Mieterhöhungen zum Januar 1994 von ähnlich hohen Einkommenssteigerungen kompensiert wurden. Die durchschnittlichen Mietbelastungsquoten in Abhängigkeit von der Beurteilung der Wohnkosten belegen eine zunehmende Akzeptanz der Mieterhöhungen im Zeitverlauf. So entsprach der Bewertung „viel zu hoch" im Jahre 1990 noch eine durchschnittliche Belastung von 15% des Netto-Einkommens; dieser Wert entspricht 1994 einer „angemessen" Mietbelastung.

Interpretiert man die Wohnzufriedenheit als Saldo der Einschätzung zur gesamten Wohnsituation (einschließlich der Wohnkosten) so ist es nicht überraschend, daß dieser Wert für alle Haushalte in Ostdeutschland in den ersten Jahren des Transformationsprozesses deutlich abgesunken ist (vgl. Tabelle 6). Die besseren Vergleichsmöglichkeiten mit den westdeutschen Verhältnissen haben insbesondere bei den Mietern nachhaltig zu einer Abnahme der Zufriedenheit geführt. Die leichte Verbesserung, die sich erstmals 1994 zeigt, ist unter Umständen ein Reflex auf die verbesserten Wohnbedingungen in Folge von Modernisierungs- und Instandsetzungsmaßnahmen. Selbstnutzende Eigentümer haben – nicht zuletzt wegen ihrer o.g. besseren Einflußmöglichkeiten auf die Wohnsituation – schon 1993 einen dem Ausgangsniveau vergleichbaren Wert erreicht.

Tabelle 6: Wohnzufriedenheit[*)] ostdeutscher Haushalte

	Insgesamt	Eigentümer	Hauptmieter
1990	7,0	8,1	6,7
1991	6,9	7,9	6,6
1992	6,6	7,7	6,2
1993	6,6	7,9	6,1
1994	6,8	7,9	6,4

*) Beurteilung durch den Haushaltsvorstand. Gemessen auf einer 11-er Skala von 0 (= sehr unzufrieden) bis 10 (= sehr zufrieden). Die Ergebnisse für 1994 beruhen auf einem vorläufigen Hochrechnungs- und Gewichtungsrahmen.

Quelle: SOEP-Ost 1990–1994.

8. Räumliche Mobilität von Privathaushalten

Im Durchschnitt der Jahre 1990 bis 1993 sind in den neuen Ländern rund 5% der Haushalte umgezogen (vgl. Tabelle 7). Das größte Mobilitätshemmnis ist in Ost- wie Westdeutschland selbstgenutztes Wohneigentum. Unterschieden nach dem Eigentumsstatus des Jahres 1990 wechselten 16% der Hauptmieter innerhalb der nächsten vier Jahre ihren Wohnsitz, jedoch nur 4% der selbstnutzenden Eigentümer. Insbesondere ein Umzug in die alten Bundesländer ist innerhalb der Gruppe der Eigentümer im Gegensatz zu den Mietern kaum festzustellen. Berufsbedingtes Pendeln ist für diese Haushalte eher eine Alternative für einen endgültigen Umzug. Pendeln nach Westdeutschland dient der Verhinderung von Arbeitslosigkeit oder der Erhöhung des Einkommens (vgl. zur Ost-West-Wanderung Schwarze/Büchel 1994, zum Pendlerverhalten Sandbrink et al. 1994).

Tabelle 7: Gründe für Mobilität ostdeutscher Privathaushalte in VH aller Umzüge

Wohnungswechsel in den Jahren

Hauptgrund für den Wohnungswechsel	1990/91	1991/92	1992/93	1993/94*)
Kündigung durch Vermieter	3	3	3	3
Umwandlung in Eigentum	1	1	–	1
Eigentumswert	5	4	8	6
Beruflicher Art	10	17	10	12
Familiärer Art	32	38	40	38
Wohnungsgröße	28	20	25	22
Andere wohnungsbezogene Art	8	11	6	15
Sonstiges	13	6	8	3

*) Die Angaben für 1994 beruhen auf einem vorläufigen Hochrechnungs- und Gewichtungsrahmen.

Quelle: SOEP-Ost 1990–1994.

Eine Analyse der wichtigsten Umzugsgründe zeigt eine hohe Übereinstimmung mit vergleichbaren Ergebnissen für Westdeutschland (vgl. Frick/Lahmann 1992). Familiäre Veränderungen sowie die – i.d.R. zu geringe – Wohnungsgröße sind die Hauptursachen für regionale Mobilität, gefolgt von beruflichen Gründen. Andererseits ist der Mieterschutz in den neuen Bundesländern sehr wirksam, was sich im – verglichen zu Westdeutschland – außerordentlich niedrigen Anteil der Haushalte äußert, die ihre Wohnung wegen Kündigung durch den Vermieter bzw. Umwandlung der Wohnung in Eigentum zwangsweise räumen mußten (vgl. auch Kelle 1994).

9. Ausblick

Die Qualität des ostdeutschen Wohnungsbestandes hat sich im Zusammenhang mit den vielfältigen Aktivitäten der Wohnungseigentümer – aber auch der Mieter selbst – sichtlich verbessert. Dennoch zeigt ein Vergleich mit Westdeutschland, daß der Prozeß der Angleichung der Wohnverhältnisse zwischen den neuen und alten Bundesländern nur langsam vorankommt. Dies betrifft insbesondere den Nachholbedarf bei Modernisierungs- und Instandsetzungsleistungen der ehemals volkseigenen Wohnungen. Besonders Augenmerk muß dabei den Aktivitäten gelten, deren Kosten vielfach noch nicht in voller Höhe an die Mieter überwälzt werden können. Wenn nicht der Abbau der hohen Heizkosten durch den Einbau moderner Anlagen Kostenersparnisse bringen würde, wären manche Sanierungen nicht durchführbar.

Zu deren Finanzierung sowie zur Bedienung der Altschulden sind jedoch weitere Mieterhöhungen unumgänglich (vgl. Expertenkommission 1994). Die Ergebnisse des SOEP zeigen aber, daß einkommensschwache Haushalte durch die bisherigen Mietanpassungen schon jetzt mehr als ein Viertel ihres Nettoeinkommens für Wohnkosten (ohne Heizung und Warmwasser) zahlen müssen. Andererseits ist beim direkten Vergleich mit den alten Bundesländern auch diese Belastung noch unterdurchschnittlich. Simulationsrechnungen mit den SOEP-Daten haben gezeigt, daß die ostdeutschen Mieten – bei gegebener Struktur des Wohnungsbestandes – für 1993 um 45 % steigen müßten, um das westdeutsche Mietenniveau zu erreichen. Ein solcher Anstieg ist trotz der Leistungen nach dem Wohngeldsondergesetz bei dem derzeitigen Einkommensabstand unrealistisch, da dies zu deutlich höheren Mietbelastungsquoten führen würde. Mietsprünge wie in den Jahren 1991 und 1993 sind ohne entsprechende Einkommensverbesserungen für die Mehrzahl der Haushalte kaum bezahlbar. Die hohe Immobilität der Mieterhaushalte ist auch Ausdruck der Tatsache, daß bei einem Umzug in ein saniertes Wohngebäude die umlagefähigen Modernisierungskosten in voller Höhe zu tragen sind; ein Umzug in eine Neubauwohnung ist mit noch höheren Mietsprüngen verbunden, da in diesem Wohnungsmarktsegment in der Regel echte Marktmieten zu zahlen sind.

Literatur

Berger, Horst; Wilhelm Hinrichs; Eckhard Priller und Annett Schulz 1993: Veränderungen der Struktur und der sozialen Lage ostdeutscher Haushalte nach 1990, Diskussionspapier P 93–105, Wissenschaftszentrum Berlin für Sozialforschung (WZB) Arbeitsgruppe Sozialberichterstattung, Berlin.

Deutscher Bundestag 1992: Wohngeld- und Mietenbericht 1991, Verhandlungen des Deutschen Bundestages, Drucksache 12/2356 vom 27.3.1992, Bonn.

Deutsches Institut für Wirtschaftsforschung DIW 1994a: Örtlicher Vergleich der Wohnungsmieten in Städten und Gemeinden im gesamten Bundesgebiet, Gutachten im Auftrage des Bundesministeriums für Wirtschaft, Bearbeiter: Herbert Lahmann und Joachim Frick, Berlin.

Deutsches Institut für Wirtschaftsforschung DIW 1994b: Baudatenbank, Berlin.

Expertenkommission Wohnungspolitik 1994: Wohnungspolitik für die neuen Länder, Gutachten im Auftrage der Bundesregierung, Bonn.

Frick, Joachim und Herbert Lahmann 1992: Wohnen, in: Statistisches Bundesamt (Hrsg.): Datenreport 1992 – Zahlen und Fakten über die Bundesrepublik Deutschland, Band 309, Wiesbaden, S. 496–505.

Frick, Joachim und Herbert Lahmann 1994: Wohnungsmieten in Ost- und Westdeutschland 1993, in: DIW-Wochenbericht 21/94, Berlin, S. 350–355.

Kelle, Markus 1994: Wohnungsbestandspanel Neue Bundesländer. Ergebnisse der 1. Erhebungswelle, mimeo, Bonn/Bad-Godesberg.

Projektgruppe "Das Sozio-ökonomische Panel" 1993: Zehn Jahre Sozio-ökonomisches Panel (SOEP), in: Vierteljahrshefte des DIW, Nr. 1–2/93, S. 27–42.

Sandbrink, Stefan; Jürgen Schupp und Gert Wagner 1994: Ost-West-Pendeln gehört zur Normalität des gesamtdeutschen Arbeitsmarktes, in: DIW-Wochenbericht Nr. 51–52, Berlin, S. 861–866.

Sander, Birgit 1994: Anpassungsprozesse in der ostdeutschen Wohnungswirtschaft. Analyse und Bewertung, Kieler Diskussionspapier 224/225, Institut für Weltwirtschaft, Kiel.

Schwarze, Johannes und Felix Büchel 1994: Wanderungen von Ost- nach Westdeutschland, in: DIW-Wochenbericht Nr. 9, Berlin, S. 128–132.

Statistisches Amt der DDR 1990. Statistisches Jahrbuch der Deutschen Demokratischen Republik 1990, Berlin.

Wohnungsbaugesellschaft Berlin-Mitte GmbH 1994: Mieterinformation vom 22.06.1994, Berlin.

Marta Doehler/Dieter Rink

Stadtentwicklung in Leipzig: zwischen Verfall und Deindustrialisierung, Sanierung und tertiären Großprojekten

1. Ist Leipzig noch zu retten?

Im Herbst 1989 kam Leipzig in die Schlagzeilen: Auf der einen Seite waren da die Berichte von den Montagsdemos, die einen nie gekannten demokratischen Aufbruch für das ganze Land ankündigten. Auf der anderen Seite wurde die prekäre Situation der Stadt selbst öffentlich thematisiert. In diesen Tagen wurde in einer aufsehenerregenden Fernsehsendung die bange Frage gestellt, "Ist Leipzig noch zu retten?" Leipzig erschien damals als Extremfall von Entwicklungen, die in ähnlicher Weise in allen Städten der DDR zu beobachten waren: verfallende Wohnbauten und desolate Fabrikgebäude, Schulen und Krankenhäuser, havariegefährdete Netze und Anlagen der Stadttechnik, eine extreme Verschmutzung von Luft, Wasser, Böden usw. Der frische Wind des Aufbruchs vom Herbst 1989 und Frühjahr 1990 wehte auch in die alten Stadtkerne und historischen Vorstadtgebiete, um diese vor Verfall, Abbruch und unsensibler Umgestaltung mit Plattenbauten zu bewahren.

Die Stadt Leipzig scheint auch heute für die Extreme ostdeutscher Stadtentwicklung im Zuge von Vereinigung und Transformation zu stehen: Da sind auf der einen Seite extreme Deindustrialisierungstendenzen der ehedem prägenden Branchen wie Metallindustrie, Polygraphie, Gerätebau, die durch großflächige Stillegungen und Massenentlassungen hervorgerufen werden. Auf der anderen Seite stehen dem spektakuläre Großprojekte und Immobilieninvestitionen gegenüber. Leipzig forciert den tertiären Strukturwandel, der nach der Vereinigung als "große Hoffnung" für die Systemtransformation propagiert wurde.

Glaubt man dem von den Stadt- und Landesvätern sowie von den Medien erzeugten Bild, so scheint sich in den neuen Bundesländern zuallererst in Leipzig diese Hoffnung zu erfüllen. Schon in der ersten Vereinigungseuphorie wurde nicht mit Vorschußlorbeeren gespart und Leipzig zum "Klein Manhattan des Ostens" ernannt (LVZ vom 28./29.9.1991) bzw. der Stadt prophezeit, daß sie sich zu "einer der führenden deutschen Großstädte" entwickeln wird. Mittlerweile wurde die Stadt zur "Boomtown des Ostens" ausgerufen ("Ohne Superlative wird in Leipzig kaum noch ein Pfahl in die Erde gerammt"; LVZ vom 15.9.1994) und zum "Symbol für den Aufbau der neuen Bundesländer" stilisiert (Stadt Leipzig 1993, S.3). Der "Boom" wird derzeit an der Zahl der Baukräne (Anfang September 1994 waren es 250) und am Umfang des Investitionsvolumens festgemacht: "Milliarden in der Stadt und 15 Milliarden im Umland". Dies soll den Weg zur Entwicklung Leipzigs zur "modernen europäischen Metropole" ebnen. Die Stadtverwaltung hat 1991 eine Marketingkampagne gestartet und (dazu) den Slogan "Leipzig kommt!" kreiert.

Die Rettung Leipzigs, nach der man 1989/90 in quälender Aufrichtigkeit fragte, scheint im offiziellen Sprachgebrauch schon positiv beantwortet. "Leipzig kommt!" – die Stadtverwaltung setzt dem Negativbild der Vor- und Wendezeit mit allen einsturzgefährdeten Häusern, rußigen Fabrikgebäuden und grauen Plattenbausiedlungen selbstbewußt ein marktkonformes Image des Wachstums entgegen. Dies bezieht sich zuallererst auf die Projektionen einer Dienstleistungsstadt: die Messe (Messestadt), das Bankenzentrum ("Klein Manhattan des Ostens"), die Medien ("Medienstadt"), die Kultur ("Leipzig lebt Kultur"), den Handel usw. Davon sollen schon mittelfristig wieder Impulse für das Wachstum der Bevölkerung, der Beschäftigung und der Stadt ausgehen.

Unter dem Blickwinkel eines möglichst schnellen Erfolges der Großprojekte erscheint Sanierung als notwendiger "weicher Standortfaktor" einer erfolgreichen Stadtentwicklung. Dies bezieht sich auf die urbane Qualität des Stadtbildes, auf die Denkmal- und Stadtbildpflege der historischen Bausubstanz aus der Kaiserzeit, auf mögliche Umnutzungen attraktiver Fabrikanlagen aus dem vergangenen Industriezeitalter u. ä. Die ganz normale, völlig unspektakuläre Erneuerung ganzer Stadtquartiere für die dort lebenden Menschen geriet im Vergleich zur Wendezeit, in der sie die Diskussionen dominierte, fast aus dem Blick. Die anhaltenden Negativtrends der Bevölkerungsentwicklung und der Beschäftigung sind ebensowenig Gegenstand der öffentlichen Aufmerksamkeit.

Im folgenden soll der Frage nach dem Wechselverhältnis von Bevölkerung, Beschäftigung und Stadtentwicklung im Spannungsfeld von Sanierung und Erneuerung einerseits und tertiären Großprojekten andererseits nachgegangen werden. Es wird gefragt, welche Folgen sich in der widersprüchlichen Entwicklung der letzten Jahre bereits zeigen und welche Perspektiven sich eröffnen. Kann das Ziel, einen hochwertigen Dienstleistungssektor aufzubauen, in Leipzig erreicht werden?

Dazu soll zunächst eine kurze Darstellung der Wirtschafts- und Bevölkerungsentwicklung anhand vorliegender Daten gegeben werden, an die sich eine Darstellung der Entwicklung der großen Projekte wie der Stadtsanierung anschließt. In diesem Kontext sollen die Fragen nach der Form des tertiären Strukturwandels, den Aussichten für die Stadtsanierung wieder aufgegriffen und Überlegungen zur Verschränkung dieser Prozesse angestellt werden.

2. Bevölkerungs- und Wirtschaftsentwicklung: Schrumpfung und Niedergang

Leipzigs Wirtschaft vor 1989 kann als altindustriell bezeichnet werden (vgl. Rink 1995). Mit den hohen Beschäftigtenanteilen von Branchen wie dem Maschinenbau und der Metallindustrie und den großbetrieblichen Strukturen auf der einen Seite und dem vergleichsweise niedrigen Anteilen von modernen produktionsorientierten Dienstleistungen andererseits verharrte sie in klassischen industriegesellschaftlichen Strukturen. Hinzu kam ein systembedingter bürokratischer Wasserkopf von etwa 20% der "Wirtschaftlich Tätigen" in den Staats- und Parteiapparaten. Die Spezifik der sozialistischen Planwirtschaft in der DDR, mit einer geringen Investitionstätigkeit und niedriger Innovationsquote, abfließenden Gewinnen und dem allmählichen Verfall der industriellen wie der kommunalen Infrastruktur verhinderten einen bereits seit den 60er Jahren überfälligen Strukturwandel. Hinzu kam eine hohe Umweltbelastung, die durch die Konzentration des Braunkohlebergbaus und der kohleverarbeitenden Industrie im Umland und der oben genannten Industrien im Stadtgebiet verursacht wurde.

Bevölkerungsentwicklung

Für die Sozialstruktur deuteten sich schon in den 60er Jahren negative Konsequenzen an. Leipzig wurde zur einzigen Großstadt der DDR, die einen permanenten Bevölkerungsrückgang zu verzeichnen hatte. Seit 1966 ist eine kontinuierlich rückläufige Tendenz der Wohnbevölkerung zu beobachten, die bis Anfang der 80er Jahre vor allem durch die Binnenwanderung nach Berlin und in die Nordbezirke der DDR verursacht war. Seit 1984 hatten die Westwanderung und der Sterbefall-Überschuß daran einen stetig wachsenden Anteil. Ende der 80er, Anfang der 90er Jahre schwoll die Zahl der Ausreisenden kurzzeitig zu einem wahren Strom an: 1989 und 1990 verließen je etwa 16.000 Einwohner die Stadt in Richtung Westen.

Inzwischen hat sich das Wanderungsgeschehen stark verändert: das negative Wanderungssaldo im Jahr 1993 von -2.484 wurde zu 95% durch die Suburbanisierung verursacht, während die Abwanderung in die westlichen und östlichen Bundesländer (etwa 50 zu 50) fast vollständig durch die Zuwanderung von Ausländern ausgeglichen wird. Dies und die ungünstige Altersstruktur sowie die nach wie vor niedrige Geburtenrate sorgen weiterhin für einen starken Bevölkerungsrückgang. Der Sterbefall-Überschuß ist mittlerweile auf fast 4.000 pro Jahr geklettert. Damit hat sich auch nach der Vereinigung die schon für die DDR-Entwicklung kennzeichnende Entvölkerung und Überalterung fortgesetzt. Hatte Leipzig Ende 1988 noch 545.000 Einwohner, so waren es Ende 1994 nur noch 476.000 – ein Rückgang um 13%!

Perspektivisch muß aufgrund der ungünstigen Altersstruktur bei ausbleibender Zuwanderung von einem weiteren Rückgang ausgegangen werden, der durch die in den letzten Jahren zu beobachtenden Suburbanisierungstendenzen noch verstärkt wird. In verschiedenen Bevölkerungsprognosen werden unterschiedliche Annahmen getroffen. In einem Gutachten zur Ermittlung des Wohnflächenbedarfs wurden 1993 verschiedene Zahlen gegenübergestellt, die dann auch in das Wohnungspolitische Konzept der Stadt Leipzig übernommen wurden. Sie reichen von ca. 400.000 über 450.000 bis hin zu 500.000 Einwohner der Stadt im Jahr 2010, wobei die letztgenannte Aussage dem Flächennutzungsplan der Stadt zugrundeliegt (GEWOS, 1993, S. 34 ff.).

In unterschiedlichen Quellen werden differenzierte Annahmen zum Verlauf der natürlichen Bevölkerungsbewegung und zum Wanderungsverhalten gemacht. Man geht zumeist von einem Rückgang der Einwohnerzahlen zwischen 10% und 25% aus, wobei die Verluste in der Kernstadt höher angesetzt werden als im Umland der Stadt Leipzig. Herfert (1994) hat in einer Untersuchung der aktuellen Suburbanisierungstendenzen in Sachsen festgestellt, daß gerade die Stadtregion Leipzig eine herausragende Stellung hinsichtlich der Suburbanisierungsprozesse einnimmt. Die Zuwanderung von Ausländern könnte in den nächsten Jahren das Außenwanderungssaldo positiver gestalten, die Zugewinne dürften sich aber kaum auf den negativen Bevölkerungstrend auswirken. Eine Zuwanderung, die die negative natürliche Bevölkerungsentwicklung und den Suburbanisierungsschub ins Umland ausgleicht, ist derzeit nicht absehbar.

Allerdings ist der Bevölkerungsrückgang nicht mit einer proportionalen Abnahme der Zahl der Haushalte verbunden. Die Zahl der Haushalte hat sich wie folgt entwickelt: 248.500 (1989), 243.800 (1991), 240.200 (1992), 243.500 (1993) (Statistisches Jahrbuch 1994, S.30). Einem Bevölkerungsrückgang um 50.000 Einwohner steht eine Verringerung der Zahl der Haushalte um lediglich 5.000 gegenüber. Dies resultiert im wesentlichen aus der sprunghaften Zunahme der Ein-Personen-Haushalte durch den enormen Rückgang an Eheschließungen sowie der Geburtenrate[1], in deren Folge die Zahl der Singles enorm gewachsen ist. In ihrem Zusammenwirken stellen diese Faktoren eine demographische Revolution, für die Stadt selbst eine Katastrophe dar. Im Gegensatz zu gängigen Interpretationen halten die Autoren das nicht für einen kurzfristigen Einbruch, sondern für den abrupten Einstieg in einen langfristigen Trend. Davon gehen auch andere Autoren aus (Friedrichs, Kahl 1991, S.182f.; Staufenbiel 1991, S.25). Untersuchungen zur Struktur der ostdeutschen Haushalte zeigen, daß sich zwar "ostdeutsche Familienmuster ... nur sehr allmählich auf(lösen)", dennoch aber Anpassungen an westdeutsche Muster andeuten. Es werden weniger Ehen geschlossen, weniger und später Kinder geboren und die Partner-Haushalte mit Kindern altern (Berger u.a. 1993, S.27). Die Annäherung an die westdeutschen Werte wird dies nicht abschwächen, sondern stabilisieren. Längerfristig ist von einer Stabilisierung der Zahl der Haushalte bzw. einer weiteren Zunahme, insbesondere von Ein-Personen- und "neuen" Haushalten, auszugehen, selbst bei weiter sinkender Bevölkerungszahl.

Wirtschaftlicher Wandel

Die nach 1989 einsetzende Wirtschaftskrise in Ostdeutschland mit der dominierenden Tendenz der Deindustrialisierung hat die demographischen Entwicklungen mit beeinflußt und zu einem tiefen Bruch in den Erwerbsstrukturen geführt. Dieser ist durch einen drastischen Rückgang der Erwerbsquote (insbesondere von Frauen), die extreme Schrumpfung des sekundären Sektors bei starkem relativen, nicht unbedingt erheblichem absoluten Wachstum des tertiären Sektors, die Entstehung eines hohen Sockels an Dauerarbeitslosen und vom Arbeitsmarkt Ausgegrenzten sowie die dauerhafte Etablierung eines zweiten Arbeitsmarktes gekennzeichnet.

Tabelle 1: Beschäftigte in der Stadt Leipzig 1989, 1990 und 1993
(für 1993: Sozialversicherungspflichtig Beschäftigte)

	Anteile in %		
Branche	**1989**	**1990**	**1993**
Land-, Forst- und Fischereiwirtschaft	0,1	0,3	0,2
Energie, Bergbau, verarbeitendes Gewerbe	36,6	33,7	17,0
Bau	9,1	7,9	11,3
Handel und Lager	13,3	8,0	10,9
Verkehr, Nachrichten	8,8	9,3	9,1
Kredite, Versicherungen, sonst. Dienstleist.		15,6	39,5
Organisationen ohne Erwerbscharakter, Gebietskörperschaften, Sozialversicherung	32,2[*]	25,2	12,0
Gesamt (absolut)	286.200,0	251.129,0	219.179,0

(Quelle: Rudolph 1990; Leipziger Statistik III/91 und II/94)

[*] Die hier zusammengefaßten DDR-Kategorien "Wirtschaftsleitung", "Sonstige Dienstleistungen", "Wohnungs- und Geldwesen", "Bildung, Wissenschaft, Kunst", Gesundheit, Sozialwesen", Sport, Erholung, Freizeit", Staatliche Verwaltung Parteien, Massenorganisationen" und "Kirchen, Interessengemeinschaften" sind mit den bundesdeutschen Kategorien nicht direkt vergleichbar.

Die Industrie ist zu einer marginalen Größe in der Wirtschaftsstruktur Leipzigs geworden: waren 1989 noch etwa 100.000 dort beschäftigt, so wurde Ende 1994 von etwa 15.000 Beschäftigten ausgegangen. Die Dienstleistungen sind als Folge dieser Entwicklung zum beherrschenden Sektor geworden, insbesondere der Sektor "Kredit, Versicherungen und sonstige Dienstleistungen" haben ein starkes relatives Wachstum erfahren. Allerdings ist das Wachstum im tertiären Sektor infolge der Abwicklungen der ehemals in den Industriebetrieben angesiedelten Forschung, der staatlichen Verwaltungen, von Bildungseinrichtungen und in der Kultur sowie der starken Umstrukturierung im Handel nur schwach ausgefallen. Dies und die Zusammensetzung des Dienstleistungssektors – überdurchschnittlicher Anteil konsumbezogener und sozialer Dienstleistungen gegenüber einem unterdurchschnittlichen Anteil unternehmensbezogener Dienstleistungen – haben eine "hinkende Tertiärisierung" (Vester 1995) zur Folge.

Die Deindustrialisierung zeigte im Umland zunächst die gleiche Entwicklung[2]. Dort hatte der Arbeitsplatzabbau z. T. noch größere Ausmaße, im ehemaligen

Landkreis Leipzig fielen ca. ein Drittel, im Kreis Borna sogar über die Hälfte der Arbeitsplätze weg. Allerdings ist der Rückgang im Umland bereits zum Erliegen gekommen. Durch Abwanderungen aus dem Oberzentrum und einige Neuansiedlungen sind wieder schwache Wachstumstendenzen zu beobachten. Ansätze einer nachhaltigen Reindustrialisierung oder Neoindustrialisierung sind dennoch zur Zeit nicht erkennbar. Selbst wenn man ein positives Szenario zugrundelegt, ist erst wieder nach 2000 mit einem Wachstum von Arbeitsplätzen zu rechnen. Freilich ist unklar, in welchen Branchen bzw. Bereichen dies erfolgen soll.

In den nächsten Jahren ist ein weiteres Schrumpfen der Bevölkerung wie auch der Beschäftigung unausbleiblich, die jedoch nicht mehr die Ausmaße wie in den letzten Jahren erreichen. Danach dürfte sich die Situation auf dem Arbeitsmarkt allmählich stabilisieren und die Beschäftigtenzahl könnte sich bei etwa 200.000 stabilisieren.

Die sich abzeichnenden neuen Sozialstrukturen unterscheiden sich stark von früher und auch von denen in westdeutschen Städten. Die sozialstrukturellen Transformationen in der Region sind gekennzeichnet durch starke Differenzierung, Peripherisierung und Unterschichtung. Es ist zu erwarten, daß am Ende ein Muster vertiefter regional-sozialer Ungleichheit steht. In gesamtdeutscher Perspektive ist das Ganze ein ruckartiger Fahrstuhleffekt nach unten, wobei diejenigen ostdeutschen Regionen zu den (relativen) Gewinnern gehören, die nicht zu tief absacken. Das Ergebnis dürfte eine kaskadenartige Abstufung im Entwicklungsniveau der ostdeutschen Regionen sein, wie sie im Zuge der Integration in die Europäische Union schon in anderen peripheren europäischen Regionen entstanden ist (siehe: Vester 1991). Diese regionalen Disparitäten werden auch in der Sozialstruktur ihren Niederschlag finden (insbesondere in der Berufs- und Einkommensstruktur, aber auch in demographischen Mustern, wie dem Altersaufbau, den Haushaltsstrukturen usw.). Das Nord-Süd-Gefälle Westdeutschlands wird vermutlich vertieft und um ein West-Ost-Gefälle erweitert. Sozialstrukturell läßt sich der Gesamtprozeß am ehesten als Schub in Richtung einer Vertiefung bestehender und der Schaffung neuer sozialer Ungleichheiten deuten (Vester u.a. 1991, S.15).

Auf die entstandene Situation waren weder Bevölkerung noch Politiker vorbereitet. Bislang konnten viele Belastungen und Verhaltenszumutungen durch Arbeitsbeschaffungsprogramme, Umschulungs- und Weiterbildungsmaßnahmen, die Regelung des vorzeitigen Ruhestands u.ä. abgefangen bzw. zeitlich gestreckt werden. Dies wird künftig mit den sinkenden Transferleistungen des Bundes, den auslaufenden Sonderregelungen und der Ausbildung eines hohen Sockels von Dauerarbeitslosen nicht mehr im bisherigen Maße der Fall sein. Die Stadtpolitik in ostdeutschen Städten wird vor bislang unbekannte Anforderungen der Stabilisierung der sozialen Situation gestellt, wobei die Spielräume der Kommune auf anderen Politikfeldern (Wirtschaftsförderung, Ausbau der Infrastruktur, Bildung und Kultur usw.) dadurch drastisch eingeschränkt werden. Im folgenden wollen wir betrachten, mit welchen Konzepten die Stadt Leipzig auf die entstandene Lage reagierte.

3. "Leipzig kommt" mit großen Projekten

In den nächsten Jahren muß weiterhin mit einer Rückentwicklung hinsichtlich der Bevölkerungszahl und der Beschäftigten gerechnet werden. Für die Stadtentwicklungspolitik stellt sich somit die Frage,

- ob diese Veränderungen relativ unerheblich bleiben werden und Leipzig folglich dennoch mit einer Philosophie und Politik des Wachstums in der "Liga" der erfolgreichen deutschen Halbmillionenstädte spielen kann, deren Ausstrahlung in einzelnen Sektoren durchaus europäischen Maßstäben genügen könnte;
- ob die Schrumpfungsprozesse für die kulturelle, wirtschaftliche und infrastrukturelle Existenz der Stadt und ihres Umfeldes so gravierend und folgenreich sein werden, daß eine veränderte Stadtstrategie notwendig wird
- oder ob die sozial-räumliche Diversifizierung von Schrumpfung und Wachstum, also Polarisierung das bestimmende Thema der Stadtentwicklung wird.

In Leipzig sprechen für die erste Annahme jahrhundertewährende Entwicklungslinien, die der Stadt – mit kurzen Ausnahmen von Niedergang und Stagnation – eine erfolgreiche Position im regionalen, überregionalen, nationalen und europäischen Wettbewerb sicherten. Die negativen Entwicklungen während der DDR-Zeit und in der gegenwärtigen Umbruchphase erscheinen vor diesem Hintergrund wie kurzfristige Unterbrechungen langfristiger Trends[3]. Davon haben sich die maßgeblichen Politiker der Stadt in ihren Zukunftsprojektionen leiten lassen; die neuen Stadtentwicklungskonzepte knüpfen an historische Images der Stadt (Messe, Handel, Verkehr) an.

Freilich lassen sie sich nicht so ohne weiteres wieder in die städtische Realität verpflanzen. Stadtentwicklungspolitik in Ostdeutschland steht nach der Vereinigung vor einem mehrfachen Dilemma, das durch

- den Zusammenbruch der wirtschaftlichen Basis,
- das Verschwinden strategisch handelnder wirtschaftlicher Subjekte,
- regionale und kommunale Neugliederungen und den Neuaufbau der
- Verwaltungen sowie der politischen Institutionen,
- damit einhergehende neue Zentralitäten und Hierarchien und
- eine prekäre Finanzsituation

gekennzeichnet ist. Andererseits stellte dies gerade in den ersten Jahren nach der Vereinigung eine ausgesprochen offene Situation dar: eine Neudefinition der Stadtentwicklung wie auch der Rolle kommunaler Politik in diesem Prozeß war zwingend nötig, die eingefahrenen Wege mußten verlassen werden. Durch den Systembruch schien es zunächst so, daß die weitere Entwicklung in starkem Maße ein offener Prozeß und eine Frage der freien Wahl sei.

Hinzu kam ein enormer Handlungsdruck für die laufenden Tagesaufgaben: Ausbau und Modernisierung der Infrastruktur, Stopp des Stadtverfalls, Verbesserung der ökologischen Situation, Sicherung der kulturellen Einrichtungen usw., zu denen sich im Laufe der Zeit weitere gesellten, wie die Bekämpfung der Arbeitslosigkeit, eine aktive kommunale Industriepolitik zur Erhaltung industrieller Kerne usw. Das alles drängt die Stadtverwaltung in eine Rolle, die weit über das hinausgeht, was die Administration üblicherweise zu bewältigen hat. Die politische Administration bzw. die Stadtverwaltung selbst wurden mehr und mehr in die Rolle des entscheidenden Akteurs gedrängt.

Große Projekte

Die Führungsebene der Stadtverwaltung ist überwiegend mit Westdeutschen besetzt. Dies gilt auch für die führenden Managementpositionen in der privaten Wirtschaft. Man ist darin geübt, positiv zu denken und bringt (in Anlehnung an westdeutsche Entwicklungen der letzten Jahrzehnte) die Vorstellung einer Dienstleistungsmetropole mit deutscher bzw. europäischer Ausstrahlung ein. Dazu wurden eine Reihe von Einzelkonzepten entwickelt, in deren Mittelpunkt Leipzig als Handelsstadt und Messestandort steht. Diese Konzepte sollen durch spektakuläre Großprojekte, die rasches Wachstum und weitere Investitionen versprechen, in Angriff genommen werden. Große Einzelprojekte, die von der Stadt selbst vorangetrieben werden, sind die Neue Messe und die Umnutzung des Alten Messegeländes, die Entwicklung des Gewerbegebietes Nord-Ost; der Ausbau des Flughafens Leipzig-Halle wird ebenso unterstützt wie die Einrichtung einer ICE-Trasse oder auch mehrere innerstädtische Tangentialverbindungen für den Autoverkehr – alles Milliarden-Investitionen. Andere Groß-Investitionen und -projekte in Stadt und Umland, wie etwa das Luftverkehrszentrum der Post, ein Güterverkehrszentrum der Bahn, das neue Fernamt und die Ausbildungsstätte der Telekom, das Quelle-Versandhaus, die Rhön-Klinik sowie die großen Bürozentren, selbst die großflächigen Einkaufszentren wurden dem teilweise subsumiert, wenn sie nur auf städtischem Gebiet liegen[4].

Sicherlich hat man mit den großen Vorhaben ein Image gestärkt, mit dem das ohnehin schon vorhandene Investoreninteresse am Standort Leipzig auf das Glücklichste ergänzt wird. Die objektiv vorhandenen, harten Standortfaktoren (Autobahnkreuz, Flughafen, Eisenbahnknoten, geopolitische Lage) ließen den Standort Leipzig vorteilhaft als Verteilzentrum für Güter, aber auch als Ort der Firmenniederlassungen für die finanziellen, Versicherungs- und sonstigen Dienstleistungen erscheinen. So dominieren bei den gewerblichen Aktivitäten logistische Funktionen für ganz Mitteldeutschland – siehe das Beispiel Quelle-Versand.

Der Großraum Leipzig wurde auf diese Weise sehr schnell das Banken- und Bürozentrum Mitteldeutschlands, das seinen Nachholebedarf an entsprechenden Flächen durch einen gewaltigen Bauboom realisiert. Darüber hinaus stellte sich die aus den Medien bekannte Heldenstadt den Steueranlegern in anderen Landesteilen bald auch als europäische Hauptstadt der historistischen Architektur dar, die nicht nur Vielfalt und Buntheit städtischen Lebens hinter den grauen Fassaden vermuten ließ, sondern vor allem eben Wachstum und Aussicht auf rentierliche Geldanlagen versprach. Mit den ernsthaften Investoren und den durchaus gefährlichen Glücksrittern jener Nachwendezeit zogen Steueranleger in Masse nach Leipzig, um die versprochenen Steuervergünstigungen bis Ende 1996 blind in Anspruch zu nehmen. Ein Teil der Projekte wird über Steuersparmodelle und Anlagefonds finanziert, die den Banken und den Bauträgern märchenhafte Gewinne bescheren. Angesichts der ungeheuren Bauvolumina, die derzeit im Entstehen begriffen sind, muß man allerdings befürchten, daß eine Reihe der Projekte von den Developern nicht auf eine tatsächlich vorhandene oder bezahlbare Nachfrage nach gewerblichen, Handels- und Wohnflächen stoßen wird. Man kann bereits heute beobachten, wie man in fertiggestellten Geschäftshäusern noch lange Zeit nach der Fertigstellung mit großen Werbeplanen nach Mietern sucht, während ein Großteil der Bauvorhaben gerade erst im Bau ist.

Jones Lang Wootton rechnete Anfang 1996 mit der Fertigstellung von 900.000 m² Büroflächen und damit einer Verdoppelung des Bestandes in den Jahren 1994/95 in Leipzig (Der SPIEGEL 12/1994, S. 110). Reziprok zum Bautempo werden sich die neuen Komplexe nur langsam in das städtische Gefüge integrieren lassen. Die neu entstandenen Flächen werden nicht sofort vom Markt absorbiert und – so erwartet man in der Immobilienbranche – später bei den weniger komfortablen, nicht so attraktiven und weniger lagegünstigen Objekten im Bestand einen Leerstand entstehen lassen.

Dies alles erweckt den Eindruck, daß Stadtentwicklung vor allem in tertiären Großprojekten besteht. Allein die Planung und Koordinierung dieser Großprojekte, die in ihrer Größe und Anzahl wohl auch für langjährig funktionierende Verwaltungen eine Herausforderung darstellen, erfordert im Prinzip die gesamte Kraft und Aufmerksamkeit der städtischen Verwaltung. Hinzu kommt die bisherige Maßstäbe sprengende Geschwindigkeit der Realisierung der Großprojekte. Die neue Leipziger Messe ist ein herausragendes Beispiel dafür: Der Beschluß zum Neubau wurde im Oktober 1991 gefaßt, die Grundsteinlegung erfolgte im August 1993 und die Inbetriebnahme der ersten Abschnitte soll zur Frühjahrsmesse 1996 erfolgen. Planungs- und Genehmigungsverfahren, die normalerweise Jahre benötigen, wurden hier in wenigen Monaten durchgezogen ("in einer sensationellen Rekordzeit" – LVZ vom 25.8.1993), freilich auch um den Preis unbekannter Risiken und Folgen. Bislang konnte kein tragfähiges neues Messekonzept entwickelt werden und die Messe muß Jahr für Jahr von der Stadt mit hohen Subventionen gestützt werden.

"Schnelligkeit in Planungs- und Entscheidungsprozessen ist eine der wichtigsten Voraussetzungen für den Aufbau Leipzigs", so die Maxime der Stadtverwaltung (Stadt Leipzig 1993, S. 13), dadurch sollen möglichst viele Investitionen und Fördermittel in die Stadt gelenkt und Entwicklungsimpulse ausgelöst werden. Die

Realisierungszeiträume für die oben genannten Großprojekte sind entsprechend niedrig, sie betragen durchschnittlich vier Jahre. Außer der Alten Messe (deren Vermarktung und Bebauung bis 2000 erfolgen soll) sind alle bis Ende 1996 terminiert. Die Gesamtsumme der von der Stadt unterstützten Großprojekte beträgt 24,8 Mrd. DM – das sind durchschnittlich 1,65 Mrd. DM pro Projekt (siehe Stadt: Leipzig 1993, S.15 sowie Industrie- und Handelskammer zu Leipzig 1993). Was die Größe der Projekte und die Kürze der Bauzeit betrifft, so scheint eine regelrechte Jagd nach Superlativen ausgebrochen zu sein: Da ist die Rede von etwa 10.000 Baugenehmigungen seit 1990 mit einem Bauvolumen von ca. 8 Mrd. DM (ebd., S.22), von der LVZ-Druckerei, die "in nur 14 Monaten Bauzeit für 340 Mio. DM errichtet" wurde (ebd., S.50) oder dem Quelle-Versandhaus, das "in kürzester Vorbereitungs- und Bauzeit" entstand (ebd., S.37). Wirtschaftsminister Rexrodt sah darin gar ein Beispiel für die Entwicklung im Westen: "Derartige Projekte sind in akzeptabler Zeit fast nur noch im Osten möglich" schwärmte er bei der Grundsteinlegung zur Neuen Messe (LVZ vom 25.8.1993).

Mit diesem Tempo können andere Bereiche, insbesondere die Sanierung und Modernisierung der Bestände im Wohn- und gewerblichen Bereich sowie der städtischen Infrastruktur bei weitem nicht Schritt halten. Bereits jetzt ist absehbar, daß die infrastrukturelle Anbindung der städtischen Großprojekte einen zunehmend größeren Teil der entsprechenden Kapazitäten der Stadt benötigt, die auf der anderen Seite bei der Sanierung und Modernisierung der bestehenden z.T. verschlissenen Infrastrukturen fehlen.

Das größte Problem ist jedoch die Finanzierung der auf (Zukunfts)-Projektionen gebauten städtischen Großprojekte. Angesichts des geringen Steueraufkommens[5] und gestrichener bzw. ausgebliebener Zuschüsse mußten bereits eine Reihe von Korrekturen an den städtischen Vorhaben vorgenommen und Teile der ehrgeizigen Pläne zurückgestellt werden. Mit ganz besonderer Aufmerksamkeit verfolgen die Leipziger die Debatten um die Finanzierung des neuen Messegeländes. Für die ursprünglich geplante Vermarktung des alten Messegeländes – ein innerstädtisches Areal von 95 ha, das 1 Mrd. DM für den Neubau einbringen sollte – zeichnete sich 1994 ab, daß sich dies angesichts des bereits entstandenen Überangebots an Gewerbeflächen nicht realisieren ließ. Die Stadt Leipzig übernahm die Vermarktung daher in eigene Regie und entlastete die Messegesellschaft. Das Risiko wird von der Stadtverwaltung für äußerst gering erklärt, selbst als Industriebrache sei das alte Messegelände noch über 100 Millionen Mark wert (LVZ vom 1.12.1994). Da wird das Großprojekt eines neuen Stadtteils und einer Entlastungscity (mit ursprünglich 8 Mrd. DM Investitionssumme; Stadt Leipzig 1993, S.15) schon mal zur Industriebrache erklärt!

Mittlerweile gibt es erste Beispiele, wo einstmals formulierte Ansprüche an den Realitäten gescheitert sind. Die Medienstadt Leipzig, angesiedelt im traditionellen "graphischen Viertel" der Innenstadt (neuerdings "Medienviertel") hat erhebliche Verluste an Verlagen und buchgewerblichen Einrichtungen hinnehmen müssen.

Die im Medienviertel neu entstehenden Bürokomplexe weisen außer klangvollen Namen ("Brockhauscenter", "Medien-Center", "Gutenberg-Galerie", "Seemann-Karree", "Atrium – Graphisches Viertel") häufig wenig Bezüge zu Medienprojekten auf. Im Vergleich zu Hamburg oder Köln, aber auch gemessen an den ursprünglichen Zielen bleibt das ehrgeizige "Medienstadt"-Konzept mit dem Mitteldeutschen Rundfunk (der ohnehin in Gohlis, Connewitz oder gar in Halle angesiedelt ist), einigen kleinen Verlagen, Radiostationen und Zeitschriften vorläufig eine leere Worthülse.

Auch industrielle Investitionen fielen mittlerweile der Schrumpfung anheim. Siemens, mit einer erheblichen Gewerbeansiedlung im städtisch geförderten Gewerbegebiet Nordost vorgesehen, verringerte unlängst das geplante Investitionsvolumen um zwei Drittel. Entsprechend schmilzt die Zahl der versprochenen neuen industriellen Arbeitsplätze. Das Unternehmen stellte gleichzeitig klar, daß es ohnehin nicht um wirklich neue Arbeitsplätze ging, sondern "in erster Linie um Verlagerungen von anderen Standorten in der Stadt" gehe (LVZ vom 6.1.1995).

Die Tätigkeit der Stadtverwaltung war in den letzten Jahren im Extrem auf Beschleunigung gerichtet. "Wir haben erst einmal die Schleusen für Gewerbe und Büros geöffnet", so der Wirtschaftsdezernent Jacke (siehe: DER SPIEGEL 15/1994, S. 117). Das war das Ziel der Wirtschaftsförderung, der Stadtplanung und der zuständigen Behörden für den Grundstücksverkehr, um die skandalös überhitzten Preise im Immobilienbereich zu brechen. Diesem Ziel ist man mittlerweile näher gekommen und wird demnächst vermutlich noch größere Erfolge haben. Im Bürobereich sind die Preise bereits stark gefallen und manche Objekte nur noch schwer vermietbar (siehe: ImmoOst 12/1994). 1994 war die gewerbliche Leerstandsrate in Leipzig mit 6,9 % nach Frankfurt die zweithöchste in Deutschland, für 1995 erwartete Jones Lang Wootton gar 17 % (Leipziger Rundschau, 22.12.1994). Auch auf dem Markt für hochwertige Wohnungen kam es zu Einbrüchen. Bereits im Frühjahr 1994 sprachen Immobilienexperten von ca. 1.500 bis 2.000 leerstehenden frisch sanierten Wohnungen und schätzten, daß sich diese Zahl bis Ende 1994 mit 5.000 mehr als verdoppeln werde (LVZ vom 10.3.1994).

In den urwüchsigen, kaum noch steuerbaren Prozessen der Stadtentwicklung in den letzten Jahren war dieses Laisser – faire vielleicht genau die richtige Verhaltensweise, um die überhitzten Preise zu drücken und die Spekulation zu dämpfen. Offenbar zu wenig bedacht wurde allerdings, daß die Vermarktung städtischer Flächen bzw. Gewerbegebiete (wie des alten Messegeländes oder des Gewerbegebietes Nordost) dadurch riskant werden und der städtische Haushalt unter Druck gerät. Unsicherheit macht sich auch breit, was denn nach Fertigstellung aus all den Vorhaben werden mag.

Mit der erfolgreichen Realisierung tertiärer Funktionen scheint die weitere Entwicklung und das Image der Stadt aufs engste verbunden, wenngleich bislang nicht beziffert werden kann, wieviele neue tertiäre Arbeitsplätze durch die Großprojekte denn nun wirklich entstehen. Oder sind auch hier "Klarstellungen" zu erwarten, daß es zumeist nur Verlagerungen sind bzw. Arbeitsplatzkonzentrationen vollzogen werden? Die Probleme der großen und Immobilienprojekte sind, daß

– sie auf ein Wirtschaftswachstum bauen, welches sie derzeit selbst erst erzeugen;
– vieles in der Phase der Vereinigungseuphorie geplant und projektiert wurde, als noch von hohen Wachstumsraten und einem schnellen Nachholen der westdeutschen Entwicklung ausgegangen wurde, die optimistischen Zukunftsannahmen heute jedoch bereits viel kritischer gesehen werden;
– sie zum Teil sogar in einem rechtsfreien Raum oder doch zumindest mit unzureichender, weil zeitlich und inhaltlich nicht ausreichender planerischer Begleitung der Raumordnung und Stadtplanung entstanden sind und
– sie der ganz normalen Stadterneuerung Aufmerksamkeit und Mittel entziehen.

Andere Politik- und Wirtschaftsbereiche gerieten fast automatisch, wenn auch nicht beabsichtigt, außerhalb des Blicks. So wurde zum Beispiel die Rolle der Stadt bei der Erhaltung industrieller Kerne erst sehr spät erkannt und die Erschließung neuer innerstädtischer Wohngebiete erst vor kurzem in Angriff genommen. Insbesondere scheint dies einen Bereich zu betreffen, der zu den Ausgangspunkten der Revolution vom Herbst 1989 gehörte und damals die besorgte Frage auslöste, ob die Stadt noch zu retten sei: die Sanierung des Altbaubestandes.

Für die Großprojekte spricht jedoch neben dem unverkennbaren Imagegewinn für die Stadt Leipzig, daß sie auf den Erfolgszwang einer sich selbst erfüllenden Prophetie bauen. Unter den geordneten Verhältnissen Deutschlands scheint ein Debakel wie das der Canary Wharf in den Londoner Docklands kaum vorstellbar – jedenfalls bislang. Böse Zungen fragen aber bereits, ob nicht die Schneiderpleite im vergangenen Jahr nur ein Vorspiel für einen bevorstehenden großen Crash war.

4. "Leipzig bleibt": Kleinteilige Stadtsanierung und -erneuerung

Auch in Leipzig wurde die Altbausubstanz jahrzehntelang vernachlässigt, was in den 80er Jahren zu einer massiven Verschlechterung der Bausubstanz führte. Die Zahl der Wohnungen, die schwere Schäden hatten oder leerstanden, stieg in dieser Phase exponentiell. Eine andere Folge war eine stärkere sozialräumliche Differenzierung der Bevölkerung nach dem Alter: junge Familien zogen in die Neubaugebiete am Rande der Stadt, während die Alten in den innerstädtischen Altbaugebieten verblieben. Der flächendeckende Verfall und der hohe Bevölkerungsrückgang in den innerstädtischen Altbaugebieten hatte zur Folge, daß einige Quartiere gänzlich aufgegeben wurden und man in der zweiten Hälfte der 80er Jahre zum flächenhaften Abriß von Altbauquartieren und der anschließenden Neubebauung in Plattenbauweise überging. Dies betraf in Leipzig lediglich Teile der westlichen und östlichen inneren Vorstadt sowie den südlichen Cityrandbereich. Im Stadtteil Connewitz verhinderte die Wende den Abriß der bereits geräumten Häuser.

Mit dem Auftrag, in der zweiten Hälfte der 1980er Jahre den Generalbebau-
ungsplan der Stadt Leipzig zu novellieren, ist durch das damalige Büro des
Chefarchitekten (heute Stadtplanungsamt) beim Rat der Stadt Leipzig eine Pro-
blembetrachtung durchgeführt worden, die man heute als Szenarien bezeichnen
würde. Sie stellte den Wohnungsbestand, gegliedert nach Baualtersgruppen, dar
und thematisierte die Folgen bestimmter Erneuerungsraten für den Bestand.

Von 104.000 Wohnungen, die vor 1918 errichtet wurden und die denjenigen
Teil des Wohnungsbestandes ausmachten, der infolge fehlender Reparaturkapazitä-
ten am meisten gefährdet war, wären danach bis zum Jahr 2000 83.000 (etwa 80 %
der sog. Gründerzeitbauten) aus dem Bestand verschwunden, d. h. abgebrochen
oder einfach in sich zusammengerutscht. Etwa 30.000 im Zeitraum bis 2000 errichtete Neubauwohnungen (in den bekannten Plattenbauweisen) hätten diesen Abgang
keinesfalls kompensieren können.

Es wurde deutlich, in welchem Ausmaß dies die Wohnsituation und Lebensqualität in Leipzig beeinträchtigt hätte[6]. Diese Denkvariante 1 war die Fortschrei-
bung der tatsächlich stattfindenden Entwicklungen in die Zukunft. Es war das
Szenario einer sterbenden Stadt. Für die zweite Variante ging man von nur etwas
mehr als einem Drittel Abgang aus der gründerzeitlichen Substanz aus, der durch
ein entsprechendes Neubauvolumen hätten kompensiert werden können. Leipzig
mit seinen stadtbildprägenden Altbauquartieren wäre in dieser Variante nicht völlig von seiner Bautradition bereinigt worden. Einzig: man wußte nicht, woher die
Mittel hätten kommen sollen. Dazwischen zeichnete man ein Zukunftsbild, in dem
etwa die Hälfte der gründerzeitlichen Substanz "geopfert" wurde, um die andere
Hälfte vor dem Verfall zu retten (eine allen DDR-Bürgern geläufige Art und Weise, faule Kompromisse zu schließen). Auch hier standen beträchtlichen Aufwendungen in der Modernisierung des Altbaubestandes und im Neubau weitere Bevöl-
kerungsverluste und der Rückgang der Beschäftigtenzahlen gegenüber.

Zur Untersetzung solcher Planungen waren in den späten 80er Jahren flächendeckende Bauzustandsanalysen durchgeführt worden, die die Stadtbildqualität mit
erfaßten und diejenigen Gebäude und Ensembles hervorhob und ins Bewußtsein
brachte, die für die Identität Leipzigs unverzichtbar waren. Zur Unterstützung
wurden Wettbewerbe initiiert, wie der zur Leipziger Innenstadt im Jahr 1986 oder
zu den inneren Vorstädten.

Sanierung und Verfall seit 1990

Die Praxis des Flächenabrisses von Altbauten wurde 1990 – nicht zuletzt durch die
von der Volksbaukonferenz ausgelösten öffentlichen Diskussionen und die Aktivitäten von Bürger- und Stadtteilinitiativen – beendet. Mit der Vereinigung haben
sich die Bedingungen und Möglichkeiten des Erhalts und der Sanierung des Alt-
baus grundsätzlich gewandelt. Dennoch ist der Verlust eines Teils dieses Bestandes

auch aus heutiger Sicht unvermeidlich. Im wohnungspolitischen Konzept der Stadt
wird davon ausgegangen, daß ca. 35.000 Wohnungen bis 2010 dem Verfall bzw.
der Sanierung zum Opfer fallen werden (Wohnungspolitisches Konzept 1994,
S. 46). Eine Diskussion über die stadtstrukturellen wie die sozialen und kulturellen
Folgen dieses Verlustes findet derzeit allerdings nicht statt.

Die Sanierung des Altbaubestandes ist in Leipzig eine riesige Aufgabe. Mit
ca. 103.000 der insgesamt etwa 260.000 Wohnungen in Leipzig wurden knapp
40% vor 1918 errichtet, viele davon befinden sich in einem schlechten Zustand.
"Leipzig hat 258.000 Wohnungen, davon sind 196.000 Wohnungen (76%) mit
unterschiedlichem Aufwand erneuerungsbedürftig. 25.000 Wohnungen stehen
leer, davon haben 14.000 schwere Schäden und sind unbewohnbar. Für weitere
22.000 Wohnungen muß befürchtet werden, daß sie demnächst unbewohnbar
werden. Das Wohnen in Leipzig wird geprägt von Wohnungen im gründerzeitlichen, mehrgeschossigen Mietwohnungsbau. 103.000 WE befinden sich in solchen
Wohngebäuden. Wohnen in Leipzig heißt daher vorwiegend Wohnen im Altbau
mit erheblichen Instandhaltungs- und Ausstattungsmängeln" – so wird im Wohnungspolitischen Konzept die Situation beschrieben (Wohnungspolitisches Konzept 1994, S. 23). 35.500 der insgesamt 260.000 Wohnungen in Leipzig befinden
sich in einem sehr schlechten Bauzustand, 82.700 weisen mittlere Mängel auf.
Auch der Ausstattungsgrad ist als schlecht einzustufen: 150.000 Wohnungen
werden noch mit Kohle- bzw. Einzelöfen beheizt, etwa 50.000 Wohnungen sind
ohne Bad bzw. Dusche (Daten des Amtes für Statistik und Wahlen). Heute kann
man die Dimension der Erneuerungsaufgaben wohl gut und gerne mit drei Vierteln aller Wohnungen umreißen, denn auch jüngere Wohngebäude und sogar die
jüngsten Bestände der Plattenbauten zeigen Instandsetzungsbedarf. Der prognostizierter Sanierungsaufwand wird mit 18,23 Milliarden DM veranschlagt (Wohnungspolitisches Konzept 1994, S. 30). Die Stadterneuerung wird Auswirkungen
auf das Wohnen und Leben von 400.000 Menschen in der Stadt haben – das sind
etwa 80% der Leipziger Bevölkerung (ebd., S. 23).

Nach dem wirtschaftlichen Strukturwandel werden durch die Altbausanierung
und die Neubautätigkeit die sozial-räumlichen Strukturen der Stadt erneut einem
tiefgreifenden Umbruch unterzogen. Heute ist die Situation widersprüchlich: Man
sieht es den Stadtteilen an, daß die Sanierung in Leipzig deutlich vorangekommen
ist. Selbst in entlegenen Vierteln läßt sich das Bild der kaputten und stets weiter
verfallenden Stadt nicht mehr erkennen, zu zahlreich sind die erneuerten Fassaden,
die frisch gedeckten Dächer, die reparierten Türen usw. Es braucht nicht mehr all-
zuviel Phantasie, sich Leipzig in saniertem Zustand vorzustellen, seitdem es die
ersten beglückenden Beispiele denkmalgerechter Sanierung oder auch nur Exem-
pel einer vernünftigen Reparatur der noch gebrauchsfähigen und zumeist schöne-
ren alten Bauteile gibt. Angesichts des Ausmaßes und des hohen Aufwandes für
diese oder jene Form der Sanierung fragt man sich dennoch, wie behutsam diese
Stadt tatsächlich saniert werden kann.

Auf der anderen Seite geht der Verfall jedoch weiter. Neben der fehlenden Finanzkraft der Eigentümer sind es häufig ungklärte Eigentumsfragen, die Sanierung und Reparatur verhindern und der Stadt fast jegliche Möglichkeit eines Zugriffs nehmen. Für etwa 30.000 restitutionsbehaftete Häuser führt die Leipziger Wohnungsbaugesellschaft (LWB) nur eine Notverwaltung, die Reparaturen und bauliche Maßnahmen an solchen Häusern nur dann zuläßt, wenn Gefahr im Verzuge ist. Von einer planmäßigen Instandhaltung oder Instandsetzung, gar Modernisierung kann man dabei nicht sprechen. So scheinen die oben erwähnten Szenarien von 1988 noch nicht gänzlich vom Tisch zu sein. Was damals zentralistische Planungswillkür und fehlende Wirtschaftskraft verhinderte, setzen jetzt die verteufelten Eigentumsregelungen des Einigungsvertrages, die umständlichen Förderbedingungen, das Finanzloch zur Deckung unrentierlicher Kosten usw. fort.

Es gibt vier Stadtquartiere, in denen Sanierungssatzungen in Kraft sind: Connewitz-Biedermannstraße, der Neustädter Markt, Lindenau und der zentrale Bereich von Gohlis. Für weitere acht Gebiete sind Sanierungssatzungen bereits beschlossen[7]. Die Sanierung soll nicht auf Teilbereichen begrenzt, sondern durch unterschiedliche Verfahren im ganzen Stadtgebiet angeregt werden. Die Sanierungsgebiete sollen deshalb möglichst groß sein. Ziel ist vor allem die Erhaltung bezahlbarer Mieten für Wohnen und Gewerbe.

Die Sanierungsgebiete sowie die Gebiete vorbereitender Untersuchungen und die Quartiere einfacher Stadterneuerung, allesamt in ihrer gründerzeitlichen Struktur noch weitgehend erhalten, sind durch folgende Merkmale gekennzeichnet:

- anhaltende, z. T. starke Abwanderung, viele Leerstände;
- (infolgedessen) einseitige Sozialstruktur, viele Alte und "sozial Schwache",
- sehr schlechte Ausstattung der Wohnungen (Heizung, Sanitärbereich, Elektrik),
- ungünstige Umweltbedingungen (z. T. hohe Luft- und Lärmbelastung, Freiflächendefizite)
- hoher Anteil privater Häuser bzw. ungeklärter Eigentumsverhältnisse. In den Sanierungsgebieten beträgt der Anteil von Häusern mit Restitutionsansprüchen teilweise bis zu 75%. Da Wohngebäude mit Restitutionsansprüchen vom Leerstand besonders betroffen sind, hier aber gegenwärtig keinerlei Sanierungsmaßnahmen durchgeführt werden (selbst wenn dies zur Erhaltung der Bewohnbarkeit dringend erforderlich wäre), steigt der Leerstand von Wohnungen in diesem Bereich ständig.

Im Dickicht ungeklärter Eigentumsverhältnisse konzentrieren sich die sozialen wie baulichen Probleme. 262 Immobilien sind in Leipzig herrenlos und werden von der IVG (zwangs)verwaltet. Seit Anfang 1995 ist die IVG dazu übergegangen, "herrenlose" Häuser bzw. solche, für die von den Besitzern keine Verwaltungsgebühren entrichtet werden, abzustoßen. In einem ersten Schub im März 1995 betraf dies allein 700 Häuser mit 4.500 Wohnungen (LVZ vom 11./12.3.1995). Der im Zuge der Realisierung der vielen Restitutionsansprüche schrumpfende Anteil kommunaler Altbauwohnungen schränkt die direkten Eingriffsmöglichkeiten der Stadt zudem mehr und mehr ein. Nach Abschluß der (Re)Privatisierung sollen 50% des Wohnungsbestandes, also etwa 130.000 Wohnungen, in privatem Besitz sein und je 25% in LWB- bzw. genossenschaftlichem (je etwa 65.000 Wohnungen). Neubauten sollen die Zahl der verfallenen und wegsanierten Wohnungen ausgleichen.

Tabelle 2: Eigentumsformen der Wohnungen

	1991	1992	1993	Jahr x
Leipziger Wohnungsbaugesellschaft (LWB)	127.332	120.143	108.883	ca. 65.000
Genossenschaften	64.874	60.318	61.423	ca. 55.000
Privat	37.698	76.182	88.007	ca. 140.000
Treuhand/Immobilienverwaltungsgesellschaft (IVG)	28.420			
keine Angaben		3.235	3.132	
Gesamt	258.324	259.987	261.445	ca. 260.000

Quellen: 1991: Amt für Wohnungswesen 1992, S.5; 1992 und 1993: Statistisches Jahrbuch 1994, S.101; Jahr X (nach Realisierung der Restitutionsansprüche): Wohnungspolitisches Konzept 1994, S.24

Zwischen dem riesigen Sanierungsbedarf auf der einen und den verfügbaren Fördermitteln auf der anderen Seite klafft aber eine immer größere Lücke. Bislang wurden vom Amt für Stadtsanierung Fördermittel in Höhe von 727,7 Mio. DM vergeben, multipliziert mit einem Mobilitätsfaktor für Folgeinvestitionen ergibt das ein Investitionsvolumen von 2,1 Mrd. DM (Wohnungspolitisches Konzept 1994, S.44). Jedoch wird die Bereitstellung des kommunalen Eigenanteils immer komplizierter. Damit wächst die Gefahr, daß Fördermittel nicht abgerufen oder ausgegeben werden können. So sieht man sich im Bereich der Stadtsanierung vor einem doppelten Dilemma: Die Mittel reichen nicht und können doch nur unter Schwierigkeiten umgesetzt werden. Angesichts dessen wird die Unterstützung des Sanierungsprozesses seitens der Stadt immer schwieriger. Selbst bei größtem Mitteleinsatz und zügiger Sanierung wäre der Verfall vieler Häuser nur noch in seinem Tempo zu beeinflussen. Viele Häuser, ja ganze Quartiere sind schon seit Jahren Ruinen und warten nur auf die Abrißbirne. Auch nach der Wende kamen und kommen in jedem Jahr neue hinzu. 1991 wurden 1.300 Wohnungen instandgesetzt – ein Bruchteil der 22.000 leerstehenden.

Der aufgelaufene Instandsetzungsstau ist gewaltig und das zentrale Problem der Stadtsanierung. Hohe, oft überhöhte Grundstückspreise überlagern sich mit den enormen Sanierungskosten, die der Eigentümer schließlich in Form hoher Mieten weitergeben wird. Ein Mietpreisniveau von 15 DM/qm Netto kalt aufwärts ist eine ökonomische Folge der Sanierungskosten. Dieses Mietpreisniveau (häufig eher bei 18 DM/qm) übersteigt die Zahlungsfähigkeit der meisten Leipziger.[8] Schätzungen auf der Grundlage der Einkommensstruktur ergaben, daß gegenwärtig mindestens 40 % aller Haushalte, das sind 93.000, Anspruch auf eine Sozialwohnung haben. Die Zahl der Wohnungssuchenden liegt bei etwa 25.000 Haushalten, die Hälfte davon gehört zum Kreis der Sozialwohnungsberechtigten. Wenn durch umfangreiche Modernisierungsmaßnahmen und die stufenweise Freigabe ab 1995 die Mieten steigen, wird ein ständig größer werdender Teil dieser Berechtigten nach Wohnungen mit bezahlbaren Mieten suchen. Bereits jetzt ist fast ein Viertel der Leipziger Familien auf Sozialleistungen angewiesen und nimmt die Verschuldung der Haushalte zu.

Dennoch – und das ist der Unterschied zur Diskussion der behutsamen Stadterneuerung der 80er Jahre in der Bundesrepublik – es gibt keine Alternative zur Sanierung. Man kann sie weder unterlassen, noch grundsätzlich in Umfang und Aufwand beschränken. Sicher müssen "die Standards für Modernisierung und Neubau ... reduziert und neu definiert werden" (für weniger Geld mehr Wohnungen, höhere soziale Effekte, Schwerpunkt sind Strukturverbesserungen und Anschubfinanzierungen) (ebd., S. 14, 16). Angesichts der vielen Häuser in schlechtem Zustand wird ein prognostizierter Sanierungszeitraum von 15 bis 20 Jahren wahrscheinlich nicht ausreichen. Und das Finanzierungsdilemma bleibt: "Auch bei der Ausnutzung aller Möglichkeiten auf kommunaler Ebene ist es nicht möglich, die Finanzierung des Instandsetzungsstaus und der Sicherung sozialverträglicher Mieten in Einklang zu bringen" (ebenda, S. 35). Die Entwicklung in den Altbauquartieren könnte sich daher polarisieren: Verfall oder Aufwertung.

Die Stadt baut auch hier auf ihre Wachstumsprojektionen: "Geht man von einer dynamischen wirtschaftlichen Entwicklung der Stadt Leipzig aus, verbessert sich die Einkommenssituation der Leipziger Bevölkerung bis ins Jahr 2000 stark" (ebd., S. 49). Dieser Annahme einer dynamischen Entwicklung entspricht ein prognostiziertes Wachstum der Beschäftigten auf 250.000 (davon ca. 50.000 in der Industrie) und der Bevölkerung auf 500.000 Einwohner im Jahr 2010. Damit scheint einerseits die zahlungskräftige Nachfrage gesichert, andererseits sieht die Kommune Entlastungsmöglichkeiten hinsichtlich der notwendigen Zahl an mietpreis- und belegungsgebundenem Wohnungsbestand und hinsichtlich der Privatisierung kommunaler Wohnungen. Eine Konsequenz dessen wäre allerdings, daß im kommunalen Bestand fast ausschließlich Neubauwohnungen in Großsiedlungen verbleiben würden. Damit würden diese faktisch zu Sozialwohnungen, was der Stigmatisierung dieser Wohngebiete Vorschub leisten könnte.

Erfüllen sich die Projektionen von einem Wohlstandswachstum aber nicht oder nicht im erhofften Maß, besteht die Gefahr, daß die Sanierung angesichts ausbleibender Nachfrage ins Stocken kommt. Denn bleibt die Zahl der einkommensstarken und vermögenden Haushalte zu gering bzw. nimmt diese durch Abwanderung noch weiter ab, dann bleibt die Nachfrage nach luxus- oder einfach nur gründlich sanierten Wohnungen aus, die Investitionstätigkeit wird sich abschwächen, wodurch sich der Verfall erneut beschleunigen könnte – ein Teufelskreis. Selbst bei einer dynamischen Wirtschafts- und Arbeitsmarktentwicklung könnte die Nachfrage nach (sanierten) Wohnungen in der Innenstadt durch die Abwanderung ins Umland hinter den Erwartungen zurückbleiben und die Investitionstätigkeit bremsen.

Bereits jetzt zeigen sich ganz unterschiedliche Aspekte im Sanierungsgeschehen, die auf künftige Entwicklungsmuster hindeuten. Die Rate von Reprivatisierung und Modernisierung ist in den hochwertigen bürgerlichen Gründerzeitvierteln höher und ist häufig mit (tertiären) Umnutzungen verbunden. Für das Waldstraßenviertel, ein fast komplett erhaltenes großbürgerliches Gründerzeitviertel in unmittelbarer Citynähe sind besonders viele Restitutionsansprüche, ein häufiger Eigentümerwechsel und ein sehr intensives, mit Fördermitteln für die Denkmalpflege unterstütztes Sanierungsgeschehen und eine größere Zahl wohlhabender "Neuleipziger" in der Bewohnerschaft festzustellen. Hier zeichnet sich bereits eine Gentrifizierung ab. In alten Arbeitervierteln dagegen, wie am Neustädter Markt kommt die Sanierung nur schleppend in Gang. Die ungünstigere Lage und die schlechte Substanz machen dieses Viertel unattraktiv für Investoren – mit ambivalenten Folgen für die Mieter: Zwar bleiben die Mieten relativ stabil und niedrig, dafür sind aber auch die Ausstattung sowie das Umfeld schlecht und die Gefahr des Verfalls bleibt akut.

Die Sanierung hat – selbst in den alten, gutbürgerlichen Vierteln – ein ganz anderes Tempo als die tertiären Großprojekte. Werden Letztere innerhalb weniger Jahre hochgezogen (Beispiel Leipziger Messe) hat der Sanierungsprozeß keine derartige Dynamik gewonnen. Angesichts seiner Dimensionen scheint dies ein "generationenwährender Prozeß" zu werden (Broschüre des Stadtsanierungsamtes). Die hohen Sanierungskosten zwingen alte Osteigentümer, aber auch Westeigentümer ohne genügend Eigenkapital zum Verkauf, wodurch die Sanierung mehr und mehr von großen Investoren, Immobilienfirmen und "developern" bestimmt wird. Deren Bauwillen wird durch ihren Kapitalhintergrund von Bankkrediten und Anlagefonds bestimmt und ist auf kurzfristige und hohe Renditen orientiert. (Früher, zur Entstehungszeit der Mietshausgebiete, nannte man diesen, vom Gebrauch der Wohnungen entfremdeten Umgang mit dem Eigentum noch deutlich beim Namen: Spekulation, Grund- und Häuserwucher). Das zeigt sich insbesondere bei der Luxussanierung im innerstädtischen Bereich, die auf die vermeintlich neu entstehende Schicht gut verdienender Dienstleister zielt. Diese Spekulanten dürften auch zu den eigentlichen Nutznießern der "Leipzig kommt!"-Kampagne gehören: Schneller als die Stadt je "kommen kann", kamen 1991/92 die hohen Preise für jegliche Immobilien sowie bei Neuvermietungen. Ist auch nach dem Bekunden von Kennern der Immobilienbranche die "anfängliche Goldgräberstimmung nun überwunden"

(LVZ vom 12./13.3.1994), so lassen sich mit Steuerabschreibungsmodellen und Anlagefonds immer noch riesige Gewinne machen. Mit einer langfristig tragfähigen wirtschaftlichen Entwicklung der Stadt und ihren endogenen Potentialen hat dies freilich wenig zu tun.

Die Diskussion in der Bundesrepublik in den 80er Jahren war von dem Schlagwort "behutsame Sanierung" geprägt. Dies wurde zwar z. T. übernommen, erweist sich aber als so nicht umsetzbar. Wie behutsam kann eine Sanierungsstrategie aussehen, wenn ein Drittel der Wohnungen grundsaniert werden muß und die Sanierung in einem sozialen Umfeld stattfindet, das durch starke Unsicherheit und niedrige Einkommen geprägt ist? Vereinzelt äußern zwar Sanierungsfachleute die Forderung nach neuen Verfahren und Experimenten (etwa nach Mieter-Sanierungs- und -Modernisierungsprogrammen und einer Kampagne "Leipzig experimentiert!"), dies stößt aber weder bei den verantwortlichen Politikern noch in der Öffentlichkeit auf nennenswerte Resonanz. Die Stadt baut vielmehr auf die Sogwirkung der Großprojekte. Diese sollen Wachstum bringen, kaufkräftige Nachfrage erzeugen und neue Investionen in die maroden Wohnungsbestände ziehen. Es bleibt die Frage, wo sich die neuen Stadtbewohner ansiedeln und wohin die gut beschäftigten Angehörigen des Leipziger Mittelstands ziehen werden, die bisher am Neustädter Markt, im Waldstraßenviertel, in den Siedlungen der Weimarer Zeit und nicht zuletzt in den Neubausiedlungen der Nachkriegszeit leben.

Räumliche Folgen

Die Großprojekte wachsen am Stadtrand oder im Umland der Kernstadt heran. Hier ist vor allem der Nordraum entlang der Autobahn A14 in Richtung auf den Flughafen Leipzig – Halle zu erwähnen. Austragungsort der Stadterneuerungsbestrebungen sind die Stadtquartiere der inneren und äußeren Vorstädte, rund um den Stadtkern mit ihren raum-zeitliche Beziehungen aus der Epoche der Industrialisierung des 19. Jahrhunderts. Diese erleben nun eine Metamorphose, indem

- sich eine neue Korngröße der Geschäftshausbebauung durchsetzt, die über dem Maß des Mietshauses liegt,
- Altstandorte von Industrie-, Bahn- und Militärflächen in riesigem Ausmaß disponibel geworden sind, das tangierende bzw. interne öffentliche Raumsystem eine völlige Umbewertung erfährt und gewünschte Standortqualitäten am bisherigen Rand der Innenstadt in erheblichem Umfang neu zu definieren sind, ohne daß ihre Entwicklungsbedingungen und -chancen schon klar bestimmbar wären,
- die Lokalisation neuer Einrichtungen nach dem Kriterium der straßenseitigen Erschließung dominiert und traditionelle Zentralitäten und Standorthierarchien entlang von Eisen- und Straßenbahntrassen in Auflösung begriffen sind.

Der Erfolg der Sanierungsbestrebungen hängt also nicht allein vom Bauzustand der reparaturbedürftigen Häuser und von den bereitgestellten Fördergeldern ab, sondern ebenso davon, ob die Altstadtquartiere in einem Wettbewerb möglicher Wohn- und Arbeits- und Einkaufsstandorte, der in einem großen regionalen Rahmen ausgetragen wird, bestehen können. Können sie es nicht, bleibt allein die Frage, wie die verschiedenen Altstadtbereiche auf die Realität der Schrumpfung reagieren werden. Zu vermuten ist, daß angesichts eines Überangebots von Nutzflächen zuerst die sensibelsten Bereiche von Leerständen betroffen sein werden: die miesen alten Substandardwohnungen ohne Bad und Klo, in die keiner mehr ziehen mag oder kann oder auch nur die nicht sanierten oder nur notdürftig reparierten Wohngebäude und gewerblichen Bauten, die gestiegenen Ansprüchen nicht mehr entsprechen. Das wäre ein schwerer Schlag für den Erfolg der Sanierungsbestrebungen der Stadt.

5. Die Stadtentwicklung nach 1990

Wie gezeigt, beeinflussen sich Wirtschafts- und Bevölkerungsentwicklung einerseits und Sanierungsgeschehen andererseits nicht nach den gleichen Mustern wie in Westdeutschland. Die Deindustrialisierung und Tertiärisierung der Wirtschaft vollziehen sich im Osten unter ganz anderen Bedingungen und in anderen Formen als in Westdeutschland. Dort vollzog sich der industrielle Strukturwandel in längeren Zeiträumen und unter stabilen politischen und wirtschaftlichen Bedingungen. Sanierung in Ostdeutschland hat andere Dimensionen und findet in einem komplizierteren sozialen, eigentumsrechtlichen politischen und wirtschaftlichen Umfeld statt.

Wachstum

Bislang wurde in der Leipziger Stadtentwicklungspolitik ausschließlich (neues) Wachstum über die Realisierung von Großprojekten geplant, in die Schrumpfungstendenzen in der Industrie, im Wissenschafts- und Bildungsbereich und nicht zuletzt bei den Bevölkerungszahlen konnte aber dadurch kaum steuernd eingegriffen werden. Die Frage, ob durch die Großprojekte der Schrumpfung entgegengewirkt werden kann, ist noch lange nicht entschieden. Möglicherweise fallen die Großprojekte in einigen Jahren selbst der Schrumpfung anheim. Die Entwicklung der anderen (ost)deutschen Städte spielt dabei ebenfalls eine Rolle. Dresden hat bedeutende zentrale Funktionen als Landeshauptstadt an sich gezogen sowie Forschungspotential und neue industrielle Kerne. In Bedrängnis geriete Leipzig möglicherweise auch durch die Entwicklung Berlins als neue deutsche Hauptstadt. Die jetzt aufgrund der verkehrsgeographischen Lage akquirierten Funktionen für den

Einzugsbereich der Länder Sachsen, Sachsen-Anhalt und Thüringen könnten auch vom Standort Berlin übernommen werden.

Soziale Segregation

In Leipzig gibt es – anders als in westdeutschen Großstädten – noch keine ausgeprägte soziale Segregation, was nach dem Willen der Stadt auch so bleiben soll. Die Deindustrialisierung und der Gewinn tertiärer Arbeitsplätze hat in den letzten Jahren zu einer kräftigen Differenzierung der Einkommen geführt; eine weitere Tertiärisierung würde bzw. wird dies weiter vertiefen. Mit der Sanierung in den Innenstädten und der Neubautätigkeit vor allem im Umland ist mittlerweile ein differenzierteres und höherwertiges Wohnangebot entstanden. Kristallisationspunkte der Segregation dürften daher einerseits die zentrumsnahen Mietshaus- und Stadtvillengebiete mit den großen Wohnungen in vornehmen Mietshäusern, mit Stuckdecken und Parkettfußböden, zweiflügligen Türen und Bleiglasfenstern sein, aus denen die angestammte Bevölkerung verdrängt wird. Auf die Beschäftigten der tertiären Bereiche zielen die Luxusmodernisierungen in den attraktiven Bürgerhäusern der Stadt. Diese Gentrification wird vor allem angebotsseitig (von westdeutschen Hausbesitzern bzw. Immobilienfirmen) erzeugt. Sie dürfte bei ausbleibender bzw. schwacher Nachfrage zum Erliegen kommen. Es deutet sich ein Überangebot auf diesem Sektor des Wohnungsmarktes an (was freilich kaum zu einer Entlastung auf anderen führen dürfte).

Bei den Prozessen der sozial-räumlichen Segregation gibt es zwei große Unbekannte: einerseits das Wohnungsangebot, das vorwiegend auf dem Sektor des Ein- und Zweifamilienhausbaus am Rand und im Umland der Stadt im Entstehen begriffen ist und auf der anderen Seite die in kommunalen und genossenschaftlichen Besitz befindlichen Neubauwohnungen aus den 70er und 80er Jahren. Zahlreiche jüngere Familien – diese Bevölkerungsgruppe ist in den Neubausiedlungen überrepräsentiert – verlassen Leipzig auf der Suche nach dem gepriesenen Wohnideal mit dem eigenen Häuschen im Grünen. So stellt sich die Frage, ob die etwa 100.000 Plattenwohnungen mit ihrem bis heute weitgehend akzeptieren Wohnkomfort und kalkulierbaren Mietbedingungen, jedoch häufig sehr mangelhaften Wohnumfeld eher ein Stabilisator oder ob die latent stigmatisierten Siedlungen Quellorte einer in die Peripherie gerichteten Migration sind und damit von Leerständen betroffen sein werden.

Mit einer spürbaren Segregation dürfte erst in längerer Perspektive, bei hohem wirtschaftlichen Wachstum zu rechnen sein. Ist die wirtschaftliche Entwicklung in Stadt und Umland weniger erfolgreich und spiegelt sich dies auch in der Beschäftigtensituation wider, ist die Kehrseite nicht etwa eine sozial ausgewogene Mischung der Wohnbevölkerung in allen Stadtquartieren, sondern ein Zustand, bei dem ein großer Teil der Leipziger in nicht sanierten oder modernisierten Wohnungen, deren Verfall voranschreitet, leben wird. Dieses Szenario ist in Leipzig nicht ganz neu. Der derzeit zu beobachtende rasche soziale Wandel wird erst allmählich seinen Niederschlag in räumlichen Strukturen finden – auch hier finden wir also die unterschiedlichen Geschwindigkeiten.

Das weitere Sanierungsgeschehen wird insbesondere von (bundes)staatlichen Regulierungen abhängig sein (von einer Verlängerung und Spezifizierung der steuerlichen Abschreibemöglichkeiten, der Bereitstellung von Mitteln der Städtebauförderung, Modifizierungen der Rückgaberegelung, aber auch der Bereitstellung sozialstaatlicher Transfers, von denen mittlerweile jede fünfte ostdeutsche Familie abhängig ist u. a.). Sollten die Transfers und Fördermittel gekürzt werden, ist mit einem Rückgang privater Investitionen zu rechnen. Für die Sanierung der Altbaubestände zeichnet sich damit ein größerer Zeitraum ab, als dies 1990/91 erhofft wurde. Die "Rettung Leipzigs" ist damit aus scheinbar greifbarer Nähe wieder in weite Ferne gerückt; für viele Leipziger dürfte sich der Wendetraum vom besseren Wohnen alsbald nicht erfüllen.

Stadt der zwei Geschwindigkeiten

Die Geschwindigkeit, in der sich alles vollzog und immer noch vollzieht, ist ein entcheidender Faktor der Stadtentwicklung geworden. Auf der einen Seite wurde mit einer Reihe von gesetzlichen Bestimmungen (wie insbesondere dem Investitionsvorranggesetz, aber auch einzelnen Bestimmungen wie etwa dem Vorhaben- und Erschließungsplan nach § 246a Nr. 4 BauGB i.V.m. § 7 BauGBMaßnG) und den steuerlichen Abschreibemöglichkeiten der Neubau stark beschleunigt und damit (fast zwangsläufig) auf die grüne Wiese gelenkt. Die zeitliche Befristung dieser Bestimmungen, ihr Übergangscharakter wirken noch zusätzlich in die Richtung, schnell zu investieren und zu planen, womit die (langfristige) kommunale und vor allen Dingen auch die regionale Planung de facto außer Kraft gesetzt wird. Die Stadt hat mit ihrer Entwicklungsstrategie der Großprojekte und der Jagd nach Superlativen dies noch zusätzlich beschleunigt. Auf der Seite der Sanierung ist nichts vergleichbares geschehen. Hier wirkt die Formel des Einigungsvertrages "Rückgabe vor Entschädigung" als Bremse.

Damit bildet sich in Leipzig eine "Stadt der zwei Geschwindigkeiten" heraus. Die Sanierung der Altbausubstanz ist eine Aufgabe für Generationen und nicht alle Häuser werden solche Zeiträume überleben. Es wird Viertel und Blöcke geben, die weiterhin durch Verfall und Abwanderung gekennzeichnet sind und andere Bereiche, die saniert und revitalisiert werden. Das "schnelle Leben" wird sich in der City und den aufgewerteten Quartieren abspielen, in den weiter verfallenden dagegen wird es gemächlicher und – langsam – entweichen. Die schnell errichteten Großprojekte ändern das räumliche Gefüge, die funktionellen Schwerpunkte und sozialen Adressen in der Stadt. Sie werden längere Zeit brauchen, um in den Stadtkörper integriert zu werden. Das ihnen innewohnende Tempo hat die Stadt Leipzig in Fahrt gebracht – bleibt zu hoffen, daß es nicht nur eine kurze Beschleunigungs-phase war und die großen Projekte in das städtische Umfeld ausstrahlen.

Anmerkungen

1   Die Geburtenrate fiel von 11,0 Lebendgeborenen pro 1.000 Einwohner 1989 auf 5,2 im Jahr 1993. Die Zahl der Eheschließungen verminderte sich um zwei Drittel, von 89 Eheschließungen pro 10.000 Einwohner 1989 auf 30,4 im Jahr 1993.

2   Beschäftigtenentwicklung in den Landkreisen Leipzig und Borna: Landkreis Leipzig : 1989: 74.000; 1993: 48.260; Kreis Borna: 1989: 59.293; 1993: 23.718.

3   Davon gehen Henckel et. al. in ihrer Studie zur Entwicklung deutscher Städte nach der Vereingung aus. Sie erwarten, daß sich Städte wie Leipzig, Dresden, Erfurt, Rostock etc. langfristig in der Hierarchie deutscher Städte da wieder einordnen, wo sie einmal "herausgefallen" sind (Henckel u. a. 1993, S. 543).

4   Das trifft beispielsweise auf das Paunsdorf-Center am östlichen Stadtrand zu, während die anderen großflächigen Handelseinrichtungen, so der mittlerweile überregional bekannte Saale-Park, der Sachsen- und Pösna-Park oder wie sie auch immer heißen mögen, stets als Gefährdung der städti-schen Revitalisierungsbestrebungen dargestellt werden (was sie auch tatsächlich sind). Leipzig wird bis Ende 1995 840.000 qm Einkaufsfläche ausweisen, von denen 80 % auf das Umland entfal-len (Jürgens, 1994, S. 519)

5   Nur 16 % der Verwaltungsausgaben 1995 sind durch Steuereinnahmen gedeckt, zur Finanzierung der Investitionen müssen 1995 ca. 250 Mio. DM Schulden neu aufgenommen werden. Die Schul-denlast wird dann etwa 900 Mio. DM betragen (LVZ vom 15.12.1994)

6   Damals wurden die Konsequenzen mit dem Rückgang der Bevölkerung (in dieser Variante auf ca. 80 %) und in der Beschäftigtenzahl (auf 76 %) verdeutlicht. Dies hätte unter den Bedingungen des permanenten Arbeitskräftemangels in der zentralisierten Planwirtschaft für die Braunkohle- und Energiewirtschaft, für den Messebetrieb und den Außenhandel sowie für alle anderen Branchen und den Dienstleistungsbereich verheerend gewirkt.

7   Insgesamt gibt es 19 Untersuchungsgebiete, von denen 12 förmlich festgelegt wurden. Diese um-fassen zwar eine Fläche von 500 ha, aber es befinden sich nur 29.000 der 196.000 instandset-zungsbedürftigen Wohnungen in den Sanierungsgebieten (Leipziger Amtsblatt, Juli 1995). Die 19 beschlossenen Untersuchungsgebiete stellen nicht den Erneuerungsbedarf in der Stadt dar, der ins-gesamt flächenhaft ist. Allerdings ist mit den Sanierungsgebieten „eine Dimension erreicht, die mit der jetzigen Größe der Verwaltungseinheit gerade betrieben werden kann, die aber nur schwer über die städtischen Eigenanteile finanzierbar sein wird" (Wohnungspolitisches Konzept 1994, S. 42 f.).

8   Seit dem letzten Jahr bewegen sich die Mieten wieder nach unten und pegeln sich bei Neuvermie-tungen um die 13 bis 14 DM/qm ein (Deutsche Bank, Ommoreport, Immo-Ost)

Literatur

Amt für Wohnungswesen 1993: Wohnen in Leipzig. Jahresbericht 1993. Leipzig

Berger, Horst; Hinrichs, Wilhelm; Priller, Eckhard; Schultz, Annett 1993: Veränderungen der Struktur und der sozialen Lage ostdeutscher Haushalte nach 1990, WZB-paper P 93 – 105. Berlin

Doehler, Marta; Reuther, Iris 1993: Stadtentwicklung in Leipzig: Wohnen. Leipzig

Friedrichs, Jürgen; Kahl, Alice: Strukturwandel in der ehemaligen DDR – Konsequenzen für den Städtebau. In: Archiv für Kommunalwissenschaften, II. Halbjahresband 1991

Gerkens, Karsten 1995: Leipzig: Perspektiven für eine Stadterneuerung im Bestand. In: Leipziger Bauführer: Das Jahrbuch des Bauens 1995. Leipzig

GEWOS 1993: Gutachten zur Ermittlung des Wohnflächenbedarfs. Leipzig

Gornig, Martin; Schulz, Erika; Einem, Eberhard von; Häußermann, Hartmut; Becher, Gerhard; Weibert, Wolfgang 1992: Mittel- und langfristige Entwicklungsperspektiven für Stadtregionen angesichts veränderter Rahmenbedingungen. Gutachten im Auftrage des Bundesministers für Raumordnung, Bauwesen und Städtebau. Berlin

Henckel, Dietrich; Grabow, Busso; Hollbach, Beate; Usbeck, Hartmut; Niemann, Heinz 1993: Entwicklungschancen deutscher Städte – Die Folgen der Vereinigung. Stuttgart, Berlin, Köln

Herfert, Günter 1994: Suburbanisierung der Bevölkerung in Großstadtregionen Sachsens. In: Europa Regional, H. 3/1994

Industrie- und Handelskammer zu Leipzig 1993: Investitionsvorhaben im Kammerbezirk Leipzig (Auswahl). Leipzig

Jürgens, Ulrich 1994: Saalepark und Sachsenpark. Großflächige Einkaufszentren im Raum Leipzig-Halle. In: Geographische Rundschau, H. 9/1994

Leipziger Statistik 1991 ff.: Statistische Quartalsberichte. Leipzig

Rink, Dieter 1995: Leipzig – Gewinnerin unter den Verlierern? In: Vester, Michael; Hofmann, Michael; Zierke, Irene (Hg.): Soziale Milieus in Ostdeutschland. Köln

Rudolph, Helmut 1990: Beschäftigtenstrukturen in der DDR vor der Wende, in: MittAB, H. 4/1990

Schmidt, Helga 1994: Leipzig zwischen Tradition und Neuorientierung, in: Geographische Rundschau, H. 9/1994

Schmidt, Ralf; Banse, Juliane; Wirth, Peter 1993: Entwicklungstendenzen im Umland großer Städte in den neuen Bundesländern am Anfang der 90er Jahre, IÖR-Schriften, H. 1/1993. Dresden

Stadt Leipzig 1993: Wirtschaftsstandort Leipzig. Leipzig

Stadt Leipzig 1994: Wohnungspolitisches Konzept der Stadt Leipzig. Leipzig

Statistische Jahrbücher der Stadt Leipzig, Leipzig 1991, 1992, 1993, 1994

Staufenbiel, Fred 1991: Wohnen ohne Urbanität – zu Stärken und Grenzen der Stadtsoziologie, in: Marcuse, Peter; Staufenbiel, Fred (Hg.): Wohnen und Stadtpolitik im Umbruch. Perspektiven der Stadterneuerung nach 40 Jahren DDR. Berlin

Vester, Michael 1991: Modernisierung und Unterentwicklung in Südportugal 1950–1990. Hannover

Vester, Michael 1995: Milieuwandel und regionaler Strukturwandel in Ostdeutschland. In: Vester, Michael; Hofmann, Michael; Zierke, Irene (Hg.): Soziale Milieus in Ostdeutschland. Köln

Hartmut Usbeck

Verlieren die Kernstädte? Konkurrenz zwischen Stadt und Umland bei der Gewerbeentwicklung am Beispiel Leipzig

1. Einführung

"Leipzig kommt!" – Das ist der Marketingslogan der ehrgeizigen Großstadt Leipig. Er soll das Bestreben der einstmals viertgrößten deutschen Stadt dokumentieren, an ihre historische Größe als deutsche Messemetropole, als einer der führenden deutschen Finanzplätze, als Wiege der Printmedien in Deutschland und Europa, als überregionaler Verkehrsknoten und als bedeutendes Zentrum von Wissenschaft und Kultur anzuknüpfen und insbesondere auf diesen Gebieten wieder einen Platz in der 1. Liga der deutschen Großstädte einzunehmen (vgl. Henckel u. a. 1993). Ausdruck dieser Bemühungen sind eine Reihe überregional bedeutsamer Großprojekte, wie der Neubau des Messegeländes, der Bau des Großversandhauses Quelle, der Aufbau eines Güterverkehrszentrums für den mitteldeutschen Raum, die geplante Erweiterung des Flughafens Leipzig–Halle, der Neubau eines modernen Herzklinikums oder das Medienstadtkonzept. Das Bild der Innenstadt wird durch die Ansiedlung von über 100 Finanzinstitutionen maßgeblich mitgeprägt. Gegenwärtig sind ca. 1,3 Millionen m² neue Bürofläche in der Stadt im Bau. Die heutige Silhouette der Stadt wird, neben ihren markanten Dominanten, durch hunderte Baukräne geprägt. Immer häufiger ist in der Presse von Leipzig als "bau-town" oder "boom-town" zu lesen. 1994 war der Zustand erreicht, daß es mehr Beschäftigte im Baugewerbe als im Verarbeitenden Gewerbe gab. Diese Situation dürfte wohl einmalig unter den deutschen Großstädten sein. Sie unterstreicht einerseits die enorme Bautätigkeit, die den Aufschwung der Stadt symbolisiert, andererseits aber auch die prekäre Situation der Industrie der Stadt, die vor 100 Jahren den enormen Wirtschaftsaufschwung begründete und im folgenden ein wesentliches Fundament für die Entwicklung überregionaler Dienstleistungsfunktionen darstellte.

Mit dem Thema des Beitrages verbindet sich die Frage nach Gewinnern und Verlierern der jüngsten Entwicklungsprozesse in der Großstadtregion Leipzig. Ihr soll bei der Kennzeichnung des wirtschaftlichen Strukturwandels, der (gewerblichen) Baulandentwicklung und der aus diesen resultierenden Veränderung räumlicher Strukturen nachgegangen werden. Bei den nachfolgenden Kapiteln wird, wo es die statistischen Grundlagen ermöglichten, die Region des Regierungsbezirkes Leipzig (Raumordnungsregion) differenziert nach Kernstadt (Leipzig), Umland und Peripherie behandelt. Grundlage bilden die administrativen Kreise. Zu den Umlandkreisen werden hier Borna, Delitzsch, Eilenburg, Grimma, Leipzig-Land und Wurzen, zur Peripherie die Kreise Döbeln, Geithain, Oschatz und Torgau gerechnet.

2. Wirtschaftsstrukturwandel

In den Arbeitsstätten der Region Westsachsen (Regierungsbezirk Leipzig) waren im Herbst 1989 ca. 635 500 Personen beschäftigt, davon etwa 57% im Stadt- und Landkreis Leipzig. Im Landkreis Leipzig bildeten vor allem die großen Stadtrandgemeinden (Unterzentren) die wichtigsten Arbeitsstättenstandorte mit jeweils 5.000 bis 10.000 Beschäftigten. Diese Funktion nahmen in den übrigen Kreisen die

Tabelle 1: Struktur der Beschäftigten nach Wirtschaftsbereichen 1989[*)]

Kreis	Insgesamt	Landwirtschaft	Prod.-Zweige[x)]	Bauwirtschaft	Handel	Verkehr	Dienstleistungen[y)]
	in Tsd.	in v H	in v H	in v H	in v H	in v H	in v H
Borna	59,3	5,8	72,1	1,2	5,6	2,6	12,7
Delitzsch	25,5	19,8	36,0	6,0	8,5	11,6	18,0
Döbeln	45,9	12,6	49,7	4,6	7,9	5,8	19,4
Eilenburg	23,6	21,9	34,9	4,6	9,6	6,8	22,3
Geithain	14,3	22,8	30,8	6,3	9,7	6,6	23,9
Grimma	32,4	14,9	43,9	7,6	7,7	4,2	21,6
Leipzig-Land	73,4	9,8	52,5	6,3	6,9	7,1	17,5
Oschatz	24,8	25,6	33,6	6,4	8,8	4,5	21,1
Torgau	26,0	22,6	38,1	4,4	9,8	3,9	21,4
Wurzen	24,2	15,6	45,0	7,4	8,7	4,0	19,4
Leipzig-Stadt	286,3	0,1	37,1	8,5	13,4	8,8	32,2
Regierungsbezirk Leipzig	635,5	8,0	43,3	6,6	10,3	7,0	24,7
Sachsen	2566,4	7,2	48,1	6,1	9,6	6,4	22,6

*) Ohne Lehrlinge, ohne X-Bereich.
x) Bergbau, Energie, Industrie, produzierendes Handwerk.
y) Wohnungs- und Kommunalwirtschaft, Vermittlungs-, Werbe- u.a. Büros, Geld- und Kreditwesen, Wissenschaft, Bildung, Kultur, Gesundheits- und Sozialwesen, Staatliche Verwaltung, gesellschaftliche Organisationen, Forschungs- und Entwicklungszentren, Projektierungsbetriebe, Textilreinigungsbetriebe sowie hauswirtschaftliche Reparaturbetriebe, Anlagenbaubetriebe, geologische Untersuchungsbetriebe.

Quelle: Berufstätigenerhebung vom 30.09.1989, Gemeinsames Statistisches Amt, eigene Berechnungen.

Kreisstädte (12.000–16.000 Beschäftigte) wahr. Im Kreis Borna besaßen daneben die Großstandorte der Chemieindustrie, des Bergbaus und der Energiewirtschaft Böhlen und Espenhain ein erhebliches Gewicht.

Unter allen Kreisen der DDR wies der Kernraum der Stadtregion Leipzig (Stadt- und Landkreis Leipzig) die größte Branchenvielfalt auf und verfügte damit noch über relativ günstige Ausgangsbedingungen für den Wirtschaftsstrukturwandel. Der Beschäftigtenanteil des Tertiärsektors lag in der Stadt Leipzig bei etwa 54%, in den Landkreisen zwischen 32% und 38% (Tabelle 1). Nur der Kreis Borna wich hiervon deutlich ab und besaß mit einem Anteil der Beschäftigten im Bergbau und Verarbeitenden Gewerbe von 72% eine ausgesprochene Monostruktur. Einige Landkreise wiesen noch 1989 im Bereich Landwirtschaft für sächsische Verhältnisse hohe Landwirtschaftsanteile auf.

Beschäftigtenentwicklung und Verschiebungen in den Proportionen zwischen den Wirtschaftsbereichen lassen sich mit Hilfe der Statistik der sozialversicherungspflichtig Beschäftigten (30.06.1993) dokumentieren, obwohl hierbei auch die (teilweise umfangreichen) ABM-Beschäftigten und Personen in Umschulung/Fortbildung enthalten sind. Die Gesamtzahl der Beschäftigten hat sich danach im Regierungsbezirk um fast ein Drittel verringert (- 200.000 Personen). Am deutlichsten war der Verlust im Bergbau und Verarbeitenden Gewerbe. Allein in diesem Bereich ging die Beschäftigtenzahl um ca. 168.000 Personen (- 61%) zurück. Fast 94.000 Arbeitsplatzverluste entfielen auf die Stadt Leipzig und ihren Landkreis. Demgegenüber verzeichneten das Baugewerbe und die Bereiche Kreditinstitute, Dienstleistungen sowie Gebietskörperschaften/Organisationen ohne Erwerbscharakter einen deutlichen absoluten und relativen Beschäftigtenzuwachs (Tabelle 2). Beim Baugewerbe profitierten davon in erster Linie die Landkreise (Umland und Peripherie), beim Dienstleistungsbereich ausschließlich die Kernstadt. Bemerkenswert ist, daß ansonsten nur noch im Bereich Handel in der Raumkategorie "Umland" ein leichtes Beschäftigtenwachstum aufgetreten ist. Dieses beruht allein auf der Zunahme um 2.500 Arbeitsplätze im engeren Umland (Landkreis Leipzig) und weist bereits auf die räumlichen Verschiebungen zwischen Kernstadt (- 14.600 Arbeitsplätze) und engerem Umland hin, die sich durch sogenannte "Standorte auf der grünen Wiese" auch in der Arbeitsplatzbilanz ergeben.

In dem relativ kurzen Zeitraum von etwa 4 Jahren durchlief die Region Westsachsen einen Wirtschaftsstrukturwandel, der sich ausdrückt in einem deutlich geringeren Beschäftigungsniveau und in einer erheblichen Verschiebung der Beschäftigtenproportionen zu Lasten des Verarbeitenden Gewerbes sowie Landwirtschaft, Handel und Verkehr und zugunsten des Dienstleistungsbereiches und der Bauwirtschaft (Tabelle 3).

Mit einem Beschäftigtenanteil von fast 40% (ca. 86.000 Personen) im Bereich Kreditinstitute, Versicherungen und sonstige Dienstleistungen dokumentiert Leipzig seine Stellung als Finanz- und Dienstleistungszentrum, hat diesbezüglich alle anderen sächsischen Städte überholt und besitzt mit diesem Anteilswert, bei erheblich niedrigerer absoluter Größenordnung, neben München das Spitzenniveau unter den deutschen Großstädten. Das Baugewerbe erreicht etwa den doppelten Anteilswert westdeutscher Großstädte, während das Verarbeitende Gewerbe erheblich unter diesen Vergleichswerten rangiert. Man kann davon ausgehen, daß die jetzigen Proportionen in den Wirtschaftsstrukturen (vor allem der Stadt Leipzig) noch instabil sind, die Situation des Verarbeitenden Gewerbes noch keine solide Grundlage für die Entwicklung des Dienstleistungsbereiches darstellt und die außergewöhnliche Position des Baugewerbes nur mit dem gegenwärtigen "Bauboom" in Verbindung zu bringen ist.

Tabelle 2: Beschäftigtenentwicklung im Regierungsbezirk Leipzig nach Wirtschaftsbereichen und Teilregionen 1989 – 1993[*)]

	Kernstadt	Umland- kreise	periphere Kreise	Regierungs- bezirk
Insgesamt				
in Tsd	-67,1	-87,3	-46,7	-201,1
in %	23,4	-36,6	-42,1	-31,6
Landwirtschaft				
in Tsd	+0,2	-23,4	-16,8	-40,0
in %	+66,6	-79,6	-79,6	-78,7
Bergbau u. Verarb. Gew.				
in Tsd	-69,0	-70,5	-28,4	-167,9
in %	-65,0	-57,0	-63,0	-61,0
Baugewerbe				
in Tsd	+0,3	+8,6	+4,8	+13,7
in %	+1,6	+69,9	+88,7	+32,7
Handel				
in Tsd	-14,6	+0,6	-2,6	-16,6
in %	-38,0	+2,9	-24,0	-25,0
Verkehr				
in Tsd	-5,2	-2,4	-3,0	-10,6
in %	-20,6	-17,6	-52,7	-23,8
Dienstleistungen				
in Tsd	+20,8	-0,4	-0,2	+20,2
in %	22,3	-1,0	-0,9	+12,9

*) 30.09.1989 bzw. 30.06.1993

Quelle: Berufstätigenerhebung vom 30.09.1989, Gemeinsames Statistisches Amt der Länder, Sozialversicherungspflichtig Beschäftigte im Freistaat Sachsen Juni 1993, Statistisches Landesamt des Freistaates Sachsen, eigene Berechnungen.

Tabelle 3: *Struktur der sozialversicherungspflichtig Beschäftigten nach Wirtschaftsbereichen am 30.06.1993*

Kreis	Beschäftigte		Land-/Forstwirtschaft	Energie, Bergbau, Verarb. Gew.	Baugewerbe	Handel	Verkehr, Nachrichten	Kreditinstitute, Versicherungen, sonst. Dienstleistungen	Org. ohne Erwerbscharakter, Gebietskörperschaften, SV
	Insgesamt								
	in Tsd.	in v H[*]							
Borna	36,7		1,9	62,9	5,9	6,4	2,5	11,2	9,2
Delitzsch	16,7		4,4	23,4	19,2	11,2	14,0	16,3	11,5
Döbeln	24,6		5,8	28,8	14,1	13,0	4,3	19,7	14,3
Eilenburg	15,0		8,3	21,4	14,7	13,3	9,1	18,2	15,0
Geithain	8,8		7,8	19,2	25,5	8,8	4,6	21,0	11,9
Grimma	19,7		5,3	24,7	14,6	12,7	9,1	21,2	12,2
Leipzig-Land	48,2		2,8	28,9	17,9	15,6	8,2	17,6	8,8
Oschatz	15,0		7,7	25,2	13,2	13,6	5,2	18,6	16,4
Torgau	15,9		7,5	26,7	15,9	7,0	3,4	21,8	17,3
Wurzen	14,6		5,3	31,1	15,3	11,4	5,8	15,6	15,4
Leipzig-Stadt	219,2		0,3	17,0	11,3	10,9	9,0	39,5	12,0
Regierungsbezirk Leipzig	434,4		2,5	24,7	12,8	11,3	7,8	28,6	12,2
Sachsen	1.687,5		2,8	26,4	12,7	10,7	6,9	25,5	15,0

*) Differenzen zu 100 % sind auf eine Kategorie "ohne Angaben" zurückzuführen.

Quelle: Sozialversicherungspflichtig Beschäftigte im Freistaat Sachsen Juni 1993, Statistisches Landesamt des Freistaates Sachsen, Statistische Berichte Juni 1994; eigene Berechnungen.

Detailliert lassen sich Veränderungen ökonomischer Kennziffern des Verarbeitenden Gewerbes der Region nur aus der Statistik für Betriebe mit 20 und mehr
Beschäftigten nachvollziehen.

Zunächst ist zu konstatieren, daß der stark industrialisierte Regierungsbezirk
Leipzig (Industriebesatz 1989 = 382 Industriebeschäftigte pro 1.000 Erwerbsfähi-
ge) im Jahresdurchschnitt 1993 nur noch auf einen Industriebesatz von 70 kam und
damit lediglich die Hälfte des Durchschnitts der alten Bundesländer erreicht. Die
Region lag noch unter dem Niveau der Raumordnungsregionen Ostfriesland und
Dithmarschen (Tabelle 4). Die Kernstadt Leipzig fällt gegenüber dem Umland
deutlich ab und erreichte 1993 nicht einmal mehr das Niveau der peripheren,
strukturschwachen Kreise der Region. Unter den sächsischen Großstädten rangiert
Leipzig im Industriebesatz mit Abstand an letzter Stelle und weist nur noch ein
Drittel bis ein Viertel des Wertes vergleichbarer westdeutscher Großstädte auf.

*Tabelle 4: Ausgewählte Kennziffern des Bereiches Bergbau und Verarbeitendes
Gewerbe im Regierungsbezirk Leipzig 1991 und 1993**)*

		Beschäftigte (Tsd. Personen)	Industrie- besatz	Umsatz (Tsd. DM)	Umsatz pro Be- schäftigten (Tsd. DM)	Export- quote
Kernstadt	1991	56,8	167	2 610,5	46,7	15,5
	1993	18,0	53	1 811,4	100,9	9,6
Umlandkreise	1991	57,1	205	3 626,2	63,5	7,7
	1993	26,2	94	3 209,7	122,5	8,7
periphere Kreise	1991	21,8	152	1 012,8	46,4	8,5
	1993	9,0	63	1 125,6	124,8	8,5
Regierungs- bezirk	1991	135,7	178	7 249,5	53,6	10,6
	1993	53,2	70	6 146,7	115,6	8,9

*) Jahresdurchschnitt bzw. Jahressumme für Betriebe mit 20 und mehr Beschäftigten

Quelle: Statistisches Landesamt des Freistaates Sachsen, Statistische Berichte 1992 und
1994; eigene Berechnungen.

Das Verarbeitende Gewerbe der Region ist vorwiegend auf den (regionalen) Bin-
nenmarkt orientiert. Mit Exportquoten von etwa 9 % lag die Region und auch die
Kernstadt bei etwa 35 % der Exportquoten westdeutscher Großstadtregionen. Die
Produktivität (Jahresumsatz pro Beschäftigten) erreichte etwa die Hälfte westdeutscher Regionen. Vor diesem Hintergrund eines äußerst niedrigen Niveaus sind in
den letzten Jahren vollzogene Strukturverschiebungen im Verarbeitenden Gewerbe
der Region zu beurteilen.

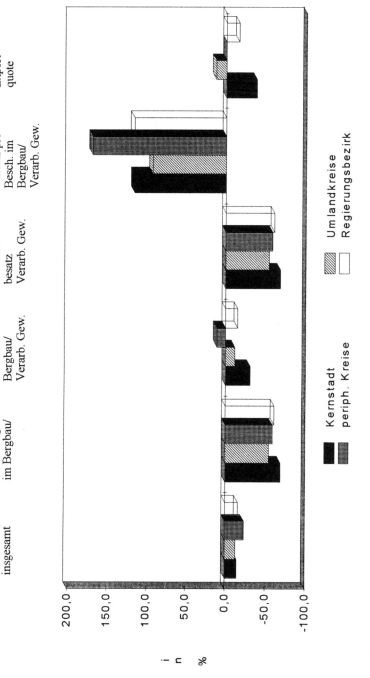

Abbildung 1: *Veränderung gewerblicher Kennziffern im Regierungsbezirk Leipzig 1991–1993 (in %)*

Quelle: Statistisches Landesamt des Freistaates Sachsen, Statistische Berichte 1992, 1994; eigene Berechnungen.

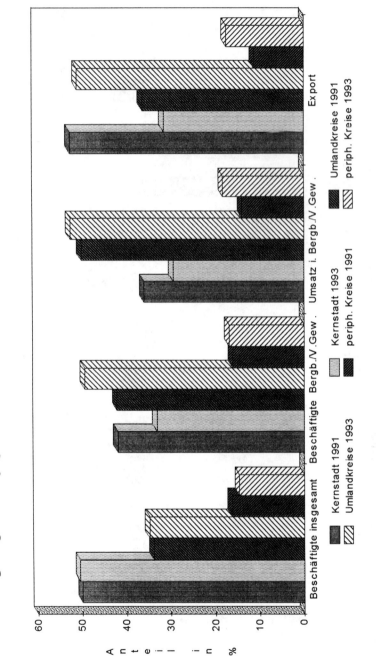

Abbildung 2: Veränderung des Gewichts von Kernstadt, Umland und Peripherie bei gewerblichen Kennziffern im Regierungsbezirk Leipzig 1991–1993 (Anteil der Teilregion am Regierungsbezirk 1991 und 1993)

Quelle: Statistisches Landesamt des Freistaates Sachsen, Statistische Berichte 1992, 1994; eigene Berechnungen.

Im Zeitraum 1991–1993 war sie nicht nur mit dem Beschäftigtenrückgang, sondern auch mit erheblichen Umsatzeinbußen (ca. 1 Mrd DM) und einer Verschlechterung der Exportquote konfrontiert. Demgegenüber hat sich die Produktivität mehr als verdoppelt, was jedoch noch in hohem Maße mit dem Beschäftigtenabbau korreliert (Abbildung 1). Bis auf die Produktivitätskennziffer war die Kernstadt am stärksten von den Negativtrends betroffen. Im Gegensatz dazu verlief der Deindustrialisierungsprozeß im Umland und auch in den peripheren Räumen vergleichsweise "moderater". In dem betrachteten Zeitraum sind im industriellen Bereich spürbare Gewichtsverlagerungen von der Kernstadt zugunsten der Umlandkreise zu konstatieren (Abbildung 2). Letztere hatten 1993 immerhin bei etwa einem Drittel der Erwerbsfähigen der Region etwa die Hälfte der Beschäftigten, des Umsatzes und des Exportes im Verarbeitenden Gewerbe auf sich vereint. Die peripheren Kreise konnten ihre diesbezügliche Position in der Region ebenfalls leicht verbessern. Die Kernstadt hat somit in kurzer Zeit ihre dominante Stellung als Industriestandort in der Region weitgehend verloren und an das Umland abgegeben. Umsatz- und Beschäftigtenentwicklung im Jahre 1994 deuten darauf hin, daß das Umland diese Position noch ausbaut.

Insgesamt ist bei einer Betrachtung der Veränderungen in der Quantität und der Branchenstruktur der Beschäftigten nach Teilregionen zu konstatieren, daß bei generell niedrigerem Beschäftigtenniveau die Kernstadt Leipzig ihr relatives Gewicht als Arbeitsplatzstandort für die Region und auch darüber hinaus (Teile Sachsen-Anhalts) nicht nur halten, sondern sogar ausbauen konnte. So ist trotz Arbeitsplatzverlusten die Zahl der Einpendler nach Leipzig von rund 41.000 in den 80er Jahren auf ca. 68.000 (1993) gestiegen, so daß nunmehr fast jeder dritte Arbeitsplatz durch einen Einpendler besetzt wird.

Für die Teilregionen können hinsichtlich der Veränderung ihres Gewichts in der Region als branchendifferenzierter Arbeitsplatzstandort für den Zeitraum 1989–1993 folgende Aussagen zusammengefaßt werden (Anteil der Teilregion an den Gesamtbeschäftigten der Branche):

Kernstadt — Bedeutungsverlust in den Bereichen Verarbeitendes Gewerbe, Baugewerbe, Handel
— Bedeutungsgewinn in den Bereichen Dienstleistungen und Verkehr

Umland — Bedeutungsverlust im Bereich Dienstleistungen
— Bedeutungsgewinn in den Bereichen Handel, Baugewerbe, Verarbeitendes Gewerbe und Verkehr

Peripherie — Bedeutungsverlust in den Bereichen Verkehr, Dienstleistungen
— Bedeutungsgewinn im Bereich Baugewerbe.

3. Flächenpotentiale und Flächenentwicklungen

3.1. Aspekte des Bestandes

Trotz vergleichsweise hoher Siedlungs- und Bevölkerungsdichte in weiten Teilen der Region Leipzig existieren noch erhebliche Flächenpotentiale für die gewerbliche, infrastrukturelle und Wohnbauentwicklung. Sie finden sich nicht nur auf den ehemaligen Agrarflächen der Stadtrandzone und des engeren und weiteren Umlandes der Kernstadt, die wegen der bisher fehlenden Suburbanisierung von der Überbauung weitgehend freigehalten werden konnten, sondern vor allem auch in Gestalt von innerstädtischen Baulücken und (zunehmend brach fallenden) gewerblichen Bestandsflächen. Letztere unterliegen seit 1990 einem Nutzungswandel (z. T. temporäre Zwischennutzungen) und Umnutzungdruck vor allem in Richtung sogenannter "ertragreicherer" Tertiärnutzungen. Die genauen Größenordnungen dieser Flächenpotentiale im Siedlungsbestand sind noch nicht vollständig ermittelt, die planungsrechtliche Festlegung ihrer künftigen Nutzung in den Flächennutzungsplänen vielfach noch im Entwurfsstadium, die Eigentumsfragen teilweise noch ungeklärt. Hinzu kommen Probleme des Flächenzuschnitts, der äußeren und inneren infrastrukturellen Erschließung, Störwirkungen auf die Umgebung, nicht vollständig ermittelte Altlasten u. a., die größere Anteile der ehemaligen industriell-gewerblichen Flächen bisher kurz- und mittelfristig als Standorte des Verarbeitenden Gewerbes in Frage stellen. Hierin und auch in bestehenden Förderrichtlinien ist ein wesentlicher Grund zu sehen, weshalb die gewerblichen Bestandsflächen und ihre Bedeutung als Standortfaktor für die Wirtschaftsentwicklung der Region gegenüber dem Neuflächenausweis bisher eindeutig unterbelichtet waren.

Um welches Potential es sich dabei handelt, mögen folgende Angaben verdeutlichen, die aus der Ende 1987 für das Gebiet der DDR vorgenommenen Erfassung der Arbeits- und Produktionsstätten des Wirtschaftsbereiches Industrie ermittelt wurden. Ende der 80er Jahre verfügte die Industrie Ostdeutschlands über ca. 160.000 ha Grundstücksfläche. Davon entfiel etwa ein Viertel auf die damaligen Stadtkreise und die direkt angrenzenden Umlandkreise, also auf die größeren Stadtregionen. Im Regierungsbezirk Leipzig wurden zu diesem Zeitpunkt mehr als 6.000 ha Fläche von der Industrie (ohne Bergbau) genutzt. Diese Größenordnung an Bestandsflächen übersteigt den Umfang der von 1990 bis 1994 raumordnerisch befürworteten Neuflächen für Gewerbe um etwa 10 % und den der genehmigten Flächen um fast das Doppelte. Auch wenn in einer Reihe von Experten davon ausgegangen wird, daß von diesen industriellen Altflächen aus verschiedensten Gründen künftig nur noch ca. 40 % durch das Verarbeitende Gewerbe weiter genutzt werden, ergibt sich aus nutzbaren Alt- und genehmigten Neuflächen im Regierungsbezirk eine Größenordnung von ca. 5.500 ha. Dies entspricht fast dem ehemaligen Bestand bei einem Beschäftigtenrückgang auf etwa ein Drittel des Ausgangsbestandes.

Von den industriellen Bestandsflächen im Regierungsbezirk entfallen etwa 700 ha auf die Kernstadt (ca. 12 %) und 4.300 ha (ca. 70 %) auf die Umlandkreise, der Rest auf die Peripherie. Die Arbeitsplatzdichte (Arbeitskräfte/ha) war in der Kernstadt mit 137 (höchster Wert unter den ostdeutschen Städten) fast siebenmal höher als in den Umlandkreisen. Die durchschnittliche Flächengröße der industriellen Arbeitsstätten betrug in der Stadt Leipzig 0,6 ha (niedrigster Wert unter den ostdeutschen Stadtkreisen), in den Umlandkreisen 5,6 ha. Dies unterstreicht zum einen die Kleinteiligkeit der industriellen Arbeitsstätten (häufig in Gemengelagen) mit einem hohen (auch baulichen) Belegungsgrad in der Stadt und zum anderen relativ großzügige Flächenausstattungen (branchenbedingt) im Umland, aus denen sich noch erhebliche Potentiale ergeben.

3.2. Neuausweis von Baugebietsflächen

Die folgenden Ausführungen beziehen sich vorzugsweise auf das Gebiet der Region Halle–Leipzig (Gebiet des Staatsvertrages zwischen dem Land Sachsen-Anhalt und dem Freistaat Sachsen), da Ausweis und Entwicklung neuer Baugebietsflächen in dem Großraum in hohem Maße durch überregionale Infrastruktureinrichtungen (Autobahnkreuz, Flughafen) und die räumliche Nachbarschaft der Großstädte Leipzig und Halle beeinflußt werden.

Es ist inzwischen weitgehend bekannt, daß die Planung neuer Baugebietsflächen in Ostdeutschland und auch in der Region Halle–Leipzig seit 1990 in "3 Wellen" von großflächigen Einzelhandelsstandorten über Gewerbegebiete bis zu Wohn- und Mischgebieten erfolgte. Die größten Einzelhandelsgebiete wurden mit dem Saalepark und dem Sachsenpark noch vor dem 3.10.1990 genehmigt und sind in ihren räumlichen Auswirkungen, insbesondere hinsichtlich der Verkehrs-

Tabelle 5: Genehmigte bzw. raumordnerisch befürwortete neue Baugebietsflächen in der Region Halle –Leipzig (Stand: September 1993)

Kreise	Wohn-/Misch-gebietsfläche		Gewerbe-/Industrie-gebietsfläche		Sonder-gebietsfläche	
	ha	%	ha	%	ha	%
Sachsen-Anhalt	1116	34,76	3545	53,19	361	19,12
Sachsen	2095	65,24	3120	46,81	1527	80,88
Region gesamt	3211	100,00	6665	100,00	1888	100,00

*) incl. ca. 880 ha für den Ausbau des Flughafens Leipzig-Halle und die Neue Messe

Quelle: Zusammengestellt nach Unterlagen der Regierungspräsidien Dessau, Halle und Leipzig.

Tabelle 6: Neue Baugebietsflächen im Kernraum der Region Halle – Leipzig

A

	Oberzentren		Landkreise		Kernraum insgesamt		Region Halle – Leipzig	
	ha	%	ha	%	ha	%	ha	%
Wohn-/Mischgebietsflächen	731	51,0	1.607	22,8	2.338	27,5	3.211	100,0
Gewerbe-/Industriegebietsfl.	608	42,4	3.841	54,4	4.449	52,4	6.665	100,0
Sondergebietsflächen	95	6,6	1 610	22,8	1 705	20,1	1 888	100,0
neue Bauflächen insgesamt	1.434	100,0	7 058	100,0	8 492	100,0	11 764	100,0

B Anteile an der Region Halle-Leipzig (%)

	Fläche	Bevölkerung	Neue Baugebietsflächen			
			insgesamt	W/M-Fl.	GE/GI-Fl.	S-Fl.
Oberzentren	6,0	50,1	12,2	22,8	9,1	5,0
Landkreise	40,5	22,2	60,0	50,0	57,7	85,3
Kernraum insgesamt	46,5	72,3	72,2	72,8	66,8	90,3

C

	Neue Baugebietsflächen				
	ha/km²	m²/EW			
		insgesamt	W/M-Fl.	GE/GI-Fl.	S-Fl.
Oberzentren	5,1	18	9	8	1
Landkreise	3,7	200	45	109	46
Kernraum insgesamt	3,9	74	20	39	15

Quelle: Zusammengestellt nach Unterlagen der Regierungspräsidien Dessau, Halle, Leipzig; eigene Berechungen.

ströme, für jeden sichtbar. Auf die Notwendigkeit neuer Arbeitsplätze wurde vor allem mit dem Ausweis und der Förderung neuer Gewerbegebietsflächen reagiert, da diese schneller als die Umnutzung von Bestandsflächen mobilisierbar sind. Auch für die Schaffung von Wohnraum werden vorwiegend neue Baugebietsflächen ausgewiesen. Demgegenüber nimmt sich die Bestandssanierung quantitativ gegenwärtig bescheiden aus[1].

In der Region Halle–Leipzig werden insgesamt ca. 11.700 ha genehmigte (einschließlich vor dem 3.10.1990) oder raumordnerisch befürwortete neue Baugebietsflächen ausgewiesen. Über die Hälfte sind Gewerbe- und Industrieflächen (Tabelle 5). Etwa drei Viertel der neuen Baugebietsflächen konzentrieren sich auf den Kernraum der Region (Städte Leipzig und Halle sowie Landkreise Leipzig, Delitzsch, Merseburg, Saalkreis; Tabelle 6). Für diesen Raum sind verkehrsgeographische Lagevorteile und die Konzentration von Wirtschafts- und Bevölkerungspotential ausschlaggebende Standortfaktoren für die Investitionen im infrastrukturellen, gewerblichen und Wohnungsbaubereich.

Innerhalb des Kernraumes treten zwischen den beiden Großstädten und den Umlandkreisen in der Baugebietsentwicklung erhebliche Differenzierungen hervor. Mit 200 m²/EW neuer Bauflächen erreicht das Umland den 11 fachen Wert der Oberzentren. Vor allem bei den Flächen für Sonder- und Gewerbegebiete sind die Relationen extrem zugunsten des Umlandes verschoben.

Den Mittelpunkt des Kernraumes der Region bildet das Gebiet um das Autobahnkreuz Schkeuditz und den Flughafen Leipzig–Halle, das durch seine Lage zwischen den beiden Oberzentren und durch seine logistische Standortgunst zu einem herausgehobenen Zielpunkt der Investitionstätigkeit mit überregionaler Bedeutung und damit zu einem Motor für die Gesamtregion wird. Im Gebiet mit einem 10-km-Radius um das Schkeuditzer Kreuz, das die beiden Oberzentren nicht einschließt, entfallen auf etwa 8 % der Gemeinden der Region mit 3,3 % der Regionsbevölkerung ca. 27 % der neuen Baugebietsflächen (Tabelle 7). Jede Gemeinde wird sich im Durchschnitt um 100 ha Baufläche erweitern (Regionsdurchschnitt: 29 ha, wobei auf einen Einwohner 605 m² entfallen (8 faches des Regionsdurchschnittes).

Die sich für den Teilraum "Schkeuditzer Kreuz" abzeichnende Entwicklung überformt die bisher weitgehend ländliche Siedlungsstruktur (1674 EW/ Gemeinde) in beispielloser Weise. Der Flächenverbrauch ist extrem hoch. Für eine größere Zahl von Gemeinden wird die Siedlungsfläche mehr als verdoppelt. Damit kommt der Sicherung von Freiraumfunktionen auch in diesem Entwicklungsraum besondere Bedeutung zu. Ein möglicherweise weiterhin vorgesehener Flächenausweis

---

1 Die nachfolgenden Auswertungen basieren auf Unterlagen der Regierungspräsidien Dessau, Halle und Leipzig über die raumordnerisch befürworteten bzw. genehmigten neuausgewiesenen Baugebietsflächen in den Kreisen der Region Halle-Leipzig zum Stand September/Oktober 1993. Einbezogen werden die Flächen, auf denen die Bebauung bereits erfolgt, die genehmigt oder raumordnerisch befürwortet sind.

Tabelle 7: Bauflächenentwicklung im Teilraum "Schkeuditzer Kreuz"

	Teilraum Schkeuditzer Kreuz	Region Halle – Leipzig
Anzahl der Gemeinden	32	403
Einwohner	52 400	1.606.000
EW/Gemeinde	1 674	3 985
Neue Bauflächen (ha)	3 170	11.765
" " (m²/EW)"	605	73
" " (ha/Gemeinde)"	99	29

Anteil an der Region Halle-Leipzig (%)

Gemeinden	7,9
Einwohner	3,3
neue Baufl. insgesamt	26,9
W/M-Flächen	11,1
GE/GI-Flächen	27,2
Sonderflächen	53,0

Quelle: Usbeck u. a. 1993, S. 41.

sollte, vor allem im länderübergreifenden Konsens, verhindert werden. Mit der außerordentlichen Konzentration von logistischen, anderen gewerblichen und großflächigen Einzelhandelsstandorten werden in diesen eng begrenzten Teilraum überdurchschnittlich starke Ströme des (vorwiegend Kfz-orientierten) Pendler-, Einkaufs- und Wirtschaftsverkehrs gezogen.

Auf die in den Landesentwicklungsplänen ausgewiesenen Zentralen Orte der Region (Oberzentrum bis Grund-/Unterzentrum) entfallen bei einem Anteil von 78% an der Regionsbevölkerung nur ca. ein Drittel der neuen Baugebietsflächen (Tabelle 8), obwohl ihnen in der Landesplanung explizit eine besondere Entwicklungs- und Bündelungsfunktion zugemessen wird. Die Zentren kommen noch am ehesten bei der Entwicklung der Wohnfunktion ihrer zentralörtlichen Stellung nahe (ca. 48% der neuen Wohnbauflächen), müssen jedoch bei gewerblichen und (Einzel-)Handelsfunktionen gegenüber ländlichen Gemeinden erhebliche Zentralitätseinbußen hinnehmen. Damit werden zunehmend diffusere arbeits- und versorgungsräumliche Stadt-Umland-Verflechtungen entstehen, die Verkehrsbelastung weiter steigen und die Chancen für ein ökonomisch tragfähiges ÖPNV-Netz wegen der dispersen Entwicklung sinken.

*Tabelle 8: Neue Baugebietsflächen in den Zentren der Region Halle-Leipzig
(Stand: September 1993)*

Zentren	neue Baufläche insgesamt	davon					
		Wohn-/Mischfläche		GE/GI-Fläche		Sondergebietsfläche	
	ha	ha	%	ha	%	ha	%
Oberzentren	1433,96	731,26	51,0	607,78	42,4	94,92	6,6
Mittelz. m. TF eines OZ	285,9	33,03	11,6	202,20	70,7	50,67	17,7
Mittelzentren	545,51	185,30	34,0	282,40	51,8	77,81	14,2
Grundz.m.TF eines MZ	136,55	69,50	50,9	51,60	37,8	15,45	11,3
Unterzentren	881,20	410,20	46,6	382,50	43,4	88,50	10.0
Grundzentren	879,94	119,89	13,6	721,30	82,0	38,75	4,4
Zentren insgesamt	4163,06	1549,18	37,2	2247,78	54,0	366,10	8,8
Anteil an der Region (%)	35,4	48,2		33,7		24,0	

Quelle: Eigene Berechnungen nach Unterlagen der Regierungspräsidien Dessau, Halle und
Leipzig.

Neben den skizzierten Teilräumen bilden die Bundesautobahnen und B-Straßen die
Vorzugsstandorte der Baugebietserweiterungen. Außer den traditionellen, an das
Eisenbahnnetz angelegten Achsen, kann man von der Herausbildung von "Neuach-
sen" sprechen. Charakteristisch dafür sind Abschnitte der BAB 9 (Merseburg bis
Bitterfeld) und BAB 14 (Leipzig-Ost bis Halle) sowie der B 6 und B 181 zwischen
Leipzig und Halle sowie Leipzig und Merseburg. Sich hier abzeichnende Entwick-
lungen sind mit dem traditionellen Ordnungsinstrument des Zentralortsystems nur
unvollkommen zu steuern.

Insgesamt signalisiert die Baulandentwicklung in der Region einen hohen Flächenverbrauch bei vergleichsweise geringer Nutzungsintensität (AK/ha GE/GI;

WE/ha W). Der gewerbliche Neuflächenausweis ist selbst bei optimistischer Wirtschafts- und demographischer Entwicklung überdimensioniert. Der Neuausweis von Gebieten des großflächigen Einzelhandels hat im Kernraum eine Proportion von Umland : Ober-/Mittelzentren von 2,2 : 1 erreicht. Der für das Jahr 2010 angenommene Bedarfswert von 1,1–1,2 m²/EW (bei voller Angleichung der Kaufkraft an das Niveau der ABL) wird in großen Teilen der Region bereits in den nächsten 2 Jahren überschritten.

Auf den genehmigten und befürworteten neuen Wohnbauflächen könnten ca. 230.000 Personen angesiedelt werden. Über drei Viertel davon würden auf das Umland der beiden Oberzentren entfallen, wobei insbesondere auf die Ansiedlung einkommensstärkerer Gruppen (aus den Städten und von außerhalb) gesetzt wird. Angesichts der prognostizierten demographischen Entwicklung, der bisherigen Vermögensbildung, der Altersstruktur der Bevölkerung und der gesamtwirtschaftlichen Situation werden viele dieser Gebiete nicht bebaut werden.

Zusammengefaßt läßt sich konstatieren, daß sich der Strukturwandel in der Region Halle–Leipzig am deutlichsten in der Entwicklung neuer Gewerbe-, Einkaufs- und Wohngebiete in der Stadtrandzone und im Umland ausdrückt. In den Kernstädten spiegelt er sich vor allem im Bau bzw. der Sanierung von Büro- und Geschäftskomplexen wider (Usbeck u. a. 1994). Demgegenüber schlägt sich die Revitalisierung alter Industrie- und Gewerbestandorte räumlich noch kaum nieder. Gerade hier liegen jedoch erhebliche Entwicklungsaufgaben und -potentiale.

Innerhalb des Gesamtwirtschaftsraumes verstärkt sich durch die Baulandentwicklung die Position des Kernraumes erheblich. Die Stellung des Umlandes erhöht sich gegenüber den Kernstädten in seiner Funktion als Arbeits-, Versorgungs- und zunehmend auch als Wohnstandort in einem bisher nicht gekanntem Maße. Dies beeinträchtigt die Zentralität der Kernstädte und entzieht diesen Kauf- und Steuerkraft. Die bisher weitgehend zentripetal ausgerichteten, an die Stadt-Umland-Beziehungen gebundenen Verkehrsströme werden durch zunehmende zentrifugale Ströme überlagert, die eine ausgesprochen starke Kfz-Orientierung aufweisen. Die gegenüber altbundesdeutschen Agglomerationen bisher fehlende Suburbanisierung wird vor allem im Kernraum der Region Halle–Leipzig zeitlich stark verkürzt und in genau umgekehrten Phasen (Einzelhandel – Gewerbe – Bevölkerung) nachgeholt. Dieser Prozeß trifft hier auf eine dafür nicht eingerichtete Verkehrs- und technische Infrastruktur, deren Auf- bzw. Ausbau unter erheblichen Einsatz öffentlicher Mittel kurz- und mittelfristig nachgeholt werden müßte. Angesichts der Finanzsituation bei den öffentlichen Haushalten dürften bei Realisierung aller Planungen über einen längeren Zeitraum erhebliche Probleme vor allem im Verkehrs- und Infrastrukurbereich auftreten, die sich nachteilig auf die Lebens- und Standortqualität der Region auswirken.

4. Fazit

Die eingangs formulierte Frage, ob sich die Kernstadt gegenüber dem Umland als Verlierer in der aktuellen gewerblichen Entwicklung erweist, kann für die Region Leipzig nicht eindeutig mit ja oder nein beantwortet werden. Gegenwärtig vollziehen sich die entscheidenden raumwirksamen Entwicklungen durch die Erschließung umfangreicher neuer Baugebietsflächen vor allem in der Stadtrandzone und dem engeren Umland der Kernstadt sowie an den Zugangsstellen und Kreuzungsbereichen überregionaler (Straßen-)Verkehrsverbindungen. Die Verkehrslagegunst spielt als Standortfaktor eine entscheidende Rolle. Bei dieser Neuflächenentwicklung ist die Kernstadt mit ihren begrenzten Erweiterungsmöglichkeiten gegenüber dem Umland deutlich unterrepräsentiert. Dies betrifft sowohl Flächen für Gewerbe- und Sondergebiete als auch für Wohnungsbau.

Durch den Wirtschaftsstrukturwandel, insbesondere durch den Strukturbruch im Verarbeitenden Gewerbe, hat die Kernstadt ihre einstmals starke Position als Industriestandort eingebüßt. Die Verschiebungen in den branchenstrukturellen Beschäftigtenrelationen verliefen vor allem zugunsten des Bereiches Kreditinstitute/Versicherungen/Dienstleistungen, in dem Leipzig in die Spitzengruppe der deutschen Großstädte aufgerückt ist. Hier muß von einer neuen Qualität der Arbeitsplatzstruktur gesprochen werden, die sich auch in einem Anwachsen von Pendlergewinnen bei erheblich reduzierter Gesamtbeschäftigtenzahl ausdrückt.

Bei Orientierung der Kernstadt auf die sogenannten höherwertigen Dienstleistungen verzeichnet das (engere) Umland einen relativen und teilweisen auch absoluten Bedeutungsgewinn im Bauwesen, Handel und Verarbeitenden Gewerbe gegenüber der Kernstadt. Diese Funktionsgewinne resultieren aus Neuansiedlungen, Existenzgründungen und auch Verlagerungen aus der Kernstadt. Die Zielorientierung auf das Umland ist nicht aus der Struktur des Umlandes an sich und bestimmten Standortvorzügen (Flächenbereitstellung, Bodenpreise, Verwaltungshandeln u. a.) allein zu erklären, sondern hängt ganz wesentlich mit der Existenz einer attraktiven Großstadt zusammen, die ein Marktpotential darstellt und mit der man sich auch in Zukunft eine aufstrebende Wirtschaftsentwicklung verspricht (Neumann u. a. 1994). Jede Funktionsdifferenzierung ist für die eine Seite mit Funktionsgewinnen, für die andere mit Funktionsverlusten verbunden. Leipzig hat zweifellos erhebliche Verluste vor allem im Verarbeitenden Gewerbe, aber auch im Handel hinnehmen müssen. Diese sind im Vergleich zu westdeutschen Großstädten so groß, daß man die Frage stellen muß, ob für die rasante Spezialisierung auf den höherwertigen Dienstleistungsbereich in absehbarer Zeit ein stabiles Fundament in Gestalt eines modernen und leistungsstarken Verarbeitenden Gewerbes geschaffen werden kann.

Andererseits wird gerade durch die wirtschaftlichen und räumlichen Entwicklungsprozesse der letzten 5 Jahre immer deutlicher, daß das Problem des wirtschaftlichen Strukturwandels und seines räumlichen Abbildes nicht mehr länger in den administrativen Grenzen des Territoriums einer Großstadt und der sie umgebenden Gemeinden des Umlandes zu diskutieren und schon gar nicht in einem Gegeneinander zu lösen ist. Als Hintergrund ist der Maßstab der Region bzw. des Wirtschaftsraumes Leipzig–Halle zu sehen (Niemann u. a. 1994). Die Region profitiert von der Existenz Leipzigs, seines Rufes und den wirtschaftlichen Perspektiven, die man mit dieser Stadt verbindet. Andererseits ist die Großstadt auf die vielfältigen Potentiale des Umlandes angewiesen. Als Zukunftsorientierung für die überregionale Wettbewerbsfähigkeit kann somit nur gelten: Von der intraregionalen Konkurrenz und teilweisen Konfrontation zur Kooperation!

Literatur

Henckel, Dietrich; Grabow, Busso; Hollbach, Beate; Usbeck, Hartmut; Niemann, Heinz 1993: Entwicklungschancen deutscher Städte - Die Folgen der Vereinigung. Schriften des Deutschen Instituts für Urbanistik, Band 86

Neumann, Hans; Usbeck, Brigitte; Usbeck, Hartmut 1994: Weiche Standortfaktoren und Flächennutzung. UFZ-Bericht, Nr. 3/1994

Niemann, Heinz; Neumann, Hans; Usbeck, Hartmut 1994: Die Region Halle-Leipzig. Gedanken zu einem Leitbild der dezentralen Entwicklung. In: Informationen zur Raumentwicklung, Heft 7/8, S. 521-530

Stadt Leipzig, Amt für Statistik und Wahlen 1995: Leipziger Statistik: Statistischer Bericht IV. Quartal 1994

Usbeck, Hartmut; Leistner, Frieder; Neumann, Hans 1994: Stadtentwicklung Leipzig - Arbeitsstätten. Räumliche Struktur, Nutzung und Entwicklungspotentiale der gewerblichen Flächen Leipzigs. Studie im Auftrag des Dezernates Stadtentwicklung und Raumplanung, Stadtplanungsamt Leipzig.

Werner Rietdorf

Probleme der Transformation städtischen Lebens und Wohnens in kleinen und mittleren Städten der neuen Bundesländer

Von der Transformation werden auch die mittleren und kleineren Städte der neuen Bundesländer erfaßt und betroffen, und dies oft in besonders schwerwiegender Weise, was mit der Spezifik der bisherigen Entwicklung dieser Städte in den vergangenen 40 Jahren zusammenhängt: Benachteiligung gegenüber der Hauptstadt Berlin und den Bezirksstädten hinsichtlich der Wohnungsbauentwicklung und der Entwicklung der sozialen und technischen Infrastruktur, oftmals einseitige monostrukturelle Industrieansiedlung bzw. hohe Abhängigkeit von Kombinaten und Großbetrieben in den Industrieschwerpunkten, vielfach Vernachlässigung der historischen Bausubstanz in den Altstadtkernen und Innenstadtgebieten.

Bevölkerungsverteilung

In der alten DDR lebten 1988 etwa 2,61 Millionen Menschen (15,7 Prozent der Gesamtbevölkerung) in Kleinstädten mit 5.000 bis 20.000 Einwohnern und über 3,81 Millionen (22,9 Prozent der Gesamtbevölkerung) in Mittelstädten mit 20.000 bis 100.000 Einwohnern.[1] In der Bundesrepublik "alt" lebten hingegen etwa zum gleichen Zeitpunkt ca. 25,8 Prozent in Städten mit 5.000 bis 20.000 Einwohnern und ca. 26,4 Prozent in Städten mit 20.000 bis 100.000 Einwohnern.[2] In Städten mit mehr als 100.000 Einwohnern lebten in der DDR lediglich 27,3 Prozent, während es in der BRD 33,5 Prozent waren. Am deutlichsten war die Differenz in den Bevölkerungsanteilen der Gemeinden unter 10.000 Einwohner: DDR 33,5 Prozent, "alte" BRD 14,3 Prozent. Das Gebiet der ehemaligen DDR war (und ist) also erheblich stärker ländlich strukturiert und auch im Bereich der kleinen und mittleren Städte bedeutend schwächer "verstädtert" als die Länder der Bundesrepublik "alt".

Prioritäten und Disparitäten zu Zeiten der DDR

Das anteilmäßige Zurückbleiben der kleinen und mittleren Städte in der früheren DDR gegenüber der sich in der BRD nach dem 2. Weltkrieg vollziehenden erheblichen Urbanisierung und Suburbanisierung war das unmittelbare Ergebnis zentralstaatlicher Prioritätensetzung. Im Mittelpunkt wirtschaftsstruktureller Entwicklungen standen über Jahrzehnte hinweg solche industriellen Schwerpunktstädte wie

Rostock (Stadt der Schiffahrt und Hafenwirtschaft), Magdeburg (Stadt des Schwermaschinenbaus), Leipzig (Messe- und Universitätsstadt), Halle (Stadt der Chemiearbeiter), Jena (Stadt der Optik) und Erfurt (Stadt der Mikroelektronik) und insbesondere seit dem Machtantritt Erich Honeckers Anfang der 70er Jahre die DDR-Hauptstadt Berlin als das "kraftvoll schlagende Herz der Republik".

Um dennoch das erhebliche Bevölkerungs- und Arbeitskräftepotential in den mittleren und kleineren Städten für die Wirtschaftsentwicklung nutzen zu können, wurden eine Reihe von ihnen, teilweise aufbauend auf traditionellen Produktionszweigen, teilweise nur von zentralstaatlichen Standortkonzeptionen ausgehend, mit spezifischen industriellen Kapazitäten ausgestattet, z.B. Kunstfaserproduktion in Premnitz und Schwarzheide, Uhrenherstellung in Ruhla, Möbelbau in Zeulenroda, Büromaschinenherstellung in Sömmerda, Textilindustrie in Guben, Forst und Leinefelde, Fahrzeugbau in Zwickau und Eisenach, Glasindustrie in Weißwasser und optische Industrie in Rathenow. Mit der starken Ausrichtung auf solche jeweils "strukturbestimmenden" Produktionszweige entstanden für die betreffenden Städte unübersehbare Tendenzen zu einer industriellen Monostruktur, die jedoch unter den früheren, nichtmarktwirtschaftlichen Rahmenbedingungen keine besondere Krisenanfälligkeit bedeuteten – ein Moment, das sich mit der politischen Wende und der wirtschaftlichen Vereinigung Deutschlands radikal verändert hat.

Zahlreiche mittlere und kleinere Städte in den altindustriellen Siedlungsräumen West- und Ostsachsens sowie in Thüringen und in Teilen Brandenburgs wiesen andererseits eine eher kleinteiligere, gemischte Industrie- und Gewerbestruktur auf, deren Betriebe (bzw. später: Betriebsteile) vor allem als Zulieferer für die in den Großstädten angesiedelten Kombinate und Großbetriebe eine wichtige wirtschaftliche Aufgabe erfüllten. Für viele einstmals blühende Klein- und Mittelstädte in Thüringen, Sachsen-Anhalt, Sachsen, Brandenburg und Mecklenburg-Vorpommern gab es aber trotzdem zumeist nur hintere Plätze in der politisch-ökonomischen Prioritätensetzung der DDR. Die Folgen waren ein dramatischer Verfall der oftmals kulturhistorisch wertvollen innerstädtischen Bausubstanz, ein hoffnungsloses Zurückbleiben in den Wohnbedingungen – die Versorgung mit Innentoilette, Bad/Dusche und moderner Heizung lag in dieser Stadtgrößengruppe weit unter dem Durchschnitt der DDR[3] – und ein Niedergang großer Teile der technischen und sozialen Infrastruktur infolge unterlassener Instandsetzungen und Modernisierungen. Städte wie Brandenburg/Havel, Görlitz, Halberstadt, Stralsund, Meißen und viele andere sind vor allem in den 70er und 80er Jahren traurige Beispiele dieser Entwicklung geworden. Für die Menschen in diesen Städten, insbesondere für junge, auf Wohnraumsuche gehende Familien, bedeutete das entweder ein Sichabfinden mit diesen Benachteiligungen auf ungewisse Zeit oder die Migration in die "aufstrebenden" Wirtschaftszentren, allen voran das politisch auf Zuwachs ausgerichtete Ostberlin, in dem es in den 70er/80er Jahren vergleichsweise immer leichter wurde, eine Neubauwohnung in den entstehenden Plattensiedlungen zu erhalten.

Demographischer und sozialer Ausdruck dieser Disparitäten waren die erheblichen Bevölkerungsrückgänge in zahlreichen kleineren und mittleren Städten, z. B. Bitterfeld, Crimmitschau, Döbeln, Glauchau, Görlitz, Greiz, Meißen, Naumburg, Oelsnitz und Quedlinburg.[4] Wissenschaftliche Studien und Forschungsarbeiten der Bauakademie und der Hochschulen haben schon zu DDR-Zeiten in vielfacher Weise auf soziale und städtebauliche Probleme, Mißstände und Defizite von Klein- und Mittelstädten aufmerksam gemacht und den damit verbundenen Handlungsdruck thematisiert.[5] In der Regel ist diesen Arbeiten aber leider kein Erfolg hinsichtlich einer entsprechenden politisch-planerischen Umsetzung beschieden gewesen. So führten viele der ca. 260 Kleinstädte mit 5.000 bis 20.000 Einwohnern bzw. der 100 Mittelstädte mit 20.000 bis 100.000 Einwohnern in der DDR ein zwar benachteiligtes Dasein im Schatten der Hauptstadt Berlin und der wenigen industriellen Ballungszentren, waren aber nichtsdestotrotz ausgestattet mit der für die damalige Zeit charakteristischen sozialen Sicherheit, mit Vollbeschäftigung und hohem Anteil an Frauenarbeitsplätzen, mit einem bescheidenen, aber im Prinzip flächendeckenden Netz einfachster sozialer Infrastruktur und einem oftmals um die zerfallenden Stadtbereiche herum wuchernden Ring beschaulicher Garten- und Wochenendgrundstücke, mit deren Hilfe das häufig zitierte "Bermuda-Dreieck" von Wohnung, Arbeitsplatz und Datsche gebildet wurde,[6] in dessen Mitte aber die Stadt zunehmend als "schwarzes Loch" in Verfall geriet.

Kleine und mittlere Städte des Ostens nach der Wende

Die Euphorie der Vereinigung und die Freude über die neu gewonnene Reisefreiheit und die harte Deutsche Mark in den Händen der ehemaligen DDR-Bürger waren noch nicht verklungen, da zeigten sich in vielen der Klein- und Mittelstädte Ostdeutschlands schon die ersten wirtschaftlichen und sozialen Konsequenzen des totalen Bankrotts des untergegangenen staatssozialistischen Systems auf unerwartet ernüchternde Weise. Die kleinen und mittleren Städte waren es, die dabei oft zuerst und viel stärker als die Großstädte und Ballungszentren von Firmenschließungen, Entlassungen und Kurzarbeit betroffen wurden, beherbergten sie doch vorwiegend jene kleinen und mittleren Zulieferbetriebe, die sich im wirtschaftlichen Umbruchprozeß allein keine neuen Absatzmärkte und Produktionsfelder erschließen konnten bzw. die eng mit der um ihr Überleben kämpfenden genossenschaftlichen Landwirtschaft verbunden waren. Dort, wo eine Klein- oder Mittelstadt hingegen zu DDR-Zeiten auf die Prosperität eines einzelnen spezifischen Industriezweiges gesetzt hatte, trat mit der Marktwirtschaft und der mit ihr einhergehenden Deindustrialisierung großer Teile der neuen Bundesländer eine völlig neue ökonomische Situation ein, aus der bisher nur relativ wenige Städte wieder herausgefunden haben. Wie dramatisch sich hier der Überlebenskampf früherer monostrukturierter Industrien angesichts erheblicher Veränderungen der Branchenstrukturen vollzieht, kann man an solchen Städten wie Eisenhüttenstadt, Brandenburg/Havel, Schwedt/Oder, Premnitz oder Hennigsdorf beobachten.

Gab es in den sich langsam herausputzenden neuen Landeshauptstädten sowie den Sitzen der Regierungspräsidien in einzelnen Ländern einen nicht unbedeutenden Aufschwung in den Bereichen des tertiären Sektors (Dienstleistungseinrichtungen im breiteren Sinne), so war die Situation in dieser Hinsicht in den ersten Jahren nach der Wende in den bedeutungsloseren Klein- und Mittelstädten erheblich ungünstiger. Vieles, was früher in der eigenen Stadt hergestellt worden war (Nahrungs- und Genußmittel, Waren des täglichen Bedarfs), kam nun zu Billigpreisen von außen, hineingeschwemmt über die oft viel zu großen Fach- und Verbrauchermärkte in den Außenlagen der Städte, auf Standorten der wie Pilze emporsprießenden sogenannten Gewerbegebiete, die aber nur selten mehr als Einzelhandelseinrichtungen enthielten.

Dennoch begann in vielen dieser Städte bereits in jener ersten Konsolidierungsphase der Marktwirtschaft zumindest das städtische Baugewerbe zu "boomen". Baureparaturen und Instandsetzungsarbeiten – in der DDR ein ewiger volkswirtschaftlicher Engpaß – wurden dank günstiger Kreditierungen und großzügiger Förderprogramme für einen größeren Teil von Haus- und Grundstücksbesitzern erschwinglich. Die Ergebnisse dieser Maßnahmen haben bis heute schon in vielen der Klein- und Mittelstädte das bis dahin heruntergekommene äußere Bild der Stadt erheblich verbessert und setzen inzwischen bereits Maßstäbe für künftig anspruchsvollere, komplexe Maßnahmen behutsamer Stadterneuerung. Hinzu kommen vor allem in landschaftlich bzw. kulturhistorisch attraktiven Lagen wie im burgenreichen Harz und Thüringer Land, im Spreewald und in der waldreichen Umgebung Berlins sowie in Teilbereichen der Ostseeküste Mecklenburg-Vorpommerns zahlreiche Einrichtungen des Hotelwesens und der Gastronomie, des Auto-, Reit- und Wandertourismus, von denen man zu DDR-Zeiten nur hätte träumen können. Die "bunte Stadt am Harz" Wernigerode, die Klein- und Mittelstädte an der Straße der Romanik in Sachsen-Anhalt, der sächsischen Weinstraße und der thüringischen Klassikerstraße sind derzeit gewiß noch herausragende Einzelfälle, sie bestimmen aber in wachsendem Maße auch die Entwicklungsrichtung anderer vergleichbarer Städte. Dennoch wäre es leichtfertig, wollte man davon ausgehen, daß der sich in den neuen Bundesländern herausbildende Tourismus in Zukunft die vorherrschende wirtschaftliche Grundlage für die Stadtentwicklung der meisten Mittel- und Kleinstädte werden wird.

Erhaltung der historischen Stadträume als Beitrag zur Aufwertung der Gestalt-, Aufenthalts- und Lebensqualität

Einmal abgesehen vom baulichen Zustand ihrer Baudenkmale und den nur bescheidenen Mitteln zu ihrer Erhaltung und Pflege, war die DDR ohne Zweifel ein mit städtebaulichen Denkmalen außerordentlich reich ausgestattetes Land. Die Anzahl der Baudenkmale auf ihrem Territorium wurde Ende der 70er Jahre insgesamt auf etwa 50.000 geschätzt.[7] Dabei nahmen die etwa 700 historischen Altstädte einen bedeutenden Platz ein. 200 von ihnen war ein besonderer historischer Wert bescheinigt. Auf der "zentralen Denkmalliste der DDR" standen 57 Denkmale des Städtebaus und der Architektur, darunter als Flächendenkmale von besonders hohem Rang 23 historische Stadtkerne.[8] Zu den international bekanntesten gehörten die Kerne solcher Mittelstädte wie Stralsund, Görlitz, Quedlinburg und Weimar.

Die Sorge um den Fortbestand und die pflegende Erhaltung der historischen Stadtkerne motivierte in den Tagen der Wende nicht wenige Leute aus allen Schichten der Bevölkerung, vor allem auch jüngere Menschen, die sich vielerorts, z.B. auch in Wittenberg und Halberstadt zu enthusiastischen Bürgerinitiativen zusammengeschlossen hatten und deren Stimmen sich 1989/90 in gemeinsamen Aufrufen und Programmen unter dem Thema "Rettet unsere alten Städte" vereinten.[9]

Noch vor dem Vereinigungstag am 3. Oktober 1990 begannen in gemeinsamer Arbeit des Bundesministeriums für Raumordnung, Bauwesen und Städtebau und des Ministeriums für Bauwesen, Städtebau und Wohnungswirtschaft der DDR erste Vorbereitungen für eine künftige behutsame Stadterneuerung in den Altstädten. Ein erstes Modellstadtprogramm wurde aufgelegt, in das die fünf Mittelstädte Brandenburg, Halberstadt, Meißen, Stralsund und Weimar einbezogen waren, 1991 kamen weitere sechs hinzu, darunter neben Cottbus und Jena vier Mittelstädte: Görlitz, Güstrow, Mühlhausen und Naumburg.[10]

Inzwischen wurde seit 1991/92 ein breitangelegtes Bund-Länder-Förderprogramm Städtebaulicher Denkmalschutz zur Sicherung, Erhaltung und Revitalisierung historischer Stadtkerne in den neuen Ländern aufgebaut, in das 105 Städte einbezogen sind, darunter vor allem mittlere und kleine Städte.

Die Anerkennung der Leistungen auf dem Gebiet des städtebaulichen Denkmalschutzes in den einzelnen Städten wird sicher einen positiven Einfluß auf die Ausprägung des Bürgerstolzes, auf die Verbundenheit der Menschen mit ihrem Gemeinwesen und auf die Stärkung lokaler Potentiale ausüben. Auch für die Menschen, die zur Zeit noch finanzielle Sorgen haben, zeigt sich auf diese Weise zumindest schon im Stadtbild zunehmend, "daß es aufwärts geht". Daß eine behutsame städtebauliche Erneuerung der historischen Zentren auch zu ökonomischen Impulsen für die mittel- und langfristige Entwicklung in den Klein- und Mittelstädten führen wird, steht dabei grundsätzlich außer Frage und wird durch zahlreiche analoge Beispiele aus den alten Bundesländern untermauert. Wichtige Voraussetzung dafür aber bleibt, daß sich die traditionellen Stadtkerne und -zentren in den neuen Bundesländern auf Dauer erfolgreich gegen den zunehmenden Konkurrenzdruck der neuentstandenen randstädtischen Großmärkte und Einkaufszentren behaupten können. Dies zu gewährleisten, verlangt ein aktiveres Zusammenwirken von Stadtentwicklung und Wirtschaftsentwicklung in den Kommunen.

Neubaugebiete in Mittel- und Kleinstädten

Aktuellen Analysen[11] zufolge gibt es in den neuen Bundesländern und Berlin-Ost 146 sogenannte Großsiedlungen aus den 50er bis 80er Jahren mit jeweils mehr als 2.500 Wohnungen. In ihnen befinden sich über 1,14 Millionen Wohnungen, in denen insgesamt etwa 3 Millionen Menschen leben. Weitere 560.000 Wohnungen bestehen in den Neubausiedlungen mit jeweils mehr als 500, aber weniger als 2.500 Wohnungen. Alles in allem bedeutet das, daß im Osten Deutschlands nahezu jeder dritte Bürger in einem seit den 50er Jahren errichteten Neubaugebiet wohnt.

Die Errichtung größerer Neubaugebiete spielte auch in zahlreichen Mittelstädten sowie einer Reihe von Kleinstädten eine beachtliche Rolle, insbesondere dann, wenn diese Städte auf der Grundlage staatlicher Standortentscheidungen neue Industrieansiedlungen bekamen und für das damit verbundene Personal neue Wohnungen zu beschaffen waren. Beispiele dafür sind, die Landeshauptstädte und früheren Bezirksstädte einmal ausgenommen, in Brandenburg die Städte Brandenburg/Havel, Eberswalde, Ludwigsfelde, Eisenhüttenstadt und Schwedt/Oder, in Mecklenburg-Vorpommern Wismar, Stralsund, Greifswald und Güstrow, in Sachsen-Anhalt Dessau, Stendal und Wolfen, in Sachsen Hoyerswerda, Görlitz, Freiberg und Plauen und in Thüringen Altenburg, Weimar, Mühlhausen und Ilmenau.[12]

Kennzeichnend für viele mittlere und kleinere Städte ist dabei, daß der Anteil der Neubauwohnungen am Gesamtwohnungsbestand proportional oft weit größer ist als bei den Groß- bzw. Bezirksstädten. Eine für das Land Brandenburg angefertigte Analyse und Bewertung randstädtischer Wohngebiete der 50er bis 80er Jahre[13] nennt hierfür teilweise außerordentlich hohe Anteile: Schwedt/Oder 86%, Eisenhüttenstadt 79%, Lübbenau 77%, Vetschau 64%, Senftenberg 63%, Großräschen 61%, Strausberg 57%, Calau und Ludwigsfelde 52%, Prenzlau, Premnitz und Hennigsdorf 48%, Wittstock 46%, Eberswalde-Finow 45% und Neuruppin 36%. Derart hohe Anteile von Wohnungen in Neubaugebieten am jeweiligen Wohnungsbestand der Stadt stellten schon zu DDR-Zeiten ein Problem für Verkehrsplanung und Infrastrukturplanung, Stadtwirtschaft und Versorgungsbetriebe dar, und es muß hier nicht näher erläutert werden, wieviel an Wohn- und Lebensqualität in dieser Zeit knapper finanzieller und materieller Ressourcen dabei auf der Strecke geblieben ist. So hohe Neubauanteile in Großsiedlungen sind auch heute für die betreffenden Städte keine leichte Aufgabe, fehlt es doch damit oft an ausreichend differenzierten Wohnungsgrößen und Wohnformen, an baulichen Angeboten für kleinteilige Einzelhandelseinrichtungen und Dienstleistungsbetriebe, freie Berufe, Gesundheits- und Betreuungseinrichtungen u. a.

Beispiele für qualitätsverbessernde Maßnahmen insbesondere im Bereich der Gebäudesanierung und Wohnumfeldgestaltung finden sich aus den zurückliegenden zwei bis drei Jahren unter anderem in Prenzlau, Luckenwalde, Ludwigsfelde, Rathenow und Forst.

Dezentrale Konzentration als Chance für die Entwicklung kleiner und mittlerer Städte

Mit der Einführung bundesdeutscher Gesetze und Rahmenbedingungen auf dem Gebiet der neuen Bundesländer wurden eine ganze Reihe bedeutsamer struktureller Wandlungen im Bereich der mittel- und großräumigen Entwicklung, also der Raumordnung, Landes- und Regionalplanung eingeleitet.[14] Wie im Raumordnerischen Orientierungsrahmen des Bundes von 1993 ausgeführt,[15] wird dabei das Leitbild der siedlungsstrukturellen Entwicklung wie folgt charakterisiert:

- Ausbau und Stärkung der dezentralen Raum- und Siedlungsstruktur,
- Städtenetze: Synergieeffekte nutzen und ausbauen,
- Stadtregionen: Überlastungstendenzen entgegenwirken – Entwicklungsmöglichkeiten ausbauen,
- gering verdichtete, agglomerationsferne Räume: stabilisieren und Entwicklungspotentiale erschließen

In Auswertung der in den alten Bundesländern gemachten Erfahrungen bei der Entwicklung der Raum- und Siedlungsstruktur wird dabei für die neuen Länder gefordert, die Funktionsfähigkeit der Siedlungsstruktur durch Stärkung und Entwicklung des Netzes Zentraler Orte zu gewährleisten. Die räumliche Verteilung der großen Zentren und die günstige Entwicklung der kleinen und mittleren Industrie- und Dienstleistungszentren in den alten Ländern zeigen, daß dabei das Leitbild der dezentralen Konzentration in hohem Maße den Wohn- und Standortwünschen von Wirtschaft und Bevölkerung entspricht:

- Die dezentrale Siedlungsstruktur hat maßgeblich zu den bisher guten bis sehr guten Standortvoraussetzungen in Deutschland beigetragen.
- Ihr Erhalt gewährleistet auch in Zukunft die Teilhabe der meisten Bürger an einer Wohlfahrtsentwicklung.
- Weitere räumliche Konzentrationen würden einerseits zur Zunahme von räumlichen Überlastungstendenzen in wenigen Wachstumsregionen führen und andererseits Entwicklungschancen von agglomerationsfernen Regionen deutlich mindern.
- Einseitige räumliche Konzentrationen würden überwiegend die alten Länder begünstigen und deshalb die Angleichung der Lebensverhältnisse in den Regionen der neuen Länder weiter erschweren.

Das Leitbild der dezentralen Konzentration hat deshalb zur Konsequenz:

- keine einseitige Förderung von wenigen Wachstumsregionen entlang einer west- und südeuropäischen Konzentrationslinie (als "Blaue Banane" oftmals zitiert);
- Stärkung der regionalen Eigenkräfte auch in den agglomerationsfernen Regionen als Motor einer ausgeglichenen Raum- und Siedlungsstruktur;

– differenziertere Förderung nach räumlichen Schwerpunkten, d. h. keine ungewichtete Gleichverteilung von Fördermitteln (sog. Gießkannenprinzip).[16]

Es ist offensichtlich, daß ein solches Leitbild insbesondere in den neuen Ländern den mittleren Städten mit ihren jeweiligen Entwicklungspotentialen erhebliche Chancen zumißt. Favorisiert werden dabei sogenannte Städtenetze, in die neben dominierenden Großstädten auch entsprechende kleinere (Mittel-)Städte einbezogen werden sollen, so z. B. Wismar, Stralsund und Greifswald in das Hansa-Städtenetz, Plauen in das Städtenetz Dresden-Chemnitz, Weimar und Eisenach in das Thüringische Städtenetz sowie die Städte des sogenannten "Dritten Ringes" in das Städtenetz Brandenburg/Großraum Berlin. Hierzu muß festgestellt werden, daß es in den letzten vier bis fünf Jahren gerade der Raum um die neue Hauptstadt war, für den nach Konzepten dezentraler Konzentration gesucht wurde, um der Gefahr einer einseitigen Privilegierung Berlins zu begegnen.

Brandenburger Städte im Leitbild der dezentralen Konzentration

Im Auftrag des Ministeriums für Stadtentwicklung, Wohnen und Verkehr des Landes Brandenburg wurde 1991 eine Studie zu Stadt- und Siedlungserweiterungen in der Umgebung von Metropolen erarbeitet, die sich für einen Kranz von Regionalstädten ausspricht, die sich allseits um die Metropole Berlin gruppieren.[17] In einem 1992 aufgestellten Regionalen Strukturkonzept für den Verflechtungsraum Brandenburg-Berlin wird dieser grundsätzliche Ansatz aufgenommen und präzisiert.[18] Vorgeschlagen werden um den Kernstadtraum Berlin-Potsdam herum in einem Abstand von über 30 km von der Berliner Innenstadt bzw. über 20 km vom Potsdamer Stadtzentrum sechs mittelfristig zu entwickelnde Regionalstädte (auch Stadtpaare) – das sind Brandenburg/Havel, Neuruppin, Eberswalde-Finow, Fürstenwalde, Lübben-Lübbenau und Luckenwalde-Jüterbog – sowie drei längerfristig entwickelbare Regionalstädte, nämlich Belzig, Rathenow-Premnitz und Templin. Tragender Gedanke dieses Konzeptes war es, den vorgeschlagenen Regionalstädten, die sich ringförmig ("Dritter Ring") um die Kernstädte Berlin und Potsdam und ihr unmittelbares Umland organisieren sollen, eine eigene regionale Zentralität und damit einen entsprechenden Bedeutungsgewinn zuzuordnen.

In der Folgezeit kristallisierten sich aus diesen ersten Planungsansätzen sechs Regionale Entwicklungszentren (REZ) heraus, die inzwischen auch unter den Oberbegriffen "Brandenburger Städte im Leitbild der dezentralen Konzentration"[19], "Brandenburgisches Städtenetz" und "Städtekranz"[20] in Abstimmung mit dem Land Berlin Eingang in die offizielle Raumordnungspolitik des Landes Brandenburg gefunden haben.[21] Es sind dies die Städte bzw. Stadtpaare Brandenburg, Luckenwalde-Jüterbog, Cottbus, Frankfurt (Oder), Eberswalde und Neuruppin. Darüber hinaus wurden fünf weitere Städte bzw. Stadtpaare als Regionale Entwicklungszentren des äußeren Entwicklungsraumes ausgewiesen: Perleberg/Wittenberge, Prenzlau, Schwedt/Oder, Finsterwalde und Senftenberg/Lauchhammer. Fünf der sechs Regionalen Entwicklungszentren des Städtekranzes und alle fünf Regionalen Entwicklungszentren des äußeren Entwicklungsraumes sind Mittelstädte mit 20.000 bis 100.000 Einwohnern, die vom Grundsatz her für eine künftig stärkere Entwicklung als Mittelzentrum gute Voraussetzungen haben. Allein in den sechs Regionalen Entwicklungszentren lebt etwa ein Drittel der Bevölkerung des Landes Brandenburg.

Die Regionalen Entwicklungszentren bieten durch Nutzung ihrer spezifischen Vorteile wie funktionelle Eigenständigkeit, gute verkehrliche Lage, besondere städtebauliche und landschaftliche Qualitäten, günstige Grundstückspreise und – verfügbarkeit, gut qualifiziertes Arbeitskräftepotential die Möglichkeit, die Anziehungskraft der gesamten Berlin-Brandenburger Region zu erhöhen[22] und die bereits eingeleitete Suburbanisierung Berlins in das nähere Umland, den sogenannten Speckgürtel, hinein auf ein vertretbares Maß zu begrenzen. Die Bezeichnung Speckgürtel, nach 1990 gebräuchlich geworden, verweist auf die lukrativen Verwertungsbedingungen der in diesem Raum gelegenen Grundstücke für Investitionen des Gewerbe- und Wohnungsbaus.

Die Stärkung der als Regionale Entwicklungszentren ausgewählten und festgelegten Städte bzw. Stadtpaare soll auf folgende Hauptziele ausgerichtet werden:

– Schaffung attraktiver Standortangebote für Investitionen als Ergänzung und Standortalternative zum engeren Verflechtungsraum Berlin-Brandenburg, der die berlinnahen "Spitzen"-Bereiche der neuen tortenstückförmigen acht Großkreise um Berlin umfaßt,
– Entwicklung eines differenzierten Arbeitsplatzangebotes sowie einer guten infrastrukturellen Ausstattung mit Ausstrahlung auch in die anliegenden ländlichen Räume,
– Vermittlerfunktion zwischen Berlin und den Zentren außerhalb des Landes Brandenburg und damit Einbeziehung in den überregionalen Leistungs- und Warenaustausch.

Angesichts der erheblichen wirtschaftlichen Strukturumbrüche während der letzten Jahre ist dabei zunächst eine Stabilisierung der gegenwärtigen wirtschaftlichen und sozialen Situation ein erster Schritt, der durch eine entsprechende Förderpolitik des Landes Brandenburg auf den Gebieten der Wirtschaftsförderung, der Wohnungsbauförderung, dem Ausbau der sozialen Infrastruktur und des Verkehrs unterstützt werden muß. In weiteren Schritten geht es dann um den gezielten Aufbau bzw. die Ansiedlung geeigneter Wirtschaftsunternehmen und Einrichtungen, insbesondere in den Bereichen Dienstleistungen, kleinteiliger Einzelhandel, produzierendes Gewerbe, Wissenschaft, Kultur und Tourismus. Zur Überwindung der aus der Vergangenheit herrührenden qualitativen und quantitativen Unterversorgung auf dem Wohnungsmarkt muß eine ausgewogene Wohnungsentwicklung in Abstimmung von städtebaulicher Innenentwicklung und geordneter Außenentwicklung in den

Randlagen der Städte angestrebt werden. Wer sich die momentane Situation vieler
dieser Städte vergegenwärtigt, kann einschätzen, wie schwierig es dabei sein wird,
die in den letzten Jahren durch eine teilweise sehr starke Außenentwicklung eingetretenen Disparitäten in der Stadtstruktur auszugleichen und dafür zu sorgen, daß
die Qualität der Innenstadtgebiete sichtbar für jeden verbessert wird.

An drei Beispielen soll im folgenden die damit verbundene Thematik anschau-
lich gemacht werden.

Das Beispiel Luckenwalde

Eines der sechs neuen Regionalen Entwicklungszentren des Raumes Brandenburg-
Berlin ist Luckenwalde (ca. 25.000 Einwohner), die heutige Kreisstadt des mit der
Gebietsreform 1993 neu geschaffenen Großkreises Teltow-Fläming im Süden von
Berlin. Einstmals aus einer kleinen Ackerbürgersiedlung hervorgegangen, nahm
die Stadt im 18. Jahrhundert als Standort frühpreußischer Textilfabrikation eine
bemerkenswerte Entwicklung, die in der zweiten Hälfte des 19. Jahrhunderts einen
wichtigen Höhepunkt erreichte. Vor über 100 Jahren kamen Betriebe der Metall-
warenindustrie, der Möbelproduktion und der Hutfabrikation hinzu. Durch die
Ansiedlung weiterer arbeitskräfteintensiver Produktion in den Jahren zwischen
1960 und 1980 entwickelte sich die Stadt zum wichtigsten industriellen Zentrum
des Bezirkes Potsdam südlich Berlins, wenngleich ihre Bevölkerungszahl von
1950 bis 1989 um über 4.500 Einwohner (ca. 15 Prozent) zurückging.

Bis zur Wende waren etwa 16.000 Menschen in der Stadt erwerbstätig, darunter
ca. 1.000 Einpendler aus der industriearmen Nachbarstadt Jüterbog. 40 Prozent der
Erwerbstätigen der Stadt, d.s. etwa 6.600 Personen, waren Ende 1989 in der Industrie beschäftigt (Elektronik 1.100, Fahrzeugbau 1.900, Textilindustrie 1.300, Nahrungsmittelindustrie 300, sonstige Zweige 2.000), im Bauwesen weitere ca. 2.000,
im Einzelhandel 1.000, im Großhandel ca. 650 und im Bereich Kultur- und Sozialwesen ca. 2.800.[23] Der Zusammenbruch der DDR-Wirtschaft 1989/90, für manchen
Unternehmer und Ladenkettenbesitzer aus den alten Bundesländern "ein Schnäppchen namens DDR",[24] bedeutete für die wirtschaftliche und soziale Existenz der Industriestadt Luckenwalde einen dramatischen Einschnitt, von dem sie sich bis heute
nicht erholen konnte. Hatten die 11 größten Betriebe der Stadt 1987 noch über 6.000
Beschäftigte, so waren 1992 davon nicht einmal mehr 20 Prozent vorhanden. Die
Beschäftigtenzahlen im größten Industriebetrieb der Stadt, dem Wälzlagerwerk,
gingen von 1.416 im Jahre 1987 auf 136 im Jahre 1992 zurück (Schließung des
größten Teiles des Werkes 1991 nach Privatisierung durch eine Firma aus den alten
Bundesländern und Ausfall der Exporte nach Osteuropa). Traditionelle Betriebe wie
die Volltuchfabrik (1987 noch 350 Beschäftigte) und das Beschlägewerk (1987 über
700 Beschäftigte) gingen in Liquidation, von den anderen größeren Betrieben wie
Kontaktbauelemente, Hausschuhfabrik, Hutmoden und andere waren 1992 jeweils

nur noch ca. 10 bis 20 Prozent der früher Beschäftigten in Lohn und Brot.[25] Überlebenschancen hatten im wesentlichen nur noch einige Betriebe mit Finalproduktion, wenn sie ihren Kundenkreis erhalten konnten (z.B. Feuerlöschgerätewerk), oder Betriebe des Bauhaupt- und Baunebengewerbes, die sich schon frühzeitig marktwirtschaftlich umstrukturiert, d.h. privatisiert hatten.

Insgesamt betrug die Arbeitslosenquote im Kreis Luckenwalde Ende Januar 1992 bei 19,5 Prozent. Der Anteil der Frauen betrug zu diesem Zeitpunkt fast 63 Prozent, der Anteil der Jugendlichen unter 25 Jahren 12 Prozent. In der 1991/92 durchgeführten Fallstudie zum Thema "Soziale Sicherung und ökologische Gestaltung des Wohnens und Lebens in den neuen Bundesländern" wird zusammenfassend zur Beschäftigungssituation festgestellt, daß etwa 40 bis 50 Prozent der Arbeitnehmer nicht in dauerhaften Arbeitsverhältnissen beschäftigt oder von Arbeitslosigkeit bedroht sind.[26]

Zunächst zögerliches Interesse von Investoren am Gewerbestandort Luckenwalde zeigte sich in den Jahren 1992 bis 1994 im Zusammenhang mit der Hauptstadtentscheidung der Bundesregierung. In den Jahren 1993 und 1994 wurde am nördlichen Stadtrand (Frankenfelder Berg) ein Gewerbegebiet neu erschlossen und im wesentlichen mit Fachmärkten bestückt, die zwar einen relativ geringen Arbeitsmarkteffekt bewirkten, sich aber inzwischen als merklich existenzgefährdend für den privaten Einzelhandel in der Innenstadt erweisen. Für zwei weitere Gewerbegebiete (Honigberg/Gottower Straße und Zapfholzweg) wurden vorbereitende Planungsarbeiten bzw. Erschließungsarbeiten in Angriff genommen. Einzelne neue Gewerbestätten des Dienstleistungsbereiches (Hotels, Gastronomie, Servicebetriebe) entstanden in unterschiedlichen Teilen der Innenstadt. Dennoch lag die Arbeitslosenquote der Stadt im November 1994 bei 14,6 Prozent.

Die Bevölkerungszahl der Stadt hat sich seit 1990 leicht rückläufig entwickelt:[27]

31. 12. 1990   25,7 TEw.
30. 06. 1991   25,5 TEw.
30. 06. 1992   24,9 TEw.
31. 12. 1992   24,8 TEw.

Bemerkenswert ist dazu die im Bericht des Bürgermeisters zur Stadtverordnetenversammlung am 30. August 1994 enthaltene Feststellung: "Zur Umkehr dieser Entwicklung wird die Herstellung von Baurecht in den städtischen Bebauungsplangebieten für den Eigenheimbau beschleunigt vorangetrieben". Dazu wird ein zunächst als Gewerbegebiet genehmigtes Baugebiet in ein allgemeines Wohngebiet umgewandelt (Sonnenberg). An den Rändern des Stadtgebietes werden drei neue Siedlungsgebiete ausgewiesen (Am Frankenfelder Berg, Waldsiedlung und Färberweg). Auf dem Gelände des ehemaligen VEB Volltuch im Stadtinnern entsteht seit Frühjahr 1994 ein Wohnungsneubaugebiet für insgesamt 600 bis 800 Sozialwohnungen sowie Eigentumswohnungen in sogenannten Stadthäusern (Volltuch-Wohnpark). Standorte für weitere innerstädtische Neubauvorhaben in der Größenordnung von bis zu 200 Wohnungen sind in unmittelbarer Nähe des Marktes und des Fußgängerboulevards Breite Straße vorgesehen. Mit dem Entwurf einer Stadtentwicklungskonzeption bereitet das Stadtplanungsamt erstmals eine mittel- bzw. langfristige Handlungsstrategie für die Kreisstadt vor, in der sowohl Neubau von Wohn- und Gewerbestätten als auch Sanierung und Umnutzung bestehender Bausubstanz enthalten sind. Zwei Gebiete werden zur Zeit als Sanierungsgebiete bearbeitet.[28]

Es wird darauf gehofft, in den nächsten Jahren auf dem Wege weiterer Gewerbeansiedlung und Wohnbauentwicklung im Kontext mit dem Bedeutungszuwachs als Regionales Entwicklungszentrum die Kreisstadt Luckenwalde zu stabilisieren und auszubauen. Wie schwierig dies insbesondere bezüglich der fehlenden Arbeitsplätze ist, mögen allein die Gewerbezahlen vom Juli 1994 belegen[29]: 23 Gewerbeanmeldungen, 22 Gewerbeabmeldungen, 4 Gewerbeummeldungen. Von den 23 Anmeldungen betreffen 4 die Industrie, 3 das Handwerk, 6 den Handel und 10 sonstiges Gewerbe.

Die spektakulärste, aber auch die risikoreichste Entwicklung könnte für die Stadt Luckenwalde eintreten, wenn in ihrem Umfeld der beabsichtigte Großflughafen Berlin Brandenburg International errichtet würde. Immerhin befinden sich von den kürzlich im Raumordnungsverfahren untersuchten drei Standorten zwei (Sperenberg und Jüterbog Ost) in unmittelbarer Nähe der Kreisstadt.[30] Die in diesem Zusammenhang vom künftigen Betreiber des Flughafens in Aussicht gestellten Arbeitsplatzzahlen sind enorm. So werden für die erste Ausbaustufe 24.000 und für den Endausbau (bei geplanten 47 Millionen Passagieren im Jahr 2010) 48.000 direkt am Flughafen beschäftigte Arbeitskräfte geschätzt. Nimmt man die indirekt vom Flughafen abhängigen Gewerbe hinzu, so stehen für die erste Ausbaustufe mindestens 60.000 und im Endausbau mindestens 120.000 Arbeitskräfte an. Zum Vergleich: beim Flughafen Frankfurt/Main waren 1993 bei 32,5 Millionen Passagieren, bezogen auf den gesamten Wirtschaftsstandort des Flughafens, ca. 53.000 Menschen beschäftigt.[31] Die Arbeitsplätze sind freilich "nur eine Seite der Medaille" eines geplanten Großflughafens bei Luckenwalde. Auf der anderen Seite stände eine aus heutiger Sicht unvorstellbare Naturzerstörung und Beeinträchtigung des ökologischen Gleichgewichts, auch wenn Teile des Flughafengeländes auf früheren Militärflächen liegen würden. Verständlich, daß sich 1994 im Zusammenhang mit dem eingeleiteten Raumordnungsverfahren eine Reihe von Bürgerinitiativen in und um Luckenwalde gebildet haben, die alles tun, um eine solche Entscheidung zu verhindern. In einer Abstimmung am 28. Juni 1994 lehnten auch die Stadtverordneten der Stadt Luckenwalde mehrheitlich eine Flughafenansiedlung an den möglichen Standorten Sperenberg bzw. Jüterbog-Ost, die aufgrund ihrer Stadtnähe besser als Luckenwalde-Nord bzw. -Süd bezeichnet werden müßten, ab.[32]

Inzwischen mehren sich sowohl die generellen Zweifel an den von der Flughafenholding zugrundegelegten Zahlen für das künftige Passagieraufkommen als auch die grundsätzlichen Bedenken gegenüber den mit Jüterbog bzw. Sperenberg verbundenen erheblichen Reisezeiten von und nach Berlin. Wie realistisch die Entwicklungserwartungen an einen Großflughafen im Raum Luckenwalde-Jüterbog sind, kann deshalb zur Zeit noch nicht eingeschätzt werden.

Neuruppin: eine Stadt setzt auf Konversion

Rund 70 km nordwestlich von Berlin an der Autobahn nach Hamburg und Rostock gelegen, ist die Stadt Neuruppin mit derzeit ca. 26.000 Einwohnern – bekannt als Geburtsort von Theodor Fontane und Karl Friedrich Schinkel – eines der kleinsten Regionalen Entwicklungszentren des Landes Brandenburg und Kreisstadt des Großkreises Ostprignitz-Ruppin (ca. 120.000 Einwohner). Die umgebende Landschaft, das Ruppiner Land, verfügt über ausgedehnte Wälder, Seen, Wiesen und Äcker, zeichnet sich durch eine hohe ökologische Qualität aus und bietet für Freizeit und Erholung vielfältige Erlebnismöglichkeiten.

Bis zur Wende 1989 wurde die Wirtschaftsstruktur der Stadt neben den Verwaltungs- und Dienstleistungsfunktionen der Kreisstadt durch eine Reihe strukturbestimmender Industriebetriebe geprägt. Zu ihnen gehörten die Elektrophysikalischen Werke, größter Betrieb der Stadt und des früheren Kreises (mit 3.200 Beschäftigten), das Feuerlöschgerätewerk (650 Beschäftigte) sowie weitere Betriebe der verarbeitenden und der Nahrungsgüterindustrie. Wichtige Betriebe im Kreis waren darüber hinaus das Fertighauswerk Werder (1.650 Arbeitskräfte), ein Textilbetrieb in Fehrbellin (700 Arbeitskräfte) und das erste Kernkraftwerk der DDR bei Rheinsberg mit 670 Arbeitskräften.[33] Die meisten dieser Betriebe haben die in den letzten Jahren vollzogenen Strukturumbrüche der Wirtschaft nicht oder nur um den Preis außerordentlich hohen Personalabbaus überlebt. Die Elektrophysikalischen Werke wurden liquidiert, die Belegschaft des Feuerlöschgerätewerkes von 650 Arbeitskräften 1989 auf 170 im Jahre 1993 reduziert. Ein bereits 1992 an eine Berliner Firma verkaufter Backwarenbetrieb mit ehemals 120 Beschäftigten wurde im September 1994 geschlossen. Der Arbeitsamtsbezirk Neuruppin (9 Kreise im Nordwesten Brandenburgs) hatte im September 1993 mit 18,0 Prozent die zweithöchste Arbeitslosigkeit im Land Brandenburg (Landesdurchschnitt 15,4 Prozent), der Kreis Neuruppin zum gleichen Zeitpunkt 17,9 Prozent, das sind 5.239 Arbeitslose im erwerbsfähigen Alter.[34]

Für die zukünftige Entwicklung der Stadt ist ihre neue Funktion im Siedlungsnetz von großer Bedeutung. So ist Neuruppin als Mittelzentrum mit Teilfunktionen eines Oberzentrums ausgewiesen, das den gesamten Nordwestraum des Landes Brandenburg zu versorgen hat. Auch wenn es derzeit noch nur eine völlig unzureichende regionale und überregionale Eisenbahnanbindung gibt, sollen in Neuruppin mit dem Ausbau vielfältiger Behörden der höheren und mittleren Verwaltungsebene, der Ansiedlung entsprechender Versorgungs- und Dienstleistungsbetriebe sowie von Tourismuseinrichtungen und dem schrittweisen Aufbau von Wissenschafts- und

Forschungseinrichtungen Entwicklungsimpulse geschaffen werden. Eine Stabilisierung bzw. ein Wiederansteigen der gegenwärtig rückläufigen Bevölkerungsanzahl (Rückgang von 1993 zu 1989 um ca. 3 Prozent) wird dabei aus regionalplanerischer bzw. kommunaler Sicht realistisch eingeschätzt. Der Städtebauliche Rahmenplan für die Stadt Neuruppin, der als Grundlage für die Erarbeitung des Flächennutzungsplanes dienen soll, geht von einem mittelfristigen Bevölkerungszuwachs von 5.000 bis 8.000, auf längere Sicht sogar von 15.000 Einwohnern aus. Die Stadtplanung schätzt ein, daß ein großer Teil der für eine solche Entwicklung erforderlichen Bauflächen über die Aktivierung vorhandener Innenflächen und insbesondere über die Nutzung von ehemaligen Militärflächen und -bauten bereitgestellt werden kann. Denn Neuruppin hat gerade in dieser Hinsicht außerordentlich große Reserven.

Die Stadt war schon seit drei Jahrhunderten in ihrer Entwicklung wesentlich vom Militär geprägt worden, bereits mit dem 30jährigen Krieg kam eine erste Garnison in die Stadt. Zur Jahrhundertwende (1882 bis 1916) entstanden am südwestlichen Rand des historischen Stadtkerns großflächige Kasernenanlagen, während des ersten Weltkrieges wurde ein Flugplatz eingerichtet und eine Flugzeugführerschule gebaut. Zwischen 1936 und 1939 entstand am Nordwestrand der Stadt eine große Panzerkaserne, die Fliegerschule wurde zum Militärflugplatz entwickelt.[35] Nach dem Ende des 2. Weltkrieges wurden alle Militärobjekte von der sowjetischen Roten Armee übernommen und zugleich weitere innerstädtische Gebäude, die vormals oder zwischenzeitlich zivil genutzt worden waren, requiriert. Die Gesamtheit der militärisch genutzten Flächen erreichte eine Größenordnung von 1.290 ha, das sind ca. 17 Prozent der Fläche des Stadtgebietes. Die bebaute Militärfläche machte ca. 13,6 Prozent des bebauten Stadtgebietes aus.[36] Mit dem 1994 abgeschlossenen Abzug der GUS-Truppen stehen nunmehr erhebliche Liegenschaften in der Stadt für eine künftige zivile Nutzung zur Verfügung, ein großer Teil davon in günstiger Standortlage zwischen der historischen Altstadt und einem großen Neubauwohngebiet aus den 70er/80er Jahren bzw. in attraktiver landschaftlicher Lage am Rande des Stadtgebietes. Eine sinnvolle funktionale Umwidmung dieser umfangreichen Konversionsflächen bietet der Stadt günstige Möglichkeiten, über eine entsprechende Innenentwicklung neuen Bauflächenbedarf zu vermeiden und gleichzeitig Mängel der bisherigen städtebaulichen Entwicklung zu korrigieren, das heißt beispielsweise, bisher durch militärische Zäsuren getrennte Siedlungsteile miteinander zu verbinden sowie bisher gesperrt gewesene Stadtrandbereiche für Erholungs- und Freizeitfunktionen zu erschließen.

Ersten planerischen Konzepten zufolge werden schon innerhalb kurzer Zeit zahlreiche regionale und kommunale Einrichtungen ihren Sitz auf früheren militärischen Liegenschaften einnehmen, sowie Dienstleistungsgewerbe und des Einzelhandels. Die Entwicklung dieser Liegenschaften wird angesichts ihrer stadtstrukturellen Bedeutung und durch die Entscheidung der Stadtverwaltung, in der Innenstadt öffentliche Nutzungen anzusiedeln, auch dann für richtig erachtet, wenn damit teilweise relativ hohe Aufwendungen für die bautechnische Rekonstruktion und die Sanierung der Altlastenflächen verbunden sind.[37] Kleinere, dispers im Stadtgebiet verteilte ehemalige Militärstandorte sollen spezifische Umnutzungen erfahren: Hotels, Gaststätten, Apartmenthaus, Verwaltungsgebäude. Früher von der Westgruppe der russischen Streitkräfte genutzte Wohnungen sollen in der Regel wieder für Wohnzwecke reaktiviert werden.

Schwieriger als in den Innenstadtgebieten stellt sich die künftige Nutzung großer bebauter Liegenschaften im Rand- und Außenbereich der Stadt dar. Die großen randstädtischen Kasernenstandorte können im wesentlichen nur dann sinnvoll genutzt werden, wenn sie für Einrichtungen mit überörtlicher, regionaler Bedeutung Verwendung finden, d. h. für innovatives Gewerbe oder für Einrichtungen der Wissenschaft, Forschung, Bildung und Technologieentwicklung. Ein erstes Konzept in dieser Richtung wird seit 1992 im Rahmen eines PERIFRA-Projektes der Europäischen Union am Beispiel der ehemaligen Panzerkaserne am nordwestlichen Stadtrand von Neuruppin erarbeitet. Es wird vorgeschlagen, an diesem Standort, auf dem früher mehr als 6.000 Soldaten untergebracht waren, einen Wissenschafts-, Technologie- und Gewerbe-Park "Konversion" zu entwickeln,[38] mit dem wichtige Ansätze für eine Neuprofilierung der Wirtschaftsstruktur in der Region geschaffen werden könnten und durch den das große Potential qualifizierter Arbeitskräfte zukunftsträchtige Beschäftigungs- und Entwicklungschancen erhielte.

Die Umnutzung des Standortes der ehemaligen Panzerkaserne wird für die Zukunft nicht das einzige derartige Vorhaben im Raum Neuruppin bleiben. Es wird angezielt, daß die Stadt auf lange Sicht ein europaweit interessantes Beispiel dafür wird, wie durch Transformation der Systeme und Konversion des früheren Militärs bedeutende Entwicklungsimpulse im Bereich eines derzeit noch verhältnismäßig kleinen Mittelzentrums erreicht werden können.

Ludwigsfelde - Wohnungsbauentwicklung in einer prosperierenden Mittelstadt

Durch ihre Lage am Berliner Autobahnring A 10, an der Bundesstraße 101, an der Fernbahnstrecke nach Halle/Leipzig/Hof und am südlichen Berliner Eisenbahnring hat die Stadt Ludwigsfelde (gegenwärtig ca. 21.000 Einwohner) eine sehr gute und vielfältige Verkehrsanbindung und damit erhebliche Standortvorteile im Hinblick auf eine künftige Wirtschaftsentwicklung. Ludwigsfelde, erst 1965 mit Stadtrechten ausgestattet, ist im Vergleich mit anderen Städten dieser Größenordnung im Land Brandenburg eine sehr junge Stadt. Im Jahre 1971 lebten hier ca. 17.900 Menschen, 1981 waren es 20.500 und 1988 bereits 23.500. Seit 1989 zeichnet sich ein leichter Einwohnerrückgang ab: 1990 ca. 22.400, 1991 ca. 21.500 und Mitte 1993 ca. 21.000 Einwohner. Charakteristisch ist insbesondere der Rückgang der Geburtenzahlen, ähnlich wie in vielen anderen Städten der neuen Bundesländer. So kommt, statistisch gesehen, heute auf zwei im Jahre 1990 geborene Kinder nicht einmal mehr ein Kind.

In der Vergangenheit wurde Ludwigsfelde vor allem durch eine sehr einseitige Industriestruktur geprägt. 1936 erwarb die Firma Daimler-Benz Flächen des ehemaligen Gutes Genshagen und errichtete in kurzer Zeit ein Flugzeugmotorenwerk, in dem im Jahre 1944 bis zu 15.600 Arbeitskräfte beschäftigt waren. Nach dem 2. Weltkrieg, der Demontage des Flugzeugmotorenwerkes und einer kurzen Zwischenphase konzentrierte sich die Wirtschaftsentwicklung auf die Produktion von Lastkraftwagen in den dafür neu geschaffenen Industriewerken im Norden der Stadt. In dieser Werkanlage, die für eine Jahresproduktion von 30.000 Lkw ausgelegt war, arbeiteten bis zur Wende 1989 insgesamt ca. 10.000 Beschäftigte, d.h. der größte Teil der Ludwigsfelder Werktätigen, zuzüglich zahlreicher Pendler aus den umliegenden Kreisen.[39] Im Rahmen der Umstrukturierung und Entflechtung der früheren IFA-Werke wurde 1990/91 auf dem nördlich der Stadt gelegenen Industriegelände mit der Schaffung des Industrieparks Ludwigsfelde begonnen, in dem sich Mercedes und Thyssen sowie eine Reihe von mittelständischen Unternehmen des Bau-, Spediteur- und produktionsorientierten Dienstleistungsgewerbes mit insgesamt geplanten 3.500 Arbeitsplätzen niedergelassen haben.

Begonnen wurde die Errichtung eines weiteren Gewerbeparks (Preußenpark) östlich der Berlin-Anhalter Eisenbahnstrecke mit geplanten ca. 2.000 Arbeitsplätzen und eines Gewerbeparks bei Genshagen (Brandenburgpark) mit geplanten ca. 12.000 Arbeitsplätzen. Die ersten Betriebe haben hier 1994 Einzug gehalten. Zwischen Ludwigsfelde und Großbeeren ist der Aufbau eines ausgedehnten Güterverkehrszentrums (Verteilung von Bahn auf Straße) vorgesehen. Unmittelbar an der Autobahn entsteht gegenwärtig ein Speditionszentrum mit mehreren Unternehmen. Der bisher von der Firma Mercedes-Benz westlich von Ludwigsfelde bei der Nachbargemeinde Ahrensdorf zunächst favorisierte Standort für ein neues Nutzkraftwagenwerk mit ca. 4.000 Beschäftigten und einer Jahresproduktion von 40.000 Lkw wurde 1992 allerdings auf unbestimmte Zeit zurückgestellt; statt dessen ist an einen umfangreichen Lkw-Reparatur-Service-Betrieb gedacht.[40] Alles in allem gehört damit die Stadt Ludwigsfelde trotz der noch beachtlich hohen Arbeitslosenrate (12 bis 15 Prozent) zu jenen mittleren und kleineren Städten im engeren Verflechtungsraum Brandenburg-Berlin, die sich bereits in wenigen Jahren nach der ökonomischen Transformation wieder stabilisieren konnten und die sich, zumindest mittel- und langfristig prosperierend entwickeln werden.

Der größte Teil der heutigen Wohnbausubstanz Ludwigsfeldes entstammt dem Zeitraum von 1959 bis ca. 1985. Beiderseits der Potsdamer Straße, die das städtebauliche Rückgrat dieser heute noch nahezu zentrumslosen Neubaustadt darstellt, wurden in sechs zeitlichen Abschnitten insgesamt ca. 5.500 Wohnungen gebaut, in denen etwa 14.000 Einwohner, das sind ca. 60 Prozent der Stadtbevölkerung, leben. Die Neubauten wurden sämtlich in Fertigteilbauweise errichtet, bis etwa 1969 noch in Großblockbauweise, seit etwa 1970 ausschließlich in Großplattenbauweise. Das relativ breite Spektrum der über nahezu 30 Jahre Bauzeit angewandten Typenserien hat das Wohngebiet beiderseits der Potsdamer Straße inzwischen fast zu

einem auf kleinstem Raum zusammengedrängten "Typenmuseum" der Wohnungs-
bauserien und in gewisser Weise, nimmt man die traditionell errichteten Bauten
aus dem Anfang der 50er Jahre hinzu, zu einem "Städtebaumuseum" der ehemaligen DDR gemacht. Ausgehend von der dominierenden Größe des Wohngebietes
Potsdamer Straße im Rahmen der Stadt ist es offensichtlich, daß dieses Gebiet auf
lange Sicht nicht nur eine große Bedeutung für das Leben und Wohnen seiner Bewohner haben wird, sondern auch für die Stadt Ludwigsfelde insgesamt. Was in
diesem Gebiet geschieht, betrifft die Stadt generell, wie auch vieles, das mit der
Stadtentwicklung verbunden ist, sich unmittelbar im Gebiet selbst auswirkt.

Das etwa waren die Grundgedanken, die dazu führten, daß das Neubaugebiet
im Jahre 1992 zusammen mit 10 weiteren Gebieten als Modellvorhaben in das
ExWoSt(Experimenteller Wohnungs- und Städtebau)-Forschungsprogramm "Weiterentwicklung großer Neubaugebiete in den fünf neuen Bundesländern und Berlin-Ost" aufgenommen wurde. Das Modellvorhaben, im Zeitraum von 1992 bis
1994 durchgeführt, wurde durch das Bundesministerium für Raumordnung, Bauwesen und Städtebau, das Land Brandenburg und die Stadt Ludwigsfelde gemeinsam finanziert und sollte zusammen mit den anderen Modellvorhaben in Berlin-
Ost, Leipzig, Dresden, Halle, Rostock, Stendal und Dranske (Rügen) dazu dienen,
neue Handlungsstrategien des Bundes und der Länder für die städtebauliche Weiterentwicklung der ostdeutschen Neubaugebiete zu entwickeln.

Das Modellvorhaben Potsdamer Straße richtet sich vorrangig auf Fragen des
Zusammenhangs von wirtschaftlicher Entwicklung und Wohnungsbauentwicklung
und ist in drei Bausteine gegliedert:

Baustein 1 beschäftigte sich mit der gruppenspezifischen Ausdifferenzierung
von Wohnbedürfnissen im Zusammenhang mit veränderten Arbeitsbedingungen;
im Baustein 2 sollte ein strategisches Konzept zum wohnungspolitischen Umgang
mit solchen Neubaugebieten entwickelt werden, und Baustein 3 schließlich sollte
Konzepte für die Anpassung von Neubausiedlungen an den Funktionswandel der
Stadt erbringen.

Die bisherigen Arbeiten haben, kurz zusammengefaßt, zu folgenden Erkennt-
nissen geführt:

– Eine städtebauliche Weiterentwicklung der Neubaugebiete wird nur dann erfolgreich sein können, wenn ganzheitlich an diese Aufgabe herangegangen wird,
d.h. im Zusammenhang von städtebaulichen, sozialen, ökonomischen und ökologischen Aspekten.

– Neben der Instandsetzung, Sanierung und Modernisierung der vorhandenen
Wohnbausubstanz wird auch der ergänzenden Errichtung neuer Wohnbauten und
Wohnformen eine große Bedeutung zukommen. Insbesondere die Wohnbedürfnisse
besserverdienender Schichten werden sich auf lange Sicht innerhalb der Neubaugebiete nur über neue, ergänzende Gebäude befriedigen lassen. Im Neubaugebiet
sollten zur weitgehenden Stabilisierung der für die ehemalige DDR charakteristi-

schen sozialen Mischung Wohnungen unterschiedlicher Eigentums- bzw. Finanzierungsformen (Förderwege) vorgehalten werden.

– Zeitlich vorrangig sind qualitätserhöhende Maßnahmen im Wohnumfeld, Ergänzungen bzw. Weiterentwicklungen im Bereich der Handels- und Dienstleistungseinrichtungen sowie der sozialen Infrastruktur und Maßnahmen zur Verbesserung der Verkehrserschließung, insbesondere beim ruhenden Verkehr. Die Weiterentwicklung der Neubaugebiete wird nur dann von Erfolg gekrönt sein, wenn sie möglichst von Beginn an in enger Bürgerbeteiligung vorbereitet und realisiert werden. Das heißt, durch Sozialanalysen bewohnerorientierte Problemstellungen und Interessenlagen zu ermitteln und auf dieser Grundlage sozialorientierte Ziele zum konzeptionellen Inhalt der Stadt- und Wohngebietsplanung zu machen.

In Ludwigsfelde wurden bereits in den letzten zwei bis drei Jahren eine Reihe wesentlicher Maßnahmen zur Weiterentwicklung des Neubauwohngebietes bzw. der Stadt insgesamt vorgenommen, die sich mit dem Forschungsprogramm inhaltlich decken. Im Urteil der Bewohner wird bereits heute ein spürbarer Qualitätsgewinn der Stadt und des Wohngebietes deutlich, auch wenn es derzeit noch viele Mängel und Defizite, Ärgernisse und Enttäuschungen gibt.

Schlußbemerkung

So unterschiedlich die hier dargestellten Fallbeispiele Luckenwalde, Neuruppin und Ludwigsfelde auch sind, so kann doch zumindest einiges verallgemeinert werden: Stadtentwicklung muß stets im Kontext mit der Wirtschaftsentwicklung einer Stadt oder einer Region gesehen werden. Für kleinere und mittlere Städte in den neuen Bundesländern sind dabei die Nach-Wende-Probleme vielfach größer und tiefgreifender als in den Großstädten und Großstadtregionen. Jede Stadt hat prinzipiell spezifische Entwicklungsprobleme, aber meist auch spezifische Entwicklungspotentiale und -chancen. Dies aufzuzeigen und zum Ansatzpunkt für tragfähige Entwicklungskonzepte zu machen, ist eine ernsthafte Herausforderung an die Regional- und Stadtplanung und vor allem auch die Kommunalpolitik. Die komplizierten Transformationsprozesse städtischen Lebens und Wohnens beim Übergang zur Marktwirtschaft können nur mit den Bürgern gemeinsam erfolgreich bewältigt werden. Eine gemeinwesenorientierte, bürgernahe Stadtentwicklungspolitik sollte deshalb höchste Priorität erhalten.

Anmerkungen

1   Statistisches Taschenbuch der Deutschen Demokratischen Republik 1989. Staatsverlag der DDR
2   Statistisches Jahrbuch der Bundesrepublik Deutschland 1990. Statistisches Bundesamt
3   Stadtentwicklung in der DDR – Zustand, Probleme und Erfordernisse. Bauakademie, Institut für Städtebau und Architektur 1990

4   Statistisches Jahrbuch der DDR 1989

5   Schadenanalyse 87 – eine Untersuchung der Arbeitsstellen Schwerin, Halle, Dresden und Erfurt
    des Instituts für Denkmalpflege der DDR – zur Gefährdung des städtebaulichen Denkmalbestandes
    1987. Bearbeiter: Lutz Krause, Erfurt, Mai 1989. Expertise zur kulturhistorisch wertvollen Bau-
    substanz in der Reproduktionsstrategie der Stadt bis zum Jahr 2000. Hrsg. Bauakademie der DDR,
    Institut für Städtebau und Architektur, Abt. Stadtzentren; Bund der Architekten der DDR, Zentrale
    Fachgruppe Städtebau, Arbeitsgruppe Stadtzentren. Berlin, Mai 1989

6   Bauakademie der DDR, Autorenkollektiv des Instituts für Städtebau und Architektur unter Leitung
    von Dr. B. Hunger: Städtebauprognose, Städtebauliche Grundlagen für die langfristige intensive
    Entwicklung und Reproduktion der Städte. Berlin, November 1989

7   Städtebau. Grundsätze, Methoden, Beispiele, Richtwerte. Verlag für Bauwesen Berlin 1979

8   Historische Stadtkerne. Städte unter Denkmalschutz. Tourist-Führer. Tourist Verlag Berlin/Leipzig
    1990

9   Aufruf an die Bürgerinnen und Bürger in den Städten und Gemeinden: Rettet unsere Altstädte vor
    dem weiteren Verfall, gestaltet die Zukunft der Städte und   Gemeinden unter Bewahrung hi-
    storischer Werte! In: Gesellschaftskonzeption und Stadtentwicklung. Wissenschaftliches Symposi-
    um der Bauakademie der DDR am 17. Januar 1990 in Berlin, Bauinformation Berlin 1990

10 Stadterneuerung in den neuen Ländern – zwei Jahre Modellstadtprogramm. Bundesministerium für
    Raumordnung, Bauwesen und Städtebau 1992; Stadterneuerung in den neuen Ländern – 2. Mo-
    dellstadtkongreß Naumburg am 29. und 30. April 1992. Bundesministerium für Raumordnung,
    Bauwesen und Städtebau 1993

11 Bundesministerium für Raumordnung, Bauwesen und Städtebau: Großsiedlungsbericht 1994

12 Bundesministerium für Raumordnung, Bauwesen und Städtebau: Vitalisierung von Großsiedlun-
    gen. Forschungsvorhaben des Experimentellen Wohnungs-und Städtebaus 1991

13 Institut für Stadtentwicklung und Wohnen des Landes Brandenburg: Sanierung-Vitalisierung.
    Wohnungen und Siedlungen des industriellen Wohnungsbaus Faltblatt 1993

14 Bundesministerium für Raumordnung, Bauwesen und Städtebau. Raumordnungsbericht 1991;
    Bundesministerium für Raumordnung, Bauwesen und Städtebau. Raumordnungsbericht 1993;
    Bundesministerium für Raumordnung, Bauwesen und Städtebau. Raumordnungspolitischer Orien-
    tierungsrahmen. Leitbilder für die räumliche Entwicklung der Bundesrepublik Deutschland 1993

15 Bundesministerium für Raumordnung, Bauwesen und Städtebau. Raumordnungspolitischer Orien-
    tierungsrahmen. Leitbilder für die räumliche Entwicklung der Bundesrepublik Deutschland 1993

16 Bundesministerium für Raumordnung, Bauwesen und Städtebau. Raumordnungspolitischer Orien-
    tierungsrahmen. Leitbilder für die räumliche Entwicklung der Bundesrepublik Deutschland 1993

17 Keim, Karl-Dieter: Stadt- und Siedlungserweiterungen in der Umgebung von Metropolen. In:
    Stadterweiterungen im Umkreis von Metropolen. REGIO. Beiträge des IRS Nr. 3/1993

18 Regionales Strukturkonzept für den Verflechtungsraum Brandenburg-Berlin. REGIO. Beiträge des
    IRS Nr. 1/1992

19 Brandenburger Städte im Leitbild der dezentralen Konzentration. Regionale Entwicklungszentren.
    Potentiale, Infrastruktur, Erreichbarkeit. Institut für Stadtentwicklung und Wohnen des Landes
    Brandenburg 1993

20 Das Ganze ist mehr als die Summe der Teile... Gedanken zur Raumordnungskonferenz Branden-
    burg-Berlin. Institut für Regionalentwicklung und Strukturplanung Berlin, Juni 1994

21 Raumordnerisches Leitbild der dezentralen Konzentration. Regionale Entwicklungszentren auf der
    Grundlage der zentralörtlichen Gliederung. Ministerium für Umwelt, Naturschutz und Raumord-
    nung des Landes Brandenburg / Kabinettsbeschluß der Landesregierung Brandenburg vom August
    1993

22 Brandenburger Städte im Leitbild der dezentralen Konzentration. Regionale Entwicklungszentren.
    Potentiale, Infrastruktur, Erreichbarkeit. Institut für Stadtentwicklung und Wohnen des Landes
    Brandenburg 1993

23 Institut für Regionalentwicklung und Strukturplanung: Fallstudie Luckenwalde. In: Soziale Sicherung und ökologische Gestaltung des Wohnens und Lebens in den neuen Bundesländern. Hans-Böckler-Stiftung. Graue Reihe – Neue Folge 44/1992

24 Günter Grass: Ein Schnäppchen namens DDR. Letzte Reden vorm Glockengeläut. Deutscher Taschenbuch Verlag dtv 1993

25 Institut für Regionalentwicklung und Strukturplanung: Fallstudie Luckenwalde. In: Soziale Sicherung und ökologische Gestaltung des Wohnens und Lebens in den neuen Bundesländern. Hans-Böckler-Stiftung. Graue Reihe – Neue Folge 44/1992

26 Institut für Regionalentwicklung und Strukturplanung: Fallstudie Luckenwalde. In: Soziale Sicherung und ökologische Gestaltung des Wohnens und Lebens in den neuen Bundesländern. Hans-Böckler-Stiftung, Graue Reihe – Neue Folge 44/1992

27 Statistisches Jahrbuch der BRD 1983 und 1994 sowie Statistisches Jahrbuch des Landes Brandenburg 1992 und 1993

28 Amtsblatt für die Stadt Luckenwalde. 3. Jahrgang Nr. 15 / Woche 36 vom 6. September 1994

29 Amtsblatt für die Stadt Luckenwalde. 3. Jahrgang Nr. 15 / Woche 36 vom 6. September 1994

30 Berlin Brandenburg Flughafen Holding GmbH: Flughafen Berlin Brandenburg International. Stand der Antragsunterlagen für das Raumordnungsverfahren. Mai 1994

31 Berlin Brandenburg Flughafen Holding GmbH: Flughafen Berlin Brandenburg International. Stand der Antragsunterlagen für das Raumordnungsverfahren. Mai 1994

32 Amtsblatt für die Stadt Luckenwalde. 3. Jahrgang Nr. 13/Woche 27 vom 5. Juli 1994

33 Prüfer, Andreas; Lompscher, Katrin und Aßmann, Bernd: Regionalanalyse Neuruppin. Institut für Regionalentwicklung und Strukturplanung 1994 (Manuskript)

34 Prüfer, Andreas; Lompscher, Katrin und Aßmann, Bernd: Regionalanalyse Neuruppin. Institut für Regionalentwicklung und Strukturplanung 1994 (Manuskript)

35 Prüfer, Andreas: Konversion von Militärstandorten in der Region Neuruppin (Land Brandenburg) – Aufgabe und Chance nachhaltiger regionaler Entwicklung. Institut für Regionalentwicklung und Strukturplanung 1994 (Manuskript)

36 Bundesministerium für Raumordnung, Bauwesen und Städtebau. Raumordnungsbericht 1993

37 Prüfer, Andreas: Konversion von Militärstandorten in der Region Neuruppin (Land Brandenburg) – Aufgabe und Chance nachhaltiger regionaler Entwicklung. Institut für Regionalentwicklung und Strukturplanung 1994 (Manuskript)

38 Prüfer, Andreas: Konversion von Militärstandorten in der Region Neuruppin (Land Brandenburg) – Aufgabe und Chance nachhaltiger regionaler Entwicklung. Institut für Regionalentwicklung und Strukturplanung 1994 (Manuskript); Prüfer, Aßmann, Feister und Rudolph: Konversion in Neuruppin, Umnutzung der ehemaligen Panzerkaserne. Institut für Regionalentwicklung und Strukturplanung 1994 (Manuskript)

39 Liebmann, Heike: Siedlungsporträt Ludwigsfelde – Großes Neubaugebiet in einer prosperierenden Mittelstadt. In: Internationales Forschungsseminar Große Neubaugebiete. Bundesministerium für Raumordnung, Bauwesen und Städtebau Experimenteller Wohnungs- und Städtebau 1994

40 Liebmann, Heike: Siedlungsporträt Ludwigsfelde – Großes Neubaugebiet in einer prosperierenden Mittelstadt. In: Internationales Forschungsseminar Große Neubaugebiete. Bundesministerium für Raumordnung, Bauwesen und Städtebau Experimenteller Wohnungs- und Städtebau 1994

Die Autoren

Borst, Renate, wissenschaftliche Mitarbeiterin in einem Projekt der Kommission für sozialen und politischen Wandel, Humboldt-Universität zu Berlin

Dieser, Hartwig, Koordinationsbüro zur Unterstützung der Stadterneuerung in Berlin

Doehler, Martha, freie Architektin und Planerin in Leipzig

Frick, Joachim, wissenschaftlicher Mitarbeiter am Deutschen Institut für Wirtschaftsforschung (DIW), Berlin

Hannemann, Christine, wissenschaftliche Mitarbeiterin an der Humboldt-Universität zu Berlin

Harth, Anette, wissenschaftliche Mitarbeiterin an der Universität Hannover

Häußermann, Hartmut, Professor für Stadt- und Regionalsoziologie an der Humboldt-Universität zu Berlin

Herlyn, Ulfert, Professor für planungsbezogene Soziologie an der Universität Hannover

Krämer-Badoni, Thomas, Professor für Stadt- und Regionalsoziologie an der Universität Bremen

Lahmann, Herbert, wissenschaftlicher Mitarbeiter am Deutschen Institut für Wirtschaftsforschung (DIW), Berlin

Lenssen, Ute, Stadt- und Verkehrsplanerin in Berlin

Neef, Rainer, Akademischer Rat für Stadtsoziologie an der Universität Göttingen

Olk, Thomas, Professor für Sozialpädagogik an der Martin-Luther-Universität Halle-Wittenberg

Rentzsch, Doris, wissenschaftliche Mitarbeiterin im DFG-Projekt „Sozialhilfedynamik in den neuen Bundesländern" an der Martin-Luther-Universität Halle-Wittenberg

Rietdorf, Werner, Professor am Institut für Strukurentwicklung und Regionalplanung, Berlin

Rink, Dieter, wissenschaftlicher Mitarbeiter am Umweltforschungszentrum Leipzig-Halle

Schäfer, Uta, wissenschaftliche Mitarbeiterin der Kommission für sozialen und politischen Wandel, BfLR Berlin

Usbeck, Hartmut, Büro für Stadt- und Regionalentwicklung GmbH, Leipzig

Weiske, Christine, Professorin für Stadtsoziologie an der Universität Cottbus

Wiegand, Elke, wissenschaftliche Mitarbeiterin in einem Forschungsprojekt über Bürgerinitiativen in Leipzig

Aus dem Programm
Sozialwissenschaften

Hartmut Häußermann /
Walter Siebel (Hrsg.)

Festivalisierung der Stadtpolitik

Stadtentwicklung durch große Projekte

1993. 341 S. (Leviathan-Sonderheft 13)
Kart.
ISBN 3-531-12507-9

Große Ereignisse wie Weltausstellungen und Olympische Spiele werden mehr und mehr zu Instrumenten der Politik, insbesondere der Stadtpolitik. In dem Band werden anhand von Fallstudien aus dem In- und Ausland die Ursachen wie die Folgen dieser Form der Organisation von Politik untersucht. Die Festivalisierung der Politik wird interpretiert als Antwort auf sich verengende Handlungsspielräume und auf den Umbruch von der Industrie- zur Dienstleistungsgesellschaft.

Hellmut Wollmann / Helmut
Wiesenthal / Frank Bönker (Hrsg.)

Transformation sozialistischer Gesellschaften: Am Ende des Anfangs

1995. 633 S. (Leviathan-Sonderheft 15/1995) Kart.
ISBN 3-531-12775-6

In den 28 Beiträgen namhafter Fachleute aus unterschiedlichen sozialwissenschaftlichen Teildisziplinen werden Schlüsselbereiche der wirtschaftlichen, gesellschaftlichen, politisch-administrativen und sozio-kulturellen Transformationen in den ehemals sozialistischen Ländern analysiert. Die Aufsätze sind darauf gerichtet, die jeweiligen Entwicklungslinien und (Zwischen-)Ergebnisse herauszuarbeiten und hierbei den historischen, vor allem den in der „sozialistischen Vergangenheit" wurzelnden Bestimmungsfaktoren besondere Aufmerksamkeit zu widmen.

Birgitta Nedelmann (Hrsg.)

unter Mitarbeit von Thomas Koepf

Politische Institutionen im Wandel

1995. 411 S. (Kölner Zeitschrift für Soziologie und Sozialpsychologie, Sonderheft 35/1995) Kart.
ISBN 3-531-12800-0

Die Dynamik, die Gegensätze und die Flexibilität sozialer Institutionen stehen im Mittelpunkt dieses Sonderhefts der KZfSS. In den Beiträgen werden vor allem drei Gesichtspunkte berücksichtigt: 1. Institutionelle Entstehung und Entwicklung werden sichtbar gemacht an der Institutionalisierung von Ethnizität in den USA, der Entstehung des Parteiensystems in Polen, von Bewegungsparteien in Italien sowie an der Entwicklung der Europäischen Union. 2. Institutioneller Verfall und Abbau werden an der Ent-Institutionalisierung des staatlichen Gewaltmonopols und dem Verfall der italienischen Parteien behandelt. 3. Institutionelle Reform und Veränderung werden dargestellt an der Reform des Wahlrechtssystems in Italien und der Entstehung der Europäischen Union.

WESTDEUTSCHER
VERLAG
OPLADEN / WIESBADEN